暢銷
經典版

教養的迷思

父母的教養能不能決定孩子的人格發展？

The
Nurture Assumption

Why Children Turn Out the Way They Do, 2nd ed.

心理學最高榮譽 米勒獎得主 茱蒂‧哈里斯 Judith R. Harris——著　　洪蘭、蘇奕君——譯

〈出版緣起〉
開創科學新視野

何飛鵬

　　有人說，是聯考制度，把臺灣讀者的讀書胃口搞壞了。這話只對了一半；弄壞讀書胃口的，是教科書，不是聯考制度。

　　如果聯考內容不限在教科書內，還包含課堂之外所有的知識環境，那麼，還有學生不看報紙、家長不准小孩看課外讀物的情況出現嗎？如果聯考內容是教科書占百分之五十，基礎常識占百分之五十，台灣的教育能不活起來、補習制度的怪現象能不消除嗎？況且，教育是百年大計，是終身學習，又豈是封閉式的聯考、十幾年內的數百本教科書，可囊括而盡？

　　「科學新視野系列」正是企圖破除閱讀教育的迷思，為台灣的學子提供一些體制外的智識性課外讀物；「科學新視野系列」自許成為一個前導，提供科學與人文之間的對話，開闊讀者的新視野，也讓離開學校之後的讀者，能真正體驗閱讀樂趣，讓這股追求新知欣喜的感動，流盪心頭。

　　其實，自然科學閱讀並不是理工科系學生的專利，因為科學是文明的一環，是人類理解人生、接觸自然、探究生命的一個途徑；科學不僅僅是知識，更是一種生活方式與生活態度，能養成面對周遭環境一種嚴謹、清明、宏觀的態度。

　　千百年來的文明智慧結晶，在無垠的星空下閃閃發亮、向讀者招手；但是這有如銀河系，只是宇宙的一角，「科學新視野系列」不但要和讀者一起共享大師們在科學與科技所有領域中的智慧之光；它更強調未來性，將有如宇宙般深邃的人類創造力與想像力，跨過時空，一一呈現出來，這些豐富的資產，將是人類未來之所倚。

　　我們有個夢想：在波光粼粼的岸邊，亞里斯多德、伽利略、祖沖之、張衡、牛頓、佛洛依德、愛因斯坦、蒲朗克、霍金、沙根、祖賓、平克……，他們或交談，或端詳撿拾的貝殼。我們也置身其中，仔細聆聽人類文明中最動人的篇章……。

（本文作者爲城邦出版集團首席執行長）

〈專文推薦〉

啟發臺灣的教育改革

曾志朗

中國有句俗語：「龍生龍，鳳生鳳，老鼠的兒子會打洞。」我們理所當然地認為孩子的好壞一切都是父母的關係，所謂「養子不教誰之過」，孩子闖了禍，父母要負責任，在美國會把父母的名字公佈上報，警惕他家教不嚴。我朋友的孩子把前面頭髮染了一叢綠毛，朋友大怒說：「看你這個青面獠牙樣！」孩子公然頂撞說：「還不是你把我生成這樣的！要怪只能怪你自己。」朋友氣得差點一命嗚呼。因此，在習慣了傳統想法之後，突然有這麼一本書出來，告訴父母孩子長大變成什麼樣，跟父母沒有關係，跟他所交的朋友有關係，真是令人耳目一新。

這本書說孩子交的是狐群狗黨的朋友，孩子自然作姦犯科，交的是莘莘學子的朋友，孩子自然去考狀元。孩子從他的同儕團體習得社會化，孩子的團體又是從大人的團體（不是父母個人）中習得社會化，這個同儕團體社會化理論真是讓天下父母鬆了一口氣，不必整天揹著兒女不成材都是我的錯的罪惡感。相對地，這個理論也立刻指出團體的重要性，中國人所說的「近朱者赤，近墨者黑」，講的就是這個道理，只不過我們的成語沒有指出為什麼近朱者赤，為什麼物以類聚，而這本書清楚地告訴了你為什麼。

　　這本書我很欣賞，因為它把一個大家都認為理所當然的事拆開來看它最基本的假設成不成立，究竟有沒有證據支持，這個科學精神是我希望臺灣的學生該有的科學態度，不要因為別人都相信它便不去檢驗它的假設成不成立。

　　這本書也解開了長久以來存在我心中的一個疑惑。當我還在加州大學教書的時候，加州通過一個法案，學校要提供雙語師資，使新移民的孩子在剛開始上課時有說他原來語文（如西班牙語或中文）的老師在旁解說，上課不致於鴨子聽雷，不知道老師在講什麼。這個立意良好的法案，後來沒有成功。書中提到一個波蘭的移民孩子約瑟夫，他剛入學時一個英文字都不會，但是他注意聽老師說什麼，同學做些什麼，然後他照著做，三個月以後，他已經會說「假如你不給我，我就不跟你玩」的句子。當然，他在新學校的頭幾個月會很辛苦，很有壓力，但是他的英文也因此進步很快。雙語輔助教學失敗的原因就是在於這些雙語學生很自然地聚在一起吃飯、遊戲，自成一個小圈圈，另外形成小團體。這些學生的常模是不說英語或英語說得不好，因此，雖然老師的英語字正腔圓、文法正確，但是對學生而言，並沒有什麼作用，因為他認同的不是老師而是他的同儕，所以他們的英文反而學得慢。假如學校中沒有足夠的俄國孩子、波蘭孩子、中國孩子來形成他們自己的小團體時，這個孩子便會認同英語的團體，同化成說英語的人了。難怪這個雙語輔助計畫推動了很久，花了很多的錢，最後還是沒有成功。

　　先天和後天的爭論至少有二千年的歷史。美國的大哲學家，也是心理學家的威廉·詹姆士曾說過：「性格就像石膏一樣，定了型就不能改變。」中國人也說：「江山易改，本性難移。」但是天生並不代表命中註定，雖然遺傳在人格中扮演重要的角色，這並不代

表我們不能改變它，我們只是要去找出改變的方法而已。書中拉巴茲和聖安德斯這兩個村莊的例子提供了我們答案。

　　在第十一章「孩子的學校」中有談到：假如一個社區中，大部分的家庭都有很多藏書的話，社區小學也是傾向閱讀的。如果一個社區中，大部分的家庭覺得讀書是件痛苦的事，非不得已絕不碰書的話，那麼這個社區小學對閱讀的態度就是「讀書沒什麼了不起，不會讀又怎樣」。在一個大家都不讀書的環境中，讀書就成為異類了。所以要推動閱讀，我們必須先營造出一個閱讀的風氣，當一個團體中每一個人都有閱讀習慣時，後加入者自然而然就會去讀書，因為他要認同這個團體。這是為什麼學校會很自然地有校風，一個校風淳樸的學校，出來的學生也個個勤奮好學，哈里斯讓我看到了臺灣的教育改革應該從哪裡著手。

　　哈里斯在第十三章有談到體罰，這一點跟我們臺灣的教育生態很有關係，可以供我們借鏡，她認為偶爾發脾氣、打了小孩，不見得會對他們人格造成永久傷害，但是打孩子會傷害父母跟孩子之間的關係。如果做父母的賞罰不公平，你會失去孩子對你的尊敬。我現在看到很多孩子對父母說話沒有禮貌，問三句答一句，愛理不理，再不然就是頂嘴。我同意書中說的父母不必為了孩子的不聽話而自責，但是我也認為孩子會這樣主要是他對父母沒有敬意。愈是打罵，孩子對父母愈是只有怕而沒有尊敬。一旦孩子長高長壯，父母打不動時，語言上的頂撞便出現了，這點做父母的要三思。

　　另外，書中也一針見血地指出把孩子培養成神童最大的危險是他沒有同儕團體，他會失去與其他同年齡孩子遊戲所培養出來的正常關係。因此很多天才都很寂寞，想把孩子往這條路上帶的父母，請細讀這本書。

　　我認為這本書最重要的一點在於告訴父母「放輕鬆地去享受親子之樂」，不要去理會那些專家講的話，把自己弄得緊張兮兮，把養孩子變成痛苦不堪的義務。哈里斯指出，原始社會中並沒有漂亮的走馬燈掛在搖籃上，也沒有父母每天陪子女玩，但是每一個嬰兒在自然的環境中都有很多東西可以看，很多聲音可以聽。他們在兩歲前可能學會的東西比現代嬰兒少，但是當時機成熟時，他們自然而然地學會了成為一個人所必須要知道的全部事物，所以父母應該寬心，不要去相信「輸在起跑點上」這種廣告詞。住在風氣良好的社區裡，給予孩子一個溫馨的家庭，在他需要你的時候，及時出現，一切順其自然，就是你給孩子最好的禮物了，也盡到做父母的責任了。為人父母原是上天給予你的福報，弄成今天這樣動輒得咎，把養育孩子變成沉重的心理負擔，實非大自然的本意，難怪現代人愈來愈不敢生孩子了。

　　我很高興臺灣的出版界生氣蓬勃，國外任何好書的中譯本幾乎都會在最短的期間內出現在臺灣的書店中，這真是一個可喜的現象，電子書的出現更會縮短臺灣與世界的時空距離。對於從事翻譯的人，我們應該予以掌聲鼓勵，畢竟大部分的人讀中文比讀英文快，譯者提供了我們這方面的服務。我們中國人喜歡挑毛病，比較不喜歡從正面給予鼓勵，比如說，中國老師給分數常是扣幾分，認為此題答得不完善，扣去幾分；外國老師給分數常是正幾分，已經答出了多少部分，給予多少分，這是中西非常不同的教育觀念。我們以懲罰的方式，要求孩子力趨完美；他們以鼓勵的方式，要求孩子達到同樣的目的。我們的這種心態也反映在書評中，我了解臺灣的翻譯界有許多可以改進的地方，但是我也希望有更多的人投入翻譯這一行，使國外的資訊能更快地到達我們讀者的手中。

【本文作者簡介】

　　曾志朗教授，政大教育系、所畢業，美國賓州州立大學心理學博士。曾任教俄亥俄州立大學、耶魯大學、加州大學柏克萊分校、臺大心理系、中正大學心理所，及擔任陽明大學校長、教育部長、中研院副院長、臺灣聯合大學系統校長等職，現任行政院政務委員。著作包括《科學向腦看》、《見人見智》（與洪蘭教授合著）、《人人都是科學人》、《用心動腦話科學》，並譯有《心理學實驗研究法》（*Experimentation in Psychology*）（與洪蘭教授合譯）等書。

〈專文推薦〉
心理學史的一個轉捩點

史迪芬・平克〔Steven Pinker〕
劍橋，麻省

　　三年前，《心理學評論》上的一篇文章，徹底改變了我對童年和兒童的看法。我跟大多數的心理學家一樣，都認為遺傳的天賦和父母的教養是決定孩子成長的兩個條件。我們都理所當然地認為：決定孩子成長的條件假如不是來自遺傳，就一定是來自父母的教養方式。但是有個名叫茱蒂・哈里斯的人所寫的文章卻說：父母的教養方式其實沒什麼關係，有關係的，除了基因以外，最重要的是孩子的同儕（peer group）。這個人的名字後面也沒有掛她所隸屬的大學名稱。說來奇怪，哈里斯所舉的證據很快就說服了我，因為我們以前就知道這些事實，但是把它擱在一邊。不敢去碰它是因為它跟我們所相信的系統不合，每個人心目中都有一個這類檔案：把跟自己想法不符合的事實暫時歸檔不去想它。

　　我是研究語言發展的；也就是說，我是研究小孩子如何從父母跟他們說的話中習得文法的系統。在我們那個是事實卻又令人苦惱的檔案裡，有一個奇怪的現象：即孩子們的語言和口音最後都變得像他們的同儕而不像他們的父母。研究心理語言學的人都沒有注意這個現象，更不要說去解釋它了。不過，現在這個理論解釋了。

語言的一些其他現象也符合哈里斯的理論。在許多文化裡，大人並不跟小孩說話（譯註：例如一些印地安文化），但是小孩子一樣可以有很好的語言習得表現，他們只要跟年長一點的兄姐說話就可以了。生活在大人說洋涇濱式語法環境中的孩子，可以自己發展出一套語言來；新移民的孩子，他們也很快地在遊戲場所學會了新語言，回家去糾正他們父母的發音和文法上的錯誤。

孩子們是在文化中習得他們的特殊母語。日本的小孩學會說日本話，義大利的小孩學會說義大利語，這些語言上的差異完全跟基因無關，假如這些語言上的差異也跟他們父母所教的無關時，哈里斯說，那麼我們可能就需要去重新思考什麼叫文化學習了。以前，我一直認為兒童是透過父母習得社會化的，但是在我腦海深處那個刻意被我忽略的檔案裡，有一個事實卻是：許多成功的人都是移民的後裔（我父親就是一個例子），他們都不曾因為父母不會講新的語言或不懂得新土地的習俗，而受到任何的牽制或困難。

哈里斯的論文所帶出的議題不僅僅是一個全新的想法而已，她舉了許多心理學、人類學、文化歷史、行為基因、靈長類學上的證據來支持她的看法，這些證據使性別角色的發展及少年犯罪等議題，有了不同角度的看法，我在第一封電子郵件中就問她：「想寫一本書嗎？」

這本《教養的迷思》主要談的是人格的形成過程中，基因和同儕都很重要，但是父母並不重要，它點出的親子之間的議題是很嚴肅的。它使我們重新思考現行的社會科學模式──嬰兒是一堆反射反應的集合，他空白的大腦皮質，等待著慈愛的父母來充實它。從生物的觀點來看這個想法時，真是十分地不恰當。兒童就跟其他生物一樣，都是演化的產物，必須在掙扎求生存的過程中扮演主動的

角色，最後才能達到生殖上的成功。這個看法有深遠的意義，我下面會仔細解釋。

　　一個就是，父母和子女的生物利益（biological interest）不盡相同，孩子即使一時順從父母的獎勵、懲罰、榜樣、嘮叨──因為他們還太小，別無選擇──他們也不會讓自己的人格被這些事情永遠地固定著、永久地被塑造。

　　此外，智人（Homo sapiens）是群居的物種，團體就像任何一個有機體的生存環境一樣，它有有機體必須適應的各種因果關係。一個團體想要興盛繁榮，一定要懂得利用集思廣益的好處及共享累積的資源，這表示一些看起來完全是武斷的當地習俗，其實是有適應上的價值，因為這是這個社區的人所共享的（大家所熟悉的例子，如：流通的鈔票及靠左開車等等）。這也表示儘量從人際關係上去得到益處，而不是讓自己被別人欺負或統御，因為每一個團體的共同利益都可能與另一個團體相衝突，所以做為團體的一分子必須要加入團體對團體的競爭。

　　今天，兒童的成敗在於他們在這種環境中苗長的能力；在過去，環境決定了他們的生死，所以他們應該從父母那兒獲得營養與保護，但是他們應該從最好的地方來獲取他們的資訊，在這一點上，父母不見得是資訊最佳提供對象，他們必須要在家庭以外的團體中贏得他們的地位，並且維持他們的地位，而這些團體的遊戲規則很可能跟家庭都不相同。小孩甚至會和父母同在一個競爭團體裡。大自然的設計，顯然不是要把小孩子放在父母的掌握裡。

　　同樣不可能的一個想法就是：嬰兒對母親的依附（attachment）會決定他未來進入社會的行為模式。這個謬論在這本書中也自然瓦解消失。一個小孩跟父母、兄弟、同學和陌生人之間的關係是截然不同的，有兆億神經細胞的大腦絕對不會短少計算的能力，大腦可

以把每種關係放在不同的心理帳戶之內。這個依附的假說會這麼流行的一個原因，是我們都相信佛洛伊德和行為主義的看法：嬰兒的心智是一塊小的白板，最初在上面刻畫的痕跡會永久保留。

　　《教養的迷思》真是一本很少見的書。雖然書中的說法乍見之下很違反人們的直覺，但是在你不斷往下看之後，你會感到活生生的孩子和父母躍然紙上，而不是那種在真實生活中不可能看見的百依百順的虛假兒童。這本書另一個特點就是它對兒童發展研究在方法論上的嚴厲批評。它對學校教育為什麼會失敗的分析使你眼睛一亮，看到以前所未看到的，它解釋了為什麼女性醫師和律師的小孩，會堅持女人應該留在家中當個家庭主婦，以及對本書題目所引發的一個必問問題「你是說我怎麼對待我的小孩都沒有關係是嗎？」有一個非常聰明且不尋常的回答。

　　我能夠有機會對這本令人振奮、激發思想活力的書先睹為快，實在是我做為心理學家生涯的一個高潮，一般很少有機會能看到一本書是既有學術性，又有革命性、洞察力，思路清晰有條理，還外加風趣可讀。但是你不要為這個風趣所誤導了，這本《教養的迷思》是一本嚴謹的、有原創性的科學著作，我認為它會成為心理學史的一個轉捩點。

【本文作者簡介】

　　史迪芬·平克教授，前麻省理工學院心理學教授及認知神經科學中心主任，現任哈佛大學心理系教授。研究獲獎無數，並獲選為《時代雜誌》二〇〇四年全球百大最具影響力人物，公認是繼喬姆斯基（Noam Chomsky）之後語言學界的天才，也是世界語言學與心智科學領域的領導人物，著有《心智探奇》（*How the MindWorks*）、《語言本能》（*The Language Instinct*）等書。

〈譯者序〉
教養的迷思

洪蘭

　　這本書會吸引我的注意力是因為我看到麻省理工學院的史迪芬‧平克居然替它寫序，要能使平克寫序，此書必有來頭（難怪國內喜歡找名人寫序，此招果然有用）。再一看作者的簡介就立刻打動了我的心，原來這本書的作者就是三十多年前被喬治‧米勒博士（那時是哈佛心理系的系主任）退學的研究生，喬治‧米勒在心理學界可是赫赫有名，可以算得上是認知心理學的開山始祖，因為他一九五六年寫的那篇〈魔術數字：7+2〉到現在還是心理學入門必讀的文章。作者哈里斯小姐離開哈佛後，以編寫發展心理學教科書為業，她所寫的書還很暢銷，連續出了三版（這也很諷刺，一個被大學踢出來的學生卻編寫大學生讀的教科書），一九九五年，心理學最權威、退稿率最高（85%）的期刊《心理學評論》，登載了一篇〈教養的假設〉（Nurture Assumption），完全反對時下流行「孩子的好壞是父母的責任」的說法，主張孩子的人格與孩子的同儕團體有關，與父母的教養方式無關。這篇文章從基因遺傳學、社會人類學、心理學、語言學的觀點，舉了非常有力的證據來支持這個新的說法。

　　幾百年來，沒有人挑戰過教養的假設，因此，這篇論文一出

現，立刻引起軒然大波，它等於把過去一百年來，人格心理學與發展心理學家的重要理論都否決了，更令人好奇的是這麼一篇巨著，作者名字底下居然沒有掛任何研究所、任何大學的名字，除了知道她是女性外，完全不知她是何方神聖，這情形在心理學界是從來沒有過的。因猜測她身分而打賭輸的人不知道有多少，大家怎麼想都想不到這麼一篇重要的文獻會是出自博士沒唸到、被退學的人之手。因為這篇論文，一九九七年美國心理學會頒給了她一個傑出論文獎（outstanding recent article），這個獎，不偏不倚，正是為了紀念心理學會的前理事長所設的喬治‧米勒獎。這真是個天大的諷刺了，也替作者一舒四十年的怨氣。

　　這本書寫得非常精彩，博徵旁引。她舉的例子都是你以前知道的，但是從來沒有想到可以從另一個角度去解釋；它使你恍然大悟，原來同一個現象，理論不同時，可以有這麼不同的解釋。難怪心理學家一再呼籲，解釋理論不能有預設立場，一旦先入為主，有了成見再去看證據，連數字都會扭曲。

　　基本上，我是同意她的看法的。讀社會科學的人在解釋人的行為時，很少去考慮到基因的角色。人格當然有基因的成分在裡面，因為孩子是父母生的，從父母而來的，所以在談論人格的形成時，必須先把基因的部分分離出來再來看環境的部分，才有意義。當你這樣做後，你就會看到哈里斯「團體社會化」理論的要義了。文化是由兒童的同儕團體傳承下去的，移民的子女採用同儕的文化，一個個都變得跟新社會的人一樣，而跟他的舊祖國不一樣。兒童的社會化並不是模仿大人，因為大人可以做的事小孩一般都不可以做，例如隨意進出大門、很遲上床睡覺、只吃喜歡的東西、可以罵人等等。她舉了一個很幽默的例子來說明：犯人在監獄裡並不是要模仿

獄卒，他是要模仿其他的犯人，他才可以在監獄中生存下去。模仿獄卒對他適應監獄一點好處也沒有，因為獄卒可以做的，犯人都不可以做。哈里斯認為人的社會化、人格發展以及文化傳承都發生在同一個地方，用同一個方法，那就是同儕團體。孩子與同儕共享的世界是塑造他行為和性格的地方，同儕團體決定了他以後會是什麼樣的人，不是他的父母。

她的理論細想起來是很對的。中國人不是也講說「蓬生麻中，不扶自直」嗎？如果父母很重要，為什麼孟母還要三遷？大家都知道孟母是個偉大的母親，假如父母決定孩子的人格，那麼，就算孟母不搬家，孟子也應該很好才對，為什麼她要不嫌麻煩地一搬再搬呢？我們現在知道兒童遊戲的團體對兒童的人格成長是有關係的。

英國的格林爵士說：「學校教育的目的不是學到任何有用的東西，而是培養人格和情操，對社會有正確的觀念，交到正確的朋友。」一個低層社會黑人的家庭搬到中產階級白人社區去住時，這家的孩子自然就變得跟中產階級的孩子一樣，溫文有禮，因為學校中每一個人都這樣時，孩子就有附和群眾的壓力，他自己就有動機想要變得跟其他的同學一樣。同樣地，白人的家庭搬到貧民窟黑人社區去時，孩子立刻也滿嘴髒話了，因為不是這樣，打不進同儕的團體，別人會排斥你，因為你跟他們不一樣。哈里斯舉出英國上層社會的父母，一年難得見到孩子一、二次，孩子生下來就交給保母、家庭教師帶，長到八、九歲送到寄宿學校去讀書，等到十八歲孩子畢業時，一個個都是英國的小紳士，嘴裡講的英文與照顧他的保母或學校的老師都不一樣，而與這個學校的學生都一樣，可見孩子是跟他的同儕一起社會化。她認為小孩子並不是從大人那裡接受到他們的文化，因為小孩子並沒有接觸到大人的社會，反而是所有

的大人都曾經接受過小孩子的文化，因為每一個大人都曾經是小孩子。小孩行為像父親的原因是因為他們都在同一個社區，被同一個方法社會化，假如地方改變了（如移民），小孩的文化就不會像父親的文化了。

　　哈里斯也舉生在聽人家庭中的聾孩子，進了聾啞學校後，行為愈來愈像其他的聾啞生，而與父母愈來愈不同。雖然這是一個例外的情形，但是在我們生活周遭到處可見到孩子從他同儕團體得到社會化的情形，這是為什麼青少年要去標新立異的原因，他的團體要想方法去區辨自己與別的團體的不同，所以要儘量從同中去求異，而他為了要變成團體的一分子，也必須去做附和這個團體的行為。從這裡，我們看到李遠哲院長為什麼會提倡「社區營造」的苦心，因為社區正是同儕社會化發生的地方，早在一九三〇年代，心理學家哈特蕭就說過：「性格教育的正常單位是團體或小社區。」他發現在一個情境下很規矩的孩子，在另一個情境下就可能做壞事，孩子跟父母在家中所學的道德往往不能延用到家門以外的地方。孩子若很不幸在家中有著不快樂的生活，如父母吵架、離婚，只要他在同儕團體中被接納、被尊敬，他一樣可以長大成為一個正常的人。

　　哈里斯甚至舉出在西藏長大的白人小孩麥斯頓，雖然他長得又高又白，跟西藏人不一樣，被他西藏修道院中的同儕所排斥，但是這並沒有阻止他社會化成一個西藏人，所以麥斯頓說他自己是一個「住在白人身軀裡的西藏人」。因此，教改如果想要成功，除了從教育著手之外，另外還需要推動社區的改造，當我們使這個社區成為我們理想中安和樂利的社區時，那麼住在這個社區中的孩子自然就社會化成為一個祥和的好公民了。

　　我很喜歡這本書的名字──「教養的迷思」，我們竟然信奉了

它一百年，不曾去檢驗它基本的假設是否成立，這對唸科學的我是
多麼大的警惕，去年暑假冒著溽暑將它翻譯出來，如今仔細校對，
力求完美，希望這本書能為我們的教育界帶來一些新氣象。

　　這是一本令你重新去思考過去無條件接受的教條的書。我們臺
灣的孩子一向服從權威、信服教條，不敢有自己的思想、自己的創
意，這本書打破你過去的習慣，每一句話都挑戰你過去的信念，是
一本應該細讀慢看、好好思考的書。為人父母、為人師長者尤其應
該看。

謹以本書獻給查理、諾咪、伊萊納

目錄

〈二版前言〉
父母重要嗎？
——一些誤解與澄清

　　他們都叫我「紐澤西阿嬤」，說我有天大的膽識。我的確是住在紐澤西州，十年前《教養的迷思》第一版出版時我已經六十歲了，而且我的確有一個孫女，那時她還很小，現在她將要進入青春期了。現在我有四個孫子，其中最小的在讀托兒所。

　　至於天大的膽識這點，很抱歉，並沒有任何改變。這本《教養的迷思》第二版所要傳達的訊息仍然是一樣的。所謂「專家」的說法是錯的，父母的教養並不能決定孩子未來的人格和行為，孩子不是從父母那裡習得社會化，教養的假設是一個迷思，許多支持它的研究都是毫無價值的。迂迴圓滑從來都不是我的強項。

　　雖然本書所要傳達的內容已經相當完整，而且當它首度問世時遭到眾多批判，但一直以來觀眾的安可聲持續不斷。我想這次第二版的問市，應該不會再引起那麼大的喧囂，至少時代已經不一樣了。

　　但是有些事我要說在前頭。我的第一個工作就是要向你介紹這本《教養的迷思》修訂版，就如你所見，我為它寫了新的前言。另

外，附錄二〈驗證兒童發展的理論〉也是全新的，內容包含一些為了驗證我的理論而設計的實驗，有些很新的實驗在我寫這篇前言時甚至尚未發表。有趣的是，有些實驗不是由發展心理學家而是由犯罪心理學家設計的。

這一版中最明顯的改變就是加上了註釋標號，標於文字右上角，[1]散見於內文各處。循著這些數字你可以找到附於書末的對應註釋，就在附錄二後面。第一版沒有註釋標號，即使書末有很多註釋（編註：一版中文本未附註釋）。它們是以頁碼及詞語標示，從詞語聯結回它們出現的特定頁面與段落。我原本以為這是個簡雅的做法，因為這麼一來內文就不會顯得凌亂。

不幸的是，這個做法有些問題。人們可能讀完一段而不知道我是否在註釋處提供有參考文獻，還是我只是在吹牛。更慘的是，有些讀者根本沒發現有註釋。他們之中的一些人還高聲抱怨為什麼沒有附上註釋。

對這一版來說，註釋更加重要，因為那裡是你可以找到許多新資訊的地方。例如說，我在第十二章中做了一個預測，是關於哪種反菸廣告能或不能成功降低青少年的吸菸次數。註釋就提供了這一預測的最新資料：兩項研究，在本書第一版發行後開始進行，評估兩種不同反菸宣傳廣告的效益。不賣你關子，一組廣告是有效的，另一組是無效的。你會想猜猜看哪個是菸商出資拍攝的嗎？

除了特定論文及書籍（依字母排序錄於參考書目處）的引用註明外，註釋還有其他的資訊，像是一些嵌不進內文的主題事物。在你開始閱讀某章之前，先瀏覽過該章註釋也許是個好主意，這麼一來可以快速預覽這一章要給的東西。

書中的內文有多處小更動，還有一些較大的更動。我更正了一

些小錯誤，並重新潤飾一些較不清楚或難懂的文句，更重要的是，我重新撰寫了一些段落，將該議題後來的新發現納入討論。但是我並沒有試圖把所有新資訊和我所知的一切全部加入，因為那將不是修訂版，而是等於重寫一本新書了。

在我修訂這本書時，我已經出版了另一本新書，書名是《基因或教養：解開人格差異之謎》（ *No Two Alike: Human Nature and Human Individuality* ）（臺北：商周，二〇〇七），書中除了納入最新的研究結果，也將我的理論更新，不是大幅更動，也不需要。新版的理論基本上只是這本書中所提理論的細節闡述，提供更多附加功能（以電腦用語來說）。原版的理論為社會化提供了很好的解釋，但是對於人格差異則較無明確的解釋，最明顯的例子就是同一個家庭長大的同卵雙生子。《基因或教養》一書著眼於這些人格差異，而《教養的迷思》則著重於社會化的過程。

就我目前的觀察，社會化和人格發展是兩個截然不同的過程。孩童藉由社會化來適應他們的文化，因而他們的行為會比較像他們的同性同儕。人格發展則是相反的作用，它保留或擴大個別差異。我的錯誤是將這兩個過程混為一談，事實上自從佛洛伊德以來，每個心理學家都將它們混為一談。如同本書第一章談論的行為主義者對佛洛伊德學派的反對，對假設的反對永遠不嫌多。

然而，當這本書在十年前出版時，沒有人指責我反對不夠，相反地，我被描述為狂熱的激進分子、極端主義者。父母對子女的影響有些被高估了，這個觀念對人們而言或許平凡無奇，但是我所提出的論點不僅止於此，父母對子女的人格發展或子女在外的行為並沒有長期的影響力。這個論點並不意味著父母是不重要的，父母在子女的生命中是扮演其他角色。但是當媒體把我的論點簡化為一

句話時，這些細節卻被忽略了。「父母重要嗎？」《新聞週刊》（*Newsweek*）的封面問道。「父母重要嗎？」《紐約人》（*The New Yorker*）雜誌的麥爾坎·葛拉威爾（Malcolm Gladwell）問道。這個問題冒犯了許多父母，這是可以理解的。幾乎全國所有的報章雜誌都發表了相關的評論，甚至是《農村遺產》（*Rural Heritage*，一本支持馬、牛、騾的畜牧業的雙週刊）也對此表示了意見。[2]

史迪芬·平克（Steven Pinker）在《空白石板》（*The Blank Slate*）一書的第十九章中，描述了在《教養的迷思》出版後發生的一些事，他用「打到電風扇葉」來形容。[3]我同時惹惱了自由主義者和保守主義者。擁有博士學位的評論者說我沒有博士學位，所以不知道自己在說什麼，發展心理學家爭相告訴記者那些我可能忽略掉的證據，有人譴責我這麼說等於是同意父母虐待或忽略孩子（根本不是這樣的），或是聲稱孩子不需要父母（這也不是事實）。

但是也有好事發生。過去二十年來，我都安靜地在家工作，很少有訪客。突然間，每個人都想來訪問我，記者和電視工作人員在我家門前踏出一條路徑來，每當有其他國家的譯本出版，就會有外國記者來訪。許多信件、電子郵件從各行各業的人以及各個國家寄來，有少數是惡意的，但絕大多數是善意的。

《教養的迷思》甚至啟發一篇漫畫的靈感，在知名漫畫家朱爾斯·菲佛（Jules Feiffer）的六格漫畫中，有一個人躺在心理分析師的沙發上，他說：「一直以來我都怪罪我的媽媽害我交不到女朋友、找不到工作……。但是後來這本新書出版了，它用科學上的證據說明父母對我們並沒有太大的影響，真正影響我們的是同儕！原來並不是我媽毀了我的人生，是弗萊迪·阿柏瑪威斯（Freddy Abramowitz）毀了我的人生！」

　　不，也不是弗萊迪・阿柏瑪威斯。其實菲佛不是唯一犯這種錯誤的人，我要藉此機會澄清一些對於同儕影響的誤解。

　　首先，你不能將你的心理或情緒問題怪罪於你的母親，但是你也不能將問題怪罪於你的朋友弗萊迪・阿柏瑪威斯。朋友的確很重要，他們與我們有情感交流，且占據我們思想和記憶中的一大部分，然而朋友對於我們的人格卻沒有太大影響。我的理論並不是將社會化歸因於同儕之間的朋友關係，也不是同儕之間的互動。

　　我使用「同儕團體」這個名詞也導致一些誤解，這個名詞會讓你想到整天混在一起的一群青少年。的確，整天混在一起的一群青少年也是一種同儕團體，但是在這本書中「同儕團體」這個名詞是指更廣泛的定義。我在第七章中提到，我所說的「團體」是指「社會類別」，例如女孩。社會類別可以是一群真實的人，也可以不是。當一個孩子認同「女孩」這個社會類別時，她會社會化為一個女性孩童，她會學習孩童應該有的行為（和大人不一樣），以及女孩應該有的行為（和男孩不一樣）。她可以認同「女孩」這個社會類別，即使在她的環境中她只見過兩、三個其他女孩。她可以將自己歸類為「女孩」，即使其他女孩不喜歡她或是不跟她玩，甚或是她並不喜歡她們。

　　對於同儕團體的誤解也導致了其他的錯誤想法。這本書所提出的「團體社會化理論」[4]不只是針對青少年，它並不是只發生在較大的孩子身上而不會發生在較小的孩子身上，也不是隨著孩子的年紀愈大表現得愈明顯。我所說的這個過程從孩子踏出家門、到有其他孩子的地方時就開始了，這個年紀最早為兩歲，大部分的孩子在三歲前就開始了。

　　這個理論也不是指最近社會上的失序行為，雖然文化改變了，

但現在的孩子受同儕影響的程度並不會比以前多。團體社會化理論是針對孩子心智的運作方式，這個方式不會因為時代而改變。

因此，我在這本書中提出的理論不只可以應用在我們這個複雜的都市化社會，人類學家、動物行為學家和歷史學家都發現，對子女的養育方式隨著不同的社會、不同的時代而有很大的差異，儘管如此，全世界的孩子都是一樣的。在每個社會中，孩子都很渴望跟其他孩子在一起，而且當他們在一起時做的事情基本上都是一樣的，不論是在世界上的哪一個角落或是任何一個時代。[5]

另一個錯誤的觀念是，我對教養的假設所提出的反證，主要是來自雙胞胎研究的證據。雙胞胎研究的證據很重要，但是它並不是唯一的證據。它之所以那麼重要，是因為它的結果恰可以用來解釋許多複雜難解的研究發現，例如獨生子與有兄弟姐妹的孩子並無不同，或是上托兒所的小孩與在家由父母照顧的小孩並無不同，或者父母為同性戀的孩子與父母為異性戀的孩子並無不同等等。你會發現本書中還有許多其他的發現，都與兒童發展的主流觀點大相逕庭。這些藏在我心中某個角落的發現，拼湊成了第十二章論述的根基。如同一位慧黠的讀者所下的註解：「試圖把既存的事實擠進過時的理論框架中，就像想要把一般尺寸的床單套進加大尺寸的床上，一個角套上了，另一個角卻彈開了。」[6]最後你會開始不耐煩，把舊床單丟掉。

雖然使用家事做比喻，但並不是全職媽媽的經驗使我揚棄教養的假設，而是證據說服了我。當我身為母親時，我對兒童發展的看法非常傳統，而當我開始質疑這些看法時，我的孩子已經長大了，她們都過著很好的成年生活，可惜我無法因他們的成就居功。

然而，證據支持我的理論並不代表這個理論已經得到證實。菲

佛漫畫中的主角說這本書「用科學上的證據說明父母對我們並沒有太大的影響」，在科學上「沒有太大的影響」這樣的字眼是無法證實的，因為你不可能去證實一件不存在的事，也就是統計學家所說的「虛無假設」（null hypothesis）。所以我並沒有嘗試去證明這個虛無假設，而是選擇為它辯護。我所選擇的一方是：父母對孩子的教養方式對於孩子的人格發展沒有重要的影響。現在，輪到支持教養的假設的人提出證據來駁斥這個虛無假設了。他們需要強有力的證據，且必須通過嚴格的檢視。

雖然經過幾十年的努力，他們仍未找到證據。至少在二○○五年時還沒找到，那是在線上雜誌《尖端》（Edge）的一篇文章中，相當罕見地一位坦率的發展心理學家公開承認：「心理學家尚未能對懷疑者證明父母的影響是很大的。」[7]這位心理學家是波士頓學院（Boston College）的艾倫‧維納（Ellen Winner），她是回答下面這個問題的科學家之一：「你相信何者為真，即使你未能證明它？」維納回答，她相信「是父母塑造了他們的孩子」。她仍然相信教養的假設，即使她無法證明它。她仍未放棄希望，或許有一天會找到證據，或許有一天茱蒂‧哈里斯會被打入聲名狼藉的地獄。

其他更狹隘、不坦率的心理學教授自一九九八年以來就一直聲稱，他們已經找到證據了。[8]我花了很多時間研究這些報告，我發現有些報告在方法上有瑕疵，但是有些的確很有說服力，即使對於我這種身經百戰的老鳥而言。你可以在《基因或教養》一書的第三章和第四章看到這些結果。

在本篇前言前面的段落，我曾謹慎地說「至少時代已經不一樣了」，這句話需要解釋一下，時代是如何不一樣？改變的程度如何？

首先，行為是受到基因的影響，行為上的個別差異有部分是導

因於基因上的差異，這兩個觀念現在已經逐漸被接受了。人們較願意承認除了頭髮的顏色和鼻子的形狀以外，孩子可以從父母那兒遺傳到行為的怪癖和人格特質。這是一個文化上的轉變，是逐漸形成的，當然這與我毫無關係，然而這個轉變讓人們更容易接受我的訊息。最近大多數的研究報告都將父母的影響歸因於事實上是因為親子之間的基因相似度，這是個重大的進步，所以像「我是從媽媽那裡得到的」這類句子現在聽起來模稜兩可：你是指從媽媽那裡遺傳到的，還是指從媽媽那裡學到的？在十年前，這句話是指「從媽媽那裡學到的」。

是這個文化上的轉變使我的理論被廣為接受嗎？或是因為持續有新的發現支持我的理論？隨著時間的推移，早期對《教養的迷思》的憤怒反應已趨於緩和，無論是在學術界或是一般大眾。今天這本書已被教科書和期刊文章廣為引用，[9]在許多大學它被指定為課堂上討論的書籍，甚至被列入考題。

另一方面，這些引用和討論中有些是負面的，我常被當做老師要學生去推倒的稻草人。正面的回應通常是來自發展心理學以外的領域，例如犯罪心理學。雖然少數發展心理學家曾被說服，但是大多數仍持反對意見，因此他們仍在繼續做同樣類型的研究，[10]那種我在前面稱之為毫無價值的研究，我在本書中也無情地仔細剖析過。它毫無價值的原因，是因為這些研究者所使用的方法，無法區分出究竟是環境對孩子的影響，還是基因對孩子的影響。我感興趣的重點是在環境，不是基因。但是我們無法知道環境對孩子的影響，除非我們知道孩子帶了什麼到那個環境中。

史迪芬‧平克為《教養的迷思》第一版所寫的〈專文推薦〉中，大膽預測這本書「會成為心理學史的一個轉捩點」。或許要評斷心理學界是否已經轉彎還太早，或許還要二、三十年才會實現這

個預言，但是在這個時間點我已經看到一些轉彎的跡象了。在發展心理學界，我注意到方法和結果的描述已經開始更加謹慎，而其他的心理學領域則出現更大的進步，我收到學生們的電子郵件，讓我對新一代的後起之秀充滿希望。

在學術界以外的進步跡象則更少。雖然人們對遺傳學已有更多的了解，但是他們並不會因此不相信教養的假設。例如最近《時代雜誌》（*Time*）的專題報導收集了幾篇關於兒童肥胖的文章，雖然知道基因和文化扮演了某種角色，但是父母還是得承擔責任和汙名。「父母該如何教育孩子控制自己的飲食習慣？」有一篇文章問道。「父母以身作則為孩子示範良好的飲食常規為什麼那麼重要？」[11]問題是，並沒有證據顯示父母教導孩子飲食習慣或是以身作則，對孩子有任何長期的效應。如同我在第十三章中解釋的，被收養的孩子在成年後的飲食習慣，並不會受到扶養他們長大的養父母所影響。體重不完全是遺傳的，但是非遺傳的部分不能歸責到家庭或是父母身上。[12]

我希望我的理論能讓養育孩子的人放輕鬆一點，讓父母的壓力減輕一點。很可惜，就我所知，這並沒有發生。為人父母者仍然是依照他們的文化規範，以憂心忡忡、勞力密集的方式來教養孩子，他們並沒有注意到我善意的忠告，或是因此而鬆一口氣，就連我自己的兩個女兒也是以那樣的方式養育她們的孩子。

不過，我怎麼能期待影響我的兩個女兒呢？

茱蒂・哈里斯

於紐澤西州密德鎮（Middletown）

二〇〇八年六月

〈一版前言〉
一個失業的教科書編者

　　這本書有二個目的：第一，改變你過去認為小孩子的人格
（personality）——也就是我們過去所稱的性格（character）——
是受父母所塑造的想法；第二，給你另一個看法，告訴你孩子的
人格可能被什麼所塑造。我反對舊想法、贊成新看法的理由曾在
一九九五年《心理學評論》（Psychology Review）中陳述過，這篇論文
的開頭是這樣寫的：

　　　　父母對孩子的人格發展有長期的效應嗎？本文檢視證據
　　後所下的結論是：沒有。[1]

　　這是一個挑戰（可以說是一記耳光），打在傳統的心理學臉
上，我知道人們會吃驚地往後退一步，甚至會憤怒。但是大多數讀
者所注意到的其實是：這篇文章的作者名後沒有掛上任何一個大學
或研究機構的名字，文章底下也沒有任何註腳來感謝某個出錢的機
構支援這個研究。我不是大學教授，甚至不是一個研究生。幾乎沒
有人聽說過我的名字，而我居然能在心理學最權威、最有分量的學
術期刊上登出我的論文，這份期刊的接受率只有百分之十五，絕大
部分的投稿是遭受退稿的命運。
　　我以為我的讀者都會大怒，想不到他們是無限地好奇。學術界

的人寄電子郵件給我，很禮貌地問（也有不怎麼禮貌地）我是誰，誰是我的指導教授，下面這位康乃爾大學教授的來信是個最好的例子：

> 你的論文對人格和發展心理學有很大的貢獻，這使我對你益發好奇。你是學術圈中的人嗎？臨床治療師嗎？一位有寫啟發性科學論文嗜好的失業鋼鐵工人嗎？

我告訴他，在這幾個選擇中我會選「失業的鋼鐵工人」。事實上，我是個失業的大學教科書編者，我並沒有博士學位，我被哈佛大學趕了出來，我只有碩士學位而已。我因為健康緣故，在家待了許多年，我沒有指導教授，也沒有研究生。我成了教科書編者是因為這是我在家中就可以做的事情。我是一個失業的教科書編者，因為我已辭去了那個工作。

我從此就沒有再接到過他的任何來信了，不過也有其他人繼續與我通信，有些人成了我的朋友和同事，不過我沒有見過他們，我跟學術界的聯繫完全是從電子郵件和一封封的信件而來的。

一九九七年，我在《心理學評論》的那篇文章得到了美國心理學會（American Psychological Association）的最佳新作獎。這個獎的名字叫做喬治・米勒獎（George A. Miller Award）。米勒博士是心理學大師，也是美國心理學會的前任理事長，這件事可以說是上帝具有幽默感的最佳證據。三十七年前，我接到哈佛大學心理學系的一封信，信上說他們決定不給我博士學位，因為他們認為我非可造之材。這封信的具名者是當時心理系的代理主任：喬治・米勒博士。

在我兩次遭逢喬治・米勒這個名字的期間，我嫁給了研究所的

同學，生了兩個女兒，她們在本書中不時出現。我剛結婚的頭十五年身體都很好，但是我並不想再回去唸書，我並沒有想到去證明哈佛對我的看法是錯誤的，因為我還以為他們是對的。

我是後來生了病才改變了我的想法，或許是因為太接近死亡的關係（假如你知道你只有兩個禮拜可活，你的心智會突然變得很專注）；或許是因為生病躺在家太無聊，我開始做一些我以前哈佛的老教授會讚許的研究工作，有一些研究甚至被刊登了出來。[2]

幸好，我這個蛻變來得太晚，使我無法再回到研究所去完成學業，如此一來，我逃過了學術上的灌輸，所有的發展心理學和社會心理學上的知識，都是我自學、自修得來的。所以我成了一個往裡看的外圍者，所謂「旁觀者清」。這個情形造成了我和別人的不同，我對學術上有地位的人的假設不會照單全收，我也不欠給錢機構的人情，而且一旦我決定放棄編教科書後，我也不必非把別人的聖言傳授給那些什麼都相信的大學生。我放棄寫教科書主要就是因為，有一天我突然發現我告訴這些很容易輕信別人的大學生的話是錯的。

一位醫生在《美國醫生學會期刊》（*Journal of the American Medical Association*）上說：「假如可能的話，一個努力的效果應該由不能由此努力得到任何好處的獨立第三人來評定。」[3]換句話說，假如你想知道國王的新衣的真相，你不能去問那個裁縫師。

雖然我不是他們其中的一員，我卻欠他們很多的人情，因為這本書中所談到的發展理論大部分是學術圈中的人提出的。我特別感謝學術圈中的一些人，多年來，他們慷慨寄給我他們著作的抽印本。

不能去使用大學圖書館的確很不方便，不過可以克服。公立

圖書館也很有用，因為透過它我可以借到大學圖書館的書。我特別謝謝紐澤西州密德鎮圖書館的瑪莉‧波克（Mary Balk）小姐及紅河岸（Red Bank）圖書館的珍‧艾琴勞（Jane Eigenrauch）小姐幫我做館際合作的借書。也特別謝謝幫忙我的人——如瓊‧佛利伯雷（Joan Friebely）、莎賓娜‧哈里斯（Sabina Harris）以及大衛‧麥爾斯（David G. Myers）——這些人都寄給我額外的閱讀材料。

　　有許多人幫我，使我不離群索居。我的第一個學術界的電子郵件朋友尼爾‧沙肯（Nail Salkind）和茱蒂‧吉柏斯（Judith Gibbons）使我了解「被關在家中」（shut in）並不一定代表「被關在外」（shut out，被隔離），丹尼爾‧魏格納（Daniel Wegner）確保我投到《心理學評論》的文章得到公平的待遇。他對文章初稿的批評與挑戰，使我對文章中的遣詞用語考慮得更深遠，不但改進了文章的可讀性，也加強了我的理論基礎。我從史迪芬‧平克所得的忠告與鼓勵，從我的代理人布洛克曼（Brockman）公司的凱汀卡‧梅森（Katinka Matson）小姐、我在自由出版社（Free Press）的第一個編輯蘇珊‧阿利蘭諾（Susan Arellano）小姐和我的第二個編輯莉莎‧麥奎爾（Liz Maguire）小姐所得到的幫助都是無與倫比的，我深深地感謝她們。我也感謝佛蘿倫絲‧麥茲爾格（Florence Metzger），她使我的家窗明几淨，還附贈她的歡愉與仁慈給我。

　　我的同事、朋友和家人很慷慨地貢獻出他們的時間和專注來讀這本書的初稿，並給予我批評指教，我很感謝他們的批評與指教，因為這些不但提升了我的士氣，也使我免於犯下那些令人發窘尷尬的錯誤。阿利蘭諾、佛利伯雷、查理哈里斯（Charles S. Harris）、諾米‧哈里斯（Nomi Harris）、大衛‧賴肯（David G. Lykken）、大衛‧麥爾斯、平克以及理察‧瑞克（Richard G. Rich），都讀了整

境」（environment），就像陰和陽
和夏娃，是老爸和老媽。在唸高中
多到當我父母責罵我時，我會告訴他
這個樣子，他們不能怪別人，只能怪他
了我遺傳的基因和生長的環境。
—我們那個時候是這樣稱呼的——現在則被
（nature and nurture）。它們本來就非常強勢，
就更加強有力了。先天和後天涵蓋所有的變項，
而且沒有人會質疑「先天和後天」是推動者和塑造
變成今天的這個樣子，更決定我們的小孩未來會是

八年一月的《電訊》（Wired）雜誌上，一位科學記者
年、五十年、甚至一百年以後，當父母可以像挑選牛仔
鬆地挑選他們小孩的基因時，那會是個怎樣的現象？他稱
基因型的選擇」（genotype choice）。你想要男孩還是女孩？
捲曲的還是頭髮平直的？數學好的還是語文好的？「如此一
父母對孩子們的未來會是什麼模樣就有非常大的自主權。」他
不過他隨後又補充道：「但是，今天的父母已經有相當大的權
力，足以決定孩子的未來。」[1]

他的意思是說，現在的父母已經有相當大的權力來決定孩子的
未來，因為父母提供了環境——也就是教養（nurture，狹義言之，
指家庭或學校的教育性實施，對個人身心發展所產生的綜合影響
廣義言之，指後天環境中影響個體身心發展的所有因素之總
本書中，nurture 視行文而譯為教養或後天，其意為專指
所做的一切）。

本書稿並給我敏銳有洞察力的批評。安妮—瑪麗·安伯特（Anne-Marie Ambert）、威廉·柯沙洛（William Corsaro）、卡洛琳·愛德華茲（Carolyn Edwards）、湯瑪士·金德曼（Thomas Kindermann）以及約翰·莫德爾（John Modell）以他們專精的領域給予了這本書同樣敏銳有洞察力的批評。

我的女兒、女婿、我的兄弟和我的先生，給了我作家所需要的支持。他們忍受我、相信我。我獻上我的愛及永恆的感恩。

茱蒂·哈里斯
於紐澤西州密德鎮
一九九八年四月

你們孩子並不是你們的，

他們是生命的子女，並渴望著成為自己。

他們經由你而得到生命，但是他們不是來自於你，

雖然他們跟你住在一起，他們並不是屬於你。

你可以給他們你的愛，但不要給他們你的看法，

因為他們自有見解。

你可以供給他們居住，但是不要禁錮他們的靈魂，

因為他們的靈魂是住在明日世界的房子裡，

那個地方即使在你的夢中也無法企及。

你可以盡力想辦法跟他們一樣，但是不要想辦法讓他們跟你一樣，

因為生命是不會走回頭路的，也不會為昨天所耽擱。

——卡里·紀伯倫（Kahlil Gibran）

「教

「環境

"Nurture" Is N
"Environment"

The Nurture Assumption

　　沒有人對這樣的說法提出質疑，因為它看起來像是不證自明的。這兩個決定孩子未來的因素就是先天——他們的「基因」（gene）和後天——撫養他們長大的方式；這是眾所相信的，也是心理學教授所相信的。這樣幸運的巧合是不容忽視的，因為在科學上，大部分的時候是專家認為是一種，一般街上老百姓想的又是另外一種。但是在這件事情上，不論是教授或是排在你前面準備付錢的那位人士，想法都是一樣的：先天和後天決定了一切。先天（大自然）給了父母一個嬰兒，而這個嬰兒要變成怎樣，決定於父母要怎樣撫養他。好的環境可以彌補許多先天的不足；欠缺好的環境則會辜負上天許多的美意。

　　這就是我在沒有改變想法之前所深信的。

　　但是我所改變的想法，是關於父母教養的方式，而不是環境的重要性。這本書不是那種遺傳決定論的書；它絕對不是。環境本來就跟遺傳一樣重要。兒童在成長過程中所經驗的事情，本來就和他天生能力一樣重要。我所質疑的是「教養」是否就等於「環境」的同義詞。把這兩者當做同義詞，我認為是自找麻煩。

　　「教養」不是一個中性詞，它的身後還附有另一層涵義。它含有撫養、照顧的意思在內，與「營養」（nourish）、「哺乳」（nurse）來自同一個拉丁文的字根。把教養當做環境的同義詞，是基於下面這個假設：影響兒童成長的因素，除了基因之外，就是父母教養的方式。我稱它為「教養的假設」（nurture assumption）。只有在拉拔兩個孩子長大，又與別人合寫過三版有關發展心理學的大學教科書之後，我才開始對這個假設產生懷疑。一直到最近，我才確定它是錯的。

　　要去反證一個不需要證明的假設是很困難的。我的第一個步驟

是去證明教養的假設不過是一個假設而已。我的第二步是要說服讀者它是一個不成立的假設。我的第三步是提供讀者一個新的假設來取代它。我所要提供的看法，與舊的、想要取代的那個假設一樣強而有力——是我們何以變成今天這個樣子的一種新的解釋方法。我的回答方式是從小孩天生就擁有的心智來著手，因此，這需要先談一下人類的發展歷史。現在就請你跟我一起超越時空，到別的社會，甚至到黑猩猩的社會裡看一看。

在合理的質疑之外？

　　我怎麼可能去質疑一個有這麼多證據的假設呢？你隨處都能目睹父母對孩子的影響力。被虐待、常挨打的孩子，父母一出現就畏縮起來；嬌寵的孩子則是騎到父母頭上去。在沒有道德觀念教育下的孩子，他所表現出來的行為就是不道德的；父母認為成不了大器的孩子，最後果然成不了大器。

　　市面上有無數的書籍可以提供這方面的證據。例如，臨床心理治療師（clinical psychologist）蘇珊・佛渥德（Susan Forward）所寫的書，充分描述了惡毒的父母（toxic parents）——那種只會批評小孩、或打擊小孩子的自尊心及自信心、或太早給予小孩太多自主權等這類喜怒不可預測的父母。佛渥德曾看到父母把怒氣發洩在小孩身上所造成的傷害：她的病人在心理上一團糟，這是他們父母的錯。他們只有在承認這一切都是父母之過以後，病情才可能好轉。

　　但是，或許你就是屬於懷疑派的人，不認為臨床心理治療師的看法是足夠的證據，因為他們的看法是來自於有異狀的病人樣本群。不過，比較科學的研究也提出了同樣的證據。這些證據得自針

對一般正常父母及其子女所仔細設計的實驗，而且這些父母和子女在心理上的正常性，都遠遠超過佛渥德候診室裡的那些病人。

美國前第一夫人希拉蕊（Hillary Rodham Clinton）於其丈夫為美國總統任內時的著書《同村協力》（It Takes a Village）（臺北：遠流，一九九六）中，她綜合了許多發展心理學家所做的仔細研究後指出，有愛心、能與嬰兒有所互動的父母，他們的孩子比較會安全地依附在其身邊，而且長大後會成為有自信、行為友善的人。願意花時間讀書給孩子聽、跟他們說話、傾聽他們心聲的父母，將來孩子在學校的表現會比較好，人也會比較聰明活潑。對孩子的態度堅定而不僵硬的父母，將來這些孩子比較不會觸犯法律。對待孩子十分嚴苛的父母，將來孩子會變得有攻擊性和容易焦慮。誠實、善良、體貼的父母，小孩的行為也比較可能會誠實、善良、體貼；無法提供孩子一個溫暖家庭的父母，孩子長大後也可能在家庭生活方面遭受挫敗。[2]

這些話以及許多其他類似的說法，都不是空穴來風；在它背後有很多的研究支持著它。我以前替選修發展心理學的大學生所寫的教科書，正是根據這些研究所得的證據下筆的。而教授這些課程的教授，也都對這些證據深信不疑，偶爾在報章雜誌上報導這類消息的新聞記者也是如此；就連小兒科醫生也是根據這些研究證據，對父母提供育兒忠告。其他著書撰文的顧問都相信這些證據的「表面價值」。這些發展心理學家所做的研究，在我們文化中所造成的影響是無遠弗屆、無孔不入的。

在我寫教科書的時候，我對這些證據也是深信不疑的。但是當我捧起它來仔細檢驗它的真偽時，它卻在我的手掌中崩潰瓦解。發展心理學家用來支持教養的假設的證據，並不像它表面上看起來

的那樣：表面上它證明了教養的假設的說法，但事實上並未加以證明。而且現在已有愈來愈多的證據，反對教養的假設。

　　教養的假設並不是邏輯上的公理，它甚至也不是大家所公認的真理。它是我們的文化產物──一個我們文化所珍視崇拜的神話。本章後文中，我將會告訴你它從何而來，以及我如何開始質疑它。

教養的假設的遺傳和環境

　　達爾文（Charles Darwin）的表弟法蘭西斯・高頓（Francis Galton），一般被認為是第一位提出「先天和後天」這組名詞的人。高頓可能是從莎士比亞那裡得來的靈感，但是莎士比亞也不是第一個想出這個名詞的人。在莎士比亞把這兩個詞並列於他的作品《暴風雨》（*The Tempest*）的前三十年，英國一位教育家理察・摩卡斯特（Richard Mulcaster）就曾寫過：「自然賦予這個孩子條件，教養使他發揮出來。」（Nature makes the boy toward, nurture sees him forward.）。三百年以後，高頓把這兩個字變成家喻戶曉的名詞。於是它就像廣告詞一樣傳播開來，變成我們語言的一部分。[3]

　　但是真正創造出教養的假設的人，卻是佛洛伊德（Sigmund Freud）。他首先認為一個心理有病的成年人，他的病因可追溯到童年時期父母的教養方式。根據佛洛伊德的理論，父母因為性別不同，造成孩子不可言喻的痛苦，因為孩子與父母生活在一起。這種苦惱不可避免，而且大家都有；即使是最體貼的父母也無法防範這種痛苦的發生。所有的小男孩都必須經過「戀母情結的危機」（Oedipal crisis），所有的小女孩都必須經過「折價賤賣」（reduced-for-quick-sale）的階段。母親（不是父親）特別被認為是

童年兩大危機——斷奶和如廁訓練——的罪魁。

　　佛洛伊德的理論在二十世紀的前五十年非常流行；甚至連最有名的小兒科醫師史巴克醫生（Dr. B. Spock）的育嬰手冊中，都有它的影子：

　　　　父母可以用溫和的方式，清楚地讓孩子知道父母是屬於他們彼此的。小孩絕對不能霸占父母，認為媽媽只屬於他或爸爸只屬於她。父母可以用這種方法幫助孩子渡過這個嫉妒的時期。[4]

　　難怪精神科醫生和心理治療師（協助病人解決情緒問題的人）是最受佛洛伊德影響的人。不過，佛洛伊德的理論也對學術圈中的心理學家產生很大的影響。所謂學術圈的心理學家，我指的是把研究發表在專業期刊上的人。不少人曾試圖尋找科學上的證據以驗證佛洛伊德的理論，但是這些努力大多都沒有成功。大部分的人只是把佛洛伊德的用詞放入自己的文章當中或授課的內容上。

　　其他的人則是走向另一個極端，完全否認佛洛伊德的說法，結果是因噎廢食；這就好比是倒洗澡水時，把嬰兒也順便拋了出去。「行為主義」（behaviorism）——這個在一九四〇、五〇年代紅得發紫的美國心理學派——有一部分的學說就是針對佛洛伊德的學說而來。行為學派可以說完全反對佛洛伊德的學說；舉凡性和暴力、「本我」（id）和「超我」（superego），甚至「意識的心靈」（conscious mind），他們都一概反對。但很奇怪的是，行為主義者接受了佛洛伊德理論的基本大前提：童年的經驗極為重要，而父母當然是童年經驗中的重要角色。所以行為學派拋棄了「佛洛伊德

心理分析劇」（Freud's psychodrama）的劇本，但是保留了劇中的主角。在行為主義的劇本裡，父母親依然是主角，只是他們不再扮演性對象的角色，而變成了制約反應的制約者，或是施予獎勵或懲罰的人。

行為主義大師約翰‧華生（John B. Watson）注意到在日常生活中，父母對孩子的制約反應並不是那麼地系統化，前後常有矛盾的地方，所以他自告奮勇來做一示範。他心目中最理想的示範是在嚴格控制的實驗室中將十二個健康的嬰兒撫養長大。他說：

> 給我一打健康的嬰兒，讓我在特定的世界中將他們養大成人。我可以向你擔保，我可以隨機挑選一個嬰兒出來，訓練他使他變成任何我想要他變成的專家——醫生、律師、藝術家、總裁，以及，是的，甚至小偷和乞丐；不管他原來的天分、性向、能力，以及他們的種族爲何。[5]

這些嬰兒的運氣真好，因為沒人把華生的話當真。不過，直到今天可能還是有一些年邁的行為主義者認為，假如他有足夠的研究經費，他可以成功地完成實驗，證明華生是對的。事實上，我們知道這只是個吹牛而已，華生根本不知道如何去實踐他的諾言。在他那本《嬰兒與幼兒的心理照顧》（*Psychological Care of Infant and Child*）一書中，他對於父母如何不寵壞孩子、如何使孩子獨立自主且無所懼（你不要理會孩子、不要讓他們看到你喜歡他們）的建議頗多著墨，[6]但是全書中完全沒有提到如何讓孩子的「智商」（IQ）提高二十分以上；然而提高他們的智商，似乎是讓他們進入醫學院或法學院，準備從事華生就業名單上前兩大職業的最重要步驟。他的書

中也沒有引導如何使孩子選擇醫學院而不選擇法學院，或是選擇法而不選擇醫。假如你仔細追究下去，你會發現華生唯一的成功，就是使一個名為阿爾伯特（Albert）的嬰兒害怕毛絨絨的動物。他是在阿爾伯特伸手去摸兔子時，製造出一個巨大的聲響，使他害怕。[7]雖然這個訓練可能會使阿爾伯特長大後不想成為獸醫，但是他仍有很多其他的職業可以選擇。

比較有點希望的行為主義方式，是史金納（B. F. Skinner）的研究法；他採用「增強反應」（reinforcing responses）的方式，而不是用制約行為的方式。[8]這個方法比較有效，因為它不限於嬰兒與生俱來的反射反應，你還可以用「增強」（所謂增強就是用食物或口頭讚美做為獎勵）的方法去創造出新的反應，一步一步地接近你所希望產生的行為。從理論上來說，你可以透過獎勵孩子替他的朋友貼膠布、綁繃帶的方式，製造出一個醫生，或是以獎勵一名「對使他朋友跌下來的腳踏車工廠提出告訴」的孩子，製造出一個律師。但是華生就業名單上的第三項——藝術家——該如何去製造呢？一九七○年代的研究指出，你可以用糖果或貼紙等方式去鼓勵小朋友畫畫，而且他們也會在有獎品的條件下，畫出一大堆圖來。但是這樣的獎勵會產生一種很奇怪的效果：一旦停止提供獎品，小朋友的手也停止畫畫了。在獎品停止後，曾經因拿過獎品而畫畫的兒童，要比從來不曾因為拿起蠟筆畫畫而得到獎品的兒童，更少畫畫了。雖然根據後來的研究顯示，頒發獎品也可能不會產生這些不好的後果，但是結果如何很難加以預測，因為獎勵的性質和給予時間的複雜度，以及受獎者的人格特質之不同，都會使結果有所不同。[9]

有人說，天才是一分的靈感，加上九十九分的努力。行為主義者只注意到努力，而忽略了靈感。《湯姆歷險記》（*The Adventures of*

Tom Sawyer）中的湯姆，比起史金納是更好的心理學家。湯姆讓他的
朋友爭相酬謝他，因為他讓他們去刷籬笆，而且他不但讓他們去工
作，更讓他們喜歡做這個工作。

　　我不認為華生真的想要一打健康的嬰兒來做實驗，我認為他只
是在表達一個行為主義的基本理念：兒童是可塑造的，並且是環
境——而非他天生的能力、脾氣、性向——來決定他的前途。至於
上面所說的那段極端的話只是宣傳而已；華生只是藉此把他自己抬
到「環境專家」（Lord High Environmentalist）的地位。

研究兒童的藝術與科學

　　就學術領域而言，兒童人格發展的研究起步相當晚，大約是在
一八九〇年左右。早期的發展心理學家只對兒童有興趣，沒怎麼
去管他們的父母。假如你去讀佛洛伊德理論和行為主義盛行之前所
寫的發展心理學的書，你會發現很少談到父母對兒童人格形成的影
響。佛蘿倫絲・古德伊諾芙（Florence Goodenough）在一九三四年初
版發行的教科書《發展心理學》（*Developmental Psychology*）裡面，沒
有一章談到父母—子女的關係。在她討論「青少年犯罪」（juvenile
delinquency）時，她確實談到了「壞環境」的影響，但是她指的是
城市中荒蕪破爛的貧民窟，以及酒吧、撞球場，和賭場聚集的地
方。[10]

　　在這同時，凱洛格夫婦（Winthrop and Luella Kellogg）報告了他
們豢養靈長類的實驗。他們在家中養了一隻黑猩猩，名叫「瓜」
（Gua），而且讓這隻黑猩猩跟他們的兒子唐納（Donald）一起
長大，兩者接受的待遇一模一樣。「環境」這個字在他們的書中

不斷地出現，但他們是用它來區分叢林和「文明環境」（civilized environment），或是動物園和「人類環境」（human environment）而已，因為瓜本來應該在叢林或動物園中長大。[11]在那個時候，並沒有把「環境」這個字用來更精細地區分一個文明的家和另一個文明的家。

　　早期最有影響力的發展心理學家，應該算是安諾德·葛塞爾（Arnold Gesell）。對葛塞爾來說，父母也是兒童成長環境中本來就應該有，而且是不顯著、可交相替換的角色而已，這樣的看法跟古德伊諾芙所見一般。對他來說，某個年齡的孩子也是彼此可以交相替換的。葛塞爾告訴你如何去照顧「你四歲的孩子」或「你七歲的孩子」時，[12]他的口氣就跟汽車操作手冊裡告訴你如何去保養、照顧「你的福特汽車」或「你的進口名車」差不多。家就像個修車廠一樣，小孩每天晚上回到家來，不知名的修車廠小工就把它刷洗乾淨、上蠟，並把油箱加滿。

　　現代的發展心理學家都是在一九五〇年代以後才出生的。這時候的研究者不再尋找四歲的孩子跟其他四歲的孩子有什麼相同的地方；他們開始研究這些孩子和其他孩子有什麼不同的地方。這樣的做法引導出一種觀念——在當時這是相當新穎的想法——那就是從孩子的差異追溯他們父母不同的教養方式，這種研究的雙親色彩（佛洛伊德心理學和行為主義的論述）清楚可見。它的設計是要找出父母對孩子實施的獎懲方式——包括斷奶和如廁訓練——如何影響孩子的人格成長。研究者特別對兒童的人格成長與佛洛伊德的概念（例如超我的形成）有關的層面興趣濃厚。這裡面，目前已從史丹福大學退休的伊蓮娜·麥柯比（Eleanor Maccoby）是其中的佼佼者。三十多年後在一篇文章中，麥柯比說明早期這些研究的成果：

這些研究結果從很多方面來看是令人失望的。在一個針對近四百個家庭所做的研究中,幾乎找不到任何兒童人格特質的判斷是與父母撫養孩子的方式(根據父母在訪談中的報告)有所關聯的,而且彼此的相關性少到沒有一篇報告可以根據這兩套資料撰寫出來。這個研究唯一的成果是寫成了一本書,內容是從母親的觀點來談如何撫養子女。這本書完全是描述性的,只有一些當時爲什麼會做這個研究的理論,以及對這理論的一點驗證而已。[13]

但是這個失敗並沒有使後來的研究者感到氣餒或裹足不前。相反地,一群研究者相繼投入這個領域,直到今天還是一樣。雖然它與佛洛伊德理論和行為主義的關係已經中斷,但是有兩個想法仍然繼續存在:一是行為主義認爲父母可以用獎懲的方式影響孩子的發展,另外一個則是佛洛伊德理論堅信的「父母可以毀了孩子的前途,而且這種情況常常發生」。

現在我們已經認爲父母對孩子的影響是理所當然的。因此後來的研究者也不會再去研究父母會不會影響孩子的發展,而是想發掘出父母如何對孩子的發展產生影響。這樣的研究方法已經標準化了:你去觀察父母如何教養孩子,你去觀察這個小孩在成長過程中如何轉變;你找好幾對的父母—子女來進行觀察,然後把資料綜合在一起,再看看能不能從中發現任何全面性的趨勢;你想辦法找出父母教養小孩方式的哪些層面會對小孩人格的形成有影響。你希望找到父母的行為態度和孩子的人格之間存在著「統計上的顯著」(statistically significant)關係;用外行人的話來說,就是這篇研究可

以投到期刊上去發表。

雖然麥柯比所講的研究並沒有找到任何統計上顯著的結果，但是許多後來相似的研究卻成功地找到。這些研究不但找出了統計上的顯著結果，而且都刊登在專業的學術期刊上，好比說《兒童發展》（*Child Development*）和《發展心理學》。它們變成了支持教養的假設的如山證據。至於其他那些沒有得到統計上顯著結果的資料，我們所知無幾，可能多半已變成垃圾山的一部分了。我們之所以知道第一個這種研究幾乎找不到父母態度和子女人格之間有任何關聯，主要是因為麥柯比博士自己承認的——而且是在三十五年以後才透露出來。

把野孩子變成好公民

專門從事前面所講的那種研究的發展心理學家，稱為「社會化研究者」（socialization researcher）。所謂社會化，就是把一個野孩子馴服成一個好公民，變成社會的一分子。被社會化的人可以說這個社會其他分子所說的語言，他們有良好、恰當的行為，有某些必備的技能，而且與社會上其他人有著共同的信仰。根據教養的假設的說法，社會化是父母教導給孩子的。社會化研究者所研究的，就是父母如何使孩子社會化，並以這個孩子後來變得好或壞，來評量社會化的成敗。

社會化研究者信奉教養的假設。誠如我前面曾提過的，我當時也信奉它。基於這種信仰，我跟他人合寫了三版的兒童發展教科書，甚至開始獨自寫一本新的教科書，直到一種奇怪的感覺使我放棄這個寫書的專案。許多年來，我一直對社會化研究者的數據資料

感到不安，而且也一直避免去思考那些跟出版社要我告訴讀者的不符的觀察。有一天，我突然發現我再也不相信這個故事。

下面是三個使我困擾的觀察。

第一個觀察，是當我還是研究生的時候，我住在麻省劍橋的一個房子裡。房東是一對俄國移民，帶著三個小孩住在樓下，樓上則是分租給學生。房東夫婦彼此用俄語對談，他們跟孩子也說俄語，因為他們的英文很破，有著濃重的俄國腔。但是他們的小孩，從五歲到九歲，個個說著標準的英文，完全沒有一點俄國腔。也就是說，他們跟鄰居小孩一模一樣，說的是波士頓—劍橋的口音。他們看起來也跟鄰居的孩子一樣，但是他們的父母看起來就像是外國人。我也說不上來是他們的衣著、面孔表情、他們的舉止，還是什麼原因，反正他們一眼就看得出來是外國人。但是他們的小孩卻不像外國人；他們的小孩就像道地的美國人一樣。

這使我感到很奇怪。嬰兒顯然不會自己就發展出語言來，他們必須要從父母那兒習得語言。但是這些孩子所說的語言卻不是他們父母所說的語言，甚至連那個五歲的孩子所說的英文，都比她媽媽好。

第二個觀察是有關在英國長大的兒童。因為我很喜歡看英國的懸疑小說，我注意到英國上層社會的男孩子的成長方式都不符合教養的假設。這些英國富人的小孩，前八年都是在保母、家庭教師的照顧下長大的，運氣好的還有一、兩個兄弟姐妹做伴。這些小孩跟母親相處時間很少，跟父親在一起的時間更是少。英國父親對子女的態度是最好不要聽到小孩的聲音，如果可能的話，最好連見面都不必。[14]到八歲以後，小孩就被送去「寄宿學校」，在那裡住個十年，只有放假日才回家。但是當這些小孩離開伊頓（Eton）或哈洛

（Harrow）等私立貴族學校時，個個都已變成英國紳士，可以進入上層社會了。不過，他們的談吐並不像小時候的保母或家庭教師，舉止也不像伊頓或哈洛的老師們。他們的上層社會口音和上層社會舉止，使他們看起來像是他們的父親，但是父親對於他們的成長過程，可說是一點影響都沒有。

　　第三個觀察是，許多發展心理學家假設，兒童是從觀察和模仿父母，來學習他應該怎麼表現，尤其是模仿與自己同一性別的父母親。這個假設是源自佛洛伊德的理論。佛洛伊德認為，戀母或戀父情結（Oedipal or Electra complex）最後會導致認同父親或認同母親，最終形成超我。還沒有走完戀父或戀母情結的狂飆時期（Sturm und Drang）的兒童，是無法做出恰當表現的，因為他們的超我還未形成。

　　兒童心理學家塞爾瑪·佛瑞伯格（Selma Fraiberg）──其著書在一九五〇年代十分受歡迎──便接受佛洛伊德的社會化理論。她用下面這個例子來說明兒童小時當他知道他不應該做，但又無法控制自己不去做的時候，會出現怎樣的行為。

　　　　三十個月大的茱莉亞發現自己單獨一個人在廚房，她的媽媽在講電話。桌上有一籃的雞蛋，茱莉亞突然想吃炒蛋……。當茱莉亞的媽媽打完電話回到廚房時，她發現她女兒正高興地把蛋打在地板上，嘴裡還一邊嚴厲地指責自己：「不，不，不，不可以這樣做。不，不，不，不可以這樣做。」[15]

佛瑞伯格把茱莉亞的行為歸因到她還沒有發展出超我，因為她

還沒有與她的母親產生認同。但是假如你仔細觀察茱莉亞在她母親
進來時正在做的事情，你會發現她正在做炒蛋，而嘴裡說的「不，
不，不」是在模仿她的母親在罵她。她這麼逼真地模仿母親，母親
還不高興。

　　事實上，兒童沒有辦法靠模仿父母親來學會該怎麼做，因為大
部分他們觀察到父母所做的事情，都是他們所不能做的。例如，把
家弄髒弄亂、差遣別人去做事、開車、劃火柴點香菸、隨心所欲地
來來去去等，都是看起來很有趣的事，但是這些事情小孩子都不准
去做。從小孩子的觀點來說，在早期的社會化過程中，他們主要學
會的一件事，就是不能去做他們父母的行為。

　　如果你還在想，不知道在比較不複雜的社會裡，模仿跟自己
同性別的父母親會不會有比較好的結果，那麼我告訴你，答案是
不會。在未開發的社會中，可接受的大人行為和可接受的兒童行
為兩者之間的差距，比在我們社會中的差距還更大。在玻里尼西亞
島（Polynesian islands）的村莊社會中，兒童要守規矩、服從大人的
話，而且只有在大人對他說話時才可以說話。[16]但是大人不論是跟
自己的孩子或是跟別的大人在一起時，卻不是這樣。雖然玻里尼西
亞的兒童可以從觀察父母織布或捕魚中學到這些技術，但是他們沒
有辦法從觀察中習得社會化。在大多數的社會中，假如兒童的行為
跟大人一樣的話，那麼這個小孩會被認為是目無尊長、沒有禮貌
的。

　　根據教養的假設，父母將文化訊息（cultural knowledge；包括語
言）傳輸給孩子，並把孩子準備好，使他將來可以進入社會做一個
好公民。但是新移民的子女並沒有從他們父母身上習得當地的語言
與習俗，富有的英國人子女看到他們父母的時間少到使這個理論不

太可能成立。許多不同文化中的子女，如果行為太像父母的話是會
惹麻煩、有苦頭吃的。但是這些兒童統統都學會了他們社會所期待
他們的行為。

　　這個教養的假設其實是根據某一種特定的家庭生活模式而來，
那就是典型的中上階級北美或歐洲的家庭。社會化研究者根本不
去觀察那些父母不會講當地語言的家庭；他們也不去研究就讀寄宿
學校的兒童，或是那些被保母、家庭教師帶大的人。雖然「人類學
家」和「跨文化的心理學家」都曾經研究過許多不同社會中教養兒
童的方式，但社會化研究者卻很少花心思去看看他們的理論，是否
可以應用在不同社會中長大的兒童身上。

　　當然，有些現象是在每一個社會中都相同的。在每一個社會
裡，所有的嬰兒生下來時都是無助又無知的，他們需要大人的照
顧。在每一個社會裡，嬰兒都必須要學會當地的語言和習俗，都要
能與家中的其他人形成良好的工作關係。他們必須學會這個世界是
有規則可循、有法律在管，他們不能隨心所欲地做事。而且這種學
習必須很早就開始，甚至當他們仍在襁褓中，完全依賴大人時就應
該開始。

　　在嬰兒的生命中，照顧他們的大人扮演非常重要的角色，這點
是毋庸置疑的。從這些人身上，嬰兒學會了他們的第一種語言，形
成第一次經驗，並得到遵循規律的第一個教訓。但是社會化研究者
繼續往前做出以下的結論：兒童在早期經驗中所學得的親子關係和
行為規則，會影響以後的親子關係與守法行為，因此早期經驗決定
了他往後的一生。

　　我以前也是這麼想的。我仍然認為兒童需要及早學習親子關係
與遵守規律，而且也需要學習語言，但是我不再相信兒童早期在

家中所習得的經驗，會決定他們以後的行為形態。雖然學習本身就是一個目的，但是兒童在家中所學的東西可能和外面世界無關。因此當他們踏出家庭開始出外時，他們可能會很輕易地將這些東西拋棄，就像他們一出門就立刻把媽媽強迫他們穿上的毛衣脫掉一樣。

第二章

證據的本質
The Nature (and Nurture) of the Evidence

The Nurture Assumption

從一開始，心理學界就分為兩派，涇渭分明。一派是主張遺傳決定論，也就是先天而來的；另一派是主張教養決定論，也就是後天習得的。這兩派敵我分明，在發展心理學這個領域中是最明顯的。社會化研究者支持後天習得，而行為遺傳學家（behavioral geneticist）則贊成先天學說。

這兩派的學者都靠著在大學教書糊口。他們研究的成果以及刊登在學術期刊上的質與量，決定了他們在學校的地位。他們是專家，所以雙方都不願意去讀對方所寫的東西；一方面是他們知道自己不會同意對方的說法，另一方面是他們沒有時間。一般來說，大學的教授只研讀他自己領域裡的書籍，偶爾才看一些相關領域中的東西。

我的情況就很不一樣了。我不在大學教書，也不需要在某個領域中執行研究計畫。教科書的編者本來就應該保持中立，把雙方的觀點全都告訴學生。所以在我寫書的那段期間，我閱讀過各種不同觀點的論文和著作，使我的眼界與大多數學術圈中的人有所不同，而有了俯視全景的視野，他們只有以管窺天的那一小片。有時候，站遠一點反而比貼近時還能看到更多的東西。

在這一章和下一章中，我會告訴你在我讀了社會化研究和行為遺傳學後的感想。我會告訴你他們發現了什麼、他們如何解釋他們的數據，以及他們錯在哪裡。

假如你不是他們之中的一員，你可能會想，我為什麼要管那些大學教授說了些什麼。理由是，他們的研究與他們的解釋，就是你每天在報章雜誌上看到育兒忠告的來源，也是你的小兒科醫生用來告訴你如何養兒育女的話。希拉蕊在《同村協力》一書中所引用的資料，幾乎都來自於那些大學教授的研究。是的，希拉蕊也的確下

了一番工夫才寫出那本書。

　　教養的假設純粹是學術界的產品。雖然它瀰漫在我們的文化當中，但它並不是民間故事；事實上（你在第五章將會看到），民間本來是不相信它的。

吃綠花椰菜的效應

　　社會化的研究是以科學方式，研究兒童心理發展中的「環境效應」（the effects of the environment），特別是父母教養孩子的方式或是他們對待孩子的行為。我們稱它為科學，是因為它運用了一些科學上常用的方法，但是它絕對不是一項「實驗性科學」（experimental science）。要做一項實驗，你必須要操弄（vary）一件事，然後觀察這樣的操弄對其他事物的效應。但是社會化研究者並沒有操弄父母教養他們小孩的方式，所以他們通常無法做實驗。它只是利用父母行為上的現有差異，觀察事情自然地發生，系統化地收集觀察資料，找出其中一起變動的項目。換句話說，他們做的是「相關研究」（correlational studies）。

　　你可能對另外一種相關研究相當熟悉——「流行病學」（epidemiology）。流行病學家研究使人生病或是健康的環境因素，而他們使用的收集與資料分析方法，和研究社會化的人士採用的方式很像，所以他們所面臨的困難也一樣。因此我花一些篇幅來介紹一下流行病學，因為這兩個領域研究方法上的相似性，可以給我們很多啟發。

　　假設我們是流行病學家，想要確認吃「綠花椰菜」（broccoli）跟健康的關係。我們採用一種很直接的方法是，向一大群中年人詢

問他們吃多少綠花椰菜，五年以後再來看看還有多少人活著。我們用「存活著」做為測量健康的標準；一般來說，活著的人比死去的人健康一些。

五年以後，我們發現吃綠花椰菜跟存活率的關係如下表（請注意，這些數字都是我杜撰的）。

五年後仍然存活者

	所有的受試者	女性	男性
愛吃綠花椰菜者 （一週至少吃一次）	99	99	99
可接受綠花椰菜者 （一個月吃一次）	98	99	97
逃避綠花椰菜者 （絕對不碰它）	97	99	95

我們把資料輸入電腦之後，電腦告訴我們吃綠花椰菜跟長壽沒有統計上的相關（99、98，及 97 都沒什麼大差別），對女性來說也沒有任何差異。但是假如我們只看男性的話，吃不吃綠花椰菜就有「統計上的顯著」不同了；也就是說，我們所發現到的差別「不太會」是因為僥倖、運氣而產生的。雖然它只是「不太會」，而不是「不可能」，但是有了這個「不太會」，我們就可以把研究寫成報告、將它發表、並用它去申請研究經費來研究花椰菜（cauliflower）和健康的關係。

我們的研究發表在流行病學的期刊上，一個新聞記者碰巧看到

了，於是第二天報上大標題便寫著：「研究顯示：吃綠花椰菜使男性長壽。」

但是，這是真的嗎？這個研究真的有顯示出吃綠花椰菜能使受試者活得更長嗎？肯吃綠花椰菜的人可能同時也吃紅蘿蔔和很多其他的蔬菜；他們吃的肉和冰淇淋也可能比逃避綠花椰菜者來得少；或許他們比較常運動、比較常綁安全帶、比較少抽菸。這些生活形態上的因素，都可能是吃綠花椰菜者活得比較長的原因。吃不吃綠花椰菜可能跟長壽一點關係都沒有；吃綠花椰菜甚至可能會縮短人們的壽命，但是這個縮短壽命的效應被其他有利的效應給遮蓋住了，所以沒有顯露出來。

另一個有關的因素是吃綠花椰菜可能跟有沒有結婚有關，因為結了婚的人所吃的綠花椰菜可能比單身漢多，而我們大家都知道，平均來說，結了婚的男性比單身漢長壽，所以或許是結了婚的關係，使得吃綠花椰菜的人活得比較久，而跟吃不吃綠花椰菜無關。但是話說回來，也有可能是吃綠花椰菜的緣故，使得結了婚的人活得比較久。

所以，你可以明顯地看出，吃綠花椰菜與長壽之間的相關研究，是很難得到任何因果關係的。[1]但是你也非常清楚，人們仍然會從相關研究中去找出因果關係的結論，即使我們在論文中很謹慎地指出這樣的結果還有其他可能的解讀方式，但是我們的警告絕不會出現在報紙上，而其他閱讀這篇報告的學者專家也不太會把我們的警告擺在心上。

你看，流行病學者做這個研究的目的，並不純粹是為了得到「花椰菜協會」的支助，他們有更高的目的，就是告訴社會大眾：今日所選擇的生活形態決定了他們明日身體的健康狀態。這個領域

的研究者很難去維持一個開放的胸襟，因為一開始，他們的心中就已經有了先入為主的主觀成見。他們對於什麼是「良好的」生活形態、什麼是「不好的」生活形態，以及擁有良好生活形態的人會比生活形態不好的人活得更健康等，已經有了定見。我們知道，所謂良好的生活形態就是吃很多蔬菜、避免食用高脂肪的食物、每天運動，以及不吸菸等等。流行病學家測量受試者的生活形態和健康狀態，他們的目的就是要告訴大家：良好的生活形態會形成良好的健康狀態。

社會化的研究者也是在一開始的時候，心中就已經有了先入為主的成見了。他們認為扶養小孩有兩種形態——好的和壞的。用好的教養方式帶孩子的父母，會比用不好的方式帶孩子的父母，教養出更好的小孩來。就好像我們都知道什麼是良好的生活形態一樣，我們也知道什麼是良好的教養形態：給小孩充分的愛和支持、訂下行為的規則然後堅定且公平地執行它、不要體罰小孩、不要說些傷他自尊心的話、管教小孩的態度要前後一致等等。我們也知道我們對小孩的期待是什麼：「好」孩子應該是每天高高興興、合作聽話，但不是像機器人似地叫一下動一下；「好」孩子既不大膽也不膽小，行事中庸，在學校功課很好，有很多朋友，而且不會隨便打架等等。

在這兩種研究中，研究者都是收集良好形態（生活或教養）的資料，以及結果屬於好的部分（健康或孩子）。這兩種研究都是要告訴你，假如你做了對的事情就會得到好報。而且這兩個研究的結果都是以相關的形態出現，但「相關」卻是十分複雜、難以解釋的。

在此懇請流行病學家見諒——我對這種研究的批評，並不是要

人們放棄吃綠花椰菜，而回到那種睡懶覺、大吃大喝的生活。現在
我們回到社會化的研究上。假設我們現在想做一個研究，看看環境
因素會不會增進兒童智力。我們假設提供學術刺激環境的父母會有
比較聰明的孩子，於是我們開始收集資料來「驗證」（test；翻成
白話文即為「證明」）我們的假設。我們需要一項指標來說明家庭
環境多麼富有刺激，同時還需要一個指標來說明兒童的智力增加了
沒有。因此，我們用「家中有多少兒童讀物」來做為環境方面的指
標，用「智力測驗的分數」來做為智力方面的指標（這種測量指標
對於我們十分感到興趣的品質問題只能提供粗糙的評量，但是使用
上相當方便，而且不必再把它們轉換成數字——因為它們本身就是
數字）。

　　我們在這裡想要做的一件事，就是用「家裡有多少本書」這個
變項，去解釋兒童智力測驗分數的「變異性」——為什麼有些小
孩的智力測驗分數高、有些低、有些則是中等。假如我們的假設是
對的，我們會發現那些家中有許多書籍的孩子智力測驗分數會比較
高，家中沒有書的孩子智力測驗分數會比較低，而家中藏書量中等
的孩子智力測驗分數會居於中等。換句話說，我們希望發現書本和
智商之間存有「正相關」（positive correlation）。

　　假如相關是百分之百（相關係數等於 1.00），那麼我們可以憑
著這個孩子家中藏書量來準確地預測他的智商。但是因為真實生活
的相關永遠不可能是百分之百，所以假如我們可以得到 0.70、0.50
或甚至是 0.30 的相關，我們就很滿意了。相關係數愈高，表示我
們愈可以憑著家中的藏書量去預測孩子的智商；同時，相關係數愈
高，我們也愈可能得到統計上的顯著（假如樣本群夠大的話）。
不久前我看到一篇論文指出其顯著的相關係數為 0.19，樣本群為

三百七十四名受試者。這是一個有關孩子跟他父母之間有敵意、不合作的次數，與這個孩子跟他朋友同儕之間不合作、有敵意的相關。[2]一個 0.19 的相關係數，不管它在統計上的顯著意義如何，它都是沒有用的。這麼低的相關係數，就算知道某一個變項，也完全不能告訴你其他的變項情形如何；因此，就算知道一個小孩在家裡有多不聽話，也無法準確預測他跟同學在一起時有多討人厭。[3]

　　至於社會化的研究有三百七十四名受試者，是很不尋常的。不過，大部分社會化的研究從受試者身上所得到的資料，遠比我們從書本和智商研究所得的資料多很多。他們通常會採用好幾個測量家庭環境的指標，以及好幾個測量兒童智力的指標；雖然比較辛苦，但是卻很值得。假如我們每個變項採取五種不同的測量指標，那麼我們可以得到二十五種不同的配對方式，得出二十五種相關係數。這樣的話，即使是「只憑機率」（just by chance alone），我們也會得出一、兩個統計上有顯著的相關。假如連一個顯著的相關都沒有時怎麼辦呢？不要怕，所有的辛苦還是沒有泡湯。我們可以把資料分成兩半，然後再從中尋找。就像我們在綠花椰菜的研究中做的一樣，把男性和女性分開看，便立刻增加相關的機率，從原來的百分之二十五一下子跳到百分之五十了。分開觀察父親的因素和母親的因素，也會增加你的機會，值得一試。*「個別擊破」（divide and conquer）是我給這個方法取的名字。它就像是買彩券一樣；買得愈多次，中獎的機會就愈大。

---

*　在研究上，相關是否達到顯著是很容易看出來的，你只要找星號（＊）就好了，統計的軟體自動會把所有顯著者用星號標示出來，這個技術稱為「心理星象學」（Psychoastronomy）：專找星星即可。

　　雖然個別擊破的方式常常能夠製造出足以在期刊上刊登的結果，但是要把它寫成可以被接受並加以刊登，可是需要一番功夫。下面是一些從期刊上摘錄下的社會化研究，一字不漏，抄自原文：

　　　母親的「全部表情」（total expressiveness）、母親的「正向表情」（positive expressiveness），以及母親的「負向表情」（negative expressiveness），統統都與女孩的同儕接受度有正相關，但是與男孩的同儕接受度沒有相關。相反地，父親的全部表情和父親的負向表情與男孩的同儕接受度有正相關，但是與女孩的同儕接受度無關。父親的正向表情與男孩的接受度無關，但是與女孩的接受度有關。

　　　父母親的「情緒表情」（emotional expressiveness）也和同儕及老師的行為測量有相關。母親的全部表情對兒子來說，是與正面的社會性行為有關，從母親的正向和負向表情中得出一個一致性的形態。從父親的情緒表情中得出完全不同的形態。對男孩來說，比較大的父親全部表情與較少的侵略行為、比較不害羞，以及比較傾向社交的行為有關。對女孩來說，比較大的父親全部表情與較少的侵略行為，以及比較傾向社交的行為有關。我們可以從父親的正向和負向表情中得出一個一致性的形態，但只有一個例外：父親的負向表情和女孩的害羞之間有正相關。

　　　這些發現顯示出，在家庭環境中，父母親的情緒表情與孩子的社交能力有關聯。[4]

　　這種報告使得兩位有名的發展學家在經過長期仔細地探討社

會化研究後，提出質疑：「統計上顯著的相關是否超越了機率本身。」[5]假如一個研究中的相關是因為在機率上正好碰巧得到了顯著，那麼它在下一個研究中就不太可能又碰巧可以得到顯著。像上面我引用的這種複雜的結果，通常在下一個研究中就不太可能再得到。

不過，我並不認為所有的社會化研究結果，都是得自於運氣、機率、聰明的資料分析方式，或是隱藏不去報告負面的結果。通常有兩種相關會使我相信它們是真實的。它們不是很高的相關——在這種研究中通常很難找到很高的相關——但是它們在許多的研究中都一再地出現。下面是我對這種「趨勢」的摘要說明：

　　類化一：父母在管理自己生活上做得很好，也能與同事和樂相處，其子女比較會把自己的事情處理得井井有條，並能和別人和樂相處。那些不能好好料理自己生活以及自己家庭的父母，他們的子女在這一方面也會有困難。
　　類化二：被尊敬和愛護的孩子，要比被嚴屬對待的孩子更會處理他們的生活和人際關係。

這些社會化研究者喜歡這樣的「類化」（generalization），他們把它當做證據，而且認為自己是對的。對這些社會化研究者來說，父母是很愉快、很能幹的人，孩子長大後當然也是很愉快、很能幹的人，因為這正是孩子在家中所學習到的，也是他們的父母對待他們的方式。對這些社會化研究者來說，孩子接受的待遇比較好，長大後當然就是比較好，因為他們受到比較好的待遇。

其實，不僅是社會化研究者如此相信，幾乎所有的人都如此相

信。但是我請你保持一個開放的胸襟來檢視一下其他的證據。

基因的效應

獵犬的確沒辦法像隻貴賓狗，因為這兩種狗有著完全不同的性格。相信教養的假設的人會說，獵犬是養在狗籠中與其他很多狗一起長大，而貴賓狗則是住在城市的公寓中與主人睡同一張床的。相信遺傳的人會說：「你就算把獵犬養在公寓中，也無法使牠變成貴賓狗。」這個實驗其實很容易做到。你可以把一打貴賓狗養在狗籠中，你也可以為獵犬找個寵愛的主人，把牠養在公寓裡，然後靜觀結果。你會發現，先天派和後天派的支持者兩邊都對。你的確無法把獵犬變成貴賓狗，但是在公寓裡長大的獵犬和在狗籠中長大的獵犬，兩者行為卻不一樣。[6]

這個實驗中你可以將基因的效應（基因決定一隻小狗是獵犬還是貴賓狗）與環境的效應加以區分，但是在社會化的研究裡，這兩者是分不開、也不可分的。每一對參加研究的親子都有生物上的關係——他們在DNA上很相近。父母不但提供孩子的基因，也提供孩子生長的環境。他們所提供的環境——也就是指他們是什麼樣的父母——有一部分也決定於他們的基因。[7]你沒有辦法把父母所提供的基因效應和父母所提供的環境效應區分出來。而社會化的研究者是想在不調換小狗的情況下，去找出為什麼獵犬與貴賓狗有所不同。

雖然我們不能為了科學的緣故去調換嬰兒，但有的時候會因為別的原因而嬰兒被調換了。一個被收養的嬰兒有兩對父母：一對提供基因，另一對則提供環境。研究嬰兒是行為遺傳學家的一個

研究方法。這種研究法可以將遺傳的效應與環境的效應區分開來。
但是就像社會化研究者一樣，行為遺傳學家另外還有一個私下的目
的，就是讓世人知道遺傳才應該是被公認的力量。他們要讓世人知
道約翰‧華生是錯的；嬰兒不是一團黏土，可以隨環境加以塑造。

　　在早期的行為遺傳學研究中，螟蛉子的研究主要設計目的是為
找出孩子比較像生身的父母（基因的提供者），還是像養父母（環
境的提供者）。這裡面最引人注意的是智商的探討。在親生的家庭
中，孩子的智商和父母的智商有所相關；如果父母的智商是中上程
度，孩子們的智商也很可能是中上程度。早期研究的目的是想檢驗
這個相關主要來自基因，還是聰明的父母比較會去提供富有刺激的
環境。假如領養來的孩子智商比較像他們的親生父母，那麼遺傳就
是勝利者；假如他們比較像養父母，那麼環境就是贏家。

　　雖然這個方法在研究智商上有點道理，但是在研究人格上，這
個方法就一點道理都沒有了。我們可以很合理地假設聰明的父母
可以增加小孩子的智商，但是我們不可以假設專制跋扈的父母也會
使小孩專制跋扈；或許有這樣的父母，反而使孩子畏縮、膽小、被
動。另一個問題是，父母與子女分屬不同的世代，由於他們在不同
的時代中長大，因此社會文化的變遷增加了父母子女之間的差異，
使我們更難找到性格上的相似點。

　　為了要克服這個困難，現代的行為遺傳學家開始去尋找同一世
代的人之間的相關。他們不再去比較被收養的小孩跟他生身父母或
養父母之間的關係，他們去比較這些小孩跟他們養兄弟姐妹或親兄
弟姐妹之間的關係。他們找來兩個被收養的孩子（兩個沒有血緣關
係的孩子生長在同一個家庭）或是兩個親兄弟姐妹，最好是「同卵
雙生子」（identical twins）或「異卵雙生子」（fraternal twins）來做

比較。這樣一來，研究者就有三個層次的基因相似性：在一起長大的養兄弟姐妹在生物上是毫無關係的，異卵雙生子（就如一般的兄弟姐妹）有百分之五十的基因相同，而同卵雙生子的基因則完全相同。如此一來，遺傳的成分雖有所不同，但是環境相同（因為每一對都是在同一個家庭中長大、由同一對父母扶養）。你也可以做相反的實驗，改變環境的相似性而維持基因的一致性，但是，這需要找到同卵雙生子在不同的家庭長大。這種情形比貴賓狗在獵犬窩中長大還難找。

　　要尋找行為遺傳學研究的受試者並不是一件容易的事。幾乎每一個人都可以參加社會化的研究，但是只有雙生子或被收養的人才可以參加行為遺傳學的研究。此外，社會化研究只要一個孩子在一個家庭長大就可以，但行為遺傳學的研究必須是兩個孩子在同一個家庭中長大。不過這樣額外的辛苦是值得的，因為它讓研究者可以分離出遺傳和環境的效應。假如同卵雙生子比異卵雙生子的相似性高，而後者又比螟蛉子的相似性高，那麼這就是遺傳的效應。假如在同一個家庭長大的人，他們的相似性大於在不同家庭長大的人，那麼這就是環境的效應。[8]

　　現在有很多的人格特質都是用行為遺傳學的方法來研究的，結果相當清楚，而且有一致性。整體來說，在受試者樣本群的變異性中，遺傳大約占百分之五十，環境是另外的百分之五十。人本來就有所不同；有的人很衝動，有的人很謹慎，有的人很好相處，有的人不好相處。大約有一半的衝動性，可以歸因到這個人的基因上，另一半則可歸因到他的經驗上；和藹可親也是一樣，幾乎所有的心理特性也都是如此。[9]

　　這樣的結果聽起來似乎沒有什麼了不起，就跟你所想像的一

樣,但是在一九七〇年代,當這些結果剛剛出現在心理學期刊上時,美國的心理學界還籠罩在行為主義的勢力之下,非常抗拒遺傳或先天的說法,整個國家也是在這種氣氛之下,認為生來就有差異的這個觀念,不符合美國強調眾生平等的建國理念。「遺傳─環境」這個議題捲入政治後,民眾的情緒就更高昂起來;行為遺傳學派的人成為過街老鼠,人人喊打。後來因為「分子生物學」(molecular biology)的進步,基因的效應逐漸為學術圈的人所接受,進行行為遺傳學研究的人才逐漸多了起來。

但是,他們無論如何仍比不上做社會化研究的人多;或許這是為什麼研究社會化的人認為可以忽略行為遺傳學研究的一個原因。然而行為遺傳學者並沒有忽略社會化的研究。他們一再指出:沒有控制遺傳變項,會使得整個研究結果失去解釋的能力。[10]我認為這個看法是正確的。

類化一指出:快樂、能幹的父母,比較會有很愉快、很能幹的子女;會處理好自己的生活、誠懇面對人際關係(包括對自己的子女)的父母,常有同樣特質的孩子。你可以把這種現象解釋為:是因為父母教養子女的方式使然;抑或是:這些孩子繼承到父母能幹、誠懇的基因。相關研究無法回答這個問題。行為遺傳學研究所得出的「五〇─五〇」結果(一半基因、一半環境)並不是說父母和子女的相關,一半是由於基因、另一半是由於環境的影響。這「五〇─五〇」的意思是說,子女在性格上的特徵(例如脾氣溫和)有一半的變異性可以追溯到基因上的不同;它並不是說子女溫和的脾氣跟父母親溫和的脾氣彼此之相關是因為遺傳的關係。事實上,孩子和父母在性格上的相關係數通常低於 0.50。孩子和父母之間的相關,已低到彼此基因的共同性就足以解釋所有的相關。

聽不太懂嗎？讓我再解釋一次。這次我借用植物來說明。你可以種一些玉米，拔一個來吃吃看，判斷它的甜度。你知道有些玉米比較甜，有些比較不甜，於是你每一棵玉米都留下一些玉米粒做為種子，使來年可以再種。你會發現，甜的玉米粒第二年長出來的玉米也比較甜。換句話說，親代的甜度與子代的甜度有相關，這個相關是完全決定於遺傳的：來自親代的基因是子代百分之百相似的原因。但是這些基因只能解釋子代甜度一半的因素，因為還有其他的環境因素，例如泥土的性質、水和陽光等等都有影響。所以基因可以解釋所有的親代和子代的相似性（resemblance），但是基因只能解釋百分之五十的子代變異性。

環境對孩子或玉米都有影響的。就人類來說，環境的差異可以解釋人格特質大約一半的變異性；社會化研究者在這方面是對的，環境的確會影響孩子。他們錯的地方是他們認為他們的研究指出了哪些因素在影響著；事實上，他們的研究並沒有把他們希望展現的東西呈現出來，因為他們沒有把遺傳的因素考慮進去。他們忘記了孩子和父母相似，是有基因上的關係的。

類化一是對的。一般來說，愉快、能幹的父母會有愉快、能幹的小孩。但是這並不能證明父母對孩子有除了基因以外的影響力，可以決定孩子的未來。

雙向街

在典型的社會化研究中，研究者會先找一群受試者：通常是幼稚園或小學班上同年齡的孩子以及他們的父母。然後研究者開始收集父母管教孩子的資料；有時候是面訪或是請父母填寫問卷，有的

時候是觀察父母和孩子的互動情形。不管測量方式為何，這種探討父母管教子女方式的研究方法，通常都只調查一個孩子的情況，因為一個家庭只有一個小孩參加這項研究。假如父母親之間對孩子有很一致的管教方式——如果管教孩子的方式是很穩定的人格特質，就像眼珠顏色或智商一樣的話——這種程序是可以接受的；但是，父母親之間通常並沒有單一固定的管教孩子方式。父母對待孩子的態度會根據孩子的年齡、身體外表情況、目前的行為、過去的行為、智力，以及健康狀況而定。父母親會依照孩子的不同，而有不同的管教方法。因此教養孩子並不是父母親對孩子做些什麼；它是父母和孩子一起做的事。

有一次，我和我的狗在前院散步。有個媽媽和她的兩個孩子走了過來，女孩大約五歲，男孩大約七歲。我的狗雖然受過不可以跑到大街上的訓練，但還是衝到人行道旁，對著他們狂吠。這兩個小孩的反應非常不一樣。小女孩不管這隻狗的不友善態度，仍筆直地向狗走來，並問媽媽：「我可以摸牠嗎？」她的母親馬上說：「不可以，奧黛莉，我覺得這隻狗並不希望妳去摸牠。」正在這個時候，男孩跑過街去，站在街的另一邊，一副很恐懼的樣子。於是他媽媽對他說：「來吧！馬克，這隻狗不會咬你的。」（我那時候已經抓住狗頸子上的項圈。）馬克過了好一會兒才鼓起勇氣走過來，跟他媽媽一起，他的母親很細心地把她的不耐煩隱藏在同情的表情之下。當這三人走遠時，我聽到奧黛莉在取笑馬克。我雖然聽不見她所說的字，但是那個語調是不會錯的。

我很替馬克難過，但是我在他媽媽的身上看到我自己的影子。我也養了一對個性非常不一樣的孩子。我的大女兒非常聽話，幾乎不會去做我們叫她不要做的事，我的小女兒卻是偏要去做。把第一

個孩子帶大很容易，把老二帶大是——嗯——很有趣。

我的舅舅班沒有小孩，所以很疼愛我的孩子。他常給我忠告，告訴我如何去教她們。我記得當大女兒十二歲小女兒八歲時，有一次我跟他抱怨小女兒的頑皮，那時他反問我說：「你用同樣的方法對待她們兩個嗎？」（他知道大女兒從未讓我煩心過。）

我對待她們兩人的方式一模一樣嗎？我不知道該怎麼回答。你怎麼可能對兩個完全不同的小孩用同樣的管教方式？他們做不同的事情、說不同的話、有不同的個性和不同的能力。馬克和奧黛莉的媽媽可以用同樣的方式對待他們嗎？她可以告訴奧黛莉說「這隻狗不會咬妳（這是對馬克說的）」，而不是說「我覺得這隻狗並不希望妳去摸牠」嗎？

假如馬克和他媽媽參加社會化研究的話，研究者會得到一個印象，認為馬克的媽媽太過保護。假如奧黛莉和她媽媽去參加社會化研究的話，研究者會認為她的媽媽管教很嚴。每一個研究者都只看到她跟一個小孩在一起，所以每一個人都會得到不同的印象，覺得她就是那一種媽媽。對我的大女兒來說，我會被認為是一個縱容的媽媽；對我的二女兒來說，我會被認為是個很專制跋扈的媽媽。

父母和子女的關係就像任何其他兩個人之間的關係一樣，是一條雙向的街道，雙方都扮演了某種角色。當兩個人互動時，一方的所作所為，部分是針對對方剛剛的所作所為，部分則是對過去的所作所為產生反應。

每一個嬰兒都對親子關係有所影響。當嬰兒兩個月大時，他們會望著母親的眼睛對她微笑。嬰兒對你微笑是非常令人慰藉的事，會讓你忘卻所有的辛勞。一個正常的嬰兒會用這種方式報答父母的辛勞，他讓父母知道他很高興看到爸媽。

　　有些嬰兒——所謂「自閉症」（autism）的孩子——不會對父母笑。自閉症的嬰兒不看父母的眼睛、不對他們笑，也不會表示出看到他們很高興的樣子。假如有人對你很冷淡，你很難向對方表示你的熱情的；假如孩子連看都不看你一眼，你也很難去和他有所互動。以前有個自閉症兒童療養院的院長名叫布魯諾·巴德漢（Bruno Bettelheim），他認為自閉症的成因是因為母親太冷漠、對小孩沒感情。有一位母親後來在報上斥責巴德漢，說他是「卑賤的人」，是「把排斥和痛苦帶給全家的人」。巴德漢不但很殘忍，而且他的看法是錯的。自閉症是因為大腦發展異常，主要是遺傳因子所致。母親的冷漠不是造成孩子自閉症的原因，而是對孩子不正常行為的反應，是自閉症所帶來的果。[11]

　　華生假設，如果兩個孩子有所不同，一定是來自父母親態度的不同；這個想法跟我的舅舅一樣。但是大多數的父母在他們第二個小孩誕生後，馬上就會了解到：當小孩子來到這個世界時，就已經是與眾不同的；父母用不同的對待方式，是因為他們的個性不同。對於膽小的孩子，父母要多鼓勵他；對於冒失的孩子，父母要約束他、叫他小心；一個愛笑的嬰兒，會有很多人跟他玩、親吻他；一個沒有反應的嬰兒，還是會為他餵奶、換尿布，但多半會被放回搖籃裡。社會化研究有興趣的是父母對子女的影響，但是孩子對父母也有影響。孩子也會影響父母對他的態度，所以我把它稱為「子女對父母的效應」（child-to-parent effects，子—親效應）。

　　類化二指出，常常被抱的孩子長大後性情會比較好，常常被打的孩子長大後性情孤僻、不討人喜歡。假如你把這些話倒過來看，你也會得到一樣的可能性：脾氣好的孩子大家比較喜歡抱他，不討人喜歡的孩子比較容易討打。是大人抱才使得孩子脾氣好，還是孩

子脾氣好大人才喜歡抱？是打孩子才使得孩子孤僻，還是孤僻的孩子常使得父母失去耐心、發脾氣要打他？還是兩者都對？在標準的社會化研究裡無法區辨這兩種可能性，無法知道何為因、何為果。因此，類化二並沒有證明出它想要證明的事情。

平行的宇宙

　　卡斯特（Castor）和波魯（Pollux）、羅慕勒斯（Romulus）和雷慕斯（Remus）是兩對很吸引人的雙生子。對行為遺傳學家來說，他們是研究計畫最重要的部分。他們甚至不需要去找在不同家庭長大的雙生子，因為絕大部分參加研究的雙生子，都是跟他們的親生父母住在同一個家中。這個研究主要是去比較同卵雙生子和異卵雙生子。藉著比較這兩種雙生子的異同，研究者可以知道雙生子的某一行為特質是否為基因所控制（以及控制的程度如何）。例如被測試的一種行為特質就是好動或不好動。假如同卵雙生子在好動上非常相似（兩個人都不停地動，或是兩人都成天窩在沙發上看電視，動都不動），而異卵雙生子則比較不像時，這就是基因影響性格特徵的證據。

　　而社會化的研究者反對這種研究方式，因為他們認為這種研究的前提假設——異卵雙生子的環境跟同卵雙生子一樣——不見得可以成立。假如同卵雙生子的環境比同性別的異卵雙生子更相同的話，那麼我們在同卵雙生子身上所看到的相似性，也可歸因到環境的相似性上，不見得是基因相似的緣故。

　　那麼，同卵雙生子的環境會比異卵雙生子來得相似嗎？這裡談的不是穿同樣的衣服、玩同樣的玩具；這裡指的是同卵雙生子所受

到的愛與懲罰是否一致。他們被擁抱的次數一樣嗎？他們被責打的
次數一樣嗎？

根據證據顯示，父母對待同卵雙生子的相似性，確實比對待異
卵雙生子的相似性來得高。當研究者訪談青少年期的同卵雙生子，
問父母對待他們的獎懲情況時，認為父母對待他們相當一致者，要
比異卵雙生子認為一致者來得多。[12]假如同卵雙生子中的一個說她
覺得父母很愛她時，另外一個也很可能給同樣的答案。但是假如一
個異卵雙生子說她覺得父母很愛她時，另一個可能說同樣的話，也
可能說完全相反的話。父母可能會給同卵雙生子穿不同的衣服、玩
不同的玩具，但是他們似乎覺得父母對他們的愛是一樣的（或是一
樣地不愛他們）。而異卵雙生子（他們通常在外表上和行為上並不
相似）可能就會覺得父母偏心，所以說同卵雙生子的環境比異卵雙
生子來得更相近，可能是有些道理的。

事實上，同卵雙生子即使在不同的家庭長大，也比異卵雙生子
的環境來得相似。研究者發現，有些自小就被不同人家收養的同卵
雙生子，長大後形容他們的童年生活時，竟然是非常地相像，他們
認為養父母有多愛他們的分數也很相似。[13]雖然這有可能是因為他
們的記憶系統工作的方式很像——性格開朗的雙生子有著快樂的童
年回憶，個性陰沉的雙生子回憶的都是彈弓和石頭——但我不認
為這是個原因。我認為分開長大的雙生子的確從他們養父母處得
到同樣的愛。一個理由是，同卵雙生子長得很像；假如一個長得很
可愛，另一個也會長得很可愛；假如一個長得很平庸，另一個也不
會太出色。研究者發現，父母親對可愛的孩子和平庸的孩子，教養
的態度不同。根據一項研究指出，一般而言母親比較會照顧長得可
愛的嬰兒（這個指標是由不同的裁判各自獨立針對嬰兒的長相進行

評分，在該研究裡，裁判是由德州大學的大學生組成）。雖然在這項研究中，所有的嬰兒都得到很好的照顧，但是長得可愛的嬰兒會有比較多的人去看他、跟他玩、給他較多的關愛。在這項研究中，研究者引用了一段維多利亞女皇（Queen Victoria）寫給出嫁女兒的信。女皇自認為她對嬰兒很在行（她生了九個），她說：「一個醜的嬰兒是非常令人討厭的東西。」[14]

大多數長相不佳的嬰兒長大後會好看一點，但是請想一想，那些長大後沒有改善的人會如何呢？人們對待平庸孩子的態度就是比對漂亮的孩子差，當長相平庸的孩子做錯事時，他們所受的懲罰會比較嚴厲，即使他們沒有做錯什麼，別人也會很快地認定他們有。平庸的孩子和漂亮的孩子擁有不同的經驗，因為他們是在不同的環境裡面長大的。

當然，孩子的經驗不會完全只決定於他們的相貌，其他的條件也會影響別人如何對待他。人們對待一個膽小如馬克那樣的孩子，對待方式會跟如奧黛莉那樣大膽的孩子不同。但是膽小是有相當的基因成分在裡面的。[15]所以馬克如果有一個同卵雙生子在地球的另一端的話，他也很可能是膽小的。他們雖有不同的母親，但是這兩位母親的態度會非常相似：很同情，再加上一點兒不耐煩。他們的父親可能比較不會那麼同情他，而且不耐煩的態度可能會更多一點。除了家庭之外，馬克跟他分開長大的雙生子弟弟可能也有同樣的同儕經驗：被人取笑和欺負。對膽小的同學來說，下課時間並不是這麼好過的。

就小孩子的經驗是天生性格和特性（如膽小或美貌）的函數來說，同卵雙生子會比異卵雙生子擁有比較相似的經驗。社會化研究者在這一點上是對的。但他們的問題是——你在下一章會看到——

不應該問同卵雙生子為什麼這麼相像（不論是由於他們的基因或他們的環境），而應該去問為什麼他們沒有更相像。即使是在同一個家庭長大的同卵雙生子，他們在人格上也是很不相同的。

「基因效應」的效應

　　基因裡面是身體和大腦的發展藍圖，它決定一個人的面孔長成什麼樣子，以及大腦的結構和化學成分等等。因為這些身體上的遺傳表現都是執行基因的指令所直接得到的，因此我稱其為「直接的基因效應」（direct genetic effect）。例如，膽怯就是直接的基因效應，有些嬰兒生來就很敏感；[16]再如天生麗質也是直接的基因效應。

　　直接的基因效應會有它自己的後果，我把這樣的後果稱為「間接的基因效應」（indirect genetic effect），也就是「基因效應」的效應。一個孩子的膽怯會引起母親的保護、妹妹的調侃、同儕的捉弄；一個孩子的美麗會引起父母的寵愛、朋友的羨慕。這些都是間接的基因效應。同卵雙生子有著相似的生活，就是因為間接的基因效應。

　　當社會化研究者指稱行為遺傳學家把環境的效應和基因的效應混為一談時，他們是對的。事實上，行為遺傳學不能區辨出基因的效應與「基因效應」的效應——他們無法分辨直接和間接的基因效應。而他們所謂的「遺傳」，事實上是包含了直接和間接的基因效應在內。

　　假如我們真的能區分這兩種效應當然是最好，但是目前還做不到，所以我寧願把間接的基因效應歸到「遺傳」，而不願把它放在

「環境」之下。雖然嚴格地說，它是孩子環境的一部分，但它是孩子基因的後果。不過我同意社會化研究者的批評，我也認為行為遺傳學家並未把這個問題處理得很好，他們不是錯在把這兩者放在一起，他們錯在沒有解釋清楚為什麼這樣做。

讓我在這裡說得清楚一點。行為遺傳學研究的目的，是為了要區分出基因的效應和環境的效應。研究者一次只看一個性格特質，把這個性格特質的變異性分成兩個部分：一部分來自基因，另一部分來自環境。結果發現大部分所研究的心理特質，其變異性幾乎都是一半來自遺傳，一半來自環境。但是歸屬於遺傳的部分還包括了間接的效應在內。這表示另一半的變異性應該來自純粹環境的影響，亦即是完全沒有直接或間接來自基因的影響。

這一半的變異性就足以使社會化研究者手忙腳亂了。他們的工作不僅是要證明環境對孩子有影響；他們主要是要證明環境中某個他們有興趣的層面──即父母教養子女的方式──對孩子是有影響的。我認為他們並沒有做到這一點。沒有錯，能幹的父母多半會有能幹的孩子，但是這很可能是由於遺傳的關係。沒有錯，被善待的孩子的個性，會比被虐待的孩子長大後好些，但是這很可能是由於子女對父母的效應。

社會化研究者不喜歡被人家說他們看到的效應其實很可能是由於孩子和親生父母之間的遺傳相似性。但是孩子對父母也有影響的這種「親子關係是雙向的」看法，已獲得普遍的認同。[17]現在幾乎所有這種針對父母行為與孩子行為間的相關進行研究的文章，在最後都會加上一句：直接的因果關係並不清楚，目前報告的這個相關有可能是由於孩子對父母的態度，而不是（或是以及）父母對孩子的態度等等。這段話的目的，就像香菸盒上的警告一樣，法律規定

一定要有，但是大家都不去理它。

　　我的感覺是，社會化研究者確實相信孩子會對父母產生影響，但是這個效果主要出現在別人的研究上，與我無關。他們把自己模稜兩可的資料以教養的假設來解釋，因為教養的假設從未被質疑過。他們的研究不是針對「父母提供給孩子的環境對孩子的行為和人格會產生長久效應」的假設加以驗證，因為這是不必驗證的假設──它是既知的（given）。

　　對教養的假設提出質疑是我寫這本書的目的。在這一章中，我已經告訴你「哪些說法是錯的」。在下一章中，我會更進一步告訴你，反對它的證據有哪些。

第三章

先天、後天，及兩者皆非

Nature, Nurture, and None of the Above

The Nurture Assumption

　　早年就被不同家庭收養的同卵雙生子，他們長大後行為的相似性，吸引了無數人的想像力，報章雜誌也不時地報導。比如說，有兩個吉姆（Jim），兩個人都有咬指甲的習慣，都喜歡做木工，開同一牌子的汽車，抽同一牌子的香菸，喝同一牌子的啤酒，都把兒子取名為詹姆士・艾倫（James Alan 及 James Allan）。我所居住地區的當地報紙曾刊登一張照片，兩個同樣面孔的男人戴著相同的消防帽——兩人因參加義勇消防隊而重逢。還有一個是傑克・雅夫（Jack Yufe）和奧斯卡・史托（Oskar Stöhr）的故事。一個是在千里達（Trinidad）的猶太家庭長大，另一個在德國的天主教家庭長大，當他們重逢時，兩人都戴著方形金絲邊的眼鏡，留著短鬍，穿著藍色兩邊有口袋的襯衫；兩個人都習慣由後往前倒著讀雜誌，都習慣在上廁所前先沖水；兩個人都喜歡在電梯中故意打噴嚏來驚嚇別人。另外一個是愛咪（Amy）和貝絲（Beth）的故事，兩個人均為他人收養，但是愛咪沒人喜歡，而貝絲卻是備受寵愛，然而兩個人都有著少見的認知和人格上的缺陷。[1]

　　這些分開長大的雙生子故事，好像是基因力量的見證。它們說明了即使在完全不同的生長環境中，基因也可使得人格特質異常地相似。它們也暗示出基因可以很微妙、很精細地控制著行為，而且控制之巧妙，是目前我們對遺傳機制和大腦神經生理學的知識所無法了解的。

　　但是這種故事的另一面，卻很少人提及。我所謂的另一面，指的是在同一個家庭長大的雙生子，也不是這麼地相像。從上面的故事中，你可能會認為既然不在一起長大的雙生子都這麼像，那麼在一起長大的更應該像你每年寄出去的聖誕卡上的字，一模一樣了。事實上，他們並沒有比從小被送養的雙生子更相似。他們當然有許

多小地方是相似的，但是也有許多小地方是不同的。

　　這裡我最想強調的是，他們沒有比從小被送養的雙生子來得更相似！想想看，這是兩個人，不但有著一模一樣的基因，更住在同一個屋簷下，跟親生父母一起生活，然而他們卻沒有相同的人格。一個可能大方（或害羞），另一個可能更大方（或比較不害羞）；一個可能很魯莽，看都不看就跳下去，另一個可能根本就不會去跳；一個可能不同意你所說的話，但是表面上不會跟你起衝突，另一個可能直截了當地當面告訴你「你在胡說八道」。我所說的這些人都是同卵雙生子。這些人在外表上相似得使你分不出誰是誰，但是他們在人格測驗上卻會勾選不同的答案。在同一家庭長大的同卵雙生子，人格特質的相關只有 0.50（用各種現行的人格測驗所估算）。[2]

同一屋簷下長大的孩子不會更相似

　　在明尼蘇達大學有一組行為遺傳學家正在進行一項長期的研究計畫，叫做「明尼蘇達雙生子研究計畫」（Minnesota Twin Study）。當他們找到不在一起長大的雙生子時，他們就提供飛機票和所有的宿食費，把這兩位雙生子找來明尼蘇達大學做一個禮拜的密集心理測驗（我常想，這個研究的第二獎是找他們來做兩個禮拜的心理測驗吧！）。很少雙生子會在意做一個禮拜的心理測驗，所以幾乎都是有請必到。我想，人都有好奇心，去見一下子宮中的室友是個無法抗拒的邀請，因為兩人可能從臍帶剪斷後就不曾見過面了。

　　在這些雙生子中，有一對被稱為「愛笑姐妹」（Giggle Twins）。這兩個人都說她們的養父母是很陰沉、不輕易表露感情

的人，但是這兩位女士都非常愛笑。兩個人都說，在沒有重逢之前，她們從來沒有遇到一個像她們一樣愛笑的人。[3]

看到愛笑姐妹，你很容易就下結論說愛笑是基因遺傳的，但是她們只是千萬對雙生子中的一對，而且上述的「逸事」，不是實驗的數據。何況這兩個姐妹所描述的家庭聽起來很相似，或許她們現在這麼愛笑是因為童年時欠缺歡笑。事實上，我們沒有辦法很肯定地下結論說，這兩位雙生子愛笑是因為她們有一模一樣的基因，還是她們兩人都有造成她們愛笑的經驗。雖然她們之間的任何差異都被認為是來自環境，因為她們的基因是相同的，[4]但是她們之間的相似性卻可以來自遺傳、環境，或兩者皆有。

你不能對愛笑姐妹做什麼研究，你卻可以對她們的「註冊商標」做研究。你可以找幾十對雙生子或兄弟姐妹（親兄弟或養兄弟，在一起長大的或分開長大的）來觀察，你就會發現這個愛笑的傾向——我把這樣的人格特質稱為「笑癖」（risibility）——是遺傳的、環境的，而且是兩者的綜合。行為遺傳學家所用的方法是根據一個老問題變化而來的，這個老問題就是：螟蛉子究竟是比較像養父母呢？還是像親生父母？你把「父母」換成「兄弟姐妹」，這樣避開了年齡的不同帶來比較上的困難，其他的原理都還照舊。這個研究方法是根據兩個基本前提：有同樣基因的人應該比沒有相同基因的人更相像，有同樣童年環境的人應該比沒有同樣童年環境的人更相像。

從這兩個前提我們可以推衍出預測。假如愛笑是全部由遺傳決定的話，那麼同卵雙生子就應該在這方面非常相似（但是無法完全相似，因為即使是同一個人，每天愛笑的程度也有一點不同），而跟他們是一起長大或分開長大就毫無關係了。假如愛笑的行為是

全部由環境所決定的，那麼，在一起長大的同卵雙生子、異卵雙生子，及養兄弟姐妹，都應該在愛笑這個特徵上很相似，而不在一個家庭長大的雙生子應該很不相似。最後，假如愛笑這個特徵是由基因和環境所共同決定的話，我們會期待有相同基因的人比較相似，在同一個家庭長大的人比較相似，而有相同基因又在同一家庭長大的人應該最相似！

聽起來很合邏輯是嗎？請再猜猜看，假如愛笑這個特徵是跟其他已經被研究的那些特徵一樣的話，那麼，正確的答案應該是「以上皆非」。

這出乎意料的發現最早是在一九七〇年代中期出現。[5]等到七〇年代末期時，已有足夠的證據顯示行為遺傳學家的這個基本前提是錯的。基因的前提並沒有錯——有共同基因的人的確比較相像——有問題的是環境的前提。有無數的研究指出，在人格特質上，在同一個家庭長大的兄弟姐妹，並沒有比在不同家庭中長大的人更相同。因此，整個研究的結果並不完全符合基因的預期，因為有基因關係的人也沒有那麼相像——它們的相關太低了。一定有基因以外的東西影響著受試者的人格。假如是家庭因素的話，它的作用方式跟我們所預期的正好相反。它是使兄弟姐妹們更不相似，而不是使他們更相似。[6]

或許你正懷疑為什麼這些結果是出乎意料的。為什麼同一個家庭長大的小孩就應該更相似？假如你的父母是很陰沉、喜怒不形於色的話，你不覺得你可以變得很像他們或是跟他們完全相反嗎？你難道不能想像一個家庭有很會抱怨、永不滿足的父母，但是兩個小孩一個很陰鬱、一個很開朗嗎？

這個問題主要是出在研究兒童發展的人——包括行為遺傳學家

在內——都認為父母的態度、人格,和教養孩子的方式,對孩子的行為會有可預期的效應。流行病學家想要預測哪些飲食習慣和生活形態對一個人的健康和壽命有什麼影響,而發展學家想去預測父母的行為和管教小孩的方式對兒童的心理衛生和人格有什麼樣的影響。[7]

　　每個父母對家庭生活的觀念有所不同,對每個孩子的管教方法也有所不同。有的家庭認為幽默感是個美德、笑聲是幽默感的回饋,並允許小孩打斷大人的說話,插入一些孩子自以為好笑的話。我的家庭就是如此。我高中有位同學名叫伊蓮娜,她的家庭是學術氣氛濃厚的家庭(我家是一點學術氣氛也沒有),有一天晚上她來我家吃飯,飯後她跟我說她很希望生在我家。我們的晚飯非常熱鬧,七嘴八舌相互取笑,歡樂異常。伊蓮娜的父母是舉止嚴肅不苟言笑之人,在她家,晚餐時刻是很無聊的。你不認為在我家長大的孩子應該會比在伊蓮娜家長大的更具幽默感嗎?你不認為在我家長大的兩個人,應該會比一個在我家、一個在伊蓮娜家長大的人在幽默感上更相似嗎?

　　假如你認為小孩子隨便朝哪一個方向發展都有可能,亦即有可能像父母的行為,也有可能完全不像的話,那麼你就是主張父母對孩子無預測的效力。假如你採取一個比較溫和的這種看法,也就是說你認為大部分的孩子是受父母的影響,但偶爾也會跑出一頭黑羊,不聽父母的話,說東往西,那麼你就會預期兄弟姐妹都很相似,因為大部分的孩子是不跟父母唱反調的。因為孩子一生下來就有個別差異,所以我們不應該預期他們對父母的態度和行為的反應會一模一樣。無論如何,在一個鼓勵說笑話、開玩笑的家庭中長大的人,是應該比在不苟言笑家庭中長大的人更具幽默感。

但是行為遺傳學家並沒有發現這個特徵，他們檢驗各種不同的行為特質（據我所知，並沒有去觀察愛笑的特質），所得到的結果一模一樣。他們的資料顯示在同一個家庭長大、接受同一對父母教誨的兄弟姐妹，成年後的人格特質完全不受先前家庭因素的影響。一起長大的兄弟姐妹的人格只在基因允許的程度內相似。他們共有的基因可以完全解釋他們行為上的相似性，其中沒有任何一點多餘的相似性，可供環境來解釋。[8]對一些心理上的特質——比如說智慧——來說，證據顯示童年的家庭環境確實會產生短暫的效應，像是前青春期在養兄弟姐妹之間的智商就會有一些小小的相同，但是到了青春期後期，這些非基因的相似性都褪掉了。智商就和人格一樣，在同一個家庭長大的養兄弟姐妹，彼此之間的相關最後會趨向於零。[9]

心理學的研究最後結果都是煙消雲散。某一個研究所得到的有趣結果，在下一個實驗中常常不再出現。但是行為遺傳學的結果常是統計學家所謂的「強有力」的結果，每一個實驗都會顯現出相同的現象來：幾乎所有成年手足之間的差異都可以歸因到基因身上，只有很少很少一點的相似性可以歸因到他們兩人幼時生長的環境上。

在同一家庭長大並不會使手足相似。假如世界上真的有「惡毒的父母」，他們並非對所有的子女都惡毒，或是說，他們惡毒的方式不一樣。即使是同卵雙生子，他們對惡毒的反應也不一樣。如果這個假設的惡毒父母，其效應只對一個孩子產生作用，使這個孩子落到求診心理治療師的地步，而其他的孩子卻一點也沒事、活得很愉快的話，這又該怎麼來解釋呢？[10]

進退兩難

絕大部分的社會化研究者都忽略了行為遺傳學家研究的結果。少數幾個注意行為遺傳的學者中，最有名的就是在前面第一章提到的史丹福大學教授伊蓮娜‧麥柯比（她在數十年後承認第一次的社會化研究並未產生結果）。

在一九八三年，麥柯比和她的同事約翰‧馬丁（John Martin）發表了一篇既長且深入的社會化研究回顧。這篇文獻回顧中談到了研究方法、結果和理論，也談到了父母對子女的影響和子女對父母的影響。在寫了八十頁之後，他們總結說父母行為和子女性格之間的相關既不強、也沒有一致性。在做過這麼多的測量之後，他們在想，這個相關的出現是否純粹是由於機率的關係。他們將讀者的注意力引導到行為遺傳學家所發現的困擾現象：在同一家庭所長大的養兄弟姐妹，他們的人格一點都不相像，即使是親生的兄弟姐妹之間，相關也很弱。

因為相關不高、趨勢很弱，而且行為遺傳方面的結果又很不符合他們的理論，麥柯比和馬丁最後用下面一段話來做為結論：

> 這些研究強烈地指出，父母提供孩子的「物質環境」（physical environment）對孩子的影響很小，父母的性格對孩子的影響也很小，例如父母的教育程度和父母婚姻是否美滿，都沒有什麼關係。的確，父母的行為要不是沒有效應，就是對家中每一個孩子有不同的效應。[11]

　　父母的行為要不是沒有效應，就是對家中每一個孩子有不同的效應——這是麥柯比和馬丁所提出的唯一兩個可能性。但社會化研究者兩個都不喜歡。這就好像告訴流行病學家說花椰菜和運動要不是對健康無效，就是它會讓某些人健康，讓某些人生病。我同意花椰菜和運動可能對不同的人有不同的效應，但是至少在流行病學中有一定的趨勢顯現出來——吃蔬菜和按時運動對大多數的人有利。但是根據麥柯比和馬丁的說法，在社會化的研究中，連有沒有整體的趨勢都看不出來。

　　我想再仔細一點討論這個問題，因為它非常地重要。他們說：「這些發現，」——所謂的發現是指社會化研究者察覺到微弱與不一致的趨勢，以及行為遺傳學家對於住在一起的兄弟姐妹身上找到很低的相關這兩件事——「強烈地指出父母提供孩子的物質環境對孩子的影響很小，父母的性格對孩子的影響也很小。」換句話說，我們以為對孩子有重大效應的事物，結果發現對孩子一點效應也沒有。父母親有沒有工作、讀不讀書、喝不喝酒、打不打架、結了婚的還是離了婚的，這些對孩子來說一定是很重要的事情，結果是對孩子沒什麼影響。同樣地，父母提供的物質環境是公寓還是農舍、很寬敞還是很擁擠、很整潔還是很骯髒；家中是堆滿了藝術品、廚房放著豆腐，還是堆滿了汽車零件、廚房滿是零食，這些對孩子來說一定是很重要的事，結果也是對孩子沒什麼影響。

　　麥柯比和馬丁的大筆一揮，就刪除了社會化學者幾十年來賴以為生的東西。他們說：隨你選，若不是家庭和父母沒有效應，就是這個效應對家中每一個孩子是不一樣的。第一個選擇是說教養的假設是錯的；第二個選擇則變成拯救它的唯一可能。

　　沒有人會選第一項的。沒有人。發展學家圍繞著第二個選擇團

團轉。至於其他的人則完全不理會天就要塌下來的警告，繼續耕他
的田。

　　麥柯比和馬丁的第二項選擇是說，「父母對兒女行為唯一有效
應的地方，會隨著同一家中子女的不同而不同」。換句話說，父母
和家庭還是有關係的，但是每一個孩子在家中都有他各自的環境。
發展學家把它稱為「家庭內環境差異」，這表示在同一家庭中長大
的孩子，並不會共享他們的經驗。比如說，父母可能會偏心，所以
被寵愛的孩子可能就有疼愛他的父母，而其他的兄弟姐妹則有個冷
漠的父母；或是說父母對某個小孩管教很嚴，但對其他孩子的管教
很鬆；或是說，他們認為某個孩子有運動天分，某個孩子則是可以
讀書的料。家庭內環境差異也可能來自孩子之間的互動，例如，某
個人可能有個很凶悍、跋扈的大姐，而另一個也許有個很難纏的小
弟。因此，家庭不再是一個很和諧一致的環境；家庭變成許多小圈
圈，每個圈圈中住了一個孩子。

　　這是非常合理的看法。無疑地，這些小圈圈的確存在；無疑
地，家中的每一個小孩都有他自己不同的經驗，跟家中其他的人有
著不同的關係。每個人都知道父母不可能完全一模一樣地看待每一
個孩子，即使他們想也做不到。媽總是比較喜歡你，難怪你後來比
較有出息。

　　但是我們立刻碰到問題了，因為這條路引導我們走進因果關係
的循環中。我們怎麼知道老媽不是因為你本來就比較聰明所以才比
較偏愛你？你是因為比較聰明才被父母稱為「天才」，還是因為你
被稱為天才了，你才變得聰明的？假如父母對待每一個孩子不同的
話，那是他們因為每個孩子不同才對他們做出不同的反應，還是父
母引發出每個孩子的不同？

假如要跳出這個循環，我們必須要證明父母不是對子女既有的天生性格做反應。我們必須要找出一個理由，說明父母為何會對兩個孩子的態度不同，這個不同是不能由孩子基因上的不同來解釋的。然後我們必須找出證據，說明父母態度上的不同的確會對孩子產生影響。我們需要證據來證明「父母對子女的效應」，因為假如我們只有「子女對父母的效應」，我們並不能解釋父母對子女的人格有任何影響。

出生別

這是我可以想出使父母對不同的孩子有不同的待遇、而且不是從孩子天生的性格來加以解釋的唯一理由，也就是出生別。老大和老二在基因上的機率是相等的，但是他們一出生，就發現自己的小環境是不相同的。他們在家中擁有不同的經驗，而且憑著哪個人是老大，就可以八九不離十地推測出他會有什麼樣的經驗。老大可以享有父母全付的愛至少一年，然後突然被「篡位」、跌下寶座，變成要跟人競爭才行。而老二則是一出生就註定要競爭。老大照書養，老二照豬養。父母通常賦予老大較多的責任、給他較重的責備，和較少的獨立。[12]

假如孩子的人格會受到父母待遇的影響，假如父母對待老大及後來的孩子確實有所差異的話，那麼孩子的出生別應該在其人格上會留下一些痕跡才對，而且這樣的痕跡在他們長大成人之後應該能夠尋找得到。這樣的痕跡叫做「出生別效應」（birth order effects）。「機能障礙家庭」（dysfunctional families）的始祖約翰・柏萊蕭（John Bradshaw），詳細說明了老大、老二，及老三的人格差

異：

　　老大可以做決策，他的價值觀也許跟父親一樣，也許
截然不同……他是受人引導（other-oriented）而且在社交上
較為謹慎（socially aware），……老大在自信心的發展上常有
困難……。老二很自然地會呼應到系統（system）所給予的
「情緒維繫需求」（emotional maintenance needs），……他們會
立刻察覺到任何私底下的「陰謀」（hidden agenda），但又無
法清楚地表達他們的感覺。因此，老二常常看起來天真無
邪又有點迷惘……。老三跟系統的「關係需求」（relationship
needs）直接掛鉤……，看起來什麼都是事不關己、不在乎的
樣子，但事實上是很在意的。老三很矛盾、較難做選擇、下
決定。[13]

　　心理學教授最大的問題是，他們無法隨便亂說一些像上面的話
後，不去找一些證據來支持。他們必須證明：一般來說，老大在自
尊自信上的問題的確比老二及老三多；老三的確凡事搖擺不定、不
能做決定。假如人格測驗的分數可以顯示老大、老二，及老三彼此
之間有系統化差別的話，這倒是一個可以運用的工具。

　　五十年來，心理學家一直在尋找這樣的系統化差異，尋找足以
證明出生別對人格會產生影響的有力證據，而社會化研究者和行為
遺傳學家也都希望找到這種證據。對行為遺傳學家來說，這可使他
們那些不符理論的資料有一個可以解釋的方法（是的，行為遺傳學
家也相信後天環境的力量）。對社會化研究者來說，好處更是不用
說了：這證明了家中所發生的事，將有既長遠且嚴重的後果。

於是，一堆又一堆的出生別資料開始累積起來，其中大多數是人格測驗的分數。幾千位受試者在測驗卷上頭寫下自己在家中的出生別、他們對自己能力的信心、對表達自己的情緒有沒有困難、會不會很討厭做決策，然後再由幾百個研究者分析這些資料。很不幸的是，這整件事可說是人力和物力的浪費。一九九〇年，茱蒂‧唐恩（Judy Dunn）和羅勃‧蒲羅明（Robert Plomin）──前者是世界上「手足關係」（sibling relationships）的權威，而後者是世界上行為遺傳學的權威──在仔細檢視了這些資料之後，做了下面的結論：

> 當我們討論父母對不同孩子的行為有所差別時，第一個浮出心頭的想法就是孩子的出生別。我們常常假設父母對待老大的方式跟後來的孩子不同……，嚴格說來，這種差異根本是不相干的，因為人格上的個別差異以及一般所謂的「心理病態」並沒有跟出生別有明顯的關係。雖然這個證據與一般人所想的、所深信的不相符合，但是看過大量研究資料的人所下的結論是，出生別在兄弟姐妹差異上所扮演的角色微不足道……。假如出生別在人格上沒有系統化的差異，那麼任何跟出生別有關的父母行為差異，就不可能在以後的發展結果上產生任何顯著的影響。[14]

唐恩和蒲羅明提到了「看過大量研究資料的人」。在諸多仔細閱讀資料的人士當中，首屈一指的就是具有百折不撓精神的瑞士研究者西塞爾‧恩奈斯特（Cécile Ernst）和朱里斯‧安格斯特（Jules Angst）──真的，這兩人可不是我杜撰出來的。

在他們針對出生別研究的文獻整理中，他們收集了從一九四六

年到一九八○年所有有關出生別與人格上的文章，數量之多可用堆積如山來形容。這些資料有直接觀察受試者行為的、有父母親評分的、有老師評分的，還有各種人格測驗的分數。他們以為整理這麼多的資料後，可以對這個「人格依出生別而有不同：老大人格（first-born personality）確實存在」的假設加以驗證。[15]

　　但是他們並沒有證實這個假設。第一，他們發現這些顯示出生別效應的研究中，都有不可彌補的實驗漏洞。大多數的情形是研究者沒有把家庭大小和社經地位考慮進去，但這兩項因素彼此是有相關的，因此可能會誤導結果。[16]恩奈斯特和安格斯特於是把這些有毛病的研究剔除，重新檢視剩下的論文。你猜他們發現了什麼？出生別對人格的效應並不一致；大部分的研究並沒有得到任何顯著的差異。假如有顯著差異的話，多半是來自於「次受試者群」（subset of subjects）：女孩有，男孩沒有；小家庭有，大家庭沒有──沒有一個規律或道理可循。

　　為了要確定他們沒有忽略任何一點細節，恩奈斯特和安格斯特自己也做了一個研究。以社會科學的標準來看，它是一個龐大的研究。他們對七千五百八十二名蘇黎世的大學生進行人格測驗，測量十二種不同的人格層面：社交性、外向性、攻擊性、緊張性、易激動性、神經質、憂鬱性、抑制性、冷靜、男子氣、跋扈和開朗性（沒錯，他們沒有測量愛笑性）。

　　這個結果對相信家庭環境的人來說是個打擊。在有兩個孩子的家庭中，老大和老二在所有的人格特質中，都沒有顯著的差異。在有三個以上孩子的家庭中，有一點點的差異；最小的那個孩子，在男性化這個向度上分數稍低一些（當你測量這麼多變項時，某一個變項會僅因統計機率的關係而達到顯著性，其實並非真的有顯著

性）。[17]

　　恩奈斯特和安格斯特以下面的話做了一個總結：

　　　　出生別這個環境的變項與人格有關的這個假設，並沒有
　　獲得證實，它不能預測人的人格和行為。在這領域中，以往
　　的看法必須校正過來。[18]

　　但是出生別效應並沒有這麼容易被殺死；它是那種把它打倒
一百次，它又立刻爬起來的東西。在許多次企圖「復活」的嘗試
中，最引人注目的是科學史學者法蘭克・蘇洛威（Frank Sulloway）
的著書《生而反抗》（*Born to Rebel*）。蘇洛威認為科學上、宗教
上，和政治思想上的革新，都是老大反對、老二或老三贊成。
這是因為老二或老三有著他所謂的「接納經驗」（openness to
experience）的胸襟。但我卻注意到，革新想法這種念頭本身卻不一
定是來自老二或老三：伽利略、牛頓、愛因斯坦、馬丁路德、佛洛
伊德，以及毛澤東都排行老大。但是談到接受新觀念（根據蘇洛威
的書），老大是有些落後。他說，從一被生下開始，老大就占盡了
優勢，除非他們與父母實在合不來，或是有其他他所列舉出來的問
題，不然的話，老大沒有什麼必要反抗，因為他們不希望影響既
得利益，因為他們已經比弟妹得到比較多的父母關愛了。他們只
要說「是的，爸爸，是的，媽媽」就可以保住江山了。對後面的
弟妹來說，因為龍頭已被占了，他們只好在其他方面想辦法出人
頭地，想辦法扮演家庭中其他的角色。所以老二、老三比較有反
抗性；老二、老三長大後，比較傾向採取蘇洛威所謂「非正統」
（heterodox；反對正統）的處世觀。[19]

　　或許我對蘇洛威的理論有偏見是因為我是老大，而我卻有非正統的看法。蘇洛威自己是老么，對老大有許多心結。例如，在他的書中，他把老大形容成自私、獨裁、嫉妒、心胸狹窄、具攻擊性，及跋扈的人。他在書中一再指出，《聖經》中該隱（Cain）是老大；顯然，他把自己比做亞伯（Abel）。

　　既然我生來就扮演跋扈的侵略者角色，就只好盡力去湊和著過日子，在我的缺點上去發揮。我對《生而反抗》這本書的批評放在本書後面的附錄一中。蘇洛威重新檢視恩奈斯特和安格斯特已經檢視過的文章，卻得出了不同的結果；也就是說，他得出了支持他理論的結果。不過我覺得他的分析完全無法說服我，而且他完全沒有提到恩奈斯特和安格斯特兩人曾經進行過一個相當仔細的研究，而且用了比任何研究都多的受試者，結果一樣沒有發現任何效應。

　　出生別效應就好像那種你在眼角邊緣看到了某樣東西，但是等你轉過頭真正要去捕捉它時，它又消失了。它們的確不斷地陸續出現，但是你會看到它的原因是因為你在找它；你不斷地重新分析資料，直到找到為止。它們在舊的、小型的研究中出現的次數較多，在新的、大型的研究中出現得比較少。它最常在由父母或兄弟姐妹來評定受試者人格的研究中出現。關於這一點，我在下一章中還會再討論它。

　　父母的關愛不是平均分佈，一視同仁的，在這一點上，蘇洛威是對的。在他的書中，他說三分之二的母親承認她們確實會偏心、比較偏愛某一個小孩，[20]但是他沒有提到的是，大多數的媽媽偏愛的是老么。後來的研究在訪談過父母後也得到同樣的結果；有一半承認他們會偏心，在承認自己偏心的父母中，百分之八十七的母親和百分之八十五的父親承認他們偏愛老么。[21]

　　這個結果跟蘇洛威的預期正好相反，或許也跟他童年的記憶相反。原來是老么、而不是老大得到父母最多的關愛。這在全世界都一樣。[22]在有些仍然使用傳統育兒方法的地方（第五章中我會再做說明），小孩們是受寵愛的，但是當下面的弟妹來到時，他們就只好讓賢。長子可能可以繼承王位、皇宮或莊園，但是這不表示媽媽就最疼愛長子。就算她最愛這個長子，也不一定因為他是第一個出生的關係。

　　我在下一章中還會再談到蘇洛威的理論。而這一節的主題是出生別，我要讓恩奈斯特和安格斯特這兩位直言無諱的瑞士研究者做這一節的總結：

　　　　出生別的研究看起來非常容易，因為一個家庭的大小和一個人出生的排行順序是界定得非常清楚的事情，沒什麼可爭議的。把一堆數據餵進電腦，然後就可以在相關的變項中為顯著的差異找到合理的「事後解釋」（post hoc explanation）。例如，老么報告說他比其他兄弟容易焦慮，這是因為多年來，他都是家中最小、最弱的一個。假如老大是家中最膽怯的一個，這是因為母親對第一個孩子還沒有什麼經驗，所以在管教上出現前後不一致的現象。假如是中間的孩子感到焦慮的話，這是因為他上不著天、下不著地，被哥哥和弟弟夾在中間，父母常看不見他，把他疏忽了。假如想像力夠豐富的話，你還可以找到很好的理由來說為什麼老四（如果她又是女孩的話）焦慮應該最高。這種解釋法可以一直綿延下去。這種研究純粹是浪費時間和經費。[23]

父母教養形態

　　行為遺傳學家接受了恩奈斯特和安格斯特的忠告，放棄了出生
別。但是他們放棄得心不甘情不願，因為這本來是解決他們難題的
一個好方法。因為他們已經知道父母的行為會有不同——父母對不
同的孩子態度會有所不同——因此他們需要有一種方法來顯示父母
態度上的不同，不只是因為孩子天生個性的不同（子女對父母的效
應），父母態度的不同也會對孩子的人格產生相當的效應（父母對
子女的效應），出生別效應就可以達到他們的需求，亦即：假如父
母偏心真的會影響孩子的人格，這種效應就應該出現在出生別的研
究上。但是大多數的研究都沒有發現這個效應。所以唯一符合邏輯
的解釋就是「微環境的差異」（microenvironmental differences），例
如父母的偏心，對孩子的人格沒有一致性的效應。而且當孩子長大
成人後，這些效應完全看不出來。

　　麥柯比和馬丁的第一個可能性解釋是說父母對孩子沒有影響，
他們的第二個可能性是就算有的話，也會因孩子而異。本來，出生
別效應可以用來做為第二種假設的支持。但是找不到出生別效應，
這個假設也只好無疾而終，隨風而逝了。

　　在麥柯比和馬丁提出他們進退兩難的選擇之後，很多年都沒有
人提出第三種可能性。行為遺傳學的各種研究仍不斷地說明，家庭
狀況如何對於生長在其中的孩子來說不會產生長久的影響（就算有
影響的話）。假如有任何長遠效應，這樣的效應不僅對每個兄弟姐
妹來說各有不同，而且更無法預測得到，因為從許多人身上收集資
料加以研究的結果，並未顯示出有這種效應的存在。當然，假如我

們只看單一個案的話，我們很容易下結論說，家庭環境因素（如嚴苛的母親、漠不關心的父親等）會塑造孩子的人格，造成我們今天所看到的人格。但是這種既無法證明、又無法反證的「事後檢驗」是傳記作家的慣用手法，不足為取。

社會化研究者就跟行為遺傳學家一樣，繼續從事這種研究。他們之中很多人還在做麥柯比和馬丁所批評的那種「父母不同的教養方式跟孩子社交功能、情緒發展和智慧差異之關係」的研究。這些人仍在找尋「不同家庭間的差異」（differences between families），而不是「家庭內微環境的差異」（microenvironmental differences within families）。我想可能有必要把這種研究檢驗得再仔細一點，因為每一本發展心理學的教科書裡面都有它，包括我自己以前寫的教科書在內。[24]

一九六七年，發展心理學家黛安娜·包姆林（Diana Baumrind）界定了三種不同的父母教養形態，[25]她稱之為「權威型」（Authoritarian）、「溺愛型」（Permissive）和「威信型」（Authoritative）。但是我一直覺得這些名詞語意不清，所以我把它稱為：「太嚴」（Too Hard）、「太鬆」（Too Soft），以及「正好」（Just Right）。

太嚴的父母是很專制、跋扈、沒有彈性，也不能變通的父母。他們訂下規則後嚴厲執行，必要時採取體罰。這是那種「服從命令，不許多問」類型的人。太鬆的父母正好相反。他們不是命令孩子做事，他們是請求孩子做事。規則？什麼規則？他們認為最重要的是給孩子很多的愛。

第三個選擇是「正好」，你已經知道這種父母是什麼樣的了。我在前面談到吃花椰菜時曾描述過這種父母。他們給孩子愛和肯

定，但是他們也訂下要孩子遵守的規則。他們用說理的方式說服孩子做某種行為，而不是用體罰的方式強迫他們。規則不是刻在石板上不能改變的，這些父母會考慮孩子的想法和希望。簡單地說，「正好」的父母就像歐洲裔的中產階級美國人認為父母「應該」的那樣。

　　包姆林和她的門徒做了幾十個研究，都宣稱找到了同樣的現象：「正好」父母的孩子最有出息，不過文字好像比數字更有說服力，因為假如你去看她們的數字的話，你會發現不是這麼一回事。她們分析資料的方法非常有「創意」，我在前面一章曾說過，假如你在父母身上做了很多項測量，在孩子身上也做了很多測量，那麼機率的關係會使有些相關達到顯著。假如機率沒有幫你這個忙，你可以退而求其次，運用個別擊破的方法，把男孩和女孩分開算，把父親和母親分開算，通常，你就會找到男孩和女孩的差異，所以你也會找到父親和母親的差異。一般說來，「正好」的父母所產生的效應會出現在白人小孩的身上。[26]

　　或許是我太挑剔了。整體來說，這些研究確實顯示出「好的父母的確會有好的小孩」的趨勢，這樣的趨勢雖然很小，不過相當一致。這些「正好」的父母他們的孩子比較能跟別人處得來，在學校功課也好些，在青少年期也較少觸犯法網。一般來說，在料理自己生活上，這些孩子比父母太嚴或太鬆的孩子稍微好一些。

　　這些發現最大的問題是，它與行為遺傳學的資料相衝突。你還記得教養形態的研究是在找尋不同家庭間的差異，看看史密斯的家庭跟瓊斯的家庭有何不同。他們一般是一個家庭只觀察一個孩子——一個是史密斯家的，一個是瓊斯家的。行為遺傳學家正好相反，他們在同一個家庭中觀察兩個孩子，結果他們發現孩子在史密

斯家長大和在瓊斯家長大沒什麼差異。兩個史密斯的孩子如果是親兄弟姐妹，他們在人格上就會相像。假如他們是收養的孩子，那麼他們兩個都在史密斯家長大或是一個在史密斯家、一個在瓊斯家長大都沒什麼關係，反正都不相像。

　　行為遺傳學家的發現所引伸出來的意義，就是父母教養孩子的方式對孩子的人格沒有影響（麥柯比和馬丁的第一可能性）；或是說，父母沒有一個一致的教養孩子方式（我稱它為 2a）；或是說，他們有一致性，只是對不同孩子有不同的效應（我稱為 2b）。這些可能性都與教養方式研究者的發現不符，即使是 2b 也不一樣。假如一個「正好」的父母教出來的孩子有的好、有的壞，那麼教養方式還有什麼好研究的？

　　我不認為父母會對孩子有一致的教養方式，除非他們有一致性的孩子。我有兩個非常不一樣的孩子——一個是收養的，但是這種情形也會發生在親兄弟姐妹身上——所以我用兩種非常不同的教養方式來對待他們。我先生和我很少需要訂什麼規則來規範大女兒，但是對二女兒我們就制訂了無數的規則，只不過都沒有用。跟她講理嗎？饒了我吧！通常我們最後採取的是「服從命令，不許多問」的方式，但是就連這樣都沒用，最後，我們是放棄了。但不知怎的，我們也熬過了她的青春風暴期。

　　假如父母因為孩子的個性而去調整他們的教養方式，那麼包姆林等人測量的可能是子女對父母的效應，而不是父母對子女的效應。所以不是好的教養方式產生好的孩子，而是好的孩子產生好的教養方式（譯註：想想看模範母親的選拔標準）。假如父母不去調整他們教養孩子的方式來適應每一個孩子的話，包姆林她們測量到的可能是遺傳的效應而不是環境的效應。這不是好的「教養方式」

（parenting）產生好的孩子，而是好的「父母」（parents）產生好的
孩子。

　　下面是我的想法。歐裔的中產階級美國人想用「正好」的教養
方式，因為這是他們文化所贊許的方式。假如他們不用它，那是因
為他們本身有問題或是他們的孩子有問題。假如他們本身有問題，
那是他們有不好的人格基因，這很可能會遺傳給他們的小孩。假如
他們的小孩有問題，好比說脾氣壞，那麼「正好」的教養方式就行
不通，父母只好換成太嚴的方式來管教。所以在歐裔的美國家庭
中，如果父母採用太嚴的管教方法，這通常是他們的孩子桀驁不
遜。這正是父母教養形態研究的發現。

　　在其他種族團體中，如亞裔美國人和非裔美國人，他們的文化
則不相同。華裔比較常用包姆林所謂太嚴的管教方法，不是因為他
們的孩子不聽話，而是因為他們的文化贊同這種管教法。所以在亞
裔和非裔的美國家庭中，太嚴方式並不是用來管教比較會惹麻煩的
孩子。這一點也是研究中發現到的。[27]

　　他們發現在全美國父母中，亞裔父母是最可能用太嚴方式、最
不可能用「正好」方式管教的父母，而亞裔的孩子在很多方面都是
最能幹、最成功的美國孩子。雖然這個發現與他們的理論相矛盾，
教養形態的研究者並不因此而氣餒，仍然繼續往前進。

　　其實不僅僅是他們，其他的發展學家也是如此。凡是與教養的
假設衝突的數據，都把它丟在一旁，不去理它；對於模稜兩可的資
料，則把它解釋成支持教養的假設。

其他家庭間的差異

家庭間的差異常來自父母親個性上的差別，這差別有一部分是遺傳來的，所以社會化研究者所報告的那些結果，有一部分是由於基因上的差異。當父母無法處理好他們的生活或無法與別人和樂相處時，他們的孩子也很可能遭受到同樣的挫折，因為他們很可能遺傳到不好的基因，同時也有不愉快的家庭生活。但是假如這些孩子後來沒出息，大家常把它歸因到家庭生活不幸，然而真正的原因很可能是基因不夠好。在大多數的情況下，我們是無法拆開這兩個變項的。

所以讓我們來看看少數幾個不受父母個性影響的家庭差異。有一些生活形態是不受父母是否能處理好自己生活所影響的。

例如，發展心理學家最常問的一個問題就是，職業婦女和家庭主婦的孩子在人格上和行為上有不同嗎？在以前的世代，婦女們都留在家中照顧兒女，除非她們的先生無力養家；那個時候的發展心理學家都認為：職業婦女的孩子會有心理不健全的危險。但是現在職業婦女愈來愈普遍，結果現在職業婦女的小孩就跟少數還留在家中的家庭主婦的孩子沒什麼兩樣。有一位發展心理學家在人家請他寫職業婦女孩子的發展回顧文章時，只簡短地說了「沒有什麼一致性的發現」就一筆帶過，整篇文章反而變成在討論女性出外就業對大人的影響。[28]

一個有關的問題就是托兒所。在以前只有家庭破碎的人才把孩子放進托兒所，所以那時候認為托兒所對年幼的孩子不好。現在，家境很好的人也把孩子送到托兒所去，不再認為小孩子在托兒所中

的時間比在家中多會有什麼不好。在一篇一九九七年的文獻回顧
裡，一位發展心理學家問說：「嬰兒會不會從小沒有接受到母親的
照顧，而有長效的不利發展出現？」她說，從她所回顧的那些研究
看來，這個問題的答案是否定的，即使托兒所的品質參差不齊都沒
什麼關係。「從研究中得到的一項驚人結果就是，托兒所的品質對
大多數兒童的發展沒有什麼影響。」[29]

　　研究者也看了許多不同的家庭組織和生活形態。現在雖然還是
有許多家庭是由父親、母親和孩子所組成的，但是另類的孩子、單
親或同居的情況愈來愈多。這些家庭的孩子在他們自己生活上面臨
到婚姻失敗的機率是大了一些（我在第十三章中會專門討論離婚和
單親家庭的孩子），但是假如這種生活形態是特意選擇的話，這些
孩子和一般的孩子並沒有什麼不同。有一群加州的研究者多年來一
直在研究一些另類的家庭。有一些家庭的父母是嬉皮，住在「群居
村」（commune）中；有一些過著所謂的「開放婚姻」；還有一些
則是擁有良好職業、並自主選擇做單身媽媽的未婚女性。這些孩子
都很聰明、很健康，適應得很好，跟一般家庭長大的孩子沒有兩
樣。[30]

　　另一種另類家庭是「同性戀者」（lesbian or gay）所組成的家
庭。在這裡也沒有發現什麼不同：跟這種同一性別雙親長大的孩
子，在各方面都與一般的孩子一樣，適應得很好。[31]他們看起來都
沒有「性別角色」（sex-role）發展的問題：女孩就跟別的女孩一樣
女性化，男孩就跟別的男孩一樣男性化。研究者並沒有發現同性戀
者養育的子女長大後也會變成同性戀者，但是到目前為止還沒有大
規模的研究出現。遺傳學上的證據指出，基因在性別的偏好上確實
扮演一些角色。假如是這樣的話，同性戀者的親生子女變成同性戀

者的機率，可能會比別人來得高。[32]心理學家現在已經不再把同性戀視為「適應不良」（maladjustment）的象徵了。

許多出生在一般家庭的孩子是意外懷孕的。在美國，百分之五十的懷孕不是計畫中的而是意外的。[33]但是也有愈來愈多的夫妻不孕，他們的孩子是在所費不貲、並運用高科技的幫助下才得來的；像是有些孩子就是運用「人工授精」的方式才成功孕育出來。雖然這些受孕困難的父母所提供給孩子的，都是最高級的環境，但是這些孩子長大後仍然跟其他的孩子沒有兩樣。「在這些孩子的情緒、行為，或和父母的關係上，都沒有發現任何『團體差異』（group differences）。」[34]

另一個研究同時觀察三種另類家庭——沒有父親的、同性戀母親的，以及透過高科技幫助而組成的家庭——以觀察這些透過精子捐贈懷孕而得的小孩。有些母親是女同性戀者，有些是雙性戀者；有的是單親，有的則是同居者。這些母親的孩子都適應得很好，規規矩矩，表現良好。事實上，他們的表現甚至優於一般的孩子。研究者在家庭組合這個變項上，找不到他們跟別的孩子差別的地方。有父親的跟沒有父親的，表現得一樣好。[35]

在許多家庭差異變項中，最影響兒童家庭生活的變項是有沒有兄弟姐妹。獨生子跟有兄弟姐妹的孩子，生活方式是非常地不同。獨生子跟父母的關係比較強烈，他必須承擔父母加諸老大的所有的一切操心、責任，以及父母堆諸於老么的所有關愛與注意。以前大多數的家庭至少都有兩個小孩，所以與這個形態不合的家庭，都被認為不正常；獨生子的名譽並不好。但是現在大家都晚婚，小孩生得少。過去二十五年的研究發現，獨生子和有一或兩個弟妹的孩子沒什麼差別。當然偶爾有一些小差異總會出現，但是有的時候報告

對獨生子有利，有的時候對有兄弟姐妹的有利，並沒有一個準。[36]

尋找鑰匙

在不同家庭長大的孩子有著不同的家庭環境。有些人有兄弟姐妹，有些人沒有；有些人的父母是一男一女結了婚住在一起的，有些人則不是；有些人親自照顧子女，有些人則將小孩送去托嬰。這些家庭變項上的主要差異對兒童並沒有什麼可預測的效應；這個發現與行為遺傳學上的發現是一致的。家庭間比較不顯著的差異——也就是父母養育孩子的方式——反而被認為對兒童有可預測的效應，但是就如同麥柯比和馬丁所指出的，這些效應都很薄弱，而且有別的解釋方式。

這把我們帶回麥柯比和馬丁的第二個可能性，教養方式唯一有效應之處，在於對家中的每一個孩子有不同的態度。但是假如家庭間的巨大差異對孩子都沒有預期的差異，那麼為什麼家庭內的小差異應該要有差異呢？如果媽媽是家庭主婦或職業婦女、是結婚或離婚的、是同性戀或是異性戀都沒有關係的話，那麼我說媽媽是否最疼你很有關係，你覺得這樣的說法合理嗎？

本來，認為每一個小孩子是生長在家中的獨特小環境中，這個說法是行為遺傳學家擺脫困境的一個方法。基因並不能解釋所有的現象，因為他們的研究發現，人格特質的變異性只有一半可以用基因來解釋，剩下的一半一定是環境的關係。而他們跟所有其他的人一樣，都把這一半假設為「教養的方式」。只有亞利桑那大學的一位遺傳學家大衛·羅（David Rowe）指出，父母並不是孩子生命中的唯一影響，家庭以外的環境可能對孩子來說更重要。[37]其他的人

繼續在家庭內找答案，就像我們找鑰匙一樣：「它總是在家裡的某個地方。」

　　或許你也是在想：「一定在家裡的某個地方。」每一個人都知道父母有關係。五萬個心理學家不可能全都錯。機能障礙的家庭不是造成了機能障礙的孩子嗎？但是基因也有關係，孩子可以從父母那兒繼承到使家庭機能障礙的特質（我會在第十三章裡詳細探討機能障礙的家庭；它的問題不只是基因）。

　　它不只是因為基因。你相信家庭環境的魔力，是因為你親眼看到證據。那些不懂得如何做父母的人，養不出成材的孩子；壞脾氣的孩子是因為每次發脾氣父母都順著他；自尊心弱的孩子是因為父母每天都損他、使他自卑；緊張的孩子是因為他的父母喜怒不可測。在不同文化下成長的人，人格上自然會有明顯的差異。而我最艱巨的一件工作就是要說服你，對於你所看到每一件支持父母行為對孩子有長遠影響的事情，我都必須找出其他的可能解釋。

　　明尼蘇達大學的行為遺傳學家湯瑪士・波查德（Thomas Bouchard）是參與「明尼蘇達雙生子研究計畫」的研究者之一。一九九四年時，他在科學期刊《科學》（Science）上承認，童年的環境如何影響成人的人格「仍然是一個謎」。[38]或許更大的謎應該是：為什麼心理學家長久以來會迷信於人的個性是基因和環境共同組合而成的。先天——我們從父母身上得來的 DNA——已經知道會有影響，但並非全部的影響。後天——父母為我們所做的一切——已經被發現沒有影響。[39]

　　現在是找出其他可能性的時候了。因為上面所有的答案都不對。

第四章

分離的世界
Separate Worlds

The Nurture Assumption

　　凡是流傳下來的民間故事都很相像，都是主人翁從小被欺負，長大離家後，在外面打出了天下，衣錦榮歸。就以《灰姑娘》（Cinderella）為例好了，我小時候的那本《灰姑娘》開頭是這麼說的：

　　　　從前有一個人，他的第二任太太很虛榮又很自私。這個女人有兩個女兒，都跟她一樣虛榮和自私。這個男人自己有個女兒，長得很甜美又一點也不虛榮。[1]

　　這個很甜美、心地善良的女兒當然就是灰姑娘。這本書裡的繼姐妹是漂亮的，不像迪士尼電影《仙履奇緣》裡畫的那樣。在這本書中，只有人格是醜惡的，她們都和她們的媽媽──那個後母──一樣。灰姑娘是從她死去的母親那兒繼承到善良的本質。在古代，很多家庭因死亡而破裂，就像今天很多家庭因離婚而破裂一樣地普遍。[2]

　　在故事中，許多事件被壓縮了。灰姑娘一定受到繼母和繼姐妹虐待多年，她的父親不願意或是不能保護她，又不像現代有法律或政府機構來保護受虐兒。她一定很早就學會要儘量保持低姿態，大人交代的事立即辦好，忍氣吞聲不能頂嘴，也不能怒形於色。這樣的忍耐一直到了皇宮的舞會，事情才有了轉機。

　　說故事給我們聽的人，要我們接受下面的前提：灰姑娘可以到舞會而不被她的繼姐妹認出來，雖然多年來在灶下做粗工，她還是能吸引住見過世面的王子的注意。王子在灰姑娘的家中就認不出來她，因為她穿的是破爛的衣服。王子從來不懷疑灰姑娘是否能做一個好王妃，以後做一個好皇后，盡王室的義務。

很荒謬嗎？一點也不，假如你能接受一個簡單的想法，這一切就很合理。那就是孩子在不同的環境中會發展出不同的自我、不同的人格。灰姑娘很早就學會跟她後母在一起時，她最好表現得很溫順，盡量看起來不吸引人，免得引起後母的嫉妒。但是偶爾她也會偷溜出去找玩伴，就像所有被關在屋內的孩子一樣（他們無法把灰姑娘關在屋內，因為那時還沒有抽水馬桶，上廁所是要到戶外的）。

一出房子情形就不一樣了，戶外沒有人會欺負灰姑娘、把她當奴隸看待，她發現她可以用她本來美麗的面貌交到朋友（包括那位仁慈的鄰居，也就是後來的仙母）。她的繼姐妹在舞會上沒有認出她來，不僅是因為她打扮不同，她的整個舉止也不一樣了，她臉上的表情、她的儀態、她的談吐。她們從來沒有看過灰姑娘在戶外的樣子，當然王子也沒有看過她在戶內的樣子，這就是為什麼他去拜訪灰姑娘的家尋找那位掉了玻璃鞋子的美女時，認不出灰姑娘來。*

兩面的灰姑娘？

聽起來好像我在描述一個有「雙重人格」（split personality）的人，像是《三面夏娃》（*The Three Faces of Eve*）中的主角。[3]但是夏娃不正常的原因，不是因為她有一個以上的人格，或是她的另一個人格很不相同。問題是據稱夏娃的多重人格來無影去無蹤，不定期出現，無法預測，而且每個人格不知道彼此做了些什麼。

---

* 故事最後說：「他們從此過著快樂幸福的日子。」對於這一點，我不予置評，畢竟那不過是個童話故事。

有多於一個以上的人格，其實沒什麼了不起。著名小說家亨利‧詹姆士（Henry James）的兄弟威廉‧詹姆士（William James），是第一個指出這種現象的心理學家。一百多年前，威廉‧詹姆士就描述了在正常的青年和成人身上的「多重人格」（multiple personalities）——當然這裡指的是正常的男性年輕人和男性成人。

> 一般來說，一個男人在社會上扮演多種角色。人們對他的印象是什麼，他就會有哪些種的人格……。但是因為心中保有這些印象的人分散於社會中的各個階層，所以我們可以很實際地說，他的「社交自我」（social selves）就跟他所在意的社交團體一樣多。而他在每一個團體中所表現出來的自我是不相同的。許多在父母和教師面前非常溫順的年輕人，在他的同儕面前就表現得很強悍，像海盜一樣地滿嘴髒話。我們在孩子面前表現出來的自我，也跟我們在俱樂部中表現出來的不一樣；或是說，我們在顧客面前跟在員工面前不一樣；在老闆面前也跟在好朋友面前表現得不一樣。從這裡，我們可以看到一個人有好多個社會層面的人格。這可能會是一個不一致、不和諧的分割，因此他可能會在朋友面前流露出另外場合的自我。但是這也有可能是個很和諧的區分，他可以對孩子溫柔，對他所統御的士兵或管理的犯人很嚴厲。[4]

換句話說，用今天的術語來講，威廉‧詹姆士的觀察就是，人們在不同的社交場合表現得不一樣。現代的人格理論家對此並無異議，他們所爭議的是在那些不同面具底下的人格，是否真的有所不

同。[5]假如一個人可以在一種情境下很溫柔，但在另一種情境下卻很嚴厲，那麼究竟哪一個才是真正的他？假如有三個男人都是對孩子很溫柔，對犯人很嚴厲，那豈不是說決定人格的因素是環境而不是男人本身？

上面這一段話取自威廉·詹姆士的著書《心理學原理》（*The Principles of Psychology*）。這是美國的第一本心理學教科書，一八九〇年出版（我擁有一本，可惜因為經常翻閱的緣故，變得破舊、不值錢了），那個時候心理學才剛剛開始，詹姆士可以說是唯我獨尊，每　個領域都是他的專長，他也的確對每一個領域都有所涉獵。他談人格、認知、語言、感覺（sensation）、知覺（perception），以及兒童發展。詹姆士也就是那個說初生嬰兒世界是「一團混亂」的人。現在我們當然知道他是錯的。[6]

今天，這些心理學領域已經完全分離出來，有專家在統御著，這些人從來不讀他們本行以外的論文。艱澀的成人人格論著很難去吸引社會化研究者的興趣，而「自我」則是一般行為遺傳學家所不用的詞彙。

這真是很可惜，因為我認為這些彼此是相關的。我的確認為詹姆士的觀察，對解開人格發展這個謎是個重要的線索。

我在第二章和第三章中曾提到，父母無法塑造孩子與生俱來的人格，至少在孩子長大後察覺不出他們的影響。假如這是真的，為什麼每個人都這麼確定父母對孩子的人格有重要的影響？

不同的地方，不同的面孔

大多數的人都不會像《三面夏娃》中杜撰的夏娃一般，有著多

重人格，又不記得彼此做了些什麼。我們在不同的場合表現可能會不同，但是我們的記憶是完整的，不會不知道自己在另外的場合講了些什麼或做了些什麼。不過，我們在某一個場合中所學的事情，不一定會應用到另一個場合上去。

事實上，人有很強的傾向不會把知識或技術轉移到新的場合上來。根據學習理論家道格拉斯·底特曼（Douglas Detterman）的說法，沒有任何證據足以證明有人會很自然地把在某一種情境下所學到的東西移轉到另一個情境去，除非新的情境跟舊的非常相似。他指出「類化不足」（undergeneralization）比「過度類化」（overgeneralization）更有演化適應上的價值。去假設一個新的環境有一套新的規則，然後找出新環境的新規則來，會比去假設舊規則在新環境中仍然可用來得安全多了。魯莽地應用舊規則可能會送命。[7]

無論如何，嬰兒看起來就是這樣建構的。發展心理學家卡洛琳·羅威一柯立爾（Carolyn Rovee-Collier）做了一系列的實驗，研究嬰兒的學習能力。嬰兒躺在搖籃裡，看著床頂上懸掛著的一個走馬燈。一個絲帶輕輕地縛在嬰兒的腳上，只要他一踢腿，這個走馬燈就會動。六個月大的嬰兒很快就學會了這個關係，他們非常高興他們可以控制走馬燈的啟動，而且過了二個禮拜以後還記得這個「踢腿—燈走」的關係。不過，假如實驗情境有點改變，走馬燈上掛的小玩意換成有點不一樣的，或是搖籃不一樣了，或是同樣的搖籃搬到不同的房間去了，嬰兒就只會呆呆地望著走馬燈，完全沒有想到可以去控制它的轉動。[8]顯然在嬰兒的學習機器上已經貼了一張警示單：你在一個情境下學習的東西，不一定可以適用到另一個情境去。

　　這是真的。你在一個情境所學的東西，並不一定在另一個情境中適用。一個孩子在家中放聲大哭，如果運氣好的話，他可以換得大人的注意和呵護。在托兒所中，如果他也放聲大哭，小朋友就躲開不跟他玩了；[9]在小學裡，他這樣做會變成同學取笑的對象。小孩可愛、幼稚的行為，在爸爸面前和在同學面前會有完全不同的反應。一個回答機智、爆笑的孩子，在家中可能是開心果，但在學校中如果不懂得控制自己的舌頭，就可能常常要去校長室報到了（譯註：國外的小學沒有訓導主任，小孩犯錯老師不能處理，必須直接送到校長室，由校長處理）。在家中會吵的孩子有糖吃，在外面則是「槍打出頭鳥」，吵的人先遭殃。不過在灰姑娘的例子中，正好相反。

　　像灰姑娘一樣，大多數的孩子至少都有兩個截然不同的環境：家庭以及家庭以外的世界。每一個環境都有它自己的行為規範、自己的獎懲規則。灰姑娘的情況之所以特殊，是她的兩個環境——所以她有兩個人格——非常地不一樣。但是普通中產階級的美國人在家中和在外面的行為也不一樣。我記得我的孩子在小學的時候，我和我先生都在「母姐會」時去學校跟孩子的老師面談。每一年我都看到父母帶著不相信的表情，搖著頭走出教室。「她說的是我的孩子嗎？」他們都這樣說，好像老師在開玩笑似的。但是有的時候，老師所談的孩子的確對他們來說像個陌生人。大多數的時候，孩子在學校的表現是比在家裡好。「她在家裡簡直壞透了！」「她在家中，嘴巴一分鐘也沒開過！」

　　孩子——甚至是「學齡前的兒童」——都非常精於轉變人格。或許小孩比大人更容易做人格上的轉換。你有聽過四歲的孩子玩扮家家酒嗎？

　　史蒂芬妮（Stephie；用她原來的聲音對凱特琳〔Caitlin〕
說）：我要做媽媽。

　　史蒂芬妮（用她假裝的媽媽聲音說）：好，貝貝，喝你
的奶奶，做個好貝貝。

　　史蒂芬妮（小聲耳語說）：假裝你不喜歡。

　　凱特琳（用嬰兒的聲音說）：不要奶奶。

　　史蒂芬妮（用媽媽的聲音說）：喝，甜心，這對你好。

　　史蒂芬妮在這兒扮演了三個角色：作者／編劇、導演，以及主
角媽媽。她在這中間穿梭自如，給每一個角色不同的聲音。[10]

在不同社會情境中的行為

　　史蒂芬妮拿給凱特琳喝的奶瓶是一個圓錐形的積木。發展心理
學家對這種假裝很有興趣，因為它是行為的一種「先進、抽象的形
式」（an advanced, symbolic form of behavior）。但是這種抽象的形式
很早就出現了──在兩歲之前。[11]很多的文獻指出這個假裝行為出
現的早和晚是受環境的影響，而學者的注意力當然是集中到孩子的
媽媽身上。研究者發現，假如媽媽跟小孩一道玩這種假裝的幻想遊
戲，孩子的幻想形態會比較先進、比較高級。

　　但是，這裡有一個代價要付。葛瑞達‧費恩（Greta Fein）和瑪
莉‧佛萊爾（Mary Fryer）兩位兒童遊戲專家在閱讀過很多研究後下
結論說，雖然跟媽媽一起玩的孩子，遊戲的層次比較高，但是「這
個假設母親對於遊戲程度有所貢獻的講法，卻沒有得到支持」。當
媽媽鼓勵孩子去做精緻的幻想遊戲時，小孩可以做到；但是後來當

她自己一個人玩或是跟其他玩伴玩的時候，她們玩的遊戲和她與媽媽玩的遊戲並沒有關係。[12]

　　其他的發展心理學家攻擊這個結論。費恩和佛萊爾回答說「他們並沒有刻意去降低照顧孩子的人在小孩子生命中的重要性」，他們以前並不曉得這個想法在父母心目中根深柢固的程度，但是他們堅持他們的看法。證據顯示，母親只有在跟孩子玩的時候會對孩子的遊戲產生影響。「當理論行不通時，拋棄它或改變它。」費恩和佛萊爾說。[13]我舉雙手贊成。

　　跟媽媽一起學習當然是非常好的，但是嬰兒並不會自動地把這個學習移轉到別的情境上去。這是一個很聰明的策略，因為跟媽媽一起學的東西，在別的情況下不但可能毫無用處，甚至可能還更糟。比如說，小安德魯的媽媽在生產後得了「產後憂鬱症」，這個現象算是相當平常，很多新手媽媽都有。安德魯的媽媽雖然可以餵他、替他換尿布，但是她不跟他玩，也不太會對他笑。當安德魯三個月大時，他也開始顯現出憂鬱症的徵狀了。當他跟他媽媽在一起時，他不太笑、也不太活動（比起一般同齡的孩子），他的臉很嚴肅，他的動作無聲無息。幸好，安德魯不是全天都與媽媽在一起，他白天在托兒所，而托兒所的老師沒有憂鬱症，因此當你觀察安德魯跟托兒所的保母在一起時，你會覺得他是另一個嬰兒，因為他不但常常笑而且很活潑。專門研究像安德魯那樣的嬰兒的研究者表示，嬰兒與憂鬱的母親互動時，常常都是一張陰沉的臉和無聲無息的動作。[14]

　　在不同情境下有不同行為的現象，也會發生在大一點、開始學走路的嬰兒身上。研究者研究搖擺學步的嬰兒在家中的行為（請他們的父母填寫問卷）以及在托兒所的行為（在托兒所觀察以及請托

兒所的保母填寫問卷），他們發現對同一個嬰兒的兩種報告出入很
大。「一個可能性是，剛學步的嬰兒在家中和托兒所中的行為有系
統性的不同。」研究者說。[15]

兄弟和姐妹

就算孩子跟父母互動時所學的東西，無法幫助他們在托兒所與
他的同儕相處，他們跟兄弟姐妹互動時的經驗應該可以移轉吧？
你一定會如此想——我就是這樣想的。但是進一步想一下的話，他
們可能和同儕從頭開始比較有利。一個在家中會欺負弟弟的孩子，
在幼稚園中可能是個子最矮的一個，而那個被欺負的弟弟在他的班
上，可能是最高大的。下面是研究者在這個主題上所說的話：

> 沒有任何證據顯示，兄弟姐妹間的互動可以移轉到同儕
> 的互動上……，即使是老二，雖然已有許多年臣服於哥哥的
> 經驗，但仍然可以立即在同儕當中變成獨斷的角色。[16]

另外一位學者寫道：

> 小孩子們和兄弟姐妹之間的關係，以及他和同儕之間的
> 關係，兩者之間並沒有發現什麼顯著的相關……。根據母親
> 的報告，一個在家中跟兄弟姐妹很計較、很競爭的孩子，跟
> 同儕的友誼反而很不錯。母親的報告中愈是與兄弟姐妹處不
> 來、有敵意的孩子，他的同儕友誼分數愈高……。的確，我
> 們不應該認為跟弟妹之間的競爭、獨斷行為，一定就跟朋友

之間的負面問題行爲有相關。[17]

除非他們是雙生子，不然孩子跟他兄弟姐妹的關係一定是不平等的。在大多數的情況下，老大是領袖、老么是跟屁蟲；老大想要統御、老么則想逃避被統治。但是同儕之間的關係就不一樣了。同儕和兄弟姐妹相形之下是比較平等、比較相容的。在美國的孩子中，爆發在兄弟姐妹之間的衝突和敵意，頻率遠大於同儕之間的衝突和敵意。[18]

兄弟姐妹之間的衝突就是蘇洛威那本書《生而反抗》的主題。對蘇洛威來說，兄弟姐妹生來就是敵對的，必須要鬥爭才能得到屬於他們的家庭資源和父母的愛 ── 以老大的情況來說，他所獲得的會比其他弟弟妹妹多。他認為，孩子會在各個不同的事情上以「學有專精」的方式來制衡。假如家庭中一個位子已經被人占去了，下一個孩子必須要找其他的方法來贏得父母的注意和歡心，比如說，哥哥的運動很好，弟弟可能就要在功課上出人頭地，以贏取父母的歡心。[19]

我並不反對這個說法，我也不懷疑人們會把他們童年的較勁帶入成年，甚至帶進墳墓。像是我的阿姨葛萊黛絲和我的舅舅班兩個人便是一輩子水火不容。我所懷疑的是，人們是否會把他們在兄弟姐妹之間的情緒和行為反應，帶進別的關係當中。除了舅舅班以外，葛萊黛絲阿姨對任何人都很親切和善，就像童話故事中的灰姑娘一樣甜美可人。

童年時期的兄弟姐妹關係所形成的行為形態，既不會對「我們跟他人的人際關係」有所幫助，也不會形成阻礙；它並不會在人格的特性上留下永久的烙印。假如會的話，研究者就應該在成人的人

格測驗上看到它的效應：老大和老么應該在人格上有些不同。我在前面一章（附錄一將再提到）中曾經談過，出生別對成人的人格沒有任何影響，但是它卻出現在一種特別研究當中。在這種研究中，受試者的人格特質是由他的父母或兄弟姐妹評定的。當父母描述他們的孩子時，他們比較會說老大是很嚴肅認真、有條有理、負責任，且多憂慮的。當弟弟妹妹描述哥哥姐姐時，最常出現的字就是跋扈獨裁。[20]我們在這裡所看到的就是受試者在家中的行為。

在家中，出生別是有效應的，這點毫無疑問。我想這也是為什麼這麼難改變人們對它的信心。假如你看到一個人跟他父母或兄弟姐妹在一起時，你就會看到你所預期的差異。老大的確比較嚴肅、老成、負責任、跋扈；老么的確比較無憂無慮、輕鬆自在。但是這是他們在一起的時候才會這樣，這種行為的模式並不是無法擺脫的負擔，走到哪裡都要拖到哪裡，終其一生都得帶著它；我們甚至不必把它帶到幼稚園去。[21]

離家時絕對不能沒有它

我最喜歡舉的「情境無移轉行為」（a failure to transfer behavior from one context to another）就是挑食；挑食是父母對孩子最常見的抱怨。你一定會認為在某一個場合很挑食的人，在別的場合也很挑食，對嗎？是的，有人曾研究過它；但是沒有，研究者沒有發現相關。在瑞典的樣本群中，有三分之一的孩子是在家很挑食或在學校很挑食，但是只有百分之八的人是在家和在學校都很挑食。[22]

啊！那麼這個百分之八不就是了嗎？我應該要承認我誤導了你，在家和在外面行為的相關雖然低，但是還沒有低到零的地步。

我在第二章中曾舉過一個例子，在家行為很惡劣的孩子，他跟同儕在一起時並不會這樣，反之亦然。這兩個情境的相關係數是 0.19，表示說就算你看到一個小孩跟他父母在一起的樣子，你還是無法預測他與同儕在一起時會是什麼樣子。不過，這個相關並不是零；事實上，這個相關是達到統計上的顯著的。[23]

　　雖說顯著，但卻是驚人地低。而驚人的原因是因為這是同一個孩子在兩個不同的環境下的行為。我們從行為遺傳學的研究中已經知道，人格特質如爭辯性和攻擊性的遺傳性大約是百分之五十。[24]這表示有很大一部分的人格是天生的，不是從環境而來的。一個不合群、有好辯傾向的孩子，走到哪裡都是愛與人爭辯的。後天學習的是與情境有關的，但是先天而來的是無法拋在後頭、擺脫得掉的。[25]在家和在學校都挑食的孩子可能是對食物敏感或消化系統不好，所以有些孩子在家和在校都很挑食；有些孩子在家和在學校都惹人厭很可能是基因的效應。

　　間接的基因效應──即基因效應的效應──也可以使行為從一個情境帶到另一個情境。灰姑娘的例子是很少有的：她的美麗使她一走近後母會打耳光的圓周距離內就有危險，只有在房子以外的世界，她的美麗才是她的資產。大多數美麗的孩子會發現，不論走到哪裡美貌都是她的資產。[26]大多數長相平庸的孩子會發現，平庸在任何一個社交場合都是不利的。或許一些在家和在學校都很惹人厭的孩子外表不吸引人，所以他們已經放棄了用討人喜歡的方式去達到目的，因為反正沒有效。也或者他們生來就不討人喜歡，因此這使得他們與任何人的接觸都變成不愉快的經驗。脾氣不好、不易與人相處是會直接和間接地惹來麻煩的：直接，是因為它使得孩子不討人喜歡；間接，是因為它使別人討厭他、不跟他在一起。[27]

碼的轉換

因為基因的關係，使得行為從一個情境帶到另一個情境，這對我來說是很討厭的事，因為它阻礙我，使我無法說明我想解釋的事。我想讓你了解的是，孩子是在不同的情境下，分別學習如何在每個情境裡做出恰當的行為。但是「社會行為」（social behavior）是很複雜的；人的社會行為一部分決定於他的基因，一部分決定於出生後的經驗。天生的部分是他走到哪兒都跟著他的，所以就模糊了「社會情境」（social context）上的差異。為了要解決這個問題，我必須先談談一個完全是由經驗而來的社會行為：語言。

或許我應該先澄清一下上面那句話。語言是由經驗而來的，但是它也是天生的。它是我們從祖先那裡繼承而來的，與我們同族人之間並沒有什麼差異，就好像肺、眼、直立走路的能力等等。每一個大腦天生正常的人類嬰兒都有學習語言的能力，環境只是決定他要學習哪一種語言而已。[28]

在北美洲和歐洲，我們都很理所當然地認為我們應該教嬰兒如何用語言來溝通；的確，我們認為這是身為父母最重要的一件事。我們很早就開始進行語言教學，打從嬰兒一出生，我們就跟他講話；有人甚至更早。我們鼓勵嬰兒咕咕發聲、牙牙學語。假如他們發出了類似「媽媽」和「爸爸」的聲音時，我們就高興得要命。我們問他問題，等待他們的答案，假如他們不回答，我們就替他回答。假如他們犯了文法上的錯誤，我們就把他的句子用正確的英文（或是正確的任何語文）再講一次。我們用簡短、清楚的句子，講他們有興趣的東西。

　　在這種鼓勵之下，我們的嬰兒在一歲左右開始說話，兩歲就會講句子了。等到四歲時，他們已是這個語言的熟練使用者。

　　現在我要你去想像一個小孩在四歲的時候才第一次走出家門，結果發現——就像灰姑娘一樣——外面的世界非常地不一樣。只不過在這裡，不一樣的是每一個人都說一種他不了解的語言，而別人也不了解他所說的語言。他會很驚奇嗎？可能不會。從學習用踢腳去控制走馬燈的嬰兒反應來看，他應該不會很驚奇，因為改變搖籃床單的花樣，他們就不知道可以用腳去控制，好像是到了另外一個新世界；嬰兒是假設新世界有新的規則，是必須學習才會的。

　　就像我在第一章前面提到的、在劍橋擁有一棟出租公寓的那對俄國夫婦一樣，移民家庭的孩子在家中所學的東西——最明顯的就是語言，但是當然還包括其他東西——到外面之後幾乎都派不上用場，但是他們並不因此而感到困擾，他們學習所有應該學的東西，包括一個新的語言在內。

　　小孩有非常強烈的欲望要與別的小孩溝通，這個溝通的欲望是一個強有力的動機，使他想去學習一種新的語言。有位心理語言學家說了一個故事：一個四歲的美國男孩，生病住在加拿大蒙特律（Montreal）（譯註：魁北克省的首府，多講法語）的醫院裡，他一直想辦法要跟隔壁床的女孩溝通。當他嘗試用英文溝通都失敗後，他就用他自己編造的法文："Aga doodoo bubu petit garçon?"。一位義大利父親跟說瑞典話的太太和兒子一起住在芬蘭。有一天他帶了三歲的兒子到公園玩耍，這個小男孩想去跟說芬蘭話的孩子玩，於是就跑過去，用他所有知道的芬蘭語大聲地喊著："Yksi, kaksi, kolme … yksi, kaksi, kolme"——也就是芬蘭語的一、二、三……一、二、三。[29]

　　年幼的孩子會像上面說的那樣，不管三七二十一，先講了再

說。年長一點的孩子就比較不會這麼魯莽。研究者曾針對一個七歲半從波蘭移民到美國密蘇里州鄉下地方的孩子進行研究。在學校中，這個小男孩約瑟夫（Joseph）很安靜地聽了幾個月，仔細觀察其他孩子對老師所說的話的反應之後，面對鄰居的孩子他比較敢犯錯了，所以他開始跟鄰居的孩子說話，練習他的英文。一開始時，他說的話是像「我今天學校」──但是在幾個月內，他可以表達他自己了。兩年之後，他說的跟當地的小孩一樣溜，幾乎沒什麼口音。後來他的口音全部消失，一點痕跡也沒有；雖然他在家中還是繼續說波蘭語。*[30]

　　移民來的孩子常在家中說母語，在家以外的地方說第二語言。只要在新國家住上一年，孩子就可以交替使用兩種語言，其輕鬆自如的程度，就好像我在電腦上切換程式一樣。跨出家門，按一下英語的滑鼠；走進家門，按一下波蘭語的滑鼠。心理語言學家把這個叫做「碼的轉換」（code-switching）。

　　灰姑娘人格的轉換，就像是另一種的「碼的轉換」一樣。走出家門──打扮漂亮，舉止迷人；回到家中──打扮平淡，舉止謙卑。假如她也像約瑟夫一樣，能在家中和在外面說不同語言的話，這也會成為另一個室內和室外生活的不同面。對一個孩子來講，成為一個雙語人可能比在好看和平淡之間交替出現要容易得多了。

---

* 心理語言學家有的時候會宣稱，嬰兒在一歲以後會失去區辨母語中不需要的聲音的能力。這是不對的；因為假如嬰兒失去區辨語音的能力，那麼像約瑟夫這樣的孩子就不可能把第二語言學到沒有口音、沒有腔調。我認為比較可能的是，嬰兒學會了不去注意母語中所沒有的那些音；假如後來這些音又變得很重要時，他可以把他的注意力再放回去。

　　「碼的轉換」就好像心中有兩個儲存語言的大槽一樣，每一個槽中都裝有在特定情境下所學習的東西。根據研究成人「雙語」能力的心理語言學家保羅‧柯勒斯（Paul Kolers）表示，要去提取某一個槽中的東西時，必須先轉到這個槽所用的語言才行。例如，他說他有一位同事，十二歲時從法國移民到美國來。這個人用法語來做算術，用英語來做微積分。「在某一個情境中所學習的心智活動（mental activity）和訊息（information），在另一個情境中不見得可以用得到，」柯勒斯解釋說，「你常常必須要在第二個情境中重新學習一次，不過這次花的時間和精力會比較少。」

　　這不僅僅是說與書本學習有關的東西是放在不同的槽裡。「許多使用雙語的人都說，他們對於同樣的經驗，會因為使用的語言不同，而有不同的情緒反應，就連思考的方式也不同。」柯勒斯說。[31]假如你在家中只說某一種語言，那麼這個語言就跟家中的情緒和經驗掛上鉤了，而在外頭所說的語言就跟在外面所經驗到的事情和情緒聯結在一起。在家中，灰姑娘認為她自己是個沒用的人；在外面，她發現她可以交到很有影響力的朋友。一個雙語的灰姑娘現在可能還是在擦地板──假如王子用她在家中所使用的語言跟她談話的話。

　　人格理論家不太注意語言。但是語言、口音、腔調和字彙，都是社會行為的一部分，就像合群和攻擊性是人格特質的一部分一樣。語言就像社會行為的其他層面一樣，是對情境敏感的。即使只說一種語言的人，他的語言對情境的敏感程度，也跟說雙語的人一樣。威廉‧詹姆士說，人在不同的社交情境會「展現出不同的自己」。他舉的第一個例子，就是在同伴間滿嘴髒話的年輕人，在老師和父母面前可能是溫文儒雅的。一位高中生說了下面這個故事：

我班上一位女同學在走廊上走時，突然想起她忘記了一件東西。

「噢，搞什麼！」（Oh Shoot!）她說。

她轉過頭來，發現她的朋友正在旁邊，所以她就改口說：「我是說『噢，狗屎！』（Oh Shit!）」[32]

這個女孩的父母和老師也是要做同樣的語言調適行為。他們對青少年講話時所用的詞彙和句法形態，跟他們和兩歲孩子講話時是完全不同的。他們跟修車工人說話所用的詞彙和句法，也和他們跟醫生談話時用的詞彙和句法不同。[33]

雖然這是一個社會的行為，但是語言比別的社會行為高明的地方，在於它沒有基因從中「攪局」；不像別的社會行為如攻擊性等有一部分是基因的關係。一個孩子說波蘭語而不說英語，或是跟一些人在一起時說髒話，跟其他的人一起時便不說髒話，這全是環境的因素，而沒有基因在裡面。

語言和社會情境

碼的轉換是一個極端的例子，大多數孩子的心智儲存槽其實漏得相當厲害。因為他們的記憶是跟著他們跑的，從一個情境到另一個情境。一個孩子如果四歲才離開家接觸到外面世界的語言，即使他發現每一個人說的話都跟他在家中說的語言差不多，但一開始時，他還是會很謹慎地在家庭以外的地方使用它。對大多數的孩子來說，家庭環境跟家庭以外的環境是沒有一個高牆來隔離的。父

母也會到學校看孩子表演，或是開母姐會。孩子也會在課堂中的show-and-tell（帶家中的寵物、家中的寶貝到學校說給同學聽）和作文題目為「我的暑假生活」中，透露一些家庭生活，而且他們也會請同學到家中過生日。

當威廉・詹姆士說「把一個人分隔成好幾個自我」時，他認為分隔可以有兩種：和諧的——例如一個人對孩子溫柔、對犯人嚴厲；以及不和諧的——害怕讓他的朋友看到他在別的地方所表現出來的另一面。灰姑娘的分隔是不和諧的：她很怕讓後母看到她在別的地方的樣子。

大多數的孩子都不敢讓父母知道他們在外面的行為，但他們常假裝說如果他們洩漏了家中的生活情形他們就會被修理得很慘。菲利普・羅斯（Philip Roth）在他的小說《波特諾的委屈》（Portnoy's Complaint）一書中說了一個故事，你幾乎可以確定他影射的就是他自己。亞歷山大・波特諾（Alexander Portnoy）是第一代的猶太裔美國人，他的英文中摻雜了很多的德式希伯來語，他用這種方式描述了他童年發生的一件事：

> 那時，我是小學一年級的學生，每次老師問問題時，大家都踴躍舉手，希望老師會叫自己。有一天，我被叫到了，老師問我圖片上的東西叫什麼。我知道我媽媽叫它「鍋鏟」（spatula），但是我怎麼樣也想不起來它的英文名稱是什麼。我脹紅了臉，結結巴巴地跌坐回我的位子上，我的老師比我還驚愕，因為我過去的表現都非常好。我渾身發抖，飽受折磨，因為我說不出這個廚房用具的名稱。[34]

　　亞歷山大以為 "spatula" 是希伯來文，他寧可死也不肯在大庭廣眾之前說出這個字來。我在小學三年級或四年級時也有過這種經驗，我把小手指叫成 "pinky"。跟我說話的那個女孩反問我說：「妳說什麼？」（我跟她不很熟）。我非常驚恐，我犯了一個大錯，"pinky" 一定是個家中用的字！這個女孩又追問了一句：「妳說什麼？」我含糊不清地說：「沒什麼。」她愈追問，我愈不敢告訴她。許多年以後，我發現她一定也不清楚 "pinky" 的地位，而想確認它是否是一個可以用在外頭的字。

　　約瑟夫對他的父母說波蘭語，跟老師、同學、朋友說英語。但是有的時候，他的朋友會到他家玩，他也會跟他們說英語，所以英語就侵入他的家庭了。或者，就像亞歷山大一樣，他不好意思在外面用家裡的話，所以當他與父母去買菜時，他跟他們說英語。不管是怎麼開始的，移民到英語國家的人通常都是孩子把英語帶回家，在家中對父母說英語。下面是一個韓國移民的孩子，描述他如何與他的母親溝通：「她對我說韓文，我對她說英文。」人類學家解釋為什麼從東歐來的猶太移民沒有把語言傳給他們孩子的原因：「他們對孩子說希伯來文，而孩子則以英文回答。」[35]這種情形就算是在全部說英語的家庭中也會發生，我聽過很多以英語為母語的人的抱怨：他們的小孩回家講的是他們同學說的那種怪腔怪調的英語。

　　假如移民父母強迫孩子以他們的母語來回答，小孩可能會照辦，但是他們用母語溝通的能力只停留在小孩的階段，而他們跟外界溝通的語文能力則一直增加。下面是一個年輕的華裔美人，她的父母是第一代移民，她進了哈佛大學唸書：

　　　我從來沒有跟我的父母討論文學或哲學，我們談的是身

體健康、天氣、晚報——全用廣東話說，因為他們不會說英
文。當我在哈佛的時候，我跟我的父母沒有話講，因為我完
全沒有廣東話的詞彙來描述我在哈佛的主修課上課情形。[36]

　　許多移民父母都眼睜睜地看著他們的孩子失去祖國的語言和文
化，一點辦法都沒有，但是有些有心人會挺身而出極力挽救。我住
的地方的報紙上刊登了一則訊息，說有一個來自西孟加拉的婦女，
辦了一所孟加拉文的學校給她的孩子和其他孟加拉移民的孩子就
讀。

　　　　就像所有的移民一樣，芭格契（Bagchi）希望她的孩子
　　了解祖國的文化；要了解文化，她的孩子就必須要能說流利
　　的孟加拉語，這是他們父母的母語，也是印度境內十五種語
　　言中的一種……。但是假如你一週只花幾個小時來學語文，
　　你是學不好的。孩子所浸淫的環境如學校、電視、同儕都是
　　在說英語，就算父母和孩子都盡了最大的努力，要把父母的
　　母語學好仍是一件具有挑戰性的事情。「他們連做夢所講的
　　都是英文，他們不會做孟加拉語的夢。」芭格契如此形容在
　　美國出身的孟加拉兒童。[37]

　　他們連做夢講的都是英文！不管他們從父母那裡所學來的母語
是英語或是孟加拉語，英語已經變成他們的母語了。約瑟夫在他
生命中的前七年半，除了波蘭語什麼都不曾說過，但是假如他留在
美國，他的母語就不會是波蘭語。當他長大以後，他會以英語來思
考、以英語來做夢、以英語來做算術和微積分。他很可能把波蘭語

完全忘掉。

　　父母不需要去教孩子們生活社區中使用的語言；事實上，父母根本不必教孩子任何語言——這點你可能很難接受。我們跟嬰兒和剛會走路的孩子說話，那是因為我們的文化是如此，世界上還有很多的文化，他們的大人是不教嬰兒或小孩說話的，因為他們認為學說話是孩子的義務，不是父母的責任。心理語言學家史迪芬·平克說，許多文化社會中的母親是不跟尚未說話的孩子說話的，除了偶爾叫他們做事或責罵他們之外。這並非不合理，因為小孩子反正不懂得大人在說什麼，何必浪費力氣去跟他們說話？跟美國兩歲的孩子比起來，這些社會中的嬰兒在語言發展上看起來是遲緩的，但是最終的結果卻是一模一樣，所有的小孩都變成母語語言的流利使用者。[38]

　　你或許在想：即使母親不跟孩子說話，孩子也會聽到她跟別人說話。這是沒錯，但是連這個都不需要。希臘的歷史學家希羅多德（Herodotus）（譯註：約西元前 484-430，他明確地劃分出歷史與史前史的分界線；他對歷史的貢獻是古代世界中無人可以比擬的）曾經說過一個故事：一個國王想知道一個孩子如果完全沒有聽過他人講話，他自己會發展出什麼樣的語言出來，於是他把兩個嬰兒放在野外的小茅屋中，不准照顧他們的牧羊人跟他們說任何一句話，或是在他們耳朵可以聽見的範圍內與別人談天。兩年之後，他發現孩子說的第一個字聽起來像 "bekos"，這個字是「安娜托利亞」（Anatolia）一地的古老語言「弗里幾亞語」（Phrygian）「麵包」的意思。因此這個國王就下結論說弗里幾亞語是世界上第一個語言。[39]

　　假如你知道現在美國有幾千個嬰兒是這樣長大的，你會感到很驚訝嗎？這並不是實驗，這些嬰兒是出生在聾人家庭的孩子。大多

數的聾人是與聾人結婚，但是他們的孩子有百分之九十聽力正常。
這些孩子在一開始的時候，失去了我們認為對語言正常發展來說極
為重要的經驗。當他們因驚恐害怕或疼痛而大哭時，沒有人會趕快
跑來安慰他們，沒有人在一旁鼓勵他們「咕」、「咕」地牙牙學
語。當他們第一次說出「爸爸，媽媽」時，也沒有人感動地當做大
事來宣揚。現代的聾啞父母用手語跟他們的孩子溝通，但是美國有
一陣子非常反對使用手語，在那個時期裡，除了最基本的需求之
外，聾啞父母根本不和他們的小孩溝通。但是這些孩子長大後都沒
事，雖然他們不能從父母處學得英語，他們每一個人都變成流利的
英語使用者。你不用問他們是怎麼學的，他們記不得，而且很多人
會不高興你這樣子問。我認為他們學英文的方式就跟約瑟夫學的方
式一模一樣。[40]

　　社會化的研究者不太可能去研究說波蘭語或孟加拉語的家庭，
更不用說只會比手語的家庭。他們並不去思考小孩子如何習得語
言，因為他們的研究中所有的父母都說英語，所有的孩子也說英
語，因此這變成了一個「常數」（constant），所以研究者便假設
小孩子的語言是從父母那裡學來的，他們對社會化的其他層面也是
做如此的假設。他們在語言上是錯了，我認為他們在其他地方也錯
了。雙語是「情境—特定」（context-specific）社會化最顯著的一個
標記，這個社會化是跟某一個情境緊密地結合在一起的。

每件事情都適得其所

　　就如「鍋鏟」那個故事所說的，孩子喜歡把家裡和學校這兩種
生活分開。為什麼很多受虐兒事件不易被發現，就是因為兒童在外

面不喜歡談他們家裡的事。他們不要人家知道他們的家跟別人不一
樣——他們的後母打他、強迫他擦地板。同樣地，孩子也不告訴父
母他們在學校被人欺負的情形。我在唸小學的時候，有四年之久，
同學不跟我說話、排斥我，但是我父母一點都不知道。

　　但是，使家中事情不外洩的動機大於使外面的事情不侵入家
庭，特別是當小孩認為他們的家庭不正常時，更為嚴重。假如他的
母親酗酒、父母打架，或是父親半身不遂的話，這個孩子特別不希
望別人知道他家中的情況。移民的孩子可能會避免讓別的孩子來他
家玩；有錢人的孩子跟貧窮人的孩子一樣，都不願意人家知道他的
家庭狀況，因為他不希望自己跟別人不同。

　　因為要知道什麼是該隱藏、不該讓人知道的，所以孩子必須要
找出一個方式來知道他們的家庭是否正常。一個方式就是看電視，
但是這只有當電視中的家庭與他社區中的家庭差不多時才會有效。
假如差太遠時，孩子必須根據從朋友和同學聽來的正常家庭觀念來
做決定。

　　但是，從朋友和同學那裡學東西是很危險的。兩個孩子可能都
害怕他們會說溜了嘴，把不該說的說出來了，好像我跟我的同學說
"pinky" 那件事一樣。但是小孩子很聰明，他們有辦法不著痕跡地
解決這個問題：他們玩扮家家酒。在玩家家酒時，小孩子可以通力
合作，共同發展出所謂的正常家庭像什麼樣子，而不必擔心說溜了
嘴，洩漏了真相，因為反正這只是一個遊戲而已。

　　你有聽過小孩子扮家家酒嗎？他們所描述的家庭是最理想的家
庭，直接從電視節目「歐茲和哈莉愛特」（Ozzie and Harriet）（譯
註：這是美國四〇年代的一個熱門電視家庭劇，其中父慈子孝，夫妻相敬如
賓，是大家心目中理想的家庭生活）中翻製出來的。一位發展心理學家

拍攝了一段小孩子扮演爸爸的角色：「好了，我做完事情了，甜心，我賺了一千元回來。」扮演媽媽的女孩子聽了顯然很高興。但是這位小爸爸想去燒晚飯時，卻被他的玩伴很堅決地拒絕了：「爸爸不下廚房。」另外一個小女孩則堅持女孩只能當護士，只有男孩可以當醫生，但是她自己的媽媽卻是一個醫生。[41]

除了是「性別主義者」（sexist）之外，這些小父母們所組成的家庭真是其樂融融。他們會相互爭論或是「罵」他們的寶貝，但是很少會比這個更厲害。這並不是小孩子戒絕暴力。相反地，愛歐娜‧歐比（Iona Opie）和彼得‧歐比（Peter Opie）兩位研究者觀察到：「在他們的劇情中，小孩常被壞人偷走或凌虐。」[42]不過這些壞人都是女巫、怪獸、強盜，而小孩都假裝他們是孤兒，只有是孤兒才能解釋為什麼爸爸媽媽沒有保護他們。假如他們真正的父母確實忽略他們、虐待他們，他們是絕對不要他們的朋友知道的。*

小孩子非常盼望跟別人一樣正常，而跟別人一樣正常，表示一定要有一對正常的父母。假如父母有一點兒不同的話——父母一定會有一些不同的——他們就會極力去隱藏這個不同處。幽默專欄作家大衛‧貝瑞（David Barry）曾有一段話描寫得非常好，抓住了這個精神：

> 舞會結束後，我們站在學校外面等待父母的接送。當我父親來時，我簡直嚇呆了。他戴了一頂滑稽的帽子，開著那輛破車——你知道的，就像是超級市場外面那種給小孩子乘

---

* 這種情況不久之後就改變了。到了青少年時期，大家開始轉而彼此抱怨自己的父母如何又如何地對待自己。

坐，只要投下銅幣就會轉個五分鐘的那種小車，只不過比那
個還爛、還差勁。看到我爸如此地遜，我簡直嚇呆了，丟臉
丟到家，簡直比被一個凸眼八爪的外星章魚綁架還更恐怖。
我當時窘得無地自容，不知道別人會怎麼想我的老爸。但是
卻做夢也沒想到，所有的人都沒有注意到我爸爸，因為每個
人都被他們的老爸窘呆了，大家都忙著找地洞鑽。[43]

　　爸爸媽媽是屬於家裡的，所以他們一跑出來，孩子們就大為緊
張。除了發窘之外，孩子們主要是不知道如何在家庭以外的地方跟
他們的父母相處。因為他們不知道該怎麼辦，所以當然會不自覺地
感到手足無措，不知該如何對這樣的情境反應。一直到了青少年或
成年之後，才偶爾會察覺到他們的行為會因社交情境而有所不同。
或許有的時候你不喜歡跟某些人在一起，是因為你不喜歡你跟他們
在一起時「自己的行為」。

　　威廉・詹姆士所形容的那種「在父母師長面前溫文儒雅」，但
在同儕面前行為完全不一樣的孩子，他學會的是在有父母和老師的
情境下要表現出父母和老師教他的那一套。你會發現，你很難教會
你的狗當你不在家時也不能夠在沙發上睡，因為你教牠的是當你在
家時，牠不可以在沙發上睡；當你不在家時，牠跳上沙發從來沒有
挨揍過。

　　八十多年前，有兩位極具遠見的發展心理學家就曾針對孩子抵
抗誘惑的能力進行過測試。他們製造了很多機會，讓孩子可以在家
中、教室中，或運動比賽中欺騙、作假或偷竊。他所設計的情境是
讓孩子單獨一個人的時候，或是跟同儕在一起的時候。結果他們發
現，在一個情境下誠實的孩子，在另一個情境下不一定誠實；在家

中誠實的孩子，在教室中或運動比賽中可能就會作假。[44]

　　當兒童或青少年在家庭以外的地方行為不良時，別人常把他們貼上「未社會化」（unsocialized）的標籤，認為他們的父母應該要負責任。根據教養的假設的說法，使孩子社會化是父母的責任。但是假如孩子沒有把父母教他們的東西轉移到另一個社交情境時，這其實不是父母的錯。

請真正的人格出線，好嗎？

　　嬰兒天生就有某些特質以及某些行為傾向，他可能比一般的孩子更好動、更喜歡跟別人在一起，或是更容易生氣。這些天生的行為傾向是受環境的塑造和影響——也就是說，是受每一個兒童個別的環境所影響。

　　人格有兩個組成「部件」（components），一個是「天生的部件」（inborn component），另一個是「環境的部件」（environmental component）。天生的部件跟隨著你，形影不離；在某個層次裡，它會影響你在每一個情境裡的行為。環境的部件是隨著特定的情境而不同的，你不但學會了在那個特定情境下應該怎麼表現，你還學會了伴隨著那個情境下的感情。假如你的父母使你覺得自己一無是處、是個沒用的東西，那麼這個一無是處的感覺是跟著家庭的情境結合在一起的，只有在外面的人也覺得你無一可取時，這種一無是處的感覺才會跟外面的情境聯結起來。

　　當我們說人格是穩定的，它橫跨不同的社會情境都一樣時，這其實是要看這個人的各種社交情境相似程度如何，這句話才成立。灰姑娘的兩個社交情境是非常不同的，所以她在人格上的差異比一

般人的還要大，但是假如有人是在王子把她娶回皇宮以後才認識她的話，就不會察覺到這個不同，因為他只見過她家庭以外的人格。

　　心理學家在研究人格的問題時，通常是給受試者一份問卷。問卷裡是一些行為的描述，受試者可以選擇同意或不同意。大部分的受試者都是大學生，他們在課堂上或實驗室裡回答這些問題，所以這些問卷測量的是這些人在大學裡的人格，以及他對這間教室或實驗室所帶有的感情。假如這個測驗在幾個月以後又在某一個教授或實驗室裡施測時，你會得到一致性的反應，因為在（通常是同一間）教室或實驗室，學生只是情緒上有一些起落，或許上次心情好一些，或許這次心情好一些，但基本上，它是同一個大學裡的人格，伴隨著同樣的施測感情和思考，所以得出來的結果相當地一致。

　　人格心理學家詹姆士・康索（James Council）請大學生填寫一份有關他們在想像活動中可以有多投入的問卷，然後對受試者進行催眠。結果發現那些在想像活動中得分最高的人，最容易被催眠；但是，這只有在他們進行測驗的房間中催眠時，他們才是如此。假如測驗和催眠是在不同的房間舉行時，這兩者的相關性就消失了。在第二個實驗裡，康索先請受試者填寫一份有關童年有沒有被性虐待或創傷的問卷，然後又立刻給受試者填寫一份專為情緒困擾的人所設計的人格問卷。結果發現童年創傷的報告跟情緒困擾的人格之間有顯著的相關。但是當康索把同樣的測驗給另外一組學生做，而這一次是先做人格測驗、後做童年問卷時，結果這個相關就消失了。所以先做童年創傷的問卷會激發出不愉快的思想和情緒，而這個情緒跟後來進行人格測驗的情境是有聯結的。這個不愉快的思想和情緒的效應，可以反映到後來在同一個房間所做的人格測驗上，

因此康索認為這個「情境效應」（context effect），足以質疑許多人格測驗的有效性。[45]

現在讓我來假設，你想證明童年的創傷經驗會導致成年後情緒的困擾。有一個方法可以證明它，那就是採用康索的方法：提醒你的受試者他們過去的創傷，然後，立刻在同一個房間讓他們做人格測驗。但是另一個更好的方法是，把他們帶回童年受創傷的地方，然後讓他們在那裡做人格測驗。不過你所證明出來的，其實是童年的創傷記憶會弄亂受試者的心情；你所證明的，是一個「情境的威力」（the power of context）。

當行為遺傳學家研究人格時，他們多半在教室或實驗室施測，結果他們發現受試者生長的家庭環境跟他們的人格幾乎沒有一點關係。假如行為遺傳學家想要找到家庭環境的效力，他們應該把受試者帶回他生長的家中，在那裡進行測驗。不過，他們所找到的，也不是童年生活的環境對人格的影響；他們所找到的，仍然是情境的威力。

假如你不再回家了，那麼你在家中所養成的人格就永遠消失了。在灰姑娘跟王子結婚以後，她就不再回到原來的家中，她以前卑躬屈膝的人格就跟她的破衣服、爛掃帚一起永遠地拋到腦後了。

不過，大部分的人是會再回家的。所以一旦他們踏入家門，聽到他們的母親在廚房喊：「是你嗎，親愛的？」那個他們以為自己已經長大、已經拋棄的舊人格就立刻回來了。在外面的世界，他們可能是成功的女強人、男霸天，但是把他們放回家中餐桌上，他們很快就變回當年的乖寶寶。難怪很多人不喜歡回家過節。

情境效應和錯誤的結論

　　當我告訴你教養的假設是一個神話時，你不肯相信我的理由之一是，因為你有很多證據來證明你是對的。你可以親眼看到父母對孩子有所影響，而且社會化研究者也收集了如山一般高的證據來給你看。

　　沒錯，但是你在哪裡看過這些證據？他們又在哪裡收集到這些資料？父母的確對孩子有影響力，但是你有什麼證據說當父母不在時，這些影響力仍然存在？在父母面前撒野的孩子，可能在他同學和老師面前乖得很呢！

　　社會化研究者用來支持他們教養的假設的證據，大部分都是父母在場時對兒童行為的觀察，以及母親所填寫描述兒童行為的問卷。研究者想要證明家庭環境——比如說，離婚之後——的影響，所以他們觀察兒童在家的情形。但是這個家是許多不愉快回憶發生的地方，更糟糕的是他們把父母親請來填寫有關他們孩子行為變化的問卷，這些剛經過離婚波折的父母實在不是一個中性的觀察者。可想而知，這個方法得出的結果，都是孩子在父母離婚後比父母未離婚前過得更糟。假如是在家庭之外，父母不在場時所做的觀察，那麼這個差異就變得很少、甚至消失了[46]（不過有些差異的確存在，甚至到孩子成年後仍可以察覺得到，我們會在第十三章探討父母離婚後的孩子）。

　　在發展心理學上，情境效應是個頭痛的問題。它們製造出一些不符合研究者想法的相關來，這個相關可以在實驗室出現，也可以在家中出現。大一點的孩子或青少年通常是在學校的教室或實驗

室填寫問卷、接受訪談，研究者要孩子填寫最近有沒有惹上什麼麻煩、行為有沒有什麼不當，然後要孩子再填寫一份父母怎麼對待他們的問卷。[47]這種研究法不但有情境效應（因為孩子在同一個房間填寫兩份問卷），同時還有統計學家所稱的「評價者效應」（rater effect）。一個告訴你他這個禮拜抽了四次大麻、數學考試不及格的孩子，也會同時告訴你他父母對他不好。有一組研究者給青少年一份問卷，問他們覺得父母的教養方式如何，同時也給這些青少年的父母填寫同樣的問卷，結果發現孩子所填寫的內容和父母所填寫的內容彼此只有 0.07 的相關。換句話說，一點相關也沒有。[48]然而社會化研究者還是接受它做為支持他們理論的證據。

　　社會化研究者證明了一個很清楚、不容爭辯的事情，那就是父母對孩子的行為，影響孩子在父母跟前的表現，或是跟父母有關的情境。對這一點我非常同意，一點問題也沒有。父母的行為也影響孩子對父母的感覺，當父母對某一個孩子偏心時，不但引起孩子之間的磨擦，也使不受寵愛的孩子對父母心懷怨恨，這種不平的感覺可以持續一生。[49]

　　市面上有幾百本書都在告訴父母現在做的是錯的、該怎麼撫養孩子才對。請去找一本好的，它可能可以解釋你的孩子在家裡的行為。而我的目標是解釋他們在家庭以外的世界裡的行為——這個世界是他們後半生的生活情境。

第五章

其他地方、其他時間
Other Times, Other Places

The Nurture Assumption

一九五〇年中葉，一對美國的研究者在偏僻遙遠的印度北部，一個叫做卡拉蒲（Khalapur）的地方，研究當地居民教養孩子的方法。有一天，他們問一個當地的婦女，她希望她的孩子長大後變成什麼樣的人。這婦人聳聳肩說：「這是他的命，不管我要他成為什麼人，他的命會決定一切。」[1]

在那個時候，或是說在那時之前的幾千百年，印度北部鄉下的農家孩子，其命運完全決定於他的健康和他的性別：假如他生下來沒死、僥倖存活，那麼，若是個男孩以後就是一個農夫，若是個女孩就是農夫的太太。研究者注意到，在卡拉蒲的嬰兒並不像在美國的嬰兒一樣，是父母「焦慮的對象」（objects of anxiety），因為卡拉蒲的父母並不擔心他們在教養上的錯誤，可能會害了小孩一輩子、使他不能成功。[2]

許多人認為教養孩子的方法是因時、因地而不同的。在現代來說，那位卡拉蒲母親在態度上可能太被動、太認命了，但是這樣的態度在西方曾經非常普遍過。根據丹麥社會學家拉爾斯·丹西克（Lars Dencik）的研究，這種認為童年的事件可以決定一個人「命運」的想法，是相當新穎的：

　　童年生活對人一生的命運會產生影響，這是現代才有的教條。但幾個世代以前的看法根本是反過來的，人是因為他的命運才變成什麼樣的人，成人的生活是一出生就決定了，因為職業是世襲的。童年是一個不被注意的階段。它也不曾引起我們現在這個社會中所見到揮之不去的焦慮。相反地，在那個時候沒有人會去想這個問題，孩子常常被忽略、被虐待，或未被善待，但沒有人因此而覺得有罪惡感。像這種指

責我們對小孩不夠注意、使很多父母煩惱的罪惡感，在現代其實也是相當新、相當奇特的。[3]

有兩個理由使我們認為我們應該要好好注意孩子：其一是，孩子現在被視為獨立的個體，享有身為一個人所擁有的權利，甚至包括應該被善待的權利；其二是丹西克所稱的那個「意識形態的教條」（ideological dogma），亦即成人的生活決定於童年的經驗。所以相信這個教條的人，就相信與父母有關的童年經驗可以決定這個孩子的後半生。這種想法當然就是教養的假設的說法。

這個教養的假設與某一個特定模式的家庭生活和管教孩子的方式有關，這種模式在今日的西方社會雖說普遍，但並非全是如此。這個模式是說孩子在一個以父親、母親，以及一個或多個兄弟姐妹所組成的核心家庭中長大，父母是主要的照顧者，他們應該給予孩子充分的愛與關懷，有需要時也應加以管教。這些教養的細節都在家庭中發生，外人是不知道的，一個家庭主要是他的核心分子居住的地方，親戚朋友偶爾來訪而已。就如家族歷史學家（family historian）塔瑪拉‧哈利文（Tamara Hareven）所說的：「現代的家庭是一個私人的、核心的，而且是以孩子為中心的家庭內生活。」[4]

隱私權的簡短歷史

生活在二十一世紀的北美和歐洲的孩子，有雙重不相互重疊的生活：一個是家庭中的生活，另一個是家庭外的生活。家庭內的生活是私人性的，另一個是公開性的，兩種不同的生活需要完全不同的行為方式。在家庭中表露情緒是可以的，在外面就不行，[5]就連

小學生都不應該在學校哭、耍脾氣或表達感情上的喜好。在家中常發生的嘔吐滿地或尿濕褲子，在學校中都是丟臉的大事。穿乾淨合宜的衣服，頭髮梳理整齊、修剪得合乎潮流，這些行為在外面都比在家庭內來得重要。

在家中，成員不但允許很自由地表達他的感情，而且認為他應該就是如此。不過我們不知道緊閉的大門後面，每一個人家庭的生活是什麼樣子。小孩子也不知道別人的家庭在沒有外人時是怎麼過日子的。他們甚至不知道自己兄弟姐妹比較私密不為人知的一面，現代的家庭成員很少而房子很大，每個小孩都有他自己的房間，隱私權（privacy）變成了現代人最基本、最不可為他人侵犯，而且是受憲法保護的人權了。

但是隱私權實在是近代才有的觀念，「私人生活」和「公開生活」是最近才劃分的，[6]甚至「家」都是近代的觀念。三、四百年前的家與我們今天的家是非常不一樣的。家就是工作的場所，也就是人們吃、喝、拉、睡、打架、做愛的地方，那時候是不分家庭和辦公室的。

三百年前，有一對挪威夫婦名叫佛德烈克和瑪莎・布農（Frederik and Marthe Brun）住在奧斯陸旁的小鎮。歷史學家威多・瑞桑斯基（Witold Rybczynski）對那個家庭的描寫，讓我們得以一窺當時歐洲的家庭生活。布農先生是裝訂書的人（譯註：有點像現在的印刷裝訂廠），相當富有，他的家在當時算是相當寬敞，差不多像現代的別墅式平房那麼大。這是他工作的地方（有個店面），也是十五個人的起居生活之處——他、妻子、八個孩子、三個男工、兩個女傭。其他的人——親戚、鄰居、顧客——任意進出其間。布農夫婦並沒有他們自己的床，這個大床上還睡了三個小孩。這個床就

在屋子的起居室內，就是大門進來後的最大一個房間，這個房間還兼做飯廳與客廳。其他比較大的孩子——兩個男孩和三個女孩——睡在樓上的兩個小房間內。[7]

　　但是布農家人並沒有感到隱私權被侵犯了，因為他們根本不知道什麼叫隱私權；我們的祖先很少獨立或單獨一個人生活。今天我們把嬰兒放在搖籃裡，讓他單獨一個人睡在一個大房間，然後很奇怪為什麼大人一離開他們就要大哭以示抗議。我們應該奇怪的是，為什麼有些嬰兒竟可以忍受這種待遇。這些嬰兒可以接受被大人放到一邊、獨自一人在一個房間，這可以說是「人類是個適應的動物」的最好例證。在演化史上，可以說一直到最近，人類才脫離狩獵採集的生活方式，而在狩獵採集的族群中，嬰兒是絕對沒有放在一旁單獨一人的——除非這個嬰兒是被大人拋棄的。因為到處有危險、到處有野獸、有火，誰知道嬰兒還會撿起什麼東西放進他的嘴巴，*所以嬰兒都是揹在背上直到他們會走路為止。[8]晚上的時候，嬰兒都是跟著媽媽睡的。

　　即使是今天，全世界很多地方的嬰兒都還是跟著媽媽睡，很多嬰兒是跟媽媽睡在同一張床上。[9]有些研究瓜地馬拉馬亞（Maya）社區的人撫養孩子方式的研究者，告訴馬亞當地的母親說，美國的嬰兒是被帶到另外一個房間自己單獨睡的，馬亞的母親聽完之後個個驚駭極了。

---

*　動物行為學家艾倫諾斯·艾伯－艾伯斯費爾（Irenäus Eibl-Eibesfeldt）曾經提過他在非洲研究狩獵採集部落時所目睹的一件事。有一個十九個月大的嬰兒被交由他的姐姐照顧，他趁姐姐不注意時，抓起糞便塞得滿嘴滿臉都是。後來這個姐姐當然是挨罵了。

　　一位母親問道：「有沒有其他的人跟孩子在一起？有沒有？」當研究者告訴她「沒有」的時候，這位母親倒吸一口氣，說她覺得美國的嬰兒很可憐。另外一位母親則表示她很驚駭，不敢相信地問說，嬰兒肯自己睡，不在意嗎？然後很有感情地說，如果一定要她這樣做，她會感到很痛苦。馬亞的父母認為，把嬰兒或幼兒放到另外一個房間去睡覺，是對孩子的忽略、不照顧。[10]

　　當馬亞的孩子必須要從母親的床上讓位出來給新出生的弟弟妹妹時，他就移去跟爸爸睡或祖母睡或兄姐睡。馬亞人認為獨自一個人睡是很不幸、很可憐的。

　　對在傳統文化中長大的人來說，北美人養孩子的方式是違反自然的。我們的理由是希望孩子獨立，所以儘早地訓練他們。的確，我們的孩子是很獨立的，但是實在沒有一丁點兒的證據可以說明他們的獨立是因為從小一個人睡的關係。他們自己一個人睡，是因為我們認為孩子應該獨立。養育孩子的方式是文化的產物，它不一定要像文化一樣一代一代地傳承下去（我在第九章還會再談到它）。

忠告別人如何去教養他的孩子

　　我們一方面希望孩子獨立，一方面又希望孩子在感情上與我們緊密地聯結在一起。親子之愛變成一種神聖的事，在無數的電影和電視廣告上，你都看到孩子飛奔撲入父母的懷抱，或是父母以無限憐愛的眼光，望著他們的子女（而孩子很可能在睡覺，或如廣告上

的，在吃東西）。母愛、父愛當然是全世界人類都有的，不可能是文化的產物。

　　沒錯，大部分的父母都很疼愛他們的孩子，但是今天在我們社會中所看到的「孝子」（孝順孩子）方式，其實是最近才如此的。在人類的歷史中，世界上很多地方的人，他們的童年是艱苦、危險，而不是像現在這樣安適、愉快的。這些孩子被認為是父母的財產，父母（或繼父母）可以隨心所欲地處置他們。嬰兒和孩子可以被忽略、虐待、賣掉或丟棄而沒人管，許多孩子也的確被虐待、賣掉或丟棄。

　　這一切都決定於他生在什麼時候、生在哪裡。「童年」的歷史不是一路往上攀升、愈來愈好的，它是起起伏伏、有上有下的。對歐洲的孩子來說，最糟的時候大約是從中世紀到十八世紀。哈佛的一位經濟學教授茱莉葉・薛爾（Juliet Schor）曾經描述那個時期父母教養孩子的方式：

> 　　大部分來說，父母是不照顧孩子的，有錢的人不太理他們的孩子，直到孩子長大成人。嬰兒是由保母帶大的，雖然有很多證據顯示：交給保母帶的孩子會受到忽略、很容易死亡，但上層社會的人仍然不親自育嬰。對所有社會階級的孩子來說，他們常常沒有人管，而且是很長一段日子沒有人管。為了避免麻煩，初生嬰兒都被層層包裹，手腳不能自由活動，一直要到好幾個月以後才得鬆綁。[11]

　　到十九世紀時，美洲和歐洲的孩子情況有了改善。當男人開始出外工作以後，家成了一個私人的空間、一個避風港；它不再是工

作的場所了。家變成因感情而聚合的地方，不再是因經濟的考慮而
聚集的單位了。就在這個時候，一般家庭的健康衛生條件也有了改
善，使得夭折率大減，兒童得以活到成年。[12]這個改變最早是在富
人身上發生，然後才傳到窮人。孩子漸漸成了家庭的重心、不再被
視為是免費的勞工。

　　當男人開始外出工作以後，婦女在照料家庭的角色上益形重
要，養兒育女的重擔落到她們的肩上，成了她們的責任。這也是一
大改變，因為從歐洲的歷史來說，男人一直是所有事情的最後定奪
者。根據德國社會學家伊鳳‧修茲（Yvonne Schütze）表示，一直到
了一七九四年，普魯士的民法還賦予父親決定他的妻子應該哺乳多
久的權力。[13]

　　即使在育兒成為婦女的專業後，男人仍然沒有放手。有一長
串的白人男子不斷忠告別人該如何教養孩子，這個名單一直可以
追溯到十七世紀的清教徒牧師告訴他的美國信徒說，所有的孩子
都是倔強的，大人必須要使他們屈服。[14]但十八世紀法國的哲學家
盧梭（Jean-Jacques Rousseau）卻有不同的想法，他認為人性本善，
小孩天生是善良的；假如我們不要過分干擾，他們可以一直保留這
個良善。不過盧梭自己並沒有小孩；也就是說，他不曾撫養過任何
一個小孩。他的情婦所生的孩子，一個接一個地被送到育幼院的
門口臺階上，他並不是不知道這種事。這些孩子也許生得好（born
good），只是沒有生得巧（born lucky）。

　　根據修茲的說法，歐洲人對孩子的興趣始自盧梭。是盧梭告訴
歐洲人應該依照孩子的「重要本質」（essential nature），用理性的
方式去教養他。而這個重要的本質，是由抽象的思考來決定的。哲
學家、醫生、教師和傳教士，就各自把盧梭的這個「抽象思考」

解釋成他們自己具體的建議。所以有一陣子養育孩子的方式是很開放的，但是等到要編印育嬰手冊來指導母親時，這個潮流又改變了。等到十八世紀末、十九世紀初時，教養的方式就很嚴酷了。婦女——尤其是受過教育的婦女——開始閱讀這些手冊，並且遵循它的忠告。

　　例如，那個時期的醫生通常勸母親不要過分餵食，因此很多母親都把這個忠告牢記在心。安東尼・格林爵士（Sir Anthony Glyn）在回憶他那個時代英國的生活以及更前一代的日子時，談到二十世紀初期英國兒童「斯巴達式」的飲食。在同一個時期，美國最流行的育兒叢書是路得・荷特（Luther Emmett Holt）所寫的《如何照顧與餵食孩子》（On the Care and Feeding of Children），也同樣告訴母親要限制孩子吃東西。史巴克醫生的母親就是荷特的忠實追隨者。史巴克醫生小的時候不准吃很多東西，其中有一樣就是香蕉，史巴克在十六歲離開家去上學時，是「骨瘦如柴」。[15]

　　醫生們的另一個奇怪想法，就是認為假如不用特別的東西來使小孩子的背脊挺直的話，小孩子就會駝背畸形。一位德國婦女描述了一八〇〇年代她長大的時候，這種害怕孩子會畸形的恐懼，深深困擾著她的母親和所有德國的母親：

　　　　我的母親並沒有因為我的背很直、我沒有什麼不良姿勢，而覺得放心……。我的女同學一個接一個地穿上家裡特別訂製的馬甲，晚上睡在特別給骨科病人睡的硬床……。我那時非常非常地瘦，瘦得只剩皮包骨，而我的右肩膀比左邊的強壯一點、大一點，所以我母親要我每天吊單槓。在硬木地板上躺一個小時，每二十天，要放四到六隻水蛭到我的右

肩上去吸血。[16]

其中最使父母恐懼的就是寵壞小孩。母親可以愛孩子，可是不能讓他們知道媽媽有多愛他們。因為太多的愛和關懷對孩子是不好的。母親應該要控制自己想要表達溫柔的需求，因為沒有任何證據說孩子需要溫柔。德國的母親被警告說孩子哭時不要去抱他，不然他會變成家裡的「暴君」。[17]

這種冷硬的教養孩子方式在美國——而不是德國——達到它的最高點。華生（是的，就是前面說「給我一打嬰兒」的那個華生）寫了一本書，雖然沒有人給他嬰兒，但他還是自以為是地勸別人該如何養育孩子。

> 有一個很合理的方式來對待孩子，那就是把他們當做成人來看待，用這種態度來替他們洗澡、穿衣，而且你的行為要保持客觀、堅定。不要去抱他們、親他們，絕對不要讓他們坐在你的膝上。假如你一定要的話，在他們上床去睡之前，在額頭上輕吻一下就好了。早上起來時跟他們握手道早安，假如他們的表現良好，把一件很困難的事做得很好的話，輕拍他們的頭以示獎勵。請你試試看。在一個星期之內，你就會發現對你孩子保持客觀和仁慈是多麼容易之事。你會對你以前那種令人作嘔、感情激動的教養孩子方式感到慚愧。[18]

根據修茲的考證，華生是第一個想用科學的方法來看母子心理層面關係的人。以前的忠告都集中在孩子的身體健康方面，或

是他的禮儀風度，或是宗教；現在母親不但要盯著小孩，確保她們不會長成駝背的孩子、消化不良的孩子、無神論者，同時還要保護他們使他們不會懼怕、不畏強權、不會成就太低、不會變成不快樂的孩子。這還不算，母親不管為孩子做得太多或做得太少，都會被人指責說都是母親的錯。感謝佛洛伊德的恩賜，母親連孩子潛意識的感情和動機都要負責任。「二十世紀後半葉的母親一直做到筋疲力竭、死而後已。即便如此，假如她有一些潛意識的負面情緒（unconscious negative feelings），或沒有個人成長的話，她仍然是罪魁禍首。」修茲說。[19]

二十世紀後半葉的母親不像前半葉的母親，她需要全心全意地去愛她的孩子，而且要顯露出來讓孩子知道。假如她沒有的話，或是說，她的愛有一點「潛意識的負面情緒」的話，她的孩子就完蛋了；只要孩子有一點不對勁，那都是母親的錯。[20]

最近一些由女性自己寫的育嬰寶鑑之類的書*則告訴父母，孩子需要的是「無條件的愛」（unconditional love）。瑪莉安·奈佛特（Marianne Neifert）這位稱自己為「媽媽醫生」（Doctor Mom）的人，把華生的忠告做了一百八十度的大轉彎：

　　　　每天要特別用眼睛接觸、身體接觸，和擁抱的方式，
　　把非語言訊息的愛和接納傳播出去。所有的孩子都需要你用

---

* 即使由女性作者所提出的忠告比男性作者的忠告還要軟性，但這樣的趨勢仍不是十分明顯。一九三七年由德國心理學教授希爾嘉·海測（Hildegarde Hetzer）所提出的育兒忠告，仍舊和華生一樣地嚴厲。她甚至把那些「壞了風紀」、「對孩子表現出過度的情感、表現疼愛與珍護、寵愛孩子、認為孩子十分重要」的母親臭罵了一頓。

實質的身體接觸方式去表達你的愛，不管這孩子現在有多大
了。[21]

　　很顯然地，華生博士和奈佛特博士不可能完全都對。孩子究竟
需不需要身體接觸的愛？我們可以用科學的方式來回答這個問題
嗎？

　　這個問題在於，進行這些研究的科學家跟奈佛特博士是同一
個文化下的產物。不，我並不是說科學是「社會建構的」（socially
constructed）、我們無法不透過文化的偏見去看清真實的世界或測
試真實的世界。我個人相信「真實界是存在的」（reality is real），
而了解真實界如何運作的最好方式就是「科學」。但是養育小孩不
是物理學。這些研究一定會受到文化制約的影響，因為童年和父母
教養的方式是一個非常情緒化的問題，你不可能用測試物理中「微
中子」與「夸克」的理論方式來測量它。

　　比如說，「母嬰聯結」（mother-infant-bonding）關係的研究。
一九七〇年時，馬歇爾·克勞斯（Marshall Klaus）和約翰·肯奈爾
（John Kennell）兩位醫生發表了一系列的論文和叢書，說明了在
嬰兒剛出生的第一個或第二個小時裡母親實際去抱他的這種身體
接觸，是十分重要的。他們認為嬰兒一出生就與母親有肌膚相親
（skin-to-skin）的話，這種母嬰聯結會是非常緊密的。相反地，孩
子一生下來就被放入醫院的育嬰房的話，因為缺少這種肌膚相親的
緊密聯結，媽媽會比較不愛這個孩子、會忽略他並虐待他。[22]

　　於是，這種聯結的想法就像野火一樣蔓延開來，它徹底革命了
醫院產房的程序。一個世代以前把問題兒童的成因歸罪到父母寵愛
的專家學者，現在把它歸因到剛出生時與母親的接觸不夠，這個看

法迅速地傳播到別的國家去。修茲提到一位德國婦女,她堅持她與女兒之間的衝突是因為女兒出生時,醫生沒能讓她立刻抱孩子,以致於這個聯結沒有形成——這是九年前的事,她女兒已經九歲了。[23]一位英國的小兒科醫生警告說:

> 一個正常的嬰兒出生後應該立刻放到母親的懷裡……,嬰兒應該赤裸裸的,還沒洗過澡時就直接接觸到母親的胸脯……。小孩出生後的頭一個小時,雙親應該單獨跟嬰兒在一起……由動物的實驗證明,假如母親和牠的子女短暫分離的話,會產生非常不好的後果——母親會拒絕孩子,甚至把它殺死。[24]

心理學家黛安・艾爾(Diane Eyer)曾經很仔細地把這種聯結的研究評論了一番。我不想重花力氣,所以我把艾爾的結論抄一段:

> 到了一九八〇年代初期的時候,這種母嬰之間親密聯結的研究已經被大多數的科學家丟到一旁去了,因為這些研究設計得不好也做得不夠仔細。然而,很多小兒科醫生和社工人員仍然把它看成防止虐待兒童的一種方法。雖然已經不再強調生產後要立刻去抱孩子,但這個觀念仍然非常流行。母親與孩子的親近(不管他們想不想親近)仍被看成是一劑防止問題兒童的萬靈丹。[25]

對於「不再強調生產後要立刻抱孩子」的說法,艾爾其實是太樂觀了。我的小女兒在一九九六年三月生了她的第一個孩子——我

的第一個孫女。她不肯接受局部麻醉，因為她要保持清醒，她不敢
讓任何事情阻礙了她和孩子之間的聯結。

　　我孫女的出生真的讓我感到時代是變了。一九六〇年代當我在
照顧我的孩子時，每次她們一哭、我把她們抱起來時，心中都充滿
了罪惡感。史金納曾經親自教過我，他說，把她們抱起來會增強她
們的哭，使她們愈愛哭。但我不再相信這一套，所以我準備好要告
訴我女兒，假如珍妮佛（我的孫女）哭的話，抱她起來並不會寵壞
了她。但是這些話從來沒有機會講；相反地，我發現我一再向女兒
說，偶爾讓嬰兒哭個幾分鐘是沒有關係的。

自然生產

　　聯結的研究像野火一樣蔓延，是因為它出現得正是時候。因為
那時正是高呼「使家庭生活更自然」的時代，諷刺的是，這也是一
個女性反抗由白種男性科學家和醫生告訴她們應該怎麼做的時代！
我想，克勞斯和肯奈爾是白種男性科學家，不過他們的「聯結」其
實是很自然的，因為他們的理論是基於動物的模式——尤其是山
羊。假如山羊媽媽在生產完後立刻與小羊分開的話，牠會拒絕這隻
小羊靠近牠。但是假如生產完後牠可以先跟小羊在一起一陣子，
小羊再被抱走的話，即使過了一兩個小時也無妨，母羊還是會接納
牠。這個觀察使得克勞斯和肯奈爾下結論說，在一生產完後有一個
荷爾蒙的「敏感期」（sensitive period）。

　　問題是並非所有的哺乳類都像山羊一樣，即使是血緣很相近的
動物種類有沒有這種生產後的敏感期也不盡相同。有一些種鹿會哺
乳非親生的小鹿，有些則不會。[26]但是我不認為山羊的這個實驗是

使聯結這個觀念流行的原因。比較可能的原因是一種理想化的原始社會中的「自然」母親——你知道，就是那個偉大的野蠻人（noble savage），那個狩獵採集的母親，她蹲下來生下她的孩子，用牙齒把臍帶咬斷，用一把樹葉擦一擦嬰兒的臉，抱起來，繼續採集樹根或漿果。

但是別相信這個鬼話，分娩絕對不是像這個樣子的。第一，對所有社會的女人來說，分娩是很痛、很困難的。對工業化社會之前的婦女來說，那才是真正的鬼門關前走一回呢！在今天撒哈拉沙漠附近的地區，婦女死於分娩的比例依舊高達十三分之一。[27]

第二，因為分娩很困難、很危險，所以很少婦女單獨分娩（唯一的例外是在一兩個社會裡，有經驗的婦女會獨自走開去分娩，讓其他婦女十分敬佩、羨慕她們的勇氣。不過，她們絕不會在頭一胎時這麼做）。傳統上，陣痛中的婦女都有一位或多位有經驗的婦女從旁幫忙。因為分娩絕不是獨力可以完成的事，可能從來就沒有過，而且嬰兒生下來也很少單獨與母親在一起。[28]

至於說把嬰兒立刻放到媽媽的懷裡，有些傳統的社會是如此，但並不是每一個社會皆如此。下面是一段描寫非洲剛果共和國森林中匹克米族〔Pygmies〕）分娩的情形：

> 接生婆蹲在陣痛婦女的前面，準備接住生下的嬰兒……。一旦出生後，嬰兒就放在香蕉和椰子葉編成的草蓆上……，他們用冷水把嬰兒洗淨，使他哭出聲來……，在臍帶剪斷後（通常是接生婆剪的），嬰兒就被抱到戶外去給營區的男人看一下。當嬰兒回到茅屋後，陪伴生產的婦女們輪流抱著嬰兒哺乳，不論她自己有沒有分泌乳汁。嬰兒的母親

並沒有立刻抱他，因為迷信認為母親立刻抱他會對嬰兒不吉
利。因此，初生嬰兒的頭幾個小時是跟營區中其他的婦女一
起渡過的，然後才交還母親。[29]

　　我們的社會中「不自然」的分娩部分不是在於怎樣對待嬰兒
（這個隨著時間地點的不同，而有很大的不同），而是生產的過程
中，父親站在旁邊看。傳統上，分娩只有婦女在旁邊，只有在我們
的社會裡父親是在旁邊看的，因為認為父親應該目擊——或是說他
應該想要目擊——誕生的奇蹟（miracle of birth）。

「自然」的教養孩子方法

　　三百年來，歐美的這些自譽為專家的人，一直在告訴婦女該如
何教養孩子。[30]這些忠告都為婦女們牢記於心，尤其是受過教育的
婦女。當醫生警告孩子可能會駝背時，這些母親讓孩子晝夜不分地
穿上密不通風的馬甲來矯正姿勢；當醫生警告小孩不可吃太多時，
一群孩子在滿是食物當中挨餓。問題是：假如沒有這些萬事通的醫
生亂警告的話，母親會這樣做嗎？假如沒有這些育嬰指南、這些手
冊告訴他們該怎麼做的話，母親不會以大自然要她們帶大自己孩子
的方式去帶孩子嗎？
　　但是究竟什麼是「大自然要我們帶大孩子的方式」呢？在沒有
文字的社會裡，有許多不同的養育孩子方式。例如，下面就是一段
描寫肯亞尼恩桑格人（Nyansongo）如何餵食他們孩子的描述：

　　　傳統上，尼恩桑格人的嬰兒自出生或是幾天大之後，便

吃濃米漿做爲副食。餵食的方式是強迫性的：母親把嬰兒的
下唇拉開把米漿倒進去，然後把嬰兒的鼻子捏住，迫使嬰兒
因爲要呼吸而不得不吸入米漿。[31]

雖然這種餵食的方式會依文化的不同而不同，或是在同一個文
化中，會依世代的不同而不同——像是尼恩桑格人的嬰兒現在已不
再使用這種方式強迫餵食了——[32]但是我們仍然可以從中洞悉一些
共同點。我下面將告訴你一些從人類學文獻中所讀到的傳統部落和
村落不同的童年記載。

傳統社會中的童年

雖然分娩在任何一個社會都是件令人興奮的事情，但是不見得
每個人都喜歡它。有的時候，孩子出生後的第一個決定，並不是該
如何去為他命名，而是要不要留下他。假如前面一個孩子還沒有斷
奶，或是年頭不好、不景氣，或是這個新嬰兒好像有什麼地方不對
勁，母親通常會決定拋棄新生兒。一般來說，這種決定是一出生就
立刻做下的，在任何人還沒有太捨不得之前就趕快處理掉。而且，
通常父母都是很難過、很無奈的。[33]

一旦決定保留這個孩子後，他就會受到很好的照顧。他一吵鬧
就有人會去抱他，通常一個小時有好幾次，而且從來不會把他一個
人丟在一邊。白天時，母親到哪都會帶著他，或揹、或抱，總是在
一起。晚上的時候，他睡在母親的身邊。他的父親可能會跟他睡，
但也可能不會。在某些社會裡，男人有不同的寢室，許多社會也允
許男人多妻（不過大多數的男人只養得起一個太太）。

當嬰兒醒著的時候，他是全部人注意力的中心。他的姐姐、他的堂表姐、他的阿姨、嬸嬸、舅媽、姑媽全都搶著要抱他。大人——尤其是他的父親——都會駐足，停下來跟他玩一下。全世界的人都喜歡嬰兒——除了被他篡位的哥哥姐姐。

新生嬰兒的王位在頭兩年是很穩固的，因為哺乳再加上營養不良，使他的母親不太可能在短期內再度懷孕。一般來說，在這種社會中的嬰兒哺乳期約為兩年半到三年，等到他們乳牙長出來以後，他們就能吃固體的東西；如果必要的話，母親會先咀嚼過再吐出來餵他。

當母親發現她又懷孕時，她會讓嬰兒先斷奶，假如孩子不肯——很少是心甘情願斷奶的——大人會不理他、嘲笑他，假如哭得太大聲的話，甚至還會懲罰他。這完全決定於他生於何時、何地。

一旦新的嬰兒誕生後，這個現在已經三歲的孩子就失去了母親懷抱的寶座以及注意力中心的特權。在我們的社會裡，父母都會很仔細地先給大孩子做「被篡位」的心理準備，而且因為罪惡感，以及不想讓大孩子排斥他的弟妹，父母通常會假裝對他更加注意。不過在傳統的社會裡，大孩子很少有這種溫和的轉接過程，通常來說都是晴天霹靂、毫無預警地從九霄雲空跌下來，而他必須逆來順受。當然他會很排斥這個嬰兒，甚至會伸手打他或抓他。有些社會對這種兄弟鬩牆的現象看得很淡，母親只是把大孩子的手推開而已，但有的社會是只要大孩子睥視著嬰兒，他就會挨打，因為這樣的社會相信：孩子的謀殺欲望不論有沒有實施出來，都會傷害到嬰兒。[34]

當這個兩歲多或三歲的孩子沒有母親的懷抱可以撒嬌時，他通

常就會跟隨著兄姐，一般說來，他就是篡兄姐位置的人，所以所謂的「兄姐」也不過是五、六歲大而已。他就像跟屁蟲一樣，無論兄姐走到哪裡他都跟著。跟他的兄姐一起玩的人，都是一家族的人：堂兄弟姐妹、表兄弟姐妹、年輕的姑姑阿姨、舅舅叔叔。在傳統社會裡，家族是聚集而居的，在這個聚落裡，每個人都有血緣關係。

　　雖然他現在已經可以走路了，但是在那些大玩伴的眼睛裡，這個跟隨著兄姐出來玩的小傢伙仍然是個嬰兒。當他在母親懷裡的時候，雖然他有很活躍的社交生活、是大家注意力的焦點，所有的生理需求都能被滿足，但他其實沒有學到什麼。傳統社會的父母不認為嬰兒有意識、可以了解大人對他說的話。所以父母既不對嬰兒說話，也不想教嬰兒說話，因此孩子在兩歲以前所習得的語言是很有限的，比美國同一年齡的孩子還少。發展心理學家詹姆士・楊尼斯（James Youniss）指出，以美國中產階級的標準來看，許多社會的父母似乎在孩子剛要開始學語言時，反而會對孩子失去興趣。[35]

　　兩歲半的小傢伙當然是沒有辦法在大孩子的遊戲當中插上一腳，但是他可能可以站在旁邊看或扮成一個活娃娃，依大孩子們玩的遊戲而定。等他到了三歲或三歲半時，他就可以全部參與了。德國的動物行為學家艾伯斯費爾說：

> 　　三歲的孩子就可以參與遊戲了，在遊戲中他們真正學會社會化。大孩子會解釋遊戲的規則是什麼，假如有人不遵守這個規則，如偷竊、打人等，就會被趕出這個團體……。一開始時，大孩子對小孩子的行為會很容忍，但是他們很快會讓小孩子知道這個容忍的限度是什麼，所以孩子們遊戲時，他們就學會了哪些規則一定要遵循、哪些行為會激怒別人。

這些現象存在於絕大多數小社區的文化中。[36]

男孩子大多是跟朋友一起玩的時間多、在家的時間少。在琉球群島的鄉下小村莊裡，一位母親對研究者抱怨說：白天時，她五歲大的兒子只有口渴時才會跑回家，吞下水後又立刻跑出去玩，因為他的朋友在等他。在非洲，大一點的孩子要看管牛群，小一點的孩子則是跟著去上工，但只要一脫離大人的視線範圍，這個無聊的工作就變成了遊戲的好機會。[37]

我這裡所談的社會是農業或畜牧社會，因此人口的密度會大於狩獵社會的人口。在這種社會裡，小孩子是不愁沒有玩伴的，而且孩子的人數通常多到可以分成兩組：男生一組、女生一組，或甚至可以分成三組，大男生、大女生以及不大不小的混合組。混合組包括小孩子及這些小孩要照顧的更小小孩。這樣的性別分組及年齡分組是很自然的，只要在一個團體裡有足夠的小孩子，它就自然會發生。

女孩子的範圍通常不會離家太遠，她們也比較會有更小的孩子需要她們照顧，因為大多數的社會裡，母親都比較喜歡叫女生去照顧弟妹。[38]但是假如家中沒有女生，那麼男孩也要負責照顧弟妹。在珍・古德（Jane Goodall）有關黑猩猩的書中，有一張非洲人的相片，他的臉扭曲變形得很厲害，因為在他六歲時，有一天他負責照顧他的弟弟，一隻黑猩猩從樹林中跑出來偷襲他並搶走他的弟弟。*於是這個勇敢的孩子去追這隻黑猩猩，黑猩猩拋下嬰兒反過來攻擊他，因此他的臉受傷了，不過，他的弟弟也被救了回來。[39]

---

* 黑猩猩會吃猴子，偶爾也會吃小嬰兒。

　　跟著照顧弟妹而來的，是統御他們的權力。父母給予大孩子管教弟妹的權力，因此除非有很顯著的傷痕，不然去父母那兒告狀是沒用的。在傳統的社會裡，人們認為大的孩子管教小的孩子是天經地義的事，這個現象在全世界的社會中，只要大人不參與干涉，它都會自然發生。[40]在這些社會裡，大人是不干涉的，除非是太過分，不過這種情況非常地少。有時候，大孩子會捉弄小的，或是難免處罰過嚴，但是一般來說，兄弟姐妹之間相處得很好，不待大人多言，他們自動會把食物分給小的，而且在別人欺負小的時，他們也會挺身而出，保護自己的弟妹。

　　反觀我們社會中的父母，想盡各種方法讓孩子和睦相處，結果反而是整天吵鬧不休。傳統社會中的父母根本不教孩子兄友弟恭，結果它卻自然發生，我認為這其中差別是由以下兩個原因所造成的。

　　第一，在傳統的社會裡，孩子沒什麼好爭的。這種把所有的注意力加諸在嬰兒身上的習俗，的確讓剛從母親懷抱中被冷落下來的孩子很難過，但是所有的孩子——除了嬰兒之外——都是如此，所以也沒什麼好抱怨的。他們不會互相競爭去博取父母的歡心，反正也沒用；他們也不會去搶玩具，因為沒有玩具可搶。那些社會的孩子玩樹枝、小石頭和樹葉。這種東西到處都有，不必搶。而美國小孩搶的那些玩具，在傳統社會中根本不存在。

　　第二，美國父母不了解或不願意接受，由大的孩子管教小的是一件很自然的事。美國的父母認為孩子之間應該是平等的，所以他們得花很大力氣使大的不要管教小的，[41]結果反而卻造成大的排斥小的。因為父母只有站在小的孩子那一邊，才可能阻止大的孩子統御小的，而這卻使得大的孩子認為父母偏心，比較寵愛小的。事實

上，我在第三章就談過了，父母的確偏愛小的孩子，但是不知為什麼，美國的父母卻希望大的孩子不會注意到這個現象。

在發展成熟的社會裡，兄弟鬩牆被認為是不可避免的事情，但是這種在我們的社會中常見的「兄弟不和直到各自離家去唸大學，或是不和的時間比這更長久」，卻並非各處皆然。在傳統社會裡，兄弟不和是短暫的，等到兩人都過了嬰兒期，不再競爭父母的注意力後，不和的情況就停止了。兄弟之間的感情很親密而且長久。你的兄弟是你最親密的戰友，當你保護你的莊園時，他會站在你的這一邊。

管教和訓練

傳統社會中的父母根本不去管專家說什麼，也不擔心他們管教孩子的方式會不會對孩子的身心造成什麼長期的效應。他們從來就沒有聽過史金納這個名字，所以他們用處罰的方式而不是用「正增強」（positive reinforcement）的方式，來使孩子就範。在傳統社會中的父母根本不會褒獎孩子；孩子做得不對，他們就揍他（處罰的情況在所有社會中都很普遍，包括我們的社會）、嘲諷他，或是說些魔鬼惡棍野獸的事情來嚇唬他、威脅他。通常父母不多費唇舌去解釋他們為什麼要處罰孩子，他們處罰的就是孩子的行為——例如打破碗——而不是孩子是故意的還是無心。

我們社會中的孩子必須去聽長篇大論的解釋，他們應該怎麼做或他們那樣做為什麼不對。在一些「沒有文字的社會」（preliterate society）中，語言的解釋和語言的回饋是很少見的。在墨西哥的真納崁德可（Zinacanteco）族中，女孩是以觀察長輩織布的方法來學

習織布，但北美洲的人完全不適應這樣的教學。一位美國的大學生形容她的真納崁德可老師如何教學：

> 當我跟一位真納崁德可的老婦人學習織布兩個月之後，我開始感到憂心焦慮，因為我只是在觀察，而她卻以為她在教，我並沒有實際去操作織布機，遇到難織的地方，她只是口頭上叫我注意、叫我仔細看，或是在完成某一步驟後，她會說：「妳已經看過我織布了，妳已經學會了。」我想要反駁回去，告訴她：「我沒有學會，因為我還沒有碰過織布機！」真正決定我什麼時候可以正式去碰織布機的人是她。我一開始的時候笨手笨腳，引來了她的責罵：「雞頭（譯註：chicken head，笨蛋的意思，因為雞的腦很小），妳沒有看我做！妳根本沒有好好學！」[42]

在沒有文字的社會中，孩子生存所需要的技巧，都可以用模仿得之。[43]他們看到父母或兄長做某一件事，於是去模仿跟著做。假如他們做錯了，在小的時候會被嘲笑，大一點就會被責罵或處罰。假如他們做對了，父母獎勵他的方法就是把這件事交給他去辦。

有或無罪惡感的撫養孩子方式

假如沒有罪惡感的負擔，又不必擔心管教方式會不會對孩子幼小的身心留下永久性的傷害的話，教養孩子並不困難。我是說從父母的觀點來看，這會比較容易；不過對孩子來說，根本沒有什麼差別，都是半斤八兩。沒有文字的社會裡，大人對孩子做了很多很差

勁的事，但是在「有文字的社會」（literate society）裡，大人也是一樣。在這兩種社會裡，父母都認為他們是以最自然、最合理的方式來撫養小孩，但事實上，他們是依照他們的文化或次文化所訂下的規則在做。而在我們的文化中，有一條規則便是：聆聽專家的意見。

　　我成為一位母親之後，最痛苦的一個回憶就是我大女兒三歲時，我送她去幼稚園所發生的事。她是第一天上學，從來沒有獨自離開過家；她是個溫和、安靜的小女孩。我把她帶進教室，一會兒之後，她被其他孩子的遊戲所吸引，走進去看。這時，老師就立刻叫我乘機會離開。「她沒事的。」老師如此向我保證，所以我就離開了。但是就在我離開、他們把門關上的同時，我的女兒發現了，她立刻撲向門，用力拍打、哭嚎。我聽見老師跟她說理，但是拍門聲繼續不斷。我想要回去，但是老師已經說過不必了。所以我就站在外頭，聽我的孩子哭喊要媽媽，心中跟她一樣地難受。

　　我的孩子在幼稚園適應得很好，但是我一直不能忘懷當時我聽了這位年紀不比我大的老師所說的話，而沒有聽從我自己的良心，回去抱我的小孩，把她哄到不哭、陪她直到她覺得我可以離開為止。我聽從了老師的話，因為她是專家，她使我覺得她懂得比我多，她才是真正知道什麼對我的孩子最好。

　　在我們的社會裡，我們聽從專家的話。今天，這些專家告訴我們，孩子需要很多的注意和很多的愛。當孩子做錯時，我們應該要跟他講理而不是揍他，我們應該要警告他們吸毒和性濫交的危險。萬一他們把這些話當做耳邊風時，我們應該仔細追蹤他們在哪裡、做些什麼。假如這麼小心之後，他們仍然不成材，那我們一定是在某個重要的關鍵點上沒有做好，或做得還不夠。

　　北美和歐洲的父母——尤其是那些受過高深教育、家庭富裕的父母——相信專家的話，而且身體力行。這些父母同時也參加這些專家所設計的實驗，或讓他們的小孩來參加這些實驗，以證明這些專家是對的。而這些充滿不確定性與因果循環的假設都是基於：我們的文化和這個時代中的父母和孩子是特殊的，是與其他的文化和其他時代中的父母不相同的。而這些假設就像是在沙上寫字一樣，隨風而逝、站不住腳。

第六章

人性
Human Nature

The Nurture Assumption

　　「本性」（nature，先天）這個字與「後天」（nurture）相對立時，有兩個意義。第一個意義的用法是在「人為什麼會不同？」這樣的問句中。例如，假設一個孩子的詞彙很多，比同年齡孩子的語文能力好時，我們就可以問她：這個超強的語文能力是「先天」的，還是「後天」的？她是從專門製造字謎的父親那裡得來的，還是從身為英文教授的母親那裡得來的，還是因為她從小就生長在一個語文刺激豐富的環境中？

　　第二個意義是有關我們之間的相似性：為什麼人類都有這個能力？比如說，只要生下來腦力正常的孩子都學會用語言來溝通，甚至那些腦力不很正常的孩子也會。我們可以問這個習得語言的能力是先天的還是後天的，例如，它是我們人類特有的機制，還是孩子成長經驗的必然結果？

　　現在，先天和後天用來解釋我們之間為什麼有所不同；但是在早期，發展心理學家是用它來解釋人類的相似性。在一九三〇年代的時候，心理學家並沒有那麼注重一個孩子的生長環境和另一個孩子有什麼不同，然後用它來解釋為什麼第一個孩子會跟第二個孩子有所不同。他們有興趣的是人類發展的普遍性與一致性，就像語言的習得一樣，只要是人類就有這個能力。假如人類的小孩子可以習得語言而小黑猩猩不會（那時還沒有想到可以教黑猩猩手語），是因為語言是人類本性之一呢，還是因為它不是猿類的本性？還是說這是因為人生長在人的環境中，而猿生長在猿的環境中的關係？

　　這些早期的發展學家真正想知道的是，假如人類的孩子不在人類的環境中長大的話，他們是否也會習得我們認為是人才有的特性？但是就在那個時候，研究者也不容易找到一打健康的孩子來

做實驗，*更不要說現在的研究者有這麼多研究道德的規範在約束他。現在的研究者如果要做這種實驗，恐怕在他能夠張開嘴，說出「永久教書權」（tenure）之前就被學校開除了。所以印地安納大學的心理學家溫梭羅‧凱洛格（Winthrop Kellogg）就想了一個比較簡單的實驗。他想把猿類放到人類的環境中養大，看看黑猩猩在這種情況下會不會發展出人類的能力。所以在他太太陸拉（Luella）的同意下，他開始進行這樣的一個實驗。

　　這個實驗後來寫成了《人猿和孩子》（*The Ape and the Child*），一九三三年出版。陸拉的名字也在書上，緊跟著先生的名字之後，但是只有凱洛格博士才是心理學教授，這個實驗對他的升遷相當有利。我不知道他是如何去說服陸拉的，我也不知道陸拉在答應的時候，是否了解這個實驗的受試者不只是「瓜」（Gua）這隻黑猩猩而已，她的兒子唐納（Donald）也是受試者之一。

唐納和人猿

　　在一九三一年，瓜住進凱洛格教授家時，牠是七個半月大，唐納是十個月大。從一開始，瓜就被當做人類來撫養，接受一九三〇年代人們撫養嬰兒的方式，凱洛格夫婦給牠穿衣服、包尿片、穿

---

* 一九三〇年代，發展心理學家蜜爾朵‧麥克羅（Myrtle McGraw）找了四十二個嬰兒來測試：人類是否天生就有游泳的能力。她的方法很簡單，就是把嬰兒丟到水裡去，看他們會不會沉下去。結果她發現初生的嬰兒有反射的本能，進入水中就會自動閉住呼吸，不會把水吸進肺裡去。但是他們很快就失去這個本能，大一點的嬰兒會拚命把頭伸出水面；不行時，就會喝到水。

鞋子，牠並沒有被綁住或關住，所以除了睡覺之外，每一秒鐘都有
人看住牠（不過，唐納也是一樣，這個年齡的嬰兒若不看著就會闖
禍）。牠也接受如廁訓練、刷牙、跟唐納吃一樣的食物，就連睡午
覺和洗澡上床等作息時間也一模一樣。在書裡有一張瓜和唐納排排
坐的相片，兩個人穿著一模一樣包住腳的那種睡衣，唐納皺著眉
頭，瓜卻是嘴角上揚在微笑。他們手牽著手。

除了相片上所顯露出來兩人的脾氣不相同之外，其餘部分倒是
蠻相配的。黑猩猩比人類發展得快，所以唐納大了二個半月正好
可以彌補過來。他們像兄弟一樣一起玩耍，在家裡追來追去嬉戲。
唐納有一個幫助他學步的四輪車，他最喜歡扶著學步車衝向瓜，看
著瓜忙著走避的模樣就大樂，瓜走避不及被撞倒了，兩人會笑成一
團。他們比一般的兄弟姐妹玩得更好。假如一個哭了，另一個會去
拍拍他或抱抱他以示安慰。假如瓜午睡比較早醒，牠會立刻去找唐
納，根本沒辦法使牠離開唐納的房門。[1]

瓜比唐納更有趣，凱洛格搔牠癢或將牠盪來盪去時，牠會像人
類嬰兒一樣咯咯地笑；如果是盪唐納，唐納則會哭叫。瓜比較有感
情，總是又抱又親，也比較合作。穿衣服的時候，瓜會自動把手伸
進袖子裡而唐納不會，牠也會把頭低下來讓別人為牠綁圍兜。假如
牠做錯事被責罵了，牠的嘴裡會發出嗚、嗚的聲音，拚命往罵牠的
人的懷裡鑽，去親別人，直到別人讓牠親，接受牠的道歉牠才鬆一
口氣。

在接受文明生活的洗禮上，瓜比唐納學得還快，牠比唐納更快
懂得接受口頭指令、學會用湯匙吃飯、想要上廁所時會發出警告
聲（很不幸的是，牠的訊號常常不可靠）。在凱洛格所設計的測驗
中，瓜都比唐納做得好，牠很快就學會如何用工具把蘋果拿到手、

墊著椅子去拿懸掛在天花板上的餅乾。當凱洛格把椅子放到別的地方，必須要朝不同的方向推才可以拿到餅乾時，唐納仍然把椅子朝原來的方向推，不會變通，而瓜的眼睛看著餅乾，把椅子推到餅乾下，輕而易舉地拿下獎品。[2]

但是有一件事情唐納顯然比瓜強，那就是唐納在模仿上比瓜好太多。對於這一點你會感到驚奇嗎？根據荷蘭的靈長類學家法蘭斯·迪華爾（Frans de Waal）的說法，人類模仿猿類遠比猿類模仿人類來得多，迪華爾曾經觀察荷蘭動物園中的黑猩猩很多年，也觀察來看黑猩猩的人類很多年。[3]

這個情形至少在唐納和瓜的情況是如此。瓜是領袖，想出新的遊戲點子或拉出新的玩具來玩，唐納總是追隨著瓜，[4]所以唐納學會了很多瓜的壞習慣，例如去咬牆。而他也學會了很多黑猩猩的語言，例如進食時的吼聲。我不知道陸拉在看到她十四個月大的兒子手裡拿著橘子跑向她，嘴裡喊著「嗚哈─嗚哈─嗚哈」時，心裡是什麼感覺。

一般的美國小孩在十九個月時，大約可以說五十個單字，[5]並開始把這些字組成句子。而在十九個月的時候，唐納只會說三個英文字。在這以後，實驗終止。瓜也回到動物園去了。＊

凱洛格想把黑猩猩訓練成人，但是看起來好像是瓜把他們的兒子訓練成了黑猩猩。他們的實驗帶給我們有關人類本質的訊息，遠大於黑猩猩的本質，但是它最重要的一點是告訴我們，人和黑猩猩

＊ 假如你像我一樣在讀到唐納只會說三個字時，心想唐納一定是個白癡，那你就錯了。根據心理學史學家路迪·班傑明（Ludy T. Benjamin）的紀錄，唐納後來從哈佛醫學院畢業。

之間並沒有什麼差別，至少在前十九個月時是如此。在這一章中，我要告訴你人和黑猩猩在十九個月以後的差別，以及一些可以一直保持下去的相似之處。

　　我在這本書一開始時就告訴過你，我對於小孩子為什麼會變成他們現在這個樣子的看法，是從孩子與生俱來的心智為出發點的，因此這種看法必須從人類的演化歷史來考量。所以在本章中，我們就要從演化開始談起。在這過程中，我會談到一些我個人的看法，而且跟前面幾章比起來更是屬於我個人的意見。假如別的作者都可以談他們對人類演化的看法，為什麼我不能呢？不過你儘管可以放心，我的理論並沒有基於個人的臆測與看法。

猜透別人的心意

　　假如瓜沒有回到動物園去的話，唐納也可以學會英文嗎？這答案是，當然他會。在第四章中，我談到新移民的孩子在家中並沒有說英文，但是他們在家庭以外的地方學會了英文。唐納也是一樣。就算他不為了跟父母溝通而去學英文，他也會為了跟其他的小孩子溝通而去學英文。當他的社交範圍寬廣到瓜以外的人時，他就會發現在家以外的世界裡，沒有人說黑猩猩的話。

　　但是，語言只是人和猿類不同的一點，還有很多其他的不同點是在十九個月以後發展出來的。特別是研究兒童心智「認知能力」（cognitive capability）的心理學家都把注意力放在「心智理論」（theory of mind）。[6]

　　這些心理學家認為，小孩子到了四歲時開始有心智理論出現。他們知道自己有個心靈，別人也有他的心靈。而他們自己的心智中

充滿了思想和信念，因此他們假設別人的心智中也是充滿了同樣的東西。他們同時也知道思想和信念不一定是真的——他們的信念很可能是不對的。他們也曉得他們可以給別人錯誤的信息，使別人產生錯誤的信念。這種了解促成他們第一次的說謊。

這個心智理論隨著孩子的成長而愈來愈精密。大人了解人的行為，是由他們的思想和他們對事情的感覺來決定，而不是單純由事情來決定，因此要預測一個人的行為，你必須要知道他對這件事情的看法和感覺。有些人很會猜別人會怎麼做、怎麼想，但即使是沒有經驗的人也可以猜個八九不離十。因為人通常不善於掩飾自己的看法和感覺，事實上，每個人總是在談自己的看法和感覺。語言的一個好處就是它可以讓我們直接窺視到人們的大腦在想什麼；從另一方面來講，假如別人要誤導我們，語言也是最好的一種誤導方法。

不過，心智理論並不是從語言開始的，它是從靈魂的窗口——眼睛——開始的。我們可以洞悉別人心智的能力，是從嬰兒期就開始了；在我們第一次正視父母的眼睛時，就開始發展這種猜測別人心意的能力。嬰兒在六週大的時候，開始與父母的眼睛接觸。嬰兒很早就知道有人在注視他，早到有人認為這個能力是天賦的。嬰兒在母親注視他時會微笑，假如注視得太久，他會把頭轉開，因為太長的注視是很不舒服的。

到嬰兒一歲時，他可以知道別人的眼光在看哪裡，雖然這個人並沒有在看他。他也可以從母親注視一個陌生物件的表情，知道他可不可以去碰它或是要去躲避它；假如母親看起來很擔憂，他就應該躲避它。母親跟陌生人講話的表情，也可以幫助嬰兒決定來者善或不善。[7]假如陌生人在嬰兒還未決定他是敵是友的時候就一直凝

視他，他會把頭轉開，假如這個時候陌生人想要抱他的話，嬰兒會抵抗，不肯讓他抱，並且會害怕得大哭。[8]

到一歲半的時候，嬰兒會在母親告訴他一個字時，用眼睛去看母親在看的地方，並假設這個字就是母親看的那個東西。當他用手指那個東西時，他會回頭去確定母親的眼睛的確在看著那個東西。用手指一樣東西來引起別人的注意是人類的特質，但在自然環境中長大的黑猩猩不會這樣做，即使在人類環境中長大的黑猩猩也很少這樣做。[9]一位專門研究從小就學人類手語的黑猩猩的心理學家赫伯特·泰瑞斯（Herbert Terrace）說：

> 幼猿與人類嬰兒最顯著的差異是牠們缺少人類嬰兒那種與父母分享視覺喜悅的能力……，目前沒有任何證據足以顯示幼猿在看到一個東西後，可以向其他的同類或照顧他的人類表達牠確實看到。[10]

三歲或四歲的孩子卻可以從別人注視的眼光以及臉上的表情，來猜出別人心中在想什麼。比如說，一個人很飢餓地注視著一塊糖，四歲的孩子就會推論說他在想著要吃它。假如他臉上的表情很茫然，眼睛向上看，但又沒有看著某個特定的東西時，四歲的孩子就會推論說這個人在思考。因為每個人都有這種猜測別人心意的能力，所以我們把它當成理所當然的事情，這也使得發展心理學家在很久之後才注意到這件事。了解到這個現象之後，他們才發現竟然有些孩子是沒有這個能力的；自閉症的孩子就好像不知道眼睛是靈魂的窗口。事實上，他們好像根本不知道人有靈魂。簡單地說，自閉症的孩子缺少「心智理論」，英國的發展心理學家

西蒙・貝倫—柯恩（Simon Baron-Cohen）把這個缺陷稱為「心盲」（mindblindness）。[11]

　　另一位英國發展心理學家安納德・卡米洛夫—史密斯（Annette Karmiloff-Smith）把自閉症與另一種智障「威廉氏徵候群」（Williams syndrome）相比較。威廉氏徵候群非常少見，大約兩萬名嬰兒中會有一人罹患。他們的臉部特徵很特別，如鼻尖朝上、下顎縮進、牙齒稀疏，很像英國傳說中的小精靈，這些特徵使得這些人看起來彼此相像，而比較不像他們的父母。他們的大腦比同年齡正常的孩子小百分之二十，他們的智力通常是在智障的程度。這些孩子不會自己綁鞋帶、不會畫圖（譯註：他們的空間能力很差）、不會做最簡單的算術，但是他們的語文能力卻非常地好，而且他們非常地友善，跟任何人都能相處得很好。雖然他們屬於智障，但是他們有心智理論，他們對別人的情緒變化很敏感，可以從別人的臉上表情和眼睛來判斷別人的意圖，威廉氏徵候群的孩子和自閉症的孩子不一樣，他們知道別人說這句話時是開玩笑還是諷刺。[12]

　　威廉氏徵候群的孩子有而自閉症的孩子沒有的是——卡米洛夫—史密斯稱其為——「社交的模組」（social module）。這是大腦中專門掌管社交刺激和社交行為的地方，自閉症的孩子通常都有語言上的困難，雖然他們會說話，但卻不是一個好的溝通者，這有可能是因為，他們不了解溝通的目的是要把自己的思想放入別人的心田中，再把別人腦海中的念頭帶到自己的心靈裡。

在猿類環境中的生存

　　黑猩猩不像自閉症的孩子，牠們比較像威廉氏徵候群的孩子。

瓜對凱洛格夫婦的臉孔表情非常敏感，對他們的目光注視也很敏感。在牠想要做淘氣的事之前，牠會先看看他們的眼光是否在注視著牠，假如他們開始皺眉頭，牠就會立刻停止。任何群居的動物都必須演化出一些社交模組，才能在團體中生存下去，黑猩猩的社會生活幾乎跟人類的社會生活一樣複雜。

假如你像珍‧古德一樣觀察黑猩猩在自然環境中如何生活的話，你就會看到小黑猩猩在旁嬉戲、大黑猩猩在彼此梳理毛髮，跟人類的社會很像：小團體來來去去，裡面的成員相互流通。假如兩隻黑猩猩許久不見，牠們會向前相互擁抱、親吻。緊張的時候，黑猩猩會握手彼此拍背相互打氣。假如一隻黑猩猩獵到一隻小鹿或小狒狒，其他的黑猩猩會擁上來圍著勝利者，伸出雙手討肉吃，通常勝利者會依親疏關係分肉，但是團體中的分子都可以分到一點兒肉嚐嚐鮮。[13]

當然，牠們有爭權的鬥爭，但是這種打鬥很少是致命的，通常在一方做出臣服的表示後，勝利者會饒過牠。即使是性交配權都沒有引發很大的仇恨。雌性通常對有興趣的雄性都是來者不拒，雖然有的時候，「高級人士」會想獨占某一隻母黑猩猩，但是牠常常防不勝防，頂多是做到優先交配而已。珍‧古德曾經描述過一隻名叫莦洛（Flo）的母黑猩猩在發情期的情形，在一旁等候交配的公黑猩猩的風度，不會比紐約地鐵站等候的通勤族更差。[14]

在這種情況下，沒有人知道母黑猩猩肚子裡的小黑猩猩是誰的。公黑猩猩並不負養育小黑猩猩的責任，但是牠們對團體中的小黑猩猩通常都是抱著一副雖是疏離但卻慈愛的態度，不過母親對牠的孩子就有很親密的關係了。這種親密的母子關係可以維繫一輩子。母黑猩猩跟人類的母親一樣，有不同程度的母性，但是一般來

說，牠們都是很好的母親，兄弟姐妹的關係也很和睦持久。假如一隻小黑猩猩失去了母親，牠的兄姐會來照顧牠，有的時候甚至公黑猩猩也會來幫忙。

不過這種情形只限於牠自己的小團體。黑猩猩的團體大約是三十隻到五十隻左右，有自己族群的勢力範圍。雖然團體的成員從來沒有全體到齊正式聚會過，但是牠們都彼此認得（許多都有親戚關係），陌生人是立刻會被發現的。

黑猩猩是不與陌生人親近的。沒有族群歸屬的遊民或是誤入別人領域的黑猩猩會立刻被驅逐出境，除非是發情期的母黑猩猩。假如不在發情期的話，母黑猩猩也會被攻擊，如果她帶著小孩，那麼這隻小黑猩猩有可能會被殺、分食掉。

黑猩猩也不喜歡不熟悉的事情。珍・古德曾經報告過有一隻名叫麥克格里哥（McGregor）的黑猩猩不幸染上了小兒痲痺症，後肢不會動，只能靠著前肢拖著。這隻黑猩猩在病癒重新回到族群時，其他的黑猩猩並不高興看到牠大劫歸來。一開始時，牠們對牠不熟悉的動作感到恐懼，不久，這個恐懼就變成了敵意，有一隻黑猩猩就出手攻擊、打牠的背，而這隻殘廢的麥克格里哥只有挨打的份兒，完全無法招架，當另一隻也跑過去助紂為虐時，珍・古德終於忍不住了，站起來干預。[15] 雖然後來黑猩猩終於習慣了麥克格里哥的奇怪動作，但牠們始終不願接納牠，不再歡迎牠加入猩猩的重要社交活動──梳理毛髮。

在社交方面，黑猩猩跟我們是很像的；牠們有我們的缺點，也有我們的優點。跟人類一樣，牠們也有「我們」和「他們」之分。[16] 即使是一隻原來很熟悉的動物，假如牠已經不再屬於「我們」而變成「他們」的一分子，那麼牠也有可能被攻擊。珍・古德所觀察

到最凶猛的攻擊是發生在攻擊者並非完全不認得受害人的情況下。[17]例如，卡哈瑪（Kahama）這個新團體是從原來的大團體卡沙基拉（Kasakela）中分裂出來的，裡面的成員曾經一起緊密地生活過許多年。有一陣子，這兩個團體的成員甚至是友善地來往過，但是後來雙方都避免見面，假如不幸冤家路窄碰面時，雙方都擺出交戰的姿態（牠們的領域相接，而且有部分領域重疊）。

在兩族黑猩猩不相往來一年左右時，卡沙基拉族開始發動戰爭。一天，八隻卡沙基拉的黑猩猩，無聲無息地在樹梢快速地朝卡哈瑪的領域前進（黑猩猩走路通常是很大聲的）。

> 牠們突然跳到正在樹上吃嫩葉的哥迪（Godi）身上（哥迪是卡哈瑪族），哥迪吃了一驚，跳下樹開始狂奔逃命。但是，卡沙基拉族的韓弗瑞（Humphrey）、裘米歐（Jomeo），以及費根（Figan）緊追不捨。韓弗瑞抓住哥迪的腳，把牠按倒在地，然後坐在牠的頭上，雙手壓住牠的腳，使牠不能動，其他黑猩猩則一擁而上，拳腳交加，哥迪既不能逃走也不能還手。[18]

卡沙基拉族用大石頭砸了重傷的哥迪後呼嘯而散，哥迪從此不再出現，想來是傷重死亡了。

用同樣的方式，卡沙基拉族的黑猩猩把卡哈瑪族的黑猩猩一個一個地解決掉，小黑猩猩和母黑猩猩也無一倖免，只有年幼的雌黑猩猩被收編進入卡沙基拉族。這使我想起《聖經》中約書亞（Joshua）的故事。當約書亞攻下耶利哥城時，他們也是殺光了所有的男人、女人和孩子，只留下妓女喇合（Rahab）。[19]

愛和戰爭

亞胥雷・蒙太古（Ashley Montagu）在一九七六年時曾說：「好戰絕對不是人類的本能。」[20]在那個時候，戰爭是個不受歡迎的名詞。人們高唱著要做愛（make love）不要戰爭（make war），好像這兩者是相對立、不相容的。但是蒙太古真正討厭的字，其實是「本能」（instinct）。在經過很久一段時間的沉潛後，這個字又開始流行。心理語言學家史迪芬・平克用它做為他那本暢銷書《語言本能》（*The Language Instinct*）的名字。[21]或許現在可以再來討論：人類是否確實從我們靈長類的祖先那兒遺傳到好戰的本能。

珍・古德曾經很嚴肅地思考過這個問題，她雖然沒有用「本能」這個字眼（她用的是「先前適應」〔preadaptation〕這個字），但是她認為這是有可能的。她指出黑猩猩具有所有製造「戰爭」的必要條件，包括團體生活、領域性、打獵的技巧，以及對陌生人的厭惡。此外，她還說雄黑猩猩深深被族群之間的暴力所吸引。「牠們好像天生就被暴力所吸引，尤其是對鄰居的施暴。」[22]珍・古德認為這種特質可能在人類某些好戰的民族中生存下來。

有些理論家跳不出傳統矛盾的窠臼。人類既是殺人的靈長類，又是好交朋友的靈長類，好像很矛盾。達爾文就不會這麼想：

> 每個人都承認人是一種社會的動物。我們看到人不喜歡離群索居，人除了自己的家人以外，還渴望跟其他人交往。關禁閉是最嚴屬的懲罰之一⋯⋯。我們不必擔心為什麼一個社會性動物的野蠻人，總是不停地在跟他的鄰族打仗，因為

「社會本能」（social instinct）本來就不擴及一個物種中的所
有個體。[23]

　　當然不是指一個物種中的所有個體，只有包括到他自己的小圈
圈、小團體、部落、國家或民族中的成員而已。剛從西奈山出爐的
十誡「不可殺人」之言猶在耳邊，但這並沒有阻止約書亞屠城，殺
盡耶利哥城、艾城、瑪基大城、立拿城、拉吉城和伊磯倫城中的每
一個人。他從來沒有想過，上帝可能會禁止他殺這些人。

　　人類的歷史其實就是一部戰爭的歷史。從耶利哥城和特洛伊
城，直到今天的波士尼亞和盧安達，考古的證據一再顯示：遠在史
前沒有文字的時代，人類就互相屠殺了。武器的發明遠在文字之
前，演化生物學家傑瑞・戴蒙（Jared Diamond）指出：「部落之間
的戰爭，幾百萬年來一直是人類和類人猿類（prehuman）演化歷史
的一部分。」[24]

　　靈長類學家理察・倫罕（Richard Wrangham）非常贊同這句話。
他認為我們的祖先跟現在的黑猩猩在外表和行為上都很相似（我們
和黑猩猩六百萬年前是同一家、同源的），都是家族社會、以男性
組成作戰兵團、女兒到了可以交配的年齡就把她嫁到鄰族去；而且
人類和猿類都不只會保護自己的領土而已，他們還去攻打別人。攻
打別人的動機，一開始很可能是為了搶奪資源（土地及婦女），但
是一旦開始戰爭了，原始的動機就變得不重要了；戰爭是可以自我
驅動、自我升級的。一旦戰爭開始，所有舊的藉口、動機都不重
要，因為戰爭是一個「先下手為強，後下手遭殃」的事，所以我們
必須先把鄰人殺掉，不然我們就會被殺。[25]

　　六百萬年來的演化把我們和黑猩猩區隔開來，在這六百萬年

裡——只有最後一小部分的時候不是——絕大多數的時候人類都以同樣的方式生活。我們生活在小團體裡，同伴都是我們的族人或親戚，我們倚賴族人的保護，人無法獨自生存下去；當有肉可以吃時，這個肉是族人共享的。在這六百萬年裡，人類不斷與鄰居作戰，打贏的人團體逐漸變大，大到後來必須分裂為二；不久，這兩個團體又開始作戰……，如此不斷循環下去。有的時候，戰爭甚至是不留活口、全部殺光的。戴蒙說：「就人類所有的特性來說，直接從我們動物的祖先遺傳下來的一個特性，就是滅種的大屠殺。」[26]

但是我們不僅僅是殺手，我們也是個好人。達爾文指出：「一個野蠻人會冒著自己生命的危險去救同族的人。」[27]假如他冒的險失敗了，依照達爾文的說法，他就變成「不適者」，因為他無法把他的基因再傳下去了。因此，這樣的行為必須要有一個說得通的解釋才可以，而這個解釋就是犧牲小我。他完成的其實是大我生命的延續，他延續了兄弟、姐妹、孩子的生命，而這些人與他共享一半的基因。假如我們把「適者」解釋成基因的延續，而不是自己生命的延續的話，利他行為（altruism）就可以解釋了。[28]

你可能曾經聽過「自私的基因」（selfish gene）理論，或許你以為演化的結果就一定是自私化，但有的時候——很不幸地——即使是提倡「自私的基因」的人，都搞不清楚它真正的涵義。寫《自私的基因》這本書的作者理察‧道金斯（Richard Dawkins）警告說：「假如你像我一樣想建構一個合作無私的社會的話，你就不要期待人的生物本性會來幫你的忙。我們一定要教導『分享』、資源共用，和利他行為，因為我們是生而自私的。」[29]但是自私的基因並不表示有機體是自私的，一個自私的基因可以包含完全利他行為的藍圖，假如利他行為是這個基因可以繼續演化下去的必要條件。

很顯然地，我們無法做到絕對地「利他」，就像我們也不是完全的殺手一樣。事實上，我們是兩者各有一點，這就是為什麼蒙太古認為我們是愛好和平的，而倫罕則認為我們是天生的殺手。這完全在於你是從我們對待自己族人，還是從我們對待外人的角度來判定人的行為。我們生下來會對自己的人好，因為幾百萬年來，我們的生命及我們孩子的生命都維繫在我們對族人的忠誠上，但是我們同時也對「非我族類」有敵意，因為六百萬年來的歷史教導我們：對他人必須要有警戒心，有你無我。

在打仗的時候，我們的族人是我們的同志，槍口一致對外；在不打仗的時候，我們卻要跟他競爭食物的來源及交配的對象。但是不論戰時、平時，我們都是合作的伙伴，因為合作的演化長期效益比較好，你可以稱它為利他行為，我不反對；假如你明天願意幫我的話，我今天可以先幫你一個忙。但是這種制度容易產生騙子、投機者，只拿不給。幸好我們的心智不僅僅只擅長做工具或武器，幾千年來，我們也學會了如何去提防這種投機分子。我們學會了如何警告家人和朋友不要上這些人的當。但是幾千年來，這些騙子也沒閒著，他們也演化成為更加聰明的人。[30]所謂「道高一尺，魔高一丈」，這些人也演化出所謂的「認知的角力」（cognitive arms race），大家來鬥智。

但是投機者只是小威脅而已，大威脅則來自另一個山頭的敵人。珍·古德寫道：

> 早期的戰爭使得族群演化出更聰明、更有效的合作方式，而且這種演化方式會一直升級上去，因為當一族變得更聰明、更合作、更有勇氣的時候，就迫使他的敵人也必須演

化出同樣的方式來對抗。[31]

當耶利哥城的戰火餘灰熄滅後，小器的人和大方的人都一樣躺在灰燼裡，膽小的人也和英勇的人一樣成了冰冷的屍體。演化使得戰爭的贏家可以看到明天的晨曦，雖然我們在此不齒他們的戰術，但是這些存活下來的人變成了我們的祖先。沒有他們，就沒有現在的我們。

類人猿的演化

我們的祖先人約在六百萬年前與黑猩猩的祖先分道揚鑣。[32]這在演化的歷史上來說並不長久。我們到現在還與黑猩猩共享約百分之九十六的 DNA。人和黑猩猩 DNA 的差異，遠小於最接近的鳥類──紅眼的北美小鳴禽（red-eyed vireos）和白眼的北美小鳴禽（white-eyed vireos）。[33]

但要製造出一個新的品種並不需要很多的 DNA，只要在關鍵地方改變幾個，就可以製造出新的品種了。我們的無毛（hairlessness），可能就是少數幾個基因改變的結果，而且是在演化的近期才發生的。人身上的毛囊細胞跟猿一樣多，但是大多數的這些囊孔只長出退化了的毛髮。墨西哥有一個家族，因為基因突變的關係，臉上身上長滿了毛髮，甚至連眼皮上也長了，這顯然是單一基因改變的結果。[34]

人能直立行走也是突然發生的。「非洲南猿」（Australopithecus afarensis）如露西（Lucy）和她的族人，他們的腦比黑猩猩的腦大，但是露西卻是直立行走的；這大約是三百五十萬年前的事。

　　但是一直到兩百五十萬年前，「巧人」（*Homo habilis*）出現後，事情才開始有趣起來。巧人的腦比靈長類大了許多，他之所以稱為「巧人」是因為他已經會製造和使用工具了。但是巧人並不是第一個使用工具的人，黑猩猩也會用石頭來敲開堅果，用細樹枝把白螞蟻的幼蟲挑出來吃（譯註：黑猩猩現在會用工具，並不表示牠兩百五十萬年前就會用工具，作者最後一句話有商榷的餘地）。

　　接下來就是「直立猿人」（*Homo erectus*）。這大約是一百五十萬年前的事，有的書上說，直立猿人是巧人的後裔，但是情況並沒有這麼簡單，因為在過去的六百萬年中，非洲曾出現不同的類人猿類，我們很難單憑幾塊骨頭來決定誰是從誰而來的。大部分的這些類人猿類，現在都絕種了。

　　不過直立猿人並沒有絕種，他從非洲散佈到中東、歐洲和亞洲。他在撒哈拉沙漠的南北部都存活了一百萬年以上。最後他被現代人的祖先——智人（*Homo sapiens*）所取代。到了十萬年與十五萬年前，「現代智人」（*Homo sapiens sapiens*）才出現。我個人認為，現代人在十三萬年前地球溫度上升時才出現（在兩個「冰河時期」之間，地球溫度會上升一陣子，我指的就是比我們現在更早一次的地球溫度上升期）。

　　在現代智人出現之後不久，現在的歐洲人和亞洲人的祖先便離開了非洲，來到「中東」的北部。當他們到達那裡時，他們發現那個地方已經被原始人（hominid）所占據，那就是尼安德塔人（Neanderthals），他們是直立猿人的後裔，當時已經散佈在整個歐洲和中東了。但是就在這個時候，另一個冰河時期開始，所以我們的祖先就留在氣候比較溫暖的中東，與尼安德塔人共享資源。不過，我認為一定不是和平共存。隨後，很奇怪的事情發生了，戴蒙

稱之為「大躍進」（the great leap forward），而人類學家馬文‧哈利斯（Marvin Harris）則稱之為「文化起飛」（cultural takeoff）。[35]不管是什麼稱呼，它的結果都是很明顯的：我們的祖先散佈在全歐洲和亞洲，尼安德塔人開始從地球上消失。尼安德塔人在地球上生存了七萬五千年，安然渡過冰河時期，但是他們卻在地球溫度回升時消失了。嗯，這真是耐人尋味（譯註：一九九九年四月，考古人類學家在葡萄牙掘出一副孩子的骨骸，認為是尼安德塔人和現代人的共同後裔，這是第一個指向尼安德塔人是被同化，而不是被滅族的證據。伊比利半島上另有一種巴斯克人〔Basque〕是最古老的歐洲人種，與現代歐洲人不同種）。

在尼安德塔人消失後，我們變成人屬唯一的倖存者。我們最親近的親戚是大猩猩、黑猩猩，及倭黑猩猩（bonobo），他們都局限在非洲的一隅；紅毛猿（orangutan）則只有在婆羅洲和蘇門達臘才找得到。在相當短的時間內（六百萬年），我們從猿類進化到人類；除了灰塵和灰燼的痕跡之外，沒有其他活口。

讓我告訴你我是怎麼想的。我認為當一個猿類團體變得太大時，它會分裂成兩個子團體，這兩個子團體領域相鄰接，共同競爭同樣的資源，因此不久以後，一定會產生敵意。事實上，敵意很可能就是分裂出去的原因。

當人類的團體分裂時，它的小團體很可能是相互敵對的。就如人類學家所觀察到的：「一個村莊最致命的敵人，就是從自己這裡所分出去的支派。」[36]雖然平時可以交易或通婚，但是只要一點點的誤會就會擦槍走火，使得兩方交戰。人根本不需要理由去恨對方，只要他不是「我們」的一分子就足夠了。假如不是這個理由，也總有搶地盤等等的理由好來打仗。約書亞橫掃那些城市、殺戮遍野，唯一的理由就是上帝答應他要把這塊地給他的族人。但他不僅

僅是清除地上物而已，他還充滿了恨。這點你可以從每一個亡國之
君都沒有好下場看出。[37]

約書亞可以算是近代的人物，他大約是三千五百年前的人。那
時，人類已經開始農耕了。但是在我們跟猿類分家以後的六百萬
年裡，我們過的是「吃了這一餐，不知下一餐在哪裡」的狩獵採集
生活。狩獵採集社會應該是很和平的，因為遊牧民族沒有領域可以
爭，所以就沒有打的動機。但是根據動物行為學家艾伯─艾伯斯費
爾的說法，這是另一個理想的神話。他說從目前世界上僅存的狩獵
採集民族來看，他們既不和平也不是與世無爭。他們有領域的概
念，雖然有一些民族是放棄了戰爭（或許他們已經沒有任何領域可
以打了），但是在所研究的狩獵採集社會中，百分之九十九都打過
仗，「沒有一個部落敢說他們沒有打過仗」。[38]

我們恨所有使我們恐懼的東西，因為我們不喜歡恐懼的感覺，
所有文化中的孩子長到六個月以後就會認生，不肯讓陌生人抱。在
狩獵採集的社會裡，一個嬰兒長到六個月大時，已經有機會認識全
族的人了，所以一個陌生的面孔應該會引起他的焦慮。他來這裡幹
什麼？要把我偷走嗎？把我當做奴隸嗎？要吃我嗎？嬰兒注視著母
親來尋找線索，假如母親認為沒事，嬰兒也就放心了，艾伯─艾伯
斯費爾把嬰兒對陌生人的反應稱做「童年陌生恐懼症」（childhood
xenophobia），並認為這是第一個證據顯示，人具有把世界分成
「我們」和「他們」的天生傾向。[39]

有人認為孩子一定要經過教導，才會去恨別人，艾伯─艾伯斯
費爾不認為如此，我也不認為如此。仇視非我族類是人（以及黑猩
猩）的本性之一。小孩要學的是如何不去仇視外人，我們並不是像
道金斯想的那樣生來就自私，但我們卻是生來就仇視外人的。

新品種與偽品種的形成

根據生物學家史蒂芬·古爾德（Stephen Jay Gould）的說法，演化並不是一點一點慢慢地改變。種族可以很穩定地活上幾百萬年，然後突然消失，被別的物種所取代，[40]而取代它的物種通常不是別人，正是它自己所分出來的「次類別」（subpopulation）。當因為地理環境分隔的原因使它不能再與「母群」（parent species）交配之後，這個子群就開始發展出自己的特色。假如這個特色正巧符合環境的新需求，而且只要比原來的母群更適合新環境一點，那麼許多年後，它就能取代原來的母群。

不過，子群不一定非要地理上的隔開才會發展得與母群不同，還有很多其他的因素會使它不能再與母群交配。在歐洲有兩種蚱蜢，外表看起來很相像，在實驗室中也可以相互交配，但是在大自然的生態環境中，牠們卻不交配，因此被認為是不同的種類。牠們不交配的原因是唱的歌不同，這一點點行為上的差別，就使牠們永遠地分離開來了。[41]

當猿類或人類從大團體中分離出來時，新團體的成員多半是已經認得的親屬或朋友，個體會選擇他親友多的一邊去投靠，但是一定有在兩個團體中都有親戚的人，他兩邊都可以選擇。珍·古德就觀察到，當黑猩猩分裂成兩個團體時，一隻名叫葛來亞（Goliath）的雄黑猩猩就做了錯誤的選擇而賠上了性命。

我不知道葛來亞選邊靠的理由是什麼，但是當人類分裂成次團體時，多半是物以類聚。當然家族的成員沒有選擇的餘地，他們只能隨著家族走，但是有選擇的人是偏向於選擇與他相同點最多的一

邊，因此，在統計上來說，分出來的子群其實就已有統計上的差異了。這可能是外表或行為上的微小差異，但也有可能不是。

對人類來說，團體間的敵意可以使原來微小的差異變大，但假如原來的團體之間實在找不出任何差異的話，也可以新創一個差異出來。你很可能以為是差異導致敵意，但是正好相反，其實是敵意導致差異。每一個團體都會拚命要找出它與別的團體不同的地方來，因為假如你不喜歡某一個人，你就會希望與他愈不相同愈好。所以兩個團體可能就各自發展出不同的習俗、不同的禁忌，甚至會採用不同的穿戴以區分出敵我。他們甚至可以發展出不同的語言來，艾伯—艾伯斯費爾觀察到：

> 人類顯示出強烈的意願去形成小團體，這個小團體會發展出不同的方言和習俗來顯現它與別人的不同，最後形成新文化⋯⋯。將自己與別人劃清界限，這是「人性本質中的一個基本特質」（basic feature of human nature）。[42]

這個過程叫做「偽品種的形成」（pseudospeciation）。假如偽品種的形成也是人類本質的基本特質的話，這就會使演化的過程加快了腳步。團體分裂，將自己與別人劃清界限，然後打仗，戰爭使兩族不再通婚（至少減少很多），於是我們就有了新品種產生的溫床了。假如一個子團體比另一個子團體驍勇善戰的話，另一團體可能就會被消滅，當然，它也可能在競爭上贏過對方，不過在過程上會慢了些。

看看新幾內亞可以讓我們了解其中的過程可能是怎麼回事。當歐洲人初次踏上新幾內亞的土地時，這些白人以為他們看到了《聖

經》上所說的「巴別塔」（Tower of Babel）。在這個島上有一千種不同的語言，而且彼此聽不懂對方的話。戴蒙描述這個跟美國德州一樣大的島在白人未登陸之前的情形：

> 即使你的鄰族離你只有幾哩，踏出自己族人領域之外去跟他們會面就等於是自殺……。像這樣的隔離帶來「基因上的多樣性」（genetic diversity）。新幾內亞的每一個河谷不但有它自己的語言和文化，還有它自己基因上的異常與當地特有的疾病。[43]

所以，新幾內亞的某個部落就有世界上最多的「痲瘋病例」，另一部落則有世界上人數最多的聾啞人，或是「男性陰陽人」，或是「過早老化」、「成熟過晚」等等毛病，基於一個或兩個基因造成遺傳上的差異，是這些外顯差別的內在原因。這些差異都很小，這些團體分離的時間也並不太久。

假以時日的話，這些分開的團體會愈來愈不一樣。對某些動物來說，這些差異是慢慢累積而且是隨機發生的，生物學家稱之為「基因漂移」（genetic drift）。但是對人類來說，這個過程可能就不是隨機的了，它可能會因為偽品種的形成而加速。從歐洲人身上，我們可以看到許多外顯的差異（例如北歐人的金髮以及義大利人的黑皮膚）演化得非常快，不可能是單一的健康利益因素造成的，性伴侶的偏好很可能會有一臂之力的幫助，人群中第一個金髮的人很可能是基因突變、偶然發生的，但是假如別人喜歡這個金髮，希望跟他交配的話，他就會留下很多的後代。最後，這個特質就會變成區分「我們」和「他們」的標記了。

　　我認為我們的無毛現象也是這樣演化出來的。我認為它是最近
才演化出來，而且是個很快速的演化，一直到北方的直立猿人（尼
安德塔人的祖先）不再跟南方的直立猿人（我們的祖先）通婚後才
出現，或許一直到了我們變成現代智人——也就是十三萬年前——
才出現；它的出現很可能和偽品種的出現有關。在一個毛髮比較少
的部落中，因為體毛愈來愈不流行，於是就跟毛髮像猿猴一樣多的
族人分離出來，另成一支。沒有毛髮其實沒有什麼好處，它唯一的
用處是區分出「我們」和「他們」，一旦區分出了你我，下一步就
是宣戰，把所有毛茸茸的人殺光。[44]

尼安德塔人的神祕消失

　　你很可能以為我是在暗示尼安德塔人的消失，其實我不是。我
只是指出在非洲發生（或是可能發生）的事情，使現代人的祖先出
現了，以及其他相近的人種消失而已。當現代智人出現在歐洲時，
情況是不一樣的，這兩個人種——現代人和尼安德塔人——是分別
演化出來的，而且演化的環境非常不一樣。尼安德塔人適應了寒冷
的氣候，而我們的祖先喜歡溫暖的氣候，他們的共同點只有大的腦
容量以及喜歡肉食。他們至少有兩個重要的不同點：尼安德塔人似
乎不能說話（他們缺乏適當的口型與喉嚨來發音），而且他們身上
有厚厚的一層毛。

　　沒錯，你沒聽錯，厚厚的一層毛。演化生物學家及「古生物學
家」喜歡在腦海中替尼安德塔人穿上三件式的西裝放在紐約或倫
敦的大街上，看看人們會有什麼樣的反應，會不會注意到這是個原
始人。問題是這些專家忘記先替「他」剃毛，所以每個人當然都會

注意到——「他」會被注射鎮靜劑，然後五花大綁運到動物園去展覽！演化生物學家及古生物學家跟其他的百姓一樣，都被那張人類的演化圖所矇蔽，看到我們祖先一字排開，從猿猴到現代，毛髮逐漸變少，就忘了尼安德塔人其實是多毛的！

尼安德塔人如果沒有厚厚一層毛來保暖，他們是不可能活過冰河時期的歐洲的。他們不會縫紉、[45]沒有三件式的西裝、沒有襯毛的披風。有人說他們是用動物的皮毛來禦寒。請問你，有沒有在冰天雪地中只披著一塊鹿皮就出去打獵的人？而且他們是必須要每天出去獵食的，因為沒有任何證據足以說明他們會屯積食物，何況冰河時期的歐洲沒有多少水果和蔬菜可以吃。我們的祖先不比尼安德塔人笨，但是我們的祖先一直等到發明了針線才敢向歐洲進軍。

等我們到了中東看到尼安德塔人時，我們已經忘記了我們對多毛的人屬有多麼地憎惡。我們不曉得他們只是長得很醜陋的人類，我們以為他們是動物、是狩獵的對象。我們想的不是「噁心」（yuck），我們想的是「好吃」（yum）；無疑地，他們也一樣地這麼想我們。最後，尼安德塔人跟當時在歐洲和新大陸的其他巨大、美味的哺乳類一同消失了，因為我們狩獵的工夫比他們高明。

這是演化所建構出來的大腦

從我們的祖先與黑猩猩的祖先分家後，六百萬年過去了。我們把大部分的時間花在地面上，不在樹上；我們把時間花在與同族人交際、與異族人打鬥；我們把時間花在揪出投機者、騙子，並把我們的智慧磨銳來贏過那些人。

我們是一小群、一小群的狩獵採集團體。當一個團體做得很

好、很興盛時，它的成員就會愈來愈多，團體也愈來愈大，大到最後必須要分裂成兩個子團體，結果比較興盛的子團體又會把另一個吞食掉或打敗它。這種事情不斷地發生。

這六百萬年的演化，帶給我們的是一個巨大的腦，這真是憂喜參半。它占了身體很大一部分的能量，使得懷孕生產時變得很危險。它使得我們的嬰兒有一年的時光是頭重腳輕，好像鏈子的一端綁了一個大球。腦的脆弱和大小，使得它在孩子遊戲時推推拉拉的過程裡，成了意外事件的最佳候選人。

但是它也有它的好處。珍·古德的黑猩猩一次只能解決一個鄰居，但是約書亞只要一役就可以把全城的人殺光，這其實是很不容易的。因為大部分的城市都有城牆保護著，約書亞在攻打艾城時並沒有上帝的幫忙，他用的是詐術。他先派一小隊人馬去攻城，把主力放在城外隱密處等著偷襲。這一小隊人詐敗，往後逃跑，艾城的人以為他們擊退了敵兵，就打開城門向外追，卻不知是落入約書亞的圈套中。艾城的城門大開，等於是無人防守，於是全城一頭栽進約書亞等候的陷阱中。[46]

詐騙是人類最強的一項能力，這把我們帶回心智理論中。約書亞可以猜對艾城的人會如何反應，因為他可以想像艾城的人的思考方式，他知道他可以騙他們，所以他想了一個很好的方法來使他們上當。另一個很重要的關鍵是他可以把他的想法傳達給他的將領們知道。

當然，他同時還擁有一支大軍，這也很有關係，可以算是一種「認知成就」（cognitive achievement）。[47]對黑猩猩族群來說，「我們」指的是認識的個體，一個不熟悉的個體很自動地就被劃分成「他們」。到了約書亞的時代，人群已經大到一個人不可能認識社

區中的每一個人了，因此團體已經變成一個概念、一個理想。當約書亞在耶利哥城的城外碰到一個陌生人時，他必須要問對方，你是我們自己人還是他們的人？[48]假如能夠形成比敵方還要大的團體，這樣的能力具有認知的好處，而且利益大得很。假如耶利哥城、艾城、瑪基大城、立拿城、拉吉城、和伊磯倫城的人能夠聯合起來對抗約書亞的話，不知道結果會怎樣。不過這些城為什麼都有城牆是有道理的，這些城裡的市民需要城牆的保護，因為他們不信任鄰城的人。

　　雖然黑猩猩無法做到把陌生人當做自己人的這種認知大躍進，但是我們許多行為的雛型在牠們身上都可以找得到，例如詐騙。珍‧古德看到許多次黑猩猩利用詐騙得到牠們想要的東西，例如珍‧古德剛開始在坦尚尼亞觀察黑猩猩時，她把香蕉放在箱子裡，以吸引黑猩猩走近她的營區。在黑猩猩群中，通常只有地位高階的才吃得到這些香蕉。有一天，一隻名叫費根的小黑猩猩看到一串香蕉不偏不倚地掛在階級較高的雄黑猩猩的頭頂樹枝上。假如費根嚷出聲來，這串香蕉牠鐵定吃不到，因為牠必須上貢給這隻黑猩猩。所以牠就走到一個看不見香蕉的地方，在那裡耐心地等候著，一旦這隻黑猩猩走開，牠就可以立刻去拿那串香蕉；費根之所以特地挑一個看不見香蕉的地方去等，是因為牠害怕自己的眼神會透露出這個祕密。[49]

　　黑猩猩跟自閉症的兒童不一樣，他們了解眼睛的重要性。根據靈長類學家迪華爾的說法，兩隻黑猩猩打完架後，牠們一定要注視對方的眼睛才會親吻和好。「就好像黑猩猩如果沒有看到對方眼睛，就無法相信對方的意圖。」[50]

　　那麼黑猩猩也有「心智理論」囉？這是一個不容易回答的事

情，因為心智理論並不是一個「全有或全無」的概念。人類的孩子也是在幾歲以內逐漸發展出這個能力的。黑猩猩有沒有？如果有，究竟有多少？這個問題仍在爭論中。[51]但是我們可以說，黑猩猩在心智理論方面不等同於人類四歲的孩子。至於牠是像三歲的還是像兩歲的孩子，就沒有那麼重要了，因為我們知道種族間是有差異的。而且這個差異是天生的，即使一個在人類環境中長大的黑猩猩，也無法跟四歲兒童一樣善於猜測別人的心意。

　　在我們跟黑猩猩分家後的六百萬年裡，我們並沒有再多添一個「社交的模組」──除了我們跟牠們分家以前就已經有的之外。我們在這六百萬年中所得到的，是利用這些模組的更新、更好的方式。我們所得到的都是我們為了適應某個團體生活的結果。以語言來說，假如你沒有別人可以對談，要語言有什麼用？溝通的技巧對群居的動物來說是這麼地重要，甚至連蜜蜂都發展出一套傳遞訊息的好方法。假如黑猩猩哥迪能夠設法爬回到牠的族人那兒，大叫「卡沙基拉人來了！卡沙基拉人來了！」或許卡哈瑪族黑猩猩的下場就會不一樣了。這個警告雖然救不了哥迪的命，卻可能會救了牠的族群。

　　我們大腦最主要的功能，就是用來應付社交環境，至於應付物理環境則是次要的。演化心理學家琳達‧卡波瑞（Linnda Caporael）便指出，我們有一套處理模稜兩可或很棘手問題的方法，我們用社交的方式與他們互動，將他們「個人化」（personalize）。我們不是把人當做機器，我們是把機器當成人；[52]我們會詛咒不能發動的汽車、我們會期待很人性化的電腦。當我們無法了解或無法控制某個情境時，我們會把人類的一些社會動機（如復仇、嫉妒，及愛慕等等）加諸到上帝的身上。

父母親、孩子和演化

語言的目的之一是傳承文化，而且根據「教養的假設」的說法，是由父母親傳給孩子的。然而，我們在前一章裡曾看到，在大部分的文化中，父母並沒有利用語言來教導孩子。語言並不是成功教養孩子的必要條件。聾啞父母的孩子有的時候並沒有學手語，所以除了很基本的表達方式以外，他們無法與自己的父母溝通。但是他們長大後仍然是個好國民。[53]幾百萬年來，哺乳類在沒有語言的環境下，都成功地養大他們的孩子。

「教養的假設」是暗示說小孩生下來時，腦袋空空如也，而把這個洞填滿則是父母的責任。顯然孩子確實是有從父母那裡學習到東西，只不過他們不只是從父母那裡學習而已。雖然我們需要知道的東西，大部分都是在出生以後才學會的，但是在演化上有很好的理由來說明「為什麼我們不能讓父母壟斷孩子的學習」。我可以舉出四個理由說明：父母的過分影響，對子女的學習來說並不是最好的長期效益。

第一，就如行為遺傳學家大衛・羅所指出的，假如孩子只能跟父母學習，這會阻礙他學習社會中許多人想出來的好點子，[54]因為通常會想出許多有用的新點子的人，是年輕人而不是老年人（我在第九章會再談到這一點）。對下一代來說，他如果能同時取法父母和同儕，應該是比較有利的安排。而且他們跟同儕所學的，通常都是比較現代化的東西，對適應目前的環境比較有用。

第二個理由是「多樣化」。要生出跟父母一模一樣的孩子，最簡單的方法便是複製；有些植物和動物的確是用這種方法。複製是

很有效、既省時間又省能量的。諾亞如果能用這種方法的話，他只要一半的時間就可以把方舟塞滿了。但是每一個複製品都跟它的模型一模一樣，因此任何一個可以傷害他們的東西，比如說微生物，就可以把他們全體殺光，一個也不留。而「有性生殖」（sexual reproduction）帶來了多樣化（每一次的結合都是精子和卵子基因的大組合），所以可以使「有機體」比傷害他們的微生物略勝一籌。此外，多樣化還有其他的好處；在大環境改變時，多樣化可以增加某個後代適應新環境的存活機率；在年頭不好的時候，它也能增加家族成員適應生態的能力。但不論年頭的好壞，多樣化擴大家族的技術和知識範圍，這對整個家族的生存是很重要的。

　　就像諾亞方舟上的動物一樣，人類也是從雙親那兒繼承到行為特質。假如父母在基因上和環境上都可以控制孩子的話，孩子跟父母就太相似了，兄弟姐妹之間會像一個模子出來的，這跟複製就走得太近了。

　　第三個理由是，孩子並不一定有雙親來撫養他們。我們現在擔心的是，孩子都是由單親撫養長大，而不像五十年前的太平日子，「家長」後面要加個「s」表示複數。而且，即使有雙親——每個「親」都是不同的性別（譯註：美國現在已允許同性結婚）——小孩也不能擔保父母一直健在。人類學家拿破崙‧謝濃（Napoleon Chagnon）提出報告指出，居住在巴西及委內瑞拉雨林的亞馬遜印地安人雅諾馬莫（Yanomamö）族中，十歲大的孩子還能跟親生父母住在一起的比例是三比一。雖然雅諾馬莫族的離婚率並不高（大約五分之一），但是死亡率卻很高。[55]在部落社會（tribal society）中，孩子的存活率是隨著父喪或母喪而下降，但是不會降到零。假如小孩子一定要靠父母才能學習的話，那麼這些古老社會中的孩子

失去了父母，也就等於簽下了死亡證明書。

最後一個理由是父母和子女利益的衝突。誠如演化生物學家羅勃·屈佛斯（Robert Trivers）所指出的，對父母最有利的東西，對孩子不一定是最好的，例如斷奶。一個母親可能會希望讓前一個孩子斷奶，如此她便可以準備生第二個，但是嬰兒才不管這麼多，他希望哺乳期愈長愈好。屈佛斯用這個利益的衝突來解釋為什麼大孩子在弟妹出生後，行為也變得像嬰兒一樣，小孩子和小猿類也有類似的現象出現。因為父母的注意力通常是放在最小、最易受傷害的孩子身上，所以大孩子也會表現出如無助的嬰兒模樣，希望父母多分一些關愛到他們身上。而且裝得愈像的孩子就愈早會被餵食。

在其他方面，父母的利益也不見得與孩子一致。或許父母會希望女大不嫁，留在家中照顧他們的晚年，或是照顧其他兄弟的孩子，或是嫁給一個有錢的老頭可以拿到大筆的聘金。但是女兒常有自己的想法。屈佛斯說，為人子女最有利的策略就是與父母維持良好的關係，但是不要忽略自己本身的利益。

> 子女無法依靠父母給予無私的忠告。我們期待孩子天生有抗拒父母操縱的本能，但是同時也不排斥有其他的可能性。當父母用無理武斷的處罰或獎賞來使孩子就範時，「天擇」（natural selection）會傾向選擇那些敢於反抗父母的孩子，這些孩子可能表面上是服從的，但是他們會暗中尋找能夠達成他們自我利益的其他最佳可能性。[56]

在許多情況下，父母和子女的衝突歸根究柢在於兄弟姐妹之間的衝突：每一個孩子都希望分到最多的家產，而父母希望家產分

到最有利的地方去，所以蘇洛威便表示，兄弟姐妹本來就是天生的
冤家，生下來就是達爾文生存競爭的對象。他的「父系關係模式」
（model for fraternal relationships）是好比自然界中的藍腳鰹鳥，最早
孵出、最強壯的小鳥會把比較弱小的弟妹啄死，以獨享資源。[57]

　　但是我們距離這種血淋淋的鳥類行為已經很久遠了。一個比較
現代的模式是來自黑猩猩的觀察。珍‧古德發現，一母所生，相隔
五、六歲的黑猩猩兄弟是童年期的好玩伴，也是成年期的好同志。
當黑猩猩小的時候，牠的哥哥會保護牠；年紀愈大，玩得愈野蠻。
最後，小黑猩猩長大了，會去挑戰哥哥的統御權。但是一旦這件事
解決了，牠們又會回復到原來的友善程度。這個友誼對黑猩猩來說
是很重要的，因為兄弟在對抗外人的欺侮或爭領導權上是槍口一致
的。在靈長類之間，「我要叫我哥哥來修理你」不是一句空的口頭
威脅而已。[58]

　　當凱洛格開始收養瓜的時候，他們知道這樣的生存空間並不是
演化替瓜所設計的。但是他們可能從來也沒想到，這樣的空間也不
是演化為唐納所設計的。唐納和瓜都應該生活在非洲森林裡或草原
上，而不應該生活在印地安那州的家中，牆上貼著壁紙，有著室內
衛生設備。如果我們看到孩子在搶電視的遙控器，就以為我們看到
了原始人性的話，我們就大錯特錯了。

　　在過去的六百萬年裡，我們的祖先大部分的時間都是遊牧的狩
獵採集民族。他們克服環境的惡劣而生存了下來，但是最惡劣的
環境便是敵人的來襲。在狩獵採集社會中，對一個孩子而言，全族
人的生存比他父母的生存更重要，因為他父母死了，他還有機會存
活，假如他的族人全都不在了，覆巢之下豈有完卵？他們要成功，
最大的希望便是儘快地變成這個團體中最有用的一員，一旦他們斷

了奶，他們就不僅屬於父母，他們也屬於這個團體。他們的未來不僅維繫在父母的鍾愛，同時也在於他們跟同族人的相處情況，特別是與同輩人的相處情況，因為這些是他們要共同生活一輩子的人。

　　孩子的心智——這個現代孩子的心智——是六百萬年演化的結果。在下一章裡，你會看到它如何在孩子的社會行為中顯現出來。

第七章

我們和他們

Us and Them

The Nurture Assumption

《蒼蠅王》（*Lord of the Flies*）是一九五四年威廉・高汀（William Golding）贏得諾貝爾文學獎的作品。這本小說的內容是說二十幾個英國中學生搭飛機失事後，在熱帶島嶼的遭遇。因為是熱帶，所以氣候溫和、食物不缺。在這個沒有大人管、也不要做功課的生活裡，這些孩子並沒有因此而過得很快樂；當他們的頭髮長到可以在腦後綁馬尾時，他們已經開始互相殘殺了。[1]

在上一章中，你看到我所描述的人類歷史，你可能會認為我贊同高汀對沒有文明生活的看法。但我不是，我認為高汀是錯的。

事實上，他犯了很多的錯誤，有些錯誤並不是心理學上的。他描述一個名叫「小豬」（Piggy）的男孩用他的眼鏡去聚光引火。要引火只有老花眼鏡才可以，因為老花眼鏡是放大鏡，但小豬是近視眼。他敘述的小小孩整天嬉戲，不理會大孩子。但是我們知道，小孩子最喜歡跟在比他們大一點的孩子後面當跟屁蟲，即使大孩子想趕他們都趕不走。[2]他讓小豬的英文仍然停留在低層社會的英文腔中，他是唯一在島上住了幾個月仍然說這種口音的人。不過在真實世界中，那麼長的時間已經足夠讓一個孩子在談吐上學得很像他的同伴了。

但是高汀最嚴重的錯誤，是使孩子們開始互相殘殺。我指的不是說「殺」的這個事實，而是指「殺的過程」。這些孩子分成兩組，有兩個領袖——瑞夫（Ralph）和傑克（Jack）。瑞夫代表著法律與秩序；傑克代表著野蠻與失序。孩子們一個接一個地被傑克吸引過去，只剩下瑞夫、小豬，以及一個名叫西蒙（Simon）的孩子。西蒙被殺了，接著小豬也被殺了，最後這些暴徒開始追殺瑞夫，就在千鈞一髮的時候，大人來救他們，也解救了瑞夫。

我不是第一個對這個劇情質疑的人，前一章提到持有「反

戰」、「反本能」看法的蒙太古，就抱怨指出《蒼蠅王》不夠真實。他引用了一個真實的故事，有六、七個美拉尼西亞（Melanesian）的孩子漂流到荒島上好幾個月都沒有出事。[3]蒙太古認為這個故事的結尾，應該不是這些大人找到孩子時說的話：「我以為你們這些英國孩子——你們是英國人，不是嗎？——應該會表現得更好一些。」[4]而應該是：「幹得好，小子們！」

但是蒙太古也錯了，美拉尼西亞的孩子不是一個公平的比較對象，這些美拉尼西亞的孩子是來自同一個家庭，他們自小就認得彼此，而且人數只有六、七個。但高汀小說中的人物至少有二十來個，而且他們以前並不認得彼此。

假如你發現你漂流到一個荒島上，有一些人是你原來認得的、有一些人是你不認得的，你一定會和你原來認得的人在一起。但是在高汀的小說中，這些本來是學校合唱團的團員，在傑克的指揮下孩子卻被打散了，有一些加入瑞夫團體，這點是很不合理的。

傑克的合唱團團員應該會跟他在一起，其他非合唱團的人才會去追隨瑞夫，或是有錢的寄宿學校的孩子會形成一組，而其他公立學校的孩子會形成另一組。這些孩子可能會打架或甚至殺人，但不會是團體對個人，它會是團體對團體。

高汀就像英國哲學家湯瑪士‧霍布斯（Thomas Hobbes）一樣，認為沒有文明的社會是一個狗咬狗的世界，每一個人都是自私自利、爭先恐後的。而蒙太古就像法國哲學家盧梭一樣，認為沒有文明的社會像個嬉皮的群居村；大家分擔所有的工作，共享所有的成果，每一個人都有時間來享受生命中的花朵。但我認為這四個人都錯了。

唯一對的人是達爾文。他觀察到：「相鄰的部落總是不停地在

交戰，」然而，「一個野蠻人會冒生命危險去救同族人的生命。」
「這種社會本能並沒有延伸到這個種族的每一個人。」[5]你認為人
是謀殺者或慈悲者，是自私的還是利他的，這完全決定於你所看到
的行為是對他所屬團體的一員或是對其他團體的一員。

強盜洞的實驗

假如你真的把二十幾個中學生放到荒郊野外去自生自滅，會是
什麼樣的情形？在一九五四年《蒼蠅王》這本書出版的時候，奧克
拉荷馬大學的研究者決定做個研究。[6]

研究者非常謹慎小心地篩選出二十二名十一歲信仰基督教的白
人小孩，他們的智商都在平均值或平均值以上，學校的成績也很相
似。他們都沒有戴近視眼鏡、身材不胖、也不曾有過任何行為不良
紀錄、都是自小在奧克拉荷馬長大、都說著同樣的口音。不過每一
個人都來自不同的奧克拉荷馬公立學校，所以在實驗開始之前，彼
此都不認得。

這一群背景非常相同的男孩再被細分成兩組，每一組都分別用
巴士載到童子軍的營區，在奧克拉荷馬州東南部山區樹林茂密的
「強盜洞州立公園」（Robbers Cave State Park）。

這些男孩都以為他們被邀請來露營三個星期，他們在營區的生
活與一般露營的生活並沒有兩樣。他們的輔導員其實是研究者假扮
的，不過孩子們並不知道，這些輔導員很仔細地紀錄孩子們的一言
一行。

這兩組——「響尾蛇隊」與「鷹隊」（他們自己選的隊
名）——一開始時並不曉得有對方的存在。他們坐不同的巴士來，

雖然是在同一個餐廳用餐，但是時間不同，所以不會碰面，他們的木屋是在營區的不同角落。研究者希望頭一個禮拜讓孩子們以為他們是獨自在這個營區，之後研究者才告訴孩子們還有其他的人也在營區內，想促使他們開始競爭。研究者希望競爭會帶來敵意。結果孩子們跑得比研究者還快，在兩組還沒有碰面之前，敵意就已經發生了。當響尾蛇隊第一次聽到鷹隊在遠處打球時，第一個反應就是「把他們趕出去」。[7]孩子們等不及要去跟對方競爭，這完全是孩子自己的想法，大人並沒有建議，這使得研究者無法遵照原定的計畫進行。「第一階段」本來是研究團體內的行為，而團體間的行為是到第二階段才要開始的。

第二階段的活動是一般夏令營的活動，孩子們打棒球、拔河、尋寶，贏的人有獎。輔導員就像真的輔導員一樣，只不過他們儘量壓低姿態，只有在必要時才出面。但是推擠很快就演變成拉扯，在第一次正式見面（棒球賽時）就發生指名叫罵的情形，在球賽開賽前，響尾蛇隊把他們的隊旗掛在球賽菱形綠地的後方，他們認為球場是他們的。在球賽之後，輸的鷹隊把響尾蛇隊的隊旗拔下來燒了，響尾蛇隊當然很生氣，輔導員只好出面制止打群架。

事情愈變愈糟，在鷹隊贏了拔河比賽之後，響尾蛇隊夜襲鷹隊的營區，他們把床翻了過來，把蚊帳扯破，而且偷了一條牛仔褲去做一個新的旗子。鷹隊的報復是更大膽的計畫：在白天襲擊響尾蛇隊的營區，把它弄得一塌糊塗。他們並沒有預期響尾蛇隊會在家；不過，預防萬一，他們帶了棍子和球棒。當他們破壞後回到自己營區時，他們準備好了未來可能的襲擊，襪子裡塞滿了石頭，水桶裝滿了更多的石頭做為後援。這些孩子並不是在玩戰爭的遊戲，他們是在備戰。在極短的時間裡，他們已從叫罵進展到動武。

　　我可以想像當第二階段終了，第三階段開始時，輔導員都鬆了
一口氣。因為第三階段是終止敵意，把這兩隊合併成一個和平的團
隊。但是分開容易合起來難。第一次的嘗試完全失敗，輔導員讓鷹
隊和響尾蛇隊一起用餐時，結果引發食物大戰，把餐廳弄得一塌糊
塗。因此輔導員必須創造一個超強的目標，是這兩隊單獨都無法打
贏的敵人才行。

　　於是，研究者想出了一個很聰明的法子，他們告訴兩隊的隊員
說，營區的給水系統出了問題，他們懷疑有外人來破壞，因此所有
的水管必須要仔細地檢查過，需要兩隊隊員同心協力才可以完成。
同時，補給的貨車在上坡的路上拋錨了，需要全體同學的力量才能
把卡車拉上山來。研究者也將鷹隊和響尾蛇隊帶離他們原來熟悉的
營區，把他們放到湖邊的新營區去。到最後，孩子們終於可以和樂
地相處了。但是只要一個響尾蛇隊的孩子不小心踩到鷹隊人的腳趾
頭，或是鷹隊的人不小心打翻響尾蛇隊人的飲料，一場大戰又會爆
發。

團體意識

　　社會心理學家穆札佛・薛立夫（Muzafer Sherif）是這個研究的
主持人。雖然他從來沒有得過諾貝爾獎（因為諾貝爾獎中沒有心理
學或社會學類），但是他的研究到今天都還會在心理學或社會學的
教科書中出現。這個實驗並沒重做一次，因為太危險，而且也沒有
必要。薛立夫已經把他的意思清楚地表達出來了。讓一組男孩子自
由地發展他們那一組的特性，然後讓他們發現另外一組的人在跟他
們競爭他們以為屬於他們的領地時，兩組之間的敵意是濃得化不開

的。

　　但是這個實驗還有很多後續的問題可以再研究。假如這些孩子沒有時間去發展他們團隊的特色或精神時會怎樣？假如他們沒有領域來爭時又如何？在奧克拉荷馬州東南部的荒郊野外，薛立夫要應付蛇、蚊子、毒蔓藤，就已經手忙腳亂了，更何況還有塞滿石頭的襪了要小心，所以後續的研究就在安全舒適的實驗室中進行。

　　社會心理學家亨利‧塔費爾（Henri Tajfel）的受試者是英國布里斯托市（Bristol）十四歲到十五歲的男孩，他們來做實驗之前都相互認得。塔費爾把他們分成八人一組。實驗者給他們看銀幕上閃爍的一團一團小黑點，請他們估計每一團中有多少黑點。做完這個實驗，實驗者告訴他們有人喜歡高估、有人喜歡低估，在實驗者假裝改完測驗卷之後，這些孩子一個一個地被帶入另一個房間，由實驗者私下告訴他：他是屬於高估的一組還是低估的一組。事實上，這些孩子是隨機分派到兩組去的，一半的孩子被分派到高估組，另一半的孩子被分派到低估組；孩子們的算點根本和實驗沒有關係。

　　然後正式的實驗才真正開始。實驗者把孩子帶到小房間中，請他填一張「報酬估算單」，孩子要填他覺得實驗者應該付他多少錢，應該給他同學多少錢來參加這個實驗。但是實驗者並沒有給他同學的名字，給的是號碼及組別，例如，實驗者告訴一個孩子說他是屬於高估的一組，然後請他勾選高估組第六十一號同學應該得多少報酬，低估組第七十四號同學應該得多少酬勞等等。而且實驗者很清楚地告訴受試者，他所勾選的酬勞多寡並不會影響他自己的酬勞。

　　這些孩子並不知道誰和他同一組，也不知道這些號碼代表著誰，但是他給自己同組人的酬勞遠高於另一組的人，他們似乎都是

付給自己的人多，付給外人少，沒有例外。

　　這個實驗顯示，只要一點點操弄就可激發塔費爾所謂的「團體意識」（groupness），它並不需要長遠的友誼做為基石，也不需要與其他組別有過節，它甚至不需要外顯的行為上差異，連誰與你同一組的資訊都不必有。塔費爾說：「只要把人分成不同的組別，就足以激發出歧視的行為」。[8]

　　而人根本不要研究者幫忙，就自動地在分組了。載送響尾蛇隊的巴士晚了一點去接孩子，在車站等了半個小時的四個男孩就已經形成了小圈圈，有了團體意識。他們上了巴士坐在一起，在分配房間時問：「『我們南區人』是否可以住同一間寢室？」在經過好幾天的共同經驗——遇到響尾蛇、同心協力架起帳篷等等——才使這幾個南區人與別人打成一片。[9]

　　在《蒼蠅王》裡，合唱團的團員在傑克的領導下排隊出場，每一個人都戴著黑色的方帽，上面印有一個銀徽。[10]在飛機失事迫降荒島之前，他們都是專門讓貴族子弟唸書的寄宿學校的學生。在五〇年代，能夠上那種寄宿學校的學生都是狗眼看人低、自以為了不起的人，他們以口音及校徽或制服來辨識人，因此他們十分看不起上公立學校的人。[11]但是高汀小說中的人物並沒有依階級來劃分，這些上同一所學校的人並沒有參加同一組，突然之間，好像他們先前的生活都不存在了，那些合唱團的團員從此沒有再合唱過一個音符。

　　響尾蛇隊和鷹隊的人並沒有拋棄他們原來的生活，他們都來自每個禮拜天上教堂的家庭，在強盜洞營區吃飯的時候，兩隊都是吃飯之前要禱告的。雖然兩隊之間有敵意，但是響尾蛇隊在贏了棒球賽之後，仍然決定給鷹隊三聲歡呼——[12]對輸的隊歡呼是奧克拉荷

馬學校的傳統。當新的團體形成時，成員們還是尋求彼此之間的共同點並保留它。

我們並不期待小說家要像社會心理學家一樣，但是他們至少要是好的人性觀察者才行。然而高汀實在都不是。我並不是說群眾的暴行不存在，暴民是會攻擊無辜而且濫殺無辜的，但通常受害者是被視為「他們」當中的一員。在自己的團體中確實存在著權力鬥爭和濫權的現象，但是一旦遠方地平線的敵人出現時，這些都會掃到地氈下去掩蓋著。我認為在高汀的小島上，孩子們會自然地分成兩組，每組的成員會有點像美拉尼西亞的孩子，但是組間的情況是很像鷹隊和響尾蛇隊的情形，只是在那裡沒有輔導員出面制止過分的行為而已。

把世界分類

語言學家早川（S. I. Hayakawa）曾說：「當我們為東西取名字時，我們就是在做分類。」[13]我們無時無刻不在做命名、分類、歸檔、歸類的動作；隨便你怎麼稱呼，不過我們無時無刻不在做這些事。我們的大腦天生就是這樣，假如我們必須要去學如何處理每一件物品，如何對付每一個動物、每一個人的話，那就太不經濟了，所以我們把它做一歸類（汽車類、牛群、政治家們）此後，我們只要把已經知道的訊息應用到同一類別中的其他成員身上即可。早川是日裔美人，後來當選參議員。他不厭其煩地指出歸類的危險：「第一頭牛和第二頭牛是不一樣的動物；就好像第一個政客和第二個政客是不相同的。」他提醒他的支持者，不要把他和其他政客混為一談。[14]

　　早川擁護「吳爾夫假設」（Whorfian hypothesis）。這個假設主張我們是用武斷的標準把世界上的東西加以分類，但是為這些類別加以命名，卻會影響我們的大腦對不同類別的處理。這其實是有一些道理在其中的。當塔費爾告訴某個英國布里斯托市的男孩說他是屬於高估的一組時，這個類別就會在這孩子的心中成形，但是在他剛剛走進塔費爾的實驗時，這個類別原本是不存在的。

　　但是就像心理學的許多其他法則一樣，吳爾夫假設也不是在所有的情況下或對所有的人都行得通；在大多數的情況或對大多數人來說，它甚至根本不成立。一般來說，我們劃分世界上各種事物的方式並不是武斷的，[15]只有對某些疆界不清楚的東西我們才會比較武斷。不過，大部分的東西都像黑夜和白晝一樣非常不同，雖然還是很難明確界定什麼時候黑夜終止、白晝降臨，或是什麼時候白晝消失、黑夜降臨，但是小孩子仍能很快就學會把時間分割成黑夜和白天，而且也能正確使用這兩個名詞。美國孩子要花很多時間才學得會這個二十四小時可以均分成兩個相等的十二小時，一個叫做「上午」，一個稱為「下午」。這個上午和下午的劃分是很武斷的，而且沒有說服力，但是這種「日－夜」的區分卻是在即使沒有名詞來加以稱呼的情況下，我們都會察覺日、夜的不同的。

　　「吳爾夫假設」預測說嬰兒和動物沒有分類化的能力，因為他們沒有適合的類別名稱；不過這個預測已經老早就被推翻了。分類這個行為簡單到連鴿子都會做；是的，曾經有科學家測驗過鴿子的分類能力。[16]一隻鴿子可以被訓練到當牠看見一張牛的相片時去啄一個鍵，在看到汽車的相片時去啄另一個鍵，學會了以後，這隻鴿子可以對牠所沒有看過的汽車和牛的相片加以分類。

　　被分類的是概念而不是名稱。要鴿子正確地去啄一個鍵，一定

要先讓牠對「什麼是牛」有一個概念，這樣當牠看到一張從未見過的相片時，可以將它與在牠腦海中的牛的概念相比較。鴿子不必知道「牛」這個字，也可以形成「牛」的概念。而三個月大的嬰兒就可以做分類了，所以他們一定也可以形成概念。著名的瑞士發展心理學家詹·皮亞傑（Jean Piaget）認為嬰兒無法做得到，但是他錯了。在判斷嬰兒的能力上，皮亞傑是個低估者。[17]

我們這些「後皮亞傑主義者」（post-Piagetian）是怎麼知道嬰兒可以形成概念的？不，我們並沒有訓練嬰兒去啄鍵；相反地，我們使他感到厭倦。嬰兒是很容易厭倦的，假如我們給他看很多牛的相片，很快地，他們對這些相片就失去興趣了。假如我們現在給他看一張馬的相片，而嬰兒突然看起來很有興趣的樣子，那麼我們就知道他可以分得出牛和馬的不同。

用這種方法，即使是很小的嬰兒也可以看出貓和獅子的不同、汽車和飛機的不同、男人和女人的不同；也有證據顯示他們可以區分大人和孩子的不同。當他們長到六個月大以後，他們對陌生的大人會害怕，但是對陌生的孩子卻不會，他們對大人和孩子臉部的不同表情會有所反應，也對大或小有反應。假如你拿一張把大人的臉放在孩子身上的圖片給嬰兒看時，他們會很吃驚的。[18]

在我們分類人的三個主要標準裡，[19]一歲左右的嬰兒會使用兩個標準——性別和年齡。第三個標準則是種族，這要很久以後才會。因為種族是個很模糊的概念，它的疆界相當武斷。小孩子常常說不出他同學的種族（連大人也做不到），有的時候，唯一的方法就是直接問對方——如今連性別也是一樣。

不論武斷與否，分類是有它可預期的效果，這也是為什麼早川會擔憂的原因。早川在下面這段文字中表達了他對被分類的不滿：

　　我一生都住在加拿大和美國，除了偶爾短暫的出國之外，我一直都住在西方。我的日文不流利，詞彙也僅限於小孩子口語的程度，發音也帶有美國腔調。我無法讀或寫日文。但是因爲分類對有些人而言似乎具有催眠的效力，因此常有人認爲我帶有「東方心態」（Oriental mind）的特質。[20]

對比和同化

　　早川感到煩惱的，不是他被劃分爲「東方人」（在那個時候，這個名詞是受到尊敬的），而是人們期待他具有那個類別中的成員所應有的特性。這是分類的一個後果；它使我們認爲同一類別中的成員相似性比實際上的相似性要高，同樣地，它也使我們認爲不同類別中的成員差異性比實際的差異性更大。[21]

　　被分類的事物不限於人。例如，當我們提到貓和狗兩種寵物類別時，「狗」會使我們想到大多數狗的特質，而這些特質是貓所沒有的，而「貓」則使我們想起貓的特質，而這些特質是狗所沒有的。我們會想像，一隻典型的狗會將舌頭伸出、搖尾巴、要跟你玩球；也可以想像，一隻典型的貓會是愛乾淨、調皮的。但是假如我們去看狗展，我們會看到各式各樣的狗：獵犬、貴賓狗、牧羊犬、吉娃娃等等。然而當我們想到「貓」和「狗」這兩個類別時，我們心中所浮現的仍然是典型的狗和典型的貓。社會心理學家把這種「認爲兩個並列類別的差異比它們真正的差異更大」的傾向，稱爲「團體對立效應」（group contrast effect）。

　　要製造團體對立效應其實非常簡單，只要把人區分成兩組就好

了。每一組的人都會認為自己與別人不同，因此，任何一丁點的不同很快就會膨脹成為很大的不同。最有趣的是兩組一模一樣的人為了必須要找出一些不同點來，他們會努力去創造出一個不同點來。[22]前面提到在強盜洞營區的孩子，在一開始報到時其實是很相像的，因為他們是經過特意挑選、在各方面都十分相似的，所以響尾蛇隊和鷹隊必須要找出他們之間的不同點來。於是他們刻意強調他們在背景特性上的不同。這些孩子都來自宗教虔誠的家庭，這個年齡的孩子說話常帶髒字，尤其是沒有大人在的時候。[23]下面是鷹隊在他們贏了第二場棒球賽時所說的話：

> 鷹隊在回去的路上討論他們今天為什麼會贏。梅森（Mason）把它歸因於祈禱，麥爾斯（Myers）也大聲附和，說響尾蛇隊為什麼會輸是因為他們滿口髒話，褻瀆了上帝。然後他大聲對隊友們喊道：「嘿，伙伴們，從現在起我們不要再講任何髒話，我是說真的。」於是，所有的孩子都同意這種推理的方式和歸因。[24]

所以響尾蛇隊變成說髒話的隊，而鷹隊變成虔誠祈禱、不說髒話的隊。然而這些孩子在這個實驗開始以前，沒有一個人曾想到這些不同點。而且研究者也花了很大的力氣，使孩子們的背景都十分相似。

類別使得組與組的差異變得更大，而組內的差異縮得更小。這種使組內同志彼此言行愈來愈像的現象稱為「同化」（assimilation）。人類的團體都會要求某種程度的「從眾性」（conformity），尤其是當兩個對立的團體在地理上相互鄰接、在

特質上有所不同（或自己認為有差異）時，更是如此。在強盜洞營區，響尾蛇隊認為他們很有男子氣概，不是娘娘腔的，因此不准隊員們顯露出膽怯的一面；但鷹隊允許隊員在扭傷了腳踝或跌破皮時可以哭泣。孩子的團體會有各種方法來強迫成員們遵行某些不成文的規定。那些不能或不願遵行，或是有自己想法的人是會被除名、趕出這個團體，或被取笑、捉弄的。日本有句俗語說：「伸出來的釘子會被敲平下去。」當我們聽到「同儕壓力」（peer pressure）時，我們會聯想到青少年期，但事實上，與別人一致的壓力，在童年期才是最強的。到了青少年時期，已經不再需要去處罰那些不肯同流合汙的人了。青少年不是被逼去附和別人、跟別人一致的；他們是被拉去的，被他們自己心中想變成這個團體一員的欲望所拉去的。[25]

　　一九五〇年代早期，社會心理學家索羅門·艾許（Solomon Asch）進行了一系列很有名的「附和實驗」（experiments on group conformity）。他的受試者是大學生，實驗做法是安排八個受試者一起到實驗室做一個有關「視覺判斷」（perceptual judgments）的實驗，但是在這八個人當中，只有一個是真正的受試者，其餘的七個人都是研究生或事先安排好的。這些人與真正的受試者圍著一張大桌子坐著，每一個人都可以看見彼此的臉。研究者先讓他們看一條線，並請他們在第二張圖的三條線中，找出與前線條一樣長短的線條，並請他們大聲地說出他們的選擇。通常，真正的受試者都是最後說出選擇的人，而其他七個人的任務，就是大聲地說出不對的答案，而且臉上不能有任何表情。

　　並不是所有的受試者都會附和其他人的答案；事實上，很多人還是會說出他們自己認為是正確的答案，而不管其他七個人一致地

與他的答案不同。這個實驗的目的，並非是想顯示人們不願在大庭廣眾之下冒被著羞辱的危險，而是要證明人們會懷疑自己的觀察是否有誤，而不會對他同儕一致性的主張有所懷疑。受試者並沒有指控別人蓄意騙他，他完全沒有想到其他人可能會出錯，他只會想到自己可能有什麼地方不對。「我開始懷疑我的視力是否正常」是最普遍的評語。[26]

團體之內

上面這些團體附和的討論，並不是說人類的團體是由一群同質性很高、像複製出來一樣的成員所組成的。我在前一章說過，複製的家庭很容易被大自然淘汰掉；複製的團體也是一樣的。團體也需要有多樣性來適應環境的需求。當有外侮來時，團體的成員必須要能團結一致；沒有外來威脅時，每一個團員則應該要能貢獻他的特長。不是每一個人都能做領袖的；事實上，如果有一個以上的領袖出現時，這個團體就會分裂。假如鄰近的團體剛好是一個比較大、有一位很強的領導者的團體，那麼分裂出來的小團體就有被吞食滅亡的危險。所以人類團體的本質就是在沒有抵抗外侮時，要進行團體內的「分化」（differentiation）──這也就是研究者在強盜洞營區研究中觀察的第一階段。

團體成員區分他們自己與別人差別的一個方式，便是權力鬥爭；大家競爭領導權和社會力量。這種「統御階層」（dominance hierarchy）或是「進食順序」（pecking orders），在猿類和猴子的社會中都有，我在下一章中會談得更多。另一種區分你我的方式是只有人類才有的，我們可以由以下這段摘自一九五七年發展心理學教

科書中的說明看出：

> 這群孩子很快就抓住每個人在外表、態度，和技巧上的特徵，並根據這些特徵爲他們冠上綽號如：瘦子、胖子、四眼田雞、呆子、學究、跛子。[27]

在強盜洞營區的孩子們中沒有胖子、沒有四眼田雞、也沒有跛子，但是在兩隊交兵之前的那個禮拜，孩子們已經開始尋找他們自己的特殊之處。每一個團體中一定有這個團體裡的丑角（group clown）。在響尾蛇隊中，這個丑角就是米爾斯（Mills）：

> 棒球練習過後，每一個人都知道自己的位置了，只有米爾斯不接受安排，他自己與別人換他所想要的位置。在休息的時候，米爾斯開始用松果來丟別人，最後卻被別人還擊。松果像雨點般地落了下來，使他不得不爬到樹上去躲避，一邊嘴裡還大叫著：「我的同志在哪裡？」一個男孩回答道：「看我們的領袖！」（小丑的角色通常使他變成他人注意力的焦點。）

響尾蛇隊的另一個隊員麥爾斯則被取了一個綽號——裸體，因為他是第一個敢脫光衣服去游泳的人。[28]

團體是什麼？

你可能已經注意到我說了半天的團體，卻沒有告訴你「團體」

是什麼。這是因為「團體」的定義會依每個人理論背景的不同而不同；我的「團體」是指「社會類別」（social category），即把「人」加以分類的方式。通常社會類別的標籤為：日裔美人、響尾蛇、女性、兒童、民主黨、大學畢業生，以及醫生等等；但也不一定非是這樣分類不可。因為類別是用概念來界定的，而概念可以在沒有名字、沒有標籤的情況下存在。這個定義也可適用在動物身上。假如鴿子可以有牛的概念，那麼牠也可以有其他類別的概念。

團體可大可小，但是通常有兩個人以上。只有兩個人，這不叫團體；它叫「對」（dyad）。例如，「成對的關係」（dyadic relationship），用普通的話來說，就是「兩人成對，三人成眾」（two's company, three's a crowd）。

人類的團體可以有許多種。一個研究者可以告訴一個孩子說他高估了點數，然後，這個孩子會立刻把他自己想像成那個事實上並不存在的團體——「高估組」——中的一員。五個人被困在電梯中，假如他們很快地被解救出來，他們仍然是五個人；但是假如被困超過半個小時，他們就變成一個團體了，他們有共同的命運。「我們是一起的，禍福與共」是製造團體意識的原因之一。請注意，這個電梯的「團體」並沒有名字；社會類別決定於概念，而不是標籤。請你也同時注意，電梯中的人行為並不一致，困在電梯中也會有團體丑角的出現。

最基本而且最能持久的團體之一，便是家庭。在部落社會裡，當村莊分裂、兩造敵對時，家人通常是在同一邊的；在兩邊都有親戚的人，就很為難了。[29]一個像村莊這樣的小團體升級成為大團體的一種方式，便是「家族同盟」（family alliance），假如一個村莊的村長把他的女兒嫁給另一個村莊村長的兒子，那麼她的孩子就帶有

雙方的血統。有的時候，這就足以避免戰爭。想想看，假如羅蜜歐
（Romeo）和茱莉葉（Juliet）沒有自殺而且有了子女的話，那麼蒙
太奇家族（the Montagues）和卡卜勒家族（the Capulets）就可能會在
孩子受洗的那天一起出現、和平共存。當然，他們也可能不會。

　　當一個團體分裂時，它通常會分裂成家庭。一八四六年十一
月，一個由農夫喬治‧童納（George Donner）所率領的篷車隊被大
雪困在加州的隘口上。這些人很快就缺糧了。在出發的八十七個人
裡面，死亡或是被殺來吃的有四十人，婦女的死亡率只有男士的一
半，但是這並非俠道的「婦孺至上」救了她們，因為在那種生死存
亡的關口，俠道並不存在。她們活下來是因是這些婦女都屬於一個
家族，而很多男士卻是單身的。在十六名單身的男士中，只有三
名存活了下來，而這些男士出發時都是身強體壯的壯丁。戴蒙說：
「童納事件的紀錄很清楚地告訴我們，家族的人團結一致，犧牲其
他的人來幫助自己人。」[30]在必須要吃人以求生存時，人們不會吃
自己的兄弟姐妹、父母子女，或是丈夫妻子。*

這些都是心理作用

　　我在這一章中所談到的團體關係的基本現象，都很容易在實驗
室中做出來或在自然環境中看到，因此社會心理學家很快就發現他

---

* 如果你覺得喬治‧童納篷車隊的事件聽起來很像是湯瑪斯‧霍布斯所描述的世界，
　那麼請想想真正霍布斯的世界將會是何等情景。美國電視劇《辛普森家庭》（The
　Simpsons）中的荷馬‧辛普森（Homer Simpson）被外人綁架時就告訴綁匪：「別吃我！
　我還有一個老婆、三個小孩！要吃就吃他們吧！」

們已把可以研究的都研究光了，沒有什麼可做了。所以，在五○年代這個領域的頹廢並不是因為研究失敗，而是因為研究太成功了。

的確，但這不是社會心理學走下坡的唯一原因。另一個原因是史金納行為主義的興起。在一九六一年他們把我趕出心理研究所之前（見第一版序言），史金納是系裡最大牌的教授，大部分的研究生都是他的門徒。那時根本就沒有社會心理學，社會心理學在另一個系——「社會關係」（Social Relations）裡。我們這些留在真正心理學系的人，當時很看不起那些「愚蠢者」——不夠科學化的「社會關係」研究者。

我花了三十三年的時間，才了解我們那時是錯的。史金納認為他可以從「增強歷史」（reinforcement history）的角度來解釋行為。所謂增強歷史就是有機體得到或沒有得到報酬的紀錄。他把動物叫做「有機體」，因為他看不出這些種族之間的差異有什麼重要性，牠們全部都依增強率而做出行為反應。史金納的問題是你無法從一個動物單獨時的行為來解釋牠整個行為，尤其當牠是群居性動物的話，更是如此。史金納的學生把一隻鴿子放在一個箱子裡（譯註：這個箱子稱為「史金納箱」），並設一個鍵讓牠去啄，觀察牠的反應，假如牠做對了反應去啄那個鍵的話，就賞牠一點玉米粒吃。但是鴿子天生並不是單獨住在史金納箱的，牠是與其他的鴿子住在一起的。

亞利桑那州的一些鳥類學家也犯了同樣的錯誤。他們養了八十八隻「厚嘴鸚鵡」（thick-billed parrot），因為這是瀕臨絕種的動物，於是這群鳥類學家把牠們放到野外松林去，以為牠們回到自然生長的環境後一定會從此繁殖下去。結果這些鳥兒全都死光了。在野外，這些鸚鵡通常是群居在一起的，但是在實驗室養大的鸚鵡

卻對別人沒有興趣；在野外落單的鳥，很容易就成了老鷹的晚餐。
很顯然地，這些在實驗室長大的厚嘴鸚鵡一個個都成了鷹爪下的犧
牲品了。[31]

如今，史金納的門徒就像厚嘴鸚鵡般地絕跡了，而社會心理學
家卻如同鴿子一樣地繁衍下來。但是社會心理學家也改變了：他們
變得比較關心人類頭腦內的思緒，而比較不關心外顯的行為。他們
已經收集了重要的數據，現在所需要的是一個理論架構把這些數據
放進去而已，因此，現代的社會心理學家正忙著建構「團體關係理
論」（theories of group relations）的架構。

下面是這些理論所要回答的一些問題。為什麼人都偏心他自己
的團體，而對其他團體的人有敵意？為什麼人想要跟他的同儕一
樣？即使沒有壓力要他去附和，他仍然想和他自己所屬的團體一
樣，並儘量跟其他團體的成員不一樣？為什麼一個人想要將他自己
和其他的團員區分開來──想要爭取對他最有利的地盤，爭取他個
人的成功和肯定？是什麼力量驅使同化和分化這兩相對立的歷程？
人們如何決定他們應該加入哪一個團體？為什麼童納篷車隊的倖存
者之一瑪莉‧布林（Mary Breen）認為她自己是布林家庭的一員，
而不是童納篷車隊的一員？

人類的團體行為是非常複雜的。在我們社會裡的人，通常都會
「自我分類」（self-categorization）到許多不同的團體裡。[32]瑪莉‧
布林的曾孫女可能會把她自己歸類為「女人」、「加州人」、「美
國人」、「民主黨員」、「加州大學柏克萊校區的學生」、「二〇
一二年的畢業生」，或是「布林家庭的一員」。她不見得對上述團
體的成員感到熟悉，她甚至不需要知道這些人是誰。她可以在腦海
裡把自己從一個團體轉換到另一個團體去，她不需要搬到卡哈瑪去

才能成為卡哈瑪的一分子。凡此種種使得人類的團體行為與動物的團體行為顯得非常不一樣。你不可能在黑猩猩的耳朵旁邊悄聲地說「你是高估者」，然後使牠產生團體意識。雖然沒有人試過，但是我認為這是極不可能的。

　　然而人類的團體行為很顯然地是傳自我們靈長類的祖先。就像厚嘴鸚鵡一樣，人類天生就不是離群索居的。

　　社會心理學家所建構的團體關係理論，是為了探討人的腦海裡究竟在想些什麼事。史金納錯在他以為他可以用「解釋老鼠和鴿子行為」的簡單機制來解釋人類的行為，而我認為現代的社會學家則犯了相反的錯誤。雖然許多相同的行為可以在動物團體上觀察得到，但是這些現代的社會學家所建構的團體行為理論，並不能適用到動物身上。例如，約翰・泰納（John Turner）的理論指出，我們之所以偏心自己的團體、打壓別人的團體，是因為我們想要增加自己的「自尊」；[33]認為自己的團體比較好，可以提升自己的自尊。即使你願意承認黑猩猩有自尊，但這個動機也太弱了，不足以解釋團體行為的巨大力量。人們願意為團體而死，為團體而殺人！我不認為強盜洞營區實驗中那些十一歲孩子的強烈情緒以及戰爭行為，都是為了要提升自尊的關係。以動機來說，它連驅動一個十一歲孩子去做功課的強度都不夠！

　　強烈的動機一定與生存或生殖有關。在人類進入世界舞臺的幾百萬年前，靈長類就是群居的了。就演化來說，在這麼長的時間裡，為了跟自己有基因關係的人而死是合理的，許多動物都有自我犧牲的利他行為。放哨的鳥會警告牠的同伴敵人來襲，雖然牠的尖銳警告聲使自己變成最明顯的攻擊目標，但即使牠死了，牠的兄弟姐妹及父母子女卻可以及時逃走。個體雖然犧牲，牠的基因卻流

傳下去。[34]

在狩獵採集的人類社會裡，每一個人都有親戚關係，不是血親便是姻親。現在人類的團體雖不再限於親戚關係，但是驅動團體行為的動力並不知道這樣的改變。在人類認知能力的裝飾點綴之下的，是我們演化的根源；團體意識的「情緒力量」（emotional power）則來自於長遠的演化歷史，在這樣的歷史過程中，團體是我們唯一的生存希望，團體的分子是我們的兄弟姐妹、我們的父母子女、我們的丈夫妻子。

辨識你的親戚

許多動物都有生物學家所謂的「辨識親戚」（kin recognition）的能力，牠知道應該對誰好、對誰凶。一隻黃蜂可以用嗅覺來判斷要飛進巢來的另一隻黃蜂是自己人還是外人，是自己人才會放行。蠑螈也可以靠嗅覺來判斷自己的兄弟姐妹，假如把蠑螈放在非兄弟姐妹的蠑螈中時，牠會去吃其他的蠑螈，但是牠不會去吃自己的兄弟姐妹。靠嗅覺來辨識親戚是基於「生化機制」（biochemical mechanism），這就好像你的「免疫系統」（immune system）靠它來辨識「自己人」和「非自己人」一樣。[35]

人類是靠「熟悉度」（familiarity）而不是靠氣味來辨識親人。兄弟姐妹是跟你一起長大的人，人不跟自己的兄弟姐妹結婚不是因為法律的關係，而是因為他們不想要。在以色列的集體農場（kibbutz）長大的人，不跟同一農場的人結婚，因為在那裡，大家就像兄弟姐妹一樣。[36]

然而人還是會被「跟他自己相似」的人所吸引。一般來說，夫

妻的相似性還是比邱比特隨機亂射的配對來得相似。夫妻的相似性在於種族、宗教信仰、社經地位、智商、教育程度、態度、人格特質、高度、鼻子寬度，以及眼睛的間距等。夫妻不是因為結婚久了才相似，他們是早在結婚之初就相似了。[37]

相似性也是友誼的基礎。即使在幼稚園的時候，小孩子就喜歡跟「像我一樣」的人一起玩。小學時，好朋友通常是同樣年齡、同樣性別、同一種族，而且有相同的興趣和價值觀。[38]

我認為人類之所以會被「與自己相似的人」所吸引，是源自演化早期「辨識親戚」的能力。假如你在狩獵採集的社會裡，一個跟你長得很像、說跟你相同語言的人，很可能就是你的族人──更可能就是你的親戚。假如你是一個受過教育的北美洲人，你會發現你自己比較願意去相信一個長得像你、談吐像你，連思想也跟你一樣的人。[39]

黃蜂和人類的嬰兒對陌生人都不信任，因為陌生人可能傷害你。假如他是食人族，他可能會吃你，因為你不是他的親戚，所以你對陌生人的第一個反應是害怕。而且因為害怕帶給你不舒服的感覺，因此你的害怕會變成敵意。記得那隻得了小兒麻痺的黑猩猩嗎？牠的同伴第一個反應是害怕，因為牠的行動跟以前不一樣了，害怕之後就變成憤怒，於是牠們就去攻擊牠。[40]「打死你，誰叫你嚇我們一跳！」

我們不需要很花俏的認知解釋來說明為什麼我們對其他的團體有敵意；演化已經提供我們一個好的理由，而且這個理由在動物身上及人類身上都一樣行得通。據我所知，團體對立效應（指誇大團體之間的差異或是去製造一個差異出來）在動物身上並未發現，但是這個效應卻是人和動物對其他團體的敵意的必然結果。假如你不

喜歡某個人、很怕他，那麼你會儘可能地與他不一樣。人類在這一
方面是非常有天分的。

如何自我分類、為何要自我分類

　　在現代的社會中，加入團體成為一分子是一個物以類聚的現
象。你與其他的人一定有共同點才會形成團體，而這個共同點可以
是任何事情，像是：住在同一州、投票給同一候選人、同一年齡、
同一性別、搭同一輛巴士去營區、同樣被困在電梯中等等。

　　社會類別層層相裏，就好像洋蔥一層一層似的。現代社會的複
雜度使得人的選擇不勝枚舉。我前面說過瑪莉・布林的曾孫女可以
有許多不同的方法來歸類自己，但是另外還有一個可能的分類方式
是「我，一個獨一無二的個體」，[41]那麼她會選哪一個呢？哪一個
類別會主宰著她的思想感覺和行動呢？在這裡，我們可能要轉向社
會心理學家以及他們花俏的認知理論了。

　　影響我最深的，是澳洲的社會心理學家約翰・泰納。我在本章
稍早之前曾提過他。泰納是塔費爾的學生，所以他的理論是根據塔
費爾早期的理論研究而來。

　　我欣賞的是泰納的自我分類理論。泰納說，我們會以各種不同
的方式來分類自己，也可以把自己分成許多層次；從「我，一個
獨一無二的個體」，一直到非常大的「一個美國人」，或是更大的
「一個人」。自我分類也可依時間的不同而不同，而且更會隨著社
會情境——我們在哪裡、跟誰在一起——的不同而不同。我們會採
取這一種自我分類而不用另一種分類，則完全取決於在當時比較顯
著突出的是哪一種社會分類而定。

「顯著突出」（salience）是指最能吸引你注意的那一點，但這是一個界定不清楚的概念，很難能定義明確且不落入「自我循環的推論」（circular reasoning）中，在學術界當中，這是一個無所不在的陷阱。你為什麼會選擇某一個自我分類？因為它比較顯著。我們怎麼知道它比較顯著是否是因為你選了它？

於是，泰納設定了一個情境，以跳離這個永無止境的循環，那就是同時呈現一個「對立的類別」（contrasting category），或是「可比較的類別」（comparable category）。所以，在一個充滿了大人的房間裡，「成人」這一個社會類別並不是一個顯著的類別，但是一旦有小孩子走了進來，它就變成顯著的類別了。「響尾蛇隊」這個類別在它的隊員發現營區內還有另一隊十一歲的團體時，立刻變得顯著。假如他們發現另一隊是十一歲的女孩的話，「男孩」就變成顯著的社會類別了。[42]

當某一個社會類別是顯著的，而你把自己歸類為它的一分子時，這就是團體對你最有影響力的時候，這也是組內的相似性最可能會增加組間差異性的時候。

泰納把它稱為「心理團體」（psychological group），以前則稱為「參照團體」（reference group）；這是指你在某一個特定時間裡所認同的團體。下面是泰納對它的定義：

> 所謂「心理團體」，指的是對它的成員而言，有心理上的顯著性。這些成員主觀地與它接上關係，以習得常人行為的準則和價值觀……。從那裡，他們學會了有關恰當的行為和態度的規則、標準和信仰……，並轉而影響他們原來的態度和行為。[43]

　　習得常人行為的準則和價值觀，以及恰當行為的規則、標準和信仰，並影響他們原來的態度和行為——這正是家庭應該影響孩子的地方，這也正是社會化的描寫！

　　有時候，家庭也會使他們的孩子社會化，但是大多數的時候並沒有。我會告訴你為什麼。

家庭和其他的團體

　　在猴子和猿類的團體裡，牠們常常會吵架，因為個體常要挑戰或防衛牠的社會階層地位，不過這些爭吵很快就會雨過天晴。靈長類學家迪華爾曾指出，團體的成員既是朋友也是對手，平常會為了食物或交配權爭吵，但是也必須相互依靠以求生存。[44]

　　這些組內的爭執在強敵壓境時，立刻就消失得無影無蹤。就人類來說，外來的威脅會增加團體的特色，而其結果就是內部所有分化都暫時放到一邊去，所有的成員團結起來抵禦外侮。

　　即使是猴子和猿類也夠聰明，懂得利用共同的敵人來削減組內的緊張。迪華爾曾經看到「野狒狒」（wild baboon）以發動對另一組狒狒攻擊的方式，來解決內部的紛爭。動物園裡的黑猩猩對關著豹的籠子發出攻擊的戰嚎聲，雖然豹根本沒有出來。迪華爾說：「共同敵人的效用之大，即使是一個假的都可以發生作用。我曾經看過『長尾彌猴』（long-tailed macaque）衝到水塘去威脅他自己在水中的倒影；十幾隻很緊張的猴子團結起來，抵抗水中的另一群猴子。」[45]

　　在沒有共同敵人，或是缺乏只有團結才能達到的共同目標時，

團體就四分五裂，變成許多小團體。困在電梯中的每一個人行為都不一樣，從爭奪領導權，到擔任團體中的悲觀者和丑角。

除了童納的篷車隊外，那年冬天沒有任何人經過「童納隘口」（Donner Pass），假如他們碰到了另一組篷車隊或一部落的印地安人，這會使他們團結起來。童納的篷車隊的顯著性很低，因為他們必須要有另一個類別才能使他們高起來；必須要有「他們」才能造成「我們」（it takes a *them* to make an *us*），所以最後這個團體分裂成許多家庭。假如天氣不是這麼嚴寒、每個人不是這麼飢餓的話，童納篷車隊有可能會分裂成大人和小孩。

在童納隘口並沒有兒童遊戲的團體，那是因為情況特殊。在正常的時候，只要幾個家庭聚集在一起，兒童就會彼此呼朋引伴，玩在一起。有的時候家庭會再分裂，孩子就會很難過了，這在狩獵採集生活的社會中常常發生。有時是因為團體的壓力增高，有時是因為資源不敷大型的團體覓食。不過通常都是由大人做下出走的決定，並不是孩子。艾伯－艾伯斯費爾描述一對「崑山族」（!Kung San）的兄弟時，解釋說「崑山族已分裂成個別的家庭了」，所以「這個哥哥不能再像以前一樣去跟別的孩子玩了」。[46]

美國的拓荒者並不是每一次都聚集了很多家庭，才出發到西部去的。《草原上的小屋》（Little House）系列書籍的作者蘿拉・英格斯・威爾德（Laura Ingalls Wilder）的家庭就是單獨出發的。[47]爸爸、媽媽還有他們的三個女兒——瑪莉、蘿拉和凱莉。那麼，對蘿拉來講，這個「威爾德家庭」是否是一個顯著的類別呢？不是的。因為只有他們一個家庭存在。對蘿拉來說，顯著的類別是「父母」和「孩子」。她的家庭使她社會化，但是「威爾德家庭」並不是一個顯著的類別，直到他們到了有別的家庭居住的小鎮安定下來時，它

才是。

在她的家庭之內，蘿拉並沒有學得跟她父母一樣。她從她的父母那裡學習做許多事情的方法，但是她也知道父母並不期待她要表現得跟父母一樣；她應該表現得跟孩子一樣。在那個時候，孩子行為的準則是跟大人很不一樣的。《草原上的小屋》所描述的生活跟拍成的電視影集是相當不同的。它讓我們知道教養孩子的方式會隨著時間而改變，而不同的教養孩子方式會得出一樣令人滿意的結果。

蘿拉的生長環境與我們現在的世界有很大的不同，但是現在我們所住的房子與蘿拉當時在草原上的小屋有一個共同點，那就是它是「私人的」。在現代化家庭隱私權中，家庭也不是一個顯著的社會類別，因為門關起來以後，它就是裡面唯一的家庭。

當人們自我分類時，會把自己拿來跟與自己相同的人比較。小孩子不會把大人看成跟他一樣的人；對孩子來說，大人可說是另一個種族（像猴子、猩猩）的一分子。大人無所不知，又可以隨心所欲，他們的身體又大又壯還多毛，他們在很多奇怪的地方會鼓出來一塊。雖然大人可以跑，但是他們多半時間是坐著或站著；雖然他們也會哭，但是他們卻很少哭。他們真是完全不同的動物。

現代的孩子因為教育法的關係，提供他們現成「像我的」（like me）團體──他的同學。現在的孩子只有在家的時候才有機會與家人互動，但是當他們在家時，家庭又不是一個顯著的社會類別，因為門關起來之後，只有他們一個家庭存在。當他們在家的時候，家庭分裂成大人和孩子，而更小的家庭則更分裂成個體。每一個人都在找尋他的認同及個人空間。

就像在狩獵採集社會中或村莊的「遊戲團體」（play group）一

樣，發展中社會的孩子也是在孩子的團體中社會化。這是他們認為
有心理上顯著性的團體，這是一個他們願意主觀地去尋找關係的團
體。在那裡，他們學會什麼是恰當行為的規則、標準和信仰；就如
泰納所說的。[48]

　　我稱它為我的理論，因為我想給它一個更好的名字——「團體
社會化理論」（group socialization theory）。不過它不僅僅是社會化
而已，它還包括孩子在成長過程中的經驗如何雕塑和改變他們的人
格。[49]這也是我提出以取代教養的假設的想法，我將在下一章中加
以討論。

　　愛因斯坦曾經說過，建構一個新理論最主要的動機是想要「統
一和簡化現有的理論」。[50]在心理學裡也有一個簡單、統一的理
論，史金納的理論就是最佳的例子。我的理論完全不像它。孩子的
心智太複雜了，它無法被壓縮成簡單的理論。我希望你會以它能解
釋教養的假設不能解釋的觀點來評定我的理論，不要以簡單性或缺
乏簡單性來評估它，以它的解釋能力來判斷它。

第八章

與孩子在一起
In the Company of Children

The Nurture Assumption

　　以今天的眼光來說，我小的時候算是一個「過動兒」，以女孩子來說是少見，但不是不曾見過。我膽大包天、毫無所懼、充滿了冒險精神、很外向、很聒噪。我是那種不停在闖禍的小孩，一分鐘也坐不住。

　　這使得我父母簡直抓狂極了。在那個時候，女孩子應該像個淑女，但我絕對不是淑女。我母親替我買漂亮的紗裙，我卻把它們弄髒弄破；我的背後永遠拖著垂到小腿背的兩條蝴蝶結帶子，而我的小腿前面永遠貼著膠布。牛仔褲對我來說比較合適，只是那個時候他們還沒有開始做女生穿的牛仔褲。我母親從來也沒想過應該讓我穿男孩子的衣服，或許她一直希望：總有一天，漂亮的紗裙會讓我開竅，使我搖身一變成為一位淑女吧！

　　但這些都沒效，我父母深感絕望。幼稚園如此，一年級、二年級、三年級皆是如此。那時我們一直搬家很多次，我們在學期中搬家，我半途進入一個陌生的學校，但是我都有辦法交上新朋友，我充滿活力和外向的天性，使我在男、女生當中一樣受到歡迎。

　　然後，我們又搬了一次家，跟以前一樣，是在學校已經開學後我們才搬家的，但是這次一切都不一樣了。我發現我是班上個子最小的、年齡最小的，也是少數幾個戴眼鏡的，其他的女孩子都已經是個小淑女了。她們研究髮型、為漂亮的新衣服感到驕傲，我開始發現我與這些美國東北部城郊小學的四年級孩子格格不入。他們不像我，我也不像他們。

　　我們在那個地方住了四年，這是我一生最痛苦的四年。我每天與我鄰居的孩子一起去上學，但是他們都不願跟我玩或是跟我講話，即使我敢開口跟他們講話，他們也不理我，所以很快地我就放棄不再嘗試與他們說話了。在兩年之內，我從一個外向愛說話的孩

子變成了內向害羞的孩子。我的父母一點都不知道，因為我在家中的行為並沒有改變。他們發現的唯一改變，是我花很多的時間在看書，多到他們甚至認為太多了。

然後，在我八年級開學後兩個月，我們又搬家了，我的苦難終於結束。這次我們搬到亞利桑那州，是我童年生活的地方，那裡的孩子不像東北部的孩子那樣狗眼看人低。於是我又有朋友了，雖然只有幾個，而且四年來沒有人跟我玩、使我只能在書籍中尋求安慰的痛苦，終於有了代價。我的同學稱我是個「有腦筋的人」，我的成績開始往上爬。這對我來說是破天荒第一遭，於是我開始去找其他有腦筋的人做朋友，但是我仍然很壓抑、很沒有安全感。那四年學校生活的經驗改變了我的性格。

孩子天生就帶有某些人格特徵，他們的基因使他們傾向於發展出某種人格出來，但是環境可以改變他們。只不過這個環境不是父母所提供的居家環境，而是家庭以外的環境——孩子與同儕共享的環境。在這一章中，我要告訴你居家以外的環境如何影響孩子。

放開媽媽

有一天我去郵局，發現前面已經排了一條長龍，只好乖乖地排在龍尾。因為是上學時間，所以隊伍中並沒有學齡的兒童，但是我前面的兩位女士身邊都有學前兒童跟在身邊。這兩個孩子大約兩歲，一男一女，他們站在母親的身邊就好像松鼠站在大樹邊一樣，在大人眼光一尺以下的地方彼此互相注視著。最後，這個小男孩放開媽媽的手開始搖搖擺擺走向小女孩，站在她前面，雖然他沒有說什麼，但是他的目光表現出：「妳是這個地方最有趣的人。」雖然

他的語言能力還不足以表達他的期待，但是從他的目光一覽無遺。就在這個時候，隊伍往前移動了，他媽媽把他抓了回去。

　　小孩子彼此之間會有吸引力，這在小的靈長類之間也是如此。一隻小猴子一旦可以自由走動之後，就會離開牠的媽媽去找其他的小猴子玩。一隻小黑猩猩如果聽到遠方有小黑猩猩玩的聲音，也會想辦法要牠的母親往那個方向移動，牠會吵鬧哭叫，直到牠母親帶牠走為止。這種「跟別的小靈長類一起玩」的強烈欲望，有時候會超越團體的界限，甚至超越種族的界限。一隻小狒狒或小猴子如果在牠自己的群體中沒有玩伴的話，會暫時轉移到另一群體中去。在坦尚尼亞，珍·古德曾看過小狒狒跟小黑猩猩一起玩，我們在第六章中也看到了小黑猩猩跟人類的小孩玩在一起。遊戲是靈長類的重要特質，雖然這個特質在長大後並沒有完全失去，但是小孩跟小孩一起玩，還是比被大人款待有趣得多。[1]

　　根據發展心理學家卡洛·艾克曼（Carol Eckerman）和莎朗·迪多（Sharon Didow）的描述，假如你把兩個互不認識的嬰兒還有他們的媽媽放到一個滿是玩具的房間裡，一歲左右的嬰兒會相互微笑，開始牙牙學語地說話。其中的一個孩子可能會拿起一個玩具塞給另一個，然後兩個人開始坐得很近玩了起來。有的時候會去輕輕地碰觸對方，有的時候碰的可能不是那麼輕，或是兩個人會互搶玩具，但大部分的時候都是很友善的；至少他們的本意是友善的。不過這早期的友誼手勢有時會不太恰當；比如說，一個嬰兒拿起一件玩具要給對方，而對方正好轉過身去，於是他就往對方的背後塞。他們對彼此的興趣是不停地消長，但不一定是同步的。或許跟別的嬰兒接觸實在太興奮了，必須要慢慢一點一點地來才吃得消。無論如何，在這房間當中有玩具、有媽媽、有研究者拿著板子在登記，但

是孩子的眼睛中看到的只有另一個孩子。[2]

　　當然，他們也會看他們的媽媽，但這個動作只為確定媽媽還坐在那裡沒有走掉。靈長類的幼兒——包括人類在內——都喜歡媽媽在旁邊看他們玩。心理學家說，母親提供了一個安全的基地，讓他們可以安心地去探險。[3]對猴子和黑猩猩來說，如果牠們玩得太凶的話，母親會來制止，因為在動物的團體中，各種年齡的成員都有，有的時候大的會欺負小的，所以有母親在旁邊確實很有安全感。靈長類的幼兒在受傷時會尖叫，牠的母親聽到了就會兼程趕來。

　　靈長類的幼兒與牠母親的關係是非常親密的，對人類和黑猩猩來說，這個關係會維持一生。珍·古德描述過一隻成年的黑猩猩守在牠受傷快死去的母親身邊達五天之久，替牠趕蒼蠅，直到牠傷重死去為止。另外一隻青少年期的黑猩猩則是因為牠母親的老死而憂傷不已。珍·古德還描述了一隻母猴冒著生命危險，希望從黑猩猩手裡把牠被偷去的孩子搶回來：「一個媽媽完全不顧牠自己正被追殺，甚至還想要把那已經被吃的孩子搶回來。」[4]叢林中的生活可能是血淋淋的，但卻並非沒有愛和忠誠。

　　動物行為學家艾伯—艾伯斯費爾認為，「母子關係」（mother-infant relationship）是所有友善的「成對關係」（dyadic relationships；二個人之間的關係）的演化根本。魚和爬蟲類也是群居，但是牠們團體的成員之間並沒有愛和友誼的存在；只有在「溫血動物」（warm-blooded creature）開始照料牠的孩子之後，這個長效的友愛關係才可能存在。母愛的演化使得動物可以辨識牠自己的親戚以及對自己的族人友善。[5]

　　鳥和哺乳類的母親辨識自己孩子的方式會依種類的不同而不

同。辨識的能力可以是天生的，也可以是後天或快或慢學習而得的；它可以是根據視覺，也可以根據嗅覺或聽覺。而孩子辨識母親的能力也因種族不同而不同。鴨子和鵝會對一出生後所見到任何會動的東西「銘印」（imprinting）。假如這個會動的「東西」是牠的媽媽當然是最好的，假如是剪草的工人就不太好了，如果是剪草機就更不妙了。

「銘印」是個很粗糙、也很危險的機制。靈長類就進步多了，牠們的機制稱為「依附」（attachment）。靈長類的幼兒要花一段時間才認得牠的媽媽，猴子要幾個禮拜，黑猩猩和人類則需要幾個月。但是當猴子可以自己在樹上盪、人類的嬰兒可以在地上爬行時，他們已經會依附到母親身上了。當一個小猴子害怕或受傷時，牠會跳到母親身上抓緊牠；當人類的嬰兒受驚或受傷時也是一樣。對幼小又好吃的動物而言，叢林是個危險的地方，所以大自然提供了這樣一個方法使牠們不要跑得太遠。這個心理上的繩子使牠們不會離母親太遠，讓牠們能在危險的地方生存下來。

當孩子愈長愈大時，這條無形的繩子也愈來愈長，最後乃至於斷掉。對黑猩猩來說，這條繩子斷得很晚。大約到八歲或九歲，牠們幾乎要進入青少年期時，牠們才願意離開母親聽力範圍之外一段距離。人類則在三歲左右就達到了獨立自主的階段，大多數三歲的孩子在經過一個短暫的練習之後，都能夠不哭不鬧地離開母親去上幼稚園或托兒所。[6]我在前面第五章提到我大女兒的上學事件，她在第一天之後便沒有問題了。但是有好幾年的時間她對愛動吵鬧的孩子都很膽怯，只有跟大人在一起時才不會膽怯或不安。

請注意：我小時候是個大膽好動的孩子，而我親生的女兒卻是一個害羞的孩子。孩子雖然遺傳到了父母的基因，卻不一定遺傳到

父母的個性。我們都認為遺傳就是製造出相似的親戚出來，但是遺傳有的時候也是差異產生的原因。一個孩子可以有藍眼珠，而另一個孩子可以有棕眼珠，這個差異便來自於遺傳。我和我的女兒在三歲時是完全不相像的，其中有一部分的原因是我們在脾氣上的基因差異。

在脾氣上的基因差異，可以解釋為什麼有的孩子在幼稚園的門口可以放開媽媽的手自己去上學，為什麼有的孩子比別人更喜歡交朋友。但是基因絕對不是唯一的理由，孩子們的經驗也有關係。但問題是：是什麼經驗？根據教養的假設的說法，這個經驗是與父母之間的生活經驗。社會化研究者花了很多的時間和精力來證明小孩和別的孩子的關係，是決定於他早期與父母生活的經驗。這方面很多的研究是基於發展心理學家瑪莉・安思沃絲（Mary Ainsworth）的研究。[7]

安思沃絲的目的是要找出一個小孩子依附母親的客觀量表，使她能夠根據這個依附的不同程度與孩子後來的生活，求出彼此的相關。但問題是，你不能只看孩子是否依附他的母親，因為所有正常的孩子都會依附母親（假設他們有母親可以依附的話）；即使是那些會忽略、虐待孩子的母親，她們的孩子還是會依附著她們。[8]這其實是一個很可悲的矛盾現象，虐待反而會增加孩子對母親的依附，因為當孩子害怕或受傷時會去找媽媽，這是十分明顯的現象。受虐的孩子會去找施虐的人尋求安慰，這種現象在別種動物身上也可以看得到。*

---

* 一位研究鴨子銘印機制的研究者發現，假如牠無意間踩到一隻對牠銘印的小鴨子的腳時，這隻小鴨子會跟牠跟得更緊。

因為無法用有沒有依附來做指標，安思沃絲的貢獻便是用「安全感」（security）來做為依附的指標。這個測驗通常是針對十二個月到十八個月大的嬰兒來進行的，因為這是依附最強的時候。實驗者把嬰兒和母親都帶到實驗室，實驗室有許多玩具，但是並沒有其他的孩子。進來幾分鐘以後，母親離開；事實上，她一共離開兩次。第一次離開的時候，有另一位女士在場（研究者），第二次則是讓嬰兒單獨在房間內。大多數的嬰兒在母親離開後會哭，但實驗的重點是在母親回來以後他會怎麼樣，會對母親有什麼樣的反應？會很高興看到她嗎？有些所謂「有安全依附感」（securely attached）的孩子會爬或走到媽媽身邊要她抱，其他所謂「沒有安全依附感」（insecurely attached）的孩子會不理她，繼續大哭，或一邊拉住媽媽，又一邊憤怒地把她推開。[9]

我同意依附的研究者，相信孩子行為上的差異的確可以顯現出母子關係某些重要的層面，但是這顯現出來的是過去在孩子哭泣時母親對他有多安慰。假如孩子發現他害怕或不快樂時去找媽媽都可以得到安慰，那麼他就會繼續去找媽媽尋求安慰。但是從這裡以後，依附的研究者跟我就分道揚鑣了。他們認為這個期待會影響孩子後來的人際關係，但我不認為。的確，孩子學會去從媽媽身上得到安慰，但是假如他把這樣的預期類化到他以後會碰到的人的身上，那他就未免太笨了。假如灰姑娘以為每一個人都會像她的後母那樣對待她，她就永遠不可能去參加舞會了。

其實，第一個提出「母子關係是以後人際關係之樣板」的建議者，是英國的精神科醫生約翰‧包爾比（John Bowlby）。由於教養的假設的搧風點火，這個想法就蔓延開來了。包爾比說，嬰兒發展出與他母親關係的某一種「內在的工作模式」（internal working model；某一種概念），然後期待他的人際關係——如父子的、兄弟姐妹的、保母的——也會跟隨這個模式。[10]這是一個相當吸引人的理論，但卻是個錯誤的理論。在嬰兒的腦海中很可能有一個母子關係的工作模式，但是這個模式只有在媽媽在的時候才會跑出來。用這個模式來預測別人會怎麼反應以及是否該信任他，這是一點用處也沒有的。知道媽媽會怎麼反應，跟對付嫉妒的姐姐、冷漠的保母，或是有趣的玩伴，完全是兩回事；但是把它用在與母親的應對上，的確是十分管用的。

在安思沃絲測驗安全依附之後，無數的嬰兒經歷過這個「媽咪到哪裡去了？——噢，她在這裡」的過程，也有上百篇論文報告這些結果，這些研究的結果都是說安全依附跟以後的什麼東西（任何東西）有關聯。這一點都不奇怪，因為大部分的研究都發現了顯著的相關。有人報告說，學前兒童的安全依附對他以後交朋友比較容易，對一些發展上的技能（如問題解決等）也有所幫助，但是其他的研究者也有相反的結果出現。[11]發展心理學家麥可·藍姆（Michael Lamb）和艾利森·奈盧（Alison Nash）在仔細檢視了安全依附的數據後，下結論說：

> 雖然一直有人說「社交能力的質」受到「早期母子依附關係之質」的影響，但是這個說法其實並沒有實際數據能夠加以印證。[12]

從這一大堆安全依附的研究中，有一個結果是可以相信的，那就是小孩子的關係跟什麼都沒有關係。能跟媽媽安全依附的小孩，不一定也能跟爸爸安全依附；反之亦然。在托兒所中能跟保母安全

依附的小孩子，回家不一定也會對媽媽如此；反之亦然。[13]安全依附不會出現在孩子身上，它是在孩子的人際關係上。孩子的腦海中不是只有一個工作模式；他不但有好多個工作模式，而且每一個關係都有一個工作模式。

　　雖然這些關係大部分是獨立的，但是也不盡然全是如此，因為孩子本身對每一種關係都做了一些貢獻。孩子天生的個性會影響他跟爸爸、跟媽媽、跟其他照顧他的人，以及跟同儕之間的關係。[14]這是同一個孩子、同一群基因，參與了這麼多的關係，所以難怪研究者會在這當中找到相關。

　　小寶貝放開母親的手，使他可以去抓同伴的手。但是他雖放開了母親的手，卻帶著她的基因走。

沒有母親 vs. 沒有同伴

　　請不要誤會，我並沒有低估母子關係的重要性。我認為這些早期的關係是重要的，不但對正常的社會發展是如此，對正常的大腦發展更是如此。嬰兒的腦雖然在出生時已經大到足以為母親帶來難產的威脅，但是初生嬰生的腦只是他以後的四分之一大而已。為了完成腦的發展，他需要環境的某些刺激，例如，初生嬰兒前幾個月裡的視覺系統（visual system），需要以圖案的方式投射到兩個眼睛裡，假如沒有的話，這個孩子（或是猴子或小貓）以後會欠缺三度空間的知覺。[15]這個問題不是出在眼睛，而是出在大腦。你也可以說，這是因為發展中的大腦期待某些刺激是來自於子宮以外的世界，並依靠它們來完成某些成果。因為這個需求通常都能得到滿足，所以我們的視覺系統都很正常地發展無誤。

　　同樣地，我也認為大腦期待會有一個人或少數幾個人來照顧嬰兒，帶給他食物和安全感。假如這個期望沒有達到，大腦當中專門負責建構人際關係的「部門」可能就會發展得不夠完善。靈長類學家哈利和瑪格麗特・哈洛（Harry and Margaret Harlow）曾經在實驗室中把剛出生的「印度恆河猴」（rhesus monkey）養大，除了絨布做的娃娃和奶瓶之外什麼都沒有，結果這些沒有母愛的小猴子長大後社會行為非常不正常，牠們極端膽小，對其他的猴子不是漠然無反應，就是攻擊性很強。

　　但是我們靈長類是個適應力很強的動物，那些一出生就離開母親的懷抱、被關在籠子中長大的小猴子，如果籠中有三或四個跟牠一樣初生的小猴子時，牠可以長成相當正常的猴子，牠們在嬰兒期時看起來很可憐，幾隻緊緊地抱在一起，很害怕的樣子，但是當牠們長到一歲左右時，牠們的行為就相當正常了，[16]「自然律」（law of nature）中沒有任何一條說悲慘必須要長期延續下去。小時候使嬰兒悲慘的事情，長大後不一定會有長期的效應。

　　我們今天的滿足也不能擔保明天的無缺。小時候有母親在身邊的猴子，長大後沒有同伴可玩時，也會有行為上的異常。哈洛報告說，這樣的猴子不會跟別的猴子玩，牠們行為的異常程度只比完全隔離長大的猴子好一點。[17]

　　雖然母親不能替代同儕，但是同儕有的時候可以替代母親；這個研究大約是在六十年前，由佛洛伊德的女兒安娜・佛洛伊德（Anna Freud）所報告的。六個納粹集中營倖存的孩子，三男三女，大約是三、四歲左右，被送到英國的托兒所長大，安娜因此有機會去研究他們。這些孩子都是一出生就失去了母親，在集中營裡靠著大人們照顧他們，後來這些大人都死了，沒有一個倖存下來，

不過這六個孩子始終都在一起，沒有被分開。這是他們悲慘童年中唯一安定的一點東西。

當安娜看到他們時，他們簡直就像野孩子一樣！

在他們剛到的前幾天，他們弄壞了所有的玩具、破壞了很多傢俱，對托兒所的保母，他們要不是很冷漠，就是懷有敵意……。在憤怒的時候，他們會咬、會踢、會對保母吐口水……。他們尖叫、大喊，滿口髒話。

但這是他們對待大人的情形，對他們自己人的情形，就完全不一樣了：

很顯然地，他們只關心彼此，完全不在意其他人。他們唯一的願望就是不要分離，即使是很短暫的分離也會使他們煩躁不安……。他們彼此之間強烈依賴的情緒，更進一步顯現在他們之間完全沒有嫉妒、競爭、對立……，你完全不需要叫他們要輪流，他們自然就會這樣做，因為他們希望每個人都能擁有屬於他的那一部分……。他們不會打彼此的小報告，當他們覺得有人被不公平地對待或有外人來欺侮他們時，他們全體是站在一條線上的。他們非常體貼彼此的感情，他們不會搶彼此的東西，相反地，他們非常樂意把自己的東西借出去……。出外時，他們非常在意彼此的安全，走在前面的會回頭去照顧落後的，彼此幫忙跳過溝渠，在樹林裡會把樹枝撥到旁邊去好讓其他的人可以通過。他們彼此幫忙拿大衣外套……。在吃飯時，把食物傳給同伴比自己吃還

重要。[18]

　　最後一句話特別讓人動容。真令人驚奇，從納粹集中營出來的孩子會考慮到先讓他的朋友吃，而不是自己先吃。這些小孩子會考慮到他所看到的朋友需求。這好像永無止境地在扮家家酒一樣，每一個孩子輪流扮演爸爸和媽媽，同時保留真實世界的孩童身分。

　　一九八二年，這六個孩子四十歲的時候，一位美國的發展心理學家寫信給安娜‧佛洛伊德的合作者蘇菲‧丹（Sophie Dann），詢問她那些集中營的孩子後來怎麼樣了。顯然他們後來都很正當，因為丹回答說這些人都過得很好。[19]

　　他們都過得很好，因為他們在四歲以前已經形成了一個永久性的依附。一般來說，在傳統孤兒院過了前四年生命的人，後來並沒有過得很好，這真是使人想不透的事情，因為孤兒院中也有很多的孩子可以使他們相互依附。很顯然地，舊式孤兒院的政策就是不鼓勵小孩們密切交往，或許這是一個仁慈的錯誤概念。假如孤兒院的孩子們彼此沒什麼感情的話，被家庭收養或因故離去時，孩子們就不會傷心。在一九九〇年代初期，美國的研究者探訪羅馬尼亞的一家孤兒院，在那裡，孩子被分成五組，每一組有自己的房間、照顧他們的人，但是研究者發現這些孩子常常被換來換去，使任何成形的依附都很快地被打破。[20]

　　在孤兒院長大的孩子其實並不缺乏社交技能，如果有的話，他們是過分友善。他們缺乏的是形成親密關係的能力，他們似乎無法很真心地在乎或關心別人。[21]他們大腦專營工作模式的地方似乎從來沒有學會建構自己，或是根本就放棄了這個工作，因為反正沒有效果。對發展中的大腦來說，「用進廢退」（use it or lose it）是最

恰當不過的了。

在四歲以後才被送去孤兒院的人，雖然他們的童年也是在孤兒院渡過的，不過長大以後似乎都還不錯。在戰事頻繁的非洲小國埃立特里亞（Eritrea，伊索匹亞北部一自治省），有很多小孩因失去雙親而被送進孤兒院；有些孩子雖然遭受戰亂，但是仍然與父母住在一起。一些美國的研究者比較孤兒院中的孩子與其他背景相同但是與父母住在一起的孩子，他們發現幾乎沒有任何顯著的差異，唯一的差別是孤兒院的孩子比較不快樂。[22]

無疑地，沒有父母的孩子是很不快樂的，澳洲的研究者大衛‧莫德士（David Maunders）訪談了許多童年期在澳洲、美國，和加拿大孤兒院渡過的人士，這些人都是四歲以後才進去，在那裡渡過童年才離開。他對孤兒院生活的描寫令我想到《簡愛》（Jane Eyre）書中的前幾章。

> 剛進孤兒院時一切都很混亂，院方並沒有盡任何力量來幫助孩子適應孤兒院的生活；生活的特色是紀律和體罰。雖然這樣的情形近來改善了一些，但每天都有做不完的家務事，那裡的生活可以說沒有一點愛和溫情。

這些孩子原來是有父母的，所以他們知道自己失去的是什麼。有一位自五歲時就送到孤兒院的人告訴莫德士說：

> 我記得那時候每天晚上上床睡覺時都想著：「當我明天早上醒來時，這個惡夢就會過去了。」但是，每天早上醒來時卻發現一切依然照舊。不過，我仍然在每晚夜幕低垂時，

期待這個惡夢會儘快過去。[23]

最令人驚奇的是，這些在孤兒院長大的人可以過著像蘇菲·丹所說的正常人的日子。他們結了婚、有先生、有太太、有小孩、有事業；他們雖然沒有父母，但是他們也社會化了。

我們很難找到有愛護他的父母卻沒有任何玩伴的孩子。即使是那些在偏僻農場長大的孩子仍有兄弟姐妹做伴，但是他們在社交能力上還是有一些小小的不足。你可以想像一下，以前歐洲王室的那些王子和公主，他們也都有不正常的童年生活，這些人長大後是否正常呢？另一個不幸的族群就是因疾病而使他們從小就與人群隔離的孩子，他們長大以後也很容易會有心理毛病的徵兆出現。[24]

最後就是那些神童了。很多人都認為神童很奇怪，或許這不是空穴來風。我這裡指的不是各式各樣的資優生，這些資優生是沒有問題的。我指的是那些與同年齡的孩子沒有任何一點共同點，有很大社會和情緒問題的人。[25]

我可舉威廉·詹姆士·西迪士（William James Sidis）為例。他的父母給他取名為「威廉·詹姆士」，就是希望他能像美國的哲學家和心理學家威廉·詹姆士一樣。他們認為這個孩子很特別，所以花了一生的精力來培養他。威廉是一八九八年出生的，那個時候美國的教育熱忱很高。教育當局的人認為，任何一個小孩只要能有適當的訓練，都可以成為大天才。所以威廉十八個月就學會讀書，六歲的時候，他已經可以讀好幾種語言了。六歲是麻省法律規定小孩子一定要上學的年齡，所以他就學了。在六個月之內，他從一年級跳到七年級，父母只好把他帶回家自己教育，因為公立學校已經不能再教育他。兩年之後，他又去讀了三個月的高中，再回家自己進修

兩年。

十一歲時，他進入哈佛大學。幾個月之後，他在「哈佛數學俱樂部」（Harvard Mathematical Club）發表「四度空間的物體」（Four-Dimensional Bodies）的演說。去聽演講的人士，個個都對威廉的絕頂聰明感到詫異。

那是威廉一生的最頂點，從那以後就一路走下坡了。雖然他在十六歲時得到哈佛的學士學位，他從來沒有用到它。他讀了幾年研究所，又進了法學院，但是兩邊都沒有唸完。他在大學謀得一個教職教授數學，但也沒有成功。記者一直跟著他，想要寫篇「小時了了，大未必佳」的故事。這些記者固然非常討厭，但是他的個性也不是十分地好。

威廉成年後與父母反目，他甚至不參加父親的喪禮，同時也對學術界非常地反感。他後來從事一個不需要用到大腦、低薪的文書工作，從一個地方搬到一個地方，無法安定下來。他沒有結婚，他的嗜好是收集公車的轉乘券，甚至還寫了一本關於它的書，但是看過的人都說這是最無趣的一本書。在他晚年時，認得他的人對他的人格描述都很不一樣。有人說他有著獨身漢憤世嫉俗的心態，也有人說在他拘謹不穩定的行為下，他有種像孩子一樣的童真。威廉・詹姆士・西迪士在四十六歲時死於中風，他是一個孤獨、怪異、一文不名，而且完全不適應社會的人。[26]

威廉的情況很像那些跟母親一起長大，但是沒有玩伴的猴子。這些猴子長大時，比那些沒有母親但是跟同儕一起長大的猴子更不正常。最糟的當然是那既無母親又無玩伴的猴子了。幸好，這種情況在人類當中極為少有。我所能想起的只有兩個例子，一個是亞費洪（Aveyron）的野孩子維多（Victor）；另一個是吉妮（Genie），

一個加州的女孩子，她的前十三年是被關在一個小房間中，綁在一個訓練大小便的小椅子上。[27]

　　維多和吉妮後來長大都非常不正常。我們永遠都不會知道他們的不正常是由於沒有父母的愛，還是由於沒有玩伴。第三個可能性是，他們生下來就有些不正常，所以父母才會把他丟掉或關起來。不過，最近捷克的一個研究提供我們一些線索。有一對雙生子一出生時母親就死了，於是父親把他們送到孤兒院去。他們一歲的時候，父親又結婚了，所以把他們從孤兒院中接了回來。他們的後母比灰姑娘的後母還要狠毒。這個後母把這對雙生子關在沒有暖氣的衣櫥中，不給他們東西吃，還不時拖他們出來打。當他們七歲被人家發現救出來時，他們幾乎不會走路，比兩歲的孩子更不會講話，但是他們長大後並沒有什麼問題。他們被一個正常的家庭收養，直到他們十四歲唸公立學校時，在功課上也可以趕得上同學。研究者說，他們沒有什麼病態的徵兆，也沒有什麼怪癖。[28]在他們的前七年中，他們沒有母愛——看起來也沒有父愛——但是他們有彼此。

玩伴

　　雙生子是非常不一樣的，他們從出生的第一天起就有同年齡的玩伴。不過，他們並沒有從第一天便開始玩在一起，因為跟同年齡的孩子玩是一種技術，要花好幾年時間才會發展出來。在本章前面所提到的實驗室內的兩個不相識嬰兒，他們雖然互感興趣，但是他們的友善動作卻非常笨拙，有的時候甚至會適得其反——用手去戳新朋友的眼睛並不是交朋友的最好方法。

　　嬰兒跟父母玩或是跟兄姐玩很容易，因為大人會建構遊戲，透

過一再地重複，嬰兒學會了什麼是恰當的反應。等到一歲生日的時候，美國的嬰兒都會跟父母玩拍手遊戲或是躲貓貓了。年齡相仿的嬰兒就沒辦法了解彼此的需要，即使是最有誠意的一歲嬰兒，也無法跟另一個一歲嬰兒玩起來。

　　但是兩歲的孩子就可以。艾克曼用兩個嬰兒在實驗室的方法，研究兩歲同年齡孩子玩耍的情形。他們發現，小孩子的模仿程度會隨著年齡的增加而增加，而且彼此的相處也會愈來愈好。兩個嬰兒會把他們的活動調到一致，用互相模仿的方式讓對方知道他對他有興趣。模仿是人類的特性，沒有其他任何動物可以做得跟我們人類一樣好。這就是凱洛格博士實驗錯誤的地方（見第六章），他們的孩子模仿黑猩猩的部分，遠比黑猩猩模仿他來得多。[29]

　　對實驗室裡兩個素不相識的嬰兒，他們的模仿是從他們學會走路時開始。一開始時是簡單的兩人坐在一起玩同樣的東西，如果一個嬰兒拿起一個球，另一個嬰兒也會拿起一個球。假如那裡只有一個球的話，第二個嬰兒會想從第一個嬰兒的手上拿走他的球。

　　到了兩歲的時候，模仿就變成很細緻而且很有趣的事了。一個孩子會在房間裡跑來跑去，或把兩個玩具撞在一起，或做些很傻的事情，像故意摔跤、踢桌子，另一個也會跟著做，然後第一個孩子不是重複剛剛的動作，就是去想另一個新的遊戲點子，這就變成了「追隨領袖」（follow the leader）的遊戲。這個模仿的遊戲可能不會玩很久，但是在玩的時候，雙方都非常喜歡。

　　到了兩歲半時，孩子已經可以用字來協調他們的遊戲了；到三歲時，他們就已經可以玩扮家家酒的遊戲了。扮家家酒需要協調的想像力以及協調的動作，到這時候，小孩子已經不再是彼此模仿了，而是每一個人在這個遊戲裡扮演不同的角色。[30]

　　另一個在一歲和三歲之間發生的事情，就是孩子開始交朋友，形成友誼。他們已經開始建構同儕關係的工作模式，而且也已經可以決定他們比較喜歡某些模式、比較不喜歡某些模式。在幼稚園或托兒所，你會看見小孩子每一天都跟同樣的玩伴一起玩，在一個有各種年齡的托兒所裡，你可以看到小孩子還是跟同年齡的一起玩，因為大一點的孩子不喜歡跟小的玩，除非他別無選擇。小孩子也比較會跟同性別的一起玩，到五歲的時候，他們幾乎是只跟同一性別的孩子玩。[31]

　　我在這裡描述的，是我們的社會中孩子跟同儕遊戲的發展過程。在這種社會裡，父母理所當然地認為他們的孩子應該跟別的孩子玩，而且他們也想盡方法提供這樣的機會。沒有送孩子去托兒所的父母會安排別的孩子到家裡來玩，或是與有同年齡孩子的父母交朋友。不論他們是大學畢業生或高中肄業，是行為遺傳學家還是社會化研究者，沒有父母會懷疑同儕遊戲的經驗對孩子發展的重要性。

　　不同於教養的假設，這種認為「遊戲同伴很重要」的觀念，幾乎是全世界父母都同意的。但是在社會變成工業化和都市化以前，一個孩子幾乎很少會有同年齡的玩伴，目前甚至還有一些社會仍是如此。在部落社會和村莊社會中，小孩子從母親的懷抱中畢業，進入年齡不等的玩伴群中，做為團體中年紀最小的一分子，這個團體的年齡可以從兩歲半到六歲，或是從兩歲半到十二歲。它取決於團體的密度，假如附近的孩子夠多的話，大一點的孩子會形成他們自己的團體。[32]

　　我在前面的章節中曾談過傳統社會不同年齡混雜在一起的遊戲團體。在這種社會裡，大家庭的成員通常聚集在一起玩，所以遊戲

團體是由許多不同年齡但相互有親戚關係的孩子所組成，小孩子跟他的兄弟姐妹、表兄弟姐妹、堂兄弟姐妹一起玩，甚至包括年幼的叔叔和阿姨等。大的孩子要負責照料小的孩子，事實上，是大的孩子教小的孩子如何在一個團體中遊戲，什麼樣的行為是可以被接受的。他們的教法並不溫和，他們取笑、捉弄小的孩子，而且不是基於講道理的。一個五歲的孩子無法以「妳難道喜歡別人用沙來丟妳嗎？」當理由，告訴他的妹妹她不應該用沙丟別人，然而打架和嚴重的侵略行為卻很少見。即使在西方的社會裡，小孩子自己玩的時候所出現的侵略行為，也比有父母或老師在旁監督時要來得少。或許孩子們是認為有大人在的話，萬一打得過火，大人會出面制止，所以打得比較激烈。[33]

傳統社會的孩子也會在遊戲中習得他們的語言。在孩子兩歲半加入團體玩耍時，也正好是他們開始學習語言的時候。他們的父母並沒有常常與他們說話，孩子談話的對象通常是孩子。[34]當大的孩子跟小的孩子說話時，他會把句子簡化一點，但是他們並不像我們社會中的父母一樣，會提供孩子語言的教導，像是以問問題的方式，很耐心地把小孩子說不對的句子重新再說一遍，或是當孩子說對的時候，給他一個微笑或拍拍他做為獎勵等等。所以傳統社會的孩子學語言是比較慢一點，但是他們都學會自己社區所使用的語言，他們全部都被社會化了。

即使在他們從母親懷中被保送到遊戲團體之後，傳統社會裡的孩子還是依附在母親身上，就像我們社會中的孩子一樣，他們還是向父母尋求食物、保護、安慰，與忠告。這個親子之間的聯結通常會維繫一生的。在傳統社會裡，年輕男孩通常留在村莊裡，在他父母兄弟家的附近蓋一間房子，但是年輕的女孩通常是嫁出村子去，

不過她會回來探視家裡，而且父母去探視她的話也會受到歡迎。

　　不過，當孩子從母親懷抱中走出來時，他其實就已經不算是父母的孩子，而被看成是社區的孩子了。任何一個社區的大人看到孩子做錯事時，都可以責罵、處罰他。[35]這的確是用全村的力量去教化一個孩子（譯註：請見美國前第一夫人希拉蕊・柯林頓的《同村協力》，遠流出版）。

　　但是「用全村的力量」並不是指需要這麼多的大人才能把孩子引導回正途。我說「用全村的力量」，是因為村子裡永遠都有足夠的孩子來形成一個遊戲團體，艾伯─艾伯斯費爾曾說：「孩子是在這個遊戲團體中真正被教養長大的，孩子的社會化主要是發生在遊戲團體之內。」[36]艾伯─艾伯斯費爾講的是他專門研究的傳統社會，像在非洲撒哈拉沙漠周圍的部落以及新幾內亞高原部落社會。但是我認為在我們工業化的都市都會中也是一樣。

　　在我們的社會裡，我們非常強調親子之間的聯結。我們說，要花「有品質的時間」與孩子一起；離婚家庭的孩子往返兩個家庭之間，使他們可以花「有品質的時間」跟父母在一起。但是假如孩子花時間跟父母在一起是這麼重要的話，為什麼孩子都不願意回家？為什麼還要宵禁？

　　在第五章中，我談到琉球的一個小孩，他只有餓了、渴了才回家，吃完就走，又跑去玩。在馬來半島熱帶雨林中的奇旺（Chewong）人，他們的孩子不到青春期就自願離開父母的身邊。根據研究他們的人類學家報告說：「七歲左右的孩子逐漸從父母的身邊移開去加入不同年齡、同一性別所組成的同儕團體。」一旦這個移轉完成（人類學家並沒有說要多久，但是我猜想需要一年到兩年之間的時間），「這個部落的大人就不再教他們小孩任何事情

了，這個孩子可以在需要指引時去請教大人，他可以自由選擇去做各種工作」。[37]

就如英國的動物行為學家約翰・艾契爾（John Archer）所觀察到的：「在年幼動物上所看到的許多特質，並不是成年後行為的前身，但是它可以幫助幼者在發展期的生存力。」[38]事實上，嬰兒和小小孩必須緊緊地依附著父母才能生存，但這並不表示大小孩也一定要這樣做才能生存。

委託代理的社會化

在非人類的靈長類中，很多社會行為是天生的。在坦尚尼亞馬哈利山區（Mahale Mountains）長大的黑猩猩，牠的社會行為與岡貝河國家公園（Gombe Stream National Park）的黑猩猩非常相似（是相似而非相同）。[39]但是在人類中，團體對立效應會使兩個鄰近的團體行為非常地不一樣。一位研究墨西哥薩巴特克人（Zapotec）村莊的人類學家發現，有兩個村莊說的是同樣的語言，種著同樣的糧食，但是其中一個村莊不允許攻擊性行為，因此這樣的行為很少發生，而在另一個村莊裡，它卻是生活的一部分，到處可見──後者的謀殺率比前者高了五倍。人類學家看到這個村莊裡的兩個兄弟在她母親的面前互擲石頭，但她並沒有阻止這種相當危險的行為，只是說她的孩子總是在打架。[40]

我們知道人類的社會行為並非天生的，因為每一個團體都不一樣，因此必須經過學習才能學會。我們知道孩子的確學到了，因為他們跟這個社區中的大人行為都很相似。他們不一定跟生長的社區相似，但是一定跟他們成長的社區相似。

　　他們是怎麼學的？在佛洛伊德理論盛行的時候，這個解釋是很容易的。小孩子認同他的父親或母親，這個認同形成超我，這個超我使他不踰矩。

　　即使在佛洛伊德理論不流行了以後，許多心理學家仍然認為小孩子是依照同性別的父親或母親，來修剪他的行為模式。心理學的教科書上都有父親在刮鬍子，小男孩在一旁假裝刮鬍子的圖片，包括我自己編的教科書也是。[41]

　　當然，孩子會模仿他們的父母。我們人類是動物界中最會模仿的動物，我們必須如此，因為大部分的社會行為是模仿來的。美國的父母會認為他的孩子假裝在刮鬍子的樣子很可愛，但是假如他在劃火柴、砍櫻桃樹、打他的兄弟，或是說三字經，我們就不認為他可愛了。雖然這些行為也是模仿得來的，但我們要的是孩子的行為就像一個好孩子——好孩子的行為是不像大人的。

　　模仿父母來完成社會化在世界的其他角落也行不太通。假如你認為美國孩子社會化很辛苦，那麼想想玻里尼西亞島上的孩子。玻里尼西亞的孩子是有耳無口、不可以亂動、只有在大人問話時才可以回答的，大人控制著所有的互動。但是跟他們同儕在一起時，他們可以稍微放肆一點，[42]我在第一章中曾指出，孩子不可能從觀察他的父母學會這些行為規則，玻里尼西亞的父母，不論是跟其他大人或小孩在一起時，並沒有安安靜靜地坐著、藏在別人的背後使人不注意到他。小孩子如果模仿他父母的社會行為的話，他就完了。

　　假如他的父母不是社會的正常分子，孩子模仿父母的行為就會使他惹上麻煩。他們的父母可能行為怪癖、酗酒或是罪犯，或是新移民，還不了解當地社會的行為準則。我們以為移民父母是近代才有的事，但事實上它是很古老以前就有的。你可以想像一個小女生

在一個總是與鄰人打仗的部落社會裡，這個孩子的母親既不是在這
部落生的、也不是這裡長大的——她是被人搶來的，她是驍勇善戰
武士的戰利品太太。[43]她不會說這個部落的語言，也不知道他們的
風俗，所以這個女孩如果模仿她母親的社會行為和語言，她就糟
了。

當孩子真的模仿父母時，他們不是好壞都照單全收的。他們會
仔細地篩選行為，只有當他們認為父母的行為是正常的時候，他們
才模仿。所謂正常，是指像社會中其他人的行為。他們很小就注意
到這種事情。一位在德國出生的同事告訴我，他四歲的女兒拒絕在
美國跟他說德語，但是當他們回到德國去時，她就很願意說德語。
[44]小孩子很早就決定男人和女人應該做不同的事情。我的女兒在五
歲時就曾宣稱爸爸不應該煮飯。

「那麼媽媽也不應該用鋸子和槌子囉？」我問她。

「對。」她說。不過她至少為這句話覺得不好意思。在我家，
我先生負責掌廚，而我做所有用鋸子和鎚子敲敲打打的工作。

孩子可能會從故事書或電視裡得到這個念頭，但是他們會在假
想遊戲中試驗看看這想法是否正確。當他們在玩扮家家酒或救火
員時，他們並不是在假裝扮演他們的父親（即使爸爸真的是救火
員）；他們扮演的角色是典型的那種角色，是所有兒童都同意的救
火員應是那樣的角色。這種遊戲在傳統社會中比較少見，因為在那
裡沒有隱私權，每一個人都曉得其他人在做什麼。[45]在一個所有女
人都做同樣事情、所有男人也都做同樣事情的社會裡，小孩子沒有
必要去決定哪個工作應該是什麼樣。

孩子是一個非常有適應性的生物。只有獨生子，沒有任何玩伴
時，他們才會以父母的行為來建構他們的模式。假如他是被人猿養

大的——如泰山，*或是被狼養大——如印度的狼孩——[46]他就會表現得像人猿或狼，因為並沒有其他任何的模式供他參考；通常孩子是有很多模式供他選擇的，而且這些模式不盡相同。那麼他們是模仿誰的行為呢？

我在第六章所提到的唐納·凱洛格並不是被人猿養大的，但他卻是與人猿一起長大的。當他的父母發現人猿影響唐納比他影響人猿來得大時，那隻人猿就被送回動物園去了。在唐納十九個月大時，他只會說三個英文字，但是他跟黑猩猩的溝通已經相當熟練了。為什麼唐納要去學黑猩猩的語言而不去學他父母的語言呢？

我認為那時唐納已有最粗淺的社會分類了，他認為他與瓜是在同一個社會分類之中，因為他們同齡。我在前面說過，嬰兒是可以分類的，他們在一歲以前便可以依年齡和性別來將人分類了。或許那時他們已經有些感覺，知道自己是屬於哪一個類別了。假如猴子和黑猩猩可以分辨「我們」和「他們」，為什麼一歲大的孩子不行？

唐納和瓜像兄弟一樣，凱洛格夫婦也把他們當兄弟般對待；穿同樣的衣服、吃同樣的食物、接受同樣的管教。當他們有選擇時，小孩子會去挑他們喜歡的模式來模仿，通常大孩子是他們最喜歡的模式，[47]瓜比唐納小了二個月，但是黑猩猩成熟得快，所以對唐納來說，瓜的確像個兄長。

---

* 如果泰山真的是被人猿所養大，而且直到成年後才被人發現的話，他很可能就像是吉妮或維多一樣，他的英文了不起也只到「我，泰山，你，珍」的程度，環境衛生更不可能達到要求。如果是住在樹上還不打緊，但是對於正好在樹下的你可就不是這樣的了。

　　我們再來看看，要學習兩套不同社會行為準則的玻里尼西亞孩子，他們是怎麼學習應該如何跟大人互動的？絕對不是從聽父母教誨而來的。在傳統社會，父母極少說教，也極少提供清楚的行為準則。絕大部分的情況是，假如他們做錯了，他們就會被責罵或體罰。大人期待他們用觀察來學習，而他們也的確是以這種方式學會了。史金納說，有機體必須靠報酬來學習，但是小孩子可以不必有報酬便學習，這同時也表示，小孩子不必靠處罰也可以學得。他們從觀察別人怎麼做、別人得到什麼樣的後果來學習。小孩不必去燙自己的手指頭，才知道爐子是燙的，他只要看到他哥哥的手放上去的結果便知道了。[48]玻里尼西亞的小孩子，只要看看大孩子怎麼做，就可以學會「在大人面前表現的行為準則」。

　　有一次，我的弟媳在切紅椒，她拿一片給她的兒子，他把它放進嘴裡，在旁邊的小女兒看到了，立刻說：「我也要！」但是就在這個時候，她的兒子覺得紅椒不好吃，問他媽媽可不可以把它吐掉。他的妹妹看到了，立刻改變主意，她也不要了。雖然她自己並沒有去嚐紅椒的味道，但是她毫不猶疑地說她也不要了。

　　她的父母親都喜歡吃紅椒，但是這對我的小姪女來說毫無影響，唯一有關係的是她的哥哥不喜歡。發展心理學家李恩‧伯契（Leann Birch）注意到學前兒童非常挑食，父母無法強迫他們吃他們不喜歡的東西，或他們以為自己不會喜歡的東西。在這種情形之下，父母的威脅、利誘、宣傳，或遊說都是無效的。唯一有效的方法是把他放在一群喜歡吃這種食物的孩子當中，讓所有的孩子都吃這種東西給他看。[49]

　　學前兒童喜歡模仿其他孩子的行為模式。到三歲或四歲大時，他們開始修剪自己的行為，使他們像托兒所的玩伴，而且開始把那

些行為帶回家來。要觀察這個現象，最簡單的方式就是打開你的耳朵，聽聽他們開始學習玩伴的口音。一個英國心理語言學家的女兒在加州的奧克蘭（Oakland）上了四個月的托兒所之後，講話方式開始像是當地的「黑人英語」。這個托兒所中並不全是黑人，但是跟她一起玩的卻是。雖然這個孩子跟她媽媽在一起的時間可能更多，但是她的口音卻是美國黑人的腔調，而不是她媽媽的英國腔。[50]

「我們」vs.「我和你」

在前面的章節裡，我談到社會心理學家塔費爾的高估者或低估者的實驗。只要一點點的操弄就能使孩子偏向他自己的一組而歧視另一組，塔費爾把它叫做「團體意識」，來形容孩子們對自己所屬團體的感情。

塔費爾的學生泰納，更提出了這個團體意識的一些特質，[51]人們不必喜歡他團體中的每一個人，他們也不必認得團體中的每一個人。事實上，他們根本就不需要認得團體中的任何人，只要知道你跟他們都屬於同一個社會分類就夠了，這純粹是一個自我的分類：

　　我是 X 組的人
　　我不是 Y 組的人

從這個簡單的前提開始，我們的演化歷史就使我們傾向於喜歡 X 而不喜歡 Y。我們同時也下結論說，我們跟 X 比較像，跟 Y 比較不像。這種心智歷程往往是不自覺的，但是它的後果卻是看得見的。透過同化作用，我們跟團體的成員愈來愈像。而透過團體對立

效應，我們跟別組的差異就愈來愈大了。在某些情況下，組間的敵意開始出現，形成「我們對抗他們」的效應。

我在本章中要談的不是個體之間的關係。我們建立「成對」關係的能力是天生的，而團體意識需要較長的時間來培養。「成對」關係是基於依賴、愛和恨，以及喜歡對方的陪伴，而團體意識是基於基本的相似性──我們都有同樣的命運，我們都在一條船上。成對關係只能有兩個人，三個就成眾，太多了；團體意識幾乎都是三個人以上，並沒有人數的上限，假如這讓你覺得團體意識像個學術上的東西的話，那你就錯了，這裡面還有深層的情緒在內。在演化的歷史上，為團體而死的人遠超過為私人關係而死的。

在第六章中，我談到「社會模組」，就是自閉症兒童有缺陷的大腦部位。同樣地，我也可以談「視覺系統」──盲童有缺陷的地方──但是視覺系統中包含好幾個部門，有的部門出了問題，有的雖然完好，但也會造成眼盲的現象。有些大腦受傷的人可以看到東西在哪裡，卻不知道它是什麼；也有人正好相反。有人可以把物體辨識出來，卻不能辨識面孔。也有人兩眼都可以看，卻無法把兩隻眼的影像組合成三度空間的立體狀態。我們所謂的視覺系統，事實上包含了很多相互獨立的次系統，這些系統在發展的早期都需要不同的刺激輸入，以使它發展完整。[52]

我認為社會模組也是一樣。它是由至少兩個次系統所組成的，一個專門處理成對關係──這個系統在一出生時就開始運作了；另一個專門處理團體關係──這個系統需要一點時間才可以組合起來。

團體和個人關係不但是各自獨立地運作，而且還相互對立。我以前一直不明瞭為什麼有人會認為「我有一些好朋友是猶太人」這

句話是無禮的。後來才發現，說這句話的人是在區分友誼——這個私人的關係——和他對團體的感覺。他可以喜歡他的朋友而不喜歡他朋友所隸屬的団體，這句話讓人有這種感覺。

　　団體意識和私人關係有時會相衝突。例如在戰爭的時候，人們必須要選擇留在所愛的人身邊或是離開所愛的人去捍衛他的団體。每一個人在解決這個兩難問題上的選擇是不同的。

　　我的理論是，我認為団體意識會使孩子社會化，而他們的性格是環境在修飾的。団體意識影響孩子行為的長期改變。負責管理私人關係的大腦部門，可能會對強烈的情緒起反應，但是它所改變的行為是暫時的。[53]

團體社會化理論

　　這本書的主要精神是——孩子如何社會化？他們如何變成他們社會所接受的正常分子？是什麼力量把初生嬰兒的脾氣雕塑成大人的人格？聽起來，這好像是兩個不同的問題——的確，它們可以被分開成為兩個不相干的心理學派——但是對我來說，它是一體的兩面，同一件東西。對孩子來說，社會化是學習在別人面前如何表現自己。而大人的人格本來就包括他在別人面前如何表現自己。對人這種群居的動物來說，大部分的行為就是社會行為。[54]我現在雖然獨自一個人坐在這裡，但是我的行為仍然是一個社會行為，假如你根本不去讀我打進電腦的東西，我坐在這兒幹什麼呢？

　　孩子必須要去學習他所處的社會所能夠接受的行為，但問題是社會中的人並非都是行為一致的。在每一個社會裡，人們依照他是小孩還是大人、男人還是女人、單身還是已婚、是王子還是苦力，

而行為有所不同。小孩第一件要做的事,就是先找出自己是哪一種人,屬於哪一個社會類別,然後他們才可以學習去做像那個社會類別的人。

找出自己屬於哪一個社會類別,其實是很簡單的,即使是一個三歲的小孩子都可以告訴你「我不是男孩,我是女孩」——萬一你被她的中性衣服和中性名字所矇蔽的話;她也會讓你知道她是小孩。如果你假裝誤認她為大人的話,她會很高興;如果你叫她做嬰兒,她會很生氣。在她那個歲數,年齡和性別是她唯一在乎的社會分類。對三歲孩子來說,種族並不重要。[55]英國心理語言學家的女兒,既沒有注意到、也不在乎她在托兒所中最好的朋友的皮膚比她黑。

這個心理語言學家的女兒說話像她的黑人朋友,主要是在她那個年齡裡,孩子依照團體中她認為「像我的」人的行為,來修正她自己的行為。假如是這樣的話,你可能會想,那其他的人又怎麼知道他該如何表現、該跟誰學呢?這個問題的答案在於兒童遊戲團體的「多數裁定原則」(majority-rules):什麼人的行為與這個團體大多數人的行為不一樣時,這個人就要改變他的行為。黑人孩子在家或在他的社區學習他的語言,當他們來到托兒所時,發現他們說的話和許多人一樣。英國心理語學家的女兒卻發現她所說的話不像其他人,所以她必須改變,而她的玩伴不必改。然後她再把這個新語言帶回家,她認為這就是像我一樣的人應該的說話方式。當然她並沒有這樣說出來,因為對孩子來說,社會化是一個不自覺、潛意識的歷程。

我把我的理論稱為「團體社會化理論」,至少這是我在《心理學評論》期刊文章中所用的名稱。我對這個名字有兩點不滿意。第

一，我的理論跟人格的發展有關，並不是只有社會化。第二，「社會化」這個詞會產生誤導，因為它隱含了對孩子所做的事，[56]但是我的本意是孩子對他們自己所做的事。

孩子從認同中了解他應該怎麼表現，團體的態度、行為、說話方式、衣著時尚和裝飾方式，就是他的行為準則。[57]大多數的孩子都是自動自發、自願這樣做的。他們希望跟他們的朋友一樣，萬一他們有別的想法，他的朋友會馬上提醒他標新立異的後果。學生在迫害跟他們不一樣的同學方面是很殘酷的；凸出來的釘子是會被敲平的。這個槌子會使孩子知道他哪裡做錯了，並驅動他去改正。心理語言學家彼得‧瑞克（Peter Reich）每當想起當年在童子軍大會的經驗時，還會畏縮、發抖。他是芝加哥人，華盛頓（Washington）這個名字在芝加哥唸成 "Warshington"。於是其他地區的童子軍代表會來找他，要他說出美國的首都，然後取笑他。「我到現在還記得拚命練習這個名字和其他會顯露我方言的字。」[58]

取笑是團體的最佳武器，它使全世界不附和的人循規蹈矩。[59]那些不知道自己哪裡做錯，或不願、不能改的人，則被趕出團體。那就是我小學四年級以後四年的命運。

或許你在想我怎麼會被趕出團體。女孩子本來就不形成團體的。女學生通常有的是朋友（兩、三人的小圈圈）而不是團體——這裡的團體是指社會類別（social category），而不是孩子們玩在一起的「遊戲團體」（play group）；即泰納所謂的「心理團體」，也就是以前社會心理學家所謂的「參照團體」（reference group）。[60]雖然在五年級時，我並沒有跟班上的同學互動，但我還是認同他們，他們是我的心理團體，而他們排斥了我，所以我是被這個團體趕了出來。

　　我不能加入他們的團體，表示我沒有辦法影響他們。但是他們依然可以影響我，你並不需要真的與你的心理團體互動才能讓他來影響你。當時我是一個五年級的孩子，雖然他們不跟我玩，我依然可以很緊密地觀察他們。這雖然比不上實際加入，但是至少比完全沒有好。

　　所以同儕團體可以不接受一個孩子，但是不接受並不能阻止學童對這個團體的認同。一個美國男孩達加・麥斯頓（Daja Meston）在他六歲時被他的嬉皮父母送入西藏的修道院，這個男孩在修道院待至十五歲；他與其他的孩子一起接受成為西藏喇嘛的訓練。其他的孩子都是西藏人，只有他一人鶴立雞群，十分顯眼。他長得很高，又是白人，他沒有朋友，常被同儕取笑，因為他與眾不同。但是那些人還是他的心理團體，所以他還是社會化了。現在他住在美國，跟一個他在美國遇到的西藏女子結婚。他的外表很容易誤導人，他告訴訪談者說：「這是一個白人的身軀，裡面住了一個西藏人。」[61]

　　麥斯頓認同他在修道院中的同儕，因為他別無選擇。他知道他和他們都屬於一個社會類別，但是其他的西藏小喇嘛並沒有看到這一點。他的談吐、舉止、思想都像西藏人，假如他的同儕願意接納他的話，他可能會變成一個完全不同的西藏人（這一點，我以後會再回來闡述），但是不論別人對他接受與否，他已經是一個西藏人了。

　　假如麥斯頓在修道院有好朋友的話，他會變成不同的西藏人嗎？朋友當然會使他的生活快樂，不過有沒有朋友不會在人格上留下永久的烙痕。但是，認同團體、被團體排斥或接納，卻會留下永久的影響。研究者曾經研究小學生的友誼對人格的影響，以及同儕

接納與否對人格的影響。他們發現同儕的接納與否和成年後的生活適應有關係，但是小學時候有沒有好朋友卻沒有什麼影響。[62]

友誼是個成對的關係。有的人很會交朋友，但沒有能力吸引團體成員對他的注意或尊敬；有的人有好朋友，但在團體中卻沒有地位或地位很低。在我唸五年級時，我的確有一個朋友，她比我小兩歲，低三個年級，住在我家隔壁。據我所知，我們的友誼對我們兩人都沒有長期的效應。小孩子修正他的行為以適應他的朋友，就像他修正他的行為以適應同儕團體的標準一樣。但是屈就你的朋友不會長久，處理它的是大腦中負責掌管關係的工作模式部門，而非團體意識部門。有的時候，友誼好像有長期的效應，那是因為大部分持久的友誼是存在於同一個心理團體的孩子之間。[63]

女生對男生

在童年期最重要的心理團體就是「性別類別」（gender category）。即使是三歲的孩子也說得出自己是男生還是女生。即使才三歲，也曉得自己喜歡跟同一性別的孩子玩。到五歲時，他們的團體中清一色是同一性別的。[64]他們之所以能做如此的性別分化，主要是都市化的社會提供了孩子許多同年齡的玩伴。當在家中或社區時，並沒有太多的孩子，所以他們會和任何可以接觸到的孩子一起玩耍——甚至連黑猩猩都可以玩在一起。

男生和女生喜歡同一性別玩伴的一個原因，是從托兒所以上，男、女生玩的方式開始不同有關。他們當然是偏向於跟自己玩法相同的人，但是我不認為這僅只是遊戲方式的不同而已，我認為還有自我分類的成分在裡面，把自己看成這個團體的一分子，他們才會

最喜歡這個團體。[65]

　　因為他們在這個團體裡，他們希望像這個團體的其他成員，所以小女生希望像其他的小女生，而不要像小男生；小男生希望像其他的小男生，不要像小女生。我朋友四歲的女兒再也不肯穿球鞋去上學，因為她的朋友告訴她「這是男生的鞋子」。[66]另外有個爸爸聽到他的女兒告訴玩具「劍龍」說，只有男生才可以玩槍；他認為這個想法是她從托兒所中學來的。對這個既反對槍也反對性別主義的父親來說，他是在一個束手無策的情境下，無計可施了：

　　　　我試著跟我的女兒解釋：（一）男生和女生都可以玩槍；（二）不管是誰在玩，我都不喜歡槍；（三）雖然她是女生，她仍然可以有槍，只是我不要她玩任何槍而已。[67]

　　做得好，老爹！但放輕鬆一點，你的意見對你女兒來說是不重要的，我朋友四歲的女兒根本不管她的父母認為穿球鞋是沒有關係的，她的意見根本不是基於她聽到父母在說什麼。比如說，父母從來沒有說「男生噁心死了」或是「他不能跟我們玩，他是男生」。像玩槍這種性別行為，小孩子不會從他同性別的父母身上得到，即使在美國，大部分父親也不玩槍，大部分的母親也不跳繩。[68]

　　對大一點的孩子來說，最嚴格執行的團體規則，是團體對於他們對異性成員行為的期待。一個十一歲的女孩對訪談的研究者說，假如她違反了團體的禁忌去坐在男生的旁邊會怎樣。「別人就會跟我絕交，不跟我做朋友了，」她說，「她們會罵我，你會像尿在褲子裡一樣，被人家取笑好幾個月。假如你把鞋子穿反，人家也不過嘲笑你幾天而已。」[69]

在童年期的中期，其他事情——例如膚色——就變得重要起來了，[70]但是再怎麼重要都沒有像性別區分那麼重要。一個社會學家曾經花了很多時間，觀察一個種族混合學校中六年級兒童的行為。他注意到孩子在午餐時很少會坐在不同膚色的同學旁邊，但是更少有人會坐在不同性別的同學旁邊去吃午餐。學生寧可違抗老師，也不願坐到「錯誤」的性別那一邊去：

> 利托先生（Mr. Little）在科學實驗課時，要學生三人一組，結果沒有任何一組是男女生混合的。利托先生注意到其中有一組有四個男生，於是要一個男生璜（Juan，黑人）加入黛安（Diane）那一組（黛安那一組有二個黑人女生）。璜搖搖頭說：「我不想去。」利托先生平靜地一個字一個字說：「不去的話，就脫下實驗衣，回到你的班上去。」璜一動也不動地站著，沒有回答。在一陣長長的寂靜後，利托先生說：「好，我替你脫。」他解下璜的實驗衣，把他送出教室。[71]

假如利托先生了解到，這個年齡的孩子坐在不同性別的旁邊，就跟尿在褲子上一樣糟的話，他對璜可能會有比較多的同情心。

因為男生和女生在童年中期形成不同的性別團體，所以社會化也特別針對性別而有所不同。一個孩子不會經過社會化而變成行為像美國人，他會社會化使他的行為像一個美國的男孩子，或是社會化使她的行為像一個美國的女孩子。這兩個團體的「常態行為」是不相同的。溫馴和害羞是女孩團體中可以被接受的行為，但在男生團體中就不可以被接受。從另一方面來講，大聲喧譁和過度

熱情是男女兩性都會皺眉頭、不以為然的表現。西方社會講究的是「酷」。[72]

　　有一組瑞典的研究者長期追蹤一群孩子，從他們十八個月大一直到十六歲。一開始時，有幾個孩子是很溫馴、害羞的；有幾個正好相反，很喧鬧、不聽話。這些特性在十八個月到六歲之間並沒有多少改變。但是從六歲到十六歲，有兩件事情發生了。喧鬧的男女生安靜下來了，變得比較溫和；原來比較害羞的男孩也已經跟其他男孩沒有什麼兩樣了。害羞的女孩則沒有什麼改變，因為溫馴的男孩會被他人嘲弄。[73]記得第二章中的馬克嗎？

　　我在我的家庭中就曾親眼見到這種情形。我的弟弟很像馬克，而我很像奧黛莉。我們是親兄弟姐妹，但是個性一點都不像。在很小的時候，我弟弟就很怕陌生人或大的噪音，打雷是他最怕的，而我最喜歡打雷。我母親很寵愛他、保護他，而我父親則對他的膽小十分惱怒。他們的態度對他的行為沒有一點作用，就好像他們的態度對我也沒有作用一樣。當我弟弟開始去上一年級時，他是很膽小的。但是等到他十二歲時，這個當年害怕打雷的孩子，跟他的朋友實驗火藥，差一點把他自己炸死。現在，我弟弟是一個冷靜、勇敢、低姿態的典型亞利桑那人。

　　我的同儕教我的是完全不同的東西。我弟弟變得比較大膽，而我變得比較溫和。經過童年的鍛鍊後，我和我弟弟變得比較相似，遠比我們小時候更相像。

「我們」vs.「他們」

　　自我分類最糟糕的一點，就是不喜歡自己不在裡面的族群。族

群間的敵意並非不可避免的分類結果，但它是一個最常見的結果。

　　一個男孩在沒有別人可以一起玩的時候，會跟隔壁的女孩玩，但是他會把「禁止女生進入」的牌子掛在他的房間門口。在托兒所時你就可以注意到男生、女生團體彼此的敵意，這個敵意到小學就更顯著了。從幼稚園到小學四年級這五年男女生共同上課的期間，男、女生對異性同儕的喜好度直線下降。有一位研究者問小學男生，請他們悄悄地講出他不喜歡的班上女生，好幾個男生都拒絕回答，「因為他們不喜歡所有的女生」。[74]

　　大部分的男生並不是不喜歡所有的女生，而大部分的女生也不是不喜歡所有的男生。但是這種團體對抗團體的敵意，在學校的操場和璜的科學實驗室中到處可見。不過在此同時，男生和女生又會對異性團體中的個體產生愛慕，有的男生甚至會交女朋友，[75]啊！但是這是「關係」。這兩者完全是兩回事。璜和黛安可能在別的地方是朋友，但是在教室中，他們不是。在六年級教室中，性別類別凌駕所有東西之上，別的類別是不可能與它相比的。

　　不過性別類別並非是童年唯一重要的類別，另外還有一個類別是年齡。孩子會跟大人相對抗。除非你完全不食人間煙火，不然你一定知道大人和青少年之間的敵意。不過我在這裡要談的不是青少年，我要談的是孩子，甚至是很小的孩子。

　　小孩子是依賴大人為生的，他們喜愛生命中的許多大人，有的時候甚至喜愛他的老師，但是這些都是關係。當他們處於一個會激發他們團體意識的社會情境時，這時候的顯著類別就是「大人」和「孩子」。如果你知道如何觀察的話，你在四歲兒童身上就可以看到這個「我們」對抗「他們」的效應。下面是社會學家威廉‧柯沙洛描述一個義大利政府辦的托兒所中的情形：

在抵抗大人統治的情況下，小孩子發展出一種團體的感覺，一個團體的認同。

（我會把它倒過來說。）

小孩子抵抗大人的統治，可以看成是一種例行公事，因為它在托兒所中每一天都會發生，這已經形成一種時尚、一種風格，使學生馬上可以辨認出來。這些行為通常是很誇張的（例如，在老師背後做鬼臉或是跑來跑去），或是為了喚起別的孩子注意（例如，以「你看我有什麼」來表示他拿到了本來不該拿的東西，或是說「你看我在做什麼」來喚起別人注意他正在做一件不可以做的事）。[76]

我在這一段話中，不但看到了「我們」對抗「他們」的效應，同時也察覺到團體對立效應。孩子認為大人是很嚴肅和鎮靜的，所以當孩子和大人變成顯著的社會類別時，他們變得更逗笑或更活躍。他們用扮鬼臉和跑來跑去的方式來表達他們對團體的忠誠。

當孩子長得愈大時，向他們的團體效忠就變得愈重要了。我每次在購物商場看到青春期前期的孩子跟他們家人走路的樣子，就覺得很好笑。他們走在父母之前十步或父母之後十步。萬一被同學撞見，他們就能很清楚地表示：我不是他們中間的一分子，我不是跟他們在一起的。這跟他們是否愛他們的父母毫無關係，在他們最好的朋友裡面，有一些也是大人。

追隨領袖遊戲

雖然在托兒所裡就可以看出團體意識，雖然一個四歲的孩子可以把自己想像成小孩，也可以把自己想像成女孩（完全看她覺得那一個類別比較顯著），但人類團體意識真正開始作用，是在童年的中期。所謂中期，就是小學的那六年。我認為最重要的事情，都在這六年當中發生。在這段期間，孩子社會化、人格發生永久改變；但是這也是心理學家最容易忽視的一個時期，佛洛伊德把這段期間叫做「潛伏期」（latency period），表示這是一段沒有什麼事情發生的期間。就憑這點，你就曉得他對孩子懂多少了。

孩子七歲的時候，社交和智慧大大進展，這一點，全世界的人都同意，許多社會的父母甚至認為這個年齡的孩子「開竅」了。奇旺族的孩子在這個年齡離開父母不是沒有原因的。在中古世紀的歐洲，孩子長到七、八歲時常常會被送離家園。有錢人的孩子被送進宮廷去做貴族的隨侍，窮人的孩子去做學徒或僮僕。[77]這個傳統並沒有完全消失。即使在今天，英國上層階級的家庭還是會把他們八歲的兒子送去寄宿學校就讀。

在這童年的中期，孩子變得跟他的同儕更相像了。他們學習在大庭廣眾之下應該有什麼舉止——不能哭（假如他是男生）、不能打人（假如她是女生）、對大人要有禮貌（假如她是女生）但是又不能太有禮貌（假如他是男生）。一些粗糙的角被磨圓了，一些本來不太被接受的行為現在變得可以接受了。這些新的行為變成習慣性——「內化」了，假如你比較喜歡這個名詞的話——最後變成他「公眾人格」（public personality）的一部分。所謂公眾人格就是孩

子在家庭以外的地方所採用的人格，這個人格以後會發展成為「成
人人格」（adult personality）。

　　但是同化——跟團體的常模一樣——只是一部分而已，另一個
重要的部分則是「分化」。當孩子在某些方面變得愈來愈像他的同
儕時，他們在其他方面就會變得愈來愈不像他們。在他們進入童年
中期時，所有的一些人格特質會變得更誇大而不是更微小，這是由
於他們跟同儕團體交往的結果。

　　這兩個相互矛盾的歷程怎麼可能在同一個時期同時發生？[78]這
個回答我得再一次借重泰納的理論。泰納研究的是大人而不是兒
童，但是我想八歲的孩子已經可以做他所說的那些心智計算了。

　　根據泰納的理論，人們有的時候把自己分類為「我們」，有的
時候則是「我」，全看當時的社會情境而定。當團體意識很顯著
時，他會把自己看成在聚光燈底下那個團體的一員；當團體意識不
顯著時，他會把自己看成獨特的個體。但是大部分的時候，情境都
不是這麼地極端——大部分的時候是屬於中間灰色地帶，介於「我
們」和「我」之間。所以大部分的時候，他既可以接受附和的要
求，也可以接受與眾不同的需要。因此，通常的解決方法是大部分
的時間附和，小部分時間與眾不同。[79]

　　當然，要與眾不同最好的方式就是變得更好。但是「更好」在
不同的團體有不同的意思。在男生的團體裡，它表示更大、更強，
更能使別人服從你。在女生的團體裡，它表示更美麗，更能使別人
喜歡妳。[80]

　　到現在為止，我所談的都是假設在團體裡每一個孩子都有相同
的影響力，一個人一張選票。但是我們知道團體並不是這樣的，有
些人會比其他人更有影響力。在前面一章所提到的強盜洞營區研究

中，最令人感到興趣的是這些孩子如何選出他們的隊長？在響尾蛇隊中，有一個孩子叫布朗（Brown），他是最高大、最強壯的人。剛開始前幾天，孩子們把他視為領袖，男生團體中的領袖就很像黑猩猩團體的領袖一樣，追根究柢就是一句話，誰可以統御誰。但是人畢竟不是黑猩猩，布朗失去了他的領袖地位，因為他太有攻擊性，也太會指使人。「我們厭倦了被他指揮去做他不要做而我們卻要做的事。」一個個子不高的男生抱怨著。所以布朗就下臺換成米爾斯上臺。米爾斯可以領導，態度也好一些。[81]

因此，光靠肌肉是不行的，即使在男生團體裡也是行不通的。人格的威力、想像力、聰明智慧、運動能力、幽默感，以及一個討人喜歡的外表，都可以贏得選票。大家都不喜歡攻擊性強的孩子，有時候甚至會把他趕出去。不過，不是所有攻擊性強的人都討人厭，有的時候還是會很受歡迎。我想最主要是得用在對的地方。那些無緣無故發脾氣、隨便遷怒、不按牌理出牌的人，是會被人排斥的。[82]

強盜洞營區的研究者曾談到「統御階級」，也就是「進食次序」，不過這個名詞現在已經很少用了，因為通常事情不像「階級」這個字表示得那麼一清二楚，同時，「統御」有單向、上對下的味道。即使是強盜洞營區的研究者都覺得人類領袖是選出來的成分比打出來的多，所以他們觀察大家在有事情時會去找哪一個孩子比較多，而把他界定為領袖。

有一個比較新、比較好的名詞是「注意力結構」（attention structure）。[83]大家平常是注意哪個孩子？當人們不確定該怎麼辦時，大家的眼睛會去看誰？在注意力結構上層的人所享有的特權，是下層的人所不敢想的。他可以是創新者，因為在上的人不必去模

仿任何人，他們是人家模仿的對象。團體對於標新立異的懲罰，只
適用在注意力結構中下階層的人。

　　注意力結構跟統御階級不相同的地方，是它在女生的團體中也
可看見，甚至更多些，因為被模仿的不只是行為，還包括衣服和
髮型。高階層的女孩決定什麼時候從冬裝轉到夏裝；假如在上面的
人已經決定換穿短袖後，在注意力結構較低層的女孩——也就是比
較沒有人緣的女孩——仍然穿毛衣來上學的話，她就犯了失禮的錯
誤。同樣地，太早換也是一樣地失禮，唯一的方式是在同一天換
裝。[84]要能夠做到這一點，我想女孩必須要花相當多的時間在電話
上才行。

　　假如團體是由同年齡的孩子所組成的話，那麼最高階層的通常
是比較成熟的孩子。[85]這可以追溯到我們狩獵採集時代的祖先。在
混合的團體裡，大的孩子通常是要負責照管小的孩子，而小的孩子
從觀察大的孩子當中學習如何與人相處。對男孩子來說，可能追溯
得更遠，直到我們靈長類的祖先。年幼的公黑猩猩無法從觀察牠父
親的行為中學習行為的準則，因為牠根本不知道牠的父親是誰，而
牠又不能從觀察母親的行為來學習如何做一隻公黑猩猩。或許是因
為這個原因，年輕的公黑猩猩會強烈地被大一點的公黑猩猩所吸
引，即使大黑猩猩把牠們推開、拳打腳踢，牠們還是要跟著大的。
這個情況在小男生身上也是一樣。小男孩喜歡跟著大孩子後面跑，
即使大孩子對待他們很粗魯，他們還是要跟著。[86]

　　大的孩子地位比較高，這是為什麼比較早熟的孩子在團體中的
地位會比晚熟的孩子高的原因。好朋友在團體中的地位通常差不
多，所以地位高的人通常交的朋友比他年紀大，而地位低的人比較
會有更小的朋友。[87]在我被班上同學排斥的那些年裡，我唯一的朋

友是比我小兩歲的人。我被班上排斥一方面是因為我比班上的人年紀小，而且以我的年齡來說個子也小，我的外表和舉止都像一個比較小的孩子一樣，所以我在同學之間就沒有任何地位了。成熟對孩子來說，就好像金錢對大人一樣，它可以提高你的受歡迎度。醜而有錢的人通常也可以娶到嬌妻。

我認為在同儕團體中，地位的高低對人格會有永久的效應。不受同伴歡迎的人自尊心也比較低，[88]我認為這種不安全感在長大之後也沒有真正消失，它會跟隨你一輩子。你被同儕的陪審團審判過了，他們決定不要你，你永遠翻不了身——至少我是這樣。

然而，我很難去證明成年的不安全感（或其他心理上的問題）是源自童年同儕團體的經驗，這是一個因果關係不易確定的問題。假設有一個孩子名叫羅夫，小時候同學都不喜歡他，結果他長大後變成一個心理不健全的人。他的毛病真的是由於從小被排斥，還是他本來就有一些不正常，所以別人才會排斥他？或許他本來就有人格上的問題，或許他的父母也注意到了，或許他的父母也對他不好。假如羅夫長大後有心理問題，這是因為他的同學排斥他嗎？父母排斥他嗎？還是他小時候的毛病在長大後也沒有改善？[89]

我發現有一些證據足以顯示，小時候同儕團體的經驗的確會造成長大後的心理問題。這些通常是個子長得比較矮小的孩子，不論矮小的原因是因為比較晚熟或是他本來就長得比較矮。比較小的孩子，特別是比較小的男孩，在同儕間的地位是比較低的。除了個子高矮之外，沒有任何其他原因是這些孩子會被同儕排斥的。我們沒有任何理由認為他們會被父母排斥，因為父母通常比較會保護小的孩子，但是個子小的孩子比個子大的更容易在自尊心、自信心方面不足，並產生較多的心理問題。[90]

雖然他們的個子以後可能可以長得更高大些，但是這些心理問題卻不容易拋到腦後。有一個研究者長期追蹤兩組男孩直到他們成年。比較晚熟的那一組孩子從童年到青少年期個子都比較矮小，但是他們後來長高了，跟別人一樣了（到他們成年時，他們的平均身高只比早熟的那一組矮半寸而已），但是人格上的差異卻一直持續著。早熟的孩子則比較有自信、落落大方，好幾個變成公司的總經理、董事長。晚熟的人對自己比較沒有自信心、比較敏感，比較渴求別人的注意力。[91]

在世界的其他角落裡，混合的遊戲團體仍然存在。對這些人來說，個子大小和地位就沒有這麼重要了。每個孩子加入這個團體時都是年紀最小、個子最小的。他們慢慢地往上爬，他們都有被所有人欺負的經驗，也都有被小的尊敬的經驗。但是都市化社會中的孩子就沒有這樣的經驗了。在家中，他們保持最大的或是最小的孩子地位，在學校裡，他們的地位經年不變；幸運的就在頂端，不幸的則在腳底，度日如年。[92]

認識自己

大約在七、八歲的時候，孩子開始以從來沒有的姿態，比較他自己和別人。在托兒所裡，如果你問一群小孩：「誰是最強壯的孩子？」他們個個都會跳起來，高舉著手說：「我！我！我！」等到他們長到八歲時，他們就變聰明了，他們會指著最高大的孩子或是最凶悍的孩子說：「他。」[93]

這個八歲孩子的所作所為，是黑猩猩一輩子也學不會的。這些孩子已在腦海中形成了工作模式，不僅是比較別人，也比較自己。

他們可以做相當抽象的比較，例如整個團體。黑猩猩知道在團體中牠可以打贏誰，哪些人牠最好閃到一邊去以免遭殃。托兒所中的孩子也可以做到這一點，但是我不認為黑猩猩王知道牠自己是猩猩王，牠只知道你最好閃到一邊去，不然我就扁你。

孩子是在童年中期開始了解他自己的。自己有多強壯、有多好看、跑多快、有多聰明，他們是從比較自己與同儕團體中的成員來了解自己。[94]

「社會比較」（social comparison）就是上述行為的專有名詞。羅勃‧彭斯（Robert Burns）在一七八六年時寫過一首詩說：「噢，請賜給我們力量，讓我們能看到別人眼中的自己。」[95]但是，假如別人把我們看成書呆子、神經病的話，怎麼辦呢？我不是要挑毛病，但是以別人看我們的方式來看自己，不一定是個好主意。

幸好，有個補救的方法，我們可以選擇與自己比較的團體。一個四年級的孩子如果比其他四年級的都強壯，他就可以認為他很強壯；他不必去跟五年級的或六年級的比。

假如他發現他不是教室中最強壯的孩子，在四年級的教室中，仍然可以有很多地方讓他去出人頭地，例如班上的小丑。童年中期是孩子人格定型的階段，他們可能自己選擇某種角色，被別人提名，或被別人強迫變成某種角色。當角色選定後，孩子的特性開始發展，而且常常是誇張地發展。耍寶好笑的孩子變得更會耍寶；會讀書的孩子變得更會讀書。幽默和學識變成他們的特長了。

這對那些特意要與眾不同的人，或是他的不同是團體可以接受的人來說的確很好，但是對於那些天生就與眾不同的人來說怎麼辦呢？一個必須要戴助聽器的女孩怎麼辦？太高的男孩怎麼辦？皮膚太白的孩子怎麼辦？當一隻染到小兒麻痺症，後肢麻痺的黑猩猩回

到牠原來的族群時，牠原來的伙伴會攻擊牠。我們對陌生人的不喜歡，很容易就成為對陌生事物的不喜歡，[96]假如你是不同的，那麼你不是我們中間的一員。

當孩子長得愈大時，他愈明瞭人和人之間有很多的不同，有更多的理由分裂形成更小的團體。孩提時候不同種族之間或不同社經地位之間的友誼，變得愈來愈稀少。功課好的跟功課好的在一起，惹事的跟其他惹事的在一起。到五年級時，孩子們已經形成三人到九人的小圈圈，圈內人愈來愈相似，而圈際的差別也愈來愈大。[97]

發展心理學家湯瑪士‧金德曼研究五年級教室中的小圈圈行為。他發現同一圈子的人有著同樣的價值觀和對學校功課的態度，這可能沒什麼了不起，孩子可能就是因為他們有相同的態度才會聚集在一起。但是到了五年級時，這些小圈圈還沒有太定型，孩子還是可以遊走在圈圈之間，所以這就給了金德曼一個機會來研究：假如孩子從功課好的圈子中移進或移出的話會怎樣。結果他發現孩子對學校功課的態度，會隨著他們進出這個功課好的小圈圈而有所改變。假如孩子進入功課好的圈子中，他對學校功課的態度會有改進；假如他離開了這個圈子，他對功課的態度就會變差。金德曼發現學生對於成就的態度是受到他所屬團體的影響。他所測量到的改變不可能是由於孩子聰明智慧或父母態度改變的關係，因為這兩者都不可能在學期年度之內有反向而行的可能。[98]

當孩子愈長愈大時，他們愈有自由去選擇他們想要交的朋友、他們想要隸屬的團體；這是另一種方式使他們原有的特質變得更誇張。一個聰明的孩子比較可能去參加功課好的學生的團體，一個不怎麼聰明的學生會去加入另外的團體。他的朋友的影響力會使聰明的孩子有更強的動機要在學業上表現得更好，因此，他就可能變

得更聰明。這會變成一個惡性循環，雖然這個例子不是惡性的。像這樣的循環在發展上不斷可以看到，心理學家稱之為「馬太效應」（Matthew effects），因為《聖經》上說：「因為凡有的，還要加給他，叫他有餘。」（馬太福音 25:29）[99] 誰說生命是公平的？

　　不過，有的時候生命還是平等的，在我被同學排斥的四年裡，我的確學到了很多。假如那些「淑女們」沒有排斥我的話，我可能就不是今天這個樣子了。

第九章

文化的傳承

The Transmission of Culture

The Nurture Assumption

　　什麼是文化？人類學家瑪格麗特・米德（Margaret Mead）把它
定義為「從父代傳到子代的系統化的習得行為」。[1]在這裡，習得
的行為範圍很大，它包括各種社會行為，例如自信、情緒化或酷、
有攻擊性或很友愛，它也包括各種技能，例如從石頭做出一個箭
頭，或使用微波爐，它包括如何使用當地的語言以及用詞得當，還
有信仰，比如說你的祖先怎麼存活下來，是什麼因素使他們沒有絕
跡。我知道最後一項有把行為的定義扯得太遠一點，但是米德應該
不會反對。

　　米德假設習得的行為是由父母傳到子女，因為她在不同的社會
看到孩子學到不同的行為，有的學會說義大利語，有的學會說日
本話，有的學會製造箭頭，有的學會使用微波爐，而這些行為都與
他的父母行為很相似，不用這個方法，文化怎麼能從一代傳到另一
代？它怎麼可能被保存幾千百年而不失傳？

　　米德是人類學家，不是心理學家，但是這並沒有使她對教養的
假設具有免疫力，她假設文化是父母教導給孩子的，這的確是假設
而已。在本章中，我要提出另一個看法來解釋文化為什麼可以從一
代傳到下一代而不消失。

把這個文化傳下去

　　在上一章中我提到有兩個鄰近的墨西哥村落，他們的社會風氣
非常不一樣。拉巴茲（La Paz）和聖安德斯（San Andres）的村莊都
說同樣的語言，種植同樣的農作物，但是他們的行為非常不同，拉
巴茲的人愛好和平、很合作；聖安德斯的人有暴力傾向、攻擊性
強。[2]

　　米德在一九三五年出版的書中也談到相似的兩個相對立文化。她研究新幾內亞島上兩個相距一百里的部落民族。一個是住在山裡的阿瑞派盧（Arapesh）人，另一個是住在河谷的曼都谷莫（Mundugumor）人。她發現阿瑞派盧人愛好和平，很溫和；而曼都谷莫人愛打仗，充滿敵意。我想說，米德是想來這個島上研究為什麼這兩部落有著這麼不同的行為，但是我懷疑她在踏上這塊土地以前，已經決定了原因。佛洛伊德的理論那時已經很流行了，所以米德準備來看看島上居民斷奶和大小便訓練等帶孩子的方法，下面是米德自己所說的話。

　　阿瑞派盧的嬰兒是如何雕塑成溫和、善體人意的成人個性的？什麼是這個決定性的因素？為什麼這裡的孩子很滿足、很溫和、沒有攻擊性、沒有競爭性、對人體貼、熱情、信任？在任何一個一致性很高的社會裡，孩子也會有像他們父母一樣的這種人格出現，但是這不僅僅是模仿的緣故，透過餵孩子吃飯、哄他們睡覺、管教他們、教他們自我控制、處罰、獎勵和鼓勵的方式，可以建構出一個更精細、更準確的關係。此外，大人如何對待孩子是成人性格上最重要的事情，放諸四海皆準。[3]

　　米德說阿瑞派盧族的人很仁慈，很寵愛他們的孩子，斷奶的過程很溫和，大小便訓練也很有耐心。相反地，曼都谷莫人是吃人肉的食人族，[4]她形容他們照顧嬰兒的語言就跟愛麗思夢遊奇境中所用的詞句一模一樣：「用很粗暴的方式對孩子說話，假如他膽敢打噴嚏，就揍他。」這個天使般的阿瑞派盧人和惡魔的曼都谷莫人，我彷彿看了一場電影。

　　這聽起來像個動人的故事，但是仔細檢驗後卻不是如此。阿瑞派虛人也會打仗，而大部分的人，即使對別人很凶惡，對自己的孩子還是慈愛的。人類學家謝濃與亞馬遜的雅諾馬莫人一起住了好幾年，這是亞馬遜熱帶雨林中最凶悍的一個民族，這個族人幾乎不停地與鄰居交戰。假如他們的太太晚飯端得慢一點，他們就用棍子打她；假如她們膽敢犯更嚴重的錯誤，他們就用箭射身體比較不重要的部位來懲罰他們的太太。但是這一族的嬰兒都是餵母奶，而且雙親都很疼愛他們。[5]

　　這些嬰兒長大後都變成凶猛的孩子、凶猛的大人，就跟他們的父母一樣。就如米德所說的，孩子跟父母有一樣的人格特質。假如我們把這句話當做起點，讓我們打開胸襟來看一下有沒有什麼其他的可能假設可以解釋它。

　　第一個最簡單的解釋就是這些人格特質是遺傳的：有其父必有其子，在我們社會中，攻擊性的測量也顯現出同樣的遺傳性，就跟其他的人格特質一樣。大約有一半的攻擊性變異性可以歸因到遺傳上。[6]雖然這個結果並不能使我們下結論組間的差異是什麼，至少它提出一個可能性，基因可能在攻擊性上扮演一個角色。

　　現在請想一下：謝濃發現那些戰死的勇士比一般人多出二倍的太太，孩子也多二倍。那些人以自己的凶猛為傲，而能符合雅諾馬莫族標準的人，在族人中地位也最高。像大多數部落一樣，雅諾馬莫族也允許一夫多妻，地位愈高、妻妾愈多，所以他們就有愈多的孩子。長久以來，雅諾馬莫族就在培養勇士，所以驍勇善戰的人會有很多的孩子；那些一打仗就肚子痛的人（是的，即使是雅諾馬莫族也有這種人）很少或甚至沒有孩子（因為假如有些人可以有更多的太太，那麼有些人就一定沒有太太了）。因此，長久下來，這個

系統就會製造出非常勇猛的戰士來了。[7]

　　雖然這是很可能的，但是對我來說，卻是很無趣。雖然遺傳可以用來解釋攻擊性的差異，卻不能解釋大多數文化上的差異。它不能解釋為什麼有的孩子長大了說義大利話，而有些長大說日本話，有些會做箭頭，有些會操作微波爐。它也不能解釋為什麼這個社會的人（像他們的上一代一樣）把嬰兒的猝死歸因到敵人所施的巫術。

　　雖然人格有一部分是遺傳的，文化卻不是，態度、信仰、知識、和技術都是文化的一部分，可是都不能靠著基因把它從一代傳到另一代。我接受米德說文化是習得的這個說法，但是怎麼習得的？誰教的？

　　在墨西哥的村落聖安德斯及亞馬遜河的雅諾馬莫族，成人都很凶悍，小孩也是，小孩長大變成跟他父兄一樣的凶悍。除了遺傳之外，我可以想到四個可能的解釋。四個環境的機制可以造成孩子和大人之間行為的相似性。

　　第一就是父母鼓勵攻擊性的行為，或者至少沒有制止或處罰這些行為。雅諾馬莫的孩子如果去向父母告狀說有人欺負他、用棍子打他，他的父母會給他一根棍子叫他打回去。相反地，在墨西哥愛好和平的村落拉巴茲中，父母甚至不鼓勵小孩子玩打架的遊戲。[8]

　　米德說習得文化所贊許的行為並不是僅僅模仿而已，她在這一點上可能也是錯的。第二個可能性可能是孩子模仿父母的行為。第三，孩子模仿他們社會中所有成人的行為；這個解釋是研究拉巴茲和聖安德斯的人類學家道格拉斯・佛萊（Douglas Fry）所提出的。最後一個可能性是我在前面一章所提出的理論：孩子可能模仿其他的孩子，特別是比他們年齡大一點或社會階級高一點的孩子；在這

種情況下，成人社會的影響是間接的影響。

　　那麼，我們如何決定這四個可能性哪一個是對的呢？我的回答可能會令你震驚：在大多數的情況下，我們不能。在一般的情況下，我們沒有辦法區辨它們，任何一個、二個、或三個機制或四個全部都可能製造出上面所觀察到的兒童行為。在人類學家所研究的社會中，所有的父母都用相當相似的教養方法；教養孩子是文化的一部分、父母的行為也很相似，因為都是他們文化所允許的行為，所以我們怎能說小孩是模仿他的父母還是模仿社會上所有的人呢？當然，文化中的行為還是有一些小小的差異，並不是所有的雅諾馬莫人都一樣地熱中打仗，但是這個差異可能是因為族群中基因的差異，假如一個不太喜歡打仗的勇士的兒子也不喜歡打仗時，這個不能用來支持假設二的證據，它很可能是因為基因的關係，所以，文化中微小的行為差異是沒有辦法來幫助我們區分出四個環境假設中哪一個是對的。

　　這個問題是：在正常的情況下，孩子生活環境的各個層面都是有相關的——它們都一起互動互變，所以你不可能知道環境中的哪一個層面對孩子有影響。我們不知道為什麼聖安德斯的孩子比拉巴茲的愛打架，是因為他們父母教養他們的方法不一樣，還是因為模仿他們的父親，還是因為模仿其他的大人，還是因為模仿其他的孩子，還是這兩個社區的人基因上的差別，因為上述原因都可以得到同樣的結果：拉巴茲的愛好和平，聖安德斯的好戰。

　　這個混淆現象在我們多重文化的社會上也可以看到。假設有一對夫婦，先生是律師，太太是電腦專家，他們是長春藤盟校的同學，他們的父母也是唸同一所長春藤盟校。他們有二個理想的孩子，住在房價高昂的郊區豪華住宅中，這個區域的所有父母都受

過高深的教育，所有的孩子成績都在中上。小孩常去博物館、動物園、圖書館，家中充滿了書。孩子小的時候，父母都唸書給他們聽，父母本身也花很多時間讀書讀報，這個社區所有的孩子都差不多是這樣，這個學校裡所有的學生也都是如此。

假如這兩個理想的孩子後來成為好學生，進入長春藤盟校讀書，跟他們父母一樣，你會說哪一個是他們的成功因素？基因嗎？父母唸書給他們聽，鼓勵他們在學術上發展嗎？還是父母本來是知識分子？還是整個社區人都是知識分子？還是社區和學校中的每一個學生都是相似的？

當這些變項一起改變時，這就好像一方面要找出為什麼貴賓狗和獵犬有不同的行為，另一方面又繼續把貴賓狗養在公寓裡，獵犬養在莊園的狗籠子裡一樣，我們唯一可以知道究竟是什麼因素在作用的方法，就是去找各個因素相互對立時的情形。我們在第二章中把遺傳和環境對立起來看，我們把貴賓狗放到莊園去養，把獵犬放到公寓來。我們看被收養的雙生子，他們的基因來自一對父母，他們的環境又是由另一對父母所提供。

現在，我要說的是僅僅把基因的影響從環境影響中分離出來還是不夠的，我們必須要分離環境中的各個影響才行。就像遺傳和環境常在一起變化一樣，環境和環境也是一起變化的。一個在攻擊性文化中長大的孩子，他的攻擊性行為可能會得到讚許或注意，他看到他的父兄、他的鄰人、其他孩子的行為都是攻擊性的，這些力量都朝著同一個方向在拉，所以你不知道究竟是哪一個力量在拉馬車，我們必須要找那些往不同方向拉的力量才行。

心理學家和人類學家都沒有這樣做，他們還不了解這樣做的必要性，他們憑直覺宣佈說哪一個因素比較重要，所謂直覺就是目前

最流行的教養的假設，他們用來支持他們立場的證據是一點用都沒
有，因為這個證據不能區分出一個高下。

唯一可以區分出環境因素的方法是去找環境因素並沒有一起作
用的例子，這是為什麼我一再提到移民家庭的原因，當父母屬於一
個文化而社區屬於另一個文化時，我們至少可以區分出父母和社區
的效應。

環境對抗環境

提姆·帕克斯（Tim Parks）是英國作家，在義大利住了許多
年，三個小孩都在義大利長大。他的《義大利教育》（*An Italian
Education*）這本書，是有關一個移民父親的心路歷程。他寫這本書
的目的是希望：

> 當我們讀到最後一章時，我希望讀者和我（尤其是我）
> 會發現為什麼義大利人會是義大利人，而我們卻是拿著居留
> 證的外國人。[9]

據我所知，帕克斯從來沒有想出為什麼義大利人會是義大利
人，不過他倒是把一個父親眼睜睜看著他的小孩變成另一個文化的
人的心情描寫得很好。

> 米夏（Michele）回家對我用英文說："Oh, don't be so fiscal,
> Daddy. Don't be so fiscal."，他是在抱怨我準時送他們上床，而他
> 想說的是 "fiscale. Non essere fiscale, Papà."。

　　帕克斯說，義大利字 fiscale 是太嚴厲的意思，所以米夏的意思是說：「不要這麼緊張，爸爸，不要這麼小題大作。」

　　　米夏知道我希望他們說英語，所以米夏說："Don't be fiscal, we'll be good if you let us stay up."。他的意思是，這些規則（他不知道這是英國家庭的傳統家規）並不需要遵守得這麼徹底（義大利家庭一般對孩子的就寢時間規定非常有彈性）。[10]

　　所以既驕傲又遺憾，派克看著他的兒子變成一個道地的義大利人，而他自己永遠是這個社會的外人。我想所有的移民父母當他們看到自己的孩子變成另一個文化的分子時，都經驗到這種驕傲和遺憾的心情。對有些人來說，驕傲的成分比較大，對另些人則是遺憾的成分比較大。我認得一個日本女孩嫁給一個歐裔的美國人，住在美國。這個女人從來沒有對她的孩子說日本話，因為害怕會干擾孩子學習英文的能力（根本不會）。但是，我也認得一個猶太婦女，她的東正教祖父母移民到美國來，後來又把他們帶回波蘭，因為她看到孩子變成心中無上帝的美國人。後來，這對祖父母和幾乎所有的孩子都葬身在納粹集中營裡——只有一個孩子倖存。

　　其實，東正教的父母是有可能在美國把孩子撫養長大而不會使他們變成心中無上帝的美國人。在紐約的布魯克林有許多猶太人，他們保留了猶太的宗教、習俗，甚至衣著、頭飾都和幾代以前從東歐移民而來的祖先一樣。他們可以做到這樣是因為他們在家中自己教育孩子。這些孩子後來進入猶太教的學校，他們不與其他文化的

孩子混雜在一起（全校的孩子都是猶太人的孩子），也不與社區中
其他文化的孩子在一起（社區中大部分是猶太人）。

　　另一個使他們的孩子沒有被主流文化所同化的是加拿大的哈
特教派（Hutterite），這些人住在公共社區中，信仰的是成人浸信
會，穿的是以前歐洲古代的衣服，有著非常嚴謹的行為準則，每一
個社區有他們自己的學校，他們教小孩要「敬畏上帝、自我紀律、
勤勉、懼怕皮鞭」，根據一位英國新聞記者的描寫（這個記者在哈
特社區住了一段日子），他解釋道：

　　　哈特教派教育的重要性，跟哈特教派可以在加拿大以單
　獨的社會個體存在是一樣地重要。哈特社區繼續生存不是決
　定於上帝或宗教信仰，而是在他們能繼續控制他們小孩的教
　育。「假如我們讓他們去外頭讀書，我們就不可能控制他們
　了。」一位長老承認說。[11]

　　但是大多數父母不屬主流文化成員的孩子，是去「外頭」讀書
的，於是至少有一段時間孩子是兩種文化都有的——所謂的「雙文
化」。雙文化的孩子可以把兩種文化混合起來，換來換去，有時在
一個文化，有時在另一個文化裡，[12]這種換來換去叫做轉碼，我在
第四章中曾提到。

　　那麼，為什麼有的孩子把它混合起來，有的又換碼呢？為什麼
有的時候一個世代就失去了原來的文化，有的時候需要三個世代？
雖然社會學家和心理學家在「融爐」（melting pot）這個題目上大
作文章，但是卻沒有人去注意為什麼會有這個差別，這是為什麼我
用來支持我的理論的證據大部分是逸事——沒有經過驗證的逸事。

　　當新移民從舊世界移來新天地，他們多半落腳在有同鄉的地方，以便有個照應，所以我們有中國城和韓國城，有波多黎各社區和墨西哥人社區。在過去，有義大利人、愛爾蘭人或猶太人住的社區，美國的中西部有瑞典人、挪威人和德國人居多數的小城。在這些社區長大的移民孩子，他們的朋友都是相同的背景，家中不講英文，是用筷子而不是刀叉。

　　在這種地區，小孩把兩種文化混合起來，他們說英語，但是可能有一個腔。幾年以前，普林斯頓大學的學生報紙上，一個大一的新生抱怨說他的同學一直問他是從哪個國家來的，他是墨西哥裔的美國人，生在德州長在德州，因此對這個問題很反感，他不了解的是，人家這樣問他是因為他的英文有西班牙腔。在我唸書的亞利桑那高中也有很多墨裔美人，他們大部分都屬於墨裔美人的同儕團體，說的英文也有西班牙腔。

　　移民文化通常在一代以後就消失，最多到三代，社會學家認為這是一個漸變的過程，但是它只有在表面上看起來是逐漸的，它對整個團體來說是逐漸的，對個別家庭就不盡然了。舊文化在家庭搬離中國城或波多黎各區之後，一個世代就消失了。因為他們的鄰居不再是相同背景的人，它會看起來「逐漸」的原因是家庭不是同時搬走的，有些是經濟能力一許可就搬走了，有些是過了一、兩個世代才遷出。

　　當移民的孩子加入普通的美國同儕團體時，父母的文化很快地就消失了，一個從香港移民到加州的中國父親感嘆他的女兒失去了中國人的認同：

　　　「她在學校的朋友都是白人女孩，」他說他的小女兒，

「這在唸書時是沒有關係，但是白人女孩跟白人男孩結婚這是西方的習俗，你開始察覺兩個人之間的距離了，但是這已經太晚了，當你花太多的時間、太多的注意力在你的白人朋友身上時，你常常會忽略你自己的團體。」[13]

因為她的朋友是白人而不是華裔美人，所以這個香港移民的女兒會是「轉碼」而不是把兩個文化混合在一起。在家中，她會說中文、用筷子，跟她朋友在一起時，她會說英文、用刀叉；轉碼的孩子在她進入家門的時候就切換到另一個文化了。

但是轉碼的孩子的兩個文化其實是不平等的。移民的孩子會把朋友的文化帶進家來，但是他卻不會把父母的文化帶去學校，這是一個不成文的規定。英國心理語言學家的女兒把黑人英文帶回來家中，但是她沒有在托兒所中教她的朋友講英國腔的英文。一個在加拿大長大的葡萄牙裔心理學家說，在他成長期間，他拒絕說葡萄牙語，當他父母用葡萄牙語問他問題時，他以英語回答。他是在全家回到葡萄牙去度假後，才對葡語發生興趣的。[14]

帕克斯不知道他有多幸福！他在義大利生的孩子還願意用英語跟他對答。米夏是很典型的轉碼者，他不混合兩種語言，他不會跟他父親說 "Don't be fiscale, Daddy"，因為他沒有恰當的英文字來表達他的意思，所以他就用義大利字來替代。他把它翻譯成最接近的英文字，很不幸地，他找的字意思不對，雖然米夏很努力地在維持他的英文，他的英文詞彙趕不上他的義大利詞彙，這也是轉碼的一個基本現象。在家中說一種語言、出外說另一種語言的孩子，他們家中的語言會停留在勉強跟父母溝通的階段，而外面的語言卻會突飛猛進。語言學家早川是在加拿大長大的日本人，他承認他的日本話

只有小孩子的詞彙程度。[15]

　　轉碼的開關在孩子每一次走進家門時都得跳一下，這是一個不穩定情境，終究會被外面的碼所取代。但是有另外一種的轉碼是比較持久的，它是有兩個不同的外在語言。有一個研究愛荷華州印地安保留區中麥斯奎基（Mesquakie）印地安語的人類學家報告說：這些印地安的孩子在鄰近的白人小鎮的行為與他們在印地安保留區的不一樣。[16]這個差別在於麥斯奎基的孩子的同儕團體是兩種文化都有，而古典的轉碼（以米夏為例），他的同儕是只有一種文化。

　　入境要隨俗，在羅馬就要表現得跟羅馬人一樣，對孩子來說，他們還不只如此，當在羅馬的時候，他們就變成了羅馬人，即使他們的父母是英國人或中國人都無妨。當家庭外的文化與家庭內不相同時，家庭外的贏。

　　我認為不是父母的教養方式、也不是孩子的模仿父母，可以解釋文化的傳承。因此還剩兩個可能性；孩子模仿社區中所有的大人及孩子模仿其他的孩子。為了要區辨這兩個可能性，我必須要去找孩子的文化跟社區中的大人文化是不同的例子。下面就是。

聾人的文化

　　「我現在才了解語言是你屬於哪一個部落的會員證。」[17]說話的人是蘇珊・謝勒（Susan Schaller），美國手語（American Sign Language, ASL）的老師和翻譯員。美國手語是美國聾人所用的語言，是他們文化的會員證。謝勒花了一些時間才體會聾人的團體意識，聾人文化中「我們vs. 他們」的觀點。

對一個認同聾人文化的人來説，想要聽到什麼是可笑且荒唐的欲望。我開始接觸聾人時，並不了解這一點。我對聾人文化的無知，使我無法了解手語的笑話，把它翻譯成英語也沒有用，因爲我還是把聾人當成聽不見的人，而笑話是跟文化差異有關的。後來，當有一個人在説一個有關聾人娶一個聽力正常的太太的笑話時，我終於懂了。[18]

這個態度一點都不奇怪；這是所有少數團體的特性。也就是説，當團體意識很顯著時，所有的團體皆會如此。而聾人文化很特殊的地方是它無法從父母傳到自己。絕大部分的聾人是生在聽力正常的家庭，而他們並不了解聾人的文化；絕大部分出生在聾人家庭的孩子可以聽得到，這些孩子都變成了聽覺世界的一員。

聾人有著非常強有力的文化，它的韌性跟聽力正常的人的文化一樣，只是有一點不同而已。[19]聾人有他們自己的信念、態度和可接受的行爲準則。

生在聽力正常家庭的失聰孩子，他們學習行爲和信念的地方，跟他們學習語言的地方一樣：聾啞學校。不然還有哪裡？他們不可能在家中習得，因爲通常（至少在過去是如此）聾的孩子和他的家人之間沒有什麼溝通。所謂的溝通只是幾個粗糙的手勢，以啞劇的形式來表達他們的需求，這個叫做「家庭手語」（homesigns）。這個手語跟抽象的、有文法結構的複雜語言（美國手語）是非常不同的。

研究雙語兒童的學者發現，家中所使用的語言最後會被家庭之外所使用的語言取代，很多人都把這個現象怪罪到語言的優勢上。例如，他們説墨裔美人的孩子後來不再説西班牙語只説英語，是因

為西班牙語沒有特權——在外面世界沒有價值。研究者說：「一個在經濟上、文化上比較優勢的團體的語言，會取代少數團體的語言。」[20]

在這個國家裡，許多年來被誤導的聽人教育家，儘全力去提供聾人一個有經濟和文化地位的語言：英語。然而，這些聾人並不感激，他們堅持學手語，雖然有些學校禁止使用手語（甚至是以處罰的方式禁止），他們還是偷偷地用；[21]他們偷偷在宿舍中用，在操場上用。雖然老師努力教他們讀唇語，練習說話，手語還是變成他們的母語——一個他們用來思想、用來做夢的語言。在聾人社區裡，他們都用手語交談，他們也用手語與聽力正常的孩子交談。

假如他們的老師不教他們，他們是怎麼學會的？在大多數的情況是他們向少數來自聾人家庭的孩子學的。這些孩子在聾人團體中有著崇高的地位，因為他們是最早接觸到語言的人，給了他們居上層的優惠條件。他們是聾人社區中的語言流暢者，是有技巧的溝通者，雖然他們在聾啞學校中是少數，只有百分之十，但是他們帶到學校的這個語言，卻是比老師努力要教的「外面的語言」更有地位。

即使進入聾啞學校的學生中沒有一個會手語，學生還是有辦法學。謝勒說了一個牙買加島上聾啞學校的故事，這個學校禁止用手勢和手語，但是學童仍然學會了手語。他們是怎麼學的？謝勒問一位剛去那裡訪談回來的同事這個問題：

> 「洗衣婦。」他回答道。「學生一批一批地離開學校，但是每一屆都有極少數的人留下來擔任清潔工、廚師和助理的職務。這些孩子從使用手語的大人處學習一些詞彙和文

法，每一代又加上他們自創的詞彙和成語，對這位同事而言，洗衣婦是他所訪談的這一組學生的主要手語老師。」[22]

　　研究者說在經濟上和文化上比較有地位的團體所使用的語言，會取代少數團體的語言，但是牙買加學校的學生學的卻是洗衣婦的語言，他們學手語並不是為了要跟她溝通，他們學手語是因為他們要彼此溝通。的確，手語對他們來說，比讀唇或去發他們自己聽不見的音容易得多，但是假如他們真的想去跟大多數的大人一樣的話，他們應該捨棄手語而專心學習口語。

　　有的地方完全沒有人可以教孩子手語，甚至連洗衣婦都沒有；也有的地方連聾啞學校都沒有，所以根本沒有手語存在，這些孩子在家庭中被孤立出來，因為他們沒有辦法表達心中的意思，別的孩子不跟他們玩，有些孩子後來一生住在智障者的療養院裡。[23]

　　當沒有共同語言的孩子第一次聚在一起時，這過程真像一個奇蹟，[24]心理語言學家安・申加斯（Ann Senghas）研究中美洲尼加拉瓜手語的誕生，這個國家在一九八〇年以前是沒有聾啞學校的，[25]下面是申加斯所說的話：

　　　　十六年前，尼加拉瓜政府才初次成立特殊教育學校，專門訓練聾生的口語能力，也就是說，他們採用口語教學的方式，教學生說西班牙語及讀唇語，但是新學校的設立卻使一個全新的語言誕生了。以前從來沒有見過面的孩子突然聚集在一起形成一個社區，他們立刻用手勢彼此交談，最早一批到達的孩子是從四歲到十四歲不等，他們到達時每個人都有一些很簡單的、與自己家人溝通的手勢，有些是只有啞劇的

形式，有些孩子有比較複雜一點的家庭手語，但是進來的學生中沒有一個人有發展完成的手語。

這些孩子很快就發展出一套他們之間可以溝通的語言，有點像洋涇濱，它不是完整的語言，但是有許多語言的樣子，可以達到溝通的需求。從那次以後，孩子們開始發展自己本土的手語，這個語言不同於外人所說的西班牙語，它也不是美國手語，它是一個完全的自然語言。[26]

許多年前，在夏威夷也發生過同樣的事情，不過它是口語而非手語，也沒有幸運的心理學家在旁觀察它的發生。研究這個語言發生的德瑞克・畢克頓（Derek Bickerton）[27]只好從證據中去重新建構這個發展歷史，不過這個時候，創造這個語言的小孩都已經垂垂老矣。

這些人是在十九世紀末期去甘蔗園做苦力的人的孩子，這些移民來自許多不同的國家，包括中國、日本、菲律賓、葡萄牙和波多黎各，這些人之間沒有一個共同的語言可供溝通。有人認為墾殖場的主人是故意要找不同背景的勞工，怕他們語言通的話會對工作的條件不滿，引發工潮或罷工。

在《聖經》巴別塔的故事中，工人丟下工具，離開工作場所，因為他們每一個人都說不同的語言，彼此無法溝通了。[28]不過需要溝通的人還是會找出方法來的。在這種情況下，一種洋涇濱的語言會應運而生，在很短的期間出現，夏威夷的洋涇濱正是如此。它是一個臨時應景的東西，沒有介系詞、冠詞、動詞形態，及一致性的字序。每一個人說的洋涇濱都有些不同，在裡面都可以找到每個人母語的影子。

　　夏威夷的移民說洋涇濱或他們本來就說的母語，但是他們的小孩就不一樣了，小孩說的是語言學家所謂的克里奧爾語（Creole）。它源自洋涇濱，但是它是一個真正的語言，因為它有文法、有字序，有所有洋涇濱所沒有的語言必要條件。它可以表達非常複雜、抽象的概念。

　　這些說克里奧爾語的孩子不是在家中學得這個語言的，他們的父母根本不會說，畢克頓認為是孩子們自己創造出這個語言。他追溯這個語言到一九○○年和一九二○年之間，他在一九七○年代訪談了在那個時期出生的人（已近七十歲的人）。那些移民來的人仍然在說洋涇濱，但是在夏威夷出生的人卻說克里奧爾語了。克里奧爾語在一九○五年以前並不存在，創造克里奧爾語的孩子長大以後仍然在用它。畢克頓說：「他們把他們同儕所用的語言做為母語，雖然他們的父母儘力要他們保持祖先所用的語言。」[29]

　　畢克頓只有研究他們的語言，但是夏威夷移民之子也同時創造了一個共同的文化。在尼加拉瓜，理察・申加斯（Richard Senghas，心理語言學家安・申加斯的兄弟）紀錄了第一代尼加拉瓜手語使用者所發展出來的手語文化。這些畢業生現在可以相互溝通了，他們在離開學校後仍然定期聚會，慢慢發展出一種團體意識，雖然他們的文化是源自聽覺世界的尼加拉瓜文化，對立的效應已經開始出現了。聾啞的尼加拉瓜人以他們的守時自豪，而一般的尼加拉瓜人對時間沒有什麼觀念、常不守時；這點跟美國正好相反，一般人的美國人很守時，聾人的時間觀念則是馬馬虎虎。[30]

　　在本章開頭時，我說除了遺傳以外，有四個方法可以使文化的行為傳承下去，我現在已經排除三個了。文化並不是從父母傳到子女，移民的子女採用同儕的文化。這個事實排除了頭兩個假設的

可能性，第三個可能性是說兒童模仿社會中的大人，但是在這裡並不成立，因為兒童的文化與大人的文化不相同。因此，我認為文化是由兒童的同儕團體傳承下去的，也就是我的團體社會化理論的要義。

我的理論結合了三個不同的學術研究領域：社會化、人格發展，以及文化傳承。這些都以同一方式發生在同一地方：同儕團體。孩子與同儕共享的世界是塑造他們行為和天生性格的地方，所以同儕團體決定了他長大以後會是什麼樣的人。[31]

孩子的文化

這些證據都在那裡，但是心理學家和人類學家卻長期地忽略它。我認為這個理由是他們誤建了童年的目標。小孩子的目標不是成為一個成功的大人，就像一個囚犯的目標不是成為一個成功的獄卒。小孩子的目標是成為一個成功的孩子。

冒著把這個類比推得太過分的危險，我再把童年和關監牢的共同點解釋一下。在監獄裡，有二種不同的社會類別，犯人的和獄卒的。[32]獄卒是有權力的，他們可以武斷地、突然地把一個犯人移送到另一個監獄去，就好像我小時候被轉學到全國不同的地方一樣，這也不是我願意的。因為獄卒的權力很大，所以犯人必須要和獄卒保持良好的關係，但是對犯人來說，真正有關係的是其他犯人如何看待他。

犯人知道總有一天他會被放出來，跟獄卒一樣自由，但那是遙遠的未來，目前他所關心的是如何過一天算一天，與其他的犯人保持良好的關係。不管他們的過去是怎樣，他們的未來是如何，現在

他們被分類——被自己，也被別人——分成犯人這個類別。

就像別的團體一樣，犯人也有他自己的文化。雖然犯人來來去去，這個文化卻是持久的，犯人有他們自己的俚語，他們自己的道德標準，他們對拍獄卒馬屁或打小報告的人是十分看不起的。他們必須要服從獄卒，不然就會有苦頭吃，但是他們也不是百分之百服從，他們還是要保留一些自主性。所以假如他們騙過了獄卒，在鬥智上贏了，他們就會很高興，這種態度是犯人文化的一部分。這些在智力上較勁贏過獄卒的人，都很高興把這些小小的勝利講給他們的同伴聽。[33]

那麼犯人如何學習做為一個犯人？他們怎麼習得犯人的文化及學習犯人行為的規則？這些規則顯然是每一個監獄不同的。一個方式是犯錯，假如他們違反了獄卒的規則，獄卒會懲罰他們；假如他們犯了犯人的規則，犯人也會馬上讓他們知道。但是對那些很有觀察力又很謹慎小心的人，他們很有可能做為一個成功的犯人，從來沒有接受過負回饋，他們用觀察人的方式學習。雖然犯人來來去去，新近的犯人總是找得到一個大哥做為他的模範。他們不可能以模仿獄卒的方式來學習，因為犯人不准有像獄卒一樣的行為，但是他可以從模仿其他的犯人來學習他在監獄裡的生存之道。

說完了這個，讓我趕快說童年和被關是很不一樣的。大多數的孩子（可惜不是全部）是比犯人過得愉快的，孩子愛著許多照顧他的人，而且這個感情是互惠的，大多數的感情都是如此。最後一個差別是犯人關了一、兩年之後會被釋放出來，那時，他可以選擇他要不要保留他在監獄中所學的行為和態度。而孩子所學的東西是跟著他一輩子的。

雖然童年是學習的時期，但是把他們想成一艘空船，被動地接

納大人塞給他的東西是錯誤的。然而把他們想成學徒，努力學習以變成大人社會中的一員也是錯誤的。小孩並不是大人社會中無能的分子，他是他們社會中能幹的分子，他們的社會有他們自己的標準和文化。就像犯人文化和聾人文化一樣，孩子的文化跟他們所身處的大人文化是很相似的，但是它改變大人文化以適應他們自己的目的，所以它包括一些大人文化所沒有的元素，而且這個創造是團體性的，孩子不能發展自己的文化，除非他在一群孩子的團體裡，就像孩子不能發展自己的語言，除非旁邊有別的孩子在一起。

　　這些很早就開始了，在傳統社會是小孩子加入遊戲團體，在我們的社會是托兒所，社會學家威廉・柯沙洛專門研究孩子的文化，曾經花很多年觀察義大利和美國三歲到五歲孩子在托兒所的情形。他形容這個年齡的孩子在故意犯一點小規而老師沒有注意（或假裝不知道）時，有多高興。例如，大多數的托兒所都禁止孩子從家中帶玩具或糖果來學校：

　　　　在美國和義大利的學校裡，孩子都故意把很小的私人東西放到口袋裡，偷偷帶到學校來。最常帶的是玩具動物、火柴盒大小的汽車、糖果和口香糖。在玩的時候，孩子都會把偷偷帶來的東西掏出來給他的玩伴看，很小心地把這個與朋友分享而不讓老師注意到。老師常常是知道他們在幹什麼，但是不去管這種小事。

　　偷偷帶東西給小朋友看，是小孩子表達團體意識、表達個人反抗的方式，「我們小孩」對抗「他們大人」的一種行為，是小孩子取笑大人的權威或侵犯一些大人的權威的做法，這在托兒所的文化

中是很重要的一個部分。[34]

　　取笑、捉弄，故意挑戰大人的權威，似乎在所有的孩子團體中都存在，每一個新世代的孩子都有他們自己新的花樣，他們不需要向大的孩子學，但是有的傳統是從大的孩子傳到小的孩子，變成兒童文化的一部分。在柯沙洛觀察的那個義大利托兒所中，孩子的年齡是從三歲到五歲，有一些五歲的孩子是從三歲時就進來了，這個世代的重疊，心理學上叫做「同輩」（cohorts，指年齡接近、接受同樣文化而具有類似生活經驗的人），這些老生使得傳統可以形成並且傳到年幼的孩子。柯沙洛發現這個學校有一個傳統是老師們不知道的，那就是當孩子們聽到垃圾車來收垃圾時，小孩子會爬到操場上靠近牆邊的體操設備上，越過牆頭向收垃圾的人揮手，這些人也會向他們揮手；孩子們覺得這樣很好玩。[35]

　　語言也可以用同樣的方法傳下去，非洲肯亞的尼恩桑格族的孩子有一些他們自己用的髒話來形容身體的某一個部位。大人並沒有用這些字，也不允許他們在大人面前用這些字，[36]小孩子從大孩子那邊學來這些字，這些字是孩子文化的一部分，他們不是大人的文化。

　　當然，我們不能忘記兒童的遊戲，英國的歐比夫婦窮一生之力收集登錄了小孩子在戶外以及父母老師看不見時所玩的遊戲。他們說：「假如把今天的學前兒童放回任何一個世紀去，他都會覺得所玩的遊戲是所有其他社會習俗中最熟悉的一種。」他們發現英格蘭、蘇格蘭和威爾斯的小學生仍然玩著羅馬時代的遊戲：

　　當孩子們在馬路上玩的時候，……他們玩的是最古老、最有趣的遊戲，因為這些遊戲都經過許多世代兒童的考驗和淘汰，這些孩子自

己玩了以後又把它再傳下去，完全不需要大人操心。

這些遊戲不是大人教孩子的，他們甚至不是青少年教給小孩子的。當一個孩子變成青少年時，歐比說：

> 一個很奇怪、但又很真實的事情發生在他身上了，他在成長過程中會忘記他以前最愛玩的遊戲，所以大孩子完全不能告訴你遊戲規則……。有個十四歲的孩子在街頭被我們碰上了，我請求他把去年他在馬路上玩得興高采烈的遊戲講給我聽時，他臉上顯露的是一副茫然的表情，他已經不記得怎麼玩了。[37]

我不相信一個十四歲的孩子會有這麼差的記憶，他可能是不好意思——而不是忘記——所以他說不出話來。對一個青少年來講，被認為是孩子團體中的一員，就好像把托兒所的孩子叫做「寶貝」一樣，他會覺得很窘。其實這個十四歲的孩子告訴歐比：「我不是『他們』中的一員，你怎能期待我知道他們要做什麼？」因為自我分類是即時即刻的，所以青少年很難承認他以前曾是孩子，就好像小孩子很難想像他有一天會變成大人一樣。

遊戲、髒字、騙過大人的策略、小小的傳統——孩子的文化中什麼都有。他們可以把任何喜歡的東西加入這個傳統，任何團體中大部分人同意的東西都可以加進去，他們可以從大人文化中挑選他們喜歡的，每一個團體可以有不同的選擇，在強盜洞營區的研究中，響尾蛇隊強調「硬漢」，而鷹隊則是「至善」，這兩個特色是所有的隊員背景文化中都有的共同點，只是強調的層面不同而已。

在十四天之內，他們創造出兩個相對立的文化，而且依照這個文化的要求改變他們的行為。[38]

對不只有一個文化的孩子來說，他們選擇的範圍更廣了。在阿拉斯加漫長的夏夜裡，亞匹克（Yup'ik）愛斯基摩村莊裡的女孩玩一種傳統的愛斯基摩遊戲，叫做 "storyknifing"：一邊說故事，一邊用小刀在地上畫插圖，即故事一邊進展，一邊用鈍的小刀在泥地上刻圖畫。這些故事以前是用亞匹克語來說的，但是現在村莊中的女孩都是雙語了，她們之間談話都用英語，現在當她們在泥地上刻畫、說故事時，用的是英語，有些故事還是他們在電視連續劇上看來的。[39]

從孩子身上學習

文化可以在一世代之內改變或從零開始，愈小的孩子愈有創意，愈會想出好的主意。在日本的幸島（Koshima）上，第一個想出分離稻米和沙子的方法，是那隻名叫 Imo 的四歲日本猴。Imo 把米撒到海裡，稻穀會浮起來而沙會沉下去，Imo 的同伴模仿牠，很快所有的彌猴，除了那些最老的以外，都把稻穀拋向海洋。

另一個新的文化是由二歲的母猴 Ego 開始的。Ego 教牠的同伴游泳玩水，很快地，所有的小猴子都去衝浪、潛水找海帶吃。大部分老的猴子並不喜歡這種運動，但是老的會死，年輕的會上來，於是在海裡游泳就變成日本幸島上日本彌猴的文化了。[40]

隨著時光流轉，年輕的一代變成老的，他可能跟上一代很不相似，他也可能守成不變。從十九世紀初期到二十世紀中葉，英國的上層社會可以說是非常地相像。他們在行為、態度和口音上跟他們

的父親都沒有什麼不同。然而，他們的父親對他們的成長可以說一點影響也沒有，我在第一章中就提到這個令人困惑的事。

安東尼‧葛林爵士（Sir Anthony Glyn）的父親是個男爵，他從小接受的就是傳統的貴族教育。他生於一九二二年，生命的頭八年是與保母和家庭教師一起渡過的，那個時期的英國上層社會流行討厭孩子，一般的準則是孩子可以被看到但不可以被聽到，但這些對他們來說還不夠，安東尼爵士說：「真正的英國人是覺得小孩子連看都不要看到，每次孩子放假回家時，給他們一些精神訓話就夠了。」

安東尼在八歲時就被送去寄宿學校就讀，從那兒他再繼續就讀伊頓學校，直到他十八歲從伊頓畢業之前，他只有假期才回家，他與他父親的接觸就只有那些精神訓話。

「學校很重要，」安東尼‧葛林說，「特別是歷史悠久、有很好聲譽、專門培養好孩子的學校。」他的語氣是諷刺的，我想他在學校並不太快樂。但是他不能否認伊頓的確是製造好孩子的學校。威靈頓公爵在解釋他為什麼會打敗拿破崙時說：「這場戰役是在伊頓的操場上打的。」伊頓的操場是培養英國軍官個性的場所。不是在教室而是在操場，這個所有孩子在一起玩、老師監視最少的地方。威靈頓公爵極力稱讚的不是伊頓的教育而是伊頓的文化。

葛林說：「公立學校教育的目的不是學到任何有用的東西，或是學到任何東西，它主要是培養人格和情操，對社會有正確的觀念，交到正確的朋友。」以及學得正確的口音。葛林談到英國貴族家庭長子以外的孩子以及他們的孩子的式微。因為英國是長子繼承制度，所以長子以外的孩子長大以後都變成「窮親戚」，他們無力送他們的孩子去讀他們自己讀過的學校，所以他們的孩子在社會階

級上就每況愈下了。「他們的語言、他們的口音就愈來愈不像貴族
了。」[41]

謝勒曾說過：「語言是所屬族群的會員證。」[42]對英國人來
說，是口音。口音使人知道你是屬於什麼階級。在《蒼蠅王》這本
小說中，「小豬」這個角色有三個不利於他的地方（高汀永遠不知
道見好即收）：小豬很胖、他戴眼鏡、他說話的口音不對。[43]而小
說中最壞的人傑克，是來自有錢有名的貴族學校，這對威靈頓公爵
來說是一大諷刺。

去唸這些貴族寄宿學校的學子並不是從他們的保母身上學來那
個口音的，保母多半是中下階級的人。也不是從他們的家庭教師那
兒學來的，這些老師可能是蘇格蘭人或法國人。他們也沒有從父母
那兒學來，因為父母跟他們的互動很少。他們也沒有從老師那兒學
來，因為老師不太可能出身貴族。所以他們是從彼此身上學來的，
這個口音是從大的孩子傳給小的孩子，一代又一代，在伊頓學校如
此，在哈洛學校如此，在羅格比（Rugby）學校也是如此。其他層
面的英國上層文化，像是不苟言笑的作風、品性端正的嚴格要求、
深厚的美學修養，也是以同樣方法傳下去。這些孩子並沒有從他父
親短暫的精神訓話中學到他們的文化，他從父親習得文化的地方習
得他自己的。

所以在英國的私立學校裡，孩子的文化從大孩子傳小孩子就跟
歐比的遊戲一樣，在電視發達以前，孩子跟大人的社會很少接觸，
外面世界發生的事情對孩子來說沒有什麼影響，他們也不太能聽收
音機或看報紙，所以除了他們可以想出來的東西以外，沒有什麼新
東西可加入。每一個「同輩」的孩子跟上一個「同輩」的沒有兩
樣，文化一直繼續下去幾乎沒有改變。孩子這樣像父親的原因是他

們都在同一個地方、被同一個方法社會化，孩子從學校中習得這個文化，就像他的父親或他父親的父親一樣，而這個文化沒有什麼改變。

我們以為年輕的一代從年長一代那兒習得他們的文化，但是在這裡正好相反。小孩沒有接觸大人的社會，而所有的大人都曾接觸過小孩的文化，每一個大人以前都是孩子。

父母的同儕團體

聾的孩子、移民的後代、英國男爵的孩子，我承認這些都是特殊的例子，這些都是孩子無法從父母身上習得文化的例子。但是一般的孩子，他們的情形又是怎麼樣？大部分的孩子是跟父母一起住的，而且可以很隨意地用相同的語言與父母溝通，而他們的鄰居也是使用相同的語言。

而且大部分的父母都能夠很流利地跟他們的鄰居溝通，他們談天的主題之一是孩子：如何教養孩子。對於這個主題，幾乎每一個人都有他自己的意見，但是很少人了解，他的意見其實也是文化的產物。英國上層社會的人會在孩子面前公開說他們不能忍受孩子。雅諾馬莫人擔心他們的敵人會對孩子下咒使孩子生病、死亡，但是他們不擔心讓孩子用小弓小箭來打架。[44]每一族群對孩子有他們自己特殊的看法和態度。

這些態度和看法透過我所謂的父母同儕團體（parents' peer group）在一對對的父母之間傳遞。不是只有孩子有同儕團體，大人也有。雖然在大人團體中，不附和的代價不會像孩子中那麼高，但也是要付出代價、被懲罰的。不過大人跟孩子一樣，很少被迫去

附和團體的標準，他們也是自動自發自願去做，而且也是不自覺自己的這個行為。

在團體裡一個文化或次文化的成員，對教養孩子的方式或對孩子的態度是很相同的，通常這是旁觀者清，在外面的人看得比在裡面的人清楚。在義大利，父母常擔心孩子吃得不夠，所以強迫餵食是很普遍的情形。但是義大利人不能想像父母居然會時間到了就把小孩趕上床去睡，不管他們愛不愛睡，這是不可思議的事。當米夏說不要 fiscal 時，他的意思是：這些上床睡覺的規矩（他不知道這是英國的規矩）不需要執行得這麼徹底（義大利人是很有彈性的）。[45]

米夏可能不知道嚴格遵守上床時間是英國的典型生活（時間到了就得做，不管要不要），但是他非常知道這不是典型的義大利生活。派克覺得他不必照義大利人教養孩子的方法去做，因為他不是義大利人，但是孩子的抗議卻使得他也不自在。父母不喜歡在教養孩子的方法上與他的朋友或鄰居相差太遠，否則他們會很擔心。而孩子可以感到父母這個弱點，立刻乘機利用。「其他的孩子都不必打電話回家」、「其他的孩子都穿新的耐吉球鞋」，雖然父母嘲笑這些一眼就看穿的伎倆，他們還是無法不上當。

在第五章中，我談到一個十九世紀的德國女孩，父母用吸血蟲給她治療，又要她每天掛在單槓上，因為她的母親害怕她會變成駝背。下面是她自己的話，讓你知道一下在那個時候，害怕駝背就像傳染病一樣，散佈在她母親的朋友和親戚的團體中：

　　突然之間，因為報紙或天曉得什麼宣傳品的煽動，畸型
的恐懼像傳染病一樣在母親之間傳開。我們的姿勢正常、一

點都不彎曲的這個事實，對母親來說絲毫安慰作用都沒有，
對我們來說也是一點好處都沒有。所有的家庭都請醫生來家
中仔細檢查我們的骨骼，尋找歪曲的脊椎，結果不幸的事情
降臨到我們頭上，在我們根本不知道發生了什麼事之前，就
被宣稱我們全體都是體弱的殘廢。結果我的三個堂姐妹被
送到剛剛成立的康寧斯堡（Königsberg）骨科療養院，歐本漢
（Openheim）家的二個女兒被送到柏林的布隆爾（Blömer）療
養院，我的女性朋友一個接一個地被迫穿上鐵甲來矯正她們
的姿勢，晚上睡覺時被綁在骨科的硬板床上折磨到天亮。[46]

　　穿鐵甲的德國女孩還算幸運的，她們不知道父母還可以對孩子
做些什麼，就因為同一村落、同一部落、同一社區的人都在做，
他們也得做。我手邊有一篇論文叫做「女性生殖器毀傷」（Female
Genital Mutilation），發表在一九九五年的《美國醫學學會期刊》。
它的內容是描述一種類似割女性包皮（female circumcision）的儀
式；在非洲、中東以及回教徒的婦女身上到現在都還可以看得到。
這個手術是在沒有麻醉的情況下進行的，女孩子大約在七歲左右就
被迫去割。有的時候，女孩死於流血過多、破傷風或敗血症，這個
手術的長期後效一直延長到成年，它會引起不孕、生產困難，性交
會很痛苦，這就是這個手術的主要目的。[47]

　　父母對他們的孩子做這麼恐怖的事的唯一理由，是每一個人都
這麼做。他們的朋友、他們的鄰居、他們的兄弟姐妹、他們的表
兄弟姐妹，每一個人都在對他們的女兒做同樣的事。假如他們不這
樣做，他們就會受到其他人的責難，他們的女兒可能永遠都嫁不出
去，因為根據他們的文化，一個好女孩是沒有陰蒂的。

　　雖然女性割包皮在世界的某些角落是傳統的文化，但是它不一定需要從一代傳到一代，德國的媽媽擔心女兒會畸型是從報紙上以及從彼此間得到這個恐懼的，這件事並不是她們的媽媽曾經擔憂過的。人們教養孩子的方法是他的鄰居、他的朋友都在做的方法，並不是他父母曾做過的方法，而且這不僅僅在我們媒體氾濫的社會中是如此，當人類學家拉文夫婦（Robert and Barbara LeVine）在一九五〇年代研究非洲的迦西人（Gusii），這族人餵嬰兒的方法是把嬰兒的鼻子捏住，使他為了呼吸而不得不把小米粥吸進去，當拉文和他的第二任太太莎拉（Sarah）在一九七〇年代重新回去非洲訪問這個部落時，這個危險又浪費的餵食方法已經不存在了。所有的母親都改用奶瓶，把稀飯倒在奶瓶裡，用橡膠奶頭來餵。[48]

　　奶瓶在第三世界大為流行，但是這個改變不一定就是好的。在墨西哥猶加敦半島的馬雅婦女，她們小時候流行的是傳統的育嬰方式──喝母奶，但是她們現在都是用奶瓶餵奶了。這些嬰兒的祖母並不贊成奶瓶，她們認為餵母奶的嬰兒比較健康，結果這些祖母是對的，研究者發現這些喝牛奶的嬰兒比較容易得腸胃炎，所以比較瘦。研究者問道：「為什麼猶加敦的父母要放棄古老、有適應性的哺乳，而改用新的、不適應的奶瓶餵奶呢？」[49]因為他們的朋友、鄰居都是這麼做，所以，媽媽以前不是這樣做又怎樣？她不贊成又怎樣？

　　在美國這樣多元文化的社會裡，教養孩子的方式依次文化團體的不同而不同。以目前來說，哺乳是在受過教育、經濟獨立的白人婦女中最常見的育嬰方式。在一些非裔美人的社區中因為很久都沒有人餵過嬰兒母奶，有人根本就不知道可以這樣餵嬰兒。紐澤西州專門鼓勵經濟上劣勢的婦女哺乳計畫的主持人報告說：「有人問

她：妳是說妳可以從這裡擠出奶來嗎？」[50]

餵嬰兒方式的流行、害怕畸型的恐懼、認為敵人詛咒孩子等等，都是從一個婦女透過「母親支持網路」（maternal support network）傳到下一個婦女的；[51]父親也有他自己的網路，有些男性同儕團體不鼓勵他的成員在家裡幫助他的太太帶孩子。[52]「再見，親愛的，我要跟我的伙伴出去。」

研究者報告說，美國中產階級不屬於任何支持網路的父母，比較可能違反文化的常模而虐待他們的孩子，[53]但不是所有父母的同儕團體都反對嚴屬的體罰，每個團體對體罰的看法都有所不同。前面所提的拉巴茲和聖安德斯兩個村莊對紀律就有不同的看法。人類學家佛萊說：「在聖安德斯，父母的體罰方式比拉巴茲的嚴屬得多。」[54]佛萊看到聖安德斯的父母用棍子打小孩，但是他從來沒有看過拉巴茲的父母這樣做。佛萊沒有把聖安德斯村莊人的攻擊性歸因到他們在小的時候常被打，這是他了不起的地方。他認為打人是那個村莊普遍氣氛的一個徵狀，而不是一個原因；我也是。

在我們自己的社會裡，對體罰的看法從一個到另一個社區各有不同，從一個次文化到另一個次文化也不相同；體罰在經濟劣勢的社區中比在有錢的社區中普遍；少數民族的父母比歐洲白人的父母打得凶。[55]這種教養孩子方式的差異，來自父母的同儕團體。

從父母的同儕團體到孩子的同儕團體

我先生與我在紐澤西州一個愉悅的小鎮養大我們的女兒。我們在那裡住了將近二十年，從一九六○年代中期一直住到一九八○年代中期。在我們住的中產階級社區，許多人跟我們一樣有和我女兒

差不多年齡的孩子。我們大部分是歐洲移民的後裔，我們在收入和
生活形態上都很相似。當我們孩子小的時候，我們都留在家中照顧
他們，即使在他們到了上學的年齡，到離家不遠的小學上學時，我
們也只有兼職，孩子放學我們就下班回來陪孩子。

　　我跟這些母親常常見面，我們有個共同點：孩子。我們主要也
在談我們的孩子，我們有天主教徒、基督徒和猶太教徒，我們有人
是高中畢業，有人是研究所畢業，但是這些都沒有關係（雖然我當
時並沒有察覺到），我們對如何帶孩子都有非常相似的看法。我們
沒有一個人擔心過骨骼會變形或敵人詛咒我們的孩子，我們擔心孩
子在學校的功課。我們從來沒有強迫餵食我們的孩子，我們也不認
為孩子應該跟父母睡。我們認為時間到了，小孩就該上床去睡覺，
雖然我們在執行上床時間上寬嚴不一致，我們都認為偶爾揍一頓，
在對的時間、對的情境之下對孩子是好的。我們都覺得用棍子打孩
子是不可思議的事。

　　當然，我們也不是每個人的想法都一樣，這些是當時流行的看
法，在報章雜誌上、電視上到處可見。我們都知道有不正確的教養
孩子的方式，但是我們不知道還有什麼對的方法可用。[56]

　　一個世代過去，現在我是祖母級的人物了。現代的母親不再有
時間在週日的下午坐在那裡與鄰居閒聊，但是所有母親支持網路中
的母親仍然有著非常相似的育兒觀念。現代父母的同儕團體比較不
再是左鄰右舍的人了，不過大多數還是，通常他們因為孩子上同樣
的小學或托兒所而變成好朋友，假如他們的孩子不上同一間學校，
他們也有機會在校外的時間一起玩。所以父母屬於同一個同儕團體
的時候，他們的孩子也可能屬於同一個同儕團體；從另一端來看
時，屬於同一個同儕團體的孩子，他們的父母也可能屬於同一個同

儕團體。這個情形在傳統社會中也是一樣，百萬年來都是這樣。

　　我認為文化正常的傳遞方式就是這樣：從父母的同儕團體到孩子的同儕團體，不是從父母到子女而是從團體到團體——從父母的團體到子女的團體。

　　當三歲的小孩進入同儕團體時，他們大多數人都已經有一個共同的文化了，他們大多數都來自相似的家庭，也就是那個社區典型的家庭。假如他的父母是白人，或是從其他地方來的第二代或第三代美國人，那麼你可以很有把握地說他們都說英文，都用刀叉吃飯，都準時叫孩子上床睡覺。他們都穿相似的衣服，他們都有很多相似的玩具，都吃許多相似的食物，慶祝同樣的節日，會唱許多相似的歌，看許多相似的電視節目。

　　對有相同語言的孩子來說，沒有必要再去創造一個新的語言；對有相同文化的孩子來說，也沒有必要再去另起爐灶創造新的文化。孩子的確會創造他們自己的文化，但是通常都不是從零開始，任何共有的、或是團體中大部分孩子贊同的東西，都可以納入孩子的文化中。孩子的文化是大人文化的變異版，而大人文化中他們最熟悉的便是他們在家中所接觸的，他們把它帶到同儕團體中，不過他們很仔細、試探性地做，他們對不合適的訊息非常地敏感。亞歷山大‧波特諾這位《波特諾的委屈》一書中的主角，在一年級時因為用了 spatula 這個字而突然中止說話。他嚇壞了，因為他以為這個字是屬於家庭文化的，不可以拿來用在學校文化上。[57]我在小的時候也是感到這樣，我以為 pinky 只有我家用來指我的小指頭。

　　我們社會中的孩子常會懷疑他們在家所學的東西是否是對的，是否也是他的朋友在學的東西。在部落社會和小村莊中的孩子就不必擔心這個，因為他知道朋友的家中發生了什麼事。在傳統社會裡

沒有隱私權,孩子一生下來就接觸生命的各個層面,而我們這些已發展社會的父母,想盡方法來保護他們,使他們接觸不到生和死、性和暴力。我可以向你保證,在傳統社會中,性和暴力跟我們的社會一樣多。

　　這個差別在於在我們社會中,真實生活的性和暴力發生在關起來的門內,所以今天的孩子是從電視上學到性和暴力,而不是從鄰居的生活中。電視現在已經變成社會的窗口、村莊的廣場了。他們以為在電視螢幕上看到的就是真實的生活,他們把它納入他們的文化中。芝麻街中的人物,那些超級英雄和超級壞蛋跟語言一樣都是孩子文化的人物材料,阻止孩子看電視並不能保護孩子抵抗電子的影響力,因為電視的影響並不在個別的孩子而是在團體,就像所有的文化層面一樣,電視上所演的東西只有在它被納入同儕團體的文化中之後,才可能長久影響個體的行為。

　　即使某個孩子的家庭生活有些奇怪——比如說,他不許看電視或他的父母跟這一條街上其他的父母不太一樣——他還是會跟他的同儕一樣學到相同的文化。他學到的地方跟他的朋友一樣,都是在同儕團體。假如他的父母說外國語言、不用刀叉吃飯,或是相信巫術,他還是會學到同樣的語言、習俗和信念。唯一的差別是他經由第二手習得,從同儕父母的團體傳授給他的。

　　我認識的一位女士,她有很多兄弟姐妹,在她小的時候,她的父母因照顧不來,所以沒有人提醒她應該洗澡了。有一天,她注意到她的手臂跟她的同學不一樣,她研究出為什麼不一樣——她的手很髒,從那個時候開始,她會主動自己去洗澡了。

　　啊!你會說,很多來自那種家庭的人,可能從來就不曉得自己和別人的差異。沒錯,當父母無力撫養時,那些孩子也是一樣地不

利，我不需要多解釋，行為遺傳學家已經解釋過了。因為孩子的一些心理特質是從父母遺傳而來的，每次在解釋人格的時候，遺傳總是擋在眼前礙手礙腳，討厭得很。這是為什麼我喜歡去看語言和口音的原因，因為在這裡，遺傳不是因素。

要看誰社會化孩子（即誰給這個孩子文化），最簡單的一個方法就是聽他講話；他習得語言和口音的地方，也就是他得到文化其他層面的地方。他從孩子的同儕團體處得到這些，而在大多數的情形（但不是全部的情形）之下，孩子的同儕團體又是從父母的同儕團體得到社會化。

歡迎做我們的街坊鄰居

心理學家和社會學家很早就知道，當孩子生長在犯罪滋生的環境或同儕都是罪犯時，他也很可能做出不法之事。[58] 所以要拯救一個走錯路的孩子的一個方法，是把他抽離犯罪的街坊環境，並與他的犯罪朋友隔離。

對阿尤索（Larry Ayuso）來說，這一招很有效。在他十六歲時，住在紐約市的南布朗士（South Bronx），他的成績太差使他不夠資格去打籃球校隊，他的三個好友都因毒品而遭到殺害。當他正打算退學走上犯罪的不歸路時，很幸運地因機緣而自貧民窟跳脫出來。阿尤索後來到了新墨西哥州，跟一個中產階級的白人家庭住在一起。兩年後，他的成績進步到 A 和 B，在高中的籃球校隊平均投籃分數是二十八分；阿尤索朝著大學之門邁進。當他回去南布朗士看他的舊時朋友時，他們瞪著他的衣著說他講話很奇怪——他的衣著跟他們不一樣，他的行為跟他們不一樣，他講的話也跟他們不一

樣了。[59]

寫阿尤索蛻變這篇報導的《紐約時報》記者是我們文化的產物，他相信教養的假設。他把功勞歸於阿尤索的寄養父母——這兩位在新墨西哥的白人夫婦。但是像阿尤索這樣的小孩即使沒有新的父母也可以得救。任何使他們遠離原來犯罪環境的嘗試，都有好的成功機會。英國的研究指出：當犯罪的倫敦孩子被移出倫敦時，他的犯罪率會下降，即使他是與他的父母一起搬離的。住或不住某個社區，父母本身就能提升或降低他們孩子會犯罪、輟學、吸毒或未婚懷孕的機會。[60]

假如一個社區的孩子很敏銳、很守法，而另外一個社區的孩子不是的話，這個差異不是由於行為良好的孩子有個有錢的父母而已，也不是他們的父母受的教育比較多的關係，他們鄰居的經濟地位和教育程度對孩子也有影響。[61]孩子像父母的這個事實，並沒有帶給我們任何消息量（譯註：informative，訊息加工處理理論把消息量定義為減少不確定性），它可能是由於遺傳的關係，也可能是因為環境的關係，誰知道呢？但是孩子像朋友的父母這個事實就非常有訊息量了，它只可能是環境的關係。因為所有的孩子都不可能花很多時間跟朋友的父母在一起，這個環境的影響一定是透過他們的朋友傳給他們的。根據團體社會化理論，它是透過同儕團體傳遞的。

從一街坊社區到另一街坊社區，你可以看到大人行為的差異和他們教養孩子方法上的差異。而從一個街坊到另一個街坊，你也可以看到孩子同儕團體的常態行為上的差異。在阿尤索以前住的那個街坊中，那裡孩子的常態行為就是攻擊性和叛逆性，阿尤索以前在南布朗士的朋友並不是沒有被社會化，他們所做的，完全和其他地方的孩子一模一樣，改變自己的行為和態度以適應同儕團體的要求

（所謂近朱者赤，近墨者黑）。他們的衣著、談吐、行為與阿尤索新墨西哥州的朋友不一樣，並不是說他們社會化得比較少，這只是說他們被不同常模的團體社會化而已。

　　南布朗士的孩子有攻擊性的原因，與墨西哥村落聖安德斯的孩子有攻擊性是一模一樣的，因為那是他們社區中人們行為的樣子，這不是因為父母對待他們的關係。我是怎麼知道的？因為你可以把一個家庭搬到一個不同的社區去，在那裡父母與其他人格格不入，也不可能變成當地父母同儕團體的一員，這時候，你會看到他們孩子行為的變更。他們孩子的行為會變得比較像他的新同儕團體。

　　下面是一個最近發表在《計量犯罪學期刊》（*Journal of Quantitative Criminology*）上的研究總結：

> 當不考慮環境因素，比較黑人小孩和白人小孩的犯罪情形時，黑人小孩在犯罪次數和犯罪嚴重性上高過白人小孩。但是，當黑人小孩沒有住在下層階級社區時，他們的犯罪行為跟白人小孩一樣。[62]

　　另一個研究是有關小學生的攻擊行為，研究的對象是所謂高危險群的孩子——即低收入（家庭經濟）、沒有父親（家庭組織）的黑人（種族）小孩。他們發現住在幾乎全是黑人的下層階級社區的高危險群孩子，非常具有攻擊性，但是那些住在幾乎全是白人的中層階級社區的高危險群孩子，他們攻擊性的程度與他們的中產階級同儕很相似。研究者下結論說，中產階級的社區環境好似一個保護因子，減低了高危險群家庭孩子的攻擊性。[63]

數據可以是很危險的

「我的兒子是醫生。」一個世代以前，在大家都還沒有聽過健
保這個名詞的時候，猶太人都要他的孩子去當醫生。而他們的孩子
當醫生的比例這麼高，使得剛剛那句話變成笑話了。任何一個人都
看得出來（包括發展心理學家在內），猶太人的孩子申請唸醫學院
是因為他們已經被洗腦了──對不起，說溜了嘴，我的意思是說：
他們被他們的父母社會化了，以為醫療服務業是所有職業中最好
的。

但是即使在健保以前，也有一些聲音沒有加入這個合唱團。
你聽過這個笑話嗎？一對猶太父母把音樂家（musician）和醫師
（physician）弄混了，結果要他們的兒子去做音樂家而不是醫生，
這個笑話在於這個孩子還是決定去當一名醫生：

> 史奈德（Snyder）醫生的父母建議他在高中畢業以後去
> 唸音樂學院。「我不認為做一個音樂家對好學生來說是個很
> 好的工作。」他回憶說。他的許多朋友都決定去當醫生。
> 「既然我一生最大的願望是跟其他的孩子一樣，所以我也決
> 定去當醫生。」[64]

他的父母弄錯了，不過沒有關係，這個當醫生最好的觀念，已
經像態度和信念等其他的文化層面一樣傳遞下來了，從父母的同儕
團體傳到孩子的同儕團體，再傳到這個孩子身上。這個孩子的父母
雖然聽的是不同的鼓聲，但是這個孩子仍然依照他的同儕所聽的節

奏前進。

　　雖然這個史奈德醫生的故事是真的，這也只是一些名人逸事而已，就像社會科學家喜歡說的，複數的逸事並不會成為數據。但是我把這個故事寫出來就是要告訴你，為什麼數據會誤導。當你收集數據時，你看它們的平均值，你看整體的效應。凡是有例外的情形都被平均掉了，但是有的時候，只有例外才能告訴你究竟發生了什麼事。一個孩子的父母與眾不同、很怪異，一個孩子的父母與其他人的父母格格不入，而這些孩子仍然與他的同儕一樣有著同樣的態度。

　　但是還有一個更狡猾的方式可以讓這些數據製造出錯誤的結果。我要用我最喜歡的例子——語言——來解釋。假如你去看住在同一社區、唸同一小學的孩子，他們說的語言都一樣，都有同樣的口音。大多數的父母也都說同樣的語言、有著同樣的口音。但是因為在這裡遺傳不是一個因素，所以在社區中，你不會發現父母的語言和口音與孩子的語言和口音有相關。這正是畢克頓在夏威夷發現的：他發現父母都說一堆不同的語言，而第二代的夏威夷人都說同樣的克里奧爾語；光聽孩子說話，你無法知道他的父母是從哪裡來的。[65]

　　現在假設要做一個國際語言的研究，收集全世界孩子說話的資料。你的受試者有英國上層社會的人和他們的孩子，義大利人和他們的孩子，雅諾馬莫人和他們的孩子，以及一百對世界上其他地方的親子對。假如你這樣做的話，你的數據就會強烈支持教養的假設，因為父母所用的語言和孩子所用的語言之間有很強的相關。

　　在這裡，你把父母團體對孩子團體的效應誤當成父母對子女的效應了。這是一個很容易犯的錯誤，假如我們再把遺傳加進來的

話就更複雜了。假設你要說父母的嚴厲體罰會導致孩子的攻擊性行為，你決定到墨西哥的聖安德斯去做研究，你發現幾乎所有的父母都打他們的小孩，幾乎所有的小孩攻擊性都很高。但是即使在一個很和諧、有一致性的文化（如聖安德斯）中，每個家庭也是有一點不一樣的，因為攻擊性在某個程度上跟遺傳是有關係的，而且父母的行為在某個程度上是對孩子行為的反應，所以你會發現最愛打人的父母會有最愛打人的小孩，父母的體罰程度和孩子的攻擊性程度有高相關。但這是一個弱相關，沒有達到統計上的顯著性，所以你氣死了，白花了那麼多工夫！

　　冷靜一點，你只要加入拉巴茲的受試者就行了。拉巴茲的父母都不打他們的孩子，他們的孩子也不相互揮拳。把這個資料放進去，好極了，你找到很強的相關來支持你的父母體罰和孩子攻擊性之間的關係。你發現了父母用嚴厲體罰方式管教的孩子攻擊性最強，溫和管教的父母也有著和平不鬧事的孩子。事實上，你做的就是現代社會化研究所做的，他們從很多不同種族、不同社經地位的團體中，挑出他們所需要的受試者群樣本。

　　研究者可以因為實驗設計是要看不同文化團體之間的差異，或相同文化團體之內的差異，而得到顯著或不顯著的親子相關係數。[66]假如他把附近好幾個村莊或部落或社區的資料都放在一起考量，他會找到看起來好像是父母在影響他們的小孩的相關，因為孩子的行為與他們父母之間的相似性，大於和其他地區父母的相似性，孩子（以團體來說）比較會像他們村莊或社區中大人的行為。這並不是每一個孩子比較像他們父母的行為，假如把遺傳因素排開的話，孩子的行為與朋友父母行為的相似性，與他跟父母行為之間的相似性，是相同的。

　　當你看到孩子的行為像父母時，你很容易就相信了教養的假設，但是孩子和父母還不只共享基因而已，他們還住在同樣的村莊或社區中，屬於同樣的種族團體和社經地位。在大多數的情況下，孩子的文化是跟大人的文化很相似的。除非你特別去注意那些例外的個案，去看孩子的文化跟大人不像的情形，不然你很容易下錯誤的判斷，以為孩子在家庭中學習到他應該有的行為方式。

　　八十年前，修·哈特蕭（Hugh Hartshorne）和馬克·梅（Mark May）共同做了一個「個性」（character）的研究。研究者給孩子一些引誘使他們去說謊、偷竊或欺騙。他們發現在一個情境下很有道德的孩子，在另一個情境下並不見得就不做壞事。特別是那些在家中很乖，即使沒有人看他也可以抵抗引誘、不做壞事的人，在學校中跟別人一樣也會考試作弊，或在遊戲時作假。[67]這個研究隱含著孩子在家中跟父母所學的那一套道德，並不能延伸到家門以外。

　　但是，在各種不同的情境中，孩子對道德或不道德行為的選擇會跟他的朋友或兄弟姐妹一樣，這是最令人不解的地方。但是假如你想一下，是好朋友的孩子都住在同一個社區，上同一間小學，都屬於同一個同儕團體時，這個謎就解開了。他們是同一孩子文化的成員，哈特蕭和梅下結論說：「個性教育的正常單位（normal unit）是團體或小社區。」這是在一九三〇年代，在教養的假設還沒有遮蔽心理學家的心靈，使他們看不清真相之前的話。[68]

文化的創造力

　　當行為遺傳學家分析雙生子或螟蛉子的資料時，他們假設兄弟姐妹之間的相似性如果不是由於遺傳的關係，必是由於他們生長在

同一個家庭中的關係，他們稱之為「環境共享」。但是長遠看來，這個相似性並不是家庭環境所造成的，它是屬於同一個同儕團體的孩子所共享的環境造成的，它是這些孩子所創造出來的文化的影響。

　　孩子幾乎可以憑空創造出一個新文化來，但是他們通常不會這樣做。在傳統的社會裡，孩子的文化與大人的非常相像，因為沒有什麼選擇性，也不需要特別去尋找其他的可能性。但是即使在傳統的社會裡，這些孩子的文化仍然有一些是大人社會裡所沒有的，例如尼恩桑格族孩子所用的髒話。孩子的文化延續下去的理由跟大人是一樣的：新的團體成員從老的團員身上學習文化，使其傳承下去。

　　這是一個很聰明的系統，它完全利用孩子的優點、孩子的彈性和他們的創造力、想像力。假如大人文化作用得很好，小孩就從大人的文化中取他所喜歡的變成自己的；假如大人的文化過時而乏味，不能符合他們的需要時，他們也沒有義務非得從裡面擷取不可。他們可以自己創造一個新的文化出來。

第十章

性別的規則

Gender Rules

The Nurture Assumption

　　「這是我所做過的事情中最糟糕的一件。」一個七歲的小男孩這樣告訴研究者。他並沒有殺死他父親或是把他弟弟拋出窗口或把房子燒掉，他所做的事情是幫助研究者做一個實驗，在攝影機前幫一個洋娃娃換尿片。

　　這些研究者也請一個七歲的女孩子讓他們拍攝她玩玩具卡車的情形，但是被這個女孩子拒絕了。她告訴他們：「我媽媽會要我玩這個，但是我不要。」[1]

　　這些孩子是怎麼回事？我們給他們不含性別的中性名字，我們給他們穿兩性都能穿的中性衣服，我們告訴我們女兒說她可以去做卡車司機，我們告訴兒子說玩洋娃娃沒有關係，我們自己也儘量給他們做個好榜樣，在整個北美洲和歐洲，爸爸都會換尿片而媽媽都會開車。

　　但是我們的孩子還是有這種老掉牙的想法。大人的觀念都已經改變了，小孩子的還沒有，在過去的一百年裡，大人的文化愈來愈兩性平等了，只有小孩的文化還是有性別主義。[2]

　　我從來不認為男孩和女孩生來是平等的，他們天生就有差別。但是我們在七歲的小男孩和七歲的小女孩身上看到的差異，卻不是他們天生的差異。男孩並非天生就厭惡替洋娃娃換尿片，女孩也不是天生就不喜歡玩卡車。

　　性別差異[3]在出生的前十年增加得很快，兩性之間的敵意也增加得很快。男孩在門口掛上「女孩止步」的牌子；女孩也不甘示弱。下面這首歌是我朋友的六歲女兒去夏令營時學來的：

　　　　男孩去木星變得更木頭；
　　　　女孩上大學變得更有學問；

男孩喝啤酒愈喝愈乏味；

女孩喝可樂愈喝愈性感。

我最討厭男孩！[4]

大家通常都責怪父母、老師或文化，認為是他們的錯才造成孩子性別上的歧視。但是假如大人的社會已經比孩子的社會更沒有性別歧視的話，這個效果怎麼會是從大人傳給小孩的呢？假如你看這本書一直看到現在，你一定知道我的答案：這根本不是大人的問題，這是孩子自己的錯。

假如你一路跟著我，你就知道我一直在抵抗潮流、力挽狂瀾。教養的假設的力量大到心理學的教授或超市裡排在你前面等著付錢的人，都不敢同意我在前面九章所說的話。但是在談到男性和女性的發展時，突然之間，我不再是孤軍奮鬥了。當我說男孩子的男性特質和女孩子的女性特質不是由他們跟父母一起生活的環境所塑造的，而是由他們同儕一起生活的環境所造成的時候，我並不是第一個這樣說的人。其他的人（甚至心理學的教授）都得到同樣的結論。[5]

他們會下這樣的結論是因為把性別發展的差異怪罪到父母身上的研究，並沒有得到什麼結果。父母對待男孩和女孩會有所不同嗎？以美國而言，並沒有什麼顯著的差別，他們對男孩和女孩的注意力和鼓勵是相同的，管教也相同。唯一一致性的差別是他們分配男孩和女孩做的家事，和替男孩和女孩買的衣服和玩具。[6]而這個差別也可能是由於子女對父母的效應——它是反應，而不是原因。是的，許多父母買卡車給兒子玩、買洋娃娃給女兒玩，或許這是有原因的：或許這是孩子要的。

佛洛伊德認為孩子用認同父母的方式來習得行為；男孩認同父親，而女孩認同母親。但是證據並沒有支持佛洛伊德的理論，男孩的男性特質和女孩的女性特質與他們的父親或母親的性別特質並沒有關係。在沒有父親的家庭長大的男孩，和女同性戀家庭長大的女孩，他們的男子氣概和女人味並沒有比傳統家庭長大的男孩或女孩差。[7]

在孩子個性形成的歲月裡，男孩變得更像其他的男孩，而女孩變得更像其他的女孩。比較粗野的女孩文靜了下來，比較膽小的男孩勇敢了起來；[8]性別上的差異開始變大了起來。本來兩條「鐘形曲線」（bell curves）上還有相重疊的地方，現在重疊的地方愈來愈小了。這是孩子自己造成的改變。他們認同其他的孩子，而不是認同父母。

他們一出生就有不同

在人體的四十六條染色體中，四十五條是沒有性別差異的，男孩、女孩都有，只有第四十六條叫做 Y 染色體（因為它的形狀像個 Y），只有男孩才有，而男孩和女孩都有 X 染色體。Y 染色體是所有染色體中最小的一個。

大自然是非常節省的，使用同樣的基因（也許經過些許修飾）做不同的事，比新創一個基因來得經濟。所以身體的建構就好像莫札特的音樂一樣，有很多是重複的，身體的兩邊對稱就是一個例子，對稱並不需要另外一套的基因，它只要把現有的翻過來照著做就可以了。

男性和女性有四十五條染色體相同，因為相同比相異便宜，因

此，所有的相異都藏在那個小小的 Y 當中，其餘的基因都含有相同
的指示，男性腎臟跟女性腎臟相同、男性眼睛跟女性眼睛相同、他
們骨骼連接的方式相同、他們的血紅素形成的方式也相同。男孩也
有奶頭，雖然他們並不需要，但是重複比改變便宜，假如給男性注
射女性荷爾蒙，他也會長出乳房來。

　　因為大自然是很節省的，只有必要的差異才把它放入我們的
DNA 中。所謂必要的差異是會影響我們族群生存和演化的。比如
說，這個東西存在於男性中可以增加男性生殖和生存的機會，或是
他的近親有比較好的生存機會。這個東西存在於女性中，她的生殖
和生存的機會或是她近親生殖和生存的機會就會增加。

　　男孩和女孩相似的地方遠比相異的多，最大的不同當然就是婦
產科醫生在照超音波時說「是男的」、「是女的」的那個地方，有
些差異則不這麼顯著。在出生的時候，男孩一般都比女孩重，但有
些差異則不太顯著，因為它們存在孩子的腦袋中，你是看不見的。

　　在一九七〇年代有一個著名的實驗，研究者給大學生看一段影
片，是一個九個月大的嬰兒穿著不分性別的衣服，玩著不分性別的
玩具。實驗者對一組的學生說這個嬰兒的名字是丹娜（Dana）；對
另一組的學生說他的名字是大衛（David）。結果這些學生對這個
嬰兒的評語依他的組別而有不同，認為他是丹娜的人覺得他比較敏
感、膽小；認為他是大衛的人則覺得他比較強壯、勇敢。而這些都
是對同一個嬰兒的評語！[9]

　　這個實驗本來的目的，是要說嬰兒本來都是一樣的，因為我們
給了他們像丹娜、大衛這樣的名字，所以對待他們不一樣，使他們
後來變得不一樣。但是十六年以後，又有一個稍微不同的實驗出現
了。這次大學生看的是好幾個嬰兒的電影，而不是只有一個嬰兒，

看完之後要對所有的嬰兒下評語。從影片中，受試者完全不知道嬰兒的性別和名字。但是大部分的女孩被評定為比較敏感，大部分的男孩被評定為比較強壯。[10]假如你把十二個健康的嬰兒穿上中性的服裝，叫他們中性的名字，請路人猜猜他們的性別，我相信絕大多數會猜對的。

在我一九八四年所寫的兒童發展的心理學教科書中，裡面有一段叫做「不同性別的同卵雙生子」（The Case of the Opposite-Sex Identical Twins）。約翰霍普金斯大學的兩位心理學家約翰‧曼尼（John Money）和安克‧厄哈特（Anke Ehrhardt）報告說，有一對同卵雙生子，在七個月做割包皮手術時，不小心把其中一個嬰兒的陰莖剪掉了。[11]這對只有小學畢業教育程度的鄉下父母來說，實在不知該怎麼辦才好。

醫生告訴這對父母說陰莖斷了接不起來，現在唯一的方法是把這個孩子當做女兒來養。他們建議把這個孩子的睪丸也切除，使雄性荷爾蒙不再分泌，然後在青春期的時候注射女性荷爾蒙，使他有女性的身材。

這對父母苦惱了許多個月，最後在孩子十七個月大時屈服了。這個孩子經歷了變性手術，改了女性的名字，從此就穿女孩子的衣服，當女孩子來養。

從曼尼和厄哈特的報告中看來，這對父母是全心全意地接受這個孩子的新性別。心理學家聽到母親在很多場合都說她有一對雙胞胎，一個是男孩，另一個是女孩。這位母親說：

> 她似乎比她哥哥愛乾淨，或許是因為我獎勵她這個愛乾淨的行為。我從來沒有看過一個小孩這麼乾淨、這麼整

潔……，她很喜歡梳頭，為了要做頭髮，她可以坐在美容院的吹風機下幾個鐘頭。

　　雖然這個孩子和父母都很努力在適應，曼尼和厄哈特還是看到一些小問題。「這個女孩有非常多男孩子的個性，例如精力充沛、固執，在女孩子群中常居領導的地位。」[12]

　　就像我在這本教科書中所說的，像男孩子又怎麼樣？許多女孩子的舉止都很像男孩，但是她們都認為自己是女孩而且對自己的性別都沒有問題。當我在寫這一段時，我想到我自己的過去。我也曾經是個舉止粗野的女孩子，我有許多用不完的精力，我也很固執，我很討厭做頭髮，我也不愛乾淨，但是我不記得我曾希望自己是個男孩。我一直渴望做個母親，在我還不能成為真正的母親之前，我把無限的母愛放在我的寵物和洋娃娃身上。替洋娃娃換尿片嗎？一點問題都沒有。

　　這個不同性別雙生子的故事等到教科書要修訂第四版時，我開始覺得不自在了。到那個時候，我開始覺得社會影響和學習是有限度的，但是我還是覺得假如人們從頭到尾很一致地把你當做女孩看待時，你還是會變成一個女孩。[13]

　　我現在不再相信我在教科書中所說的許多話了，其中一項就是「假如別人都把你當女孩看待，你就會變成一個女孩」。或許在某些情況下會如此，但至少不是全部的情況都如此，連大多數的情況都不是。這個不同性別的雙生子後來並沒有適應得很好。一九九七年的醫學期刊上有一篇文章吐露了真相。這個換了性別的女孩子從來沒有覺得自己是女孩子，而且也跟別的女孩子格格不入，但是他的父母和醫生都一再告訴他，說他是個女孩子。當他十四歲時，他

的憤怒和不滿到了頂點，他覺得他的生活沒有希望而想去自殺。在
這個時候，他的父母只好告訴他，說他生來是個男孩。「突然之
間，所有的不對勁都有原因了。」他說。「這是第一次我了解到我
是誰，我為什麼會這樣做、有這種感覺。」於是他停止接受女性荷
爾蒙注射，再度回到男兒身。這個轉變反而使他與同學相處得更
好，因為過去他的非女性行為曾使別人躲他都惟恐不及，他成了大
家的笑柄。現在他的同儕發現他是一個男孩之後，他們比較可以接
受他。在他二十五歲時，他跟一個比較年長的女性結婚，經過領養
手續，成為她孩子的父親。[14]

　　在多明尼加共和國一個偏僻的鄉下，一個基因的突變使得男孩
子生下來之後很像女孩。到了青春期時，他們的男性荷爾蒙開始
增加，使他們變得像男孩：聲音變低、肩膀變寬、那個原來看起來
像大的陰蒂的東西長成一個小的陰莖了。研究者研究了十八名這種
一開始時被人當做女孩子來養的人，當他們的身體開始變得像男人
時，只有一人選擇不變，其他人都換了性別，改了男性的名字，他
們結了婚，做傳統上男性的工作。[15]那個不同性別雙生子的故事與
多明尼加的故事的不同之處，只在於它不是大自然的錯誤，它的錯
誤在於有些醫生和心理學家誤以為「女孩子就是男孩子減去一個陰
莖和兩個睪丸」。

　　這種「嬰兒生下來就有變成男孩或女孩的潛能，性別的差異完
全是由於文化的關係」的想法，是在人類學家瑪格麗特・米德大力
鼓吹之後流行起來的。這是她以預設立場去看事情的另一個例子。
她描述新幾內亞的一個部落──查布里族（Tchambuli）──男人行
為像女人，而女人行為像男人。她形容這個部落有順從、焦慮的男
人，和強壯、有統治欲的女人。但是人類學家唐納・布朗（Donald

Brown）說，米德完全錯了。事實上在查布里族中，一夫多妻是很正常的現象，男人可以買女人，男人也比女人強壯、可以打太太，男人也認為他是一家之主。[16]

　　在我們所知道的所有社會中，男人和女人的行為都是不一樣的。在大多數的社會中，男人和女人的差異遠大於在我們社會中的差異，而這個差異的形式在全世界都一樣。男人居於領導和權力的地位，女人照管別人的需求。男人是獵人和戰士，女人是採集者和護理者。當沒有女孩子在旁邊時，男孩子也可以去照顧嬰兒，但是女孩子比較喜歡照顧小孩子。女孩子會搶著抱嬰兒，而男孩子覺得嬰兒沒什麼多大的意思。一位以色列的研究者報告說，在她研究的以色列家庭中，有很多父母都給他們的兒子玩洋娃娃，但是男孩子對洋娃娃的態度很粗魯，他們玩的方式好像用鎚子去敲傢俱一樣，打它、踩它，一點都不愛惜它。[17]

　　我不認為全世界的人對男性和女性有一個相同的「刻板印象」（stereotype）。這是一種巧合。社會心理學家約翰・威廉斯（John Williams）和黛博拉・貝斯特（Deborah Best）請二十五個不同國家的大學生填寫問卷，請他們勾選出他們文化中最適合用在男性和女性的形容詞。在二十五個國家中，男性的形容詞都是攻擊性、活躍、不安靜與強壯，而女性都是愛心、謹慎、敏感和情緒化。[18]

刻板印象

　　對大多數的人來說，「刻板印象」這個字是有負面意義的。它帶有歧視的意味在內，表示你很快就對某一個人有種不利的看法。但是威廉斯和貝斯特對刻板印象的看法是對一組人的類化看法，不

過不一定是壞的類化。我們不但對別組人有刻板印象的看法，對我們自己人也有，只不過我們對自己人的刻板印象多半是正面的。這是第七章所講的偏好自己團體、歧視外人團體的結果。[19]

　　人類——即使是很小的孩子——都是善用統計的動物，尤其善於察覺統計上的差異。人的心智天生就是這樣。一般來說，紅的水果比綠的甜，所以很小的孩子很快就知道應該去選擇紅的水果來吃。我們很自然地在腦海中就把東西依它們的不同之處來分類，然後去收集證據支持他們的不同。我們的心智很迅速、很自動地去做這些計算，但通常我們根本察覺不出這些心智歷程。[20]

　　社會心理學家珍娜‧史文（Janet Swim）做了一個美國文化中男性和女性刻板印象的研究。她請美國的大學生估算男性和女性在許多層面上的差異，例如，在一個團體中居於領導地位、在數學性向上的表現、解釋肢體語言和面部表情的能力等等。然後她比較這個刻板印象與實際測量到的性別差異上的不同，並且發現這個刻板印象出乎意料地準確。事實上，大學生是低估了性別差異，而不是高估。[21]

　　但是，刻板印象不是常常正確的，尤其是對我們所不熟悉的團體來說，更是如此。不過，使用刻板印象真正的危險並不在於他們是否正確，而是在於刻板印象沒有彈性。當我們在說男人比較常居領導地位、不太會猜測別人心意時，我們可能是對的；但是假如我們認為所有的男人都是這樣，我們就錯了。我們通常對估計團體平均值的差異很在行，但是對於組內變異性的估計很差勁。類別使我們把同一社會類別中的成員，看得比他們實際的情況更相似，這種情形在對「別的」團體的成員做判斷時，尤其是如此。[22]

男孩和女孩的社會類別

　　在孩子很小的時候，他們就已經形成了大人和孩子、男人和女人，以及男孩和女孩的社會類別。但是我不認為他們已經有男性和女性，或把女孩和女人放在一個類別、男孩和男人放在一個類別的概念。對孩子來說，大人和小孩是屬於不同的物種，這就好像把母牛和母雞放在一起、把公牛和公雞放在一起一樣。孩子可能知道男孩長大後會變成男人、女孩長大後會變成女人，但是這個知識一定要有人告訴他或他自己要去歸納出來；對孩子來說，這不是一個明顯的事實。或許他們認為男孩和男人根本不相干，或者至少是一個難以置信的事。因為孩子沒有「男性」的類別，所以他們把自己放在「男孩」的類別裡，他們以其他男孩的行為來塑造自己的行為，而不是以男人的行為為模仿的標準。這也就是為什麼男孩子看到他自己的父親換尿片不覺得怎麼樣，但是假如要他做這件事的話他就認為自己完了。這也是為什麼一個媽媽是醫生的女孩會說「只有男孩子可以當醫生，女孩子只能做護士」的原因。[23]

　　所以孩子是從男孩和女孩的類別平均差異中，了解到男孩子和女孩子的差異。大多數的孩子都喜歡自己的類別，也覺得跟自己類別的人玩比較有趣，因為這些人會想做他想做的事。到五、六歲的時候，幼稚園中的小朋友大部分都是跟同性別的小朋友一起玩的。[24]我前面說過，當他們沒有選擇的時候，他們會跟任何可以跟他玩的人玩，但是情況允許的時候，他們會選擇同性別的小朋友一起玩。

　　團體社會化最重要的時期是從六歲到十二歲，也就是所謂童年

的中期。在這段時期裡，我們社會中的孩子會把所有可以自由支配的時間，都花在與他們同性別的朋友一起玩上面。他們相互社會化，而且把自己社會化成男孩或女孩。這個性別的社會化不僅是與同性別的同伴玩耍的結果，它更是自我分類的結果。一個女孩子把她自己歸類成「女孩」，一個男孩子把他自己歸類成「男孩」，然後他們從他們所收集的這些社會類別的資料中得到靈感，了解他們自己該怎麼做，才是男孩或女孩這個類別中的一員。他們從出生起就開始收集這些資料了。

　　我的證據來自於例外的個案。以前面那個不同性別的同卵雙生子來說，大家都告訴他，說他是女孩子，但是他自己不覺得他是個女孩。他對女孩子所做的事情沒有興趣。下面是他的童年自述：

> 從小，我就覺得我的感覺跟我的樣子有很大的差距。但是我不明白為什麼會這樣，我以為我是不正常的，或是有毛病什麼的。我不喜歡他們給我穿的衣服，我也不喜歡他們給我買的玩具，我喜歡跟男孩子一起去爬樹或玩男孩子玩的遊戲。[25]

　　這個天生的男孩子即使在接受雌性激素的注射、長出乳房以後，還是不認為自己是個女孩。而另外也有一些孩子天生是男孩，他的雄性器官沒有被破壞，父母也把他當做男孩子養，但他還是不認為自己是個男孩，作家珍・摩理斯（Jan Morris）就是一個例子。她以前的名字叫做詹姆士・摩理斯（James Morris）：

> 當我三歲或四歲左右時，我發現我生錯了身體，我應該

是個女孩才對。這個覺悟我記得非常清楚,這是我最早的記憶之一。[26]

像詹姆士‧摩理斯這樣的小孩,像瓊安(Joan,即前述不同性別雙生子故事中,那個後來恢復男兒身的孩子早年還是女孩時的名字)這樣的小孩,很可能被他們的同儕所排斥,別人會認為他們有毛病——連他們自己都認為自己不正常——就好像不能或不願被敲平的釘子一樣。有娘娘腔的男孩處境特別困難,因為其他的男孩子會嘲笑他、捉弄他。一旦他們升到一年級,女孩也不跟他們玩了,通常他們是孤獨長大沒有朋友的。[27]然而,他們也社會化了,他們自己社會化自己;只不過,這是性別的社會化。雖然別人認為詹姆士‧摩理斯是一個男孩,但是他把自己歸類為女孩子,所以他就被社會化成女孩子。他在成年以後決定變性。因為有個活在男性身體裡的女性靈魂,是件很痛苦的事,所以他決定動變性手術使裡外一致。

在《兒童發展》這份期刊中,一位研究者談到了一個真實的故事。一個名叫傑瑞米(Jeremy)的小男孩有一天突發奇想,戴了女用髮夾去上學,他的父母顯然認為這沒什麼了不起,但是傑瑞米托兒所中的同學可不這麼想。有一個男孩特別捉弄他、嘲笑他的新髮型,並稱他是個女孩。為了證明他不是女孩,傑瑞米當眾脫下褲子給同學看。「但是同學並沒有因此而放過他。」研究者指出。「他的同學說:『每個人都有陰莖,但是只有女孩戴髮夾。』」[28]

就理論上來說,傑瑞米的同學是對的,但事實上來看,他們是錯了。類別的認同既非來自於生殖器上的標籤,也不是父母可以給孩子的。一位在瓊安變性以後曾與他面談的心理學家密爾頓‧戴蒙

（Milton Diamond）認為，性別的認同來自於把自己和同儕相互比較的過程。他說，小孩子將自己與他們認得的男孩或女孩相比較，然後說「我也是一樣」。根據他們內在的感覺、他們的興趣，以及他們想要做的行為，他們把自己放入某一個性別類別中，[29]而這個類別才是他們社會化的類別。

　　那位在西藏修道院長大的孩子麥斯頓（我在第八章中提過這個故事）形容自己是「住在白人身軀裡的西藏人」。[30]沒有任何一個外科手術可以幫助他彌補這個缺陷。麥斯頓被他的同儕排斥，因為他太高又太白，但是這並沒有阻止他社會化成一個男孩，也沒有阻止他社會化成一個西藏人。同樣地，像瓊安和詹姆士這樣的孩子可能把自己歸類到排斥他的那個團體中，認為自己是那個團體的一員。你並不需要社會類別中的成員喜歡你才能使你成為其中的一員，你甚至也不必跟他們長得像，就可以社會化成為他們的一分子。

性別藩籬

　　發展心理學家伊蓮娜·麥柯比（是的，就是第一章裡的麥柯比，也是第三章的那個麥柯比）曾經做過一個實驗，把兩個完全不認得的兩歲半或三歲的小孩放到一個充滿玩具的實驗室中。他們一起玩的情形依實驗者是把同性別或異性別的孩子放在一起而有所不同。假如是同性別的放在一起，男孩和女孩一樣友善，但假如是把男孩和女孩配對放在一起，情況就不一樣了，女孩子通常會站在邊邊，讓男孩子獨占所有的玩具，變成了旁觀者而不是參與者。[31]這些是很小的孩子，還不到三歲。

　　跟別人一起玩需要合作，合作的意思就是有的時候要做別人

要求你做的事情。這個要求有的時候是以建議的形式，有的時候是以命令的形式表達的。研究者發現，小女孩愈長大愈會對她的同伴做各種建議，假如她的玩伴是女的，她們就會一起去做。但是小男孩卻會愈來愈不願意去做別人建議的事，尤其建議的人是女孩子的話，更是如此。他們比較可能聽男孩子的話，這很可能是因為男孩子溝通的方式通常是命令，而不是禮貌的要求。[32]我要提醒你的是，這些情況是在男女體型、體力、臂力都還沒有差別時就發生了。

　　或許這是為什麼女孩子開始躲避男孩、不跟他們玩的原因，因為跟唱反調的人一起玩沒什麼意思，何況他們還會搶玩具。但是很快地，小男孩也在躲避小女孩了。或許跟願意做刺激的事情的人玩比較有趣，用卡車快速去衝撞牆壁遠比替洋娃娃換尿片有趣多了。這種相互迴避的情況，也許是社會化成為兩個相對立的團體──「女孩和男孩」以及「我們對抗他們」──的結果。[33]

　　不管是哪一個理由（或是這三個理由加總起來），異性相斥在童年時期會隨著年齡的增長愈演愈烈，而且這個界線會在青春期之前達到最高點，然後才開始下降。即使是在人煙稀少的地方，在男孩女孩一起玩的社會裡，青春前期的孩子也會形成不同性別的團體。因為他們較為年長了，可以到離家較遠的地方去找尋志同道合的玩伴了。[34]

　　童年中期的研究有很多，麥柯比針對男孩和女孩團體的不同，做了如下的總結：

　　　　從男性和女性同儕團體中所浮現出來的社會結構是很不相同的。男性團體比較大，比較有階層性。而且男性團體和

女性團體中的互動方式開始逐漸分化出來，這種不同形態，
反映出來的是他們做事方式的不同。男孩關心的是競爭和主
控權、占據和保護自己的領域，以及證明自己是最強悍的，
所以他們比較會去直接挑戰別的男孩或接受別人的挑戰、冒
險、展現自我，並且隱藏自己的弱點。在男孩子當中，有某
種程度的性（或性別歧視）語言。女孩子雖然也很在意自我
表現，可是她們比男孩更關心團體的和諧與合作、相互支持
的友誼。女孩子之間的關係比男孩之間的關係更為親密。[35]

　　麥柯比談的當然都是一般性的情形。但每一個規則都有例外，
也有很多孩子不符合這個涇渭分明的行為描述。有些男孩不喜歡男
孩子團體裡的競爭和粗野，所以他們退縮，至少在學校中成為獨來
獨往的人。有些女孩則寧可跟男孩子玩，假如她們打球打得很好的
話，男孩子團體也有可能接受她。[36]

　　不過，很少會有女孩子加入學校操場上男孩子的遊戲裡。大多
數跟男孩子玩的女孩子都是在住家附近的遊戲團體中一起玩，而不
是在學校中。住家附近能提供的玩伴遠比學校來得少，所以孩子沒
什麼選擇，這給不願意選擇的孩子一個很好的藉口；無論如何，住
家附近的遊戲團體通常是男孩女孩都有，而且年齡範圍比較廣。這
個不同年齡的參雜是街頭幫派可以一代一代傳下去的原因；而性別
的混合參雜是為什麼許多女性（在有些調查中有超過百分之五十以
上）都說她們小時候跟男孩子一起玩、皮得很，跟男孩子一樣的原
因。[37]

　　在學校的操場上和夏令營中，可供選擇的玩伴非常多，所以男
孩和女孩會分成兩個對抗的團體，我們對抗他們。在操場上，男孩

和女孩的互動通常是以社會學家貝莉・桑恩（Barrie Thorne）所謂的「劃邊界」（borderwork）的形式進行。這個互動使性別之間的差異變得更深、更明顯。至少從表面上看來，這些互動都很有敵意，而在這些敵意下，無疑地還有很深的意念。男孩子會去拉女孩子的圍巾或書包、去扯早發育女孩胸罩的帶子，而女孩子也不見得乖乖地任人宰割。我記得我五年級時，有一些比較大膽的女孩就常去追一個紅頭髮的男孩，威脅要去吻他。這對男孩來說，簡直比死還恐怖，所以他常常會沒命似地大逃。男人有的時候以強吻的方式來壓迫女人，不過在學校的操場上，通常是女孩以親吻來做為武器。[38]

當團體區別很明顯時，團體間的敵意通常就會出現。禁止孩子對異性表示友善的壓力，在午餐的地方和操場上最強大，因為大人常常照管不到那個地方。男孩感受到同儕的壓力通常比女孩子大，假如他膽敢跟女孩子玩或坐在女孩子旁邊的話。大人的影響會增加男孩和女孩互動的友善程度——是孩子自己（而不是大人）發動這個性別隔離，並且維持這種隔離的情況。[39]

我所認識的父母都希望他們的孩子有一、兩個異性的朋友。這種友誼的確存在，但是假如這個友誼是在學齡前就開始的話（大部分是如此），這個友誼在童年的中期會進入地下化。男孩和女孩只在家中或住家附近見面，在學校裡，他們可能連招呼都不打，裝做不認識。[40]他們的父母知道他們是朋友，但是他們的同儕卻不知道。我這裡講的是友情而不是愛情。就學年齡孩子的地下愛情的確存在，但許多都是單向的。被仰慕的人可能根本不知道自己是別人傾心的對象。

友情和愛情是私人的關係，不要將它和團體意識混淆。團體意識和私人關係遵循著不同的規則，有不同的因果關係。有的時候，

他們的作用相反,例如,你發現你喜歡的人是屬於你不喜歡的團體。有的時候他們有相互矛盾的要求,使你只能選擇一個。你會發現,男人和女人在面對這個兩難抉擇時,結果會不一樣。[41]女人會把私人關係放在第一位,而男人則從愛人的懷抱中掙脫出來去打仗。就如同男人常向女人保證他是為她而戰,但這不是真的,他是為他的團體而戰。在傳統的社會裡,男人留在他出生的村落裡,為這村落而戰,而女人常是嫁出去的。在黑猩猩的群落裡也是如此,雄黑猩猩形成聯盟,一起去把卡哈瑪族幹掉。

我想,團體意識在雄性當中比較強烈,[42]這是有演化上的原因的:因為雄性在童年期就比雌性體型大、力道強。他們跑得快、丟得遠,又因為雄性不會懷孕、沒有嬰兒的累贅,使他們可以結伴去保衛家鄉或攻擊敵人。在人類演化的時候,族群部落之間的戰爭本來就是環境生態的一部分,任何能夠幫助我們在生存上居上風的事都值得 Y 染色體去做。這些男孩子喜歡玩的遊戲,其實就是戰爭的模擬。全世界的男孩子小的時候都曾玩過騎馬打仗的遊戲。誠如作家赫曼‧梅爾維爾(Herman Melville)所說的:「所有的戰爭都很男孩子氣,也都是男孩子在打的。」[43]

社會心理學中有許多著名的實驗,例如強盜洞營區的實驗、高估或低估實驗,都是以男孩子為受試者,我想這是有原因的。假如用女孩子,實驗結果可能就不會這麼清楚了。強盜洞營區的實驗者做了另一個比較不這麼有名的實驗。他們先讓男孩子變成朋友,再把他們分成相互競爭的兩組,結果分到不同組的人,友誼就消失了,朋友變成了敵人。[44]我不知道如果研究者把男孩換成女孩會有什麼樣的結果。「噢,拜託請讓潔西卡(Jessica)和柯萊兒(Claire)對調,這樣潔西卡就可以跟我一起在鷹隊了!」

　　我並不是說女性團體中就沒有團體意識，男性的腦和女性的腦都有團體意識的模組，他們也都有關係的模組，其中差別是（假如有差別的話）：在衝突的時候，誰先誰後。男性和女性在安排團體意識和私人關係的優先順序上，有差別嗎？

一個文化還是兩個？

　　男孩子的團體常常是階層性的。它有一個領袖，由領袖發佈命令告訴別人怎麼做。男孩以地位來衡量彼此，他們不敢顯露自己的弱點。他們迷路時不肯停下來問別人，因為他們不要別人知道他們迷路了。

　　女孩的關係常是很親密的小團體，不要外人加入；但她們的親密關係不一定能維持得很久。女孩子比較不會直接顯示敵意，她們報復別人的方法是使用反間計，使敵人窩裡反，把敵人的朋友變成敵人的敵人。[45]在女性團體中做領袖是有其危險性的，人家會說妳高傲、自以為了不起，或是有統治欲。女孩子不贊成她的朋友要她做東做西，她們喜歡相互合作、彼此輪流領導。

　　跟朋友在一起時，男孩子希望要表現出他的強悍，女孩子則希望人家說她好。我並不是第一個指出這個差異的人，我也不是第一個把男人和女人行為上的差異歸因到他們童年社會化的人。伊蓮娜‧麥柯比曾說，男孩和女孩成長在不同的環境中；語言學家黛博拉‧唐任（Deborah Tannen），也是《你不了解》（*You Just Don't Understand*）一書的作者，也表示過同樣的看法。[46]

　　但有些研究者反對。研究男孩和女孩在學校操場上行為的社會學家桑恩就不喜歡「不同文化」這個看法。她指出，男孩和女孩

在很多社交場合中都有互動。他們在家中跟他們的兄弟姐妹互動、跟他們住家附近鄰居的孩子互動。在學校中，他們的互動也是很和平的，如在閱讀小組或做功課小組之中。即使在操場上這個男女性別分野最顯著的地方，男孩和女孩有時也可以聯合起來抵抗外侮。桑恩報告一個事件，她觀察到一個叫唐（Don）的男孩被負責操場秩序與安全的老師不公平地處罰了。他的同學（男孩和女孩一起）聯合起來聲援他。桑恩認為男孩和女孩在行為上的差異以及相互迴避，是從大人的文化中得來的。她並沒有解釋如何由大人傳到孩子，她也承認孩子在沒有大人管的情境下，會有最強烈的性別差異行為，但是她認為老師在教室裡跟小朋友說話時，都是說 "boys and girls"，先稱呼男孩，後稱呼女孩；牆上掛的也都是有性別歧視味道的圖片。桑恩認為跟這個有關。[47]

　　雖然我自己的看法跟麥柯比和唐任比較相似，但是我可以看出為什麼桑恩會這麼說。男孩和女孩並沒有兩個不同的文化。同樣的年齡、同樣的種族、住在同一個社區、上同一所學校的孩子，有著相同的孩子文化。他們對男孩和女孩應該有怎麼樣的行為有著相同的看法，他們對男人和女人應該有怎麼樣的行為也有相同的看法。不同社會類別中的人應該有不同的行為，這本來就是文化的一部分。對於哪一種行為比較好，男孩跟女孩會有不同的意見，但是對於男孩和女孩應該怎麼做，他們的意見卻是一致的。

　　所以，應該說是不同的社會類別，而不是不同的文化。社會類別會依照情境的不同而有不同的顯著性，但文化不會因情境的不同而改變。我們把自己歸類成為什麼，會依當時所處的情境而定；跟誰在一起、在哪裡，這些都有決定性的關係。即使是很小的孩子都有選擇，她可以把自己歸類成為孩子或是女孩子。假如年齡是顯著

的，那麼性別很自動就會退居幕後。當維持操場秩序和安全的大人做出不公平的判決時，年齡類別就會趨前，而性別類別退後，於是全體小朋友，不分男孩女孩一致支持唐。假如你讓小學生用閱讀能力來分組的話，性別會變得不重要，閱讀小組中常常都是男孩、女孩都有的。

兩種性別還是一種？

桑恩用男孩和女孩在一些情境中有所互動，來說明小孩子不是劃分自己類別的人。但是互動並不能阻止孩子們發展出男孩應該有什麼樣的行為、女孩應該有什麼樣行為的看法。互動也不能阻止他們把他們自己和同學分類成為男孩和女孩；互動無法減少這個類別的顯著性。

但是假如完全沒有互動，完全沒有異性存在時，它會減少性別類別的顯著性。假如只有一組時，團體意識就會變弱，自我分類的意識就從「我們」轉到「我」。這時你就看到組內的分化，組內成員開始競爭地位、主動選擇不同的角色來扮演，或是被別人指派的某種角色來扮演。[48]

當男孩子不在旁邊時，女孩子的行為就不女性化了。這是一些研究者在觀察十二歲的女孩打躲避球時發現的。這個研究中有兩組不同的受試者，一組是芝加哥中產階級私立學校中的黑人女孩，另一組則是亞利桑那州「霍皮印地安人」（Hopi Indian）保留區中的印地安女孩。研究者是故意挑選女性地位在兩種文化中非常不同的來研究。霍皮文化是個母系社會的文化，女人擁有很大的社會和經濟權力。

當沒有男孩在場時，兩組女孩都很嚴肅地打躲避球，非常有競爭性，有幾個女孩甚至打得很好。但是當男孩進場時，情形就改觀了。霍皮的女孩雙手抱胸，表現出害羞和不是一個好運動員的樣子；黑人女孩在男孩進來之後開始談話，取笑別的球員。這兩組女孩都不自覺她們行為的改變。當研究者問她們為什麼她們認為男孩總是會贏時，她們都說男孩作假。但是男孩並沒有作假，他們只是更認真地打球而已。雖然在十二歲這個年齡，男孩一般說來是比女孩矮、比女孩輕，但是男孩還是贏了。[49]

男孩和女孩對於「男孩」和「女孩」都有刻板印象的看法；他們都認為男孩的運動能力比女孩好、競爭性比較強。一般來說，這是對的。當性別類別顯著時，女孩變得比較像刻板印象中的女孩子，男孩變得比較像刻板印象中的男孩子。他們之間的差異會因為對比效應而變得更顯著。

當旁邊沒有男孩子時，女孩的行動不會那麼女孩子氣，但是當旁邊沒有女孩子時，男孩的行為還是一樣；不過在某些方面來說，他們的確也比較少一點男子氣概。對我們這種粗魯的美國人來說，英國住宿男校的畢業生那種尖嗓子的聲音，以及吹毛求疵的品味，看起來是少了一點男子氣概。不過依照安東尼·葛林爵士的回憶，在學校中所發生的事情，絕對是有男子氣概的事。他說：

> 　　對一個八歲的孩子來說，在住宿學校的第一個禮拜是他人生中最創傷的經驗。他完全沒有準備好去面對這樣的學校生活，也從來不知道這世界上有這麼多人想要揍他、傷害他，而且他們有這麼多的機會可以這麼做——不分日夜，都會被扁。[50]

　　揍他、扁他的人，是其他的學生——高年級的學生。在全是男孩的學校裡，沒有女孩在旁邊，所以沒有性別類別的必要。結果，年齡的差異就變成最顯著的指標，而組內統御階級的鬥爭就發展到最高點。當旁邊沒有別的組時，組內競爭就會增加。就像我們在躲避球隊員身上看到的，這現象在男孩身上也是一樣。大的孩子統御支配小的，這是在男孩和女孩團體中都可發現到的，只是女孩的支配方式跟男孩的支配方式不同。女孩比較不會那麼激烈，有人認為女性對攻擊性的抑制是天生的機制（雖然沒有做到百分之百的抑制），因為沒有這個抑制的人，比較容易傷害她們自己的孩子。[51]

　　當小孩子開始上學後，這個性別類別就開始變得很顯著了。性別主義主控了一切。他們的父親可以替嬰兒換尿片，他們的母親可以開卡車，但是男孩子踢足球，女孩子跳繩。父母可能真心地認為男孩和女孩基本上是一樣的，女孩就是男孩少去一個陰莖和兩個睪丸，但是小孩子自己知道他們是不一樣的。

回到根源

　　很奇怪的是，現代男女平等社會中的男孩和女孩，比我們祖先狩獵採集社會中的男孩和女孩更符合刻板印象的男孩和女孩。在少數目前仍然是狩獵採集社會的部落中，住在非洲薩伊森林的艾非（Efe）族人，根據研究者的描述，他們的生活是這樣的：

　　　　毛（Mau）是一個青少年，坐在營地裡，膝上是他哥哥
　　十五個月大的女兒，這個嬰兒被附近以手指彈奏的音樂節奏

哄得快要睡著了。毛俯身去攪拌鍋中正在烹煮的食物，旁邊
有一些小男孩和女孩正在用小孩的弓和箭玩「射水果」遊
戲。當他們太靠近毛的火堆時，他的嘴裡就會發出「啊——
嗚」的警告聲，驅他們遠離……。他抬頭看著營區，發現一
些女人正準備去網魚，其他的一些女人則跟男人坐在一起抽
菸。[52]

　　因為狩獵採集社會中常常沒有足夠的孩子讓他們能分成男孩組
和女孩組，所以艾非族的孩子是男女孩一起玩的。因此，族中顯著
的社會分類就不是男孩和女孩，而是大人和小孩。而男孩和女孩的
行為表現非常類似，甚至在大人裡面，發展性別的差異也沒有像我
們想像中的那麼明顯。相反地，在艾非族旁邊有另外一個部落叫做
「列西」（Lese），列西已經進入農耕社會，所以人口比較密集，
因此它的社會中，性別的分化就很厲害。列西族的人口多到可以讓
男孩和女孩分成兩個不同的團體。
　　另一個傳統的狩獵採集社會，是非洲喀拉哈里（Kalahari）沙
漠的「崑山」（!Kung）族。今天他們已經是農夫和放牧者，但是
一九六〇年代末期，一些崑山族的人還是游牧、逐水草而居的。研
究他們的人類學家報告說，在這些四處為家、居無定所的人當中，
男孩和女孩玩在一起，而且性別的差異幾乎看不到。但是在那些定
居下來變成農夫的崑山族人中，因為有足夠的孩子來形成男孩和女
孩的團體，所以性別行為的差異在這個團體中就較為明顯。[53]
　　在人口稀少到不能形成男孩和女孩不同團體的族群中，男孩和
女孩的行為就很相似，這是因為他們把自己分類成為「孩子」。
他們的行為很相似，因為他們是被同一個同儕團體所社會化。今天

我們在我們社會中所看到的性別行為差異，很可能是我們文化造成的。一萬年前，人類發明了農耕，使我們可以提供孩子很多的玩伴。

我會照你的方式做

　　你注意到了艾非族的小孩用弓和箭在遊戲嗎？男孩和女孩在一起玩，但是玩的卻是男孩的遊戲。在美國，住家附近鄰居孩子所組成的遊戲團體中，在裡面玩的女孩都變成了行為很像男孩子的「野孩子」（tomboy）。你不會看到這種團體玩洋娃娃、換尿片。假如女孩子想跟男孩子玩，她一定要玩男孩子的遊戲。

　　這個想要統御的欲望在兩歲半的男孩身上就可以看出來。男性比較有攻擊性。不只是人類而已，所有的雄性動物皆如此。[54]一隻雄馬就比一隻閹過的馬更凶猛，但這不僅只是睪丸的關係而已。在不同性別的同卵雙生子案例中，雖然瓊安的睪丸在她十七個月大時就已經割去了，但她通常都居於領導的地位，支配其他的女孩子。有些女孩子生下來時會出現先天性腎上腺增殖（congenital adrenal hyperplasia）的荷爾蒙分泌不正常現象，使得女孩比較男性化。雖然這些女孩子荷爾蒙不正常的情況，在一出生以後就以藥物加以糾正，但是在遊戲團體中，她們還是常常居於領導的地位。[55]

　　大多數的女孩子很早就發現她們對男孩子沒有影響力。她們在男孩子開始迴避她們之前，便先迴避男孩。[56]她們寧可跟女孩一起玩，因為女孩會聽她們的，而男孩總是要別人聽他們的，以他們的方式玩。

　　所以女孩形成自己的團體，使她們可以做她們想做的事；這種

方法一直到青春期都還行得通。到了青春期時，這兩組又要合起
來了，其背後驅使的力量並不在本書討論的範圍之內，所以這裡暫
不討論。在青春期時，會有別的顯著方法來區分小團體。你會看到
有運動好的小團體、有功課好的小團體、有壞孩子和不良少年的團
體，還有以上皆非、什麼都不是的團體。這時候，團體中又是男
性、女性都有了。不過，一般來說，男性還是居於領導地位。在兩
性混雜的團體中，通常都是男性做發言人、說笑話的人，而女性是
聽從的人、發笑的人。[57]

居於劣勢

　　女孩子的自尊及自信是在青春期開始走下坡的，雖然這並不是
一概如此，而且它的效應比報章雜誌要你相信的還要小，[58]但我認
為一般來說，它的確是如此。我所不接受的是它下降的原因；我不
認為這是父母和老師或是文化的關係。我認為這是女孩子發現自己
在青少年團體中的地位所導致的。當她們形成自己的團體時，她們
可以避免被男孩支配。但是到了生理時鐘敲響十三下時，她們突然
發現她們想跟男孩在一起了。這些男孩在體型上跟她們一樣，甚至
在這短暫的期間內比女孩還小一點，但是這些男孩要她們聽他們
的，而且這些男孩長得非常快，很快就在體格上超過她們了。
　　所以在任何男孩居多數的團體當中，女孩若想要有任何地位，
她就必須要有一些特殊的才能是這些男孩看得起的，不然她就是要
很漂亮。假如她這兩樣都沒有的話，她被男孩忽略的機會就很高。
而這些事不是她努力就可以做得到的。她可以在女孩子的團體中有
很高的地位，但是假如她長得不好看的話，在青春期中，她就會居

於劣勢。[59]

　　有兩件事會影響一個人對自己的感覺：一個就是地位，另一個就是心情。假如她在團體中的地位很低，而她無法提升的話，她的自尊就會下降。假如她心情不好、憂鬱的話，她的自尊也會跟著下降。從青春期的初期開始，女性憂鬱症的比例一直都是男性的兩倍。[60]

　　憂鬱症和自尊低的關係，現在已經很明確了。[61]現在所不確定的是哪一個先呢？哪一個是因？哪一個是果？許多臨床心理治療師認為，自尊低會引發憂鬱症。無疑地，有些病例的確是如此。但是很多時候，這個因果關係是倒過來的。假如你認識有「兩極型情感症」（bipolar mood disorder，即躁鬱症）的人，你就會了解我的意思了。當這種人處在「狂躁的時期」（manic state），他們認為天下沒有什麼事情是做不到的，他們是天下最聰明、最厲害的人。但是當他們進入「憂鬱的時期」（depressed state），他們會覺得自己一文不值，世界上多我一個不多，少我一個不少。而這是同一個人，有著完全相同的美好經驗和惡劣經驗。唯一改變的是他們的心情。有的時候他們覺得自己很了不起，有的時候又覺得自己一文不值；從狂躁到憂鬱，全在他們自己的一念之間。

　　躁鬱症在兩性之間的比例是相同的，[62]但是在青春期的初期，憂鬱症（單極症〔unipolar depression〕，只有心情低落而無心情高昂）則是女性比較多。女孩子在這個時期所經驗到的自尊下降，可能是憂鬱症的症狀，而不是它的原因。

　　為什麼憂鬱症在女性比在男孩多呢？沒有人可以回答你，不過我認為這是由於男女兩性大腦的些微差異。男女兩性在「行動」（action）和「壓抑行動」（inhibit action）的機制上是有些不同的。

當大腦不對勁時，男性比較會偏向「行動」的方向，所以外顯出來的就是暴力；女性則比較傾向另一端，[63]因此顯現出來的就是焦慮或憂鬱。躁鬱症的人就是這兩種機制的平衡點不穩定。

管他什麼差異不差異

男孩和女孩生下來就有差異。在往後的十六年裡，這個差異會愈來愈大。在童年時，這個差異會增大是因為男孩女孩認同的團體不同。在青春期時，這個差異的增加是因為身體上的原因。

大自然是有效率的，卻不是仁慈的。一般來說，女性比較柔弱、比較沒有攻擊性，所以在所有的人類社會中，她們都有被施暴的危險。雌黑猩猩有的時候會被雄黑猩猩扁得遍體鱗傷。[64]現代的女性比過去六百萬年來的女性都過得更好，[65]但我在哈佛大學唸研究所時，心理系還有一位教授公開說女性不應該進實驗室，實驗室不是女性應該來的地方。今天沒有任何一位大學教授敢這樣說。

女性現在可以參加所有以往不許她們參加的運動。問題是，她們還是得遵循男孩的規則。她們小時候所學的那一套學校操場上的遊戲規則，如今搬到現代的社會上演出了。

但是，性別差異並不是人們不一樣的唯一原因。來自內在和外在附合同儕團體的壓力以及團體的對立效應，也只有某種程度的影響力。兩性心理上的差異是一個統計上的差異：是兩個鐘形曲線最高點之間的距離。在童年期，這兩個曲線的距離比較大，但是從來沒有完全獨立，總是有重疊的地方。有些男性比較矮，有些女性比較高；有些男孩比較溫和，有些女孩比較粗野。當他們與同儕在一起時，你就可以看到這些差異。

第十一章

孩子的學校
Schools of Children

The Nurture Assumption

你可能還記得是怎麼做的，或許你也還記得自己曾經這麼做過。小孩子有一種很微妙的方式，可以讓他的同學知道他不會屈服在老師的淫威之下。社會學家莎朗・卡瑞里（Sharon Carere）以前曾是小學老師，她指出有些小孩子喜歡做些校規沒有規定不可以，但他知道這個行為不好、而且老師也不喜歡他做的事。用這種所謂「遊走法律邊緣」的事，來表示他對老師權威的反抗，例如「字紙簍的漫步」就是：

> 學生漫不經心，很悠閒地逛到字紙簍旁。來到字紙簍旁邊之後，很仔細地把垃圾拋出，使它停留在垃圾筒邊緣的地方，然後站在那邊幾秒鐘，看著垃圾停留在垃圾筒的外面蓋子上，而沒有落入筒中。

另一個是在書架前面的肢體分解動作：

> 學生站在書架前面，要不然就是拿著一本書，好像要把它放回架上去；要不然就是瀏覽架上的書，好像要找一本他有興趣的書一樣。但是這只是他們身體上半部在做的事，而身體的下半部則在表演著各種的社會互動，比如說，輕輕地踢隔壁人的腳踝，用腳去踢弄地上任何可滾動的東西。沒有拿書的那隻手握拳，做些小動作，或是輕輕地去戳站在旁邊的人（不敢太用力，怕引起老師注意）。

做這些事的過程也是個樂趣點。走到字紙簍的過程或走到書架的路上可以是千奇百怪的方式。比如說，假裝自己是個玩具兵、走

鋼絲高索的人（拿一根竹竿以助平衡）、一隻鴨子，或是各種好笑的姿態。道行高的還會在走過教室前面時，停留一下，做出一些舞臺上的誇張動作讓同學看。[1]

他的支持者當然是班上的其他同學，絕對不會是老師——因為老師是「他們」。如果沒有「他們」的存在，這些挑釁的小動作也就沒有意義了。

對學校裡的學生來說，班上最重要的人是其他的學生，他在同學中的地位是最重要的事，這是使得學生覺得上學是件可以忍受的事或是人間地獄最主要的原因。老師的權力有一大部分來自於她可以把學生放在大家注意力的焦點上；她可以使一個學生成為大眾的笑柄，或大家羨慕的對象。

但是老師的權力還不只這些。在這本書中，我好像在削減父母的權力和責任，我對老師可沒這樣。老師有權力和責任，是因為他們控制全體的小孩，而且他們行使的影響力是有長遠效應的。他們影響孩子在家庭以外的世界，這個世界是孩子要渡過一生的地方。

教室中的團體意識

孩子愈長大，他就愈能應付現代社會所賦予他的各種複雜的社會認同。一個坐在椅子上的七歲或八歲孩子，可以在不移動任何一條肌肉的情況下，轉換各種自我分類。她可以把自己想成三年級的女生、三年級的學生，或是馬丁路德小學（Martin Luther King Elementary School）中的一名學生。她可以把自己想成最高段的閱讀小組中的成員，或是班上最聰明的學生（她不一定要給這些社會類別取名字），她也可以在「我—我們」（me-us）的向度上轉換：

有的時候，她覺得她是團體的一員；有的時候，她覺得她是她自己。

在學校的環境中，社會分類是無時無刻無所不在的。因為學校裡有這麼多的孩子、提供這麼多的機會，可以形成各種次類別團體。大的團體如果沒有某種特別強烈的因素使它維繫在一起的話，很容易就分裂成小團體了。

在相互平行的團體中，對比效應是存在的。在上一章中我曾談到一個這種對比效應：女生和男生的對比。當孩子把自己歸類成女生或男生時，這個性別之間的差異就變大了。即使原來是沒有差別的，只要社會類別一成立，差異就顯著起來了；鷹隊和響尾蛇隊就是一個例子。在此，男、女生本來就有差異，所以這個差異的誇大就不必解釋了。[2]

現在你可以了解為什麼能力分組會有它的效應存在了。當老師把全班學生分成閱讀能力好的跟閱讀能力普通的兩組時，好的就會變得愈好，而壞的就會愈壞了。[3]在這裡，你看到了團體對立效應。這兩組發展出不同的行為模式、不同的學習態度。

團體意識會使人覺得自己的團體是最好的。你或許會覺得奇怪，難道閱讀能力不好的那一組，也會認為自己的團體是最好的嗎？是的，我認為他們也會。他們可能認為自己在閱讀上沒有那麼行，但是他們認為自己在其他方面絕對比另一組行。比如說，他們做人比較好，不擺架子；他們長得比較英俊，組內都是俊男美女，不像另一組都是醜八怪；或者是他們的運動比較好等等。他們可能會貶低閱讀的重要性，也可能會採取討厭學校的態度，認為任何功課好的人都是書呆子、老師的乖寶寶。鷹隊的人看不起響尾蛇隊的人，因為他們講髒話；而響尾蛇隊的人看不起鷹隊的人，因為他們

都是膽小鬼。

　　像閱讀能力普通的這一組人，其所發展出來的態度會在孩子以後的歲月中產生影響。自己的閱讀能力不好，會使孩子認為自己是成績不好的學生。雖然老師並沒有這樣說他，但是這個孩子可能會採取成績不好的學生的行為常模以及他們的態度，因為成績不好的學生的態度是反學校、反閱讀的，所以這樣後果就像滾雪球一樣，愈來愈糟。學得快的人和學得慢的人他們的團體對比，會使學得慢的人採取一種常模態度，使他們變得更笨，或者是說，常模使他們避免去做可以使他們變得更聰明的事情。[4]

　　團體的對立效應就好像我們劈木柴時加速木柴裂開的那塊三角形的楔子一樣，它強迫進入兩組之間的任何小縫隙、任何一點小差異，然後把它變大。這個效應源自於對自己團體忠誠的根由：我是我們中間的一員，不是他們的，我才不要像他們一樣呢（噁心）！

　　在學校，學生團體的聯盟常常是基於學業成績或動機。好學生對壞學生、書呆子對搗蛋分子、馬屁精對敢跟老師唱反調的人。一直要到高中，這些團體才有名字，才有穩定的成員，但是早在小學裡，你就可以看到它們的雛型了。喜歡跟好學生在一起的人，也對功課有好的態度；跟不好的學生混在一起的人也不喜歡上學。假如一個孩子從一個團體換到另一個團體（這種情形在小學中仍可能發生），你就會發現他的態度改變了，跟他所屬的新團體一樣了。[5]

　　這不是自尊的問題，這是有沒有下功夫去練習的問題。對學校有不好態度的人，不會把心思放在學校的功課上，因為他們認為學校的功課不重要；但是他們不會對自己有不好的態度，他們只是對學校的態度如此而已。他們的自尊並不低。黑人學生在學校中的學業成績往往不如白人或亞裔的學生，但是他們的自尊並沒有比其他

少數民族的自尊更低。自尊是組內地位的函數，人們會以同一社會
類別中其他人的表現來衡量自己。[6]

A 小姐的學生

在我以前所寫的兒童發展教科書中，有一則故事叫做「A 小姐
的學生」。當我寫它的時候，我並不了解在 A 小姐班上發生了什麼
事，現在我想我了解了。

A 小姐是《哈佛教育評論》（*Harvard Educational Review*）中的一篇
文章裡，教育家艾吉爾・派特森（Eigil Pedersen）對這個老師的稱
呼。[7]A 小姐是一九四〇年代，派特森唸小學時的一年級老師，這個
學校歷史悠久，學校建得像古堡一樣，窗上還有鐵欄杆。它是一所
城市中心的小學，大部分的學生來自於窮人家庭及移民的孩子；三
分之二是白人，三分之一是黑人。只有一小部分的畢業生上大學，
而大部分的學生連高中都唸不完。在這個學校中，打架是家常便飯
的事，學校懲罰打架的方式是用皮鞭體罰。但即使如此，每天動用
到皮鞭的次數也還有兩次到三次。可以想像這樣的學校嗎？

派特森就是這個學校中少數能上大學的一個。他唸完大學後，
一九五〇年代回到這所學校教書。在他教書期間，他開始檢視學校
的紀錄，想找出為什麼有這麼多人連高中都唸不完。由於他在紀錄
中找到一個令他深感興趣的問題，所以他放棄了原來的研究，專心
探討 A 老師在她一年級班上所引起的效應。

派特森發現 A 小姐對她的學生有深遠的影響。A 小姐的學生到
了二年級時，功課都很好，雖然他們被分到好幾個不同的班上去，
但是 A 小姐的效應一直到她的學生七年級時，都可以看得見。他找

出這些曾經被 A 小姐教過的學生，與他們面談。他發現 A 小姐的學生長大成人後的表現，也比其他老師的學生來得好。以成就來說，A 小姐班上的學生爬得比其他學生還要高。

　　從 A 小姐以前學生的口中，他發現 A 小姐簡直就是一個聖人。她從來不發脾氣，而且放學後會留下來幫助那些功課趕不上的孩子。雖然這些孩子的背景非常不同，但是每一個學生在她的教導下都學會了讀書。她會把她的午餐分給那些沒有帶便當或帶不起便當的孩子吃。在他們畢業二十年以後，她還記得他們的名字。

　　在我寫教科書時，我把 A 小姐的長遠效應，歸因到她在一年級時就使學生跟得上進度。所謂「贏在起跑點上」（head start）是指，在一開始時就領先，以後就不會落後。但是像「啟智計畫」（譯註：Head Start Program，指一九六五年美國國會通過的改善貧困兒童學前教育環境方案）中所提供的那些優勢，並不能維持很久。即使一開始的時候進步很快，但是時間一久，這個領先的優勢就會消失了。那麼究竟是什麼原因使 A 小姐的效應持久不衰呢？

　　這裡有一個線索。當派特森訪談這些學生時，沒有一個學生不記得她的名字，甚至還有四個不是她班上的學生，卻也以為她是他們的老師。派特森把這種現象稱為「一廂情願」（wishful thinking）的誤認。[8]

　　這種「一廂情願」的誤認會使學生建構出他們從來沒有上過課的教室情境嗎？是的。記憶遠比我們所認為的更不可靠。它可以建構，也可以毀滅。但是我認為事情沒有這麼簡單。

　　要解釋這個問題，我必須要先離題一下去討論「領袖」（leader）。團體常常（但不是一定）都有領袖，但領袖不一定是團體的成員。一個團體可以被外在和內在的因素所影響。老師是一

個領袖，雖然她不是這個團體的成員，但她可以影響一個團體。

　　領袖可以有三個方法來影響團體。第一，他可以影響團體的常模、團體成員的態度，以及他們認為適當的行為。他不需要影響團體中的每一個人，他只要影響大多數人就可以了。有的時候，他甚至只要影響幾個團體的核心分子就夠了。電視就是用這種方法來影響文化。根據團體社會化理論，它並不需要團體中的每一個分子都收看某一個電視節目，只要團體中大部分的人都在看，這個電視的效應就會作用到孩子身上去了。

　　第二，領袖可以界定這個團體的範圍——誰是「我們」，誰是「他們」。這一點是希特勒最厲害的地方。

　　第三，領袖可以塑造這個團體的形象，也就是這個團體對自己的看法。

　　一個好的領袖在這三方面都能有所發揮。一個好的老師可以防止學生分裂成小團體，而將整個班級帶成一個向心力很強的「我們」，使這個「我們」把自己看成學者，看成有能力、肯苦幹的人。

　　不要問我他們怎麼做的，因為我也不知道。傑米‧艾斯克蘭特（Jaime Escalante）就是這樣的一個老師。他是玻利維亞的移民，在東洛杉磯的一所高中教一群墨裔美國人微積分。他的故事後來拍成電影，叫做《為人師表》（ *Stand and Deliver* ）。他使他的學生覺得自己是一個從事祕密、不可能之任務的勇士。另外一個像這樣的老師，則是紐約布朗士一所中學的喬瑟琳‧羅狄格士（Jocelyn Rodriguez）。羅狄格士使她班上的黑人和墨西哥裔的學生形成一個緊密的團體，他們都為自己的班級取一個名字、設計一個班旗、創作一首班歌。一個學生對記者說：「我們都是好朋友，所以我們不

在意緊密地坐在一起。」[9]

這些班級最大的特點是他們對學得慢、跟不上進度的同學的態度。他們不但不取笑他，反而替他加油。在羅狄格士班上有一個男孩在閱讀上有些困難，每次當他進步一點時，全班就報以熱烈的掌聲鼓勵。

你在亞洲的學校裡（比如說日本）也可以看到這種情形。小孩子如果做不好，他會接受同學的批評；如果做得好，全班會給他獎勵。一個孩子的表現不良，會影響全班的聲譽，被看成是全體的恥辱；同樣地，一個孩子的進步也會被視為是每一個人的勝利。這並不是說日本的孩子比較好；在他們的操場上，大欺小的事情也跟別的國家一樣多。我不知道他們的老師是怎麼辦到的，但是我認為這種同舟共濟的精神是為什麼亞洲的孩子在很多學科上勝過美國孩子的主要原因。當班上沒有反學校、反學術的心態，當每一個孩子的潛都能發揮出來的時候，老師就可以大展鴻才了。[10]

現在我們再回到 A 小姐的故事來。我認為她有一個神奇的能力，能夠把班上的孩子團結起來，變成有強烈學習動機的孩子團體，亦即所謂的「我們」。這個「我們」是一個社會類別，不論它有沒有名字。我認為 A 小姐使她班上的學生認為他們是在一個特殊的社會類別中，「一個從事祕密、不可能之任務的勇士」。這個自我分類在他們升到二年級以後仍然存在，保護他們不受反學校態度的干擾，使他們在學業上比別的學生優秀。而這個特殊的社會分類使得沒有被 A 小姐教過的人也知道它的存在，這是為什麼派特森會面談到宣稱自己是 A 小姐的學生但其實不是的學生。這些人是 A 小姐創造出的那個團體中的一分子。在那所窗戶都必須裝上鐵窗的老學校裡，有一群擁有強烈學習動機的孩子，他們認為他們是「A 小

姐的學生」，雖然有些人從來沒有上過她的課。

或許派特森自己就是這個團體裡的一員，也或許這是為什麼他會變成這個學校最有名的校友——雖然他一年級的老師是 B 小姐。

長遠的隔離

在發展上，有許多都是惡性循環的。一個沒有朋友的小孩，就沒有什麼機會去發展他的社交技術；一個過胖的孩子會避免運動，所以他就更胖了。但是這些惡性循環都沒有比智能上的惡性循環所留下來的傷害大。一個孩子如果在一開始時只有一點點跟不上他的同學，他會逃避去做那些使他同學看起來更聰明的事。所以他就愈來愈落後了，而那些一開始就占優勢的同學跟他的距離也就愈拉愈大了。

行為遺傳學家發現，IQ 的遺傳性會隨著年齡而增加，老年人的智力中，有百分之八十的變異性可以歸因到基因。[11]但是這樣的解釋會有所誤導，因為並不是所有的變異都直接來自於基因的效應，許多是來自於人們在童年期或成年期所做的選擇：是要看電視還是要做功課、要去打球還是要上圖書館、要跟布里塔妮做朋友還是跟布里安娜做朋友、要不要去唸大學、唸些什麼、要跟羅杰結婚還是跟羅尼結婚。這些生命中所做的選擇，其後果最終都會在行為遺傳學的研究中出現，變成基因對 IQ 的影響。但是事實上，研究者所測量到的是一個基因的直接和間接效果。

IQ 的遺傳性隨著年齡的增加而增加，主要是來自於間接的基因效應——是基因效應的效應。一個剛開始時很小的差異，會讓雪球變成很大的一個。IQ 測驗其實是低估了這個雪球的差異，因

為 IQ 是以常態分配的曲線來給分的。小孩子只跟他同年齡的小孩子比，而在每一個年齡都有相同比例的一三〇分的人、一〇〇分的人，和七〇分的人。

當班上的小朋友因為學業成績分裂成小團體時，對立效應就會使得團體之間的差異變大。這個效應在成績不好的孩子身上比較顯著，因為成績好的已經盡全力在做了。我認為團體對立效應是 IQ 間接基因效應的根源。

當班上的小朋友因為種族或社經地位分裂成小團體時，對立效應再次地把團體之間的差異擴大。假如你隨機把班上的小朋友分成「海豚隊」和「小鯨隊」，海豚隊有一、兩位功課特別好的學生，而小鯨隊則有一、兩位功課跟不上進度的學生。雖然這兩組一開始時 IQ 的平均值是相同的，但這兩組學生對於功課可能會採取不同的態度。現在假設過了好幾年，這兩組的人還是認同自己是海豚隊的一員或小鯨隊的一員，主要只跟他們團體的人來往，那麼他們要不然是功課表現良好，要不然就是瞧不起學校功課（看他們是哪一組而定）。一開始時雖然是對功課的態度不同，但最後卻可能變成 IQ 平均值的不同。

有一本書叫做《智慧的問題》（*A Question of Intelligence*），作者是丹尼爾‧塞利格曼（Daniel Seligman）。他所提出來的問題跟《鐘形曲線》（*The Bell Curve*）一書很相似，但是他比較含蓄，所以沒有像《鐘形曲線》那樣掀起巨波。[12]在他的著書當中，有一章談到黑人和白人 IQ 的差異，並指出社會科學家想把這個差異歸因到環境的差異上去。他表示，社經地位上的差異或收入上的差異，並不是一個好的解釋。即使是同一個社經地位的孩子或是他們的父母賺同樣的錢，你還是會看到他們在平均 IQ 上的不同。塞利格曼對這些

結果覺得很沮喪，但是他並沒有採用環境論的看法；他只把門打開一個小縫，讓環境論擠進來稍做解釋：

> 這些細節並沒有終結環境的效應。原則上來說，還是可能把所有或大部分黑人─白人 IQ 的差異，歸因到環境的因素上，只不過這些因素還沒有被社會科學家找出來罷了。環境主義者有時會用「X 因素」來代表還不知道該如何去量化的東西，但是那個東西是跟隨著在美國做為一個黑人的經驗而來的。這個經驗是相當特殊的，是身為一個白人所無法領略的。在此過程中，它變成了 IQ 差距的相關係數。沒有人知道它究竟是怎麼回事，但是這個 X 因素壓抑了黑人的心智能力。[13]

我想我知道這個 X 因素是什麼，我覺得我可以把它描述得很清楚。黑人的孩子和白人的孩子認同的團體不同，他們所認同的團體常模也不相同。這個差異經由團體對立效應放大之後，整個後果影響了他們的一生，這就是所謂的 X 因素。

大約在三歲的時候，孩子已經注意到人可以用種族來分類。在以後的幾年裡，種族差異增加了它的顯著性，變成孩子劃分小團體的方法。他們是否依照種族來加以劃分，部分是依據人數而定的；看看在某個時間、某個地點，有多少小孩在那裡。就像是男生和女生假如沒有選擇餘地的話，他們也會一起玩的；他們就是把自己分類成孩子罷了。黑人和白人的孩子也是一樣的。

美國的孩子在小班教學中學得比較好，[14]這很可能是老師比較容易把小班變成一個團結的團體，小朋友也比較不容易分裂成相互

對立的團體。

　　假如一個班級裡的小朋友在社經地位和種族上都不相同，假如一個種族的人正好是中產階級，而另一種族的人正好是勞工階級的話，那麼即使是世界上最好的老師，也無法把這兩群學生融合成一個團結的團體。

　　社會學家珍娜‧蕭費爾（Janet Schofield）曾經花了很多時間去研究一所她稱為魏克斯勒（Wexler）的學校的六年級和七年級學生。魏克斯勒是一所城市中的學校，黑人和白人比例正好一半。大部分的白人來自中產階級家庭，大部分黑人來自勞工階級或低收入家庭。雖然老師和校長都極力想要推動族群融合，但結果卻是連邊都沾不上。白人的孩子和黑人的孩子互不信任。他們之間的敵意只比響尾蛇隊和鷹隊略差一點而已。在魏克斯勒，你不會看見黑人小孩和白人小孩一起玩，也不會看到他們坐在一起吃午餐。

　　魏克斯勒的孩子來自不同的社會階級，但這不是他們所注意的，他們所注意的是兩個不同種族之間社會類別的差異。不論是白人小孩或是黑人小孩，都會把白人孩子看成是學業成就者，把黑人孩子看成是學業抵制者：

　　　　西爾維亞（Sylvia，黑人）：我覺得他們（黑人）不在乎學習。白人的小孩在可以受教育時，都會等不及想去上學。

　　　　安（Ann，白人）：黑人孩子根本不在意他們唸得怎樣。

　　這兩組之間的差異並不只是學業成績而已。白人和黑人的孩子都認為白人軟弱無用，而黑人好勇鬥狠。白人的孩子「根本受不

了」一個黑人女孩告訴社會學家說：「他們不知道怎麼去打架。」
假如你想越過種族的界限去交異族朋友，你的隊友會反對：

　　莉蒂亞（Lydia，黑人）：她們（指黑人女孩）會生氣，
因為你交了一個白人朋友……，她們說黑人的朋友應該是黑
人，白人的朋友應該是白人。

　　蕭費爾發現，黑人學生在學業上成功後，通常要離開原來的朋
友，而加入班上白人的那一群。黑人功課好的孩子常會受到班上其
他黑人的壓力，叫他不要這麼努力，[15]而且認為他們功課好就是想
做「假白人」（acting white）。這些孩子並沒有從他們的父母那裡
得到這種反學業、反學校的態度。所有種族的父母都認為教育很重
要，都希望他們的孩子在學業上能有所成就。有些研究者甚至發
現，對於教育，黑人和墨西哥人的父母比白人的父母看得更重。[16]
　　蕭費爾在魏克斯勒學校的研究是從一九七〇年代末期開始的，
但是這種情況一直沒什麼改變。二十年後，布朗士的老師告訴《紐
約時報》的記者，有些黑人學生「寧可在電視鏡頭前帶手銬遊街，
也不願被拍到他在唸書」。而且對黑人孩子而言，「假白人」仍是
一種侮辱的用語。[17]
　　這種「要黑人孩子行為像黑人、要白人孩子行為像白人」的壓
力，就跟響尾蛇隊不許哭、鷹隊不許說髒話的壓力一樣。它來自於
團體的內部，而不是來自於外面，而且這個壓力不必是很明顯的。
你從來都不必叫孩子去附和他團體的行為。
　　我在這裡談到的是黑人和白人的對比，但有的學校則是亞裔人
和白人的對比，或是兩組白人和兩組黑人之間的對比。在紐約長島

某個學校的校長告訴記者，學校中的海地移民和在美國出生的黑人之間的種族緊張情形。海地人也是黑人，但是成績比較好。曾有一個海地出生的青少年抱怨他們被美國黑人欺負，他指出：「假如我們成績好、尊敬老師，他們就說我們想做假白人，想要表現出我們比他們好的樣子。」在布魯克林和布朗士的牙買加黑人後裔並不認同其他的黑人孩子，他們有自己的團體。因為牙買加的孩子功課好，他們成功的故事使你想起一個世代以前猶太移民孩子成功的故事。美國已退休將軍、不肯競選總統的寇林·鮑爾（Colin Powell）就是牙買加移民的孩子，他就是來自布朗士。[18]

許多年前，德國針對有關美國大兵的孩子被德國母親撫養長大的情形，做了一個研究。[19]研究者發現，爸爸是白人或是黑人，對孩子的 IQ 並沒有影響，雖然一般都把黑白混血兒視為是黑人。而這些黑人小孩因為人數不夠，因此在學校中沒有辦法形成他們自己的團體。他們很可能被白人同學所排斥，就像麥斯頓被西藏同伴排斥一樣，[20]但是他們並不覺得閱讀不重要或是學校很爛、很差勁。

刻板印象的威脅

「棍子和石頭可以打斷我的骨頭，但是叫罵對我沒有傷害」──這句話是不對的，因為罵人也是會傷害人的。不過，真正會傷害我們的話，其實是我們自己所說的話。我們為自己所定下的刻板印象會產生長久的效應，但是別人加諸我們的，效應反而不會長久。因為別人對我們的期望連帶產生對於我們的行為、智力等的影響，其實並沒有那麼嚴重。這一點是被高估了。[21]

但是這個看法卻歷久不衰──假如一個預言實現了，這一定是

預言者造成的。根據社會心理學家克勞德・史迪爾（Claude Steele）
的說法，「刻板印象的威脅」（stereotype threat）就是傷害我們的東
西。假如你對一個數學很好的女孩一再強調她是個女孩、使她更加
自覺自己是個女性的話，她在下一次數學能力考試中的表現就會比
較差。假如你一直提醒一個成績很好的黑人學生他是個黑人的話，
他下次在學業考試上表現也會變差。史迪爾發現，要降低一個黑人
孩子學業考試的成績其實很簡單，你只要在考試之前先給他做一個
問卷，裡面設計一個題目問他：你是哪一種族的人？[22]

　　自我分類對社交情境異常地敏感。史迪爾所做的就是引發這個
學生的團體意識。他增加種族或性別的顯著性，使他們更會把自
己分類成黑人或女性。然後跟著這個分類而來的，是這個類別的常
模，人不喜歡跟自己團體的常模不一致。一旦不一致，他們就會覺
得不自在。

　　史迪爾把這種不自在歸因到害怕失敗；你也可以把它歸因到
三十年前心理學家瑪蒂娜・荷納（Matina Horner）所說的「害怕成
功」（fear of success），她發現一群聰明的女生都有這個毛病。[23]
我認為這個不自在是由於一個內在衝突所引發的。我們既想做得
好，又怕做得好會不符合團體的常模，跟團體起衝突。荷納自己並
沒有被這個常模所干擾。當人家請她去做瑞克利夫學院（Radcliffe
College）的校長時，她並沒有拒絕。

　　史迪爾把婦女害怕在數學上做得太好會違反她們的團體常模這
件事，歸因到社會對女性不公平的刻板印象上，我則認為這是團體
加諸於自身的刻板印象的結果（不過這並不是說社會就沒有刻板印
象存在）。在性別不顯著的情境裡，女性在數學和科學上可以做得
很好，女子大學栽培出很多優秀的科學家。[24]在女子大學中的學生

跟我們一樣生活在這個社會裡，但是她們比較不會把自己分類成「女人」，也比較不會讓她們自己和「男人」相對立。

以社會整體來說，它並沒有區分從牙買加來的黑人或是別的地方來的黑人。牙買加的後裔很成功的原因，是因為他們對自己有著不同的刻板印象。

補救計畫

自從一九六五年開始，即有學前兒童的啟智計畫出現，這些計畫的成效如何？這個問題引起兩位發展心理學家的辯論：一位支持，一位反對。反對者認為，啟智計畫的目的是幫助低收入家庭的孩子，防止他們學業失敗，增進他們成人後成功的機會，但是目前沒有任何證據證明這個目的已達到，或是這個任務已完成。支持者被迫承認啟智計畫對黑人孩子來說並沒有長期的效益，但是它的確可以幫助孩子得到社區資源，使孩子的免疫性提高，比較不會中途輟學。雖然這些都是值得做的事，但是這些結果的確沒有達到當時設計這個計畫時的目的。[25]

大多數像啟智計畫這種幫助孩子學業成績的計畫，效果都很短暫，有的甚至連效果都測量不出來。有趣的是，所有測量不到效果的計畫，都是那些想要改變「父母」行為的計畫。那些靠專業人員去做家庭訪問來改變父母行為、減低對孩子虐待等等的計畫，並不能對孩子在家庭以外的環境或在學校中的行為有所影響。那些需要父母參與的計畫與不需要父母參與的計畫，效果都差不多，並沒有更好。[26]這些正是團體社會化理論所預期到的。

我相信，補救計畫（intervention programs）如果想要有用，它必

須要對孩子團體的行為和態度有所改變才行。[27]如果要這個計畫有
長遠的效用,孩子必須要彼此保持聯絡,繼續認為自己是這個團體
的一分子才行。所以,我認為一個針對全校孩子做補救的計畫,會
比從十或十二個學校中挑選十七名學生出來做補救來得成功。

　有一個這樣的例子就是,有個計畫的目的想減少攻擊性的行
為,並增加小學生彼此互助的精神。它的訓練課程是針對全校的小
朋友而設計的,結果發現有上過訓練課程的小朋友,他們在操場和
餐廳吃午飯時的行為變好了很多;效果雖然不大,但是已達到統計
的顯著性。它改變的是團體的常模。就如我的理論所預測的,它對
孩子在家中的行為並沒有顯而易見的改進。[28]

　針對父母的補救計畫可以改善孩子在家中的行為,但是無法改
變孩子在學校的行為;而在學校的補救計畫可以改善孩子在學校的
行為,但是無法改變他們在家中的行為。這些結果(在本書初版十
年後仍是如此)提供了強有力的證據,證明教養的假設是錯誤的。
這個證據如此強有力的原因,在於孩子們是隨機被分配到補救組或
是對照組,這是個嚴謹的實驗性研究,而不是相關性研究。[29]

語言課程

　在第四章中,跟灰姑娘一起出場的一個孩子,名叫約瑟夫。雖
然這不是他的真名,但是卻真有其人。他在七歲半時,跟隨父母從
波蘭移民到美國密蘇里州的一個鄉下地方。當他們初抵美國時,約
瑟夫和他的爸爸連一句英文都不會講,他的媽媽學了六週的英文,
可以說一些簡單的字。

　約瑟夫的父母都沒有特殊的技能,所以一開始,他的父親在苗

圍做工，後來變成守夜員和清潔工。他的母親並沒有出外去就業，所以在美國住了七年以後，她的英語能力仍然非常有限。我告訴你這些背景訊息，主要是想讓你知道約瑟夫並沒有任何基因上的或文化上的優勢來幫助他，讓他的轉變更容易些。從研究他的心理語言學家的報告中，[30]我所看到的是一個普通的孩子，一個普通父母所生的普通孩子。

約瑟夫是五月抵達密里蘇州的，所以他有一個夏天的時間去交一些說英文的朋友、學習他們的語言。當學校在八月底開學時，心理語言學家估計約瑟夫的英語能力大約等於一個兩歲大的孩子。學校並沒有提供翻譯員，或讓他去上不會說英語的孩子的特別班。他被編入二年級，班上的人都跟他同年，沒有一個人會說波蘭話，連老師也不會。上課都是以英文進行，這是「孤注一擲」（sink or swim）的學習方式。

有一陣子，約瑟夫好像連掙扎的跡象都沒有。在開學的頭兩個月，約瑟夫什麼話都沒說，就坐在教室裡，好像沉到了谷底。但他並沒有就此沉睡，他全神貫注留意周遭的小朋友做些什麼，老師說了些什麼，為什麼小朋友都這樣做。比如說，當老師說把習字本拿出來時，他看到每一個小朋友都把習字本拿出來，所以他也拿出他的。

他進步非常神速。在十一月底時，他已經能說下面的句子了：「東尼，假如你不讓我玩，我就不再把車子給你了。」句子雖然不是說得十全十美，但是他已經能讓東尼知道他的意思了。[31]

在他到美國十一個月之後，八歲半的約瑟夫了解和使用英語的能力，已經等於一個在美國出生的六歲或七歲的孩子了，雖然他還帶有一些波蘭口音。再過一年以後，他趕上了他的同學，而他的口

音幾乎聽不出來了。直到他十四歲時，心理語言學家已沒有再繼續
測試約瑟夫。那時候，雖然他在家中仍然繼續說波蘭話，但是他的
英語已經和任何一個美國同學一樣了。他的學業成績自五年級以後
就在中上程度了。

在約瑟夫的學校裡，沒有波蘭裔的美國人，所以他沒有可以供
他認同的非英語團體，他就像西藏喇嘛廟中的麥斯頓一樣，把自
己分類成「孩子」、「一個二年級的男孩」，並採用適用於這些類
別的行為，這個團體的常模包括了說英文。假如約瑟夫被丟到聾啞
學校去，那裡的常態行為會很不一樣，約瑟夫就會學習用手語來溝
通，而不是用口語了。一個社會學家在參觀了聾啞學校後，報告說
那是一個「學習成為聾人的地方」。下面是這位社會學家和一位很
有經驗的聾啞學校老師的對話：

　　社會學家：你有沒有看過任何「聾的行為」（deaf
behavior）？它是什麼樣子？

　　老師：我不知道我可不可以講得清楚。我們曾有一些有
殘餘聽力的孩子進到這個學校就讀。久了之後，他們的行為
就愈來愈像聾生。這不僅包括他們不再使用口語，還有其他
方面的相似性。不再使用口語是很可惜的事，但他們就是不
再使用。

　　社會學家：請再解釋一下，我以前曾經聽過像這樣的
事。假如一個會說話的孩子進到聾啞學校來，他們（指聾啞
學生）會讓他不再用口語說話，是這樣的嗎？

　　老師：他們不再說口語。

　　社會學家：為什麼？……有壓力使他們不說嗎？

　　老師：壓力來自於其他的孩子，所以他們開始學習聾人的行為，舉止也像個聾人了。[32]

　　現在請你想像一下，假如約瑟夫的父母住在有很多波蘭移民的波蘭區，假如班上有好幾個小朋友都不會說英文時，會怎麼樣？如果，約瑟夫到了一個有雙語班的學校，學校裡設有專門讓不會說英語的孩子就讀的班級時，他會學得比較好嗎？

　　當然，他一定會覺得過渡轉換階段容易了許多；當然，他在新學校的前一兩個月不會這麼有壓力、這麼辛苦，但是他的英文會學得一樣快嗎？

　　這是一個很有爭議性的問題，但是假如這本書你已經從頭看到現在，你應該知道我不是一個害怕有爭議性問題的人。我認為這個問題的答案是否定的。雙語輔助教學就像一位有經驗的批評者說的，是「慘敗」的經驗。[33]

　　團體社會化理論可以解釋為什麼雙語輔助計畫會失敗。它會失敗的原因是它製造出另一組與原來的學生團體不同的學生，這組學生的常模包括不說英語或說得比較不好。光是老師說一口文法正確的標準英語，對學生而言並沒有什麼作用。就像聾啞學校中的情形一樣，並不是老師使那些尚有一些殘留聽力的學生不再使用口語溝通，何況大多數聾啞學校的老師是聽力正常的人。

　　語言既是一種社交行為，也是一種知識。因為語言可以被教授，而老師可以傳授知識，但是他們對學生行為的影響卻是有限的。即使是一個很好的英文老師，也會被他的學生弄得很沮喪，除非他能說服學生，讓他們接受說英語是他們同儕的常態行為，不然學生就會學得很慢。做老師最困難的地方，不是使學生浮在水面

上、把頭伸出來而已，而是要能夠說服他們逆水而上。

　　在有許多移民家庭的社區裡，學校中雙語輔助教學計畫使得小孩得以與他說同樣語言的人一起上大部分的課。有一個老師便觀察到：

　　　　俄國學生結果都在講俄文，海地來的孩子都在講克里奧爾語，墨西哥來的孩子都在講西班牙語，他們只跟說自己母語的人聚在一起，結果製造出許多小圈圈出來。他們一起上學，一起共度在學校的所有時間。

　　假如學校中沒有足夠的俄國孩子來形成他們自己的團體，這個雙語輔助計畫就會把他們和其他的移民孩子放在一起：

　　　　有一個學校的輔導老師微笑著說，有些俄國孩子的英文帶有西班牙的口音，其他孩子的英文則帶有牙買加的口音。[34]

　　假如團體裡的大部分小孩子說的英語都是有西班牙腔調的，那麼置身其中的孩子的英語也會像他們一樣。這個口音不會消失，為什麼要消失呢？在他的團體中的人都是這樣說話的。假如他在這個團體裡一直到青春期的話，他以後所講的話就是這個樣子。假如他們在一起時用的是西班牙語、俄語或是韓語，那麼英語對他們來說永遠只是個第二語言而已。他們的思考，以及他們所做的夢，都會是西班牙語、俄語，或韓語了。

　　對移民的人來說，決定離鄉背井到外面去打天下並不是唯一的重大決定。到了新世界之後，他們面臨另一個重大決定，那就是他

們必須決定哪一個對他們而言比較重要：是要孩子保留祖國的語言和文化呢，還是要他們儘快地學會新的語言和文化？約瑟夫的父母選擇了第二項。他們的孩子很快就變成了道地的美國人，與他在美國出生的同學沒有什麼兩樣。但是約瑟夫的美國化是有代價的，雖然他從小就說波蘭話，但是現在說波蘭話時，他已變成一條離開水塘的魚了。[35]

兩人為伴，那麼要多少人才會成眾？

　　文化是從同儕團體一代一代地傳承下去，而不是從家中傳下去的。小孩子習得同儕的語言和文化，而不是他的老師或父母的（假如這兩種有所不同的話）。一個小孩子自己設計的文化是很可能流傳下去的，但是大多數的孩子並不需要去創造文化，他們可以從父母那裡選擇他們喜歡的、符合他們胃口的來用。現在電視發達，它已成為他們主要的文化來源了。

　　我並不是否認小孩子從他的父母那裡習得語言和文化。假如他的父親說英語、他的朋友也說英語的話，他們就不需要去創造一個新的語言，或是再把英文從頭學一遍；文化也是如此。這個從父母到子女的傳承，其實就是誤導發展心理學家的地方。它是一個假象。假如我們不改變家庭的任何部分，只是把它搬到一個語言和文化完全不同的地方去的話，孩子就會變得完全不同；假如孩子還小的話，他們會像學習母語那樣輕鬆自如地學會第二個語言和文化。在你可以獨自離家出去玩之前，父母教你當地的習俗似乎沒什麼好處，父母知道當地習俗的唯一好處，是以後你要帶學校的同學來你家時，你不會覺得發窘。

在一般的情形下，大多數孩子的語言和文化是跟他們的父母一樣的，因為大部分的父母住的地方，他們的鄰居跟他們所說的語言都一樣，文化也相同。當他們的孩子去上學時，他們的同學也有著跟自己一樣的背景和家庭，所以他們只要輕鬆地順著水勢游泳就可以了。

但是一個大的公立學校可能包括好幾個社區，這些社區可能有不同的文化（所謂的次文化）。它們的居民可能有不同的口音，對於應該如何持家也有不同的看法，更不要說是在大庭廣眾之下該有什麼樣的舉止，或是對生活該有什麼樣的目標了。記得和平的拉巴茲人和暴力的聖安德斯人嗎？[36]在美國也有兩個社區，相距不到幾條街，它們的差異不下於拉巴茲和聖安德斯。

假如在拉巴茲和聖安德斯的中途設一個學校的話，我想這個學校的氣氛會很像前面談到的魏克斯勒黑白各半的學校。拉巴茲的孩子和聖安德斯的孩子會各自形成各自的團體，只有少數的人會有另一個村莊的朋友，但這種現象十分稀少。聖安德斯的孩子會說拉巴茲的孩子「軟弱無能，連怎麼打架都不會」，而拉巴茲的孩子會認為聖安德斯的人「太野蠻，總是在欺負人」。團體意識之強烈，會使孩子覺得必須要附和他們團體的常態行為才行，因此，團體的對立效應會使兩個團體的差異更加擴大。

現在請想像一下另一個情境。這個學校離拉巴茲比較近，所以大部分的學生來自拉巴茲，但是有一個孩子來自聖安德斯，你想這個孩子（米蓋爾）會變得怎樣？

或許你會以為米蓋爾一定是這群孩子中的老大，是個在操場上人見人怕的角頭，因為他在他的村莊中所學的，足以讓他在拉巴茲裡作威作福。但是我不認為米蓋爾會如此，我不認為文化的不同

（行為常模的不同）是造成大欺小的主要原因。每一個文化中都有它專門大欺小、作威作福的人。這些是違反行為常模的人，這是人個性上的問題，而不是文化上的問題。[37]

　　假設米蓋爾是一個普通的孩子，一個像約瑟夫般的孩子，根據團體社會化理論，他在學校的時候，行為會跟拉巴茲的孩子一樣。這是因為他是唯一從聖安德斯來的孩子，沒有一個團體可以依附。假如米蓋爾每天來上學，而他在家中也有其他的朋友，那麼他會變成雙文化的孩子。他在家會很凶，在學校會很溫和。[38]但是假如他的朋友都是拉巴茲的人，他放學以後以及週末時都是跟拉巴茲人玩的話，他也會像約瑟夫一樣，失去他原來村莊的文化，他會習得一個新的文化——拉巴茲的文化——而且他會採用新文化的行為模式。

　　「量」並非微不足道。一個班級的學生會分裂成什麼樣的小團體，有一部分是決定於班上的人數。大的班級比小的班級容易分裂。[39]而且你需要至少四個人才能形成一個小團體，我不知道為什麼是這樣，因為這方面的研究很少，僅有的一些研究也不是以孩子為對象。有的時候，兩個人就足以形成一個團體，但是通常都需要三到四個人才行。

　　假如一個學校裡，大部分的孩子來自拉巴茲，小部分來自聖安德斯的話，你就會有不同的結果。假如一個班上只有一個或兩個聖安德斯的孩子的話，這一、兩個孩子會採用大多數人的行為模式，表現得跟拉巴茲人一樣。別的教室裡，假如有四個到五個聖安德斯的孩子的話，他們可能就會形成自己的團體了。這個團體的常態行為就是攻擊性。

　　在第九章中，我有提到一個「高危險」家庭的黑人孩子研究，

那些留在原來低收入、單親家庭社區的人，比搬到中產階級社區的人更有攻擊性，因為攻擊性行為在他們居住的社區中是個常態的行為。但是那些住到中產階級白人區的黑人，就不會比那些中產階級白人的孩子更有攻擊性，他們已經採用了他們班上大多數同學的行為模式了。[40]

　　所以人數是重要的，少數來自不同社經地位、種族，或國籍的孩子，很容易被多數人所同化。但是假如有足夠的人數讓他們去形成自己的團體的話，他們就會保持他們原有的不同，而且這個差異會因為對立效應而變得更大。如果人數中等，兩者都有可能發生。如果兩個班級都有相同的多數人和少數人的話，其中一個班級有可能分裂成不同的小團體，而另一個班級就可能團結在一起、不分裂。分不分裂決定於班上小朋友的個性，決定於意想不到不可控制的事件；最重要的是，決定於老師。

　　假如一個班上的小朋友來自各個不同的社經地位，當老師的就是最辛苦的了。假如一個孩子他家中唯一可以讀的東西是餅乾盒背後的廣告，假如他家的電視是從清晨一直開到深夜的話，這個孩子對閱讀的觀念就會跟家中有許多書和雜誌的孩子不一樣了。一個父母都是大學畢業的孩子，他對教育的觀念也會和父母高中都沒有唸完的孩子不一樣。這些孩子都會把他的這些觀念帶到他的同儕團體來，假如他的態度是跟其他大多數的人一樣，那麼他就會保留這個態度不變。一個社區中，如果大部分的家庭都有很多的藏書的話，社區小學教室中的氣氛也是傾向於閱讀的。[41]假如一個社區中，大部分的家庭都覺得讀書是件很痛苦的事，非不得已絕對不讀的話，這個社區的小學對閱讀的態度就會是：讀書沒什麼了不起，不會讀又怎樣？誰在乎？假如某個小學是這兩種家庭背景的孩子都有的

話,孩子就會根據相對立的文化背景,而分裂成兩個團體。

根據《科學》(*Science*)期刊上的一篇文章表示,家裡有字典和電腦的孩子,學業成績比較好。作者顯然認為家庭環境是造成這個差異的主要原因,但我認為原因應該是文化,而不是家庭。家裡有字典和電腦的,多半是父母大學畢業的中產階級家庭。這種家庭一般來說相當重視閱讀、教育。[42]小孩把這種文化帶到他的同儕團體中,他的團體也會保留這種態度,因為這是他們的共同點。

現在你知道為什麼上私立學校的孩子功課會比較好的原因了。這些學校的孩子背景都很相似,他們的父母都很看重教育,願意花很多錢在他們的教育上。如果你把幾個需要靠獎學金才能唸得起書的窮人家孩子編到這種學校去,他們會採取他們同學的態度和行為,他們也會採用同學的文化。英國前首相瑪格麗特·柴契爾夫人就是這些私立學校中領獎學金的學生。

現在你大概已經知道為什麼送一批低收入家庭的孩子到私立學校去,是不會成功的了。因為他們會在私立學校中形成他們的小團體,保留他們從家中帶去的態度和行為。

螟蛉子的 IQ 分數

短期的補救計畫對孩子的 IQ 成績只有短期的效應(假如有任何效應的話),但是長期的輔助補救計畫效果怎麼樣呢?最極端的補救方法就是收養:給孩子一個新的家庭——通常是比他原來家庭的社經地位高一點的新家庭。

我從電子郵件上收到一位同事寄來的一個自問自答的問題:「父親真的很重要嗎?」他立刻肯定地回答:「是的。」收養可以

提升孩子的 IQ，他說，這就證明比較好的家庭環境可以使孩子受
益良多。[43]

贊成教養的假設的人喜歡把這個 IQ 的上升歸因到家庭環境，
特別是養父母身上。從嬰兒搖籃上面掛的走馬燈，一直到錄音帶的
有聲故事書、書架上的字典、桌上的電腦，在這種家庭長大的孩子
是住在一個中產階級的社區中，是上中產階級的學校，他的同學都
來自於搖籃上有掛走馬燈、家裡有很多書、桌上都有字典和電腦的
家庭。這樣的孩子所生長的環境認為閱讀和學習是個重要甚至是個
享受的事情，他的同儕都跟他一樣有著同樣的概念和看法。他們也
都喜歡讀書、用電腦和逛博物館。

我認為只要收養他的家庭比他原來家庭的社經地位高一些，收
養應該會使孩子的 IQ 提高。假如收養的家庭是中產階級，他們可
能住在中產階級的社區裡；假如養父母是個沒有特別技術的勞工，
他們可能就不是住在中產階級的社區裡。在這種情形下，沒有一個
人能夠預測收養會提升孩子的 IQ，這正是法國研究的發現：被中
產階級家庭收養的孩子比被勞工階級收養的孩子 IQ 高。事實上，
這兩組孩子 IQ 的平均值相差十二分之多。[44]

造成這個差異的原因，是他們在家裡的經驗，還是他們在學校
的經驗，還是社區裡的經驗？是他們養父母的態度和行為，還是他
們同儕的態度和行為影響他們？我的同事會說「父母」；而我會說
「同儕」。

然而，關於收養對 IQ 的效應，還有另一個問題：這些效應是
否可以維持到成年期？法國的螟蛉子在接受測驗時平均年齡只有
十四歲。有其他行為遺傳學的證據顯示，這個效果並不長久。在
童年初期，同一家庭長大的兩個被收養的孩子，他們的 IQ 有一點

弱相關。這個弱相關可能是來自於這個家庭本身的知識氛圍（例如父母親所使用的詞彙），但是這些效應是暫時的，當這些收養的兄弟姐妹長到大學的年紀時，這個 IQ 的相關就消失了。當孩子長大後，他們有更多自由去尋找志同道合的伙伴。青少年把自己分類到許多不同的團體，每個團體對學業的態度都有所不同。[45]

另一方面，多數行為遺傳學的研究可能低估了收養的長期效應，因為他們並沒有像法國學者那樣，去找出被不同社經地位家庭所收養的人。大多數被觀察的對象都是住在中產階級的家庭和中產階級的社區中，由於缺乏勞工階級環境中長大的收養案例，所以行為遺傳學的方法很難正確估計出環境對 IQ 的效應。[46]

幸好我們還有其他線索。研究者將不同年齡的螟蛉子與他們的血緣親屬和收養親屬比較的結果顯示：年紀愈大，他們的 IQ 會愈像他們的親生父母和手足，而愈不像領養父母和手足。然而，即使到了成年，他們仍然比留在原家庭長大、未被收養的親生手足更占優勢。螟蛉子無法像養父母的親生孩子表現得那麼優秀，但是他們比自己的親生手足優秀。所以我們可以說：收養的確對 IQ 有長期效應，但是影響並不是那麼大，不是十二分，而是七分。[47]

這個結論終於可以把華生很早以前所講的那句話做一結案。華生當時曾說：「給我一打健康的嬰兒，我可以隨機把其中任何一人訓練成為醫生、律師、小偷，或強盜。」[48] IQ 增加七分不是小事情，但要使一個天資平凡的孩子進入醫學院就讀的話，七分還是不夠。

因團體對立效應而下滑

住家社區環境對童年期會有影響，因為小學通常都在同一個社區，小朋友都是走路上學，所以學生的背景都很相似。這個效果到了青春期以後便消失的一個原因是，高中通常都比小學大很多，[49]而且人數是有關係的。即使這個高中的學區背景都很一致，高中的學生人數就足以使學生形成許多社會類別。在白人社區長大的黑人或亞裔孩子，他們以前的朋友都是白人，但是現在他們可能可以找到一個黑人或東方人的同儕團體去認同。以前功課就不好的學生，現在可能找到更多人去形成反學校、甚至是反社會的團體。一旦團體成立了，不管原來的特質是什麼，都會被團體的對立效應所放大。

團體對立效應就像個翹翹板一樣。有人上，就有人下。但是平均的結果卻是比中間差，因為下去容易上來難。

一旦孩子分裂成小團體之後，再要他們回復像以前那樣的團結就不可能了，因此，最好是一開始時就不要讓他們分裂。有幾個方法，老師們可以一試。

一個方法是使孩子的背景儘量相似，這是為什麼女孩子在女子學校的數學和科學表現比較好，傳統的黑人大學會培養出許多優秀的黑人科學家和數學家。[50]這也是為什麼學校的制服有用。我很想知道假如小學讓他的學生穿上無性別的制服後，對男生和女生的行為會有什麼影響。

另外一個方法是重新創造一個新的團體，打散其他的團體，也就是說，給孩子一個無害的方式來分組。是海豚隊對小鯨隊，而

不是有害的分組，像是男生對女生、有錢對無錢、聰明對笨蛋。就像鷹隊和響尾蛇隊所顯示的，這種看似無害的分組，其實是有風險的。訣竅所在是要保持社會分類的平衡，讓他們可以相互抵消掉。假如一個孩子不能決定她是女孩、是海豚隊，還是笨蛋，她說不定最後可以把自己歸類為羅狄格士小姐的六年級班上的學生。

假如所有的都不成功，最後一招就是提供他們一個共同的敵人。這招在黑猩猩族群中很有效。它對球隊、西洋棋隊也都有效。我在唸高中時，墨西哥裔的美國人和白人的孩子共同為校隊加油，因為我們學校跟鳳凰城的高中競賽。例如在強盜洞營區的研究中，當研究者在告訴響尾蛇隊和鷹隊有外人來破壞他們的水源之後，兩隊就開始合作了。[51]

領袖可以使團體團結或分裂，我認為老師的工作不是去強調學生的文化差異（這個父母在家中可以做），而是要去淡化這些差異。老師的責任是給學生一個共同的目標，使他們團結起來。

第十二章

長大成人
Growing Up

The Nurture Assumption

　　一九九四年一月二十日，我獨自在家中讀一篇青少年犯罪的文章，除了狗以外，什麼人都沒有，外面是陰暗的冬天下午。

　　這篇文章是發展心理學家泰莉‧莫菲特（Terrie Moffitt）所寫的，我一直很尊敬她。莫菲特說，非法的行為在青少年中，已經普遍到成為青少年正常生活中的一部分了。有關青少年犯罪的事我早已見怪不怪，令我吃驚的是她對這個行為的解釋：「犯罪是一種可以使你得到某些你想要的資源之社會行為，我認為這個資源是指『成熟的地位』，以及跟著成熟而來的權力和特權。」[1]

　　等一下！我想，她是說青少年犯罪是因為他們想和大人一樣？這不可能，假如青少年想要像大人，他們就不會從 7-11 商店中去偷指甲油，或到高速公路的陸橋上去噴「我愛你，麗莎」，假如他們真的想變得「成熟」，他們應該去做大人所做的無趣事情，例如把髒衣服分類送洗或報稅。青少年並不是想變成大人，他們是想與大人劃清界線，把他們和大人區分出來。

　　這個想法立刻在我腦海中開花結果，像魔術師的花束一樣，幾分鐘之後，我的團體社會化理論就已經成形了。這個理論是說孩子認同他們的同儕，並依他們團體的常態行為來修剪自己的行為，而團體對立使他們會採取與其他團體不同的行為。我一直走到這一步，才徹底了解這個理論的意義，我倒回去仔細思考證據，然後才確定。嘿！根本不是父母，它跟父母根本沒有關係！

　　突然之間，所有不對勁的資料、所有牽強附會的解釋、所有以前存疑的證據，都變得有意義了。

　　假如當年哈佛大學心理所沒有不給我一個博士學位就叫我走路，假如我不是因為身體不好無法回到研究所去唸完學位，而被迫找些可以在家工作的事，假如我有指導教授、有同事、有學生

的話，我永遠不會看到真相，這個理論也永遠不可能出現。假如我經歷了研究生到教授的這段洗腦歷程，我一定不會發現教養的假設只是一個假設而已，而且沒有足夠的證據來支持它。我也絕對不會寫一篇文章說父母一點作用都沒有，然後把它寄到莫菲特發表她文章的期刊去發表。[2]我也不會寫這本書，你現在也不會讀到這本書了。

是青春期的孩子使我看到曙光，因為這個時期的行為看得最清楚。即使是最贊成教養的假設的人都不得不承認青少年受父母的影響比較小，受朋友的影響比較大。但是支持教養的假設的人會說服自己說：這個年齡的孩子跟小一點的孩子是不一樣的，他們的荷爾蒙使他們行為怪異甚至是瘋狂。

我認為青少年跟我們一樣，他們也想要跟他們團體中的人一樣，只是還要比他們更好；他們不要跟其他團體的人一樣。這些奇怪的行徑並不是在鐘敲十三下時突然蹦出來的，但是你也不得不懷疑，假如他們真的跟我們一樣有相同的大腦的話，為什麼他們的所作所為都讓人覺得好像他們已經忘記怎麼去用大腦了？為什麼他們看起來好像比年幼的孩子更沒有社會化，雖然他們社會化的時間比年幼的孩子更長？

我在這一章中就是要談青少年的這些問題。我把本章的標題訂為「長大成人」（Growing Up）而不是「青少年」（Adolescence），因為它是從童年開始到老年結束。假如你對青少年沒有興趣，想要跳過本章的話，我希望你不要錯過本章的結論。

為什麼小孩子要長大？

　　有一個自以為聰明的研究生曾經對我說我的理論有問題，*假如小孩子依同儕團體的常態行為來修剪他的行為，假如這個常態行為是大多數人所同意的行為，假如同儕團體是同樣年齡的孩子，那麼他們怎麼長大成人？為什麼他們的行為不再像小孩子而開始像大孩子？這個常態行為如何改變？

　　傳統的解釋是，小孩子模仿大人；他們長得愈大，就愈來愈會假裝是個大人。我反對這個說法有兩個理由。第一，在許多社會中，如果小孩子行為像大人的話會被認為大不敬，因此小孩子第一個學到的教訓就是：他們的行為不能像大人。第二，小孩子的目標不是去變成一個成功的大人，這就好像囚犯的目標不是去變成一個成功的獄卒一樣。孩子的目標是去變成一個成功的孩子。

　　根據研究亞馬遜熱帶雨林中的雅諾馬莫族的人類學家報告：

　　　　一個衣著整齊的人通常只是腰上綁一根繩子而已，其他部分是一絲不掛的，這根繩子的主要目的，是為了綁住陰莖外層的包皮。當一個男孩子成年時，他開始把陰莖綁在他腰間的繩子上，雅諾馬莫族人用這種方式來表示孩子已經成年了：「我的兒子已經綁陰莖了。」因為沒有經驗的孩子陰莖常常綁不牢，所以會遭受許多同伴的取笑。要經過一陣子之

---

* 我仍然不算是學術圈的有效會員，但我有些同事是，而且他們還教研究生。

後，陰莖的外皮才會被拉得夠長，可以被繩子成功地綁住，在這之前，陰莖常常會滑脫，引起陰莖主人發窘，使得其他大孩子或族中男人大笑。[3]

　　我們從人類學家的描述中知道這是種相當不舒服的「穿著方式」，問題是男孩子為什麼要忍受這種不舒服及別人的取笑，而把他的陰莖綁在腰間的繩子上呢？是因為他注意到他爸爸如此做嗎？人類學家、發展心理學家，以及自以為很聰明的研究生會這樣想，但我不會。要測試此一想法是對是錯最好的方法，就是找到一個男孩子，他的父親為了某個原因，沒有遵循族人的習俗把陰莖綁住。我可以告訴你這個孩子會怎樣，這個孩子不會模仿他的父親，他會模仿其他男孩子，把他的陰莖綁住。

　　小孩子希望像他的同伴一樣，而且他最希望的是能夠像他團體中地位最高的孩子一樣。在不同年齡混雜的孩子團體中，大的孩子地位最高，小的孩子跟在比他大一、兩歲的孩子後面，眼光中充滿了羨慕與敬仰；就像雅諾馬莫族的孩子一樣。

　　在義務教育的社會中，孩子把「留級」列為第三大恐怖事件。第一是「失去父母」，第二是「眼睛瞎掉」，第四是「在學校把褲子尿濕」。[4]一個雅諾馬莫的孩子綁不住陰莖，就好像美國孩子在學校裡尿濕褲子一樣，他會覺得自己跟不上別人。當同年齡的人或比他更小的孩子都已經把陰莖綁得很妥當，而只有他的不停滑落時，他就會覺得自己在人前抬不起頭來、很羞愧。當一個雅諾馬莫的孩子把他的包皮綁住在腰間的繩子上時，他不是在模仿他的父親，他在乎的是他在村裡孩子中的地位。大孩子的開懷大笑是驅使他這樣做的鞭子，比他小一點的孩子對他的敬仰是他的動機，也是

驅使他往前走的紅蘿蔔。

在我們這種都市化社會中，同儕團體通常是由同年齡的孩子所組成。但即使是在同年齡的團體裡，孩子在身體和心理上的成熟度也不相同。在這種團體裡，比較成熟的孩子有比較高的地位，[5]因為成熟度跟地位有相同的關係，使得小孩子希望他們的行為、說話，和衣著都能像大孩子。小孩子不會向大人尋求忠告，因為小孩子和大人分屬不同的社會分類，會有不同的遵循規則。想要在團體中有崇高的地位、想要像大孩子的欲望，這是來自團體內，是在「孩子」的社會類別之內的。而大人則是不同的種類。對孩子來說，大人並不是「我們」的更高層地位；大人是「他們」。

你不要被雅諾馬莫族中男孩和男人都綁包皮所矇蔽，這並不表示男孩子想要像他的父親。在一個社會中，有許多事情比社會類別更普遍，雅諾馬莫的男人、女人、孩子的髮型都一模一樣，在頭頂上剃一小塊西瓜皮。在美國，男人、女人、孩子都用叉子吃飯。

你也不要被雅諾馬莫的孩子在遊戲時會假裝他是大人所矇蔽，他所扮演的角色不是他自己的父親，而是一個他心中理想的大人。在遊戲中，孩子可以扮演任何他所喜歡的角色，巫婆、馬、超人，或是嬰兒等等，他們不會把想像與現實混淆。美國女孩子在玩扮家家酒中的媽媽時，並不會真的以為她就是媽媽。在玩上學的遊戲中，扮演老師角色的孩子在教室中也不會真的以為他是老師，而做出錯誤的行為。

小孩子的不恰當行為在「扮家家酒」的名義下不會受到懲罰，就像大人的不恰當言語在「開玩笑」的旗幟下不會得罪人一樣。當他們不在扮家家酒、不在開玩笑時，別人期待他們的言行談吐衣著要符合他們的社會類別和社會情境，這在全世界的任何一個地方皆

是如此。只要過了搖擺學步期，不論什麼年齡皆是如此。雅諾馬莫的男孩可以把陰莖包皮綁起來像個大人，頭髮剪得像個大人，但是人家還是期待他的行為像個男孩。

成年儀式

人，天生就想要分類。我們把東西分類，即使它屬於在一個連續向度上、不可以分類的東西，我們還是會把它分類。日和夜好像是兩個截然不同的類別，雖然日夜交接的地方並不是那麼明顯。雖然小孩所認得的大人有各種不同的年齡，小孩還是把年齡這個連續向度上的人，分成小孩和大人兩個分開的社會類別。

為了讓人們知道個體是屬於哪一個類別（所以知道人家會期待他有什麼樣的行為）——像雅諾馬莫那樣的社會——通常會有一些標記。對女孩來說，這很容易，因為大自然提供了自己的標記：第一次月經來潮，所有的社會只要承認它，替它背書就好了。

在一本名為《雅諾馬莫：一個被亞馬遜印地安人綁架的白人女孩自述》（ Yanoáma: The Narrative of a White Girl Kidnapped by Amazonian Indians ）的書上，將雅諾馬莫女孩的成年禮描述得很詳細。這是一個發生在名叫海琳娜・維拉洛（Helena Valero）的真實故事。她在十一歲的時候被帶著毒箭的雅諾馬莫人從她巴西的雙親那裡搶走。她在雅諾馬莫人處住了二十年，被當做雅諾馬莫人養：

> 海琳娜解釋說，女孩子月經來潮是被視為「重要的」（of consequence）。「我們都要到一個有圓形屋頂的圓形茅屋裡，那裡有兩個「重要的」女孩。當女孩子長到十二歲至

十五歲月經來潮時，她們被關在一個棕櫚枝葉搭蓋起來的小
房間裡，這種棕櫚葉我只有在那些山裡曾看過。他們把葉子
綁得非常緊，所以從外面看不見裡面的女孩，他們只留一個
小小的出口。男人和男孩連朝這邊看都不可以。」

這些女孩被關在小房間中大約一個禮拜，裡面生著火。這些女
孩不許說話，進食和飲水都受到嚴格的限制。接著會有一個簡短的
儀式，包括燃燒乾的香蕉葉。然後有趣的部分開始了：

　　　她的母親和其他的女人伴著這個女孩到森林中妝扮她。
一個女人開始把紅色的烏魯庫果（urucu）塗滿她全身，使她
變成粉紅色，然後她們在她的身上、臉上畫上黑色線條以及
一些很漂亮的圖案。當她們把她全身都畫滿了以後，她們把
嫩棕櫚葉所做成的繩索穿過她的耳洞，然後把彩色的羽毛穿
過她嘴角的洞以及下嘴唇的中央。一個女人並把一根細長、
白色、磨得非常平滑的小枝子穿過她鼻子上的小洞。這個小
女孩被塗抹、裝飾得非常美麗，於是這些女人們說：「走
吧！」這個女孩子走在最前面，後面跟著這些女人。[6]

這個遊行隊伍慢慢地走到村子的中心，讓所有的人都可以瞻仰
一下這位剛成年的少女。雖然她才剛剛十五歲（部落社會的少女月
經來得較遲），但她現在已經是女人，可以結婚了。假如她的父親
已經替她找好了婆家，那麼現在她就可以去她的新郎官家裡住了。
她進去小屋時是女孩子，出來時就是女人了。好像魔術師揮動一下
魔杖——噗吱一聲，你現在就是女人了。

　　男孩子就比較不一樣了。大自然沒有對晉升為男人提供任何的標記，所以大部分的部落社會都有他們自己的儀式。成年儀式是人類學家最有興趣的題目，而男子的成年禮是他們最喜歡寫的東西。瑪格麗特‧米德的同事露絲‧班尼迪克特（Ruth Benedict）對新墨西哥祖尼族（Zuñi）印地安人的成年禮有很好的描寫。祖尼族的男孩到十四歲左右時，會以一長串的儀式來宣告他們的成年，其中包括被戴了面具的「恐怖卡欽納」（scare kachinas）鞭打：

　　　　在這個成年儀式開始時，男孩子們戴上卡欽納的面具。接著一些舞者（代表來自聖湖的鬼神——其實是他的鄰居和親戚裝扮的）出現在他們的面前。在打完最後一鞭後，四個最高的男孩與剛剛鞭打他們的卡欽納面對面站著，祭司把面具自卡欽納頭上取下，戴到剛剛被打的四個男孩頭上。這個顯露真面目的行為把這些男孩子都嚇壞了。祭司把剛剛打他們的鞭子從卡欽納的手上轉移到這些男孩子的手上，現在輪到他們對卡欽納動刑了。祭司命令他們動手，因為做為一個凡人，他們第一個要學的就是去做那些原屬於超自然的功能。[7]

　　這些部落社會的成年儀式雖然各有不同，但是也有很多共同之處。幾個男孩一起舉行這個儀式，暫時先離開部落一陣子做為儀式前的準備，通常包括一些祕密知識的傳授和許多痛苦、恐怖的經歷（班尼迪克特甚至提到，有一個部落會把男孩埋在充滿咬人螞蟻的沙堆裡），一旦熬過了這些考驗，他們就能以新的地位，重新進入部落社會。或許他們還不是第一等的大人，或許他們還是成人見習

生，一直到等他們經過更多的考驗（例如殺過人或生過孩子）才會成為正式的大人。但是無論如何，他們已經不再是孩子了。[8]

　　為什麼部落社會的成年儀式要這麼嚴酷呢？艾伯—艾伯斯費爾說，因為它一定要把男孩從家庭中解脫出來，使他在一個新的層次上認同他的團體。他必須發展出對一個團體的忠誠，而且這個忠誠必須超越他對家庭的忠誠。所以這個成年儀式就是把男孩從他最親的家人中抽出來，交給團體。[9]

　　我同意艾伯—艾伯斯費爾對團體忠誠的看法，但是我不同意有關「把孩子從家庭中解脫出來」那個部分。當一個三歲的孩子從他母親的懷抱中畢業，被保送到孩子的遊戲團體時，他已經從「最親的家人」中走出來了。成年儀式的目的是把他從遊戲團體中拿出來，與他的同伴一起放在新的社會類別中。在那裡，別人期待他做男人的工作、負男人的責任。他必須要忍受恐懼和痛苦，跟村中其他的人並肩站在一起保衛這個村莊。他現在是「重要的」了。

　　相反地，美國和歐洲的十四歲孩子，對社會是「無足輕重」的。在雅諾馬莫女孩可以結婚的年齡、雅諾馬莫男孩可以為他的村莊犧牲生命的年紀，美國的青少年卻連做中輟生都嫌太小。

既非魚，亦非鳥

　　人類孩子的生長形態是其他哺乳類所沒有的。他們在前兩、三年裡長得非常快，然後大約十年的時間慢了下來，到了青春期的初期時，他們又突然竄高，很快地長到成人的高度。[10]這好像大自然想讓孩子盡可能地做孩子，直到童年的目的都完成後，才盡快讓他變成大人，這樣一來，縮短了既非魚、亦非鳥的尷尬。

　　這種方式幾千年來都相安無事，當五十個人一群到處流浪或住在小村莊時，只有兩個年齡團體：孩子和大人。你認同兩個裡面的一個，然後依照你的年齡團體給你的指示行事。當小孩子長到大人的高度時，他們變成大人。他們與別的大人一起做工、打仗，與生育孩子。

　　現在我們活在複雜的時代，光是兩個團體已經不敷使用了。一個人可以長得跟大人一樣大，但不是大人。因此我們必須創造另一個新的社會類別來包容他們，這種類別就叫「青少年」。在一九六○年代，新的類別又產生了，因為那時社會上有許多人年紀比青少年大，但是他們不願認同大人，他們有自己的類別，但是沒有任何的儀式來標記入會。當你離開家去上大學時，你就進入這個團體中。當你達到團員所設的上限時，你就離開這個團體。他們說，絕對不要相信任何超過三十歲的人，任何超過三十歲的都屬於「他們」。

　　團結這一代年輕人的力量，是他們反越戰的觀點，一旦越戰結束，這個團結的力量就消失了。今天，這個年紀的人各有不同的發展方向，他們之中，有些人進了大學或職業學校，有些人去生小孩，有些人成了電腦程式設計師、修車工人，或待業在家。這個結果是青少年和成人之間不再有緩衝之地。他們之間的年齡團體消失了。現在的青少年接觸不到許多的十八九歲、二十一二歲的「年輕人」（young adults），這使得真正的大人——老師、父母、警察——必須直接面對青少年的團體意識。

　　在我們人類的歷史上有一段很長的小團體相互競爭、打仗的演化歷程。我們的祖先都是打贏的人，所以我們才會偏向認同一個團體，偏好我們自己的團體。也因為我們的祖先，所以我們才很容易

就對別的團體產生敵意。

在狩獵採集的社會裡只有兩個年齡團體：大人和小孩。他們之間有敵意存在嗎？假如有的話，也是很微小，沒有顯示出來。演化使孩子會去引發大人提供他滋養，因為那些不能使父母愛他、照顧他的嬰兒，早就被淘汰掉了。因此嬰兒天生有一些引發別人愛他的本事，而大人也演化出使他擁有養育他的孩子的「本能」。是的，我是用本能這個字，因為沒有這個本能的人，就比較不可能把孩子養大、傳遞他的基因。人類養育孩子的本能是很強烈的，小貓和小狗也有這種惹人憐愛的本能，跟人類的嬰兒一樣。我甚至發現自己會對洗衣粉的樣品說，這個小瓶子好可愛。

我認為演化給了我們兩個獨立的系統，被兩個不同的模組所控制，它使我們想要去照顧嬰兒。演化理論家學到自私的基因影響，多半只談一個系統，我們愛我們的孩子是因為他們身懷我們的基因，這個理論預測了我們會比較喜歡跟我們長得像的人，這一點現在已被證實是對的，但是它同時預測我們會偏愛長子，因為長子比幼子會更快能把基因傳下去，使我們早日抱孫。雖然父母對八歲兒子的死亡比對一歲兒子的死亡來得悲痛，但是如果他們兩人都活著的話，一歲的孩子會得到比較多的關心和寵愛。[11]這種「親族」（kinship）撫養理論的問題，在於它把所有的蛋都放在一個籃子中了。

兩個籃子的撫養子女理論可以解釋兒童變成青少年時的行為。演化提供我們兩個理由去愛我們的小小孩：因為他們身懷我們的基因，而且他們長得很小、很可愛。演化只給我們一個理由去愛我們的青少年孩子：因為他們攜帶了我們的基因。一旦他們的臉變長了，身體長得跟大人一樣了，青少年就不再引發我們要去滋養他們

的本能。在他們看來，他們也不是這麼需要父母了，在他們的生活環境裡，他們自己可以應付，已經不需要父母了。

在只有孩子和大人兩種團體時，團體間的敵意被依賴和滋養所沖淡。但是當青少年有他們自己的年齡團體時，年齡團體間的敵意就在青少年和成人之間出現了。我認為它的出現雙方都有責任。這個敵意在團體意識顯著時最強烈，因為它是團體意識所引起的。當團體意識不顯著時，青少年可以跟大人有良好的關係，他們有些好朋友就是大人。

現在你可以了解當大人穿青少年的衣服和用青少年的語言時，為什麼青少年這麼不高興了——這是他們被迫發明出來的新東西。他們已經長得跟大人的尺寸和形狀很相似了，但是他們不希望被誤認為大人。他們需要有其他的方式去表示他們團體的認同以及對團體中其他成員的忠誠。青少年生活中最大的問題——這個使青少年不停地問卻又難以啟齒的問題就是：你是我們的一分子還是屬於他們？假如你是我們的一分子，就證明給我們看，用你不在乎他們的規則來證明你是我們的一分子，不論刺青或鼻子穿洞，都是表示你永遠是我們中間的一分子的最好方式。

你在部落社會戰爭中也可以看到同樣的情形，創造出文化上的差異以及用外表可看得見的標記，而且這個標記愈能持久愈好。假如當時輔導員沒有及時化解干戈，或許鷹隊和響尾蛇隊也會如此做：[12]鷹隊可能會把頭頂剃光一塊，像個小和尚；響尾蛇隊可能會在臉上彩繪，像《蒼蠅王》中的壞孩子。這種標記有實際上和象徵上的價值。它可以使你在打仗時很容易就辨認出你的敵人或朋友。職業球隊之所以要穿完全不同的球衣，不僅是為了提醒他們的球迷應該為誰加油而已，它也有區別敵我的功能。

社會改變機制

　　青少年對大人的敵意並不是晴天霹靂、突然爆發出來的。它在底下已經醞釀很久了。尤其是男孩子，我在第十章中曾說過，團體意識在男性中比較強。響尾蛇隊所說的髒話就是很典型的一種表達方式。這些男孩都來自很虔誠、每個禮拜天都上教堂的家庭，他們的髒話不是跟父母學的，是跟彼此學的。

　　社會學家蓋瑞·范恩（Gary Fine）曾經觀察小孩子的棒球隊長達三年之久。他發現這些在家中很乖、很聽話的孩子，當他跟隊友在一起時，可以很壞。[13]范恩觀察到，他們會捉弄大人，並且吹牛自己的性知識，他們在談論女生時，用的字眼都非常地下流、不敬。因為現在三字經已經失去罵人的力道了，所以現在這些來自良好中產階級的孩子會使用更壞的字眼來罵人。他們的父母並不是種族歧視者，[14]他們的父母如果聽到了一定會很震驚，當然這正是為什麼他們要說髒話的原因。

　　但是這些青春期的孩子正在嘗試反抗，他們只有在父母看不見時才敢這樣，他們要等到長得跟大人一樣大了、可以處理自己的事情時，才敢在大人面前當面反抗。他們現在可能不成熟，但他們可不是笨蛋。

　　今天青少年所做的各種「當面」（in-your-face）的反抗，是我們社會的特色，因為我們送孩子去上學。在認為十四歲的女孩可以結婚、十四歲的男孩可以保衛家園的社會裡，就沒有這種反抗發生，[15]因為這些十四歲的男、女孩已經被分類成大人了，他們沒有任何動機去說他們與大人不同。他們可能對某個大人不滿，例如把

她當奴隸看待的婆婆或與他競爭妻子的父親，但是這些不滿中並沒有團體的意識在內，沒有的原因是在那些社會裡，青少年根本沒有機會與其他的青少年在一起，他們沒有青少年期的觀念，他們沒有團體意識，因為根本沒有團體存在。

當青少年聚集在一個地方（比如說高中）時，他們才形成一股力量。就像二千年前的高中生一樣。在紀元前四世紀和五世紀時，有一些希臘哲學家以教育雅典的有錢人孩子為生，結果這些哲學家都不是這些青少年當面反抗的對手。蘇格拉底抱怨說學生不尊敬他，學生在他走進來時沒有站起來，他們在聚會中大聲談笑，把桌上的茶點一掃而光，恫嚇他們的老師。亞里斯多德也一樣對他學生的態度很不滿：「他們自以為了不起，對自己的想法堅信不移，這其實就是他們每一件事都做得太過火的原因。」這些哲學家也不欣賞他們開的玩笑。「他們喜歡笑鬧，所以就變得愛戲謔，戲謔使得他們沒有紀律。」[16]

老師可能非常討厭他們，*但是他們卻使第四世紀的雅典成為世界最熱門的地方，當你有一群既不是孩子又不是大人的人時，你就有了使社會快速改變的機制。

在只有兩個年齡團體的社會裡，文化可以一成不變地傳承下去。因為孩子還無力改變文化，他們還不夠獨立，而大人不會改變文化，因為他們是這個文化的捍衛者。改變文化的是十幾二十歲有自己團體的年輕人。團體意識使他們要跟他們的父母和老師不同，

---

* 根據禮貌小姐（Miss Manners，本名茱蒂‧馬丁 [Judith Martin]，美國作家）的說法：「成年人總是為年輕一輩的荒唐行為感到嘆息。倘若他們不這麼覺得，就是他們從年輕人那裡偷得了一些滿足感。」（Martin, 1995）

他們急於區辨自己與上一代，而且飢不擇食，但許多不同並沒有比
上一代更好。的確，很多時候的改變更糟。他們採用不同的行為和
不同的哲學，他們發明新字、新的裝飾方法，他們把這些行為、哲
學等等帶入成年期。他們使得他們的下一代必須去找新的區辨方
法。爸媽抽大麻嗎？噁心死了，我們必須去找另一個東西來抽！

　　當然，青少年並沒有拒絕父母輩所有的哲學。有的時候，抽大
麻的父母，他的孩子也抽大麻。雖然保留什麼、改變什麼可能是武
斷的，但總是有些東西會保留下來。每一個世代都得重新去創造新
的文化那就太不經濟了。

　　因為選擇是武斷的，又因為已開發社會的孩子通常是與他同齡
的孩子在一起，所以每一屆的高中生或大學生都有他們那一屆的文
化。每一屆的新文化都含有社會的輸入，例如媒體的輸入、世界各
地發生的事情，以及上一屆的文化，然後再加上他們自創用以區分
他們與前一屆的不同，最後形成他們自己的文化。

　　一九六〇年代末期和一九七〇年代初期是文化轉變非常快的時
期。有一組心理學家研究這個時期的青少年，他們下結論說，做為
同一屆的同學是人格發展的重要因素，每一屆的文化對他的組成分
子人格都有顯著的影響力。例如，一九七二年的十四歲就比上一、
兩屆的十四歲獨立，但是他們在學業成績上比較低，在道德紀律上
也比較差。[17]自由對這一屆比上一屆來得重要，學校功課好不好已
變得不重要了。時代改變了！

團體裡的小團體

　　小孩子的社會分類通常是包羅萬象的，而且包括所有人口學上

的特徵：一個三年級的女生可以把自己分類成三年級的女生，不管班上的同學喜不喜歡她或她喜不喜歡人家。假如三年級有許多女生，而又沒有什麼共同的目標使她們團結在一起，她們就會根據人口學上的特性，例如種族、社經地位再細分成許多小團體。

所以學校的團體中有許多小團體，即使是三年級生也有很多可供選擇的自我分類，在一個大一點的人口學分類中，又有許多小的團體存在，這些孩子一般來說享有相同的態度，喜歡或不喜歡上學等等。在小學裡，學生可以自由在這些小黨派中流動，當他們移動時，他們的態度也會跟著改變，以適應新朋友的看法。[18]

到了高中，改換黨派就比較困難了。到孩子進入高中時，大多數都已經定型了，早期暫時性的黨派已經固定成相當僵硬的社會分類，而這個分類已不再是人口學上的類別，還包括性格、嗜好與能力。

另一個改變是可以選擇的項目。高中生的選擇一般來說比小學生多很多，所以學生可以分類得更細，我相信你曾聽說過高中的一些類別：運動好的、功課好的、書呆子、交際花，或不良少年等。學校愈大，可供選擇的社會類別就愈多。舉例來說，一個大城市裡的高中可能會有一個團體的男孩對藝術或戲劇很有興趣，但對女孩子沒興趣，這種團體的存在可能幫助這些男孩更早了解自己，或是說讓他們更容易「出櫃」（come out）。在鄉下地方的高中通常比較小，可供選擇的社會類別相對也較少，因此很少男孩公開承認自己是同性戀。[19]

在高中是物以類聚，但是很多時候他們是被迫加入他們不喜歡的團體，沒有人願意做書呆子。事實上，在典型的美國高中裡，並沒有人願意做「聰明人」（brain）。被封上這些標籤的孩子，通常

都是運動不夠好，或是人緣不夠好，不能進入地位比較高的類別。
在大多數白人或亞裔學生中，聰明、好腦筋並不是一件有利的事，
[20]除非你還有其他能力被你的同儕所尊敬，不然這是會被同學嘲
笑、捉弄的。

　　聰明、功課好不是一件對你有利的事，這可能是同學認為這些
好學生受到老師和家長「他們」的影響太深，是他們的「走狗」、
「應聲蟲」。人類學家唐・梅頓（Don Merten）曾經形容過伊利諾
州某個初中的社會類別。在這個學校裡，成熟得晚、運動不好、沒
有吸引力的平庸男生被稱為「梅爾」（Mel，從 Melvin 而來）。梅
爾跟「聰明人」不同的地方是，梅爾並不是特別聰明或功課特別
好；但是梅爾也跟「聰明人」一樣，被看成是老師或大人的走狗，
因為他們無法達到大人為他們訂的標準，所以他們這類人被同學認
為是幼稚的：

　　　　大多數青春期前期的孩子從小學轉變出來時，會有兩
　　個改變。一個是脫離童年的歷史，另一個是加入青少年的未
　　來。在他們同儕的眼光中，梅爾在這兩項上都失敗了，尤其
　　是第一項。一個人一旦被掛上了梅爾的標籤，他就成了大家
　　捉弄的對象。

　　雖然要擺脫這個標籤很困難，但是並不是不可能，假如他有勇
氣去做一些英雄式行徑的話。梅頓觀察到一個在七年級時一直被捉
弄、取笑的學生，名叫威廉（William）。威廉很有系統地把加諸他
身上的梅爾標籤洗掉，他先把自己與其他的梅爾隔離開來（他們同
屬一個社會類別，並不表示他們就彼此情投意合），當別人再取笑

他時，他開始打回去，不再向老師告狀說某某人欺負他，最後他故意犯了校規。有一天一個孩子故意在上英文課時拿走他的鉛筆，威廉高聲喊道：「王八蛋！」他被老師送到校長室去，但是他也從梅爾的谷底超生出來了。[21]

有些高中生的類別是自願的，有些是被迫的，不良少年組則是一半一半。有些人為刺激和危險所吸引而自願參加，心理學家稱這種人為「尋找刺激的人」（sensation seekers）；有些人則是被迫的，因為沒有別的團體接受他。這些人從小學起就被他的同儕所拒絕，因為他們好動、脾氣不好，或攻擊性太強。到初中時，他們找到一批跟他們一樣的人，開始結成幫派。青少年的團體成員在一開始時就很相似，臭味相投才會聚在一起。成了黨派後，他們就要與別的團體不同，聰明的變得更聰明，書呆子變得更書呆，而不良少年就真的犯法了。[22]

父母 vs. 同儕

大多數青少年所居住的環境中，大人都很像他的父母，他的同伴也都在跟他很像的家庭中長大。小孩把他在家中所學的那一套帶到同儕團體中來，把大家共同的部分保留下來。在一個背景相似的社區裡，這些共同點是很多的。假如他們出生在一個大部分孩子都要做醫生的社區裡的話（就像第九章中的史奈德醫生），他們不必在聲音改變的同時，也改變他們的計畫。在一個功課很好的學區裡，青少年的反抗通常只是一種形式，例如女孩子把頭髮染成紫色，變為素食者；男孩子把頭髮剃一半，聽他家人不能忍受的音樂。這些舉動很令人討厭，但沒有什麼傷害性的反抗；有些使他們

看起來可能像個笨蛋，但是並沒有笨到完全不可救藥的地步，因為他們還是會把大學申請表格填好寄出去。

高中提供各種不同的同儕團體，但是在我剛剛形容的社區裡面，這些團體在父母的眼光中大多數是無害的，當同儕團體和父母有著一致的目標和價值觀時，青少年和他父母之間的摩擦最小。

假如青少年加入一個團體，而這個團體的目標和價值觀跟他的父母很不相同時，衝突就產生了。一個被父母認為交了「壞朋友」的孩子，不會有甜蜜的家庭生活，她的父母不喜歡她交的朋友、不喜歡她穿的衣服、不喜歡她的舉止、不喜歡學校寄來的成績單。他們要她不再跟這些朋友來往，但是他們無法控制她不在家時的行為。所以她開始說謊、瞞著父母做一些父母會不高興而她卻想做的事情。這時父母有兩個選擇：他們可以想辦法加強管束（請見第三章中太嚴厲的父母）或是他們放棄管束（請見同章中太鬆的父母）。

有「好」同儕團體的青少年，通常都與父母相處得很好；「不良少年」團體的青少年，通常與他們父母相處得不太好。發展心理學家用這個相關作為支持他們先入為主的「父母有影響的理論」的證據。這個理論是說，好的青少年是被她父母所影響，因為他的父母用了對的教養孩子方式；壞的青少年不受他父母的影響，而是受他同儕的影響，因為他的父母用了不對的教養孩子方式。[23]

我的看法是，兩組孩子都受同儕的影響，只是他們屬於不同的同儕團體而已。

我有兩個女兒，分屬不同的同儕團體，她們都在同一個社區長大，上同一所學校，兩個人差四歲。在小學時，她們屬於同一個同儕團體，但是到高中時就不一樣了。大女兒屬於「聰明人」，功課

好、品學兼優，而小女兒則屬於太妹型。但是最後，兩個人都有所成就。大女兒是電腦科學家，小女兒是護士。一個是走直接的路，另一個則繞了一圈才走上正路。

這兩個女兒都是我們自己帶大的，但是她們的個性非常不同。大的完全不需要我們操心，她做她想要做的事，這個事也正好是我們想要她做的。小的則不聽我們的忠告，我們的看法與價值觀和她的朋友相衝突，我們覺得很挫折、很生氣，她也對我們很憤怒、很不滿。

但是問題是，為什麼她們會分屬於完全不同的同儕團體？我在下一章中會加以討論，在此暫先擱置不談。

為什麼青少年會做蠢事？如何阻止他們？

有的時候，青少年實在是奇蠢無比，他們忽視我們的警告及香菸包上的警告，抽菸抽到成癮。他們縱欲且不用保險套，他們開車開得太快，酒喝太多，就像莫菲特告訴我們的一樣，犯罪變成生活中的一部分了。

我的小女兒在她十三歲時就開始抽菸。雖然從小我就告誡她抽菸的害處，我以為我很聰明，因為我強調的是菸的臭味而不是菸對健康的害處，但是一點用都沒有。她是屬於太保太妹的團體，那個團體裡的每一個人都抽菸，抽菸是這個團體的常態行為。你可能會想，這是同儕壓力嗎？根據與很多青少年訪談過的心理學家辛西亞・賴福特（Cynthia Lightfoot）的說法，青少年本身並不認為如此。以下是一個孩子解釋他們為什麼開始喝酒的想法：

　　你很想讓別人知道你是一個很好的人，而最好的方式就
是做跟別人一樣的事，證明給他們看，讓他們知道你也有同
樣的看法和價值觀，所以你跟他們是一樣的。所謂同儕的壓
力其實是胡說八道，從上學以來，我所聽到的同儕壓力是有
人走到我面前來說：「喂，喝了這瓶酒，喝了你才是酷。」
事情根本不是這個樣的。

　　賴福特說，同儕壓力不是逼你去附和大家，而是一種欲望，希
望去得到一個跟團體認同有關的經驗；[24]青少年很少需要被逼去附
和團體的常態行為。他們在童年期就知道該怎麼做了。

　　抽菸的青少年不但有抽菸的同儕，他們的父母常常也是抽菸
的。大多數的人，不管是心理學家和非心理學家，都一樣假設父母
對孩子的抽菸有某種程度的影響力。他們認為看到父母抽菸的孩子
比較會認同抽菸，認為這是一種大人的行為，所以為了想表示自己
是大人而想去抽菸。我在前面曾經反駁過這種說法，用的是雅諾馬
莫族男孩綁陰莖的例子。抽菸的行為比綁陰莖複雜了許多，但是它
有一個好處：我們有很多抽菸的研究資料。

　　以前，在美國，抽菸是一個可以被接受的行為，甚至在孩子的
文化中也是可以被接受的行為。青少年抽菸，因為每一個人都在
抽，父母只有些微的反對而已。抽菸就像雅諾馬莫族綁陰莖一樣，
一代一代地傳下來了。

　　現在情況就很不同了，現在美國的社區中很少人抽菸，也很少
父母會贊同孩子抽菸；即使他們自己抽，他們也不希望孩子抽菸。
現在抽菸好像變成青少年團結的一個象徵，表示你對你團體的忠
誠，去對那些好學生、書呆子表示輕視，去表示你根本不在乎大人

的看法和學校的紀律。它很像穿某一種夾克來表示你是哪一個幫派的，又很像頭頂上剃去一塊頭髮來表示你是哪一個部落的。

研究發現，要預測一個青少年會不會染上抽菸的習慣，最好的方式就是看他的朋友當中有沒有人抽菸。這個準確性比看他的父母有沒有抽菸要好多了。抽菸的青少年同時也會有其他的「問題行為」，例如喝酒、吸毒、性交、逃學、輟學，或犯罪。他們屬於把上述行為認為是正常的同儕團體。[25]

但是，抽菸是複雜的行為，菸草會讓人上癮，每個人上癮的程度不一樣，這裡面還有遺傳的關係。研究者發現，抽菸跟人格特質一樣，有相同基因的人會比較相像，都是抽菸的或者都是不抽菸的；有相同的家庭環境則影響並不大，或是沒有影響。這個父母抽菸，他的孩子也抽菸，最主要是因為抽菸有一部分是基因決定的。

這個發現是亞利桑那大學的行為遺傳學家大衛・羅的研究成果。環境影響青少年抽菸只有一種方式：假如他的朋友抽菸，他就比較可能抽菸。基因影響的方式有兩種。第一，從人格方面而言，一個衝動的、尋求刺激的人，比較會加入贊成抽菸的同儕團體。第二，他比較會對尼古丁上癮。[26]

是否有抽菸的朋友，決定了一個青少年會不會去嘗試抽菸；他的基因則決定他會不會上癮。

因為我們無法改變他們的基因，所以防止上癮唯一的方法，便是防止他們去嘗試菸草。任何人認為在香菸包上印上「危險，有毒」便能阻止青少年去嘗試的人，已經忘了青少年的特質。幽默專欄作家大衛・貝瑞在他十五歲那年夏天抽第一根香菸，他的理由是：

　　反對抽菸的理由：抽菸是個很討厭的惡習劣癮，它會使你慢慢地變成一個呼吸不過來、掙扎著要氧氣，皮膚灰色，全身長滿腫瘤的半身不遂的人，最後從僅存的一個肺中咳出黃黑色的濃痰。

　　贊成抽菸的理由：所有的青少年都在抽。

　　結束辯論，讓我們點一根菸吧！[27]

　　這個理由在當時很有說服力，到現在仍然如此。

　　告訴青少年抽菸對健康的危害──它會使你皮膚起皺紋、它會使你性無能、它會要你的命──都無效。這是大人的說法，這是大人的宣傳。大人不贊成抽菸，因為抽菸很危險，有很多壞處。正因為如此，所以青少年要抽它。告訴他們菸味很難聞也沒有用。假如大人認為某樣東西很不好，青少年愈是想要嘗試它。

　　找跟他們同年的人去跟他們講也沒用，他們會把這個人看成梅爾、書呆子，拍大人馬屁的人。

　　要讓年輕人不容易買到香菸也沒有用。當麻州有些城市不賣香菸給青少年時，他們還是繼續有菸可以抽。[28]事實上，愈是難弄到香菸，愈有人想抽，因為抽菸變成一種挑戰了。

　　大人對青少年實在一點辦法都沒有。青少年創造他們自己的文化，每一個團體都不一樣，所以我們不曉得成人文化中的哪一部分他們會保留，哪一部分他們會拋棄，或是他們又會創造出什麼新的點子來。

　　但是我們也不是完全沒有一點力量，我們控制著媒體，而媒體是他們文化的主要輸入來源。然而媒體把抽菸塑造成反抗和冒險，好像是在說「我不在乎」，這使得抽菸對青少年更具吸引力。我看

不出有什麼方法可以解決這個問題，除非電影和電視公司都願意停拍電影明星抽香菸的場景（不管他們演的是好人還是壞人）。

大幅提高香菸的價格可能會有一點效，至少這會減少嘗試的人數，上癮的人數也會相對減少。

反對抽菸的廣告？很難弄，我的建議是把抽菸塑造成大人謀害孩子的一種計謀，並加以宣傳，而這些大人就是菸草公司的老闆。螢幕上顯示每一次青少年買一包香菸，菸草公司的大老闆就陰惡地笑一下。或者也可以拍成是：大老闆想盡辦法藉由廣告來促銷香菸，所以把抽香菸拍成很酷，抽菸者很性感。最好是讓抽菸者感覺到「是他們要我們抽的，而不是我們自己想做的」。[29]

我的小女兒已經不是青少年了，她也好多年不曾抽香菸了，我不知道貝瑞現在還抽不抽。

找麻煩的人

正如莫菲特所說的，犯法變成了青少年生活的一部分。大部分的犯人（尤其是男生）犯罪的時候都是十幾二十歲的年齡。在莫菲特所研究的青少年樣本群中，只有百分之七的十八歲青少年說他們從來沒有犯過法。犯罪行為在童年期很少，在二十五歲以後也不多，最惹麻煩的就是已經不是孩子，但又不是大人的人。

大部分犯法的青少年，都是還不錯的孩子，以後也會變成相當守法的大人（假如他們能活那麼長的話）。莫菲特說，他們的犯罪行為是暫時性和情境性的，看當時的社會情境而定。[30]少年犯罪不是孩子一個人做的，通常是好幾個人一起做的。

他們的行為很可能是反社會的，但是他們本身不是反社會的。

他們可能是惹麻煩的一群，但是大多數的人並非不正常或有麻煩的。假如他們看起來很生氣，那很可能是因為他們被抓到了。他們大部分都是正常的孩子，做那個情境下的恰當行為而已。他們是去做那個團體的常態行為（這可能跟你的常態行為不相符），或是去做一些可以增加團體地位的事情，或做一些避免失去既有地位的事。如果你想改變青少年的行為，你最好先改變他們團體的常態行為。祝你好運，你需要很多的運氣。

不，我不是悲觀主義者，大人的確有一些影響。青少年團體的常態行為有一部分是基於大人團體的常態行為，而且深受其他文化來源的影響，尤其是媒體。我認為媒體渲染暴力，把它變成流行的時尚。暴力的人不但不以為恥，還覺得上電視很光榮。[31]聖安德斯的孩子認為攻擊性很正常，因為這是村中大部分人的行為；北美和歐洲的孩子認為暴力很正常，因為電視上的人都是如此。小孩子把這種看法帶進他的同儕團體，但是因為他的同儕住在同一個村子或看同一個電視節目，所以他們都把暴力融合到他們團體的常態行為裡，而且還以為這個社會的人都應該是這樣的。

在某些社會中，人們的確是這樣，雅諾馬莫的男人如果不喜歡他太太的行為，他可以打她或把箭射入她身體某些不重要的地方，你可以問問那個被雅諾馬莫人綁架的巴西女孩海琳娜。當海琳娜成年時，酋長傅西威（Fusiwe）把她要了去。傅西威已經有四個太太，以雅諾馬莫的標準來看，傅西威是個好人，但是在他一次的發火中，他把她的手打斷了。[32]

在這種社會裡，男孩子如果沒有攻擊性，反而會被認為是不對的。在美國，對暴力的容忍度也因社區或次文化的不同而不同。

在高中，對暴力、偷竊，和吸毒的容忍度，也因團體的不同而

不同。有攻擊性的少年通常和那些愛冒險犯難、尋找刺激的人在一起；所謂物以類聚。但是這種人格特質是有基因的成分在裡面的，所以當孩子去尋找跟他一樣的人做朋友時，他其實是在尋找跟他有相似基因的人。[33]

　　要弄清楚少年犯罪的原因，就必須了解裡面的四個因素：文化、文化中的年齡類別、年齡類別中的同儕團體，以及個人。有些文化鼓勵衝動、激烈的行為。在文化中如果有三個以上的年齡類別，那麼青少年和成人之間一定會有麻煩。在有很多個同儕團體的學校裡，有些團體是以壞為傲，把他們跟好學生對立起來。當學校中有很多同儕團體時，孩子會根據他自己的個性去尋找最適合他的團體。[34]

　　到現在為止，那些專門設計來防止青少年犯罪的專案計畫，沒有一個成功。那些經過專案輔導的學生再次被逮捕的紀錄，與從來沒有經過輔導的孩子一樣高，有的時候甚至更高。假如把這些不良少年送進監獄或感化院的話，他們再犯的比例更高，[35]從我已經告訴你的這些訊息裡，我希望你會看出來，為什麼把這些犯過罪的孩子跟另一些犯過罪的孩子關在一起，無法矯正他們認為犯罪是正常之事的觀念。[36]

　　在下一章中我會談更多的犯罪行為。

從童年到老年

　　很多人認為青少年是個附和的年齡，這個年紀的人最容易受到同儕的影響。但其實人在每一個年齡都會受到同儕的影響，而且我認為童年比青少年期更容易受到同儕的左右。社會心理學家索羅

門‧艾許發現，在所有的受試者中，小於十歲的孩子最容易受到多
數人的影響（艾許的實驗在第七章已談過）。只有很少數的年幼
受試者會堅持自己的正確視覺判斷，[37]童年是附和壓力最強烈的時
候。

　　假如你問孩子誰影響他最多，年幼的孩子會說父母。[38]但是這
個問題是在沒有背景情境的情況下問的，而且問的人是個大人。小
孩子會以為問題的意思是：「你最愛誰？」當然他們愛父母比愛朋
友多，這個問題是他們心中關係部門所回答的。但是將來是團體部
門在決定他們在家庭以外的地方該有怎麼樣的行為。

　　童年是同化的時期，是孩子學習如何跟同年齡、同性別的人有
一樣行為的時期，這是他們社會化的方式。在只有兩個年齡團體的
社會裡，十四歲就已經可以生孩子了。在那種社會裡，男人和女人
應該做什麼是很清楚的，其中並沒有什麼選擇的餘地。

　　但是童年也是分化的年齡。孩子學習自己是什麼樣的人，長得
漂亮還是平凡，是強悍還是軟弱，快速還是緩慢，將自己和別人相
比就會了解了。[39]當他們準備好要進階到下一個年齡類別時，他們
會把這個了解帶著一起過去。

　　在工業化的國家裡，大人一定要有特長，他們可以有很多的選
擇，而青春期正是做這個選擇的時候。當他們自我分類時，青少年
就是在界定自己，他們可以選擇走這一條路而不走另一條路。這個
選擇並非不能反悔的，我的小女兒就證明了浪子回頭金不換。但是
錯誤的選擇也會失去很多其他的機會與可能性。高中的同等學歷並
不等於高中的文憑，而二十八歲進大學也跟十八歲唸大學不一樣。

　　大人也像孩子一樣，從社會情境中去修正他的行為。威廉‧詹
姆士談到一個人對他自己的孩子很仁慈，但是對他所統御的士兵卻

很嚴厲。[40]然而這些暫時校正的行為並不會產生永久性的改變，童年期和青春期是行為養成的時候，而伴隨這些行為而來的內在思想與情感則會跟隨這個人一生。大人的性格是很難改變的。詹姆士說：「性格就像石膏一樣，定型了就不能改變。」在一百年前，他就說：「人不能改變他的習慣，就好像大衣的袖子不能突然有一個新的褶痕一樣。」[41]

大人的語言也是一樣很難改變，一個人大約有十三年的時間可以去學一個新的語言而不帶任何口音。在同一個移民家庭中，兩兄弟成年後的口音有可能截然不同，如果當他們移民到美國時，一個是青少年，一個比他小幾歲的話，弟弟說的會是一口道地的美式英語，而哥哥則會保留原來的口音。[42]

童年是人們學習在這個社會中什麼是恰當舉止與談吐的時期，這些學習很多都不在我們的意識之中。在很多時候，一直要到父母抱怨，孩子才發現他們把同儕的口音和行為帶回家裡了。到了成年以後，有些人想去改變他們說話的方式或舉止行為，往往要花很大的力氣，因為改變是非常困難的。這些大部分潛意識、不自覺的行為，就是本書所要談的；這些就是我認為我們從我們的同儕處學來，而不是從我們的父母處學來的行為。

心理學家用「關鍵期」（critical period）來說明某些事情如果要發生的話，必須要在那一段時期發生；鴨子的「銘印」就是一個例子。心理學家用「敏感期」（sensitive period）來說明某些事情可以在某個時期很輕鬆地完成，但在別的時期要去做它，就很困難了。童年是習得母語和塑造基本個性的敏感期，這些雖然可以在青少年期慢慢磨光，但是基本的架構是在童年期建立的。

我們在童年所建立出的人格，以及青少年期同儕團體的特質，

會伴隨我們一生，這就是我們眼睛中所看出去的「我」。即使我們的眼睛需要戴老花眼鏡了，它還是同一個「我」。這個永久不變的「我」，對它所棲息的身體上的改變十分驚訝，大多數時候都是不滿的。老人常怕年輕人不認得他了。現在整型醫學進步，也有很多人試圖挽回或停止這個身體上的改變，使外在的改變不會跟內在的相差太多（譯註：內在的「我」是我們自己認為的我，只要自己認為年輕，我們就是永遠年輕，因為我們是透過這個「我」在看事情的）。

　　差不多在十七歲到二十五歲之間，這個內在的我就停止改變了。或許是因為大腦在生理上成熟的關係，所以它不再改變了，假如是這樣的話，男性的腦應該比女性的腦可塑性持久一點，因為男性成熟得慢。也或許是因為大人沒有像他們小的時候那種同儕團體了，假如是這樣的話，上大學的人他們的腦的可塑性應該比沒上大學的人持久一點。但或許是成人期裡的大人不依照團體常態去做時處罰變得很輕微了，假如是這樣的話，這個腦不應該會依性別或教育而有任何系統化的改變。

　　我們在童年時所塑造及青春期所磨光的個性，會跟隨我們一直到墳墓為止。我的母親得了阿茲海默症（老人癡呆症），在她八十歲時，我問她知不知道自己現在幾歲，她聽得懂我的問句，但是沒有任何的記憶來幫助她回答，所以她只好猜了。

　　「二十歲嗎？」她說。

第十三章

機能障礙的家庭及問題兒童

Dysfunctional Families and Problem Kids

The Nurture Assumption

一百多年後，《美國醫學學會期刊》重新刊登一八九六年的一篇社論，上面說七歲的卡爾・麥克厄尼（Carl McElhinney）是個殺人凶手，而這個錯是他的母親造成的。這篇社論沒有談到麥克厄尼如何殺人，只把火力集中在他母親身上：

> 在卡爾出生之前，麥克厄尼太太從早到晚整天看小說。她的腦海中充滿了犯罪的細節。因為她是一個心思細密、觀察入微的人，所以她對書中所描寫的動機、被害人的痛苦、壞人犯案的經過，都有深切的體會。因此在卡爾出生之前，她的心情是被這些小說所控制著的。這個兒子的發展並不正常，也喜歡殘忍不人道的事，他要很強烈的恐怖才能滿足他的胃口。我認為從來沒有一個犯罪紀錄是像這個孩子的。當孩子長大時，他的這些心智也會跟著成熟，他是社會的禍害。

根據這篇醫生所寫的社論，卡爾不正常的發展是因為他媽媽在懷孕時讀了偵探小說。「女人懷孕時的心中強烈想法或印象，會扭曲或阻止胎兒的生長，或造成胎兒的缺陷。」

這篇社論最後總結說：

> 身為一個嚴謹的醫生，我們應該教導「如何照顧懷孕的女人，以及母親影響力的危險性」。斯巴達人養育出戰士，我認為我們這一代可以養育出更好的人出來。有一件可以幫助未來世代的事，便是用更好的方式照顧我們的懷孕婦女、教導他們母親影響力的深遠。[1]

　　這個「用更好的方式照顧我們的懷孕婦女」，想必包含仔細篩選準媽媽們所看的書報。

　　無疑地，這篇社論聽起來很不合理。你會想，一百年前的人怎麼那麼笨？我們現在才不會這樣想了。

　　我請你想一下：在談到小孩為什麼長大後不是成為棟梁而是朽木時，現代「專家」們所說的話──他們自以為是的權威口氣，跟一百年前的專家沒有兩樣。

　　這種認為懷孕女人所看、所聽、所想的會影響肚裡胎兒的想法，並不是寫這篇社論的醫生發明的。在很多文化裡都有這種想法。這是一個很古老、相當深入人心的想法。我在第五章中曾提到，早先的父母並不認為他們教養孩子的方式，會對孩子將來有任何長遠的影響。但是這些父母也都了解兄弟姐妹並不完全一樣，有的人前途會比另一些人好。由於相同的父母會生出這麼不同的子女來，所以遺傳不能解釋為什麼有這麼大的變異性，因為許多差異是一出生時就有了（至少是很早就出現了），所以認為這個差異是在子宮時就形成的想法是可以理解的。

　　這種推理的結果，使得許多文化中有許多禁忌限制懷孕婦女的種種：規定什麼可以做、什麼可以看、什麼可以吃。有的時候，這個禁忌還延伸到父親身上。假如這個孩子將來成不了材，鄰居就會怪他的父母，說是母親在懷孕時，一定做錯什麼事，他們一定沒有遵循祖先傳下來的法則。所以，你看，我們並沒有改變什麼，只是以前父母只要擔心九個月，現在父母卻要擔心一輩子。假如你待你的孩子不好，不但他將來不能成材（根據教養的假設的說法），他還無法成為一個好父母──「缺乏做父母的本事」，專家是這麼說

的。所以他的孩子也無法成材，而這也是你的錯。

　　我在下面要讓你看一些證據，讓你知道孩子不好可能根本不是你的錯。但是我也希望你不要誤解我的意思，到處去說我認為父母怎麼對待孩子都沒有關係。我並沒有這樣說，也沒有這個意思，更不相信這種說法。父母不可以忽略孩子或虐待孩子。不可以這樣做有許多原因，但最主要的是孩子是個有思想、有感覺、很敏感的人，他完全依賴父母的保護與養育，我們可能無法掌握他的明天，但是我們掌握他的現在──父母可以使孩子的日子很不好過。

　　我們也不要忘記父母也是有思想、有感覺、很敏感的人，孩子也有能力使得父母日子很不好過。

老掉牙的觀念

　　在父親節那天有一則卡通：

　　　　凱西跟她的父母坐在一起看相簿。「這是我一歲的時候父親節照的，爸爸。」凱西說：「你給我第一支冰淇淋甜筒。」在第二張畫，爸爸給凱西她的第一根棉花糖，再下面是爸爸給凱西一大盒巧克力糖，安慰她在學校戲劇演出的失敗。炸馬鈴薯條、裹糖漿的玉米花、巧克力球等等，全是爸爸給的。

　　　　於是媽媽說話了：「啊哈！書面的證據，所有會胖的食物都是爸爸叫你吃的，所有的壞習慣都是來自你父親，我是無辜的，終於找到證據了，假如你有肥胖過重問題，都是他的錯！」

　　但是媽媽並沒因此就沒事，凱西並不相信媽媽是無辜的。而卡通畫家給了我們兩個選擇，是媽媽的錯或是爸爸的錯，二選一。[2]

　　教養的假設的威力如此之大，使我們立刻想到如果凱西過胖，那一定是父母的錯，是父母在她小的時候沒有注意她的飲食習慣。下面是報紙專欄引用「專家」的話來回答一個過胖兒父母的問題：

> 　　小兒科醫生南施・黑爾德（Nancy A. Held）說，父母要做的第一件事，便是做個好榜樣。假如父母飲食不正常、不均衡，孩子會模仿，也造成飲食的不正常。[3]

　　這位小兒科醫生錯了，卡通畫家也錯了。凱西父母唯一的錯是給了女兒基因。她的父母也胖，所以凱西的胖可能是遺傳的。

　　我在第二章中曾談到如何把遺傳和環境的因素分開。這個行為遺傳學方法也可以用來研究肥胖。同卵雙生子（不論他們是在同一個家庭中長大，還是在不同家庭裡長大）體重都很相似，至少比異卵雙生子相似。被收養的孩子在體型上與養父母或養兄弟姐妹都不相似。[4]

　　請想一下這個情形。兩個被收養的孩子在同一個家庭長大，有著同樣的父母。他們的父母可能是整天窩在沙發上看電視的「沙發馬鈴薯」（couch potato）——一邊看電視，一邊吃玉米花；他們的父母也可能是只吃綠花椰菜的人，每天都去健身房運動。每個孩子都接觸到相同的父母行為、吃相同的飯菜，結果一個孩子很胖，另一個孩子卻瘦而結實。

　　胖和瘦的遺傳性，比人格特質來得高，大約是七十。但是重點是基因以外的體重差異，不應該怪罪到家庭環境的因素上。目前

沒有任何的證據可以說明父母的行為對孩子的體重有長期的效應，
但卻有很好的證據顯示說兩者之間沒有這樣的效應關係。不過，報
章雜誌的專欄作家和小兒科醫生仍然很有權威、很自信地告訴家長
說，假如他們是個好榜樣，小孩子自然就會瘦下去。

　　這不僅是錯誤的，而且更是不公平的。假如你不幸體重過重，
而你的孩子也一樣不幸的話，那麼你不但要為你的體重負責，你還
得為你孩子的體重負責。別人會怪罪你的飲食形態和不運動，別人
會說你太胖是你的錯，你孩子太胖也是你的錯。

　　肥胖的父母會有肥胖的孩子，這不是因為他們餵孩子吃發胖的
食物，也不是因為他們是個壞榜樣。肥胖基本上是遺傳的。

　　一百年前，《美國醫學學會期刊》的社論把七歲的麥克厄尼的
「不正常犯罪發展」，怪罪到他媽媽在懷孕時所讀的書上。今天，
無疑地，《美國醫學學會期刊》的社論還是會把卡爾的不正常怪罪
到他媽媽身上去，說是在他出生以後，媽媽少做了什麼或多做了什
麼，導致今天兒子的不正常。沒有人去考慮基因上的關係，麥克厄
尼太太被形容成很愛看犯罪小說：「從早到晚，她的心中充滿了想
像的犯罪情況。」卡爾跟他媽媽共有百分之五十的基因，說不定他
們兩人都熱愛「犯罪」。

　　在第三章中，我曾談到同卵雙生子在不同的家庭裡長大：愛笑
的雙胞胎、兩個吉姆都愛咬指甲、都喜歡做木工、都喜歡抽同一
牌子的香菸、喝同一牌子的啤酒、開同牌子的汽車，還有倒著讀雜
誌、在上廁所前沖水、都喜歡在電梯裡打噴嚏的雙胞胎，以及都成
為義勇消防隊員的雙胞胎。其他還有一對雙胞胎在海邊游泳時只能
背著倒退下去，水只能到膝蓋那麼深，再深就不敢游了；還有一對
雙胞胎都是做槍的工匠，一對都是服裝設計師，另一對是各自都結

婚五次。這些報告不是來自狗仔隊的記者，它們來自有聲望的科學家，登在有聲望的期刊上。這種「巧合」很少在異卵雙生子身上看到，而且這個次數多到「巧合」兩個字已經不能再解釋了。[5]

　　行為遺傳學家已經證明了人格中有很大一部分是遺傳的。有些人會比別人外向、大方，或是脾氣暴躁，或是一絲不苟，而這些差異是基因的函數以及後天的經驗所致。這裡面各占多少比例並不重要，重點是遺傳的成分是不可忽視的。

　　但是，通常它都會被忽略掉。以愛咪的例子來說好了，這並不是一個成功的收養故事。愛咪的父母對她很失望，而比較偏愛她的哥哥。對她的父母來說，學業是很重要的事，而愛咪有學習障礙；她的父母喜歡簡單的生活，不隨便顯露情緒，像個清教徒，而愛咪喜歡鮮艷華麗而且喜歡裝病。所以到她十歲時，她已有嚴重的心理毛病。她在生理上不成熟、在社交上不適應，個性浮淺、表情誇大。

　　當然，愛咪是一個沒有人喜歡的孩子，但是這個個案有趣的地方是，愛咪有個同卵雙生子（貝絲）被另外一個家庭所收養。貝絲則是她養母的心肝寶貝，雖然她也有學習障礙，但是這個家庭並不認為這有什麼了不起。貝絲的媽媽是個很開放、樂觀、富有同情心的人，雖然如此，貝絲也像愛咪一樣有性格上的問題。研究她們的心理分析家承認說，如果他只有看到愛咪，他會把愛咪的毛病歸因到家庭環境去，但是因為現在有兩個個案，同樣的症狀，不同的家庭，所以他會另外找原因。[6]

　　同樣的症狀，同樣的基因，所以這絕不可能是巧合。她們一定從她們的生父生母身上得到這些毛病，只不過她們的生身父母可能沒有這些症狀。但是這些症狀是可以遺傳的，因為稍微有一點不同

的排列組合，就可以得到完全不同的結果。在統計上來看，一個有
心理問題的人，他的父母有心理問題或是他的子女有心理問題的機
率，都大於隨機的可能性。

　　遺傳，是為什麼有問題的父母其子女也常有問題的理由；這是
一個很簡單、很明顯、而且不容否認的事實；然而，這也是心理學
中最常被忽略的事實。從發展心理學家和臨床心理學家對遺傳的不
注意，你會以為我們現在還在華生擔保能將一打嬰兒變成醫生、律
師、乞丐、小偷的時代。

　　小偷，這是一個很好的起始點，讓我們看看我們是否能解釋孩
子的犯罪行為，而不必怪罪到父母教養孩子的方式上。

犯罪行為

　　你如何使一個孩子變成小偷？狄更斯（Charles Dickens）的《塊
肉餘生錄》（*Oliver Twist*）中的費根（Fagin）也許可以教華生一、兩
招。把四、五個飢餓的孩子放在一起，使他們形成「我們」的團體
意識，教他們扒手的技倆，指給他們看，讓他們認為有錢人就是
「他們」。這是團體間的戰爭——我們人類的傳統——你可以在任
何正常人身上看到，尤其是男性。每天早上帶著乾淨得發亮的臉龐
來上學的學生，其實都是小戰士偽裝的。

　　但是費根的方式對奧利佛‧崔斯特卻沒有用。狄更斯似乎認為
這是因為奧利佛「性本善」，但其實還有另外一個原因是：奧利佛
可能根本不認同費根與其他孩子。他們都是倫敦人，而他不是。他
們說的是黑道的黑話，對奧利佛來說像個外國話似的。他們之間有
太多的不同點，而奧利佛很快就被警察抓去，使他沒有機會去適應

他的新同伴。[7]

　　《塊肉餘生錄》是一八三八年出版的，那時候的人，相信有人天生就是不好，而這個不好可以從他的種族、膚色來判斷。狄更斯給費根起的綽號叫「猶太人」，在那個時候這並不是最壞的事，還有許多比這更具歧視性的語言。

　　今天，這種個人的解釋（天生是個壞種）和團體的解釋已經不能立足了，因為政治形態不對。西方文化的鐘擺盪到了另一端由盧梭所主張的人性本善，所有的孩子生下來都是好的，他的腐敗是社會造成的。我不確定這是樂觀還是悲觀，但是這種說法有太多的事情不能解釋，即使在狄更斯時代的倫敦貧民窟裡，也不是每一個孩子都可以變成阿特佛·道奇（Artful Dodger）；即使在同一個家庭中，也可能一個孩子是守法的公民，而另一個卻是強盜。

　　雖然我們不再說一些「孩子天生是壞種」的話，但是現在心理學家用比較委婉的字眼來表達同樣的事——有些孩子天生比較「麻煩」（difficult）、比較難養、比較難社會化等等。我可以列出一系列這些難管教、難社會化的孩子的特性來：活動力太強、衝動、具攻擊性、暴怒、對例行性的公事很快感到無聊、尋求刺激、不怕痛、對別人的感覺不敏感，而且通常身體強壯，但是 IQ 比一般人低一些。[8]這些所有的特性都有基因上的原因。

　　發展心理學家曾形容過一個難纏的孩子生在一個不會做父母、沒有處理事情能力的家庭時的情形。這個男孩（通常是男孩子）和他的母親會形成一個惡性循環，使壞的情況變得更糟。母親告訴孩子該怎麼做，孩子不聽；母親再說一次，孩子生氣；母親放棄，最後母親也發怒了，狠狠地教訓他一頓，但是往往太遲了或是賞罰不一致，使得教訓沒有產生任何教育上的益處。[9]這個孩子反正不怕

痛，挨打至少使生活不會這麼無聊。

　　這是個機能障礙的家庭，是的，這種家庭的確存在。你不會願意去做這種家庭的家庭訪問，更不要說住在那裡了，即使是孩子的生父也不願住在那裡。有一個老笑話：

> 心理學家：你應該對強尼好一點，他來自一個破碎家庭。
>
> 老師：我一點都不奇怪，我相信強尼能使任何家庭破碎。

　　「父母管教很困難，使他社會化也會很困難。」對很多心理學家來說，這兩個句子是同樣意義的，因為社會化是父母的責任。但對我來說，這是兩件不同的事情。雖然這兩者之間有些相關（因為孩子會把他遺傳得來的性格帶著到處走），但是這個相關並不高，因為父母教養孩子的場所（家庭）和社會化的場所（家庭以外的地方）情境是非常不相同的。在家中行為乖張的孩子，在外面不一定行為乖張。[10]強尼可能到哪裡都行為乖張，但是感謝上帝，這種孩子很少。

　　「社會化」這個字常用來指孩子在家中應得到的道德訓練。父母的責任是教孩子不偷、不搶、不說謊、不欺騙，但是孩子在家中的行為和他在外面的行為相關很少。在家以為沒有人看到而做壞事的孩子，並不見得在學校考試就比較會作弊，或在玩遊戲時比較會欺騙。[11]道德就像其他習得的社會行為一樣，是跟習得時的情境有密切關係的。阿特佛假如有媽媽的話，他可能會對他媽媽很好。

　　假如奧利佛的媽媽沒有那麼早死的話，我們很難想像奧利佛會惹他的媽媽生氣。奧利佛走到哪裡都有朋友，女人也很愛他；一個漂亮的臉龐和很好的天性是走到哪裡都行得通的。就像狄更斯所描

寫的，奧利佛是個很容易相處的孩子，他對別人的感覺很敏感，他很怕痛、很怕懲罰，幾乎可以說是膽怯，但他很聰明、不衝動、不激進。[12]

　　狄更斯是對的嗎？孩子有可能天生就好嗎？讓我們來做一個連華生也會贊成的實驗。把一些生父是罪犯的嬰兒和一些生父是誠實、守法公民的嬰兒放到收養中心去，混合一下，讓誠實的家庭收養犯人的孩子和好人的孩子，讓壞人的家庭也收養犯人的孩子和好人的孩子。你認為這個實驗太不道德了嗎？收養機關正是如此做的，當然，他們並不是故意把孩子放到壞人的家庭去，但有的時候，事情就是這樣發生了。在很仔細保留收養紀錄和犯罪紀錄的國家（例如丹麥），我們是可以檢查一下這種後果的。因此，研究者檢視了四千名白嬰兒期就被收養的丹麥男性的資料。[13]

　　研究者發現，這四千名嬰兒中，有很多父親是罪犯，但是收養在壞人的家庭卻很少，所以誠實父母的孩子在不誠實的壞人家庭中長大的例子就不多。在這少數的樣本群中，有百分之十五的孩子長大了也變成罪犯。但是這比率跟生身父母是誠實的、收養他的家庭也是誠實的孩子犯罪率（百分之十四）幾乎相同。看起來，在犯人家庭長大，並不一定就會使孩子變成犯人，假如他天生不喜歡做惡的話。這對華生來說是另一個打擊，但是在這幾十年來，他被鞭屍的次數已經夠多了，我決定讓他安息，放他一馬。

　　這個故事跟上面那個男孩生身父母是罪犯的故事有一點不同。被誠實的家庭撫養長大的人，有百分之二十後來變成犯人，而那些雙重不幸的人，生父是犯人，養父也是犯人的人裡，有百分之二十五後來也變成犯人，所以這不僅是遺傳的關係，看起來家庭環境還是有一些關係。像奧利佛那樣的孩子，你可能怎麼都無法把他

想像成罪犯，但是像阿特佛這樣的孩子就可以大好也可以大壞了。
如果給他的是犯罪的家庭，他就很可能變成犯人。

　　等一下，根據研究發現，在犯罪家庭出來的犯罪孩子，其實要
看這個家庭是住在哪裡。在丹麥的研究中，犯罪家庭所收養的犯人
兒子後來也變為犯人的，都是住在哥本哈根的家庭；如果是住在小
鎮或鄉下，就算是被犯罪的家庭所收養，小孩子也不會比誠實的家
庭所收養的孩子更糟。[14]

　　所以，並不是犯罪的養父母會使生父是犯人的孩子變成犯人，
而是他們所住的社區。每一個社區的犯罪率不一樣，犯罪的行為也
不一樣。我想，在丹麥的鄉下，大概很難找到高犯罪率的社區。

　　人都喜歡跟和他有同樣生活形態、同樣價值觀的人住在一起、
成為鄰居；這一方面是相互影響的。而另一方面則是物以類聚，尤
其在都市中。小孩子跟父親的朋友和鄰居的孩子一起長大，這些孩
子就是他們的同儕團體，這個同儕團體也是他社會化的地方。假如
他的父親是犯過罪的人，他朋友的父親也可能好不到哪裡去。孩子
會把他在家中所學的態度帶到同儕團體去，假如大多數人的態度和
行為是相似的，這個同儕團體就會留下它，使它變成團體的常模。

　　我前面告訴過你有關犯罪收養的研究，其實，雙生子和手足的
研究也是一樣。行為遺傳學研究雙生子和兄弟姐妹，通常是發現生
長在同一個家庭的孩子，環境並沒有什麼效應。但是我們曾提到一
個例外，生長在同一個家庭的雙生子或兄弟姐妹，他們在犯罪性上
也較相同——兩個都是壞人，或者兩個都是好人。這個相關通常是
把它歸因到環境，換句話說，就是父母的影響。但是住在同一個家
庭的孩子也有著同一個社區，有的時候甚至也有相同的同儕團體。
兩個兄弟姐妹如果是同一性別、年齡相近，那麼同是犯過罪的比例

就比較高；此外，雙生子（即使不是同卵）的比例也比兄弟姐妹高，而且花很多時間在一起（在家庭之外的地方）的雙生子同為罪犯的比例比各自有著不同生活的雙生子來得高。[15]

　　這些證據顯示環境對犯罪行為有影響，但是這個有關的環境不是家庭；事實上，它指出了另一個解釋。當兩個雙生子或兩個弟兄出問題時，很可能是他們彼此相互影響和受到他們同儕團體影響之故。

　　在上一章中，我談到莫菲特對青少年犯罪的看法。[16]莫菲特還分出兩種犯罪行為：一種是從第一顆青春痘冒出來開始，到最後一罐擦痘子的藥膏丟到垃圾筒為止；另一種則是持續一輩子的犯罪行為。那些在童年期行為還不錯，成年後也相當守法的人，通常是兩者皆非。青少年犯罪是一個團體的行為，是年齡團體之間的戰爭，這些孩子大部分都沒有心理上的毛病，這也不是他們家庭的錯。他們是社會化了，沒錯，只不過是被他的同儕社會化了而已。

　　長遠形態的犯罪行為是很少見的，只占極少數的比例，而且大多數都是男性。他們的犯罪行為開始得很早；麥克厄尼殺人時才七歲，而且持久不衰。職業性罪犯通常都有我前面列出來的那些人格特質：攻擊性、不害怕、沒有同理心、尋求刺激，這種人在每個社會裡都有。一個北阿拉斯加的愛斯基摩人告訴人類學家說，當一個人不停地給大家惹麻煩，又無法阻止他時，有人就會悄悄地把他推到冰河裡面。[17]他就像《美國醫學學會期刊》社論裡說的卡爾‧麥克厄尼一樣：「對社區來說是個危險的威脅。」

　　那麼，是不是有人生下來就是壞人，性本惡呢？比較委婉的說法是，有些人生來就有些個性使他不適任大多數的公義工作。直到現在為止，我們還不知道對他們該怎麼辦。我們有變成他們

的受害者的危險，但是他們本身也是受害者，他們是人類演化歷史的受害者。沒有任何一個過程是完美的，連演化都不是。演化使我們的頭變得很大，甚至有的時候，嬰兒的頭太大了還會生不出來。早期的時候，這些孩子一定會死亡，母親也連帶賠上一條命。同樣地，演化有時所選擇的一些特質，當發展得過頭時，就變成損失（liability）而不是資產（assets）了。幾乎所有的再輕微一點的犯罪特性，對狩獵採集社會的男性很有用，對他的團體也很有用。不害怕、冀望刺激，以及衝動會變成一種可怕的武器，讓他可以對抗敵人；而攻擊性、強壯，及冷漠，則可使他能夠統御他的團員分子，讓他在狩獵採集分紅時最先挑選、拿最大的。

　　但是職業性的罪犯不像是成功的狩獵人，他們的智力通常是在平均值之下。我認為這是有希望的象徵：這表示理智可以蓋過衝動的脾氣。一些天生就有犯罪特性，但是又有中上智力的人，他的聰明才智就足以讓他知道天網恢恢、疏而不漏，犯罪沒有好下場，因此他自然會從別的途徑去滿足他的刺激感。

爸爸在哪裡？

　　在狩獵採集社會或部落社會中，失去父親的孩子也很可能會失去他的生命，在那種命如草芥的時代裡，稍一不小心便會送命。在有些社會裡，他們甚至等不及沒有孩子的父親自然死亡。演化心理學家大衛‧巴茲（David Buss）指出：

　　　　即使是在今天的巴拉圭阿契（Ache）印地安人裡，如果
　　一個男人死於打架，村裡的其他人通常會聯合起來把他的

　　小孩殺掉，即使那個孩子的母親還活著。人類學家金‧希爾（Kim Hill）報告說，一個十三歲的男孩在他父親死於棍傷之後也被殺死，整個來說，沒有父親的阿契印地安小孩比有父親的小孩死亡率高出百分之十。這種敵意是阿契印地安人的天性。[18]

　　在傳統社會裡，父親保護他的小孩不受到這種敵意的侵害。一個人如果在團體中居上位，他保護孩子的力量就會比居下位的人來得強有力。在工業化的社會裡，你還是可以聽到小男孩告訴別人說：「我爸爸可以扁你爸爸。」叫憐這些爸爸從來就沒有打過架，更不要說用棍子打架了。「我爸爸可以告你爸爸」似乎還比較說得通一點，但是小孩子都不是這樣說。這些話的意思是「你別來惹我，因為假如你來惹我的話，我爸爸會把你揍扁，他不會怕你爸爸來報仇」。在黑猩猩裡，趕來救援的是媽媽，不是爸爸。假如兩隻小黑猩猩一起玩，媽媽比較居上風的小黑猩猩在玩的時候也是強勢的玩者。假如玩得太激烈，牠的媽媽會出面干涉，不會擔心牠玩伴的母親不高興。

　　在「我爸爸可以扁你爸爸」的社會裡，有一個強勢的父親或軟弱的父親、有父親或沒有父親，都會對孩子在同儕團體中的地位產生重要的影響。因此，根據團體社會化理論，對孩子的個性就會有長遠的影響。但是在我們的社會裡，父母和同儕在孩子生活中是分居不同地方的，因此父母的地位對孩子不再是一個保障。除非是父母很有權力或很有地位，連小孩子都可以感受到這個威力。但這並不見得就是一件好事，因為它可能會替孩子惹來麻煩，尤其是假如孩子沒有其他的特質可以使他爬上團體中較高地位的話。

在一個已開發的社會裡，有沒有父親對一個普通的孩子來說影響有多大？我不否認孩子如果父母雙全會比較快樂，我也不否認假如父母都很疼愛他，他會更快樂。但是今天的快樂並不能幫助孩子抵抗明天的不快樂（像我在第八章中說的），並沒有任何一個自然的法則說痛苦一定要有續集。這本書所講的是，在你成長過程中所發生事情的長期效果，有父親的孩子在各方面會比沒有父親的孩子來得好嗎？假如比較好的話，這個好處是來自有父親嗎？

大部分的人會認為是。一九九二年，美國副總統奎爾（Dan Quayle）公開批評電視連續劇中的女主角茉菲‧布朗（Murphy Brown）未婚生子，電視劇上的女主角都是亂來的。*我不認為奎爾會為了電視劇的性事說話，我想他是為了那個小孩長大沒有父親（雖然都是虛構的）而覺得不舒服。兩年以後，社會學家莎拉‧麥克拉娜漢（Sara McLanahan）和蓋瑞‧山德佛（Gary Sandefur）寫了一本書叫做《單親的孩子》（*Growing up with a Single Parent*），來支持奎爾對「為父」的頌揚。這本書在第一頁就說：

> 在單親家庭長大的孩子，一般來說，各方面都輸給父母雙全的孩子，不論父母的膚色種族或教育背景，不管在這個孩子出生時父母已經結婚了沒有，也不管住在一起的父或母是不是再婚的。

輸在什麼地方呢？麥克拉娜漢和山德佛指出三點：不跟生父和

---

* 至少她們給人那樣的印象。有趣的是，她們的行為舉止並沒有造成什麼懷孕風潮，這個現象值得進一步探究，但這裡我不多說。

生母一起住的青少年輟學的機率比較高，而且遊手好閒、既不做事也不上學，女孩則比較容易在中學時就懷孕。沒有父親當然只是這些問題的一個因素而已，但是兩位研究者認為是一個重要的因素，重要到他們認為父母在考慮分居時，要先告知準備分居的父母他們的分居對小孩所造成的後果。[19]

很顯然地，麥克拉娜漢和山德佛認為父母分居是孩子行為異常的原因，但是他們的書中圖表很奇怪，很多你認為應該有關係的因素在這裡卻沒有關係。家裡有繼父並沒有增進孩子的機會，與生父在家庭之外接觸也沒有。「根據大型全國性樣本普查，與父親接觸的頻繁度對孩子並沒有顯著的好處。」家中有親祖父母或親外公外婆也沒有任何益處，家中有祖父母在的孩子比雙親都上班的孩子單獨在家的機會少，然而這並沒有使他們不懷孕或不輟學。有繼父在的家庭，孩子受到的管教跟生父在時是差不多的，有人追問行蹤、檢查功課，然而這卻沒有減少他們的懷孕或輟學。孩子與單親住在一起的時間是長是短居然也沒有差別：那些父親在青春期開始之前才離開的孩子，比那些父親在很小時候就離去的（更不要說還在肚子裡時就不見了的）並沒有好多少。[20]

那些沒有父親而過得比較好的孩子是父親死亡了的。麥克拉娜漢說：「與寡母一起長大的孩子，比其他單親類型的孩子好得多。」事實上，在有些研究中，他們跟父母雙全的孩子一樣好。[21]研究者必須解釋，為什麼死去的父親和出走的父親會有不同的後果。寡婦在財力上會比單親母親更安心嗎？若是如此，那麼再婚的媽媽在財力上也比較穩定，但是有繼父並沒有幫助。父親的死亡對孩子的打擊，比父母離婚來得小嗎？通常早逝的原因是自殺、謀殺、癌症，或愛滋病。這些對我來說都不見得不是打擊、沒有壓

力。

　　研究者喜歡用「後果」（consequence）這個字，但是他們所引用的數據並不能用來做因果關係的推論。這些數據都是相關，它只能說某些東西和另一些東西常在一起出現，有關係而已。假如我在第二章中談到的那個公共衛生學家發現，吃綠花椰菜的人一般來說比不吃綠花椰菜的人有錢，你能說假如你開始吃綠花椰菜，你的收入就會上升嗎？這個錯誤我們在前面已說過了，在此不多談。

　　當生父活著，但是不跟孩子住在一起時，統計上顯示這與孩子將來的不成材有顯著關係。讓我給你看另一種的解釋方法，它一樣可以解釋孩子為什麼不學好，但是沒有把孩子的家庭經驗或管教的品質牽扯進來。

　　大多數單親的母親，都不是像茉菲・布朗那樣。她們都很窮，半數以母親為家長的家庭，收入都是在「貧窮」水準之下。離婚通常導致家庭生活水準的急遽下降，也就是說，前妻和孩子的生活大不如前。[22]

　　收入的遽減，對孩子的影響有好多層面。它可以直接影響孩子在同儕團體的地位，他不能再買名牌的衣服和鞋子、昂貴的運動器材、去看皮膚科或做牙齒矯正；而這些都會降低孩子在同儕之間的地位。[23]錢對孩子要不要上大學也很有關係，假如現在上大學是沒有希望了，孩子繼續唸書或避免懷孕的動機就沒有那麼強了。

　　但是金錢最重要的影響是決定他們所能居住的社區以及他們所能唸的學校。大多數的單親母親都住不起我的家庭所住的社區，我社區裡的孩子幾乎全部都唸完高中、幾乎都沒有女孩中學就懷孕。貧窮迫使單親的母親住在一個社區中，這個社區裡面也有很多單親母親，還有很高的失業率、輟學率，和青少年懷孕率及犯罪率。[24]

　　為什麼這些社區的孩子會輟學、懷孕、犯罪呢？是因為他們沒有父親嗎？這是大部分人的解釋，但是我在第九章中曾提出別的看法。社區有社區的文化，他們從父母的同儕團體傳到孩子的同儕團體，這中間的媒介不可能是家庭。因為你可以把一個家庭連根拔起來，種到別處去，而孩子會改變行為去附和新環境的同儕。

　　所以重點是社區，而不是家庭。假如你去看社區裡面的孩子，你會發現有沒有父親其實沒有那麼大的差別。有一位研究者收集了美國東北部兩百五十四名城市中的黑人孩子的資料，這些孩子裡大部分是單親家庭的孩子，只有母親，而少部分是跟親生父母、母親與繼父，或其他的親戚住在一起，下面是這位研究者的結論：

　　　　在這個樣本群中，不論是喝酒、吸毒、青少年犯罪、輟學，或心理壓力上，單親家庭的孩子跟其他家庭的孩子並沒有什麼差別。[25]

　　在貧窮的城市中心社區中，跟父母一起住的孩子並沒有比跟單親住的孩子來得好。[26]但是在這種社區中，大部分的家庭都是單親家庭，因為他們住不起其他的地方。收入高的家庭表示家裡有一個男人在賺錢，有雙親的孩子比較可能住到中產階級文化的社區去，所以比較可能變成中產階級的行為。

　　但是，為什麼比較高的收入，並沒有幫助那些有繼父的孩子呢？這是因為這種孩子又有另外的問題——搬家太頻繁。他們從一個家換到另一個家，次數比任何其他家庭的孩子更多。[27]他們每搬一次，就會失去朋友和同儕團體，每次都得重頭開始。每一次搬家，都得重新適應新的同儕團體常模，有新的社會階級要去爬，而

且每一次都得從最低處往上開始。

對孩子來說，搬家是很難受的。常常搬家的孩子，不管有沒有父親，都比較容易被他的同儕排斥，他們比住著不動的孩子有更多的行為問題和學業問題。[28]麥克拉娜漢和山德佛發現，「改換住宅」（搬家）可以解釋一半以上沒有父親的孩子的高中輟學、青少年懷孕，以及遊手好閒不務正業的危險性。而搬家和低收入兩項原因加起來，可以解釋大部分有沒有父親之間的差異。

這兩項不利的因素，都可以用家庭以外的因素來解釋。搬家破壞了孩子在同儕團體中的地位，干擾了他的社會化，因為他很難去適應一個團體的常模——尤其是這個常模一直更換的話。家庭收入決定孩子可以住在什麼樣的社區，以及什麼樣的同儕團體常模；頻繁的搬家次數以及偏低的家庭收入則會增加孩子輟學或懷孕的危險。

我們已經知道輟學和懷孕是極受同儕團體影響的兩件事，但是為了說服你，我現在要談另一個更大的題目：離婚的效應。換言之，也就是離婚對孩子的人格成長、個性形成、心理健康，以及對將來他們婚姻穩定性的影響。父母離婚，真的對孩子有這麼不好嗎？假如不是的話，為什麼每一個人都這樣想？

離婚

最著名、同時也是對離婚影響子女最悲觀的研究，是由臨床心理學家茱蒂・魏勒斯坦（Judith Wallerstein）所進行的。[29]魏勒斯坦發現，中產階級的父母一旦離婚，對孩子情緒的影響最大。她的書賣了很多錢，但是就科學來講，一點價值都沒有。她所研究的父母都

去找婚姻顧問、都在鬧離婚。她沒有以控制組（亦即父母未遭遇婚姻變故的孩子）來與她病人的孩子相比較，而且她也沒有過濾個人的偏見。在魏勒斯坦寫她的書之前，曾有一個研究顯示這些所謂的「專家」是多麼容易被自己先入為主的觀念所矇蔽。這個研究者給兩組小學老師看一段八歲孩子行為的短片，來判斷這個孩子的適應程度，結果被告知這個孩子來自離婚父母的這一組老師的判斷，與另一組以為孩子來自健全父母的判斷兩相比較下，前者判斷孩子的適應程度比後者的判斷還要來得差。[30]

另一個有良好控制組的研究，所得到的結果比魏勒斯坦樂觀。這些受試者是英國普查中生於一九五八年某一個禮拜的孩子。在進行這個研究時，他們都是二十三歲。在這份問卷裡，他們要回答一些有關他們心理衛生的問題，比如說：「你常覺得很痛苦、很沮喪嗎？」「你常會無緣無故地害怕嗎？」「別人常惹你討厭、惹你生氣嗎？」「你常擔心自己的健康，搞得晚上不能睡、精疲力盡嗎？」分數愈高，代表回答「是」的情況愈多，也就表示這個人的心理壓力很大。

父母離婚會增加孩子在這項測驗上的得分，但是也沒有差多少。在父母離異的孩子當中，有百分之十一的孩子分數是在上限之外，而父母未離婚的孩子裡，也有高達百分之八的孩子得分在上限以上。在回答「是」的平均數目上，兩組人的差距只有半個測試項目。[31]

所以，雖然有差別，但只是一個小差別而已。我在前面就一直暗示過結果會是這個樣子。我說過，在同一個社區裡面，有沒有父親坐在客廳裡，是沒有很大差別的。我也說過，不停地搬家再加上偏低的家庭收入，可以解釋大部分有沒有父親的差異。其他還有

一些差異是我沒有說到的，現在在英國的離婚兒童研究中也逐漸顯
示出來了，因此我們不應該再把它掃到地毯底下去，以為眼不見為
淨，就可以不理它。

　　現在的離婚效應研究或單親家庭研究的研究者，大多都知道
應該要去控制各種各樣的「混淆變項」（confounding factors）。例
如，他們會控制社經地位。離婚和單親在低收入以及教育水準比較
低的社會區域中比較普遍，所以一定要先加以控制。研究者同時還
控制了種族變異，因為不同的種族對婚姻會有不同的看法。

　　他們還沒有控制的，就是基因；因為他們無從控制起。他們研
究的方式，是我在前面第二章中所批評過的——比較在狗籠子中養
的獵犬，以及公寓中養的貴賓狗。研究者從每一個家庭中抽一個孩
子出來研究，這孩子通常是父母的親生孩子，父母給了他基因，也
給了他生長的環境，你完全沒有辦法區分出這是誰的效應。要想區
分它，你就必須用行為遺傳學家的方法，去研究收養的孩子或雙胞
胎，或兄弟姐妹。

　　現在的研究大多數都是以這種方式在進行了。在北美和歐洲的
研究中，大部分的中產階級都有相同的結果——遺傳占一半、環境
占一半——但是，環境的因素不能歸因到家庭，而應該是社區。

　　在樣本群中，許多家庭是離婚的。這些個案中，有相當大的比
例都是由離婚的母親或是母親與繼父扶養長大的。假如父母親在不
在家、他們之間的關係是和諧還是衝突對孩子有長期效應的話，我
們應該會在行為遺傳學研究的資料中看到它，但是我們沒有。很抱
歉，奎爾副總統，我們找來找去，就是沒有找到證據來支持你。

　　更重要的是，假如父親在不在會有長期的效應的話，這個效應
應該會是依孩子而有所不同。很不幸的是，證據並沒有支持那個說

「父母在離婚前要先被告知離婚對孩子有何後果」的研究者立場。[32]假如父母決定分居，會使一個小孩變得害羞、一個變得勇敢、一個變得快樂、一個變得悲傷，沒有一個一致的趨勢，請問你要告訴父母些什麼？

　　在那些填滿發展心理學期刊頁數的研究中，偶爾還會上報的那些沒什麼差異的研究，每一篇都在講「後果」，但是這個「後果」只有在那些沒有控制遺傳基因的研究裡才會被發現。如果把基因影響抽離後，家庭環境就沒有預測的效力。假如研究法沒有把基因的成分抽離，那麼他們就會把基因的成分錯誤地解釋成家庭環境影響的證據。熱忱、能幹的父母常有熱忱、能幹的孩子，大部分的研究者都理所當然把它認為是父母提供孩子溫暖整潔的家庭所致。

　　這種錯誤結論的最佳例子，就是離婚。大家都知道，破碎家庭出來的孩子他的婚姻也不美滿，[33]為什麼父母的罪惡會禍延三代？是因為他們從小看到父母吵架，所以把這個焦慮一直帶到成年期去？還是自從父親出走後所壓抑的憤怒？魏勒斯坦是這樣想。

　　但是離婚雙生子的研究給了我們一個不同的解釋。大約有一千五百對以上的同卵、異卵雙生子回答了一份詢問他們自己以及他們父母婚姻歷史的問卷。這些受試者都是大人。父母未離婚而這些雙胞胎離婚的占百分之十九；父母離過婚、他們自己也離婚的占百分之二十九（比較高）。異卵雙生子都有離婚的占百分之三十，而同卵雙生子則是百分之四十五。這個研究者的電腦所統計出來的結果，就跟其他行為遺傳學的研究結果一樣：會離婚的危險因素，有一半可以歸因到遺傳的影響，另一半是環境的影響。但沒有任何因素可以怪罪到雙生子生長的家庭，他們婚姻歷史上的相同性可以完全用他們共享的基因來解釋。因為他們是同樣的年齡，因此他們

所共有的經驗、他們所感受到的父母關係的和諧或衝突、父母是同居或分居，都是相同的，而這些完全沒有任何顯著的效應。[34]

離婚父母的孩子比較可能離婚，完全是在於遺傳，而不是在於他們童年的家。但是你不必花時間去找染色體上的離婚基因，因為沒有這個東西，它是各種人格的特質所形成，每一個特質都受到複雜的基因所左右，再加上環境的琢磨，最後，這些特質造成了他們婚姻也不愉快的原因。[35]

因此，不要去找離婚基因，要找的是那些使人很難相處的人格特質，像是攻擊性、對別人的感覺不敏感等等。有些人格特質會增加他們做不智選擇的機會，例如衝動、很容易厭倦等等。這些是否聽起來有點耳熟？是的，這正是犯罪者的人格特質，這些使孩子成為費根學校最佳人選的特質，同時也降低了他們快樂婚姻的可能性。在童年期，如果孩子有這些特質，精神科醫生常常會診斷為「行為異常」（conduct disorder），如果是大人的話，這個毛病叫做「反社會人格異常」（antisocial personality disorder）。研究已經指出，這是可以遺傳的。[36]

這些後來會離婚的父母，其實在他們離婚之前婚姻就有問題了，所以不是離婚本身造成孩子的問題，而是家庭衝突。但是有衝突的父母比較會有有問題的孩子，這可能是因為孩子享有父母基因的關係，而不是他們共享有家庭的關係。喬治亞大學的研究者發現，孩子行為異常的可能性，可以從父母的人格特質來預測，而不是從離婚來預測。父母如果有反社會的人格特質的話，他們的孩子也很可能會行為異常。[37]

離婚、父母的人格問題，以及孩子的偏差行為，這三者之間的關係是很複雜的，而且它的效應沒有固定的方向。有人格問題的人

很難相處，所以他們比較容易離婚。這些人因為基因傳遞的關係，比較可能會有行為偏差的孩子。其中甚至可能還有子女對父母的效應，因為行為偏差的孩子容易增加父母婚姻的緊張程度，大人常為孩子吵架。在本章當中，我曾提過一個笑話：「強尼能使任何家庭破碎。」但是假如你的孩子像強尼，這就不好玩了。有些孩子使家中的每一個人都希望他能離家出走。魏勒斯坦談到父母離了婚的孩子常有很深的罪惡感，他們以為父母離婚是他們的錯。魏勒斯坦沒有談到的是：有的時候，孩子的罪惡感可能有一些道理存在。在有兒子的家庭中，離婚率比只有女兒的家庭低，[38]兒子的存在使得父母親比較快樂或是使得父親比較不願意出走。但是假如這個兒子很令人失望，除了惹禍什麼都不會時，又怎麼樣呢？

當然，大多數離婚的人並沒有嚴重的人格問題，大多數離婚者的孩子也沒有行為偏差。大多數離婚者的孩子終究還是過得不錯，英國的研究已經顯示了這一點。二十三歲離婚者的孩子只比別人多一點沮喪、焦慮和憤怒。

那麼，為什麼如魏勒斯坦之類的臨床心理學家這麼確定父母的離婚對孩子不好呢？因為就如社會心理學家大衛・麥爾斯（David G. Myers）指出的，離婚是對孩子不好，只不過不好的原因不是魏勒斯坦所說的，也不是她所認為的。[39]

離婚對孩子不好，有好幾個層面可以來說。第一，它會帶來嚴重的經濟懲罰。父母離婚的孩子通常會經歷到嚴重的生活品質下降，經濟情況決定了他們所居住的社區，而他們住在哪裡會有嚴重的影響。第二，孩子常要搬到新的地方去。有的時候他們甚至要搬好幾次。第三，它增加孩子身體被虐待的機率。跟繼父母住的孩子被虐待的機會，比跟生身父母住的要高得多。[40]第四，離婚中斷了

孩子的私人關係。

在第八章中，我區辨了團體關係和私人關係。我曾說過，團體
意識是孩子社會化的原因。我們天生而來的個性，必須經過琢磨才
能適合我們所處的文化。而這個在童年期所發生，透過我們對團體
的認同與適應、人格的長期修正，以及社會行為加以琢磨的過程，
是大腦中團體意識的部門所負責的。[41]

負責私人關係的部門不會產生長期的人格修正，但是它並不會
因此而比較不重要。在我們的思想和情緒中，私人關係的部門是我
們有意識的心靈比較能夠接觸到的，它控制著我們每一個時刻的感
情和行為，把痕跡留在我們的記憶中，好像閣樓裡一疊疊的舊情書
一樣。

私人關係是很重要的，這是為什麼演化給我們動機去形成私
人關係，並且去維繫它的原因。強烈的情緒——如愛和悲傷——提
供了能力。史迪芬・平克在他的《心智探奇》（*How the Mind Works*）
中做了很好的解釋。[42]

離婚和父母衝突使得孩子不快樂，它打亂孩子和父母的關係，
並且弄亂了他們的家庭生活。這個不快樂、這些中斷，和打亂的家
庭生活，就是臨床心理學家和發展心理學家在研究離婚者的孩子時
所看到的。在這些研究中，孩子通常是在家中被訪談，或是到一個
他與父母一起去的地方。更糟的是研究者十分仰賴父母對孩子行為
的報告，即使父母不在離婚的當下，他們對子女行為的報告也與中
性觀察者的報告出入很大。[43]

當家庭的生活被打亂時，孩子在家中的行為當然也被打亂了，
同時他們對家的情感也變成一團糟，這是研究者所看到的。假如他
們想知道孩子在外面的生活如何受父母離婚的影響，他們應該去收

集家庭之外的資料，而且應該用沒有偏見的中立第三者——一個不知道孩子家庭情況的人——來觀察。這個時候，研究者會發現父母的離婚對孩子在家庭以外的行為沒有長期的影響，對他們人格的形成也沒有長期的影響。[44]

體罰和虐待

　　這是一個令我感到十分惶恐的主題。我並不是害怕你會誤解我，我害怕的是那些沒有讀過這本書，從別人那裡聽來二手資料的人。話是可以被誤用，或斷章取義地亂用的。人常常會被他沒有說過的話，或不是他的主張而被公開指責。假如我會被公開指責的話，我寧願是我真有這樣想。所以，讓我告訴你我的主張和想法。

　　第一，我不贊成把小孩打成傷會有什麼長期的痛苦。第二，我不認為孩子在做錯事時，打他身體不重要的部位對孩子有什麼不對。

　　全世界的父母都會用體罰，大多數的美國家庭也會用。[45]甚至動物也有。我認為它是一個天生的父母行為。我寫這本書的一個目的，就是想將各種專家加諸到父母身上的一些不必要的罪惡感給去除掉。假如你偶爾發脾氣，打了你的小孩，你不見得就會造成他們什麼永久性的傷害，但是你可以傷害你跟他們之間的關係。假如你不公平，而且他們已經大到可以察覺到這一點的話，你會失去他們對你的尊敬。

　　但是你失去他們尊敬的原因，並不是如專家告訴你的那樣——專家說，如果你打小孩，你只會使他們更愛打人、更有攻擊性。

　　這個邏輯非常具有說服力。你打你的小孩，等於是你讓他們看

到一個攻擊性的榜樣；你正在教你的小孩「打人是沒有關係的，打人可以使那個人做你要他做的事」。

　　許多年來，我對這樣的說法深信不疑，並且把它寫進我的教科書中傳授給讀者。我並沒有注意到，許多我們不希望孩子做的事情，我們卻同時提供他做這些事情的模範（例如，隨高興任意進出房子）；而許多我們希望他做的事情，我們也提供他們不要去做的模範（例如，吃綠花椰菜）。

　　教養孩子的方式可以轉換得很快，上一代的專家很快就被現代的專家所取代了。假如新的專家不能告訴你什麼是跟上一代不一樣的地方，他就會關門大吉。在美國這個民族的大熔爐裡，有許多的次文化存在，每個文化都有每個文化自己的看法。亞裔的美國人和非裔的美國人比較不注意歐裔美國人的專家在說些什麼，所以他們對打孩子屁股並不會很反感。現在對於打屁股反對最激烈的，就是中產階級的白人。他們希望用「禁足」（time-out）來替代體罰。上個禮拜，有個金頭髮的小男孩在超級市場中亂跑，他的父親在後面追趕，嘴裡喊道：「麥修，等一下你不准出去玩了。」（Matthew, you're going to get a time-out!）[46]

　　黑人父母比較不喜歡用這種方法來管教小孩。「不准出去玩對白人才有用。」他們對訪談者這麼說。[47]

　　或許白人是太輕信別人了。大多數有關體罰的研究，就像魏勒斯坦的離婚小孩的研究一樣，是沒有價值的，而這些專家就是根據這些沒有學術價值的數據在給你忠告。我說它沒有價值的一個原因，是研究者沒有考慮到次文化在教養孩子上的不同。

　　你的確會看到少數民族的家庭和低收入的家庭比較喜歡體罰孩子。[48]在有些團體中（但不是全部），孩子的確比較具有攻擊性，

而且比較會惹事生非、常常犯法。所以，你很容易把這個次文化的差別，當做研究者在尋找的「後果」。中產階級白人的小孩的確挨打的次數比較少，也比較不那麼有攻擊性，所以如果研究者把中產階級白人的孩子跟低收入黑人的孩子兩相比較的話，他一定會發現打孩子跟攻擊性之間的相關。但是假如他們把亞裔美國人也放進去求相關時，這個相關就會消失了，因為亞裔的父母也用體罰，[49]但是他們並沒有攻擊性強的小孩。

　　體罰研究的另一個問題是，它不能告訴我們孰為因、孰為果。在某一個種族團體或某一個社會階級之內，有些孩子比較有攻擊性，有些孩子挨打的次數比別的孩子多。假如攻擊性強的孩子挨打的次數比較多，那麼是孩子的攻擊性使得父母比較常打他呢？還是父母常打他才使他比較具有攻擊性？在大部分情形下，這個問題是無法回答的。

　　研究者解決這種因果關係的一個方法，是做長期追蹤研究。在一九九七年八月的《小兒科與青少年醫學檔案》（*Archives of Pediatrics and Adolescent Medicine*）中，有一篇有關體罰的文章是心理學家莫瑞‧史特勞斯（Murray Straus）和他的同事所寫的。研究者觀察孩子一段時間，看孩子在這段期間的行為變化。假如這個孩子在六歲時挨打的次數比別人高，那麼當他八歲時，他的行為是否有偏差？結果研究者發現的確有。在追蹤的兩年期間，比較常挨打的孩子變得比較不聽話，喜歡惹事生非，也比較有攻擊性。「當父母用體罰來減少反社會行為時，」研究者說，「它的長期效果是正好相反的。」[50]

　　這個研究上了新聞，美聯社在全國的報章雜誌上都登載它，典型的標題是：「打孩子會造成行為偏差。」這個研究的摘要上了《美國醫學學會期刊》，[51]但是美聯社和《美國醫學學會期刊》都

沒有提到在同一期的《小兒科與青少年醫學檔案》中有另一篇文章，題目和研究法都非常地相似，但是結果正好相反。這篇論文的作者是瑪茱莉・甘諾（Marjorie Gunnoe）和凱莉・馬林納（Carrie Mariner），她們下結論說：「對大多數的孩子而言，體罰會教授他們攻擊性的說法，似乎是沒有證據的。」對任何年紀的黑人孩子來說，對這個研究中所用的較小的孩子來說，不管是什麼種族膚色，研究者都發現體罰事實上降低了攻擊的行為。[52]

　　唉！心理學家盡是做這種事。效果太脆弱，結果有消失性，看似有，摸卻無，一天到晚都是相互矛盾的文章。請把整本期刊扔到紙字簍去吧！

　　喂，等一下，仔細看一下研究方法。啊哈！果然有不同，第一個研究是問孩子的母親「孩子的行為如何」，這個母親就是打孩子的同一個人。母親的回答是根據孩子在家中的表現而來的。但是第二個研究是問孩子自己。研究者問孩子他在學校跟人打過多少架，在家中常挨打的孩子，在學校裡並沒有比不挨打的孩子更愛打架。

　　在家裡挨打可能會使孩子在家中的行為更糟，或者它是一種母一子關係的指標，也或者是母親的日子過得並不怎麼如意（孩子的行為可能沒有像母親所想的那麼壞）。無論如何，在家挨打並沒有使學生不在家時更具有攻擊性。第一組的研究者認為，假如父母親不打孩子，就可以「減少美國社會的暴力程度」。這似乎是太誇張了。

　　不過，我這裡講的體罰是在正常限度之內的，例如偶爾打一下屁股。我絕對不是告訴你：超過正常限度的虐待孩子對孩子沒有危害。

　　過分的暴力會傷害孩子，尤其是腦傷，這會產生長期或永久性

的影響。另一種可能的長期後果則是「創傷後壓力症候群」（post-traumatic stress disorder）。

　　但是我們在這裡討論的是廣泛的父母親行為，而非如前述的暴力虐待。就我所知，在孩子離家後，父母親的行為並不會對他們產生心理上的效應。或許有，但是並沒有足以證明的證據。

　　受虐兒的研究有很多，根據報告，受虐兒有很多的問題，除了攻擊性比較強以外，他們交朋友也有困難，學校的課業也跟不上。當他們長大後，他們比較可能虐待他們的兒女，[53]心理學家把這種狀況稱為「虐待兒童的世代交替」（intergenerational transmission of child abuse）。他們是指從經驗和學習來傳遞，靠環境的方式來傳遞，他們不是指基因。

　　他們幾乎從來都不談基因，[54]我真的不知道為什麼。假如你逼問他們，很少人會否認心理特質有一部分是來自遺傳的，但是不知道為什麼，當他們在做研究或寫論文時，他們就把基因拋到九霄雲外，不去理會它。現在他們願意承認孩子的行為會影響父母對待他們的方式，通常我們沒有辦法區分出是子女對父母的效應，還是父母對子女的效應，只有行為遺傳學家提及所觀察到的父母和孩子行為之間的相關，可能有基因上的關係，其他的人完全不談基因。除了貶低它之外，這些人即使他們自己的研究清楚地顯示出，除了基因沒有別的方法可以解釋，但仍然要去貶低基因的重要性，這點很令人不解。[55]

　　為什麼父母要虐待自己的孩子？一個理由是心智不健全。精神病有一部分是遺傳的，家族中一個人有，許多人有，但是只有血親才有，收養的不會有。[56]

　　或許只有極少數虐待孩子的父母是有精神病，但是很多其他的

人是有某種人格特質，你現在應該對這些特質很熟悉了，這些人有攻擊性、衝動、易怒、容易無聊、厭倦、對別人的感覺不敏感，不太會管理自己的事，也不太會管理孩子的事。這些人的孩子是雙重不幸，在家中沒有溫暖的家庭生活，而基因的遺傳使他們在家庭以外的世界也不容易成功。

灰姑娘有著非常痛苦的家庭生活，但是她沒有從虐待她的繼母那兒遺傳到任何的基因。這些民間故事的涵義是你會苦盡甘來，只要你有遺傳到好的基因。《塊肉餘生錄》也是表達同樣的意思。故事裡的壞人原來是奧利佛同父異母的兄弟，奧利佛的媽媽很好，他的繼母很壞。這種故事現在不再是「政治上立場正確」（politically correct）。它不但好像不公平，而且簡直就是不公平。

它不公平的原因是在一個家庭中，有一個孩子總是被欺負。假如你把這個孩子放到收養家庭去，很多時候他還是被欺負。[57]總有某些特質（像是不討人喜歡的臉，或是身體虛弱）都會使別人去欺負他。同時，這些被欺負的受害者心中也可能缺少某些特質。我們應該奇怪的不是為什麼有些孩子被欺負，我們應該奇怪的是為什麼大多數的孩子沒有被欺負。孩子有的時候真是惹人厭、討厭極了，煩得要命。但是大多數的家庭不會傷害他的小孩，大多數小孩也沒有受傷，平平安安地長大成年，包括那些受虐兒長大後所生的子女也是如此。演化給予孩子一些特質，使我們的憤怒消失，使我們想去保護他們、愛他們。但是有些孩子可能缺乏這種保護機制，或是這個機制不夠強烈，不能發揮功能。

更不公平的是在家中被欺負、沒人喜歡的孩子，在學校也是沒人喜歡。[58]像這種不論去哪兒都被欺負的孩子，我們應該怪罪他的家庭經驗呢？還是學校操場上的經驗？心理學家既不知道，也不追

究；他們就是假設家庭比較重要。

有一個研究者挑戰這個假設，她就是加拿大約克大學的安妮－瑪麗·安伯特。安伯特請約克大學的學生寫下他們進大學之前的生活細節，類似一篇自傳，她提供學生一些問題，請他們在自傳中寫下他們的回答。其中有一道問題是：「什麼事會使你最不快樂？」她很吃驚地發現，只有百分之九的學生回答父母的不公平待遇或不公平態度會讓他們不快樂，卻有百分之三十七的人說，如果他們的同儕對他們不好的話，他們覺得這些不好的經驗對他們會有長遠不良的影響，安伯特認為「同儕施虐」（peer abuse）是一個嚴重的問題，只是還沒有人去正視它：

> 在自傳中，表示被同學負面對待的答案，遠比被父母不公平對待的答案來得多。這個結果已獲得其他研究者的證實。此一研究顯示一個驚人的事實，那就是兒童福利專家往往只注意父母親，而忽略了青少年最痛苦的是同儕的衝突和負面的對待。在自傳中，你會讀到一個本來很快樂、適應很好的孩子，在被同儕拒絕、排斥、講閒話、種族歧視、嘲笑、欺負、性騷擾、追趕，或挨打後，便突然地萎縮下去。有的時候，心理上的痛苦會造成生理上的病態、學業上的退步。[59]

另一個造成不快樂的被虐兒童的原因是時常搬家。雖然他們仍然跟相同的父母住在一起，但這些孩子失去了原有的伙伴；[60]更何況有很多時候，他們並不是跟相同的父母住。當孩子被發現是受虐兒後，政府會把他們放進「寄養家庭」（foster family）中，不讓他

們再與施虐者同住。假如在這個家庭適應得不好,他會去第二個家庭,或許第三個。有人認為,寄養的不好效果是因為孩子一再地失去父母及寄養父母,但是一再地搬家也使孩子失去穩定的同儕團體,即使是一個不友善的同儕,可能也比沒有朋友來得好。因為缺乏一個穩定的同儕團體會打亂了孩子的社會化。

嬰兒無疑地絕對需要父母或是父母的替代者。我認為,熟悉的照顧者是環境的一部分;就跟光線和圖案一樣,嬰兒的大腦需要它才能正常地發展。但是在孩子五、六歲以後,就不是這麼需要父母或父母的替代者(請見第八章中孤兒院長大的孩子)。對大一點的孩子來說,一個穩定的同儕團體恐怕比這還更重要。寄養家庭背後的理論是「孩子需要家庭」,但我認為對他們而言,穩定的同儕團體比家庭還更被需要、更重要。為了使他們有一個家庭,非常好心的社工人員或社會福利機構一而再、再而三地改換他的寄養家庭,不過,他們的好意卻可能剝奪了他的朋友。

我在前面曾說過,受虐兒有各種的問題。一般來說,他們比別的孩子攻擊性強,但是也有可能是基因的關係——虐待他們的父母也是很有攻擊性的。其他的問題可能還有同儕虐待,或是搬家過於頻繁,我們完全不知道。這方面的研究還缺少好的實驗設計,至少目前還沒有任何好的研究出現(見附錄二)。

養子不教父之過

我常在電視新聞上看到說某家的孩子闖了禍,法官威脅要把他的父母關進監獄去;某家的孩子偷了人家的東西,法官判他的父母罰金,因為他們疏於管教,沒有控制好孩子的行為。如果某家的女

兒懷孕了，大家就責怪她的父母沒有把她盯緊。像這種新聞，每次都令我很生氣。有一對父母發現他們無法控制青春期女兒的行為，於是把她鎖在熱水器旁，結果他們被逮捕，罪名是虐待兒童。[61]

假如你從不曾做過父母，怪罪父母是最容易的事。有的時候，把孩子用鐵鏈鎖在熱水器上是唯一還沒試過的方法（其他的方式已經試過但都沒效）。孩子乖巧的父母永遠不知道監控一個不合作的孩子行蹤有多困難。一個不願受管教的青少年是不能被監控的，我丈夫和我早就發現了這件事。孩子總是有辦法比你還要機靈。假如你說不守家規就不許出去玩，他們就乾脆不回來住；假如你不給他零用錢，他就去偷，或騙同學的錢來花。青少年時期最需要父母的指引，[62]但是父母對於最需要管教的青少年，偏偏最是無能為力的。

所有正常的青少年都寧可跟他同學在一起而不願跟父母在一起，這是為什麼父母要實施宵禁（curfew）、規定什麼時間一定要回家的原因。但是宵禁就是告訴我們，青少年寧可在別的地方也不願在家，父母得忍受這個事實。假如父母不反對兒女與朋友在一起的話，他們就會跟這些朋友開玩笑、自我解嘲；但是假如父母不贊成兒女與這些朋友在一起時，這就不是笑話了。

有的時候青少年會加入少年犯罪團體，是因為在他的社區裡，那種態度和行為是正常的。但即使是在很好的中產階級社區——像我住的地方——也會有不良少年集團。有些孩子加入這些團體是因為他們被其他的團體拒絕，而有的則是自願加入。孩子會認同一個團體，是因為他覺得這個團體中的其他人「很像我」。父母認為這個團體對他們的孩子有壞的影響是對的，因為不管這個團體的共同點是什麼，這個共同點會隨著相互的影響而擴大，[63]並因團體對立

效應而更加顯著。但是這個影響是相互的。因為他的孩子一開始時
就與這個團體先有共同點，所以別人才會影響他。

　　那麼孩子加入不良少年幫派是否是父母的錯呢？社會化的研究
者認為，假如父母用的是「權威式」的管教方式，既不太嚴，也不
太鬆，言出必行的話，孩子長大就不太會去加入幫派、不會犯法。
不過這個說法所依據的證據相當可疑。

　　教養方式最早的研究者是發展心理學家黛安娜·包姆林。一開
始的時候她是研究學前兒童。她發現，父母管教恰當的孩子比較沒
有社會和行為的問題。[64]她的研究沒有包括遺傳上的控制，也無法
區辨是父母對子女的效應還是子女對父母的效應，而且這個結果是
男生、女生不一樣（見第二章），但是沒有人提出異議。包姆林的
研究在每一本兒童發展的教科書上都有。

　　後來，包姆林的門徒不再做學前兒童，他們集中注意到青少年
身上，最主要的原因是青少年可以回答很長的問卷，你可以問他們
父母是如何對待他們的──太嚴？太鬆？還是恰恰好？也可以問他
們打過多少次架？抽過多少次大麻？上次的代數考得怎樣？研究者
努力尋找著「他們怎麼說父母」以及「他們怎麼說自己」之間的相
關。

　　在這裡，仍然看不見遺傳的控制，也無法區辨子女對父母或是
父母對子女的效應，而且結果依不同的種族膚色而有不同。但是這
裡又多加了一個混淆來源──同一個青少年回答兩份問卷，他們回
答父母的行為，也回答自己的行為。我曾提過史特勞斯的研究也有
同樣的問題，同一個母親告訴研究者她有多常打她的小孩，然後她
告訴研究者，小孩的行為是乖還是不乖。

　　當你問同一個人兩種不同的問題時，你會在他們回答第一種問

題和第二種問題的答案中找到相關。這個相關來自統計學上所謂的「共同方法變異」（shared method variance）。[65]人都在他們的回答中有「反應偏差」（response bias）。例如一個快樂的人會說：「是的，我的父母對我很好。」「是的，我現在很好。」一個人若是很在意外界對他的看法，他也會選社會所接受的回答：「是的，我的父母對我很好。」「不，我從來不曾與人打過架或抽過大麻。」一個憤怒的人或沮喪的人會選沮喪的答案：「我的父母很差勁。」「我的代數考不及格。」「這關你什麼事，去你的問卷！」

　　青少年對研究者所說父母對他們的態度（太嚴、太鬆、正好）與父母自己說的管教方式相差很大。[66]最近有一個研究是從各種不同的管道去收集父母教養孩子的方式，而不是仰賴孩子自己說，結果發現「恰恰好」的教養方式並沒有比其他方式更好。即使研究者先把不符合包姆林所界定的三種教養方式的父母都剔除了（他們剔除了幾乎一半的家庭），結果還是不能支持包姆林的說法。[67]

　　但是我說得太多了，你對研究法的缺失沒有興趣，你只想知道為什麼我的女兒使我頭大，你想知道我所犯的錯誤，這樣你才不會重蹈我的覆轍！

　　我的孩子現在沒事了，就像所有使父母傷腦筋的青少年一樣。她年紀大了以後，冷靜下來了，事情看透徹了。她現在是很好的成人了。我曾問她，我們到底哪裡做得不對，她說她不知道。但是我注意到，她選擇讓她的女兒在非常相似的社區長大，這也是當她是青少年時，等不及要逃離的同樣住宅區。

　　我和我先生對待兩個孩子並不一樣，因為她們天生就不一樣。在研究教養方式的研究者所犯的錯誤中，最嚴重的一個就是假設父母的教養方式是父母的個性特徵。其實它是父母和子女關係的特

徵，雙方是互相影響的。

真相和後果

　　麥克拉娜漢和山德佛說：「父母要考慮分居以前，應該被告知分居對孩子的影響。」假如父母分居了，他們的孩子輟學了、生下孩子了，麥克拉娜漢和山德佛預備要把這個責任冠到父母頭上，責怪父母不應該分居。他們所犯的錯誤在心理學和社會學中常常看見。雖然從第一天上普通心理學開始，老師都會一再地告誡學生，不能把相關當做因果關係，但是這個錯誤還是到處可見、一犯再犯。

　　好的事情常會聚集在一起，壞的也是如此，這就是相關。教育心理學家霍華德・迦納（Howard Gardner）說，人有好幾種不同的智慧，有些人這個不好，但是那個好。不過大多數的人若是在智力測驗上分數低的話，在其他方面的測驗分數也高不到哪裡去。[68]當我們聽到一個智障的孩子在繪畫或計算方面很高明時，我們都很高興，它滿足我們對於「公平」的概念。但是大自然本來就是不公平的，這種個案非常少。更多時候是大自然沒有給他天分，同時還讓他身體殘缺。這是為什麼他們參加殘障奧林匹克而不是一般的奧林匹克競賽。

　　而好的事情常聚集在一起。有一種在智力測驗考得好的人，常常在其他的測驗上也考得很好。某個測驗的高分數，並不會使另一個測驗的分數也很高，但是它們之間有相關，沒有人知道為什麼它們有相關。

　　有一個統計心理學家說：「每一件事都和其他所有的事有相

關。」（Everything is related to everything else.）。他說了一個故事。有兩個研究者收集了明尼蘇達州五萬七千名學生的資料，他問孩子們休閒時做些什麼、他們的學業計畫、是否喜歡上學，以及家裡有多少兄弟姐妹等等；他也問他們父母的職業、教育程度、家庭對高等教育的看法等，一共十五個問題，一〇五個可能的相關。*這一〇五個相關全部都達到統計上的顯著，而且是小於 0.000001 的高顯著。[69]

　　每一件事都和其他所有的事有相關，但是這個相關不是隨機的。好的事情會跟好的事情集合在一起，壞的會跟壞的。吃健康食物的人也比較常運動、常做健康檢查、也活得長一點。成功的人都長得較高、IQ 也較高；假如他們結婚了，也比較不會離婚。老師和家長對過去功課好的學生有較高的期望，這些學生未來的表現也會比較好。在學校功課好的學生比較不會抽菸或犯法，被父母關愛的孩子脾氣比常挨揍的孩子好。

　　相關是沒有辦法告訴你因果關係的，心理學家麥可‧瑞斯尼克（Michael Resnick）在一九九七年九月的《美國醫學學會期刊》上發表了一篇文章，題目是「保護青少年使其不受傷害：全國性青少年健康長期追蹤研究的結果」（Protecting Adolescents from Harm: Findings from the National Longitudinal Study in Adolescent Health）。他們問青少年很多的問題，從他們的回答中得到很多的相關，但是報紙上登這則消息時用的標題是「研究發現親子聯結與青少年的健康有關聯」（Study Links Parental Bond to Teenage Well-Being.），然後說，研

---

*　15×15＝225，其中包括該項目與自己的相關，以及逆向順序的相關，即 A 和 B 的相關與 B 和 A 的相關相同，所以減去這些後剩下一〇五個相關。

究者發現父母和家庭的親密關係，可以保護青少年不會染上幾乎所有會危害健康的惡習；也就是說，有比較緊密的「父母家庭網絡」（parent-family connectedness）的青少年比較不會去抽菸、吸毒，或從事性行為。[70]

　　但是這些研究者真正說的卻是，這些年輕人自己說他們與父母相處得很好，他們說他們的父母很愛他們，對他們有很高的期望，他們比較少說他們有抽菸或有性關係。研究者的結論是完全基於青少年對這些問題的回答，這種錯誤跟上次《美國醫學學會期刊》所登的教養方式的文章一模一樣。按理來說，假如測驗新藥效的醫生，同時也知道哪一個病人服的是新藥、哪一個病人服的是糖片的話，這樣的文章是不可能會登上《美國醫學學會期刊》的，因為這種實驗一定要用「雙盲法」（double blindness）來做才行，換言之，給藥的人和判斷藥效的人都不知道誰吃的是什麼才行。然而，這個期刊卻登了這種文章，青少年自己的回答是唯一的訊息來源。

　　教養假設十分強而有力，它可以打開所有的門，暢行無阻。根據《時代雜誌》的報導，《美國醫學學會期刊》上的這個研究花了聯邦政府兩千五百萬美元。在《時代雜誌》上報告這個消息的撰文者自己也有正值青少年期的孩子，她對這個結論表示相當懷疑：

　　　　這項研究計畫得到十八個政府機關的支持，說不定也得到了它想要的注意，使得無數的父母放下心來——即便他家裡的小瑪莉做什麼事都先打電話給她的好友茉莉，而把她的媽媽當做家裡的盆景一樣，不理不睬。「父母的權威和重要性會一直持續到青春期的晚期。」明尼蘇達的教授參可·瑞斯尼克說。這真是令父母放心：雖然妳的孩子看起來不太

搭理妳，但是她還是在享用妳以前（在她穿耳洞以前）跟她
所建立起來的親子關係，而這個親子關係是她一生最重要的
事。[71]

　　或許她是這樣。雖然我批評他的研究法，但是我也相信有些孩
子在青少年期也會跟父母處得很好，而這些小孩也不會去做愚蠢的
事情（如吸毒，或從事性行為）。或許這十八個政府機關被誤導，
認為這兩千五百萬美金花得很值得，因為研究者用正面的詞句來描
述他們的發現：好的親子關係有保護效用。用不同的方式來表達，
雖然也一樣正確，但是聽起來就不會如此吸引人：跟父母處不好的
青少年比較可能吸毒和懷孕。如果寫成「吸毒者以及有性行為的青
少年跟父母處得不好」，就更沒有人會去看一眼了。

　　在這裡，我們看到的是一個沒有因果方向的相關，因為研究者
根本沒有去測量那個原因。而其中所欠缺的一環，則是受試者的
人格特質。有某些人格特質的人，比較會去做冒險的事，而這個人
也比較會有不好的人際關係──不只是跟他父母，跟所有人都是如
此。

　　在紐西蘭，有一個研究填補了這個缺點。這篇文章在《美國醫
學學會期刊》的那篇文章出現後兩個月，刊登在心理學期刊上，但
《時代雜誌》完全沒有理睬它。

　　紐西蘭的奧沙隆‧卡斯匹（Avshalom Caspi）為一千名孩子做人
格測驗，發現有一些人格特質可以成為預測冒險行為的好方式。
十八歲的年輕人假如很衝動、很容易生氣、不怕危險，而且喜歡刺
激的話，他很可能會喝太多酒、開快車、從事沒有防護措施的性行
為，而且也很難建立親密的私人關係，或維持這種關係。

誠如研究者所指出的，這些不利的人格特質就跟那些好的人格
特質一樣，是可以遺傳的。基因可以解釋百分之五十的個別差異，
[72]而這些特質很早就出現了。研究者在三歲孩子身上就可看到這些
特質。是的，這些研究者從三歲開始觀察這些受試者的行為。一個
三歲的孩子如果比較衝動、很容易生氣、比較難專心做一件事的
話，他以後一直都會是這樣，而且長大後比較會去做「危害健康」
的行為。[73]

　　我承認這個結果聽起來沒有《美國醫學學會期刊》的結論那麼
吸引人注意，但是要找出一個問題的解決方法，我們就必須要知道
真正的原因才能對症下藥。天生，並不表示是命中註定的。雖然遺
傳在人的性格上扮演一角，但這並不代表我們不能改變它，只是我
們必須要能找出如何改變的方法而已。假如我們以前沒有這麼做，
或許是教養的假設矇蔽了我們的眼睛，使我們不知道要這樣去做。

大眾心理學何以怪罪父母

　　在我住家社區的圖書館書架上，有很多本書是由約翰·柏萊蕭
（撰寫「機能障礙的家庭」）和蘇珊·佛渥德（撰寫「惡毒的父
母」）等名人所寫的。[74]當我需要比較學術性的書，像麥克拉娜漢
和山德佛所寫的《單親的孩子》時，我必須去填館際借書單，由圖
書館員幫我向大學圖書館借。我想我花了很多時間來批評麥克拉娜
漢和山德佛的研究，但是我並沒有公開譴責柏萊蕭和佛渥德，有點
不公平，然而我並不打算花同樣的篇幅來做這件事，因為說實話，
我無法忍受他們（我的胃不夠強壯，消受不了）。但是我應該要說
明一下，這些充斥在圖書館書架的書裡面，為什麼像佛渥德和柏萊

蕭這樣的臨床心理師這麼確定他們病人的問題是由病人的父母所造成，以及為什麼我認為他們錯了。

我前面曾說過很多次，行為遺傳學家發現同一個家庭中長大的親兄弟姐妹並不會很相似，這對柏萊蕭和佛渥德來說是沒有問題的，因為他們並不期待孩子會都很相像。但他們期待機能障礙的父母會把他們的毒素灌輸到每一個小孩身上，因為每一個小孩所扮演的角色不同，或是生在不同的時間，或像不同的祖父母。柏萊蕭和佛渥德不會因為沒有遺傳的資料而睡不著、覺得不安心。事實上，他們不會因為任何資料不齊全而睡不著，因為他們的理論彈性大到無所不包、無所不能。一個不是根據科學方法和數據所建立的理論，很難運用科學的辯論去推翻它。

我所能夠做的，是告訴你為什麼他們會得到這樣的結論，以及如何從另外一個角度來看同樣的事情。我不懷疑他們的觀察，我不贊成的是他們的解釋方式。

通常一個病人來到心理分析師的辦公室，抱怨她（女性比較多）很不快樂，她跟他談過一陣子之後，他決定病人的不快樂是父母的錯，因為他們在她小的時候輕視她，不重視她、管束她、沒有給她足夠的自主權或是使她覺得有罪惡感，或對她性侵犯。治療師會說服他的病人，不管她有什麼不對勁，都是她父母的錯。過一陣子後，她就會說：「非常謝謝你，醫生，我現在覺得好過多了。」

我有興趣的不是為什麼病人會覺得好一點（假如她真的覺得好一點的話），我把這個問題留給別的作家去寫。[75]我有興趣的是，憑什麼治療師這麼確定這就是父母的錯？他究竟看到了什麼，使他這麼確定？

他看到機能障礙的病人有機能障礙的父母，他看到父母對待孩

子不一樣，把孩子放在不同的家庭角色中。這些負擔太重的孩子、家族代罪羔羊的孩子，或是家族的寶貝、父母不肯放手的孩子，最後統統都來到他的辦公室求診。他看到不快樂的人都有不快樂的童年。

當然，他不是直接看到的，他是透過他的病人看到的。他所知道的事情是他的病人告訴他的，當然，有的時候他也找病人的父母來面談，但是這些父母幾乎比病人描述的還更糟。他同時也看到病人在他父母面前的樣子，病人好像回歸到小女孩的時期，於是治療師下結論說，這個病人的問題，都是出在當她長大的時候父母沒有善待她。

他沒有看到什麼其他的可能解釋？他犯了什麼錯誤？我可以想到有九個。

第一是，機能障礙的父母把他們機能障礙的人格特質傳給他們的小孩了。心理分析師不喜歡這個看法，或許他們認為這就表示病人的問題無法解決了。其實並非如此，許多生理上的毛病都可以治療，反而是環境上的原因無法治療。但是假如命運寫在我們的基因上怎麼辦呢？假如是真的，否認它並沒有什麼好處，更何況這不是真的。

第二是，病人被放在某一個家庭的角色中，因為這個角色適合她，這是「角色指定」（typecasting），病人可能是對她已有的角色特質有所反應，而不是使她去擁有這些特質。

第三是其他的人，家庭以外的人對她也是有同樣的反應。假如她的人格特質使她成為家庭的代罪羔羊，或許她在學校的操場上也是代罪羔羊，或許她在學校操場上的經驗，正是她現在問題的原因。

第四，或許她的父母的確有問題，而這個問題的確影響了她的一生，但是這個影響可能是她在家庭以外的社交環境。假如她的父親是個酗酒的人，或許他沒有工作，使他們生活窮困；假如她的父母離婚了，或許她被搬來搬去，過於頻繁地變換住址和學校。

第五，跟她在她父母面前的表現有關係。人，不管年紀有多大，在父母面前的表現總是不一樣。心理學家最容易犯的錯誤，就是假設人們在父母面前的行為，比在其他情境下更有意義、更重要，或更有長久性。這完全是不對的，在這本書中，我讓你看到了證據。人們在父母面前的行為是更不重要、更沒有長久性。小孩會把外面世界的行為帶回家來，但是他們不會把家裡的行為帶到外面去，當他們的父母在場時，我們所看到的是他們在家裡的行為、在家的人格，這的確可以反映出他在家中的情形，但是並沒有治療師想像的那麼重要。

第六，跟父母在治療師辦公室的表現有關係。在你判斷一個人之前，我想請你先穿上他的鞋子走上幾圈再說，也就是說，應該設身處地替別人想一下再判斷他。進到治療師辦公室的父母，就好像等待陪審團審判的被告一樣，只是沒有陪審員也沒有辯護律師，唯一有的是檢察官，而他是站在病人那一邊的。這個父母的罪名是因為他們生了機能障礙的孩子，他們在走進這扇門以前就知道別人已經定了他們的罪，你會期待他們如何表現？

第七，是要問一個問題：誰是指控父母的證人？答案是：他們機能障礙的孩子。她會出現在治療師的辦公室表示她很不快樂，就如你所期待的，她記得她的童年也是不快樂的。但是她不快樂的童年，並不見得是現在使她不快樂的原因，也可能是正好相反，她現在的不快樂使她把童年回憶成不快樂。記憶並不是一個很正確的東

西，它是一個重新建構的歷程，依照我們當時做回憶時的心情，我們可以從儲藏室中取出快樂的回憶或悲傷的回憶，來配合我們當時的情緒。憂鬱沮喪的人常回憶說他們的父母對他們不好，但是等到他們從憂鬱的深淵爬上來時，他們對父母的印象也改進了。同卵雙胞胎的童年回憶是出乎意料地相似，即使那些在不同家庭長大的雙胞胎，他們也會有相似的記憶，這主要是他們成年後是同樣快樂或同樣不快樂的人。是的，基因也可以影響快樂的。[76]

　　第八，使我們快樂或憂愁的事情，不一定有這個能力來改變我們的性格或使我們心理不健全。私人關係對我們來說是意義重大的。父母無疑地是我們生命中重要的人物，我們對自己的看法也有很多是來自父母對我們的看法，但是這不表示我們就是他們掌握中的一團泥，隨他們塑造。當病人想到她的父母時情緒很強烈，這並不代表父母就是使她不快樂的人，要負她心理不正常的責任。假如你三天不給她東西吃，她也會對漢堡反應強烈，但是你不能說她很餓是漢堡的錯。

　　這就使我們到了第九個，也是最後一個治療師所忽略的可能性：教養的假設廣大及無孔不入的影響力，使得治療師和病人都成為這個認為「父母有能力使孩子變成快樂成功的人，或把他的生活弄得一團糟」的文化下的一員。這個看法使得他們相信任何錯誤都是父母的責任。

　　我們的文化認為孩子生來是純潔無辜的，像一張白紙般，可以讓父母在上面自由設計寫作。這個迷思並沒有什麼害處，但是這個迷思的另一面──假如孩子沒有變成父母所期望的，那一定是父母的錯──這個迷思就有害了，我們免除了孩子的罪，卻把這個負擔加到父母身上。

　　臨床心理學家非常相信孩子會被父母教養上的錯誤所毀，《美國醫學學會期刊》的社論也一樣肯定，麥克厄尼太太在懷孕時閱讀的懸疑小說，就是使得她兒子成為謀殺犯的原因。

第十四章

父母能做些什麼？
What Parents Can Do

The Nurture Assumption

在我對於專家所給的忠告提出這麼多的批評之後，要動手寫這一章的確需要一些勇氣。但是讓讀者認為父母親不重要、好像壁紙一樣，這也是不對的，所以讓我以一個真實的故事來為這一章做個開始。

下面這個故事是明尼蘇達大學雙生子研究群的大衛‧賴肯博士告訴我的。有兩個同卵雙生子在嬰兒期就被分開收養，在不同的環境中長大，一個變成鋼琴演奏家，琴藝好到曾與明尼蘇達交響樂團一起演出，由她獨奏鋼琴。另一個則是連樂譜都不會看。

因為這兩個人有著相同的基因，所以這其中的差別一定是由於環境的關係。果然，有一個養母是鋼琴老師，她在家中教授鋼琴，而另一個養父母則是什麼樂器都不會。但是，不會音樂的父母造就出了鋼琴家，而音樂老師的小孩一個琴鍵都不會彈。[1]

孩子在家中學到什麼？

賴肯是以臨床心理學家起家的，他非常相信父母可以塑造孩子的生命，他對上面故事的解釋如下：

> 身為鋼琴老師的養母確實教了，但是沒有堅持孩子學下去；而另一個不會音樂的養母決定她的女兒要學鋼琴，並且要她好好地學，她以堅定持續的雙手塑造出女兒的童年環境。[2]

不會音樂的媽媽堅持她的女兒去上鋼琴課並且練琴。當然，孩子一定要有一些天生的音樂天分才行，並不是每一個有決心的母親

都能培養出音樂家的。但是假如沒有這個媽媽的決心，這個孩子的天才會被浪費掉，就如同另外一個雙生子一樣。

我再給你另外一個例子。我的大女兒雖然還不夠資格去明尼蘇達交響樂團演奏，但她是高中合唱團的伴奏，也公開表演過很多次。我讓她上鋼琴課，但是從來沒有堅持她一定要上，我也沒有督促她練琴，完全是她自動自發去練習。我女兒很確定地說，假如我逼她練琴，她就會放棄，不彈了。我問她，是什麼動機使她繼續彈下去。她說：「我很喜歡彈琴，我想彈得更好，而我愈練習就彈得愈好。」音樂技術的精進是她自己辛苦所得的獎賞。

雖然我沒有強迫我女兒去上鋼琴課或逼她練琴，我卻提供她一個有點音樂氣息的環境。在她童年時，我是合唱團的一員，有的時候會在我家裡彩排。如今我的女兒彈鋼琴主要在於消遣。在她工作之餘，她還會研究聲樂，並參加合唱團。

是的，在很多方面父母是有影響力的。很多時候，愛好音樂的父母會有愛好音樂的孩子；醫生的孩子也往往是醫生。要說父母不能影響孩子對事業的選擇或做什麼課外活動，這是很笨的事。我不否認父母會影響孩子，但這不表示我認為它很重要。[3]

父母影響孩子在家的行為，他們也提供知識和訓練，使孩子可以帶出家門以外並且對孩子相當管用。在家就學會說英語的孩子，跟朋友玩時就不必再學，當然這是假設她的朋友說英語；而其他的行為、技術和知識也是一樣。孩子把在家中所學的東西帶到同儕團體去，假如這些東西跟其他孩子在家中學的一樣，孩子就會留住它。

孩子也會在家中學一些東西，但他們不會把這些東西帶到他們的同儕團體裡去。有的時候即使他們與同儕所學的不一樣，他們也

會加以保留。有些東西就是不會在同儕的情境中出現；宗教就是一個例子。除非他們上教會學校，不然孩子不會跟朋友一起做禮拜。他們會跟父母一起上教堂，但是不會跟朋友上教堂。這是為什麼父母仍然保有一些權力，能夠提供孩子宗教信仰的原因。在文化當中，凡是在家中做的事情父母都很有影響力，烹飪就是一個例子。任何在家中學的事情，都會留在家中，例如，如何持家。[4]小孩子在幼稚園所玩的扮家家酒，就是給他們一個概念，讓他們知道在他們這個社區中，家是如何安排的，當然其中有許多細節是省略掉了。

此外，一些在家中所學的東西即使帶到同儕團體去之後，發現與別人的不一樣時，這些東西也會被留下來。因為團體對於附和的需求是有限度的；有些行為是義務，一定要依從，但有些則是可以自由選擇的。例如，語言就是一個一定要順從團體的東西，在任何一個團體中皆是如此。如果一個孩子在加入團體時說不同的語言、有不同口音，他一定要改變。別人期待他改變，而他也確實有所改變，這一點在男孩子童年中是一個必要的行為，也是男子氣概的表現。男孩子必須很強悍、不情緒化、關心自己在團體中的地位。而女孩子的團體就比較沒有那麼嚴格，可以與「女性化」的行為有些差距。對於團規的執行有多嚴格則依性別而定，男性的團體意識通常比較強（見第十章）。

義務的界定也依時代的不同而有所不同。在戰爭時期，愛國心是團體分子的義務，一定要有；但是在承平時期就比較無所謂、具有選擇性。因為大人文化的改變，也可能使得男孩子的團體比較能接受較大限度的團員行為。不過，截至目前為止，發展心理學家還沒有看到這種改變。[5]

假如在家學的知識、技術，或意見被同儕團體認為是可選擇、不必一定要依從的話，小孩子可以保留它。許多孩子的同儕團體允許他的團員有才能上的差別、嗜好與興趣、政治上的偏好，以及對未來事業有選擇上的自由。[6]一個會彈鋼琴的孩子不會被認為是一根凸出的釘子，必須要鎚平下去。

孩子在家中學習彈鋼琴，他們學習成為一個醫生，學習為什麼做為民主黨員比較好，或者如何去做墨西哥菜等等。他們在家中沒有學到的，是如何在公眾場合行為得體，以及他們是個什麼樣的人——這些是他們在同儕團體中學的。

家庭可以是一個團體嗎？

在第七章結尾時，我曾經談到為什麼在功能上家庭通常不是一個團體。我曾說過，在今天北美、歐洲的家庭中，「家庭」並不是一個顯著的社會類別，因為除了它之外，並沒有其他競爭的團體會帶出家庭的團體意識，所以它變成了許多個體，每一個人都有他自己的議程，有他自己的領域需要保護。自我分類通常是在「我」的這一端，「我們」則很少在家中出現。

這在亞洲的文化中很可能是不一樣的。亞洲的家庭比較少強調個人的成就和個人的自主權，因此，個人是認同家庭的。以中國而言，在民國以前，個人犯的罪就是全家所犯的罪，家中的兄弟姐妹及子女都被牽連（所謂株連九族），[7]全家都要分擔責任。或許，亞裔的孩子即使在家中，也會把自己分類成「姓曾的人」或「中村家族」；或許，亞洲的家庭可以同化，也可以分化。

在某些適當的情況下，這也會發生在西方的家庭中。當美國家

庭去到一個陌生的地方（孩子不必擔心被她同學看到的地方）旅行時，家庭成員會團結，變成一個團體，但是一旦回到車上，這個團體意識就立刻消失了，他們又變回一群個體，每個人有自己的議程，有自己的領域要保衛。媽，他又把腳伸到我這邊來了！

當團體意識很薄弱或甚至不存在時，分化就勝過同化。家庭中的每個人都會去找尋自己專屬的領域，創造自己特殊的天空，這個方式擴展了家族的技能，也減少了兄弟姐妹間的直接競爭。但是從孩子的觀點來看，父母也可以占據家庭的資源、領域，把那些空間填滿，[8]或許這是為什麼鋼琴老師的那個雙胞胎養女沒有去學鋼琴——因為她的家庭中已經有一個鋼琴家了。假如她也學鋼琴的話，她就必須要和她的母親競爭；很可惜，她的父母沒有鼓勵她去學大喇叭。我的女兒在家中並沒有競爭者——因為她的父母都不會彈鋼琴，她的妹妹還太小。

家庭中專長領域的選擇，對耕耘不同的才能和興趣有長遠的影響。彈鋼琴的雙胞胎發現她有了一生的事業，如果她的姐妹發現自己錯過了機會，現在趕快請老師教鋼琴的話，充其量也不過是一個彈得不錯的業餘鋼琴家罷了，因為起步太晚。童年時期在家中所做的事業、政治或宗教的選擇，是會影響一生的。這些可能會被帶到同儕團體去，但是不會被同儕所改變，因為小孩子是不會去注意或在意這些的。

不過，在人格和社會行為上就不同了。根據現有的證據顯示，家庭內的領域競爭或角色指定，並不會在人格上留下永久的痕跡。一種角色指定的方式是出生別；老大常被認為比較負責任、敏感，但是底下的弟妹卻認為老大太跋扈。不過在為大人所做的人格測驗中，卻找不到出生別的效應。[9]研究者也沒有發現獨生子和有兄

弟姐妹的人，在人格上有什麼不同（見第三章、第四章，及附錄一）。

父母可以做領袖嗎？

領袖可以影響一個團體的行為常模。我在第十一章中曾經提過，領袖可以界定這個團體的刻板印象以及這個團體的界限；誰是我們，誰又屬於他們。那麼，父母可以成為這樣的領袖嗎？父母可以把家庭形成一個很團結的團體，描繪出它的目標嗎？

可以，但是這種情況在西方社會中很少發生，因為西方家庭都很小，人數不多，無法達到基本人數的要求。它的另一個條件是要有強有力、有決心的父母。

一個這種例子就是甘迺迪家族（the Kennedys）。但是我想告訴你的是另一個你可能從來沒有聽說過的例子。這個家族住在紐澤西州的長枝（Long Branch），父親叫做唐納・桑頓（Donald Thornton），他在過世以前是個勞工，母親名叫泰絲（Tass），在她結婚以前是旅館的女傭，現在也逝世了。兩人都來自貧窮的黑人家庭。唐納十四歲時便輟學了，泰絲曾經短暫地讀過南方的一所教育學院。

唐納和泰絲有五個女兒，年齡都很相近，後來他們又收養一個年紀與他們女兒相近的女孩。根據排行第三的女兒伊芳（Yvonne）的自述：

> 從小，我們就跟鄰居的孩子沒有什麼差別。一般人對住在紐澤西州長枝地區的孩子的期望就是高中畢業，去工廠做

女工或做祕書、打字員。也就是說，假如我們很幸運沒有懷
孕或中途輟學或變成單親母親、靠救濟金過活、每隔一年養
一個私生子的話，我們的生活應該是如此。

　　但是唐納的想法不一樣，他老早就決定他的女兒一定要成為有
成就的女人，而且他用自己的一生來達到這個目的。伊芳在她的
《挖壕溝工人的女兒》（*The Ditchdigger's Daughters*）一書中說：

　　　　父親在芒茅斯堡（Fort Monmouth）軍營挖壕溝，當母親
　　生下第四和第五個女兒時，那些挖壕溝的伙伴開父親的玩
　　笑，笑他生不出男孩，一家都是女兒。「你們等著瞧，」
　　父親說，「當我的女兒長大當了醫生時，你們就笑不出來
　　了。」

　　許多父母都曾說過同樣的大話，但是很少人會像唐納一樣有這
種一心一意往前走、不怕吃苦、不屈不撓的性格。他讓他的女兒形
成一個團體，他給她們一個自我形象：「妳們比社區中所有的孩子
都強，妳可能無法變得更聰明，但是妳可以更用功。」他給她們一
個目標：妳們將來要成為醫生。然後他界定這個團體的邊界：

　　　　「我不要任何人沖淡減弱這個訊息。」他告訴媽咪說。
　　因為母親覺得我們是小孩子，會想去外面玩球或是溜冰，但
　　是父親不肯。「她們有五個人，」父親爭辯說，「她們可以
　　跟自己人玩，為什麼要到外面去玩？……假如團結在一起的
　　話，這個家庭沒有什麼事是辦不到的！」[10]

　　就像第十一章中的傑米‧艾斯克蘭特這位老師一樣，唐納‧桑頓也使他的孩子覺得她們是勇敢的戰士，正在執行某項祕密的不可能任務。[11]她的女兒不但聰明、勤勉，而且有音樂天才，像她們的母親一樣。當她們不讀書時，她們就練習樂器，她們沒有時間交朋友，也沒有時間做壞事。桑頓姐妹變成一個成功的樂隊，在阿波羅戲院演奏過，也去過東岸的各個大學校園裡演奏，這個樂隊賺了足夠的錢來支付她們的學費。

　　唐納沒有使所有的女兒都成為醫生，但是那些挖壕溝的伙伴們很早就不敢再笑他了。他有兩個女兒成為醫生：一位是醫學博士、一位是口腔外科醫生，另外一個是名律師，另一個是法庭的速記員，寄養的女兒則是護士。就像伊芳說的，她們家姐妹是「有成就、獨立的女人，可以照料自己事情的女人」。[12]

　　這種事不常發生，但是有的時候家庭可以是一個團體，有的時候父母可以是領袖。

　　有的時候父母也會使孩子誤入歧途。我認得一個紐澤西州的家庭，父母也不要孩子跟鄰居的孩子玩，而要他們做功課和練習。這對父母的家境很好，都受過高等教育，他們有三個小孩：兩個男孩，一個女孩。或許就因為這一點而造成了不同的結果——也許，我們需要一個最小的、同性別的基本人數，來形成團體意識。這個家庭住在別人不容易來的地方，孩子們雖然去上學，但是父母不喜歡他們交朋友。這個女孩非常不快樂，所以她要求去上寄宿學校——這是我所聽到唯一的例子，因為大部分的情況都是父母要送孩子去，但孩子不肯去（她後來去上寄宿學校了）。排行居中的孩子則非常聰明，從最好的大學畢了業，但是他在社交上非常笨拙，

最後還誤觸法網，前途不順。至於最小的孩子大學沒有唸完，在替
剪樹公司做事。

　　另一種父母做領袖的，是父母花一生的力量栽培孩子成名。高
爾夫球員老虎伍茲（Tiger Woods）和電影明星布魯克雪德絲（Brooke
Shields）的媽媽就是兩個例子。你也可以在許多傑出的體操明星、
溜冰冠軍和西洋棋手背後找到這種父母。媒體把他們孩子的成功歸
功於父母，但是更多的時候，他們會因為孩子有很多奇怪的行徑而
怪罪父母。就某個程度來講，外人給父母的獎勵和指責是中肯的。
這些父母必須要有適當的材料才可以開始加工，你不能隨便找一個
孩子來就使他成為電影明星。那麼他們去哪裡找呢？他們自己生。
他們生的孩子有一半自己的基因，老虎伍茲跟他父親一樣有著專注
的毅力，就像我形容唐納‧桑頓的一樣，他們都可以集中注意力在
目標上，心無旁騖地一直到把它完成為止。在人格特質上扮演一角
的遺傳性，在此也一定有不輕的角色在扮演著。

　　神童及天才的確是很有趣的個案，許多孩子天生就自己有動
機，假如他們不是天生就如此，我想父母很難提供成功的動機。事
實上，很多時候孩子是主要的驅動者，父母只是順水推舟，助成而
已。在學術上有天分的孩子從父母那兒得到很多東西，書、電腦、
參觀博物館等等，但是他們會比別的孩子多得到的原因，是因為他
們要求要這些。所以在後面推動的不是父母，而是孩子自己。[13]

　　把孩子培養成神童，最大的危險是他沒有同儕團體，他會失去
跟其他同年齡孩子遊玩所培養出來的正常關係。沒有正常同儕團體
的孩子很容易變得怪異，雖然各種資優的孩子後來都很不錯，但是
那些真正的天才、那些超越 IQ 分佈曲線之外的神童，很多都有心
理問題，[14]而父母其實幫不上什麼忙。由於他們在智力上超越同年

齡的孩子非常多，因此他跟他們沒有什麼共同的話題可以談，有些孩子除了練習高爾夫球、體操，或下棋之外，什麼都沒有興趣。但是假如父母知道同儕的重要性，他們會努力想辦法讓他們的孩子有一些朋友。

父母選擇孩子同儕的權力

這是所有父母都有的權力，這是他們可以控制孩子未來走向的方法之一。至少在童年期，他們可以決定孩子要跟誰玩。[15]當約瑟夫的父母把他從波蘭的學校移到密蘇里去時，他們不只改變了他的童年，他們還把他人生的路改變了。約瑟夫現在是美國人了，有著所有美國人的缺點和優點，他已經不再是波蘭人，即使在夢裡他都不是。雖然他的父母沒有教他成為美國人，但他還是應該感謝或責怪他的父母，因為是他們把他帶到美國來，給了他美國的朋友。

而事實上，你並不需要這麼戲劇化就可以影響你孩子的生活，你只要搬到一個不同的住宅區，或選擇一個不同的學校，你就可以改變孩子一生要走的路。聽起來很嚇人，不是嗎？尤其是你不知道你的決定會帶來什麼樣的後果時。整體而言，孩子在聰明孩子多的班上學到的東西會比較多，在犯罪率低的社區中也比較不會惹事生非；但是一個智力在中等以下的孩子如果所讀學校的同學都是中上智力程度的話，比較會被同儕排斥。一個來自貧窮家庭的孩子，處在一個大家都很有錢的地方會覺得不自在。[16]

被同儕拒絕並不是世界的末日，只是在當時，它傷害很深，會留下永久的疤痕，但是被同儕拒絕並不會使孩子沒有得到社會化（雖然這個團體拒絕你，但你還是可以認同它）。我注意到許多有

趣的人在童年期都經歷過拒絕，或被搬來搬去。我小的時候常搬家，也有過四年被拒絕的經歷，無疑地，假如這些事情沒有發生，我一定是一個截然不同的人。我可能會成為一個比較會交際但也比較膚淺的人，不過絕對不會是一個作家，因為要成為一個作家的先決條件，是要願意花很多時間獨處。著名的生物學家威爾森（E. O. Wilson）回憶他的童年說：

> 我是個獨生子，我的家庭在阿拉巴馬州南部和佛羅里達州的北部地帶遷移很多次，我在十一年內讀了十四所學校。我想這是為什麼我長大之後變成一個孤僻的人，覺得大自然是我最可靠的朋友的原因。一開始時，大自然帶給我探險的樂趣，後來，它變成一個深沉情感和愉悅的泉源。[17]

　　假如是我的話，我寧可讓孩子被同學排斥，也要送他去上最好的學校——一個擁有聰明用功的學生，一個沒有人會因為你愛讀書或拿 A 而取笑你的學校。這種學校的確存在，在紐約的布魯克林區一所學校名叫密伍中學（Midwood High），這個學校有四千名學生，一半是由社區而來，另一半是憑考試成績和初中成績的優劣競爭進來的，這個學校是「有吸引力的學校」（magnet school），學生必須經過劇烈競爭才能進來，根據《紐約時報》的報導：

> 一旦進入學校後，這兩千名經過劇烈競爭而進來的學生，就和從附近社區來的兩千名學生混合在一起，一同上許多課（譯註：美國高中生可以選課，所以跟大學生一樣常換教室，沒有固定的班級教室）。這個「高期望」是會傳染的，密伍中

學的校長利維斯‧佛柔利盧（Lewis Frohlich）這麼說。百分之
七十以上的學生得到學校所頒發的學位證書，而其他紐約市
學校只有百分之二十五。密伍中學輟學率百分之二都不到，
百分之九十九的畢業生都繼續上大學。[18]

　　這位校長是對的，態度是可以傳染的。假如一個團體中有足夠
的人已被傳染，而這個團體可以不再分裂成小團體的話，那麼幾
乎全部的人都會有同樣的態度。這些經過競爭而進來的學生不是唯
一的好學生，而是幾乎所有的學生都是好學生。《紐約時報》的
記者訪問了一些「西屋科學獎」（Westinghouse Science Talent Search）
複賽的入選者，[19]問他們同學有沒有捉弄他們，因為他們是「科學
狂」，這個問題讓學生嚇了一跳。在密伍中學，科學是交朋友的一
個好方法，有野心一點都不羞恥，這所學校許多學生是移民之子。
他們把父母對教育重要性的觀念帶到同儕團體來，而且這些觀念都
被保留住了，或許是因為大多數的同儕父母都有這個觀念。密伍中
學的學生沒有分裂成兩個對立的團體──喜歡上學或討厭上學。像
這樣的學校應該仔細地加以研究，看看為什麼它會成功。我無法給
你答案。

　　態度的傳染性也有不好的一面：壞的態度也跟好的一樣會傳
染。許多父母擔心他們的孩子交到壞朋友，擔心壞朋友會有很大的
影響力。父母常常是對的。雖然他們的小孩去影響別人和他被別人
影響的機率是相等的，但無論如何，交到不良少年朋友的孩子，犯
罪的機率也會增高，因此，你的孩子沒有這些朋友的話，也許會好
一些。

　　不幸的是，你對他交朋友的影響力，會隨著他的成長而愈來愈

小。小的時候，父母幾乎有全部的控制權，當他放學以後可以跟誰玩，憑的完全是父母的一句話。但是一旦他長到十歲，情形就改變了。假如你禁止大孩子去找他的朋友玩，假如他偏偏喜歡跟你最討厭的人玩，那麼他就會背著你跟他們玩，這個謊言很快就會變成一種習慣。

所以你可以做的事情非常有限。我不建議你把他鎖在暖氣爐上，雖然我可以了解為什麼你會想這麼做。你可以替他轉學或搬家換一個學區、換一所學校，但這兩個方式也都不是好的解決方法。假如她是被你不喜歡的那種人吸引，那麼換學校可能沒有什麼用，他一樣可以在新學校裡交壞朋友。

不過有的時候，換了學校會有奇蹟出現。有一次我在做義工時，跟一位名叫瑪莉安的女士有過一段有趣的對話。瑪莉安住在猶他州，有十一個孩子，分別從十幾歲到三十幾歲不等。當她聽說我是兒童發展教科書的編者時，她告訴我倒數第二個孩子的故事。她的孩子書都讀得很好，不需要她操心，只有這個孩子交了一些壞朋友，開始想要輟學。「我立刻把他從學校裡拉出來，速度快到他的頭都還在打轉。」她把他送到她大女兒那裡去住，那是猶他州很偏僻的一個小鎮。這個孩子現在高中畢業了，正計畫上大學。

假如你的孩子整天被人捉弄的話，那麼在這種情況下，你也許可以考慮搬家。假如我的孩子置身在當地的最低等級地位，而所有高層的人都欺負他時，我會讓他搬離那兒，從新開始。有的時候，孩子被人欺負是因為他好欺負的名聲已經傳了出去，而想要改變同儕團體的這個觀念，是十分困難的。通常搬家對孩子不利，是因為他會因此失去朋友、失去同儕團體中的地位；但是假如他沒有朋友、沒有地位會失去的話，搬家對他而言，不僅不會有什麼損失，

反而可以拯救他離開痛苦的地方。

最後一個選擇是在家自己教學（homeschooling）。如果你有好幾個孩子年齡都很相近，或是你鄰居或朋友的孩子可以跟他們一起玩，這種做法會比較有用。現在在家自學的孩子通常會參加社區學校的體育或社團活動，所以他們有機會認識其他孩子，並參與更多類型的活動，這是他們的父母所不能給予的。只要這個孩子不會完全與同儕隔離，在家自學是沒有問題的。[20]

自尊和地位

根據專家指出，自尊是一個人可以給他孩子最寶貴的東西。父母扮演著塑造孩子對自己意識感覺的最重要角色。《紐約時報》科學版的記者珍・布羅蒂（Jane Brody）寫道：「假如父母塑造得好，孩子長大後會有充分的自尊；不然的話，孩子手上拿的則是通往失敗的單程票。」利安納・克拉克（Liana Clark）醫生在《美國醫學學會期刊》的文章中曾說過：「缺乏自尊是這麼多的年輕人倒在路旁的原因。女孩子與人發生性關係成了未婚媽媽、男孩子嗑藥玩槍，這些悲劇之所以會發生，就是因為他們不相信自己的能力。」[21]

不過，這些作者可能倒因為果。成功的人常有較高的自尊，並不表示較高的自尊可以帶來成功，證據顯示這個因果關係正好相反。在最近的一篇文獻回顧中，作者得到一個結論：激發孩子自尊並不會增進孩子課業方面的表現，也沒有足夠的證據顯示，擁有較高的自尊可以避免青少年酗酒、吸毒，或早期性行為。這種自我感覺良好的主張，甚至可能會有負面的效果：「濫用讚美反而容易導致自戀。」[22]

　　自我感覺良好，有的時候甚至是很危險的。自尊高的人常誤以
為自己刀槍不入、不會受到傷害。曾有一個理論主張，暴力是由
自尊低所引起的，不過這篇文獻回顧的作者所得的結論正好相反：
「當自我形象受到威脅時——也就是說，最自以為傲的地方被別人
挑戰、質疑時——訴諸暴力是最常見的事。」作者指出，暴力是危
險的事情，因此只有那些對自己的力道、聰明，和運氣很有信心的
人，才會喜歡訴諸暴力。也有研究指出，自尊高的人比較喜歡酒醉
開車或超速。一份對大學女生的研究指出，那些自尊高的女生常低
估了懷孕的可能性；這些女生並不想懷孕，但是她們的自尊使她們
相信「這種事不會發生在我頭上」。[23]

　　但我必須承認，自尊低也不是什麼好的事，這是許多人最後必
須到精神科醫生或心理分析師的辦公室求診的問題根由。這些是凡
事「反求諸己的人」（internalizers），先想是自己不對，而不是出
去把別人幹掉。傳統的心理分析治療法是使他們不再責怪自己，而
把箭頭指向父母，或者有的時候，把矛頭對準工作。因為這些病人
都是憂鬱沮喪的，所以自尊低可能是憂鬱的症狀而不是它的原因，
他們在沮喪時會引發童年時不快樂的記憶，因此你很容易就說服他
們所有的問題都是爸媽的錯。

　　根據專家的忠告，你可以武裝你的孩子，使他能夠抵抗外界的
敵意，而你所使用的方法，便是使他對自己「自我感覺良好」。
但我不認為如此。你不可能把孩子裹上蜜糖，而且期待這個蜜糖可
以保護他，抵抗外面世界的尖酸刻薄。自尊就像人格的其他層面一
樣，它是與社會情境緊密關聯的。孩子可以在家中自我感覺良好，
但是在外面覺得自己很差勁；或是像第四章中的灰姑娘一樣，正好
相反——在外面很好，在家中很差。父母可以使一個孩子認為他很

特別，只要父母特別寵愛他，他就會覺得自己跟其他兄弟姐妹不一樣了。但是這種讓他自我膨脹起來的情形並不能維持很久，研究者發現，認為自己是父母最愛的大學生，自尊並沒有比較高，他們只有在研究者稱之為「家庭─父母關係」（home-parent relationships）的情境中，自尊才會比較高。[24]

　　一般來說，自尊是一個人在團體中地位的函數。小學生很清楚當自己跟同學相比較時，自己是比人家好還是比人家差，他也很清楚地知道自己在人家心目中的地位。假如他在同儕團體中的地位一直不高，而且持續很久的話，這會在他的人格上留下永久的烙痕，而且會毀掉一個人的童年。

　　但是，同儕團體中的地位是件很不穩定的事。團體會以很微小、很不起眼的原因，來定位它的成員。這些事都是很表面的差異、很偶然發生的事。比如說，一年級第一天上課尿濕了褲子，一年級上課第一天用了三個音節的字，像這些小事就成了一輩子、或至少是好幾年都要被貼上的標籤。我認得一個中年婦女到現在還被她的老朋友叫做「小胖」，雖然她在小學五年級時就已經變瘦了。

　　父母無法防止他們的孩子不被同儕團體做負面的「角色指定」，但是他們可以減少這種情況發生的機會。他們對孩子的外表可以有些控制權，讓孩子看起來很正常、很有吸引力，因為外表還是有些影響的。所謂「正常」，指的是給小孩子穿別的孩子也會穿的衣服；所謂「吸引力」，指的是帶那些臉上長滿青春痘的孩子去看皮膚科醫生，帶那些牙齒不整齊的孩子去看牙齒矯正的醫生，或是假如你的財力允許，或保險公司願意償付的話，帶那些臉型不正常的孩子去做整型手術。

　　孩子不希望跟別人不一樣。因為在團體中，跟人家不一樣不是

一種美德，甚至如果你為孩子取了一個奇怪的或很土的名字，都會害了他。我聽說有一個父親為他的兒子取了一個他最崇拜的詩人的名字，但很不幸地，他最崇拜的詩人是荷馬（Homer）。

親子關係

有人問：「你是說，我怎麼對待我的小孩，都沒有關係嗎？」他們從來沒有問：「你是說，我怎麼對待我的太太（或先生），都沒有關係嗎？」但是情況是相同的。我不認為我對待我先生的方式，會影響他明天成為什麼樣的人；但是我認為會影響他跟我住在一起時快不快樂，或是我們是否仍是好朋友。

你可以跟你的配偶學很多事，婚姻可以改變或影響你的事業和對宗教的看法和選擇，但是它不會改變你的人格，除了短暫的、跟情境有關的時候。一個人可能對他太太很溫柔，對他部下很嚴厲，或正好相反。假如一個先生不停地貶低他的太太，那麼她跟他在一起時可能會看起來很悲哀或不開心。假如她跟他結婚很久了，那麼即使他不在，她的表情也會很哀怨。你無法確定她的人格問題是她婚姻不快樂的原因（為什麼要嫁這個傢伙，為什麼不跟他離婚），還是後果（是不停地被貶低的結果）。事實上，你可能會把她的沮喪和被動怪罪到她媽媽身上，是她媽媽使她習慣被人貶低。關於這一點你可能是錯的，但是你可能也同意：她在嫁給這個傢伙之前，就已經有這個問題了。

研究嬰兒依附行為的人喜歡用「工作模式」這個名詞。他們認為孩子的心智有一種他與他母親的工作模式存在，這個模式可以告訴他從媽媽身上他可以期待什麼。這一點我可以接受。只是，研究

者認為這個工作模式可以一直繼續下去，他們認為這個工作模式也讓嬰兒知道可以怎樣去期待他人。假如嬰兒因為他母親一聽到他的哭聲就趕著跑過來，於是便期待整個世界也是如此的話，他這一輩子就要常常失望了。但是嬰兒並不會如此期待，假如他不期待紅色的走馬燈跟藍色的走馬燈音樂會是一樣的話，[25]他為什麼要期待看孩子的保母會跟媽媽一樣呢？

我認為，我們心智中的私人關係部門，包含了所有重要關係的工作模式。只有不重要的關係，我會用類化的方式，就像我們對所有屬於「同儕」類別中的人和屬於「僱員」類別中的一員一樣。一旦我們更深入地認識了這個人，我們就會給他一個屬於他的工作模式。小孩子在媽媽、老師或兄弟姐妹和朋友之前的行為是不一樣的。一旦他認得他們了，他的行為會不一樣，姜納森是好人，布萊恩是壞蛋，他跟這兩個人在一起時的行為是不一樣的。

父母也可能是不講理的野蠻人，孩子很快就了解這一點──雖然他不會認為每個人都是壞人──他和父母的關係也就好不了了。假如父母一直都以不講理的方式對待他，那麼這個關係就一輩子好不了。假如你認為這個理由還不夠充分，足以使你對孩子好的話，試一試下面這個理由：在你孩子小的時候對他好，你老的時候他才會對你好。

孩子是非常精明的，他們不但知道父母怎樣對待他們，他們也知道相較於其他的兄弟姐妹，父母對他們是好還是壞。假如他們覺得父母偏心，比較喜歡其他的兄弟姐妹，這個怨恨會破壞他們跟父母、還有他們跟其他兄弟姐妹的關係；有的時候甚至還會含怨一輩子。有一個針對瑞典成年人和他們父母的關係所做的調查研究，對象是那些在小的時候認為父母最不喜歡他們、對他們處罰最多的

人。研究者發現，和其他的瑞典人比較起來，這些人與父母的關係
更為冷淡。[26]

　　我在談這個研究時，心中覺得相當猶疑。因為其中還有一個因
果關係存在——或許父母有什麼原因不喜歡這個孩子，也或許他
是一個難帶的孩子。這是很可能的，有些人與他們的父母關係很親
密，因為父母在他們小的時候對他們很好。我並不是我父母的最
愛，他們比較喜歡我弟弟。我弟弟現在就與父母住在同一個城裡，
在他們老的時候照顧他們，而我則住在美洲大陸的另一端，偶爾去
探望他們。

　　從另一方面來講，我是個難帶的孩子，或許我父母是對的，我
的弟弟比較好。

演化與孩子教養

　　雖然你的孩子不跟你在一起時，你無法控制他的行為，但是你
可以決定他在家裡時應該怎樣。你沒有辦法決定世界要怎樣對待
他，但是你有很大的權力可以決定他在家中的快樂與否。

　　市面上有一些關於教養孩子的手冊，教你如何使家庭生活比較
愉快。不幸的是，這些書都立基於一個錯誤的前提，因為大部分都
沒有考慮到孩子天生是不同的，所以其中很多都是廢話。

　　假設我說服你接受了「那些專家都是胡說八道」的說法，那
麼，我的書究竟能告訴你哪些教養孩子的方法？

　　當然，我希望我讓你看到孩子的同儕對他現在與未來生活的重
要性。我希望我同時也讓你了解人類演化歷史的重要性；了解童年
在幾千個世代以前，在我們的祖先小的時候是什麼情形。這可以幫

助我們了解為什麼有的時候某些事情在現代化的家庭裡會行不通。

在第五章中，我談到部落和村莊社會教養孩子的情形，也談到狩獵採集社會的情形。我們對這種社會的情形了解不多，因為這種社會在目前的世界裡已經愈來愈少了。對傳統社會的觀察能帶給我們一些線索，讓我們知道演化要年輕人如何表現，才能生存下去。在那些社會中，嬰兒的前兩年會得到父母或族人的密切照顧。母親走到哪裡，都會帶著嬰兒。晚上的時候，嬰兒也是跟著媽媽睡。在世界上大部分的社會中，嬰兒都是跟著媽媽睡的；即使是今天，也是如此。[21]

美國父母抱怨最多的，是嬰兒的睡眠問題；因為嬰兒不睡覺，也使得父母整晚不得入睡。大多數小兒科醫師都建議父母讓嬰兒習慣一個人睡；但在狩獵採集社會中，嬰兒從來不會是一個人獨處的。假如他發現他是一個人，而且哭泣不能使他的媽媽趕快跑過來的話，他的麻煩就大了，因為他的母親要不是已經死亡，就是無法照顧他。一旦族人要進前時，他很可能會被拋棄，因此假如他不能很快說服族人改變心意的話，他就只有死路一條。這個時候，大聲哭叫是他唯一可以說服族人的方法。

嬰兒有著驚人的適應能力。大部分的美國嬰兒都可以適應得很好，能夠自己一個人睡；但是有些則不行。所以當你告訴為人父母者，嬰兒可以跟他們一起睡的時候，有些父母會大大地鬆一口氣。大自然並不是要嬰兒自己睡的。大自然不喜歡嬰兒哭泣，許多父母也不喜歡嬰兒哭泣。嬰兒哭的時候，父母會跟嬰兒一樣痛苦，但是他們還是會這樣做，因為這是專家說的。

專家還會告訴你，你必須提供嬰兒適當的刺激，使他的大腦可以適宜地發展，使神經網絡的聯結更好。專家說，你應該要對嬰兒

說話、讀書給他們聽、讓他們看有趣的東西。這種忠告是基於兩種
資料數據而來的，但這兩種資料都可能有錯誤。第一種是發現動物
如果嚴重地被剝奪其感官刺激，會造成這些老鼠、貓和猴子在神經
上永久性的傷害；[28]第二種資料是相關的數據，唸書給孩子聽的父
母和在搖籃上掛著漂亮走馬燈的父母，他們的孩子會比較聰明。

　　假如大腦需要詩歌的閱讀和漂亮的走馬燈，才會使神經正常發
展的話，那麼我們的祖先大腦都有缺陷了。傳統社會中的嬰兒帶給
我們線索，讓我們了解發展中的人類大腦期待什麼樣的環境。那些
社會中的嬰兒並沒有人讀書給他們聽，甚至也沒有人跟他們說話，
但是每一個嬰兒都有很多東西可以看、有很多聲音可以聽。雖然這
些嬰兒在他們生命的前兩年當中並沒有學到什麼東西，但是這並沒
有阻礙他們學習。當時機成熟時，他們自然而然地學會成為一個大
人所必須知道的全部事物。

　　至於相關，我想你現在已經知道該怎麼去想了。為什麼讀書給
孩子聽的父母，他們的孩子會比較聰明，那是因為他們是比較聰明
的孩子——智慧有一部分是會遺傳的。假如「父母唸書給孩子聽會
讓孩子比較聰明」是有環境理由的話，我們不應該會在同一家庭長
大、聽同一對父母唸書的收養孩子兄弟中，發現 IQ 會有零相關。
因此，唸書給孩子聽或給他們看漂亮東西會使他們變得更聰明，這
是完全沒有科學根據的說法。[29]

　　我在網路上的分享留言板中，看到一個署名為「研究大腦發展
的研究生」的年輕媽媽，談到她那非常聰明的二十個月大的兒子。
她的父母把這個孩子的聰明，歸因到他有一個聰明的爸爸，也有一
個聰明的媽媽。但是她覺得這個解釋「對我們為人父母者的教養孩
子方式是個侮辱，因為我很努力去創造一個充滿愛的親子關係，並

提供了恰當的刺激」。[30]

我不懷疑她很努力，但是「為人父母」不應該是「覺得這是必須努力做的工作」。就像性一樣，大自然提供我們鞭子，也提供我們胡蘿蔔，大自然讓我們去做她要我們做的事，因為做這件事很有趣。假如為人父母是件苦差事的話，你認為黑猩猩會去做嗎？「父母」應該是要享受為人父母的樂趣，假如你並沒有享受到這個樂趣，或許你太努力、做得太過頭了。

父母是朋友

演化提供了我們鞭子和胡蘿蔔，大自然使碩大、強壯的動物統治小而弱的同胞。大的告訴小的該怎麼做，如果小的不做，大的會處罰牠。這並不公平，但是大自然本來就是不公平的。在黑猩猩的團體中，大的公黑猩猩統御著小的，假如牠們沒有表示出尊敬的態度，就會挨打——雄黑猩猩打雌黑猩猩、小黑猩猩打更小的黑猩猩，都是為了同一個理由。

這個不美麗的圖片到現在還保留在傳統的社會中，由來已久了。我們目前對公平主義的堅持，在演化上是相當新穎的。

父母本來就應該統御他們的孩子，他們本來就該掌管一切。但是現在父母對行使他們的權力非常猶疑，這個猶疑是專家加諸在父母身上的，這也使得父母無法很有效地治理家庭。

我不認為今天的孩子有比「教養的假設使父母動輒得咎」前的孩子好到哪裡去。前幾代的經驗讓我們知道，要養育出行為合宜的孩子，並不需要讓孩子以為自己是宇宙的中心，也不需要讓孩子認為假如他們不聽話，最嚴厲的處罰就是禁足。父母本來就知道得比

孩子多，應該可以告訴孩子怎麼做而不必覺得心虛。父母也有權力有個快樂、安寧的家庭生活。

在傳統的社會裡，父母不是朋友，他們也不是玩伴。[31]對傳統社會的人來說，「父母取悅孩子」是件不可思議的事。假如你告訴他們什麼叫做「有品質的時間」（quality time），他們會笑得倒在地上。

曾在柯林頓總統內閣任職勞工部長的政治經濟學家羅勃·賴克（Robert Reich）辭官回到麻省的家中，使他能多花一些時間陪他十二歲和十六歲的兒子。但事情並沒有如他的意：

> 別理什麼「有品質的時間」了。青少年根本不理會它、不要它；他們有其他的事想做。當我辭去柯林頓總統內閣的職務，突然發現週末我有空的時候，我等待我的孩子會來找我跟他們一起過「有品質的時間」。結果是：「抱歉，爸爸，我真的很想跟你去看球賽，但是大衛、吉姆和我想去廣場閒逛。」「那個電影很酷，爸爸，但是……說真話，我寧可跟戴安娜一起去看。」[32]

他的孩子並不是完全不跟他在一起，有的時候，他們也會徵詢他的意見，這使他覺得好過多了。他們並不是要傷他的心，他們愛他，但是……唉！

小一點的孩子比較不像青少年那樣拿喬，但是這可能是小一點的孩子比較不能去他們想去的地方，所以他們的選擇性比較少。如果讓他們做選擇，即使剛會走路的孩子也喜歡跟他們的朋友玩，只不過他們喜歡母親站在他們的背後。

兄弟姐妹是同盟

在傳統的社會裡，剛會走路的孩子從母親的臂彎裡畢業，來到孩子的遊戲團體裡，那個團體的成員多半是他的兄姐、堂兄弟姐妹、表兄弟姐妹……。在這種社會裡，通常是把這個新加入者交給比他大一點的孩子。大一點的孩子對他的摔跤、受傷都要負責任。你要記得，這個新加入者，就是篡他的位、取代他在媽媽臂彎中地位的人，也就是這個人獨占了媽媽兩年的注意力。

但是這個小哥哥或小姐姐可以管這個弟妹所有的事情。大的管小的，這是天經地義的事。在傳統的社會裡，沒有人會去阻止它，因為沒有人管什麼平等和公平。[33]

在我們的社會中，平等和公平的想法使得兄弟姐妹不和，父母想要阻止大的管小的，反而使得兩人之間的關係變壞。大人只有在使用他的權力替小的說話時，才能阻止大的管小的；不過，這卻使得大的孩子認為父母偏心小的。

我並不是說你可以讓五歲的去管三歲的，至少不是突然這樣做。但是假如你了解這裡面的問題，你對大的會比較同情。第一，他被剝奪了父母對他的注意，因為每一個社會裡的父母都比較關注小的；[34]第二，大的管小的是很自然的事情，在傳統社會裡，你失去一個但是贏了一個。在我們的社會裡，比數是○比二。

我在前面的章節中曾經告訴過你，非洲的一個小男孩為了從黑猩猩的嘴裡把他的弟弟搶回來，自己卻受了重傷，差一點為了救他的弟弟而送掉自己的命。[35]他的母親叫他負責看管弟弟，這是任何一個美國母親連做夢都不敢想的事，但這個孩子很嚴肅地接下這個

責任。在傳統的社會裡，兄弟姐妹不是敵人，他們是盟友。

眾矢之的

一個母親並沒有特意叫她的女兒學鋼琴，她女兒果然什麼也不會彈，而另一個母親也一樣沒有特意要她女兒學鋼琴，她女兒卻變成鋼琴家；你永遠不會知道為什麼會這樣。有些孩子天生就擁有所有的好條件，所以走上了成功之路，而另外的孩子克服困難後也成功了。有一個很土的名字，或是一直搬家，這些對孩子是很不利的；但是也有孩子名字取得很土，或是一直換學校，最後卻成了總統、詩人，或是有名的生物學家。假如孩子學校的學生都很聰明，他就會學到很多。但是我在亞利桑那州卻比在高傲的東北部表現還要好，因為我在亞利桑那州新學校上課的第一天，生物學就拿了個A，得到了「聰明人」的綽號。你永遠不知道孩子究竟會怎樣。

假如你覺得這樣聽來好過一點的話，我告訴你，為什麼會這樣那些專家也不知道。

你過去都遵照他們的忠告去做，但你現在怎麼樣了？假如你沒有公平地愛你的孩子（雖然那不是你的錯，自然使一個孩子比另一個孩子更可愛），他們會使你覺得有罪惡感；假如你沒有花足夠的「有品質的時間」在孩子身上（雖然孩子寧可花有品質的時間跟朋友在一起），他們也使你覺得有罪惡感；假如你沒有給孩子一對父母，一男一女（雖然沒有確切的證據說明這會有長期的影響），他們會使你覺得有罪惡感。假如你打小孩（雖然大的類人猿打小的類人猿已經打了好幾百萬年了），他們會使你覺得有罪惡感。最糟的是，假如你的孩子到頭來一事無成、不成材的話，他們更會使你覺

得有罪惡感。「怪罪父母」是最容易做到的事；他們是「容易射擊的目標」（sitting ducks），自從佛洛伊德點燃了第一支雪茄之後，父母親就成為人人喊打的過街鼠了。

不知為什麼，專家總有辦法把養育孩子的快樂和自主性拿走，把它變成一件苦差事。很早以前，華生猛烈抨擊父母會使孩子陷入「因愛而窒息」（love our children to death）的危險。他描述在一段車程中所發生的事：

> 不久以前，我跟兩個男孩（一個四歲、一個二歲）還有他們的母親、祖母及保母，一同乘車出遊。在兩個小時的旅途裡，一個孩子被親吻了三十二次——四次是他的母親、八次是保母、二十次是祖母；而另一個孩子也同樣地被愛所窒息。[36]

母親吻的次數最少的原因，我想是因為她是華生的太太，因為她的先生反對親孩子，所以她是偷吻的。

而今天的專家則是走到另一個極端，他們讓親吻孩子變成一個義務。假如我是孩子，我寧可一年只要一個偷偷的親吻，而不要醫生強調的：一天親三次。

罪惡感到此為止

在這一章中，我談到父母可以做些什麼來影響孩子的人格、行為、態度，和知識。我還沒有說如何讓你的孩子吃健康的零食或打預防針，因為那不在本書的範圍；我也不覺得我有資格在此大談心

理疾病的忠告。有很多事會發生在孩子身上，但它不是這本書所欲
探討的範圍。假如你在孩子的身上看到這些病徵，你當然應該帶他
們去給合格的專家看。

　　至於你如何能夠影響你孩子的人格、行為、態度和知識，我想
你可能會對我的回答不滿意。有些人在聽到他們不必因為自己不喜
歡孩子的某些方面而怪罪自己時，不會因此覺得鬆了一口氣。有些
人並不喜歡聽到這種說法，尤其是他們的孩子還很小的時候。他們
希望他們能影響孩子，塑造孩子與眾不同之處。他們希望他們還是
擁有可以增進孩子能力的機會，可以改變他們所不喜歡的地方。假
如他們夠努力的話，當然他們總可以改變一些現狀的。

　　只不過，為人父母並不是像大眾所想像的那樣。這個工作並不
是你肯努力幹、好好幹，就能擔保一定會成功。有些好父母就是會
有壞孩子，這不是你的錯。

　　我們現在擁有各種各樣新進的技術，能夠控制許多以前致人於
死的疾病。我們到現在為止都很成功地擊出大自然所拋給我們的變
化球，或許這是為什麼我們總有種錯覺，以為我們可以對付所有變
化球的原因。

　　我們以為我們可以使孩子變成我們所要的人，但這完全是個錯
覺。放棄吧！孩子不是一張空白的畫布，父母可以隨意在上面畫出
他們的理想與夢想。

　　不要去管專家告訴你的話。愛你的孩子，因為孩子很可愛，而
不是因為你認為他們需要愛；享受他們，盡可能地教導他們你所
有的知識。放輕鬆點，他們將來會怎樣並不會反映出你對他們的照
顧。你既不能使他們完美，也無法毀滅他們。他們不應該是你可以
使其更加完美或加以毀滅的；因為他們是屬於明天的。

第十五章

審判教養的假設
The Nurture Assumption on Trial

The Nurture Assumption

你的老爸和老媽把你毀了，

雖然他們不是故意的，但是他們把你毀了。

他們把他們的短處都傳給了你，

然後再加上一些專門爲你製作的短處。

——菲力普·拉金（Philip Larkin）[1]

可憐的父母，公然地被他們的詩人兒子控訴，卻沒有辯白的機會。他們應該有機會解釋才是，因此我大膽地替他們說了以下的話：

孩子的哭鬧聲，

比毒蛇的牙齒還尖銳！

這不公平，這不是眞的，

他是被毀了，但這不是我們做的。

不過，在這兒受審的不是菲力普的父母；這裡的被告是教養的假設，這是他們的兒子在他拙劣的四行詩中，簡明地總結出來的東西。陪審團的先生和女士們，我請你們定被告詐欺的罪，人們被剝奪了真相，而教養的假設就是那個罪人。

一直都在欺騙人們

菲力普·拉金並不是唯一一個把他自己沒有成功的原因怪罪到父母身上的人——每一個人都如此，包括我自己在內，這總比責怪自己來得好。但是自我利益並不能解釋教養的假設如此深入我們

文化的原因。我在第一章中所提到精神分析論（佛洛伊德）和行為主義（華生和史金納）共同的影響力，也不能解釋它的普遍性。它一開始，是從學術界的象牙塔中製造出來的，但是很快地，電視節目的主持人、電視節目的來賓、詩人、種馬鈴薯的農夫、你的會計師、你的孩子，每一個人都在責怪他們的父母沒有讓他們成功，而他們的孩子又責怪他們。

「為人父母」已經被促銷到過了頭。你被灌輸了一種觀念，那就是你相信自己能夠影響孩子人格的程度，比你真正可以做到的還更多。在本書一開始的時候，我就引用了科學記者所說的話，我們不必等到父母可以選擇孩子的基因那一天的到來，因為父母已經有很大的權力可以決定孩子的未來會是什麼樣。「父母扮演了最大、最重要的角色，來塑造孩子對自我的概念。」《紐約時報》的另一個科學記者這樣說。你要用擁抱和讚美去帶給他們對自己正面的評價。一位自稱為「媽媽醫生」（Dr. Mom）的專家要你不要忘記「每天給你小孩非語言的愛和接納的信息」。她說所有的小孩都需要擁抱和接觸，不管他們有多大。假如你把你的工作做得對的話，你的孩子就會成為一個快樂、有自信的人，這是另外一個專家潘娜洛琵・利契（Penelope Leach）所說的。她說：「他一生的根基，都建立在他與你的關係以及你所教他的事情上。」[2]體罰和批評、指責，已經被專家認定為不合法了。你不能告訴孩子他很壞，你只能說他所做的事很壞——不，不，最好說，他所做的事使你覺得很難過。

小孩並沒有那樣脆弱，他們比你想像的強韌。他們一定得如此，因為外面的世界並不會因為他們是孩子而對他們特別優待。在家中，他們可能會聽到「你的作為傷透了我的心」，但是在外面的

遊戲操場裡，他所面對的是：「你是笨蛋！」

　　教養的假設是一個文化的產物，這個文化的口號是「我們可以克服」（We can overcome.）。用各種各樣精密的電子儀器，以及魔術般生物化學的萬靈丹，我們可以克服自然。當然，孩子天生是不一樣的，但是這不成為問題，只要把他們放進這個奇妙的機器裡，加進我們特別調配的愛、限制、禁足、教育、玩具等，出來的就是快樂、聰明、適應良好、很有自信的人。

　　或許這就是我們這個時代的現象：把事情推到極限，甚至超過了它邏輯的上限。教養的假設變得這麼膨脹，對父母的要求那麼嚴厲，看起來好像已經過熟，開始要爛了。

第一要件，不要傷害

　　假如我認為它是一個沒有害處的幻想，我對它也不會有這麼強烈的反應。畢竟，教養的假設可能會有一些好的副作用，至少在理論上，它會使父母仁慈一些。假如父母認為他們的所作所為會對孩子有長遠的影響的話，難道他們不會對孩子更謹慎、減少懲罰嗎？但是父母更謹慎並沒有因此而減少虐待孩子的案例；今天的孩子也沒有比兩、三個世代以前的孩子更快樂、心理更健康。[3]

　　目前沒有任何證據說教養的假設有任何的好處，但是它的壞處卻是很明顯的。當父母把孩子放入那個奇妙的機器，而沒有得出一個快樂、聰明、適應良好、很有自信的人來時，它使父母有很大的罪惡感。父母不但要跟這個難帶的孩子一起生活，當他沒有達到社區的標準時，他們還要忍受社區的指責，有的時候還不僅是指責，甚至還有法律責任、罰款或是關監牢。

教養的假設使孩子變成焦慮的對象，父母很擔心做錯事，很害怕一句說錯的話、一個不經意的眼神會毀了孩子的一生。他們不但變成孩子的奴隸，他們還變成主人不滿意的僕人，因為教養的假設把標準定得這麼高，沒有人可以達得到。當那些晚上連睡覺時間都沒有的父母得知他們沒有給孩子足夠的有品質的時間時，父母會覺得對孩子有所虧欠，所以他們就買很多的玩具給小孩以為補償，現在的美國小孩所擁有的玩具數量是很驚人的。

教養的假設把一個虛假的東西帶進美國的家庭，它使真誠的愛的表達變得沒有意義，因為它變成義務、虛假的形式了。

教養的假設也使科學的探索不得進展，到處充斥無意義的研究，這些無價值的相關研究甚至替代了真正有用的研究。下面是一些研究者應該要追問的問題：我們如何防止教室的學生分裂成喜歡上學和不喜歡上學的兩個團體？為什麼有些老師、有些學校、有些文化可以防止這個分裂，使他們的學生團結一致並有學習動機？我們如何使那些有不良個性的學生不要變得更壞？我們如何介入，使這個攻擊性與被同儕排斥的惡性循環能夠停止？有沒有什麼方法可以影響孩子的團體行為常模？有沒有什麼方法可以防止大文化對青少年團體的常模產生有害效應？形成一個團體需要多少時間？

我在這本書中無法給你們答案，因為這些研究還沒有人去做。

辯方的答辯

根據教養的假設，父母對孩子的未來有很重要的影響。我們這裡談的不是 IQ 分數的高低，也不是一百個問題的問卷上多勾一個「是」的答案，我們這裡講的是孩子在學校裡是個風頭人物，還是

人人都知道他是連一個朋友都沒有的人；是大學畢業還是高中輟
學；是神經質還是適應良好；是處女還是懷孕。我們這裡談的是影
響你行為和你生活上成功與否的心理特性，這些特性是你自己知
道、跟你住或跟你一起工作的人也注意到的特性。這個性質是要跟
著你一輩子的，這是人們所以為的，不是嗎？父母對孩子有很大、
很長遠的影響。

　　但是假如他們真的有效應，這個效應應該也是對每個孩子不一
樣的，因為同一個父母所帶大的孩子並沒有非常相似。在人格特質
上，兩個在同一家庭長大的收養孩子，並沒有比兩個不同家庭長大
的收養孩子更相像；在同一家庭長大的同卵雙生子也沒有比在不同
家庭長大的同卵雙生子更相像。不管家庭對孩子的效應是什麼，它
並沒有使孩子更能自我反省，或比較不會社交，或更有攻擊性，或
更少焦慮，或比較會有快樂的婚姻。至少家庭沒有對所有的孩子做
上面列出來的事。

　　發現這個的是行為遺傳學家，但是行為遺傳學家沒有把它公開
來。同時，大多數的行為遺傳學家也相信家庭環境的重要性，就跟
其他的人一樣。所以他們把它解釋成家庭對孩子的影響是依每一個
孩子而不同的。但是兩個兄弟姐妹的共同點並沒有預測的效應，所
以兩個手足所沒有的共同地方，就是教養的假設所依賴的證據了。

　　這聽起來好像很不可思議，其實不然。畢竟，我們沒有理由期
待會一視同仁地對待所有的孩子。一個好的父母難道不希望他的每
一個孩子都是獨特的、每一個孩子都能發揮他的所長？這就是馬克
思主義主張身為父母的方法──根據他的能力來判定他的需求。

　　在某一個程度上，它的確是如此。父母的確要他的孩子不一
樣，至少在一些地方上與眾不同。假如第一個孩子很好動，很愛說

話，第二個孩子很安靜的話，父母就會很高興地歡迎老二的到來；假如第一個孩子是鋼琴家，父母會很高興第二個是吹大喇叭的。但是這並不表示他們當第二個孩子變成拳擊手或販毒時，他們會一樣地高興。當我的老二出生時，我們並沒有說：「我們已經有一個愛唸書的，不必再來一個會唸書的，讓我們把老二教成其他什麼都好。」相反地，我們非常希望兩個孩子功課都很好。父母希望在所有的孩子身上看到仁慈、和藹、認真、謹慎、聰明，還有一些其他的特質父母願意依孩子的不同而有一些差異，只要它是在合理的限度之內便可以。但是研究發現，這些所有父母都要的品質與那些可有可無的品質是一樣的：都沒有證據能說明家庭環境有任何長期的效應。

父母對每一個小孩不同，而每一個孩子也真的有所不同，這兩個事實是不需要爭辯的。但是假如行為遺傳學家要相信教養的假設，他們就必須要能說明父母對待孩子的不同會造成孩子的不同，而且這個不同並不是因為兩個孩子天生就不相同。這個部分尚未被證明過。事實上，證據顯示父母對孩子的態度比孩子本身還更一致。[4]

有一件事應該是支持教養的假設，但尚未提到的，那就是出生別。在家裡父母親對待長子和幼子的態度是不一樣的，而且這個差異並不是出於孩子的個性不同。研究者花了不只五十年的時間去尋找出生別會在人格上留下永久痕跡的證據，但是沒有找到；他們想找出獨生子與有兄弟姐妹的孩子之間的不同，也沒有找到。假如父母對孩子有重大的影響，為什麼他們不會把獨生子的人格弄糟？

出生別與獨生子這兩件事應該可以把支持教養的假設的最後兩根柱子打掉。

嗯哼，它還沒有倒下來嗎？還有東西支撐著它嗎？啊，有了！我看見了！那就是行為遺傳學的證據。整體來說，這個顯示家庭環境沒有預測能力的證據，並沒有包括所有的家庭，其中的問題是所有的受試者都來自良好的家庭，在正常範圍之內的家庭。有些理論家現在願意公開承認說，小孩子只要在正常範圍之內的家庭長大就好，而究竟是什麼樣的範圍，其實並沒有那麼重要。[5]不過在正常限度之外的家庭，那些特別壞的家庭對孩子是有影響的。

他們所說的，其實就是他們資料所調查的，都是在正常限度之內的家庭。而在這些正常的家庭當中，他們並沒有找到家庭的好處和孩子的好壞之間的相關。他們收集了很多的資料，這些資料要不就是沒有相干的，要不然就是顯示教養的假設是錯的，只有在那些落在「惡劣」的類別的家庭裡，這個相關才存在。這一部分的資料他們還沒有收集，因為以前的研究取樣時，是從「極好」、「好」，到「壞」中選取，把「惡劣」的一類剔除了，所以他們認為在「惡劣」的家庭中，他們可以證明教養的假設的存在。

這是一個非常薄弱的提案。這個說法是說一般的人，像你、我這樣的父母對我們的孩子沒有顯著的影響力，唯一有影響力的是那些特別壞、虐待孩子的父母，那些把孩子打到住院，或把孩子獨自丟在冰冷的公寓中，沒有食物、沒有人照應的父母。這就是教養的假設最後的一線希望——家庭環境要夠壞，才能對孩子造成永久的傷害。

我對教養的假設控訴到此為止，對大多數的家庭來說，它是不成立的，只有對極少數特別壞的家庭，它才可能會成立。以它做為武器來對付一般的父母，因為他們的孩子長大後沒有成為他們所期待的，這完全沒有道理。

五個錯誤觀念

孩子是如何被他們成長時期的經驗所塑造？這個問題本來是教養的假設所要回答的問題。但是它的答案是錯的，因為它的基本假設就是錯的。

第一個錯誤是有關孩子的環境。孩子的自然環境是假設為他的核心家庭，這在二十世紀前半非常流行。父親、母親及兩、三個孩子住在非常溫暖的家庭中，但是這種安排並不是特別地自然。這個講究隱私權的核心家庭是近幾百年來的產物，一夫一妻制也是相當地新。在人類學家所研究的社會中，至少有百分之八十五的文化是假如男人可以負擔得起的話，社會允許他多妻。[6]多妻在人類的歷史上是很古老而且很普遍的。孩子常常必須要跟父親其他妻子的孩子共享一個父親。或者在成長的過程中沒有父親或母親，因為過去社會中父母的死亡就像現在社會中父母的離婚一樣地普遍。

第二個錯誤是有關社會化的本質。孩子的工作不是去學他社會中大人的行為，因為社會中大人的行為並不相似。在每一個社會中，一個行為可不可以被接受，要看你是大人還是小孩，是男人還是女人。小孩子必須要去學他自己社會類別中其他人的行為。在大多數的情形下，孩子是非常樂意去做的，社會化不是大人對小孩做的事情，它是小孩子對自己做的事情。

第三個錯誤是跟學習的本質有關。學習的行為被假設成像是背包一樣，從一個地方帶到別的地方，比如說，從家裡帶到學校。雖然大家都知道，不同年紀的人在不同的情境裡表現不一樣，但這是因為他們有不同的經驗——在一個地方，人們讚美他們，在另一

個地方，人們可能就會嘲笑他們——因為不同的地方需要不同的行為。這也是個錯誤的假設：如果孩子在家中的行為跟在學校不一樣時，在家的行為是比較重要的。

　　第四個錯誤與遺傳的本質有關。到現在為止，基因還沒有得到它應有的重視與地位。雖然每一個人都聽說過同卵雙生子的故事，知道雖然在不同的家庭長大，但是當他們在成年後第一次見面時，他們的穿著、舉止都很相似。菲力普‧拉金注意到他有許多他父母也有的毛病，但是他並沒有想到這是他從父母身上遺傳來的，他以為這是父母在他出生以後對他所做的事。

　　第五個錯誤是忽略我們演化的歷史，同時也忽略了這幾百萬年來我們的祖先都是群居的。因為團體生活，所以人類即使沒有利爪、又沒有毒牙，也能夠在有利爪又有毒牙的環境中生存了下來。但是食人的動物並不是我們祖先最大的敵人，人類最大的敵人是其他團體的人。這個情形直到今天仍然是如此。

另外的可能解釋：團體社會化理論

　　團體是孩子的自然環境，從這個假設開始，我們就往不同的路上發展了。你可以把童年想成是年輕人把自己變成他的團體成員所會接受和尊敬的人的時期，因為這正是他們在我們祖先的時代中所必須做的。

　　在童年期，孩子學習去做跟他同年齡、同性別的孩子所做的行為。社會化是從適應一個人的行為到同一個社會類別中其他團員的行為的歷程。在小說《真情快遞》（The Shipping News）中，一個父親為了他女兒的奇怪行徑而憂心，他的姑媽安慰他說：

　　　　孩子，你等著看好了。她九月就開學了。我同意你的
　話，她的確是與眾不同，你可以說她有的時候很奇怪，但是
　你知道，我們都是不一樣的，雖然我們假裝一樣，但我們的
　內在都不一樣。在我們長大時就學習了如何掩飾我們的不
　同，邦妮只是還沒有這樣做罷了。[7]

　　我們學會如何去掩飾我們的不同；社會化使我們跟別人比較不
會那麼不一樣，但是這個掩飾到成年後就比較稀薄了。我把社會
化看成玻璃的漏沙計時器。開始時是一堆各不相似的人，在他們擠
過中間的漏斗時，被團體的壓力變得很相似。到成年後，壓力減少
了，他們又逐漸變回他們自己。人活得愈老，行為愈奇怪，因為他
們不再去掩飾自己的不同點。跟別人不一樣的代價已經不那麼嚴重
了。

　　孩子認同與他們相似的人所組成的團體，並且採用這個團體的
常模。他們不認同父母，因為父母跟他們不一樣；父母是大人。小
孩把自己想成孩子，假如有足夠的孩子在團體中，他們會想成為男
孩或女孩，這個團體是他們社會化的團體。今天的社會化是發生在
同年紀、同性別的團體中，因為發展的工業社會使他們可以形成這
樣的團體。在過去，地球上人口還很稀少時，孩子是在混合年齡、
混合性別的團體中社會化。

　　父母和子女之間總是有聯結（bond），但是今天我們所看到的
很緊張、充滿罪惡感的形式，卻是前所未見的。在不送孩子去上
學、也沒有被專家滲透的社會中，小孩子大部分會從別的孩子身上
學會他該怎麼做。雖然父母教養孩子的方式會依文化不同而有很大

的差別，有的文化很嚴，有的文化很鬆，但是孩子的團體卻是全世界幾乎一樣的。這是為什麼小孩子在任何一個社會中都可以得到社會化的原因。即使他們的父母沒有唸過史巴克醫生的育兒寶典，即使他們的父母沒有唸床邊故事給他們聽，他們的大腦在每一個社會中也都能夠很正常地發展。

　　現代的孩子會從父母身上學東西，他們把在家學的東西帶到同儕團體去。假如父母教他的語言與別的孩子所說的一樣，這個語言他就留下來用了；文化中的其他部分也是一樣。因為大部分的孩子來自鄰近的社區，所以文化背景相同，大部分的孩子都可以保留很多他們在家中所學的東西。從外表上看起來，這好像是父母在傳遞文化一樣；其實不然，這是同儕團體在傳承文化。假如同儕團體的文化與父母的不相同，同儕團體的會贏。這時候，移民的孩子或聾啞父母的聽力正常孩子都學會他們同儕的語言，這個語言就變成他的母語了。

　　你在托兒所就可以看到這些現象。一個三歲的孩子（或許比三歲還更早）就開始會把同學的語言帶回家中。心理學家蘇珊‧沙維基（Susan Savage）和歐潔芳（Terry Kit-fong Au）在《兒童發展》期刊的一篇文章中說了一則故事：

　　　　我們看到有一個嬰兒很早就得面對這個兩難的問題。這個嬰兒在十二個月大的時候，就懂得說「奶奶」（Nai nai!），向她的父母要牛奶喝（這是個中國女嬰）。但是，在這同時，她卻注意到托兒所的其他孩子說 "Ba ba!" 而拿到奶瓶（bottle）來喝。所以她在托兒所中也就說 "Ba ba!" 了。但是這個雙重生活對她這個年紀來說是負擔太重了。有一

天，她媽媽問她：「奶奶？」她猛烈地搖她的頭，加強語氣地說："Ba ba!"。[8]

　　即使他們的父母跟他們同儕的父母一樣，都屬於同一個文化，但孩子還是不敢把家中的行為帶到團體來。一個男孩可以在家耍賴、吵鬧、哀求、抱怨，但是到了團體裡，他就必須要很酷、很強悍。這個酷、強悍，會變成他公眾場合的人格，也會是他成年後的人格。但是他在家中的個性也不會全然失去，它在每一年回家跟父母過聖誕節時就會出現。

　　在孩子和青少年的同儕團體中，孩子會採用他朋友的行為和態度，並且把自己的和其他團體的行為對立起來。所謂其他團體就是在性別上、種族上、社會地位上，或其他興趣上不同的人。這些不同團體之間的差異會變大，因為每一個團體的人都偏好自己的團體而歧視其他的團體。團體內的差異也會變大，尤其是沒有外侮可以共同抵抗時。從一方面來講，孩子與他們的朋友愈來愈相似；從另一方面來講，他們也竭力顯出自己的特殊點。孩子從比較自己與別人的過程中了解自己，他們在團體中爭地位，有贏有輸，他們的角色被同學定了位，他們選擇（或被選擇）不同的團體領域。同卵雙生子並不會有完全相同的人格，即使他們同屬於一個團體都不會，因為他們在團體中有不同的經驗。[9]

　　童年和青春期的同儕團體經驗修改孩子的個性，使他可以帶入成年期裡。團體社會化理論做了如下的預測：假如孩子在家庭以外的生活是沒有改變的，他會發展成為相同的大人。所謂家庭以外的環境不變是指：把他留在同樣的學校、同樣的社區，但是改變父母。

一分錢買你的思想

　　根據科學證據而來的辯論，不足以改變你的心意。你對教養的假設的信仰不是基於冰冷的科學，而是感覺、思想和記憶。假如你的父母對你人格的形成不重要，假如他們沒有能力影響你，為什麼在你的童年記憶中主角都是父母？為什麼他們這麼常出現在你的思想中？

　　在《心智探奇》這本書中，演化心理學家史迪芬·平克討論到意識如何只取某些訊息，而不取另一些：

　　　　我問說：「一分錢買你的思想，好嗎？」你開始告訴我你的夢想、你今天的計畫、你的失意與不滿，以及你面前的顏色、形狀、聲音。但是你不能告訴我你胃裡所分泌的酵素、你目前心跳和呼吸的次數、你大腦把二度空間的東西轉換成三度空間的計算、你說話時的語法規則，或是你拿起杯子時肌肉收縮的次序。[10]

　　這並不是說你的思想和不滿比你的大腦還能夠看到三度空間的計算，或是比說一個合文法的句子或能拿起一個杯子還更重要。這只是說，有些東西意識層面可以觸及得到，但有些則不能。

　　平克和他的演化心理學家同事還解釋道：心智是以模組的方式運作的。[11]心智是由許多個各有專長的部門所組成，每一個部門收集自己的資料，發佈自己的公告或命令。就像身體有許多器官，每一個器官有每一個器官的功能一樣。肺使血液帶氧，心臟使這個血

液運送到全身去。我們的心智也是由許多心智器官或模組或部門組織而成，一個部門讓你看到三度空間的世界，另一個部門讓你拿起杯子。有些部門發佈公告使意識可以觸及得到，有些部門不發佈公告。

我認為人類的心智至少有兩個部門來處理社會行為：一個部門處理私人關係，另一個負責團體。

團體部門有很長的歷史，許多其他種類的動物也有。魚就是成群地游著。牠們必須要適應團體的行為，但是牠們不必認識一起游的魚，雖然牠們可能會區分公魚母魚、大魚小魚、同一種或不同種的魚，但牠們不會認識個體，甚至不認識牠自己的小孩。[12]

靈長類的社會生活就複雜了許多。靈長類也要適應牠們的行為到團體上，但是他們同時需要知道個體。牠們必須要知道團體成員中哪一個可以信任，可以在打架時支持牠們，而哪一些成員牠們最好敬而遠之。這個能力也傳到我們的種族中。人類非常記得誰幫過他、誰又欠他人情，他也從自己的經驗或別的經驗中知道誰可以信任、誰不可以。人類會記仇，有時記一輩子，他會找機會報仇，而這些陷害過別人的人最好不要忘記他的受害者是誰。我們對人的記憶很好，我們的大腦有特別的區域專門用來記憶、辨識臉型。

負責人際關係的心智部門是意識可以觸接得到的，而使你的行為適應團體的常模部門，是意識比較無法觸及的，其中很大一部分是在自動化的層次，就如同使你能夠拿起杯子的肌肉運動一樣。

我們所收集的外面世界訊息大部分是潛意識收集來的，我們並不知道自己竟然知道這麼多東西，也不知道自己是怎麼學來的。小孩子學會紅的水果比綠的甜，假如你讓他選擇，他會選紅的水果，但是他無法告訴你為什麼。收集資料、建構類別、平均類別中的數

據，這都是在意識之下進行的。[13]

我在這本書中所談到的歷程，多半是在意識之下進行的。我們認同團體中的人。我們學到的說話方式和舉止都像這些人，我們採取他們的態度，我們在不同的社會情境下採用不同的談吐和舉止。我們發展出我們團體和別的團體的刻板印象。這些可以被帶到意識界，但是它們平時不是住在意識界的。在這本書中，我談到孩子所做、但是沒有覺察的事情，這使他們的心智可以被釋放出來去做其他的事情，不需動用到意識界的努力。

團體和私人關係對我們都很重要，但是重要點不同。我們童年與朋友的經驗，以及我們在家與父母的經驗，對我們來說是很重要的，只是重要點不同。

父母親和孩子的關係是一輩子的聯結，每一次回家探望父母都給我們一個機會，去重新檢視童年的經驗。我們吻別父母不只一次，而是很多次，但是我們並不會不知道他們在哪裡。然而，我們童年的玩伴已隨風而逝，我們已經忘記在遊戲的操場上發生過什麼事了。

當你想到童年，你想到父母，你只能怪罪私人關係的部門，它喚出太多的思想和記憶。

至於你有什麼不對勁：不要怪罪你的父母。

人格與出生別

Personality and Birth Order

The Nurture Assumption

　　老大是否一生都有自己是很特別的人的感覺？老二、老三是否都比較有反叛性？這些問題任何有兄弟姐妹的人都會感興趣，對社會心理學家來說則有理論上的重要性。幾十年來，心理學家從艾弗雷‧阿德勒（Alfred Adler）到羅勃‧塞央克（Robert Zajonc）都在建構有關出生別的理論，[1]找尋證據來支持它，這個證據必須要是老大和老么在人格上有不同，在智力、創造力、反叛性上，任何你可以想到的東西上都要有不同。這些差異——假如他們找到的話——就叫做出生別效應。

　　這些差異常常看到，但是它們常誤導你，事實上，出生別效應的證據一再地被人打倒。只要是一個仔細的審查者，只要他心中沒有自己的理論要去宣揚，只要他能夠沒有偏見地仔細檢視數據，他就會看到不對的地方。

　　仔細的審查者知道他的結論與讀者的期待不符，在論文上寫滿了評語與驚嘆號，卡米‧舒勒（Carmi Schooler）一九七二年在《心理學論壇》（*Psychological Bulletin*）上寫了一篇文章「出生別效應：這裡沒有找到，到現在都沒有找到過！」（Birth Order Effects: Not Here, Not Now!）。恩奈斯特和安格斯特在他們一九八三年的書中很堅定地說：「出生別和家中兄弟姐妹的多寡對人格沒有強烈的影響……，一個重要的環境因素，一個被認為有高相關的因素被推翻，它不是人格和行為的預測者。」茱蒂‧唐恩和羅勃‧蒲羅明在一九九○年有關兄弟姐妹關係的書中說他們的結論「與許多大家所相信的看法不合」，而說「人格的個別差異和社會中心理有問題的都與出生別無關」。[2]

　　這些強調的句子不但被社會大眾所忽視，也被許多社會心理學家所忽略。這個出生別效應的反彈力——這個每次被擊倒都能迅速

爬起來的能力，在阿爾伯特‧索米特（Albert Somit）、艾倫‧艾溫
（Alan Arwine）和史迪芬‧彼得生（Steven Peterson）在一九九六年
有關出生別與政治行為的書中有加以評論，他們說這是個被人深信
不疑的不合理的信念，如果要永遠把這個吸血鬼鏟除的話，必須要
用相當激烈的手段。他們建議在「正午十二點把木樁打進這個吸血
鬼的心臟」，這個吸血鬼就是出生別效應。[3]

　　為什麼這個吸血鬼這麼難殺死？答案是它有著強有力的魔盾所
保護著：教養的假設。心理學家和非心理學家都理所當然地認為孩
子的人格有一部分是受環境的影響，但主要受家庭教養的影響。因
為孩子在家中的經驗是受到他在家中地位的影響──老大、老么，
或夾在中間，所以許多研究者很自然地就認為出生別會在孩子的人
格上留下永久的痕跡。他們從這個觀點出發，尋找支持它的證據，
找不到誓不甘休。所以這個出生別的信仰是不會死的：它只是躺在
棺材裡靜待著別人再把蓋子打開。

　　最著名的揭蓋者是蘇洛威，他的出生別理論在他的書《生而反
抗》中有詳細陳述。[4]他的理論還很紮實，他用演化心理學來解釋
行為遺傳學家對同一家庭長大的孩子後來變得不一樣的發現。他指
出兄弟姐妹互相競爭父母的關注與寵愛，所以兄弟姐妹要愈不同愈
好，自己的獨特性是有演化上的價值的，每一個人都需要在家庭中
找到適合他生存的地方，這個差異反應在孩子的策略上；這不是父
母加諸他們的（至少不是直接的）。在這些點上，我都同意蘇洛
威，在《生而反抗》中他的確提供了非常多的數據，從各個不同的
地方找來證據支持他的理論。

　　我們從同一個起點開始，但是我們的路很快地就分歧了。蘇洛
威用家庭內的競爭來解釋成人人格上的差異。他說（見第三章）老

大保守傳承，老么可以接受新經驗、新觀念。老大很拘謹、進取、渴求地位、嫉妒；老么個性隨和，什麼都好。蘇洛威不用說，一定是老么；我是老大，天生就是叛逆的。

蘇洛威找了一大堆資料來支持他的理論，我仔細地看了他的如山資料，得出了不同的結論。下面的批評不只是針對《生而反抗》這本書，而是針對社會科學，因為所用的研究法和錯誤在社會科學中很常見，我的發現可以讓你看到當一個研究者先假設某件事是對的，然後去找支持的證據時，這樣做有什麼不對。[5]

蘇洛威對恩奈斯特和安格斯特調查的重新分析

我開始警覺到蘇洛威如山的資料可能不像他講的那麼穩如泰山，是我在《科學》期刊上看到《生而反抗》這本書的書評，評論者是歷史學家約翰‧莫德爾（John Modell），他稱讚了這本書的很多優點，但是也說了一些令我不安的批評。他對蘇洛威重新分析一篇一九八三年有關出生別的文獻回顧，有下面的意見：

> 我被蘇洛威重新分析這些資料說服了，直到我想用手邊的文獻回顧來重複一次，我沒有辦法得到同樣的結論，不管我怎麼試，結果都差得很遠。[6]

這個文獻回顧就是我在第三章提到的，它是兩位瑞士心理學家恩奈斯特和安格斯特在他們一九八三年書中的一章，恩奈斯特和安格斯特搜尋了從一九四九年到一九八〇年全世界有關出生別的每一篇文章，看完後，他們的結論是大多數的研究都沒有價值，因為

缺乏恰當的實驗控制：研究者沒有控制家中孩子的人數，或社經地位。因為社經地位愈高的人家中孩子的數量愈少，因為老大在孩子很少的家庭比較凸顯，所以沒有控制家中孩子人數這個變項使得出生別中摻進了嚴重的混淆變項。特別成功的人常是老大並不是他們在家中地位特別崇高，而是他們的家庭本來就在教育上和經濟上比較崇高。

一旦這個混淆變項在裡面了，就沒有辦法把它釐清，假如研究者沒有紀錄家中孩子的人數和社經地位的話，這個研究是一點用也沒有的。恩奈斯特和安格斯特因此集中精力去看少數那些有包括重要訊息的研究。根據這些研究，他們下結論說出生別對人格的形成沒有作用。[7]

這些同樣的資料、同樣的研究變成了蘇洛威說出生別對人格有影響的證據。事實上，這是他唯一用來支持他的看法的證據，[8]《生而反抗》這本書中大部分的統計並非直接根據人格測驗資料，而是採用歷史上有名人物在公開場合所說的意見或態度。雖然意見和態度跟人格有關，但是它們不等於人格，人格一般來說不大會改變，而意見任何時候都會改變。達爾文的《物種源起》改變了很多人的意見，但是不大可能改變那些人的人格。[9]

因為蘇洛威的出生別效應絕大部分是依據他重新分析恩奈斯特和安格斯特的調查而下的結論，而《科學》的書評者又說他無法重複這個分析結果時，這就值得注意了。我決定也來試一試看能不能重複同樣的結果。

蘇洛威在《生而反抗》中說：「假如我們丟開那些沒有控制社會地位或家庭子女人數的研究，還有一百九十六個有控制組的研究留下來，共有十二萬八百名受試者。」從這一百九十六件研究中，

七十二件支持他的理論：老大比較會附和別人、保守、有成就心、負責任、對抗、嫉妒、神經質、固執。十四件研究得出相反的結果，剩下的一百一十件則沒有顯著的效果。這個結果報告在《生而反抗》這本書的表四。根據蘇洛威的統計，這個結果是機率的可能性為千萬分之一。[10]

　　我的第一個工作是把恩奈斯特和安格斯特書中有關出生別的那一章找出來仔細讀，把那一百九十六篇有控制組的論文挑出來看。但是來回讀了二遍，我只找到一百七十九篇，我的確找到十三篇不贊成出生別效應的論文，也找到一百〇九篇沒有差別的報告，但是我只找到五十二篇贊成的研究報告，卻找不到另外的二十篇論文，我也找到五篇我不知該如何分類的。[11]

　　當我把恩奈斯特和安格斯特書中的資料打進電腦的資料庫，依作者名字來分類時，我的困惑變得更深了，顯然這一百七十九篇論文中有一些是重複出現的。假如一個研究的結果與人格不同問題有相關，它就會在書中出現好幾次，所以當我把相同作者的論文歸納在一起，以及把相同受試者的追蹤研究放在一起時，總數縮減到一百一十六篇。

　　在那個時候，我發現了在蘇洛威的表四下面有一行小字，上面寫道：「每一個報告出來的發現都被算為一個研究。」原來一個研究可以有好幾個發現，每一個發現都算是一個「研究」，這是《科學》期刊的評論者與我都搞糊塗的地方。

　　根據蘇洛威寄給我的資料，以及他在平裝本《生而反抗》一書中所加的註（第四七二頁，註六十八），我終於比較了解他是怎麼重新分析恩奈斯特和安格斯特的調查了。[12]

　　第一，他完全不相信恩奈斯特和安格斯特的話，雖然在他的

表中，他有寫道「數據之計算基於恩奈斯特與安格斯特（1983:93-189）的資料」，但是他顯然是回到最原始的訪談資料去做判斷，通常他的結論是與恩奈斯特和安格斯特不相同的，不論是在有沒有恰當的控制組以及是否支持出生別效應上都與原著者不相同。他的判斷幾乎全是贊成的理論，因為他認為恩奈斯特和安格斯特對出生別效應有偏見。[13]

其他的研究被蘇洛威拋在一邊，因為研究者沒有清楚地說明受試者有多少人或做了多少測驗，或是結果與他的理論不符。

蘇洛威把他重新分析恩奈斯特與安格斯特的數據稱之為「整合分析」（譯註：meta-analysis，收集多個同樣主題的研究，利用統計方法加以客觀的整理分析量化，將多個研究結果重新整合做系統化的分析，使其意義化）。在整合分析中，把錯誤改正，刪去做得不好的研究是合法的程序，但是他的下一步又走錯了，恩奈斯特和安格斯特有的時候在同一章節中提到某一個研究好幾次，假如這個研究對人格的好幾個層面都有闡述的話，但是他們在做統計分析時並沒有做重複的引用。當蘇洛威把「發現」重新定義為「研究」時，他把這個重複引用又往前更推進了一步。假如一個研究者給一組受試者做一個人格測驗，發現受試者中排行老大的人果然是比較聽話、負責任、焦慮、果斷、對立的話，依照蘇洛威的新定義，這個研究的五個有利結果就變成了五個「研究」。

從他給我的資料中，我替他算出來他書中實際包括的研究是一百一十六個，全部的受試者為七萬五千人，他自己說的則是「一百九十六個有控制組的研究，十二萬八百名受試者」。這句話有誤導。

當然，七萬五千名受試者也是很大量的受試者，但是他的統計

分析是根據十二萬八百個人做的，這個分析的基本假設是每一個有
利的結果都是獨立的，好像你丟一個銅板，每一次面朝上或面朝下
都是獨立的事件，但是重複地測量同一組受試者並不是一個獨立的
事件，因為任何一個特殊的樣本，例如一個有很多神經質的排行老
大的樣本就會影響基於這一個樣本的其他測量。所以一個本來是只
有統計上所謂的「百分之五的機會」來得到顯著的差異，其實就不
只百分之五的機會了。

　　比較嚴重一點的問題是蘇洛威的計算方式削減了結果沒有差異
的論文數目。他的統計是基於這樣的一個假設：假如你丟一百個銅
板實驗一百九十六次，有七十二次的實驗是人頭朝上的機率大於百
分之五十，那麼一定有什麼機制使這些銅板人頭朝上，而不可能是
巧合。但是假如你真的丟一百個銅板一百九十六次，而每一次人頭
朝下的機率大時，你就說「這次不算」，那麼結果又會如何呢？

　　當研究者測試很大一群受試者，在第一次瀏覽資料發現沒有顯
著的結果時，他們通常都會去做我在第二章中所說的「個別擊破」
的方式去重新計算資料。他們把資料分開來看，專門找有顯著差異
的小組來討論，這種做法不但大大地提高了找到可以發表的結果的
可能性，它還偏導了這個拿去發表的結果，使它看起來像符合研究
者的假設，因為符合研究者假設的小組資料一定會被發表出來，但
是不符合研究者假設的資料就不太會在論文中被提及。[14]

　　這種個別擊破的方式在恩奈斯特和安格斯特調查的研究中到處
可見，比如說，出生別在男性中有發現但是在女性中沒有；或是在
中產階級中有，但是在勞工階級中沒有；或是小家庭中的孩子有，
大家庭中的孩子沒有；或是高中生有而大學生沒有等等，研究者想
出了許多很天才的方法來分割資料。出生別效應在一個研究中有出

現，因為該研究把它界定為「那個性別中的老大」；如果只算第一個在家庭中出生，不論是男孩還是女孩時，這個效果就消失了。另一個研究是出生別效應只存在於高焦慮感的受試者中。這些例子都是取自蘇洛威認為支持他理論的研究成果。

從技術上來說，這些發現叫做「交互作用」（interaction）。一個交互作用要有意義，它必須要能重複出現；假如一個交互作用只能出現在一個研究中，那是沒有意義的。它只是給研究者一個機會去找到他要看見的東西而已，就好像丟一百次銅板都不算，因為它沒有足夠次數的人頭朝上結果，不符合你的預期。

這個分割受試者只是一個開始而已，一旦你有了一堆人在那裡，你就可以給他們做一堆的測驗或給他們做一個大測驗，裡面包含很多「子測驗」，可以把他們的回答分成許多「因素」（factors），每一個因素又可以分開來看。上面的五十二個支持蘇洛威的結果包括有一個研究發現老大比較屈服於團體壓力，但是這個效果只在二個條件之一存在的情況下出現。一個就是老么們對團體活動比較有興趣，另一個就是老大對測驗項目比老么有恐懼感，但是對測驗整體的恐懼來說，老大和老么並沒有差別。我會知道這些有正有反的結果是因為研究者有把它報告出來，恩奈斯特和安格斯特也提到了。其他研究者做了但是從來沒有報告的測驗我則無從得知，因為結果不有趣，即結果沒有顯著差異，所以研究者不會報告它。所以這一百個銅板其實丟了不只一百九十六次。我們無法知道這一百個銅板究竟丟了多少次才得到這七十二個顯著的結果。

整合分析的問題

「任何研究都該問的問題是：這個顯著差異是否超越了『機率』的期待值。整合分析使我們可以回答這個問題，整合分析是把所有的研究集中在一起而得到統計上的效力。」這是蘇洛威在《生而反抗》這本書裡說的。[15]

這是真的，但是蘇洛威所做的並不是一般我們說的整合分析。一般來說，整合分析應該會把兩個蘇洛威沒有考慮進去的重要因素納入考慮，一個就是研究的大小（受試者人數的多寡），另一個是效果的大小。大型的研究得到比較大的效應，它在比重上應該比小型的研究得到的微小效果來得吃重。在正常的整合分析中，大型的研究比重的確比較大。[16]

出生別效應，如果找得到的話，效果都很小。在研究上，假如有夠多的受試者，雖然效果很小，也是可以達到統計上的顯著。所以假如出生別效應是真的，但是很小，那麼在大型研究中比較會看到。

但是在恩奈斯特和安格斯特調查的文獻中它卻是正好反過來的，我把恩奈斯特和安格斯特論文中的一百七十九篇研究分成差不多相等的三組，用每個研究中參加的受試者人數來做區分的標準，我必須丟掉十六篇，因為沒有標明參加的人數。結果（如上表所示）與我們的預期正好相反（假如出生別效應是真的但是很小的話）：我在小型的研究中發現顯著的差異，而在大型的研究中反而比較找不到。在有三百七十五名受試者以上的組中，五十四個研究裡我只找到十個是有正面結果的。

結　果

研究大小	支持蘇洛威的理論	不支持蘇洛威的理論	無差異、不一致或不清楚	總數
小（31-140名受試者）	22	4	29	55
中（141-371）	17	4	33	54
大（384-7,274）	10	4	40	54

　　這些結果並沒有顯示小的研究比大的更容易得到顯著的效應，一個比較可能的解釋是小的研究不太可能被刊登出來，除非它有顯著的效果。[17]

　　在社會科學中，不發表沒有差異的結果是一個大家都知道的問題，不過沒有人把它當做嚴重的問題來看待（這個問題也存在於醫學研究中，它的後果就嚴重得多）。假如說病人吃了昂貴的新藥，經歷了痛苦的手術，而結果是沒有差異時，這個沒有差異就嚴重多了。不過，即使在醫學上，沒有差異的結果仍然很少被刊登出來，即使被登也是要過了很久，稿不擠了才會登出來。[18]

　　垃圾進，垃圾出，這是電腦科學的話，但是也可以應用到整合分析上。把許多小研究放在一起，你得到一個大的，但是大不一定好，在醫學研究中，小研究常常控制得不好，病人並沒有隨機去抽樣，得到新藥的人可能是病得比較重的人，或是比較沒病的人，這些研究常常沒有用「雙盲法」，即治療的醫生也就是決定這個治療有沒有效的人，而病人也知道他接受的治療是新方法還是舊方法。

　　一般來說，一個新的醫療法通常是先經由許多設計不好、控制不好的研究來評估。假如看起來滿有希望的，那麼才有人去做一個有「決定性」（設計良好、有控制組）的研究，也就是醫學研究者

所謂的「黃金標準」（gold standard）。這個黃金標準是大型（至少
一千個病人）、隨機取樣、雙盲法、研究者與藥廠或利益團體沒有
任何的掛鉤。但是這種研究在我的研究領域中是很少見的！偶爾會
有一、兩篇心理學的研究登在醫學的期刊上（見第十三章），但是
假如它們是以同樣的標準來審核的話，它們永遠不可能被刊登出
來。

　　《新英格蘭醫學期刊》（*New England Journal of Medicine*）有一篇文
章比較黃金標準醫學研究的結果與以前比較小的研究用整合分析
的方法分析出來的結果。作者說：「我們所用的十二個大型隨機抽
樣、有控制組的結果，有百分之三十五的時候是無法用根據以前發
表過的小型研究加以整合分析來預測的。」[19]當效果有不一致時，
有知識的醫生會採信大型的、有控制組的研究，而不會去相信一堆
小型研究結果的整合分析。

　　在出生別研究中，最接近黃金標準的研究是恩奈斯特和安格斯
特做的。這個研究的目的是要去驗證他們調查的結果，在那本書的
最後一章有報告這個實驗。他們的實驗做得很緊密，用了所有應該
用的控制，測試了更多的受試者，七千五百八十二名年輕人，測量
了十二個不同的人格層面，包括有多開朗。他們用的是自我報告的
問卷調查。結果在只有二個孩子的家庭中，恩奈斯特和安格斯特沒
有發現任何出生別效應在任何一個層面上。三個以上孩子的家庭，
他們發現一個有效的差異：老么在男性化向度上比較弱一點。[20]

　　因為他的理論無法解釋這個實驗，蘇洛威在他的《生而反抗》
這本書中對這個實驗隻字不提。

一九八〇年以後的出生別

　　恩奈斯特和安格斯特的調查只到一九八〇年為止，蘇洛威的也是。但是人們仍然繼續在做出生別的研究，我決定找出一九八〇年以後發表的研究。現在要做這種事並不困難，即使無法使用大學圖書館都沒有關係，我可以上網搜尋《心理學摘要》（*Psychological Abstracts*）中的文章，使用關鍵字查詢得到相關論文的摘要。

　　我搜尋有「出生別」以及「人格或社會行為」這兩個名詞的文章，結果我找到一百二十三篇，在淘汰掉那些沒有在摘要中講到他們的結果是什麼的，以及不是研究出生別和人格或社會行為的關係的文章後，剩下五十篇。我再把這五十篇依贊成蘇洛威理論、反對蘇洛威理論及沒有差異或不清楚的分組，[21]然後我把它畫成下面的表格，我的結論與恩奈斯特和安格斯特一樣，出生別要不是對成年人格毫無影響，不然就是這個影響非常小，不可能有什麼實質上的重要性。

結果與蘇洛威理論的關係	研究的數量
贊成	7
反對	6
一半一半	5
沒有差別	20
不清楚	12

它存在於家庭之中

假如出生別真的對成年人格沒有影響，那麼為什麼每一個人都認為它有影響？為什麼大眾對於老大和老么的看法這麼多年來都這麼一致？蘇洛威對老么的描述與別人對他的看法相當地一致：隨和、愉悅、有反叛性，或許加上一點的不成熟。假如這些刻板印象是不正確的，那麼它是從哪裡來的？

它是從家裡來的，從父母觀察他們孩子的行為以及孩子觀察他們兄弟姐妹的行為，是觀察人們在家中的行為。

在恩奈斯特和安格斯特所調查的研究中，有好幾個是請父母去描述他們孩子的人格，或是孩子去形容他們兄弟姐妹的行為。這種研究的結果通常符合蘇洛威的理論，也符合大眾的預期。父母形容老大是嚴肅的、敏感的、有責任心的、憂心的、老成的。老么是獨立的、快樂的、反叛的。老二則說上面大的都很凶、使喚小的做他自己不要做的事、管得很多、很獨裁等等。[22]

用這種訪問父母或兄弟姐妹的方式的小型研究占蘇洛威書中的絕大部分，大多數的結果都是贊同蘇洛威的理論。事實上，在恩奈斯特和安格斯特的調查中，用家庭分子來評量的研究中，有百分之七十五是支持他的理論的，但是在自我報告中，只有百分之二十二。

恩奈斯特和安格斯特注意到這兩種資料收集方式有相當大的落差，他們批評用家庭分子來評估人格的缺點。他們指出，第一，父母對孩子的判斷效度可慮。我在本書中有指出，父母的判斷與家庭以外的人的判斷差別很多。此外，父母對孩子的評語常包括他對老

大和老么的比較，而老大當然看起來比較成熟。

　　出生別效應通常在父母和兄弟姐妹中的評量裡出現，在外人的評量裡消失。恩奈斯特和安格斯特指出好幾個可能的解釋，一個就是人格本來就與社會情境有關，老大行為就像個老大，老么行為就像老么，當他們在父母面前或兄弟姐妹一起時，他們的行為就是如此。恩奈斯特和安格斯特說「老大效應可能是父母特定（parent-specific）」，只有父母在場時才出現。[23]我在第四章中有談到支持這個說法的證據，孩子在家庭中的行為是不會帶到家庭以外的場合去的。

　　出生別效應在人格中的確存在，它存在於家庭之中。人們在離開家時也把它一併留在家中了。這是為什麼大部分不用家裡的人來做行為或人格評量就得不到這個效應的原因。[24]

創新和叛逆

　　《生而反抗》這本書的重點不在人格而在創新和叛逆。根據蘇洛威的說法，老么比較可能接受激進或革新的看法，拒絕父母的老舊觀念。[25]為了支持這個假設，蘇洛威收集了許多歷史上的名人在公開場合所講的話和他的行為來做證據。

　　在評論〈生而反抗〉這本書時，歷史學家莫德爾有注意到評論這本書所引用的歷史資料的困難。「作者的熱情與投入使得本書的寫法是去說服讀者，而不是把資料攤開來讓讀者自己去判斷。」[26]我也有同樣的看法。要驗證這本書所說的看法，我必須要去找別的研究者的證據才行。

　　蘇洛威的理論預測老大和老么在政治立場上會不相同：老大

應該比較保守，老么比較自由派，索米特、艾溫和彼得生在他們
一九九六年出版的出生別和政治行為的書中下了這樣的結論：

> 我們檢視了所有可以找到的有關出生別和政治關係的
> 研究，這個研究的行為範圍很廣，從個人參與政治活動、對
> 政治有興趣、對言論自由的態度、自由派與保守派的優劣、
> 領導者的偏好、政治社會化、權謀主義（為達目的不擇手
> 段）、非傳統的行為，以及民選或官派等等。在許多研究
> 中，數據都沒有顯示任何有意義的出生別和政治立場的關
> 係。在那些有顯示關係的研究裡，重要的統計都執行不當，
> 令人對結果的效度有很大的存疑。[27]

蘇洛威說老么比較有反叛性，不願意附和父母的看法，青少
年和孩子反抗父母最通常的一個方法就是不做功課。這種方式留
下一個很容易追蹤的痕跡，結果這部分的資料與一般人所想的正
好相反：在學校中表現得在自己能力之下與出生別無關，心理學家
羅勃‧麥寇爾（Robert McCall）說：「系統化的研究沒有支持在校
表現不好與出生別有關的說法，排行小的沒有比排行年長的表現
差。」[28]

蘇洛威說老么比較可以接受革新的觀念，心理學家馬克‧倫科
（Mark Runco）研究小孩子的「放射性思考」（divergent thinking），
即不按照常規去想的孩子，他發現排行小的孩子在放射性思考測驗
中所得到的分數不會比較高，事實上，老大和獨生子得到比較高的
分數。[29]

研究顯示假如夫妻雙方的人格和態度相近時，婚姻會比較美

滿。[30]假如出生別對人格和態度有影響的話，那麼長子與長女結婚、么子與么女結婚，應該都會比長子和么女結婚、么子與長女結婚來得快樂幸福。在這裡唯一的證據是正好相反的，心理學家華特・托曼（Walter Toman）報告說長子與么女或么子與長女結婚的配偶比較少離婚。[31]

最後，蘇洛威的理論預測當社會中老么的比例比較高時，社會會動盪不安。弗雷德里克・湯生（Frederic Townsend）用二十世紀的人口普查資料推翻了這個說法，而且相當有說服力。美國在叛逆的一九六○年代，二十歲到二十五歲的年輕人中其實老么的比例比較低；老么的比例比較高的是平靜的一九五○年代。它到一九七○年代又高起來，而那正是年輕人叛逆逐漸消退的時候。[32]

出生別、演化和社會改變

蘇洛威的理論是基於達爾文的適者生存概念，蘇洛威認為兄弟姐妹在爭取家庭資源中是一場你死我活的競爭。他的兄弟關係模式是《聖經》中該隱和亞伯以及藍腳鰹鳥（blue-footed booby）的模式，藍腳鰹鳥第一個孵出來的小鳥會把其他後孵出來的鳥啄死，以減少競爭。

兄弟姐妹之間的互相殘殺主要發生在同時撫養許多後代的物種上。靈長類通常是採用序列式的撫養法，一次生一個。[33]如我在第六章所說的，黑猩猩的兄弟們小的時候是玩伴，長大後是有力的盟友。在傳統的人類社會中也是一樣，該隱和亞伯是人類社會中的親兄弟謀殺。[34]

但是殺兄弟在某些情況下變得比較常見，在封建的社會裡，長

子繼承制度使得財富、爵位、所有東西都歸屬長子時，次子、么子會想要分一杯羹，在這種情況下發生的謀殺從表面上看起來會完全像蘇洛威所描述的兄弟姐妹鬩牆：爭父母的寵愛、爭家庭的資源。但是，我認為謀殺的動機不是年幼的想要增進他在父母心目中的地位，把長子殺掉並不能提升他在父母心目中的地位，但是卻可以改進他的社會地位，那個是他一輩子要過的生活方式，長子繼承制使得長子在他的「團體」（他所生活的社會）中掌權，並不僅僅在他的家庭中而已。在團體中的爭領導地位會導致謀殺，這在許多動物中皆如此，在人類社會裡也一樣。

決定兄弟姐妹之間的關係並不只限於家庭中的因素，家庭外的因素也很重要，這是為什麼出生別效應在有的情況會出現。當歐洲的封建社會實施長子繼承制時，小的孩子是活在兄長的陰影之下，這情形不只是在家中，而是如影隨行的。在有錢人家的孩子在家中受教育、沒有錢人家的孩子不受教育的時代，小孩子花很多的時間與他們的兄弟姐妹在一起，小的孩子不僅在家中要聽兄長的話，出去玩的時候也一樣。我的理論預測：長期停留在這個團體階層的最下層，會在孩子的人格上留下永久的烙痕。

在今天的西方社會，長子繼承制度已經不流行了，小孩子只有在家中的時間才跟他的兄弟姐妹在一起。出了家門，他們便與同年齡的孩子一起玩。在家中一切要聽兄長話的么兒可能在他的同儕團體中是人家要聽他的話的人。當現代孩子離開家去上學時，這個家中兄弟姐妹的行為模式是留在家中不帶走的，就像移民的孩子他父母的語言是留在家中不帶出去的。

或許出生別效應在長子繼承制度流行時是存在的，這或許可以解釋蘇洛威書中的一些歷史資料。[35]現代的研究使用可驗證的人格

評量，就不再發現這個出生別效應，或是效應小到可以被忽視。舒勒的文章標題是對的：「出生別效應：這裡沒有找到，到現在都沒有找到過！」。

　　至於出生別效應對於智力的影響為何？關於老大在智商上占優勢的說法，每隔一段時間就會被提出，而且被廣為宣傳，但我仍難以信服。如果老大真的比較聰明，他們的成績應該比弟弟妹妹優秀，但是並沒有。老大讀大學的比例也沒有比較高。[36]幸好我不需要為此爭議的結果下任何賭注，因為我的理論只跟人格和社會行為有關，與智力無關。人格並不會受到出生別的影響，因為從家中習得的行為模式在外面並沒有用處；相反地，你從家中習得的真實資訊或認知技巧，是你到任何地方都可以用得上的。

驗證兒童發展的理論

Testing Theories of Child Development

The Nurture Assumption

　　這本書提出了三個主張是你可能從來沒聽過的。第一個主張是，父母對子女的人格塑造幾乎完全沒有影響力。子女的人格和行為之所以與父母相似，是因為下面這兩個原因：子女從父母那兒遺傳到他們的基因，還有他們通常都歸屬於同一個文化或次文化底下。

　　第二個主張是，子女社會化以及人格塑造的過程是在家庭以外的經驗中，也就是在他們與同儕共處的環境中完成的。

　　第三個主張與類化有關。長久以來，心理學家一直認為行為模式和情感，可以很容易地從一個社會情境傳遞到另一個社會情境中。但是根據我的第三個主張，這個想法是錯誤的。一個人在不同的社會情境中之所以傾向於表現出相似的行為模式，主要是因為基因傾向這麼做。無論你走到哪裡，你的基因都跟著你，但是與父母和兄弟姐妹相處的行為模式，只有與他們在一起時才有用處，孩子沒有必要將舊的行為模式帶到新的社會情境中，他們完全可以順應新的環境學習新的行為模式。

　　當人們總結我的觀點時，第三個主張經常被忽略，但是我認為它是我的理論中最重要、最與眾不同的一環。我的看法已經被媒體簡化為一句話：「父母是不重要的。」父母當然是重要的！但是他們重要的原因是什麼？他們扮演什麼角色？我對第一個問題的回答是：因為關係對所有人而言都很重要。[1]我對第二個問題的回答是根據我的第三個主張：父母在家裡很重要。

對的研究

　　在本書中，我已經舉出相當多的證據來支持這三個主張，但是

人們永遠需要更多、更漂亮的數據。在本書第一版出版後,許多相關的研究陸續發表,我將敘述其中幾篇研究,來說明何為有效的研究方法、何為無效的研究方法。

柯比‧迪特德卡(Kirby Deater-Deckard)和羅勃‧蒲羅明為我的理論提供了一個漂亮的驗證。他們研究親生手足和領養手足的攻擊性行為,孩子的攻擊性是由父母和老師在前後數年的期間進行多次評量。這個研究的結果證實了我的理論:父母的評量結果認為年紀較大的孩子攻擊性比年紀小的孩子強,而老師的評量結果則沒有差異。[2]老大在家裡的攻擊性比較強(根據父母的評量),但是在學校卻不會(根據老師的評量)。老大對弟妹的主導行為,以及弟妹對老大的讓步行為,只在家裡有用。在學校的操場上,老大可能必須臣服於更大的孩子,而弟弟也許正好是班上身高最高的人。

有兩點讓這個實驗的設計非常強而有力。第一,迪特德卡和蒲羅明是拿兄姐和弟妹相比較,我們可以放心假設這兩組的基因條件是相等的,兩組之間並沒有明顯的基因差異,因此這個實驗用很簡單的方法控制了基因對評量結果的影響。

第二,迪特德卡和蒲羅明同時讓父母和老師進行評量,父母的評量可以做為孩子在家中行為的指標(雖然不是那麼準確),而老師的評量則是孩子在學校行為的指標(較準確)。由於平均而言兄姐和弟妹在學校的經驗都是相似的,但是在家裡的經驗卻是不同的,因此透過這個實驗,我們可以檢視這兩組評量的結果是否如我的理論所預測的會有所不同。它們的確不同,這為我的第三個主張提供了強有力的證據。

接下來再看奧沙隆‧卡斯匹和泰莉‧莫菲特所做的兩個研究(我在第十二章中也曾提到他們對青少年犯罪的研究),這兩個研

究的受試者都是雙生子——這是我相當認可的方法。根據研究者的
說法，第一個研究顯示如果有好的父親，那麼與父親同住的孩子行
為表現較佳，但是如果父親有「高程度的反社會行為」，那麼沒有
與父親同住對孩子反而比較好。如果有反社會的父親在身邊，孩子
比較可能會表現出不好的行為。第二個研究顯示，根據研究者的說
法，曾被暴力虐待的孩子，行為表現也會比較差，也就是比較容易
出現反社會行為。[3]

　　這兩個研究都是從母親和老師取得評量結果，這點與迪特德卡
和蒲羅明的研究方法一樣。是母親回答父親是否同住的問題，是母
親回答父親是否有反社會行為，也是由母親回答孩子是否曾被暴力
虐待（包括被她自己暴力虐待），而且是由母親來填寫問卷以評估
孩子的行為問題與反社會行為。老師也填寫類似的問卷，但是請注
意，研究者處理這兩份問卷的方法是：「將母親和老師對孩子的反
社會行為評量結果相加，得到一個反社會行為的綜合分數。」[4]

　　研究者並沒有告訴我們母親和老師的評量結果分別是什麼，而
是直接告訴我們兩者的綜合分數，因此我們無法從這份研究報告
中得知，家中有行為不當的父親，或是曾在家中受到暴力虐待，是
否只會影響孩子在家中的行為，或是也會影響他在學校的行為。事
實上，即使是孩子在家中的行為評量也令人存疑，因為孩子的評估
者同時也是回答孩子父親是否有反社會行為的人（在第一個實驗
中），以及回答孩子是否曾被暴力虐待的人（在第二個實驗中）。
當同一個人回答兩種不同的問題時，無可避免地會出現相關性（參
見我在第十三章中對反應偏差的討論）。加上老師的評量對這個
問題並沒有幫助，如果老師的評量結果顯示對孩子在學校的行為沒
有影響，這個結果將無法呈現出來，因為老師與母親的評量是加總

呈現的。在其中一篇研究中，研究者試圖淡化這項嚴重的缺失，說明老師的評量結果與母親的評量結果兩者具相關性，在五歲的孩子是〇點二九，在七歲的孩子是〇點三八。[5]然而，這些微的相關或許只是反映出基因對行為的影響。我推測家庭與學校之間的行為轉移，有部分是因為孩子的遺傳傾向。這在迪特德卡和蒲羅明的研究中不成問題，因為兄姐和弟妹之間應該沒有遺傳傾向不同的問題。

子女對父母的效應

　　二〇〇〇年出版了一本重要的書，它為一個長達十二年的研究總結成果。這個實驗的研究者是專精於家庭治療（family therapy）的精神科醫師大衛‧賴斯（David Reiss）、行為遺傳學家珍妮‧尼德海瑟（Jenae M. Neiderhiser）、發展心理學家馬維斯‧海德林頓（E. Mavis Hetherington），以及行為遺傳學家羅勃‧蒲羅明，這個實驗的受試者是七百二十對手足，年齡從十歲到十八歲不等，他們都有安穩的家、與雙親同住，但是其中有些父母是再婚的，所以其中有些手足是沒有血緣關係的，或是同父異母、同母異父的。這其中也有同卵雙胞胎和異卵雙胞胎，因此這些受試者配對的基因相似程度，從完全相同（同卵雙胞胎）到完全不同（異父異母）都有，或是程度介於兩者之間。這樣的實驗設計讓研究者可以很容易估算基因對行為或人格評量的影響，測量的項目包括：反社會行為、社交能力、勤奮、自尊、獨立、憂鬱症狀……等等。研究者收集了來自各方的測量結果，包括母親、父親、受試者自己、受過訓練的觀察者等都表達了他們的意見。這些測量結果被加總平均，但是在這個研究中這種做法是沒有問題的，因為他們觀察的是在家中的行為和

人格特質，包括父母的行為和孩子的行為，他們並沒有將家中和學校的測量結果綜合起來。[6]

　　這個研究的目的就是要探討我在第三章所說的「兩者皆非」的問題：兄弟姐妹之間的人格差異既非導因於基因，也非來自家庭環境，而是另有其因。研究者試圖尋找家中「微環境」的差異，例如以父母的對待方式不同，來解釋兄弟姐妹之間的一些人格差異。

　　研究者發現，父母對待每個孩子的方式確有不同，然而這卻不足以解釋兄弟姐妹之間的差異。兄弟姐妹彼此之間的關係（不同年齡之間的不對等關係），也不足以解釋他們的差異。「由於我們的十二年大型研究是為了找出非遺傳、非共享的環境因素，我們一無所獲的結果不僅令人失望，而且是一大刺激。」賴斯承認道。[7]

　　這個結果讓賴斯很失望，但是我卻不這麼認為。這個研究得到一個很重要的結果：父母以不同的方式對待孩子，那是他們對孩子的行為所產生的反應，而不是造成孩子行為不同的原因。孩子的行為不同，有部分是來自於基因差異，而父母只不過是對這些基因差異的外顯行為做出不同反應罷了。

　　至於造成手足差異的非遺傳因素，我認為「一無所獲」是很正常的，因為他們所測量的這些項目，都不是真正的原因。其中一位研究者羅勃‧蒲羅明後來表示，對於他們只在家庭中尋找造成差異的因素，他感到相當後悔。「正如同哈里斯在一九九八年已經相當犀利地指出」，他說，應該同時尋找家庭以外的因素，兩面下注才不會有所遺漏。[8]

　　至少這些研究者的時間和努力並沒有全然白費，這項嚴謹的大型研究清楚證明了子女對父母的效應。父母以不同的態度對待兩個孩子，是因為兩個孩子原本就不同，但是這個差異不僅是基因上

的，至少就字面上的意義而言。父母對待年紀小的孩子和年紀大的孩子不同，對待生病的孩子和健康的孩子不同，即使是對待基因一模一樣的同卵雙胞胎，態度也有些微的不同——雖然二〇〇八年《美國人類遺傳學期刊》（*American Journal of Human Genetics*）的報告指出，即使是同卵雙胞胎的基因也有些微差異。[9]

有些發展學家認為，同卵雙生子很適合用於研究子女對父母的效應，[10]如果父母對待他們的方式有所不同，就不能夠歸因於他們的基因不同，對吧？但即使是在我們知道同卵雙生子的基因也有些微差異之前，我們也很清楚他們並不是完全相同的。他們從一出生就不同，熟悉他們的人可以一眼就認出他們來。由於在胚胎發育過程中有一定程度的不可預測性，稱為「發育干擾」（developmental noise），因此他們的身體發育也有略微的不同，例如不同的指紋、不同的胎記，大腦也稍有不同。[11]若其中一個罹患糖尿病或精神分裂症，另一個仍可能是健康的。即使是在嬰兒時期，他們也各自擁有獨特的人格特質。因此，即使是同卵雙生子，父母也可能因為他們之間既存的微小差異，而以不同的方式對待他們，並不能說是父母的差別待遇導致他們的不同。

研究反社會行為

研究反社會行為或攻擊性行為是一個很熱門的課題，不只是在發展心理學領域，在社會學和犯罪學領域亦然。在犯罪學領域中，由凱文·貝維（Kevin Beaver）和約翰·萊特（John Paul Wright）領導的研究團隊，最近完成了一系列開創性的研究。絕大部分的犯罪學家都對教養的假設深信不疑，正如貝維所說，他們都相信「父母是

犯罪行為的主因」。受到我的研究結果影響，貝維和同事們進行了
一系列的研究，目的是為了驗證教養的假設。[12]

　　第一個研究的題目是：「父母對於建立孩子的自制力而言是否
重要？」在這項研究中，研究者評量父母的教養方式，例如孩子
得到多少注意和關愛、是否建立生活常規或是嚴格執行……等等，
他們也請父母和老師填寫問卷來評估孩子對衝動和情緒的控制度，
以及在學校的行為是否得當，但是他們將父母和老師的評量結果分
開。這個研究的對象是雙生子，因此研究者很容易估計基因對自制
力的影響，一旦把基因列入考量，父母的教養方式與老師對孩子自
制力的評量結果兩者之間就失去了相關性。[13]

　　如果說父母對於建立孩子的自制力而言並不重要，那什麼才是
重要的？嗯，基因是重要的，第一個研究結果這樣顯示。但是還有
嗎？第二個研究的主題同樣是針對自制力，同樣是由父母和老師評
量孩子的行為，由父母回答他們的管教方式。雖然沒有適當的基因
控制（這個研究的對象不是雙生子），但是父母的教養與孩子的自
制力之間幾乎沒有關聯性。在研究者所觀察的其他因素中，最強有
力的預測指標是教室裡其他孩子的行為。事實上，如果班上有調皮
搗蛋的同學，孩子的自制力相對會較差，即使在家裡也是一樣。[14]
在第八章中，我提到一位學齡前兒童會學托兒所玩伴的口音，並把
它帶回家中，這裡證明其他種類的行為也有同樣的情況發生。

　　每個人都知道，問題家庭中的青少年比較可能出現貝維和萊特
所謂的「反社會生活形態」（antisocial lifestyle），第三個研究的目
的就是要驗證這個關係。我直接切入結果，這項研究的結果顯示家
庭功能（青少年的活動是否受到仔細監管、是否與父親同住、父母
對於管教方式意見是否相同、家庭是否用心經營等）對青少年「影

響非常有限」。「然而，有反社會生活形態的青少年，對於家庭功能有負面影響。」[15]換句話說，青少年的反社會行為之所以與家庭功能失調相關，其實是由於子女對父母的效應！

最後一個研究是關於青少年加入反社會同儕團體的原因。反社會同儕會帶壞一個孩子，這是無人置疑的，但是大多數的犯罪學家和發展心理學家都相信，正確的教養方式可以防止孩子加入錯誤的同儕團體，這就是貝維和萊特的研究團隊在這個研究中所要驗證的假設。這回研究者使用的是行為遺傳學的方法，以雙生子為受試者，評估基因對青少年加入反社會同儕團體的影響。他們發現基因的影響很大，至於父母的教養方式則無關緊要。無論父母對待兩個孩子的方式相同或不同，都不會影響他們是否加入反社會同儕團體，或是否出現反社會行為。[16]

基因如何影響青少年去選擇不同類型的同儕團體呢？透過間接的方式，基因會影響青少年的人格、智力、天賦等等。如果基因讓孩子較聰明、較認真，他就比較可能加入知識導向的同儕團體；如果基因讓孩子愛冒險、容易衝動，他就比較可能加入父母不希望的那種同儕團體。如同我在第十二章中所說：「有攻擊性的少年通常和那些愛冒險犯難、尋找刺激的人在一起；所謂物以類聚。但是這種人格特質是有基因的成分在裡面的，所以當孩子去尋找跟他一樣的人做朋友時，他其實是在尋找跟他有相似基因的人。」[17]

驗證第二個主張

我之所以引用第十二章的這段話，是因為有些發展心理學家在第一次閱讀時顯然忽略了它。同儕團體中的成員從一開始就比較相

似，這個事實經常被用來做為反駁我的假設的證據，[18]他們的理由是：我宣稱孩子的社會化是透過認同一個同儕團體、學習這個團體的行為和態度，結果孩子會與他們的同儕愈來愈相似，但是如果他們從一開始就很相似，那麼我就不能把它當做支持我的理論的理由了！

是的，這就是為什麼我沒有使用組內相似性（within-group similarity）的標準研究來支持我的理論。要區分出原因和結果需要很聰明的研究方法，例如湯瑪士‧金德曼的研究，他發現當孩子轉換團體時，態度也隨之轉變。他的研究結果顯示，同一個團體的孩子在一開始時是比較相似，但是當被團體同化之後，他們會變得更相似。強盜洞營區的研究提供了另一個很好的例子，研究者找來一群同質性很高的男孩，將他們隨機分成兩隊，以控制兩隊成員的相似性。[19]

然而，團體中的成員並非在每一方面都相似，他們的相似之處只在於那個凝聚他們在一起的特質，例如對學校功課積極或消極的態度（在金德曼的研究中），或是愛冒險的傾向（在反社會同儕團體的研究中）。雖然這些共同點會因為團體的同化而增強，但是他們在其他方面並不會變得更相像，分化會增大團體內的差異。社會化導因於同化，但人格差異則導因於分化。

在第一版時我沒有清楚解釋這點，許多讀者以為我將人格差異（例如手足間的差異）歸因於他們屬於不同的同儕團體。他們以為可以藉由下面這個問題來驗證我的理論：屬於同一個同儕團體的手足，是否比屬於不同團體的手足更相似？[20]他們或許會更相似，但是他們的相似是造成他們選擇相同團體的原因，而不是結果。我的理論並沒有預測說，加入同一個團體會使雙胞胎或兄弟姐妹的人格

更加相似，雖然他們在某些方面的確會變得比較相似，例如對待學校功課的態度。

另外一個誤解來自對友誼與團體的混淆。的確，大部分的人會從他們的團體中選擇朋友，但是如同我在第八章中所解釋的，一個孩子可以認同一個團體（而被這個團體社會化），但是卻不喜歡這個團體的成員，或是不被這個團體的成員接受。提供社會化的團體也不必是真實的同儕團體（實際上整天混在一起的一群孩子），提供社會化的「團體」指的是「社會類別」，學齡女孩可以認同一個社會類別，即使她不常跟一群朋友閒晃（女孩比較喜歡跟一兩個朋友在一起）。朋友之間的行為會互相影響，但是這些影響是短暫的。根據團體社會化理論，友誼與其他人際關係一樣，都沒有長期的效應。[21]

或許我的錯誤在於，我讓第二個主張聽起來像一個主張，但其實它是兩個主張。第二之一個主張是關於社會化，我將它歸因於團體認同與同化；第二之二個主張是關於人格發展，主要是導因於團體內的分化作用。有許多證據支持第二之一個主張，諸如金德曼的研究、強盜洞營區的研究、貝維和萊特關於同學行為影響的研究等，但是我們需要證據來支持第二之二個主張。

我的預測是，童年與青少年時期在同儕中的地位高低，將會影響成年後人格中的自信心強弱。但是，在同儕中的地位不等於被團體接納的程度，也不等於在班上受歡迎的程度。發展心理學家已經收集了很多資料是關於「受歡迎」和「不受歡迎」的孩子，但是這些研究都不能用來驗證我的理論，因為大部分研究的問卷並無法區分出對「受歡迎」的不同定義。有攻擊性的孩子或許不受歡迎，但是有些孩子在團體中卻擁有較高的地位。針對大學生所做的研究顯

示，在團體中的受歡迎程度和在團體中的地位，兩者有很大的差
別。[22]

　　至於團體內的分化是否會造成長期的效應，我所發現最好的證
據來自於一個早期的小型研究（我在第八章的結尾提到過它）。瑪
莉‧瓊斯（Mary Cover Jones）比較了青少年期個子矮小的男孩和比
較高大的男孩，她發現兩者有顯著的人格差異，而且這個差異持續
到十五年後，即便晚熟的那組孩子後來也長高了，但是他們在成年
後仍然顯得比較沒有自信心、在人前比較不自在。而青少年期個子
高大的孩子，在成年後有好幾個都位居公司的高層，[23]高大、早熟
的青少年在同儕中擁有較高的地位。

　　瓊斯的研究發表於一九五七年，目前為止還沒有人重複她的研
究，但是最近有一份研究提供了間接的證據支持。這份研究來自於
經濟學家，而不是心理學家。經濟學家嘗試找出為什麼個子高的男
性比個子矮的男性薪水高的原因。平均而言，個子高的成年男性在
青少年期的個子也比較高，但是這個相關性並不是絕對的。經濟學
家透過統計的方法，能夠區分出成年期個子高的效應與青少年期個
子高的效應，他們發現決定成年時薪水高低的因素，並不是成年期
的身高，而是青少年期的身高。[24]

　　我把這個結果解釋為，青少年期在同儕中的地位高低，對於人
格發展具有長久的效應。高個子男性的薪水高並不是因為他們的身
高比較高，而是因為平均而言他們擁有比較高的主導性和自信心。

　　我在第八章中也提到另外一個例子，個子矮的男孩比較容易出
現心理問題，但是到目前為止，我還沒有看到報告指出它有長期的
效應，或是對人格有什麼影響。這類型的研究需要很大的耐心以及
大規模的資料收集，因為大部分個子矮的男孩長大後還是比較矮，

所以要驗證童年或青少年期個子矮對人格有長期效應的假設,需要收集很大量的研究資料,才能在統計上找出意義。

若要找出地位對女性的人格發展是否有長期效應則更加困難,因為對女孩而言,個子高不代表在團體中的地位較高。漂亮的女孩在團體中的地位較高,而且證據指出,漂亮的女性比較有自信,[25]但是究竟是因為自信的女人比較美麗,還是因為美麗而產生自信?美麗的指標不像身高的指標那麼明確。

雖然高個子擁有較高的地位這個邏輯只適用於男孩,但是較成熟的孩子擁有較高的地位卻是兩性皆準。如果是這樣,我們應該可以從入學的年齡看出人格差異:在小學和中學時期年紀比班上同學大的孩子,應該與年紀比較小的孩子有所不同。[26]由於入學年齡的限制,在同一個班上年紀最大的孩子跟年紀最小的孩子相差將近有一歲,如果不考慮提早入學或延後入學、跳級或留級、搬家等案例,還有很多可以研究的對象。研究者可以將這些對象分成兩組,年紀大的組和年紀小的組,或是分成四組,比較年紀最大的組和年紀最小的組。研究者可以對成年人進行人格測驗,這個研究方法的好處是它可以控制基因的影響。我們知道早熟和晚熟的人有基因差異,高個子和矮個子也有基因差異,這些基因差異對人格可能也有直接或間接的影響,我們無法排除這個可能性。但是正如我們把哥哥和弟弟視為遺傳上沒有差異,我們也可以把九月出生的人和三月出生的人視為遺傳上沒有差異。

語言和口音

你應該已經注意到,我偏好藉由觀察語言和口音的研究方法來

排除基因的效應。孩子對語言或口音並沒有天生的傾向，它完全來自於社會環境，特別是他們與同儕共處的環境。我在第九章中提到的證據是來自於觀察移民家庭的子女、聾人家庭的正常子女，以及正常家庭的聾人子女。在這些案例中，子女在成年期所用的主要語言，是他們在兒童期與青少年期與同儕溝通所用的語言。

　　但是別誤會，有時候移民家庭的子女在成年時說話仍帶有外國口音，這在幾種情況下會發生。較罕見的情況是社會功能障礙所導致，例如自閉症的孩子會保有父母的口音，這顯然是因為他們對同儕缺乏認同感。[27]較常見的狀況是，孩子成長的環境、居住的區域、進入的學校有許多人都是來自同一個地方的移民，在這種情況下，孩子與同儕通常使用兩種語言，而他們會保留原有的口音，因為他們的同儕都是這樣說話的。

　　另一種常見的原因是年紀，孩子移民時若已進入青少年期，就可能無法完全改變原來的口音。但是這個年齡的界線並不一致，也沒有人知道為什麼。有些人對語言特別有天分，或是模仿能力特別強，就能夠在任何年齡學習新的口音。有些人在十二歲移民美國，但是仍一直保有原來的口音，而有些人上大學後才到美國，卻可以說一口道地流利的美式英語。這與身體的成熟度有關嗎？如果是的話，女孩的年齡界線會比男孩早嗎？

　　另一個有趣的問題是，為什麼在某些國家中，男孩和女孩的口音聽起來會略有不同？[28]我發現男孩團體比較容易學習那種（在他們的父母聽起來）比較「低級」的口音，或許那些擁有社經地位的成年人所使用的口音，在男孩們聽起來比較孬，又或許他們覺得那太像女生。

　　男孩不喜歡自己說話的方式像女生，當你聽見一個孩子在說話

時，通常你可以分辨出這是男孩還是女孩，即使你看不見他。男孩的聲調比較低沉，即使是在青春期變聲之前也是如此。在兒童期中期，男女之間的音調差異比生理因素所造成的差異更大。[29]根據團體社會化理論，這個音調上的差異是由於兒童期中期男女團體隔離的社會化所造成，男孩團體和女孩團體之間的對立效應，加大了男女之間的音調差異。

關於音調差異，團體社會化理論提出了幾個可供驗證的預測。讀男校的男孩，以及沒有或很少接觸到女孩團體的男孩，應該比一般男女同校的男孩說話音調高，而男女同校的男孩在學校說話的音調，應該比在家裡說話的音調低。

給研究者的一些建議

首先，研究方法必須排除或控制基因對結果的影響。受試者不一定要是雙生子或螟蛉子，還有其他方法也可以排除基因的效應，如同你在本書所見。但是有許多問題只能透過行為遺傳學的方法來解答，除此以外似乎別無他法。理論上，在不久的將來，研究者就能直接掌控基因的影響，解讀出每一位受試者的完整基因碼，但是目前這些基因資訊對我們而言並沒有意義，因為行為和人格是數百個基因作用下的產物，這些複雜的作用和交互作用是研究者尚未理解的。目前的科技只允許一次研究幾個基因的效應，雖然這類研究可以得到相當有趣的結果，但是仍不足以控制所有的基因對某個行為的影響。

第二個原則是研究者不可忽略這個事實：人類對於情境是相當敏感的。如果研究者想要驗證的假設是關於孩子在學校中的行為

會受到某個環境變項的影響，那麼研究的設計就必須避免測量上的偏差，例如詢問孩子的母親可能就不是個好方法，在家中讓孩子做答也會造成測量上的偏差。即使是在實驗室中，母親帶孩子到實驗室、在旁邊等候，或是在背後晃來晃去，也會讓孩子混淆而無法區辨在家或在外的行為（或感覺、態度）。[30]若實驗室中只有父母與孩子獨處，沒有其他孩子在場，也會讓情境比較像在家中，而不像在學校。

　　無論如何，像實驗室這樣陌生的環境，並不適合用來驗證團體社會化理論所提出的預測。我之前說過：「孩子沒有必要將舊的行為模式帶到新的社會情境中，他們完全可以順應新的環境學習新的行為模式。」但是學習新的行為模式需要時間，孩子突然被放在陌生的實驗室中，來不及準備該用什麼樣的行為模式應答，所以會顯現出最接近這個情境的慣有行為。如果媽媽在場，就會比較像在家中，如果媽媽不在場，就會比較像在學校。這意味著即使是研究者未曾注意到的枝微末節，也可能會截然改變實驗的結果。我的預測適用於在熟悉環境中的行為。

　　另一個要注意的是，關於孩子行為的訊息提供者不應該在同一個研究中又提供其他的訊息，或是做為其他目的使用。假如是由老師來評量孩子的攻擊性，就不應該由同一個老師接受訓練課程，教他如何對待有攻擊性的孩子。假如母親每週固定接受家庭探視護士的輔導，就不應該由她來評量這個探視對孩子是否有益處。若由青少年來回答自己是否犯罪或吸毒，就不應該再問他關於父母如何對待他的問題。不用說，這類研究當然也需要控制基因的效應，因為親子之間擁有共同的基因，所以雙方的行為都會受到相同基因的影響。

最後，研究者必須注意下列這幾點的區別：

* 在團體中受歡迎的程度不等於在團體中的地位。

* 在團體中受歡迎的程度和地位不等於友誼，不受歡迎或地位低的孩子仍然可以交到好朋友。

* 團體會導致分化，也會導致同化。社會化是導因於同化，而人格發展的差異則是導因於分化。

這本書談論的是社會化，社會化雖然重要，但它只是故事的一半。

註釋　NOTES

二版前言

1. 這第一個註釋只是個示範，告訴你註釋標號就是長這樣。但既然你看到這裡來了，我希望你能翻一翻註釋頁面。

2. 見《教養的迷思》網站 http://xchar.home.att.net/tna/，裡頭有完整的支持與反對評論文章、廣播媒體的新聞報導。能夠在網上尋獲的文章項目有提供連結。你可以發電子信給網站管理者（我的丈夫，查理·哈里斯）。

3. Pinker, 2002, pp. 381, 392-395.

4. 這裡的「團體社會化理論」僅適用於本書所提出的理論範疇，並不及於《基因或教養》（Harris, 2006a）一書所提出的擴大版本。我還沒為新版的理論想出一個名字。

5. 見 Lancy, 2008.

6. C. Wade, 引自 Travis, 1998.

7. Winner 的論文可見於 http://www.edge.org/q2005/q05_print.html#winner.

8. 例如 J. Gottman, J. Kagan, and W. Williams，各別引自 Begley, 1998；W. A. Collins, Maccoby, Steinberg, Hetherington, & Bornstein, 2000.

9. 例如 Bos, Sandfort, de Bruyn, & Hakvoort, 2008；Kochanska, Aksan, Prisco, & Adams, 2008；Sigelman & Rider, 2006.

10. 例如 Kochanska et al., 2008.

11. Oliwenstein, 2008, pp. 101, 105.

12. Grilo & Pogue-Geile, 1991；Keskitalo et al., 2008.

一版前言

1. Harris, 1995, p. 458.

2. Harris, Shaw, & Bates, 1979；Harris, Shaw, & Altom, 1985.

3. Waring, 1996, p. 76.

第一章　「教養」並不等於「環境」

1. Morton, 1998, p. 48.

2. Clinton, 1996.

3. 莎士比亞《暴風雨》（1611-1612），第四幕，第一景。Mulcaster：引自 Gray, 1994, p. 49.

4. Spock, 1968, p. 375（第一版於 1946 年發行）。

5. Watson, 1924, p. 104.

6. Watson, 1928.

7. 事實上，我之後得知，華生誇大了他實驗的成功。見《基因或教養》（Harris, 2006a）第五章。

8. Skinner, 1938.

9. 獎勵的負面結果：Deci, 1971；Lepper, Greene, & Nisbett, 1973. 無負面結果的獎勵：Eisenberger & Cameron, 1996.

10. Goodenough, 1945, p. 656（第一版於 1934 年發行）。

11. Kellogg & Kellogg, 1933.

12. Gesell, 1940；Gesell & Ilg, 1943.

13. Maccoby, 1992, p. 1008.（Maccoby 的引文中原本有參考文獻註於括號內，此處我已將其省略）。

14. Glyn, 1970, p. 128.

15. Fraiberg, 1959, p. 135.

16. Martini, 1994.

第二章　證據的本質

1. Taubes, 1995.

2. Dishion, Duncan, Eddy, Fagot, & Fetrow, 1994.

3. 0.19 的相關係數也許實質上並無效用，但仍需要解釋一番。我會在第四章回到這個相關係數，並提出解釋。

4. Parke, Cassidy, Burkes, Carson, & Boyum, 1992, p. 114. 個別擊破的方式一直相當受

到歡迎，例如見 Kochanska, Aksan, Prisco, & Adams, 2008.

5. Maccoby & Martin, 1983, p. 82.

6. Freedman, 1958；Scott & Fuller, 1965.

7. Pérusse, Neale, Heath, & Eaves, 1994；Rowe, 2002.

8. 行為遺傳學研究方法的出色介紹，見 Plomin, 1990.

9. 大約有一半的衝動性：Bouchard, 1994；Plomin & Daniels, 1987；Tellegen, Lykken, Bouchard, Wilcox, Segal, & Rich, 1988. 更精確地說，遺傳說明了受試者人格特質裡約百分之五十的可靠變異。可靠變異是指減去測量誤差（人格測驗約是 .20）後剩下來的數值。人格特質估計的遺傳性通常較接近 .40 而非 .50，因為在行為遺傳學的分析裡，所有因測量誤差產生的變異，全都歸到了環境影響這一邊。智力測驗的測量誤差比較低（約 .10），而這也是為何智力估計的遺傳性較人格特質的遺傳性高的原因之一。

10. 例如 Plomin & Daniels, 1987；Scarr, 1993.

11. Bettelheim, 1959, 1967. 有一位母親斥責巴德漢：Gold, 1997. 遺傳因子：Plomin, Owen, & McGuffin, 1994；Muhle, Trentacoste, & Rapin, 2004.

12. Rowe, 1981.

13. Plomin, McClearn, Pedersen, Nesselroade, & Bergeman, 1988；Hur & Bouchard, 1995.

14. Langlois, Ritter, Casey, & Sawin, 1995, p. 464.

15. Stavish, 1994；Saudino, 1997.

16. Kagan, 1989；Fox, 1989.

17. Bugental & Goodnow, 1998.

第三章　先天、後天，及兩者皆非

1. Bajak, 1986；Lykken, McGue, Tellegen, & Bouchard, 1992；L. Wright, 1995.

2. Bouchard, Lykken, McGue, Segal, & Tellegen, 1990；Plomin & Daniels, 1987；Tellegen, Lykken, Bouchard, Wilcox, Segal, & Rich, 1988.

3. Lykken et al., 1992.

4. 2008 年，研究者發現了同卵雙生子之間有著微小的基因差異（Bruder et al., 2008），而這些差異對於人格特質的不同是否有影響，仍待觀察。

5. Loehlin & Nichols, 1976.

6. Plomin & Daniels, 1987.

7. Smetana, 1994, p. 21.

8. Plomin & Daniels, 1987；Plomin, Chipuer, & Neiderhiser, 1994；Plomin, Fulker, Corley, & DeFries, 1997.

9. 這些發現已經提出好一段時間了。在更新且更大型的研究中，共同環境在人格發展上的效應一直是「等於或近於零」（Bouchard & Loehlin, 2001, p. 252）或是「近於消失」（Loehlin, Neiderhiser, & Reiss, 2003, p. 373）。研究者已發現在自尊（Kamakura, Ando, & Ono, 2007）、孤獨（Boomsma, Willemsen, Dolan, Hawkley, & Cacioppo, 2005）、活動水準（Spinath, Wolf, Angleitner, Borkenau, & Riemann, 2002），或是人格違常（Kendler, Myers, Torgersen, Neale, & Reichborn-Kjennerud, 2007）上並無共同環境的效應。

10. 惡毒的父母：Forward, 1989. 假設的惡毒父母其效應：Myers, 1998, p. 112.

11. Maccoby & Martin, 1983, p. 82.

12. 老大被「篡位」：Adler, 1927. 老大受到不同對待：Hoffman, 1991.

13. Bradshaw, 1988, pp. 33-35.

14. Dunn & Plomin, 1990, p. 85.

15. Ernst & Angst, 1983, p. x.

16. 未有控制家庭大小和社經地位的研究，會製造出假以亂真的出生別效應。例如，在不受控制的研究中，老大通常是較成功的。但他們比較成功並不是因為出生別效應，而是因為他們比較常來自小型的上層社會家庭。（小型家庭不太會有老二老三，所以隨機選出的老二老三更有可能來自大型家庭，因此老大更有可能來自小型家庭。小型家庭一般比大型家庭有更高的社經地位。）

17. 在有三個以上孩子的家庭中老么比較不男性化，這項發現或許並非出於偶然，見 Blanchard, 2001.

18. Ernst & Angst, 1983, p. 284.

19. Sulloway, 1996.

20. Sulloway, 1996, p. 90.

21. Dunn & Plomin, 1990, pp. 63, 74-75；McHale, Crouter, McGuire, & Updegraff, 1995.

22. Jenkins, Rasbash, & O'Connor, 2003；Lancy, 2008.

23. Ernst & Angst, 1983, p. xi.

24. Harris & Liebert, 1991, pp. 322-325. 我確實指出了這種研究的幾些問題。

25. Baumrind, 1967；Baumrind & Black, 1967.

26. 男孩和女孩的差異：Baumrind, 1989. 出現在白人小孩的身上：Darling & Steinberg, 1993.

27. 亞裔美國人的管教方法：Chao, 1994. 亞裔美國人的管教方法與孩子的特性：Dornbusch, Ritter, Leiderman, Roberts, & Fraleigh, 1987；Steinberg, Dornbusch, & Brown, 1992. 非裔美國人的管教方法與孩子的特性：Deater-Deckard, Dodge, Bates, & Pettit, 1996.

28. Hoffman, 1989, p. 289.

29. Scarr, 1997b, p. 145. 也見 Andersson, 1992；Roggman, Langlois, Hubbs-Tait, & Rieser-Danner, 1994. 之後的研究已有許多不同的結果。最近一項大型的研究（Belsky et al., 2007）發現，在托兒所待較多時間的孩子，就讀小學時比較具有攻擊性。然而，如同 Hawley（2007）已指出的，「攻擊性自我表現」（aggressive self-expression），即不願意受人支配，可能是社交能力的一種徵兆（p. 4）。

30. Weisner, 1986.

31. Flaks, Ficher, Masterpasqua, & Joseph, 1995；Gottman, 1990；Patterson, 1992, 1994；Wainright, Russell, & Patterson, 2004.

32. 基因對於性傾向的影響確實不容忽視，但有新的證據（Långström, Rahman, Carlström, & Lichtenstein）指出，同性戀傾向的遺傳性只在男性中才顯著。或許這是為何沒有堅實證據可以支持同性父母的子女變成同性戀者的機率會增加。截至目前為止，這些研究中（例如 Wainright et al., 2004）多數的研究對象都是由女同性戀配偶所撫養長大。

33. Gottlieb, 1995.

34. Golombok, Cook, Bish, & Murray, 1995.

35. Chan, Raboy, & Patterson, 1998.

36. Chen & Goldsmith, 1991；Falbo & Polit, 1986；Falbo & Poston, 1993；Meredith, Abbott, & Ming, 1993；Veenhoven & Verkuyten, 1989；Yang, Ollendick, Dong Xia, & Lin, 1995. 我不與三個孩子以內的家庭做比較，因為那會參雜其他的差異變項，包括小型家庭與大型家庭間社經地位的差異。

37. Rowe, 1994.

38. Bouchard, 1994, p. 1701.

39.過了十年，發展心理學家們仍然在家庭內找答案，即便他們現在採用了不同的研究途徑。見 W. A. Collins, Maccoby, Steinberg, Hetherington, & Bornstein, 2000；Vandell, 2000. 關於我的回應，見 Harris, 2000c, 以及《基因或教養》第三章。

第四章　分離的世界

1. Gruenberg, 1942, p. 181.

2. Coontz, 1992.

3. Thigpen & Cleckley, 1954. 1957 年的同名電影即取材自此書。

4. James, 1890, p. 294.

5. Carson, 1989.

6. James, 1890, p. 488.

7. Detterman, 1993.

8. 這些實驗概述於 Rovee-Collier, 1993. 嬰兒無法移轉習得的行為到新情境的其他證據，見 Adolph, 2000.

9. Kopp, 1989.

10.見 Garvey, 1990, p. 83.

11.Piaget, 1962.

12.Fein & Fryer, 1995a, p. 367.

13.Fein & Fryer, 1995b, pp. 401, 402.

14.Pelaez-Nogueras, Field, Cigales, Gonzalez, & Clasky, 1994, p. 358. 也見 Zimmerman & McDonald, 1995.

15.Goldsmith, 1996, p. 230；Fagot, 1995.

16.Abramovitch, Corter, Pepler, & Stanhope, 1986, p. 228.

17.Stocker & Dunn, 1990, p. 239.

18.平等與不平等關係：Bugental & Goodnow, 1998. 更有可能產生衝突：Volling, Youngblade, & Belsky, 1997.

19.Sulloway, 1996.

20.Ernst & Angst, 1983, pp. 167-171.

21. Abramovitch et al., 1986.

22. Rydell, Dahl, & Sundelin, 1995.

23. Dishion, Duncan, Eddy, Fagot, & Fetrow, 1994.

24. Bouchard, 1994；van den Oord, Boomsma, & Verhulst, 1994；Rebollo & Boomsma, 2006.

25. Saudino, 1997.

26. Burns & Farina, 1992.

27. Caspi, Elder, & Bem, 1987.

28. Pinker, 1994.

29. 蒙特律的美國男孩：Baron, 1992, p. 183. 芬蘭的瑞典男孩：P. Pollesello（1996, March 5）, What is a native language?（發佈於 alt.usage.english.sci.lang）。

30. Winitz, Gillespie, & Starcev, 1995.

31. Kolers, 1975, pp. 195, 190（初版於 1968 年）。

32. A. Fletcher（1996, December 31）, A word misspoken（發佈於 rec.humor.funny）。

33. Levin & Garrett, 1990；Levin & Novak, 1991.

34. Roth, 1967, p. 107.

35. 父母說韓文：Lee, 1995, p. 167. 父母說希伯來文：Meyerhoff, 1978, p. 43.

36. Mar, 1995, p. 50.

37. Sastry, 1996, p. AA5.

38. 孩子的義務：Snow, 1991. 尚未說話的孩子：Pinker, 1994, p. 40. 兩歲的孩子看起來語言發展遲緩：Kagan, 1978.

39. Herodotus, 440 B.C.E., Book 2.

40. 流利的英語使用者：Lenneberg, 1972. 他們會不高興你這樣子問：Preston, 1994.

41. 玩扮家家酒：Garvey, 1990, pp. 88, 91. 女孩自己的媽媽是醫生：Maccoby & Jacklin, 1974, p. 364.

42. Opie & Opie, 1969, p. 305.

43. Barry, 1996.

44. Hartshorne & May, 1928.

45. Council, 1993, p. 31.

46.這樣的差異有時潛藏於資料內而不易見。拿一份父母離婚與再婚對孩子影響的報告來檢視，那是由兩位傑出研究者（Hetherington & Clingempeel, 1992）所提出的。幾乎所有的不良影響都是由父母、繼父母，或孩子自己提出，且是在他們家裡所做的訪談。當要求老師們紀錄孩子的在校行為時，有三個情境是父母已離婚且再婚與父母不曾離婚的孩子彼此沒有不同的（p. 60）。根據老師們的一份單獨紀錄，父母離婚但無再婚的孩子有較多行為問題產生的跡象。然而，另一組老師們的紀錄並沒有發現這個差異，而第三組老師的紀錄則完全從資料中消失（p. 58）。

47.關於父母如何對待他們的問題，可能會包含在同份問卷中要求青少年描述他們自己行為的問題裡。見例如 Steinberg, Dornbusch, & Brown, 1992, p. 725.

48.Patterson & Yoerger, 1991.

49.父母偏心的效應：Brody & Stoneman, 1994；Stocker, Dunn, & Plomin, 1989. 可以持續一生：Bedford, 1992.

第五章　其他地方、其他時間

1. Minturn & Hitchcock, 1963, p. 288.

2. Minturn & Hitchcock, 1963, p. 317.

3. Dencik, 1989, pp. 155-156.

4. Hareven, 1985, p. 20.

5. Dencik, 1989；Fine, 1981.

6. Jacobs & Davies, 1991.

7. Rybczynski, 1986.

8. Eibl-Eibesfeldt, 1989. 頁底註中的內容見第 600 頁。

9. Anders & Taylor, 1994.

10.Morelli, Rogoff, Oppenheim, & Goldsmith, 1992, p. 608.

11.Schor, 1992, p. 92.

12.家成了一個私人的空間：Jacobs & Davies, 1991. 夭折率大減：Hareven, 1985.

13.Schütze, 1987.

14.引自 Moran & Vinovskis, 1985, p. 26.

15.英國兒童斯巴達式的飲食：Glyn, 1970. 荷特醫生與史巴克醫生：Hulbert,

1996, p. 84.

16. Lewald, 1871, 引自 Schütze, 1987, p. 51.

17. Schütze, 1987, p. 52.

18. Watson, 1928, pp. 81-82.

19. Schütze, 1987, pp. 56, 61. 頁底註中 Hetzer 的言論摘自 Schütze, p. 58.

20. Ambert, 1994b；Sommerfeld, 1989.

21. Neifert, 1991, p. 77.

22. Klaus & Kennell, 1976.

23. Schütze, 1987, p. 73.

24. Jolly, 1978，引自 Eyer, 1992, pp. 42-43.

25. Eyer, 1992, pp. 3-4.

26. Klopfer, 1971.

27. Crossette, 1996.

28. Trevathan, 1993.

29. Morelli, Winn, & Tronick, 1987, p. 16.

30. Sommerfeld, 1989.

31. LeVine & B. LeVine, 1963, p. 141.

32. LeVine & S. LeVine, 1988.

33. Eibl-Eibesfeldt, 1989, p. 194；Pinker, 1997, pp. 443-444.

34. Eibl-Eibesfeldt, 1989；LeVine & B. LeVine, 1963；Whiting & Edwards, 1988.

35. Youniss, 1992.

36. Eibl-Eibesfeldt, 1989, pp. 600-601.

37. 琉球群島：Maretzki & Maretzki, 1963. 非洲部落：LeVine & B. LeVine, 1963.

38. Whiting & Edwards, 1988.

39. Goodall, 1986, p. 282.

40. Whiting & Edwards, 1988.

41. Edwards, 1992.

42. Turok, 1972, 引自 Greenfield & Childs, 1991, p. 150.

43. Rogoff, Mistry, Göncü, & Mosier, 1993.

第六章　人性

1. Kellogg & Kellogg, 1933, pp. 69, 149.

2. Kellogg & Kellogg, 1933.

3. de Waal, 1989, p. 36.

4. Kellogg & Kellogg, 1933, p. 141.

5. Fenson, Dale, Reznick, Bates, Thal, & Pethick, 1994. 唐納從醫學院畢業（參照頁底的註解）的消息，是 1996 年 9 月 13 日與 L. T. Benjamin 私下談話而得知的。

6. Astington, 1993；Leslie, 1994；Perner, 1991；Wellman, 1990. 「心智理論」由 Premack & Woodruff, 1978 首先提出，用以舉出一些關於黑猩猩認知行為的有趣問題。

7. Klinnert, 1984；Sorce, Emde, Campos, & Klinnert, 1985.

8. Eibl-Eibesfeldt, 1995.

9. 人類用手指東西：Baron-Cohen, Campbell, Karmiloff-Smith, Grant, & Walker, 1995. 猿類用手指東西：Tomasello, 1995.

10. Terrace, 1985, p. 1022. Terrace 總結說黑猩猩能學會使用手語表達單詞，但是無法比出真正的手語句子。

11. Baron-Cohen, 1995；Baron-Cohen et al., 1995.

12. Karmiloff-Smith, Klima, Bellugi, Grant, & Baron-Cohen, 1995.

13. Goodall, 1986.

14. 勝利者會饒過牠：de Waal, 1989. 雄性會想獨占某雌性：Wrangham & Peterson, 1996. 雄性會輪流等待：Goodall, 1986, p. 443.

15. Goodall, 1988, p. 222. 古德說：「Hugo 和我跑去站在跛腳的黑猩猩前。還好，那隻炫耀的雄黑猩猩最後轉開走了。」（Hugo van Lawick 是提供古德精采照片置於書裡的攝影者。）

16. Russell, 1993.

17. Goodall, 1986, p. 331.

18. Goodall, 1986, p. 506.

19. Joshua 6:22-25.

20. Montagu, 1976, p. 59. 他引用了 Julian Huxley 的話。

21. Pinker, 1994.

22. Goodall, 1986, p. 531.

23. Darwin, 1871, p. 480.

24. 戰爭的考古證據：Keeley, 1996. 類人猿類的演化歷史：Diamond, 1992b, p. 297.

25. Wrangham & Peterson, 1996.

26. Diamond, 1992b, p. 294.

27. Darwin, 1871, p. 481.

28. 根據親緣理論（kinship theory），一個人如果可以拯救兩個以上自己的孩子或手足（與他分有百分之五十的共同基因），或是八個以上自己的堂表兄弟姐妹（與他分有十二又二分之一的共同基因），那麼為此放棄他自己的生命是合理的。見 Pinker, 1997, pp. 398-402.

29. Dawkins, 1976, p. 3. 道金斯之後便懊悔說出了這番言論。在《自私的基因》三十週年紀念版的序言（2006, p. ix）裡，他說道：「講慷慨和利他是沒有問題的，但講『生而自私』，就會誤導別人。」

30. Cosmides & Tooby, 1992；Pinker, 1997, pp. 403-405.

31. Goodall, 1986, p. 531.

32. 這裡的時間跨度只是粗略估計，基於我從考古人類學作品中讀來的資訊。當我說「六百萬年」，我是指「六百萬年加減二百萬年」。本章概述的原始人類演化理論最符合 1998 年提出的資料。自那之後，故事就變得更加複雜了，雖然基本的大綱並未改變。

33. 人類與黑猩猩共享的 DNA：Culotta, 2005. 與兩種鳥類共享的 DNA：Diamond, 1992b.

34. Holden, 1995；Torbus & Sliwa, 2002.

35. Diamond, 1992b, p. 32；M. Harris, 1989, p. 64.

36. 引自 de Waal, 1989, p. 247.

37. Joshua 10:24-26.

38. Eibl-Eibesfeldt, 1989, p. 323.

39. Eibl-Eibesfeldt, 1995, p. 256.

40. Gould, 1980.

41. Parker, 1996.

42. Eibl-Eibesfeldt, 1995, p. 260-261.

43. Diamond, 1992b, p. 229.

44. 我在《醫學假說》（*Medical Hypotheses*）期刊發表的一篇論文（Harris, 2006b）中，對我提出的人類毛髮稀疏理論有詳盡的說明。

45. Diamond, 1992b, p. 43.

46. Joshua 8:1-29.

47. Dunbar, 1993.

48. Joshua 5:13.

49. Goodall, 1986, p. 579.

50. de Waal, 1989, p. 43.

51. Povinelli & Eddy, 1996.

52. Caporael, 1986.

53. Preston, 1994.

54. Rowe, 1994.

55. Chagnon, 1992, p. 177.

56. Trivers, 1985, p. 159.

57. Sulloway, 1996, p. 61.

58. Goodall, 1986, pp. 176-177.

第七章　我們和他們

1. Golding, 1954.

2. Whiting & Edwards, 1988.

3. Montagu, 1976.

4. Golding, 1954, p. 242.

5. Darwin, 1871, pp. 480-481.

6. Sherif, Harvey, White, Hood, & Sherif, 1961.

7. Sherif et al., 1961, p. 78.

8. Tajfel, 1970, p. 96.

9. Sherif et al., 1961, p. 76.

10. Golding, 1954, p. 18.

11. Glyn, 1970；Hibbert, 1987.

12. Sherif et al., 1961, p. 104.

13. Hayakawa, 1964, p. 216.

14. 歸類的好處：Pinker, 1997. 歸類的危險：Hayakawa, 1964, p. 220.

15. Pinker, 1994；Rosch, 1978.

16. Roitblat & von Fersen, 1992；Wasserman, 1993.

17. 嬰兒可以做分類：Eimas & Quinn, 1994. 嬰兒可以形成概念：Mandler, 1992. 嬰兒能力的低估者：Piaget, 1952.

18. 嬰兒的分類能力：Eimas & Quinn, 1994；Mandler & McDonough, 1993；Levy & Haaf, 1994；Leinbach & Fagot, 1993. 大人和孩子臉部的不同表情：Bigelow, MacLean, Wood, & Smith, 1990；Brooks & Lewis, 1976.

19. Fiske, 1992.

20. Hayakawa, 1964, p. 217.

21. Krueger, 1992；Krueger & Clement, 1994.

22. Wilder, 1986.

23. 男孩們說話帶髒字：Fine, 1986.

24. Sherif et al., 1961, p. 106.

25. 伸出來的釘子：WuDunn, 1996. 青少年不是被逼去附和別人、跟別人一致的：Lightfoot, 1992.

26. Asch, 1987, pp. 462, 464（初版於 1952 年）。

27. Stone & Church, 1957, p. 207.

28. Sherif et al., 1961. 團體小丑：p. 78；綽號叫「裸體」：p. 92.

29. Chagnon, 1988, p. 988.

30. Diamond, 1992a, p. 107.

31. 「將厚嘴鸚鵡重新放至亞利桑那州野外的努力被中斷了」，1995.

32. Turner, 1987.

33. Turner, 1987.

34. Dawkins, 1976.

35. Pfennig & Sherman, 1995.

36. Bem, 1996.

37. Diamond, 1992b, p. 102；O'Leary & Smith, 1991.

38. Hartup. 1983.

39. Segal, 1993.

40. Goodall, 1988.

41. Turner, 1987.

42. 泰納並未完全解決顯著性的問題，因為他並沒有解釋為什麼我們會將人們歸到對我們而言屬顯著的特定社會類別。為什麼不是有雀斑的人和沒有雀斑的人、名字長的人和名字短的人呢？理論上說來，我們能夠歸類他人與自己的方法無窮無盡。平克（1994, pp. 416-417）從「相似性」來討論這個問題，做出結論說我們對相似性的感受一定是天生的。對於社會類別來說也是這樣，我們本來就會依某些方式歸類他人，特別是依年齡及性別。

43. 參照團體：Shibutani, 1955. 心理團體：Turner, 1987, pp. 1-2.

44. de Waal, 1989, p. 1.

45. de Waal, 1989, p. 267.

46. Eibl-Eibesfeldt, 1989, p. 596.

47. Wilder, 1971（初版於 1935 年）。

48. Turner, 1987, pp. 1-2.

49. 我之後理解到必須要區別社會化與人格發展，而團體社會化理論可以解釋前者，不能解釋後者。在《基因或教養》（Harris, 2006a）裡，我提出一個人格發展的新理論，解釋同化與分化這兩個衝突歷程如何能在同一時間發展。

50. Einstein, 1991, p. 40（初版於 1950 年）。

第八章　與孩子在一起

1. Edwards, 1992；Fagen, 1993；Godall, 1986；Kellogg & Kellogg, 1933；Napier & Napier, 1985.

2. Eckerman & Didow, 1988.

3. Ainsworth, 1977, p. 59.

4. Goodall, 1986, p. 275.

5. Eibl-Eibesfeldt, 1995.

6. 靈長類離開母親：Goodall, 1986, p. 166. 人類離開母親：Leach, 1972；McGrew, 1972.

7. Ainsworth, 1977；Ainsworth, Blehar, Waters, & Wall, 1978. 關於依附關係研究的概述，見 Rubin, Bukowski, & Parker, 1998.

8. Egeland & Sroufe, 1981.

9. Ainsworth et al., 1978；Belsky, Rovine, & Taylor, 1984；Sroufe, 1985.

10. Bowlby, 1969, 1973. 也見 Bretherton, 1985；Main, Kaplan, & Cassidy, 1985.

11. 安全依附與同儕關係：Erickson, Sroufe, & Egeland, 1985；LaFreniere & Sroufe, 1985；Pastor, 1981. 安全依附與問題解決：Matas, Arend, & Sroufe, 1978. 相反的結果：Howes, Matheson, & Hamilton, 1994；Youngblade, Park, & Belsky, 1993.

12. Lamb & Nash, 1989, p. 240.

13. Fox, Kimmerly, & Schafer, 1991；Main & Weston, 1981；Goossens & Van IJzendoorn, 1990.

14. Ge et al., 1996；Jacobson & Wille, 1986；Scarr & McCartney, 1983.

15. 大腦發展：Tanner, 1978. 視覺系統的發展：Mitchell, 1980.

16. 離開母親的小猴子：Harlow & Harlow, 1962. 與其他初生的小猴子一起飼養：Harlow & Harlow, 1962；Suomi & Harlow, 1975. 根據 Suomi, 1997 的研究，離開母親與其他初生猴一起飼養的小猴子有一些隱微的行為缺陷；也就是說，這群猴子與一般情況下飼養的猴子在行為表現上有統計差異存在。然而重要的一點是，這群猴子的行為表現依然落在正常範圍之內。我在《基因或教養》（Harris, 2006a）裡有更多關於 Suomi 猴子研究的討論。

17. Harlow & Harlow, 1962, p. 146.

18. Freud & Dann, 1967, pp. 497-500（初版於1951年）。

19. Hartup, 1983, pp. 157-158.

20. Kaler & Freeman, 1994, p. 778. 也見 Dontas, Maratos, Fafoutis, & Karangelis, 1985.

21. Holden, 1996；Rutter, 1979.

22. Wolff, Tesfai, Egasso, & Aradom, 1995, p. 633.

23. Maunders, 1994, pp. 393, 399.

24. 在偏僻農場長大的孩子：Parker, Rubin, Price, & DeRosier, 1995. 慢性疾病纏身的孩子：Ireys, Werthamer-Larsson, Kolodner, & Gross, 1994, p. 205；Pless & Nolan, 1991.

25. Winner, 1997.

26. Montour, 1977, p. 271；Primus IV, 1998, p. 80.

27. 關於維多的故事，見 Lane, 1976；關於吉妮的故事，見 Rymer, 1993.

28. Koluchová, 1972, 1976. 沒有什麼病態的徵兆：1976, p. 182.

29. 嬰兒互相模仿：Eckerman & Didow, 1996；Eckerman, Davis, & Didow, 1989. 嬰兒模仿黑猩猩：Kellogg & Kellogg, 1933.

30. 兩歲半時的遊戲發展：Eckerman & Didow, 1996. 三歲時的遊戲發展：Göncü & Kessel, 1988；Howes, 1985.

31. 小孩對某些同儕的偏愛：Howes, 1987；Strayer & Santos, 1996；Rubin et al., 1998. 對同年齡同儕的偏愛：Bailey, McWilliam, Ware, & Burchinal, 1993. 對同性同儕的偏愛：Maccoby & Jacklin, 1987；Strayer & Santos, 1996.

32. 孩子很少會有同齡玩伴：Edwards, 1992；Konner, 1972；Smith, 1988. 大一點的孩子會形成他們自己的團體：Edwards, 1992.

33. 大的孩子要負責照料小的孩子：Eibl-Eibesfeldt, 1989. 取笑與捉弄：Martini, 1994；Nydegger & Nydegger, 1963. 嚴重的侵略行為很少見：Edwards, 1992；Konner, 1972；Martini, 1994. 小孩子自己玩時出現的侵略行為較少：Lore & Schultz, 1993；Opie & Opie, 1969.

34. 正要開始學習語言：Kagan, 1978；Zukow, 1989. 談話的對象：McDonald, Sigman, Espinosa, & Neumann, 1994；Rogoff, Mistry, Göncü, & Mosier, 1993.

35. Maretzki & Maretzki, 1963；Youniss, 1992.

36. Eibl-Eibesfeldt, 1989, p. 600.

37. 琉球男孩：Maretzki & Maretzki, 1963. 奇旺孩童：Howell, 1988, pp. 160, 162.

38. Archer, 1992b, p. 77.

39. Mitani, Hasegawa, Gros-Louis, Marler, & Byrne, 1992.

40. Fry, 1988, p. 1016. 「拉巴茲」和「聖安德斯」是佛萊給這兩個村落取的假名。

41. Harris & Liebert, 1991, p. 95.

42. Martini, 1994.

43. Chagnon, 1992；Valero, 1970.

44. 篩選模仿：Jacklin, 1989；Perry & Bussey, 1984. 孩子拒絕說德語：T. A. Kindermann, personal communication, 1995 年 8 月 9 日。

45. 角色扮演遊戲在某些社會中較少見：LeVine & B. LeVine, 1963；Martini, 1994；Pan, 1994. 每個社會裡的小女孩都會把自己用泥巴做的派當做食物。玩扮家家酒不只是這樣，還包括擔起一個不同的身分，以不同的語調說話，在互有默契的幻想中扮演好一個角色。泥巴派各處皆然，玩扮家家酒則各有不同。

46. Maclean, 1977.

47. 唐納模仿瓜：Kellogg & Kellogg, 1933. 孩童模仿較大的孩子：Brody, Stoneman, MacKinnon, & MacKinnon, 1985；Edwards, 1992；Zukow, 1989.

48. 有機體必須靠報酬來學習：Skinner, 1938. 孩子從觀察別人來學習：Bandura & Walters, 1963；Rogoff et al., 1993.

49. Birch, 1987.

50. Baron, 1992, p. 181.

51. 團體意識：Tajfel, 1970. 團體意識的一些特質：Turner, 1987.

52. Farah, 1992；Pinker, 1997；Rao, Rainer, & Miller, 1997.

53. 我之後了解到，社會模組應該細分成三個次系統。第二個，也就是這裡說的「團體意識」，是社會化的緣由。第三個在《基因或教養》（Harris, 2006a）中有述及。兩者對於人格的調整均有效用，但第三個最為重大。

54. Scott, 1987.

55. 三歲的小孩知道自己是女孩：Ruble & Martin, 1998. 種族並不重要：Stevenson & Stevenson, 1960.

56. 團體社會化理論：Harris, 1995. 隱含了對孩子所做的事：Corsaro, 1997.

57. Adler, Kless, & Adler, 1992；Readdick, Grise, Heitmeyer, & Furst, 1996.

58. Reich, 1986, p. 306.

59. Eibl-Eibesfeldt, 1989.

60. 同儕團體與社會類別：Merten, 1996b, p. 40. 心理團體：Turner, 1987, p. 1.

61. 「達加·麥斯頓 '96」，1995, p. 5.

62. Bagwell, Newcomb, & Bukowski, 1998. 小學五年級時有好朋友「僅能預測與家人將有良好關係」（p. 150）。友誼與被團體接納與否這兩項因素，一如團體社會化理論所預測的，看來像是各自獨立運作。

63. 友誼與在同儕團體裡的地位：Bukowski, Pizzamiglio, Newcomb, & Hoza, 1996；Parker & Asher, 1993. 朋友通常是同一團體裡的成員：Hallinan, 1992.

64. Edwards, 1992；Maccoby & Jacklin, 1987；Strayer & Santos, 1996.

65. 自我分類與偏好同性：Alexander & Hines, 1994；Powlishta, 1995a.

66. T. A. Kindermann, personal communication, 1997 年 1 月 22 日。

67. S. M. Bellovin（1989 年 11 月 18 日）. Toys and sexual stereotypes（發佈於 misc. kids）。

68. Maccoby & Jacklin, 1974, p. 363.

69. 對異性如何做出行為：Sroufe, Bennett, Englund, & Urban, 1993；Thorne, 1993. 十一歲的女孩解釋懲罰：Maccoby & Jacklin, 1987, p. 245.

70. Hallinan & Teixeira, 1987；Hartup, 1983.

71. Schofield, 1981, p. 63.

72. Dencik, 1989；Eisenberg, Fabes, Bernzweig, Karbon, Poulin, & Hanish, 1993；Hubbard & Coie, 1994.

73. Kerr, Lambert, Stattin, & Klackenberg-Larsson, 1994.

74. 男女合校導致相互厭惡：Hayden-Thomson, Rubin, & Hymel, 1987. 他們不喜歡班上所有的女生：Bigler, 1995, p. 1083.

75. Smart & Smart, 1978, pp. 198-200；Smith, Snow, Ironsmith, & Poteat, 1993.

76. Corsaro, 1993, p. 360.

77. 七歲時的認知進展：Piaget & Inhelder, 1969. 七歲左右離開家園：Rybczynski, 1986；Schor, 1992.

78. 我對這個問題的答案是基於泰納的著作（1987）。在《基因或教養》裡，我有不一樣的答案。

79. 介於「我們」和「我」之間：Turner, 1987. 小部分時間與眾不同：Tesser, 1988. 西方文化（稱之為「個人主義式」〔individualistic; Triandis, 1994〕）裡的人們，與更為傳統文化裡的人們相比，傾向靠在「我」的這一端。

80. Adler, Kless, & Adler, 1992；Maccoby & Jacklin, 1987；Maccoby, 1990；Tannen, 1990.

81. Sherif et al., 1961, p. 77.

82.領導者具備什麼：Bennett & Derevensky, 1995；Masten, 1986；Hartup, 1983. 攻擊性強的孩子不受歡迎：Hayes, Gershman, & Halteman, 1996；Newcomb, Bukowski, & Pattee, 1993；Parker et al., 1995. 攻擊性強的孩子並非總是不受歡迎：Bierman, Smoot, & Aumiller, 1993；Hawley, 2007. 那些發脾氣、遷怒他人的人：Caspi, Elder, & Bem, 1987.

83.Chance & Larsen, 1976；Hold, 1977. 不幸地，「注意力結構」並不受歡迎，「統御階級」1998 年後又重新歸來。

84.Eckert, 摘自 Tannen, 1990, p. 218.

85.Savin-Williams, 1979；Weisfeld & Billings, 1988. 這對男孩來說更是如此。較早熟的女孩在其同儕團體裡不一定總是處於高地位，原因我相信是早熟的女孩比較有可能過胖（Frisch, 1988），而在我們的文化裡，過胖的人傾向會被歸至低地位。如果研究者控制了女孩們的身體質量指數（BMI，一種體脂肪的測量），我預估他們會找到與男孩一樣的成熟度與地位關係。

86.年輕的公黑猩猩會跟著大一點的公黑猩猩：Goodall, 1986. 小男孩喜歡跟著大孩子：Whiting & Edwards, 1988.

87.較年長的孩子有較高的地位：Edwards, 1992. 地位較低的孩子有較年輕的朋友：Ladd, 1983.

88.Bennett & Derevensky, 1995；Parker et al., 1995.

89.Hartup, 1983；Parker & Asher, 1987.

90.Brooks-Gunn & Warren, 1988；Jones & Bayley, 1950；Richman, Gordon, Tegtmeyer, Crouthamel, & Post, 1986；Stabler, Clopper, Siegel, Stoppani, Compton, & Underwood, 1994；Young-Hyman, 1986.

91.Jones, 1957. 也見 Dean, McTaggart, Fish, & Friesen, 1986；Mitchell, Libber, Johanson, Plotnick, Joyce, Migeon, & Blizzard, 1986.

92.Coie & Cillessen, 1993；Parker et al., 1995.

93.Omark & Edelman, 1976. 也見 Harter, 1983；Newman & Ruble, 1988；Perry & Bussey, 1984；Stipek, 1992.

94.Festinger, 1954；Stipek, 1992. 「社會比較」即是 Festinger 的用詞。

95.彭斯 1786 年的詩作〈致蝨子〉（To a Louse），描述他看見一隻蝨子在一位女士的帽子上爬行。真的。

96.不喜歡陌生事物（黑猩猩）：Goodall, 1988. 不喜歡陌生事物（孩子）：K. Diamond, LeFurgy, & Blass, 1993；Hayes et al., 1996.

97.較年長的孩子分裂成更小的團體：Hallinan & Teixeira, 1987；Hartup, 1983. 他們形成小圈圈：Parker et al., 1995. 圈內人愈來愈相似：Cairns, Neckerman, & Cairns, 1989；Kindermann, 1995.

98.Kindermann, 1993.

99.Matthew 13: 12.

第九章　文化的傳承

1.　Mead, 1959, p. vii.

2.　Fry, 1988.

3.　Mead, 1963, p. 56（初版於 1935 年）。

4.　Mead, 1963, p. 164.

5.　阿瑞派虛人也會打仗：Daly & Wilson, 1988. 好戰的人對他們的孩子是慈愛的：Eibl-Eibesfeldt, 1989. 雅諾馬莫人：Chagnon, 1992.

6.　Ghodsian-Carpey & Baker, 1987；Gottesman, Goldsmith, & Carey, 1997；van den Oord, Boomsma, & Verhulst, 1994.

7.　孩子多二倍：Chagnon, 1988. 培養勇士：Cairns, Gariépy, & Hood, 1990, 記述只要經過四至五代的選擇育種（selective breeding），就能養出具有顯著不同攻擊性的老鼠品系。

8.　叫他打回去：Eibl-Eibesfeldt, 1989. 不鼓勵小孩子玩打架的遊戲：Fry, 1988.

9.　Parks, 1995, p. 15.

10.Parks, 1995, p. 175.

11.Reader, 1988, pp. 215, 214.

12.LaFromboise, Coleman, & Gerton, 1993.

13.Ungar, 1995, p. 49.

14.黑人英文：Baron, 1992. 葡萄牙語：Ferreira, 1996.

15.Hayakawa, 1964, p. 217.

16.Polgar, 1960, 摘自 LaFromboise et al., 1993.

17.Schaller, 1991, p. 90.

18.Schaller, 1991, p. 90.

19. 關於聾人文化的正面觀點，見 Padden & Humphries, 1988. 關於負面觀點，見 Bertling, 1994.

20. Umbel, Pearson, Fernández, & Oller, 1992, p. 1013.

21. 見例如 Sidransky, 1990, p. 63.

22. Schaller, 1991, p. 191.

23. Sacks, 1989.

24. 關於此一奇蹟的解釋，見 Pinker, 1994.

25. A. Senghas, 1995；Kegl, Senghas, & Coppola, 1999.

26. A. Senghas, 1995, p. 502-503.

27. Bickerton, 1983.

28. Genesis 11: 1-9.

29. Bickerton, 1983, p. 119.

30. R. Senghas & Kegl, 1994.

31. 團體社會化理論解釋為何在不同文化下長大的人會有不同的人格特質，但我後來發現，它在敘述同一文化下人格特質的不同時，卻沒有做得很好。所以我才必須寫另一本書。

32. 這個類比是受犯人與獄卒實驗的激發而得來的，該實驗出自 Zimbardo, 1993（初版於 1972 年）。

33. 犯人的文化：Goffman, 1961, 第一章；Minton, 1971, pp. 31-32. 騙過了獄卒：Goffman, 1961, pp. 54-60.

34. Corsaro, 1997, pp. 42, 140.

35. Corsaro, 1985.

36. LeVine & B. LeVine, 1963.

37. Opie & Opie, 1969, pp. 7, 1, 5-6.

38. Sherif et al., 1961. 見第七章。

39. deMarrais, Nelson, & Baker, 1994.

40. Napier & Napier, 1985.

41. Glyn, 1970, pp. 128, 129, 135, 150. 這句引言指向威靈頓公爵（Duke of Wellington）可能不是真實的，雖然他的確讀過伊頓，之後也多次拜訪母校。

42. Schaller, 1991, p. 90.

43. Golding, 1954.

44. 英國上層社會：Glyn, 1970, p. 142. 雅諾馬莫人的擔心：Chagnon, 1992；Eibl-Eibesfeldt, 1989.

45. Parks, 1995, pp. 63-64, 175.

46. Lewald, 1871, 引自 Schütze, 1987, p. 51.

47. Council on Scientific Affairs, 1995.

48. LeVine & B. LeVine, 1963；LeVine & S. LeVine, 1988, p. 32.

49. Howrigan, 1988, p. 48.

50. 哺乳在經濟獨立的婦女中：Bee, Baranowski, Rassin, Richardson, & Mikrut, 1991. 在經濟處於劣勢的婦女中：Jones, 1993, p. AA5.

51. Melson, Ladd, & Hsu, 1993；Salzinger, 1990.

52. Riley, 1990.

53. Salzinger, 1990.

54. Fry, 1988, p. 1010.

55. Coulton, Korbin, Su, & Chow, 1995；Deater-Deckard, Dodge, Bates, & Pettit, 1996；Dodge, Pettit, & Bates, 1994b；Kelly & Tseng, 1992；Knight, Virdin, & Roosa, 1994.

56. 關於世界各地孩童教養方式極度不同的評價，見 The Anthropology of Childhood（Lancy, 2008）.

57. Roth, 1967, p. 107.

58. 見例如 Keenan, Loeber, Zhang, Stouthamet-Loeber, & van Kammen, 1995. 這項研究發現父母對孩子的教養方式與孩子的犯罪行為沒有關聯，一旦同儕犯罪的影響納入了考慮。另見本書附錄二。

59. Friend, 1995.

60. 犯罪的倫敦男孩：Farrington, 1995；Rutter & Giller, 1983. 鄰居影響：Blyth & Leffert, 1995；Brooks-Gunn, Duncan, Klebanov, & Sealand, 1993. Rose et al.（2003）發現，芬蘭十一二歲的孩子與他們的班上同學在抽菸、喝酒和宗教上相似。研究人員下結論說，他們的結果「反映出社區、鄰區和學校這些對孩子行為發展有直接因果影響的地區所帶來的差異」（p. 277）。

61. Brooks-Gunn et al., 1993；Duncan, Brooks-Gunn, & Klebanov, 1994；也見 Fletcher, Darling, Dornbusch, & Steinberg, 1995.

62. Peeples & Loeber, 1994, p. 141.

63. Kupersmidt, Griesler, DeRosier, Patterson, & Davis, 1995, pp. 366, 360.

64. Kolata, 1993, p. C8.

65. Bickerton, 1983.

66. 見例如 Deater-Deckard et al., 1996.

67. Hartshorne & May, 1928, 1971（初版於 1930 年）。

68. Harshorne & May, 1971, p. 197.

第十章　性別的規則

1. Bussey & Bandura, 1992, p. 1247.

2. Bussey & Bandura, 1992, p. 1248；Serbin, Powlishta, & Gulko, 1993, p. 1.

3. 性別差異的「性別」是指 sex 還是 gender？有些心理學家在提及社會類別時使用 gender，提及生物類別時使用 sex，但在理論上做此區隔比在實際上容易得多了。見 Ruble & Martin, 1998.

4. 感謝 Katherine Rappoport 提供這首歌的歌詞。

5. 相似（但非完全一樣）的結論：Archer, 1992a；Edwards, 1992；Maccoby, 1990；Maccoby & Jacklin, 1987；Martin, 1993；Powlishta, 1995b；Serbin et al., 1993；Tannen, 1990.

6. Lytton & Romney, 1991.

7. 男子氣概和女人味與同性父母並沒有關係：Maccoby & Jacklin, 1974, pp. 292-293. 沒有父親的男孩：Serbin et al., 1993；Stevenson & Black, 1988. 女同性戀者的女兒：Patterson, 1992.

8. Kert, Lambert, Stattin, & Klackenberg-Larsson, 1994.

9. Condry & Condry, 1976. 這項有趣的研究引起許多相似的研究，而結果不盡相同。事實上，有關此類研究的一則評論總結道，對於不知道嬰兒性別的觀察者來說，將嬰兒歸屬於男性或女性，對於觀察者的判斷會有不一致的影響。顯著影響僅是「偶爾被發現」（見 Stern & Karraker, 1989, p. 518）。

10. Burnham & M. B. Harris, 1992.

11. Money & Erhardt, 1972. 這名嬰兒被割包皮是因為他有包莖的狀況，那是指包皮過緊而無法往後翻起。此種手術會採用電灼法（electrocautery），因為電

流過高，整個器官被灼傷而難以復原。

12. 她很喜歡梳頭：Money & Ehrhardt, 1972, pp. 119-120. 一些小問題：p. 122.

13. Harris & Liebert, 1984, pp. 302-303；1987, pp. 294-295；1991, pp. 336-337.

14. M. Diamond & Sigmundson, 1997, p. 300. 另見 *As Nature Made Him: The Boy Who was Raised as a Girl*（Colapinto, 2000）

15. J. Diamond, 1992c；Thigpen, Davis, Gautier, Imperato-McGinley, & Russell, 1992.

16. 查布里族：Mead, 1963（初版於 1935 年）。真正的查布里族：Brown, 1991, p. 20.

17. 這個差異的形式在全世界都一樣：Brown, 1991. 男性居於主導地位：Eibl-Eibesfeldt, 1989. 男性是戰士：Wrangham & Peterson, 1996. 女孩比較喜歡照顧小孩子，會搶著抱嬰兒：Maretzki & Maretzki, 1963；Whiting & Edwards, 1988. 以色列家庭中對洋娃娃的虐待：Goshen-Gottstein, 1981, p. 1261.

18. Williams & Best, 1986.

19. Williams & Best, 1986, p. 244；Hilton & von Hippel, 1996.

20. Hilton & von Hippel, 1996；Pinker, 1997.

21. Swim, 1994, 也見 Halpern, 1997；Jussim, 1993.

22. Hilton & von Hippel, 1996.

23. 女孩子只能做護士：Maccoby & Jacklin, 1974, p. 364.

24. Fabes, 1994；Leaper, 1994a, 1994b；Maccoby, 1994；Martin, 1994；Serbin, Moller, Gulko, Powlishta, & Colburne, 1994.

25. M. Diamond & Sigmundson, 1997, p. 299.

26. Morris, 1974, p. 3.

27. Green, 1987；Zuger, 1988.

28. Bem, 1989, p. 662.

29. M. Diamond, 1997, p. 205.

30. "「達加・麥斯頓 '96」，1995, p. 5.

31. Maccoby, 1990, p. 514.

32. Fagot, 1994；Maccoby 1990；Serbin, Sprafkin, Elman, & Doyle, 1984.

33. 相互迴避的原因：Leaper, 1994a；Maccoby, 1994. 男孩不聽女孩的話：Fagot, 1994；Maccoby, 1990. 不同的行為方式：Archer, 1992a；Fabes, 1994；Serbin et

al., 1994. 成為兩個團體：Archer, 1992a；Powlishta, 1995b；Martin, 1993；Serbin et al., 1993.

34. Edwards, 1992；Schlegel & Barry, 1991；Whiting & Edwards, 1988.

35. Maccoby, 1995, p. 351（Maccoby 的引文中原本有參考文獻註於括號內，此處我已將其省略）。

36. Thorne, 1993.

37. 住家附近的遊戲：Opie & Opie, 1969. 她們小時候跟男孩子一起玩、皮得很：Thorne, 1993, p. 113-114.

38. 劃邊界：Thorne, 1993；Sroufe, Bennett, Englund, & Urban, 1993. 以強吻的方式來壓迫女人：Thorne, 1993, p. 71.

39. Edwards, 1992；Maccoby, 1990；Thorne, 1993.

40. Gottman, 1994；Thorne, 1993.

41. 例如 Gilligan, 1982；Tiger, 1969；Wrangham & Peterson, 1996.

42. Bugental & Goodnow, 1998.

43. 男孩們跑得快、丟得遠：Thomas & French, 1985. 雄性攻擊敵人：Wrangham & Peterson, 1996. 所有的戰爭都很男孩子氣：Melville, *Civil War Poems*, 1866.

44. Sherif et al., 1961, pp. 9-10.

45. Björkqvist, Lagerspetz, & Kaukianinen, 1992；Crick & Grotpeter, 1995.

46. Maccoby, 1990；Tannen, 1990. 也見 Adler, Kless, & Adler, 1992；Archer, 1992a.

47. Thorne, 1993, p. 56. 針對「兩種性別」的概念，桑恩還有其他的反對理由：行為裡的性別差異（像性別間的相互迴避）較為明顯或不明顯，須視社會的情境而定；不是所有女孩或男孩都與其性別的刻板印象相符合。

48. 在我寫這段文字時，我的觀點有些改變了。在《基因或教養》那本書裡，我不再將個人奮鬥視做是「團體內分化」的狀態，也不再將它歸因為「朝『我』前進」這種自我分類的轉變。

49. Weisfeld, Weisfeld, & Callaghan, 1982.

50. Glyn, 1970, p. 129.

51. 女孩比較不具攻擊性：McCloskey, 1996；Whiting & Edwards, 1988. 女性對攻擊性的抑制：Bjorklund & Kipp, 1996.

52. Morelli, 1997, p. 209.

53. Draper, 1997；Draper & Cashdan, 1988.

54. Eibl-Eibesfeldt, 1989；Maccoby & Jacklin, 1974；Wrangham & Peterson, 1996.

55. 有先天性腎上腺增殖的女孩：Collaer & Hines, 1995；Money & Ehrhardt, 1972. 早期，醫生建議生殖器官既不像男性也不像女性的嬰兒盡早接受手術。現在，延後手術到當事人足以參與決定的時候，是逐漸普遍的做法。

56. Maccoby, 1994.

57. Maccoby, 1990；Provine, 1993；Tanner, 1990；Weinstein, 1991.

58. 女孩的自尊走下坡：American Association of University Women, 1991；Daley, 1991；但另見 Sommers, 1994. 它的效應比要你相信的還要小：Block & Robins, 1993.

59. Leaper, 1994b；Granleese & Joseph, 1994. Granleese 與 Joseph 發現，就讀男女合校的女孩，自尊與她們的外表吸引力密切相關。就讀女校的女孩，外表吸引力就不那麼地重要。根據 Buss, 1994 的說法，全世界的男性都非常看重女性的外表吸引力。美麗的女性為人追求以做伴侶，且有較高的社會地位。

60. 地位低導致自尊下降：Leary, Tambor, Terdal, & Downs, 1995. 女性憂鬱症的情況更普遍：Culbertson, 1997；Weissman & Olfson, 1995.

61. King, Naylor, Segal, Evans, & Shain, 1993；Myers, 1992.

62. Culbertson, 1997.

63. Bjorklund & Kipp, 1996；Kochanska, Murray, & Coy, 1997.

64. Wrangham & Peterson, 1996.

65. 這並非自然而然地就發生了，我們必須感謝一長串勇敢的女性。我想要感謝我的要好朋友 Naomi Weisstein（1971, 1977）的努力，讓我們的文化變得比較沒有性別歧視。

第十一章　孩子的學校

1. Carere, 1987, pp. 125, 127, 129-130.

2. 鷹隊和響尾蛇隊在第七章中討論過。

3. Dornbusch, Glasgow, & Lin, 1996；Winner, 1997.

4. 反學校的態度：Neckerman, 1996, pp. 140-141. 可以使他們變得更聰明的事情：見 Ceci & Williams, 1997.

5. Kindermann, 1993.

6. 在某些研究中，非裔學生的自尊比歐裔學生來得高，見 Steele, 1997. 在同一社會類別中的相互比較：Festinger, 1954；McFarland & Buehler, 1995；Stipek, 1992.

7. Harris & Liebert, 1991, pp. 404-405；E. Pedersen, Faucher, & Eaton, 1978.

8. E. Pedersen et al., 1978, p. 19.

9. 傑米・艾斯克蘭特：Mathews, 1988, p. 217. 喬瑟琳・羅狄格士：Pogrebin, 1996, p. B7.

10. 日本學生的課堂裡：Kristof, 1997. 日本學生操場上的霸凌：Kristof, 1995. 亞洲孩子領先在前：Vogel, 1996.

11. N. Pedersen, Plomin, Nesselroade, & McClearn, 1992.

12. Herrnstein & Murray, 1994；D. Seligman, 1992.

13. D. Seligman, 1992, p. 160.

14. Mosteller, 1995.

15. Schofield, 1981, pp. 74-76, 78, 83.

16. 少數族群父母的高度期望：Galper, Wigfield, & Seefeldt, 1997.（對於教育）看得更重：Stevenson, Chen, & Uttal, 1990.

17. Herbert, 1997, p. 13；McWhorter, 2000.

18. 海地傑出學生：Kosof, 1996, p. 60. 牙買加傑出學生：Roberts, 1995.

19. Eyferth, Brandt, & Wolfgang, 1960, 摘自 Hilgard, Atkinson, & Atkinson, 1979.

20. 達加・麥斯頓的故事述於第八章。

21. Jussim, McCauley, & Lee, 1995；Jussim & Fleming, 1996. 老師的期望縱然在某些情況下能夠稍稍影響學生的表現，然而學生的種族、性別，或社會階級在這些影響裡頭似乎無足輕重。老師的期望一般是奠基於個別學生的特性，考量他之前的成績表現，因而是較為確實的。也是因為這樣，這些期望才能夠被認可。見 Madon, Jussim, & Eccles, 1997, pp. 804-805.

22. Steele, 1997；Steele & Aronson, 1995.

23. Horner, 1969.

24. Alper, 1993；Sadker & Sadker, 1994.

25. Mann, 1997（支持者）；Scarr, 1997a（反對者）。

26.對父母行為產生的效果：Olds et al., 1997. 在孩子身上測量不到效果：White, Taylor, & Moss, 1992. 之後的研究已支持這些結論，見 Duncan & Magnuson, 2004；St. Pierre, Ricciuti, & Rimdzius, 2005.

27.家庭父母介入與父母以外團體介入：Barnett, 1995；St. Pierre, Layzer, & Barnes, 1995.

28.Grossman et al., 1997.

29.第一版發行後的幾年間，我在介入研究上有了更深入且更為關鍵的看法，這些結果紀錄於 Harris, 2000c, 2002 與 2006a.

30.Winitz, Gillespie, & Starcev, 1995.

31.Winitz et al., 1995, p. 133.

32.Evans, 1987, p. 170.

33.Ravitch, 1997, p. A35.

34.Kosof, 1996, pp. 26, 54.

35.我假定約瑟夫也是依從移民子女的典型發展模式（見第四章討論）。

36.Fry, 1988.

37.Marano, 1995.

38.雙文化：像第九章描述的麥斯奎基印地安男孩（LaFromboise et al., 1993）。

39.Brewer, 1991.

40.Kupersmidt, Griesler, DeRosier, Patterson, & Davis, 1995, p. 366；也見 Peeples & Loeber, 1994；Rose et al., 2003.

41.Dornbusch, Glasgow, & Lin, 1996, pp. 412-413.

42.字典和電腦：Vogel, 1996. 鄰居的影響：Duncan, Brooks-Gunn, & Klebanov, 1994.

43.Personal communication, T. A. Kindermann, 1997 年 10 月 22 日。

44.Capron & Duyme, 1989.

45.這個 IQ 的相關就消失了：Plomin, Chipuer, & Neiderhiser, 1994. 有更多自由去尋找志同道合的伙伴：Scarr & McCartney, 1983.

46.Stoolmiller, 1999.

47.Loehlin, Horn, & Ernst, 2007；van IJzendoorn, Juffer, & Klein Poelhuis, 2005.

48.Watson, 1924, 引自第一章。

49.Eccles et al., 1993, 裡頭提及從小學移往中學、或是從小學校移往大一點的學

校就讀時，「邊緣學生」（marginal student）在校的表現傾向會式微。

50.女子學校：Alper, 1993；Sadker & Sadker, 1994. 傳統的黑人大學：Steen, 1987.

51.Sheriff et al., 1961.

第十二章　長大成人

1. Moffitt, 1993, pp. 675, 686.

2. Harris, 1995. 見一版前言。

3. Chagnon, 1992, p. 85.

4. Yamamoto, Soliman, Parsons, & Davies, 1987.

5. 成熟度與地位：見第八章註 85。

6. Valero, 1970, pp. 82-84.

7. Benedict, 1959, pp. 69-70, 103（初版於1934 年）。

8. Benedict, 1959；Delaney, 1995.

9. Eibl-Eibesfeldt, 1989, p. 604.

10.Weisfeld & Billings, 1988.

11.跟我們長得像的人：Smith, 1987. 八歲孩子的死亡：R. Wright, 1994, pp. 174-175. 一歲孩子得到關愛：Jenkins, Rasbash, & O'Connor, 2003；McHale, Crouter, McGuire, & Updegraff, 1995.

12.鷹隊和響尾蛇隊：見第七章。

13.Fine, 1986, p. 63.

14.在 1997 年的一項調查中，八位白人青少年裡只有一位曾聽過父母說另一個種族的壞話（Farley, 1997）。

15.Schlegel & Barry, 1991.

16.蘇格拉底：Rogers, 1977, p. 6. 亞里斯多德：Cole, 1992, p. 778. 兩處引言可能均非出自二位哲學家。

17.Baltes, Cornelius, & Nesserlroade, 1979.

18.Kindermann, 1993.

19.高中裡的社會類別：Brown, Mounts, Lamborn, & Steinberg, 1993；Eckert, 1989. 在鄉下地方：Laumann, Gagnon, Michael, & Michaels, 1994.

20. Brown et al., 1993；Juvonen & Murdock, 1993.

21. Merten, 1996a, pp. 11, 20.

22. 尋找刺激的人：Arnett & Balle-Jensen, 1993；Zuckerman, 1984. 被同儕所拒絕：Parker, Rubin, Price, & DeRosier, 1995；Coie & Cillessen, 1993. 一開始時就很相似：Rowe, Woulbroun, & Gulley, 1994. 聰明的變得更聰明：社會心理學家稱之為「團體極化」（group polarization），見Myers, 1982.

23. Brown et al., 1993；Mounts & Steinberg, 1995.

24. Lightfoot, 1992, pp. 240, 235. 也見 Berndt, 1992.

25. 吸菸最好的預測方式：Stanton & Silva, 1992. 抽菸的青少年：L. M. Collins et al., 1987；Eckert, 1989；"Study Cites Teen Smoking Risks," 1995.

26. Rowe, 1994.

27. Barry, 1995.

28. Rigotti, DiFranza, Chang, Tisdale, Kemp, & Singer, 1997.

29. 反菸廣告效果的後續研究已支持這些預測。一則年輕人對抗菸草工業的宣傳廣告非常奏效（Farrelly et al., 2002）。一則由菸草工業贊助的宣傳廣告建議父母跟他們的孩子說抽菸的壞處，則有了反效果：青少年看到「跟孩子說」的廣告，反而會更想抽菸（Wakefield et al., 2006）。

30. Moffitt, 1993, p. 674.

31. 顯然對於媒體的影響我錯了。在我寫下那些文字後，媒體暴力持續增加，然而犯罪事件卻減少了。我在 Harris, 2000b 裡對於犯罪的減少提出了解釋。

32. Valero, 1970, pp. 167-168.

33. Caspi, 1998；Rowe et al., 1994.

34. Dobkin, Tremblay, Masse, & Vitaro, 1995；Rowe et al., 1994.

35. Lab & Whitehead, 1988；Mann, 1994；Tate, Reppucci, & Mulvey, 1995.

36. 事實上，如同我預測的，將反社會的青少年湊在一塊兒，會讓他們更容易犯罪。見 Dishion, McCord, & Poulin, 1999.

37. Asch, 1987, pp. 481-482（初版於 1952 年）。

38. 例如 Berndt, 1979.

39. 自我認識的習得是童年時期的一項重要工作。它的目標，如同我在《基因或教養》裡解釋的，是要使孩子成功地與他們的同儕競爭。

40.James, 1890, p. 294.

41.大人性格的穩定：Caspi, 1998；McCrae & Costa, 1994. 像石膏一樣定型：James, 1890, p. 121.

42.Pinker, 1994, p. 281.

第十三章　機能障礙的家庭及問題兒童

1. "Maternal Impressions," 1996, p. 1466（初版於 1896 年）。

2. Guisewite, 1994.

3. Pitts, 1997, p. 23.

4. Grilo & Pogue-Geile, 1991；Keskitalo et al., 2008.

5. Lykken, McGue, Tellegen, & Bouchard, 1992.

6. Lykken et al., 1992；L. Wright, 1995. 愛咪和貝絲不是她們的真名。

7. Dickens, 1990（初版於 1838 年）。

8. Lykken, 1995；Mealey, 1995；Rutter, 1997.

9. Patterson & Bank, 1989.

10.Dishion, Duncan, Eddy, Fagot, & Fetrow, 1994.

11.Hartshorne & May, 1928.

12.我對於奧利佛人格的描述是基於書本的內容；我沒有看過舞臺表演或是任何電影。狄更斯說奧利佛是「一個有高貴情操與溫暖的心的孩子」（1990, p. 314），他描述說奧利佛「僅是回憶起邦伯（Bumble）先生的聲音就渾身發抖」（p. 35）。

13.Mednick, Gabrielli, & Hutchings, 1987.

14.Gottfredson & Hirschi, 1990.

15.Rowe, Rodgers, & Meseck-Bushey, 1992；Rowe & Waldman, 1993；Rutter, 1997.

16.Moffitt, 1993.

17.Murphy, 1976, 摘自 Lykken, 1995.

18.Buss, 1994, pp. 49-50.

19.McLanahan & Sandefur, 1994, pp. 1, 3.

20.McLanahan & Sandefur, 1994. 他們控制了種族與社會階級的差異。頻繁地與父

親接觸：p. 98.

21. McLanahan, 1994, p. 51；Krantz, 1989.

22. Crossette, 1996；McLanahan & Booth, 1989.

23. Adler, Kless, & Adler, 1992. 假如財務狀況嚴重到使得孩子沒有足夠的東西吃，那將可能危及他們的成長、生命力，甚至智力。然而，如此嚴重的程度在今日的美國及其他已開發國家並不常見。相反地是，低社經地位的孩子比較有可能過胖（Shrewsbury & Wardle, 2008）。

24. Ambert, 1997, pp. 97-98.

25. Zimmerman , Salem, & Maton, 1995, p. 1607.

26. 跟父母一起住的孩子並沒有比跟單親住的孩子來得好，相同的結果也出現在經濟上占優勢的團體裡，此由 Chan, Raboy, & Patterson, 1998 所發現。

27. McLanahan & Sandefur, 1994.

28. 被同儕排斥：Vernberg, 1990. 行為問題：Wood, Halfon, Scarlata, Newacheck, & Nessim, 1993. 學業問題：Eckenrode, Rowe, Laird, & Brathwaite, 1995.

29. Wallerstein & Kelly, 1980；Wallerstein & Blakeslee, 1989.

30. Santrock & Tracy, 1978.

31. Chase-Lansdale, Cherlin, & Kiernan, 1995, pp. 1618-1619.

32. McLanahan & Sandefur, 1994, p. 3.

33. McGue & Lykken, 1992.

34. McGue & Lykken, 1992. 這項研究的對象年齡是從三十四歲至五十三歲。

35. Jockin, McGue, & Lykken, 1996. 他們下結論說：「因此，人格得以預測離婚風險；更準確地說，它得以如此主要是因為他們共同的基因影響，而非環境影響。」（p. 296）

36. 反社會人格異常可以遺傳：Caspi, 1998；Gottesman, Goldsmith, & Carey, 1997. 丹麥認養兒的犯罪行為研究（Mednick et al., 1987）顯示，具有反社會傾向的男人比較有可能照顧他們不願意或不能養育的孩童。因為遺傳的因素，這些男人的兒女比較有可能具有反社會傾向。合併起來看，這些觀察能夠解釋為何沒有父親的孩童比較有可能犯罪（見 Popenoe, 1996）。

37. 離婚前的問題行為：Block, Block, & Gjerde, 1986. 離婚、反社會人格，與行為異常：Lahey, Hartdagen, Frick, McBurnett, Connor, & Hynd, 1988.

38. Glick, 1988.

39.D. G. Myers, personal communication, 1998 年 2 月 2 日。

40.Daly & Wilson, 1996.

41.我修訂的新理論（Harris, 2006a）將人格形成的工作劃歸給大腦中的第三個部門，但此處對於關係部門的說法並未改變。

42.Pinker, 1997.

43.Kagan, 1994，見第四章註 46 我對於 Hetherington & Clingempeel, 1992 研究的意見。

44.如同之前提及的，離婚也會影響孩童在家庭以外的生活，如果那包含更換住處（或在兩住處間奔波）。但行為遺傳學的證據顯示，這些破壞幾乎沒有長期影響，一旦考量到了遺傳對人格特質的影響。

45.Straus, Sugarman, & Giles-Sims, 1997.

46.在 Connie Willis 的小說 *Bellwether*（1996）裡，有一個歐裔美國中產家庭育兒方法的滑稽諧擬。

47.Gilbert, 1997.

48.Coulton, Korbin, Su, & Chow, 1995；Deater-Deckard, Dodge, Bates, & Pettit, 1996；Dodge, Pettit, & Bates, 1994b；Kelley & Tseng, 1992；Knight, Virdin, & Roosa, 1994.

49.Chao, 1994, 表 1。

50.Straus et al., 1997, p. 761.

51.被美聯社報導：Coleman, 1997. 摘要刊載於《美國醫學學會期刊》：1997 年 11 月 12 日，第 278 期，p. 1470.

52.Gunnoe & Mariner, 1997, p. 768.

53.受虐兒攻擊性比較強：Dodge, Bates, & Pettit, 1990；Malinowsky-Rummell & Hansen, 1993. 交朋友有困難：Dodge, Pettit, & Bates, 1994a. 學校的課業有困難：Perez & Widom, 1994. 虐待他們自己的兒女：Wolfe, 1985.

54.一個例外是 Rothbaum & Weisz, 1994，在他們對父母育兒方法的評論裡，同時討論了遺傳效應與子女對父母的效應。

55.十年後，社會化研究者承認遺傳與子女對父母的效應在父母行為與孩子行為的相關性裡可能扮演著重要角色，這已不再是不尋常的事了。然而，他們對於所得資料裡的矛盾仍然沒有全然理解的把握。他們無法得知這些相關是肇因於遺傳、子女對父母的效應，還是父母對子女的效應，而且此一事實無法用來支持三者一定皆有相關的看法。其他的證據顯示，相關性

純粹是出自遺傳與子女對父母的效應，而與父母對子女的效應無關。見
Harris, 1998, 2000c.

56.Plomin, Owen, & McGuffin, 1994.

57.Vasta, 1982.

58.Ladd, 1992.

59.Ambert, 1994a, p. 121；1997, p. 99. 此處所得的比例，分析自最近的一批自
傳，收集於 1989 年。也見 Kochenderfer & Ladd, 1996.

60.Eckenrode et al., 1995.

61.合理的控制：Smolowe, 1996. 鎖在熱水器旁：Gibbs, 1991.

62.在第一版的書裡，這句陳述並沒有註解，因為我沒有真正的證據支持它。
現在我有了：Stattin & Kerr, 2000.

63.Myers, 1982.

64.Baumrind, 1967.

65.Wagner, 1997, p. 291.

66.Pike, Reiss, Hetherington, & Plomin, 1996；Smetana, 1995.

67.Weiss & Schwarz, 1996. 這群研究者定義了六種教養方式；「威信型」
（Authoritative）父母的孩子並沒有顯著較好的人格或較少的問題。「寬鬆
型」（Unengaged）與「威權－指導型」（Authoritarian-Directive）父母確實
得分較低，但與前者的差異不大。

68.好幾種不同的智慧：Gardner, 1983. 在其他相關測驗的分數：D. Seligman, 1992.

69.Cohen, 1994, p. 1. 由於部分項目並無產生數值，研究者在此使用卡方檢定
（chi-square test）而非相關性測定。這項工作由 Meehl 與 Lykken 完成，並由
Cohen 提出報告。

70.與父母的聯結：Foreman, 1997. 父母家庭網絡：Resnick et al., 1997.

71.Carlson, 1997.

72.關於動怒的遺傳性，見 Rebollo & Boomsma, 2006.

73.Caspi et al., 1997.

74.Bradshaw, 1988；Forward, 1989.

75.例如 Dawes, 1994；M. Seligman, 1994.

76.快樂、不快樂，與回憶：Myers, 1992；Dawes, 1994, pp. 211-216. 同卵雙胞胎的

童年回憶：Hur & Bouchard, 1995. 遺傳對快樂的影響：Lykken & Tellegen, 1996.

第十四章　父母能做些什麼？

1. Lykken, 1995.

2. Lykken, 1995, p. 82.

3. Denrell & Le Mens, 2007 提供了一個社會影響的全新理論，解釋父母如何影響孩子選擇職業及休閒活動。彼此關係密切的人們通常對這類事物持有相近的態度，不是因為他們直接影響到他人態度的緣故，而是因為密切的關係對於「一個人接觸到的活動與事物」（p. 398）有直接的影響。例如，假設 B 是 A 的父母，「如果 B 影響 A 嘗試的活動，那並不見得是 A 認同 B、A 想要順從 B，或者 A 將 B 的意見視為有益的，使得社會影響得以發生」（p. 399）。因此，如果 B 是位醫生，A 會「嘗試」更多與醫學專業有關的活動和事物。

4. 由一項雙生子研究（Waller & Shaver, 1994）得來的證據顯示，孩子可能在家裡學到對愛情的態度。然而，離婚家庭的雙生子研究（McGue & Lykken, 1992, 在第十三章裡有討論）卻給出了相反的結果：雙生子經歷其父母婚姻的經驗，似乎並不影響他們自己婚姻的成敗。關於教養行為，一項成年被收養者的研究（Rowe, 2002）顯示，人們顯然並未藉由觀察養育他們成人的雙親，來學習如何做一位父母。

5. Serbin, Powlishta, & Gulko, 1993.

6. 我現在對於這種團體內的差異有一較好的解釋（Harris, 2006a）。

7. Heckathorn, 1992.

8. 減少兄弟姐妹間的競爭：Sulloway, 1996. 父母把家庭空間填滿：Tesser, 1988.

9. 關於出生別的最新爭論，見《基因或教養》（Harris, 2006a）第四章。

10. Thornton, 1995, pp. 3-4, 43.

11. Mathews, 1988, p. 217.

12. Thornton, 1995；Moore, 1996.

13. Gottfried, Gottfried, Bathurst, & Guerin, 1994；Winner, 1996.

14. Winner, 1996, 1997.

15. Ladd, Profilet, & Hart, 1992.

16.聰明孩子較多（的班上）：Rutter, 1983. 比較不會惹事生非，比較會被排斥：Kupersmidt, Griesler, DeRosier, Patterson, & Davis, 1995.

17.引自 Norman, 1995, p. 66.

18.Hartocollis, 1998.

19.現在稱做英特爾科學獎（Intel Science Talent Search）。

20.如同第八章提到的，缺乏與同儕互動的孩子（或許是由於慢性疾病），比較有可能出現社交與心理適應不良的情形（Ireys et al., 1994；Pless & Nolan, 1991）。

21.Brody, 1997, p. F7；Clark, 1995, p. 1970.

22.Baumeister, Campbell, Krueger, & Vohs, 2003, p. 1. 也見 Dawes, 1994, pp. 9-10.

23.暴力：Baumeister, Smart, & Boden, 1996, p. 5. 危險的行為：Smith, Gerrard, & Gibbons, 1997.

24.Zervas & Sherman, 1994.

25.Rovee-Collier, 1993.

26.破壞兄弟姐妹的關係：Brody & Stoneman, 1994. 小時候最不受寵愛的人在成年期：Bedford, 1992.

27.Anders & Taylor, 1994.

28.Bruer, 1997.

29.成年被收養者的智力相關性：Plomin, Fulker, Corley, & DeFries, 1997. 沒有科學根據：Bruer, 1997.

30.L. J. Miller（1997 年 9 月 10 日），Einstein and IQ（發佈於 sci.psychology. misc）。

31.Lancy, 2008；Rogoff, Mistry, Göncü, & Mosier, 1993.

32.Reich, 1997, pp. 10-11.

33.Edwards, 1992.

34.Jenkins, Rasbash, & O'Connor, 2003；McHale, Crouter, McGuire, & Updegraff, 1995；Lancy, 2008.

35.Goodall, 1986, p. 282.

36.Watson, 1928, pp. 69, 70.

第十五章 審判教養的假設

1. Larkin, "This Be the Verse," 1989, p. 140（初版於 1974 年）。

2. 父母已經有權力：Morton, 1998. 孩子對自我的概念：Brody, 1997, p. F7. 每天的愛和接納的信息：Neifert, 1991, p. 77. 他的根基：Leach, 1995, p. 468（初版於 1989 年）。

3. 孩童身體虐待案件在 1980 年代逐步增加，1993 年達到最高，從那之後便稍稍退降（Jones, Finkelhor, & Halter, 2006）。心理健康方面的問題則持續往上攀升。精神疾病在今日年輕人身上發生的比率比過去同齡人士發生的比率還要高。

4. O'Connor, Hetherington, Reiss, & Plomin, 1995. 現在已有充分證據（Reiss, 2000），說明父母行為的不同確實是孩子先天不同的反應，見附錄二。

5. Lykken, 1997；Rowe, 1997；Scarr, 1992.

6. Lancy, 2008.

7. Proulx, 1993, p. 134.

8. Savage & Au, 1996.

9. 這裡我對為何生長於同一屋簷下的同卵雙生子彼此會不同舉手投降。我在撰寫《基因或教養》時即發現到，這不是一個容易解決的問題。

10. Pinker, 1997, p. 135.

11. Buss, 1991；Cosmides & Tooby, 1992；Pinker, 1997.

12. Eibl-Eibesfeldt, 1995.

13. Lewicki, Hill, & Czyzewska, 1992.

附錄一 人格與出生別

1. Adler, 1927；Zajonc, 1983.

2. Schooler, 1972；Ernst & Angst, 1983, p. 284；Dunn & Plomin, 1990, p. 85.

3. Somit, Arwine, & Peterson, 1996, p. vi.

4. Sulloway, 1996.

5. 見 Tavris & Aronson, 2007.

6. Modell, 1997, p. 624.

7. Ernst & Angst, 1983.

8. 蘇洛威還討論了 Koch 的實驗；她發表了十篇文章，研究三百八十四位五、六歲且有一兄弟姐妹的孩子。這項實驗涵括在恩奈斯特與安格斯特的調查之下，所以並沒有提出額外的新證據。

9. 蘇洛威使用了成年期意見的改變（例如，接受達爾文的演化論）做為測量開放性這一持久的人格特質的標準。然而，意見的單一改變（或不改變）與經多數人測試和驗證的標準人格問卷是不同的，它比較像是人格問卷上的一個項目，且是未經驗證的項目。意見的改變是否與其他人格測驗有關，並未有定論。

10. Sulloway, 1996, pp. 72-73.

11. 我將一個次對象團體（例如男性）產生支持蘇洛威理論的結果，而另一次對象團體（女性）產生相反的結果，視為此報告沒有差別。我將一個次對象團體產生支持結果而另一個產生沒有差別的結果，視為此報告贊成出生別。一個我無法歸類的研究例子，經恩奈斯特與安格斯特統整後如下：「老二比起老大和老么，會同時看來較為興奮、冷靜，較不害怕，而且較為成熟。」（1983, p. 167）。我的調查計算公佈在《教養的迷思》網站的出生別頁面裡（http://xchar.home.att.net/tna/birth-order/index.htm）。

12. 在這本書第一版問世後的十年裡，對於蘇洛威的研究方法已有更多獲知，可見 Townsend 的批評（2000/2004）、Johnson 的社論（2000/2004），以及我的評論（Harris, 2000/2004）。這些論文，連同蘇洛威對 Townsend 的回應，都可見於 http://www.politicsandthelifesciences.org/Contents/Contents-2000-9/index.html。也見我的線上論文 "The Mystery of *Born to Rebel*: Sulloway's re-analysis of old birth order data"（2002），在 http://xchar.home.att.net/tna/birth-order/methods.htm。

13. 蘇洛威未發表的文稿，1998 年 1 月 25 日。這篇未發表文稿的內容與緣起在前註我的線上論文內有解釋。

14. 如果你把資料拆開來看，發現男性有很顯著的出生別效應而女性沒有，你就該紀錄下對女性而言是沒有差別、對男性而言是贊成出生別效應的結果，這就是蘇洛威在他未發表的論文裡說的。但如果我這樣計算調查結果，最後會得到超過一百一十份沒有差別的結果，而且這麼計算還是低估了該被計入的沒有差別的結果。如果你把資料拆開來看，發現兩性別都沒有顯著的出生別效應，那就該算是兩個沒有差別的結果。更完整的解釋請

見我的線上論文（註 12 所說）。

15. Sulloway, 1996, p. 72.

16. Hunt, 1997.

17. 未能刊登出不顯著的結果，這稱做「檔案櫃問題」（file-drawer problem），可見我在註 12 提及的線上論文（Harris, 2000/2004）裡對檔案櫃問題的討論。

18. 較少被刊登出來：Hunt, 1997. 較久才會付印：Ioannidis, 1998.

19. LeLorier, Grégoire, Benhaddad, Lapierre, & Derderian, 1997, p. 536.

20. 男性化的差異可能有生物上的原因。Blanchard（2001）發現同性戀的比率在較後出生的男性裡（即上有長兄的男性）比較高。

21. 結果不清楚是指與蘇洛威的理論沒有明顯相關，以及理論上沒有適當的明確性。這次的搜尋是在 1997 年 8 月 20 日執行，且包含 1981 年 1 月至 1997 年 3 月間的文章項目。

22. Ernst & Angst, 1983, p. 97, 167.

23. Ernst & Angst, p. 171.

24. Harris, 2000a.

25. 注意，父母的觀念在老二老三生下時更有可能過時。如果老大較可能與父母有相同態度，這或許是因為老大與父母的年齡差距沒有老二老三與父母的年齡差距來得大。當家庭變得更大，母親兩次懷胎相隔超過二十年，這個差異可能就很重要了，特別是在文化變遷的時候。

26. Modell, 1997, p. 624.

27. Somit, Arwine, & Peterson, 1997, pp. 17-18. 也見 Freese, Powell, & Steelman, 1999.

28. McCall, 1992, p. 17.

29. Runco, 1991（初版於 1987 年）。

30. O'Leary & Smith, 1991.

31. Toman, 1971.

32. Townsend, 1997.

33. 雖然靈長類採用序列式的撫養法，人類卻不是如此：他們採用的是重疊式的撫養方式，見 Harris, Shaw, & Altom, 1985, p. 186, 註 1。

34. Daly & Wilson, 1988.

35.《生而反抗》裡的歷史資料也被提出來質疑，見 Johnson（2000/2004）與 Townsend（2000/2004）。

36.老大在智商上占優勢：Bjerkedal, Kristensen, Skjeret, & Brevik, 2007. 老大成績並不比較優秀：Ernst & Angst, 1983；McCall, 1992. 老大並非較有可能讀大學：Blake, 1989. 關於其他反對智力上的出生別效應，見 Wichman, Rodgers, & MacCallum, 2006.

附錄二　驗證兒童發展的理論

1. 見《基因或教養》（Harris, 2006a）第七章〈關係系統〉（The relationship system）。

2. Deater-Deckard & Plomin, 1999.

3. Jaffee, Moffitt, Caspi, & Taylor, 2003；Jaffee, Caspi, Moffitt, & Taylor, 2004.

4. Jaffee et al., 2003, p. 114.

5. Jaffee et al., 2004, p. 47.

6. Reiss, 與 Neiderhiser, Hetherington, & Plomin, 2000.

7. Reiss, 2000, p. 407.

8. Plomin, Asbury, & Dunn, 2001, p. 231.

9. Bruder et al., 2008.

10.例如 Caspi et al., 2004.

11.略有不同的大腦：Steinmetz, Herzog, Huang, & Hackländer, 1994.

12.K. M. Beaver, personal communication, 2008 年 6 月 7 日。

13.J. P. Wright & Beaver, 2005.

14.Beaver, Wright, & Maume, 2008.

15.Beaver & Wright, 2007, p. 640.

16.J. P. Wright, Beaver, DeLisi, & Vaughn, 2008.

17.我引用 Caspi, 1998 以及 Rowe, Woulbroun, & Gulley, 1994 做為支持證據。

18.W. A. Collins, Maccoby, Steinberg, Hetherington, & Bornstein, 2000；Iervolino, Pike, Manke, Reiss, Hetherington, & Plomin, 2002；Kagan, 1998.

19.Kindermann, 1993；Sherif et al., 1961.

20. Loehlin, 1997.

21. Harris, 2000c.

22. 具攻擊性的孩子：Hawley, 2007. 團體中的接受度與團體中的地位：Kirkpatrick & Ellis, 2001；Leary, Cottrell, & Phillips, 2001.

23. Jones, 1957.

24. Persico, Postlewaite, & Silverman, 2004.

25. Jackson & Huston, 1975.

26. 對女孩來說，僅是在生理上較為成熟並不會擁有較高的地位，這或許是因為快速成熟的女孩比較有可能過胖（見第八章註 85）。因此，我建議研究者看實際的年齡，不要看生理成熟程度。

27. Baron-Cohen & Staunton, 1994.

28. Hrdy, 1999, p. 516.

29. Ely, 2004.

30. 例如 Kochanska, 1997.

參考書目　*REFERENCES*

Abramovitch, R., Corter, C., Pepler, D. J., & Stanhope, L. (1986). Sibling and peer interaction: A final follow-up and a comparison. *Child Development*, 57, 217–229.

Adler, A. (1927). *Understanding human nature*. New York: Greenberg.

Adler, P. A., Kless, S. J., & Adler, P. (1992). Socialization to gender roles: Popularity among elementary school boys and girls. *Sociology of Education*, 65, 169–187.

Adolph, K. E. (2000). Specificity of learning: Why infants fall over a veritable cliff. *Psychological Science*, 11, 290–295.

Ainsworth, M. D. S. (1977). Attachment theory and its utility in cross-cultural research. In P. H. Leiderman, S. R. Tulkin, & A. Rosenfield (Eds.), *Culture and infancy: Variation in the human experience*. New York: Academic Press.

Ainsworth, M. D. S., Blehar, M. C., Waters, E., & Wall, S. (1978). *Patterns of attachment: A psychological study of the Strange Situation*. Hillsdale, NJ: Erlbaum.

Alexander, G. M., & Hines, M. (1994). Gender labels and play styles: Their relative contribution to children's selection of playmates. *Child Development*, 65, 869–879.

Alper, J. (1993, April 16). The pipeline is leaking women all the way along. *Science*, 260, 409–411.

Ambert, A.-M. (1994a). A quantitative study of peer abuse and its effects: Theoretical and empirical implications. *Journal of Marriage and the Family*, 56, 119–130.

Ambert, A.-M. (1994b). An international perspective on parenting: Social change and social constructs. *Journal of Marriage and the Family*, 56, 529–543.

Ambert, A.-M. (1997). *Parents, children, and adolescents: Interactive relationships and development in context*. New York: Haworth Press.

American Association of University Women (1991). *Shortchanging girls, shortchanging America: A call to action*. Washington, DC: AAUW.

Anders, T. F., & Taylor, T. R. (1994). Babies and their sleep environments. *Children's Environments*, 11, 123–134.

Andersson, B.-E. (1992). Effects of day-care on cognitive and socioemotional competence of thirteen-year-old Swedish schoolchildren. *Child Development*, 63, 20–36.

Archer, J. (1992a). Childhood gender roles: Social context and organization. In H. McGurk (Ed.), *Childhood social development: Contemporary perspectives* (pp. 31–61). Hove, UK: Erlbaum.

Archer, J. (1992b). *Ethology and human development*. Savage, MD: Barnes & Noble Books.

Arnett, J., & Balle-Jensen, L. (1993). Cultural bases of risk behavior: Danish adolescents. *Child Development*, 64, 1842–1855.

Asch, S. E. (1987). *Social Psychology*. Oxford, UK: Oxford University Press. (Originally published in 1952.)

Astington, J. W. (1993). *The child's discovery of the mind*. Cambridge, MA: Harvard University Press.

Bagwell, C. L., Newcomb, A. F., & Bukowski, W. M. (1998). Preadolescent friendship and peer rejection as predictors of adult adjustment. *Child Development*, 69, 140–153.

Bailey, D. B., Jr., McWilliam, R. A., Ware, W. B., & Burchinal, M. A. (1993). Social interactions of toddlers and preschoolers in same-age and mixed-age play groups. *Journal of Applied Developmental Psychology*, 14, 261–275.

Bajak, F. (1986, June 19). Firemen are twins, too. *The New Jersey Register*, p. 8A.

Baltes, P. B., Cornelius, S. W., & Nesselroade, J. R. (1979). Cohort effects in developmental psychology. In J. R. Nesselroade & P. B. Baltes (Eds.), *Longitudinal research in the study of behavior and development* (pp. 61–87). New York: Academic Press.

Bandura, A., & Walters, R. H. (1963). *Social learning and personality development*. New York: Holt.

Barnett, W. S. (1995, Winter). Long-term effects of early childhood programs on cognitive and school outcomes. *The Future of Children*, 5(3), 25–50.

Baron, N. S. (1992). *Growing up with language: How children learn to talk*. Reading, MA: Addison-Wesley.

Baron-Cohen, S. (1995). *Mindblindness: An essay on autism and theory of mind*. Cambridge, MA: MIT Press.

Baron-Cohen, S., Campbell, R., Karmiloff-Smith, A., Grant, J., & Walker, J. (1995). Are children with autism blind to the mentalistic significance of the eyes? *British Journal of Developmental Psychology*, 13, 379–398.

Baron-Cohen, S., & Staunton, R. (1994). Do children with autism acquire the phonology of their peers? An examination of group identification through the window of bilingualism. *First Language*, 14, 241–248.

Barry, D. (1995, September 17). Teen smokers, too, get cool, toxic, waste-blackened lungs. *Asbury Park (N.J.) Press*, p. D3.

Barry, D. (1996, August 11). That awful sound is a parent singing within earshot of a teen. *Asbury Park (N.J.) Press*, p. D3.

Baumeister, R. F., Campbell, J. D., Krueger, J. I., & Vohs, K. D. (2003). Does high self-esteem cause better performance, interpersonal success, happiness, or healthier lifestyles? *Psychological Science in the Public Interest*, 4, 1–44.

Baumeister, R. F., Smart, L., & Boden, J. M. (1996). Relation of threatened egotism to violence and aggression: The dark side of high self-esteem. *Psychological Review*, 103, 5–33.

Baumrind, D. (1967). Child care practices anteceding three patterns of preschool behavior. *Genetic Psychology Monographs*, 75, 43–88.

Baumrind, D. (1989). Rearing competent children. In W. Damon (Ed.), *Child development today and tomorrow* (pp. 349–378). San Francisco: Jossey-Bass.

Baumrind, D., & Black, A. E. (1967). Socialization practices associated with dimensions of competence in preschool boys and girls. *Child Development*, 38, 291–327.

Beaver, K. M. & Wright, J. P. (2007). A child effects explanation for the association between family risk and involvement in an antisocial lifestyle. *Journal of Adolescent Research*, 22, 640–664.

Beaver, K. M., Wright, J. P., & Maume, M. O. (2008). The effect of school classroom characteristics on low self-control: A multilevel analysis. *Journal of Criminal Justice, 36,* 174–181.

Bedford, V. H. (1992). Memories of parental favoritism and the quality of parent-child ties in adulthood. *Journal of Gerontology: Social Sciences, 47,* S149–S155.

Bee, D. E., Baranowski, T., Rassin, D. K., Richardson, J., & Mikrut, W. (1991). Breast-feeding initiation in a triethnic population. *American Journal of Diseases of Children, 145,* 306–309.

Begley, S. (1998, September 7). The parent trap. *Newsweek,* pp. 52–59.

Belsky, J., Burchinal, M., McCartney, K., Vandell, D. L., Clarke-Stewart, K. A., Owen, M. T., & the NICHD Early Child Care Research Network (2007). Are there long-term effects of early child care? *Child Development, 78,* 681–701.

Belsky, J., Rovine, M., & Taylor, D. G. (1984). The Pennsylvania Infant and Family Development Project: III. The origins of individual differences in infant-mother attachment: Maternal and infant contributions. *Child Development, 55,* 718–728.

Bem, D. J. (1996). Exotic becomes erotic: A developmental theory of sexual orientation. *Psychological Review, 103,* 320–335.

Bem, S. L. (1989). Genital knowledge and gender constancy in preschool children. *Child Development, 60,* 649–662.

Benedict, R. (1959). *Patterns of culture.* New York: Houghton Mifflin. (Originally published in 1934.)

Bennett, A., & Derevensky, J. (1995). The medieval kingdom topology: Peer relations in kindergarten children. *Psychology in the Schools, 32,* 130–141.

Berndt, T. J. (1979). Developmental changes in conformity to peers and parents. *Developmental Psychology, 15,* 606–616.

Berndt, T. J. (1992). Friendship and friends' influence in adolescence. *Current Directions in Psychological Science, 1,* 156–159.

Bertling, T. (1994). *A child sacrificed to the deaf culture.* Wilsonville, OH: Kodiak Media Group.

Bettelheim, B. (1959, March). Joey: A "mechanical boy." *Scientific American, 200,* 116–127.

Bettelheim, B. (1967). *The empty fortress.* New York: Free Press.

Bickerton, D. (1983, July). Creole languages. *Scientific American, 249,* 116–122.

Bierman, K. L., Smoot, D. L., & Aumiller, K. (1993). Characteristics of aggressive-rejected, aggressive (nonrejected), and rejected (nonaggressive) boys. *Child Development, 64,* 139–151.

Bigelow, A., MacLean, J., Wood, C., & Smith, J. (1990). Infants' responses to child and adult strangers: An investigation of height and facial configuration variables. *Infant Behavior and Development, 13,* 21–32.

Bigler, R. S. (1995). The role of classification skill in moderating environmental influences on children's gender stereotyping: A study of the functional use of gender in the classroom. *Child Development, 66,* 1072–1087.

Birch, L. L. (1987). Children's food preferences: Developmental patterns and environmental influences. *Annals of Child Development, 4,* 171–208.

Bjerkedal, T., Kristensen, P., Skjeret, G. A., & Brevik, J. I. (2007). Intelligence test scores and birth order among young Norwegian men (conscripts) analyzed within and between families. *Intelligence, 35,* 503–514.

Bjorklund, D. F., & Kipp, K. (1996). Parental investment theory and gender differences in the evolution of inhibitory mechanisms. *Psychological Bulletin, 120,* 163–188.

Björkqvist, K., Lagerspetz, K. M. J., & Kaukiainen, A. (1992). Do girls manipulate and boys fight? Developmental trends in regard to direct and indirect aggression. *Aggressive Behavior*, 18, 117–127.

Blake, J. (1989, July 7). Number of siblings and educational attainment. *Science*, 245, 32–36.

Blanchard, R. (2001). Fraternal birth order and the maternal immune hypothesis of male homosexuality. *Hormones and Behavior*, 40, 105–114.

Block, J., & Robins, R. W. (1993). A longitudinal study of consistency and change in self-esteem from early adolescence to early adulthood. *Child Development*, 64, 909–923.

Block, J. H., Block, J., & Gjerde, P. F. (1986). The personality of children prior to divorce: A prospective study. *Child Development*, 57, 827–840.

Blyth, D. A., & Leffert, N. (1995). Communities as contexts for adolescent development: An empirical analysis. *Journal of Adolescent Research*, 10, 64–87.

Boomsma, D. I., Willemsen, G., Dolan, C. V., Hawkley, L. C., & Cacioppo, J. T. (2005). Genetic and environmental contributions to loneliness in adults: The Netherlands Twin Register study. *Behavior Genetics*, 35, 745–752.

Bos, H. M. W., Sandfort, T. G. M., de Bruyn, E. H., & Hakvoort, E. M. (2008). Same-sex attraction, social relationships, psychosocial functioning, and school performance in early adolescence. *Developmental Psychology*, 44, 59–68.

Bouchard, T. J., Jr. (1994, June 17). Genes, environment, and personality. *Science*, 264, 1700–1701.

Bouchard, T. J., Jr., & Loehlin, J. C. (2001). Genes, evolution, and personality. *Behavior Genetics*, 31, 243–273.

Bouchard, T. J., Jr., Lykken, D. T., McGue, M., Segal, N. L., & Tellegen, A. (1990, October 12). Sources of human psychological differences: The Minnesota study of twins reared apart. *Science*, 250, 223–228.

Bowlby, J. (1969). *Attachment and loss: Vol. 1. Attachment*. New York: Basic Books.

Bowlby, J. (1973). *Attachment and loss: Vol. 2. Separation*. New York: Basic Books.

Bradshaw, J. (1988). *Bradshaw on the family: A revolutionary way of self-discovery*. Deerfield Beach, FL: Health Communications.

Bretherton, I. (1985). Attachment theory: Retrospect and prospect. In I. Bretherton & E. Waters (Eds.), Growing points of attachment theory and research (pp. 3–35). *Monographs of the Society for Research in Child Development*, 50 (1–2, Serial No. 209).

Brewer, M. B. (1991). The social self: On being the same and different at the same time. *Personality and Social Psychology Bulletin*, 17, 475–482.

Brody, G. H., & Stoneman, Z. (1994). Sibling relationships and their association with parental differential treatment. In E. M. Hetherington, D. Reiss, & R. Plomin (Eds.), *Separate social worlds of siblings: The impact of nonshared environment on development* (pp. 129–142). Hillsdale, NJ: Erlbaum.

Brody, G. H., Stoneman, Z., MacKinnon, C. E., & MacKinnon, R. (1985). Role relationships and behavior between preschool-aged and school-aged sibling pairs. *Developmental Psychology*, 21, 124–129.

Brody, J. E. (1997, November 11). Parents can bolster girls' fragile self-esteem. *New York Times*, p. F7.

Brooks, J., & Lewis, M. (1976). Infants' responses to strangers: Midget, adult, and child. *Child Development*, 47, 323–332.

Brooks-Gunn, J., Duncan, G. J., Klebanov, P. K., & Sealand, N. (1993). Do neighborhoods influence child and adolescent development? *American Journal of Sociology, 99*, 353–395.

Brooks-Gunn, J., & Warren, M. P. (1988). The psychological significance of secondary sexual characteristics in nine- to eleven-year-old girls. *Child Development, 59*, 1061–1069.

Brown, B. B., Mounts, N., Lamborn, S. D., & Steinberg, L. (1993). Parenting practices and peer group affiliation in adolescents. *Child Development, 64*, 467–482.

Brown, D. E. (1991). *Human universals.* Philadelphia: Temple University Press.

Bruder, C. E. G., Piotrowski, A., Gijsbers, A. A., et al. (2008). Phenotypically concordant and discordant monozygotic twins display different DNA copy-number-variation profiles. *American Journal of Human Genetics, 83*, 763–771.

Bruer, J. T. (1997). Education and the brain: A bridge too far. *Educational Researcher, 26*, 4–16.

Bugental, D. B., & Goodnow, J. J. (1998). Socialization processes. In W. Damon (Series Ed.) & N. Eisenberg (Vol. Ed.), *Handbook of Child Psychology: Vol. 3. Social, emotional, and personality development* (5th ed., pp. 389–462). New York: Wiley.

Bukowski, W. M., Pizzamiglio, M. T., Newcomb, A. F., & Hoza, B. (1996). Popularity as an affordance for friendship: The link between group and dyadic experience. *Social Development, 5*, 189–202.

Burnham, D. K., & Harris, M. B. (1992). Effects of real gender and labeled gender on adults' perceptions of infants. *Journal of Genetic Psychology, 153*, 165–183.

Burns, G. L., & Farina, A. (1992). The role of physical attractiveness in adjustment. *Genetic, Social, and General Psychology Monographs, 118*, 157–194.

Buss, D. M. (1991). Evolutionary personality psychology. *Annual Review of Psychology, 42*, 459–491.

Buss, D. M. (1994). *The evolution of desire: Strategies of human mating.* New York: Basic Books.

Bussey, K., & Bandura, A. (1992). Self-regulatory mechanisms governing gender development. *Child Development, 63*, 1236–1250.

Cairns, R. B., Gariépy, J.-L., & Hood, K. E. (1990). Development, microevolution, and social behavior. *Psychological Review, 97*, 49–65.

Cairns, R. B., Neckerman, H. J., & Cairns, B. D. (1989). Social networks and the shadow of synchrony. In G. R. Adams, R. Montemayor, & T. Gullotta (Eds.), *Advances in adolescent development: Vol. 1. Biology of adolescent behavior and development* (pp. 275–305). Newbury Park, CA: Sage.

Caporael, L. R. (1986). Anthropomorphism and mechanomorphism: Two faces of the human machine. *Computers in Human Behavior, 2*, 215–234.

Capron, C., & Duyme, M. (1989). Assessment of the effects of socio-economic status on IQ in a full cross-fostering study. *Nature, 340*, 552–554.

Carere, S. (1987). Lifeworld of restricted behavior. In P. A. Adler, P. Adler, & N. Mandell (Eds.), *Sociological studies of child development: Vol. 2* (pp. 105–138). Greenwich, CT: JAI Press.

Carlson, M. (1997, September 22). Here's a precious moment, kid. *Time*, p. 101.

Carson, R. C. (1989). Personality. *Annual Review of Psychology, 40*, 227–248.

Caspi, A. (1998). Personality development across the life course. In W. Damon (Series Ed.) & N. Eisenberg (Vol. Ed.), *Handbook of Child Psychology: Vol. 3. Social, emotional, and personality development* (5th ed., pp. 311–388). New York: Wiley.

Caspi, A., Begg, D., Dickson, N., Harrington, H., Langley, J., Moffitt, T. E., & Silva, P. A. (1997). Personality differences predict health-risk behaviors in young adulthood: Evidence from a longitudinal study. *Journal of Personality and Social Psychology*, 73, 1052–1063.

Caspi, A., Elder, G. H., Jr., & Bem, D. J. (1987). Moving against the world: Life-course patterns of explosive children. *Developmental Psychology*, 23, 308–313.

Caspi, A., Moffitt, T. E., Morgan, J., et al. (2004). Maternal expressed emotion predicts children's antisocial behavior problems: Using monozygotic-twin differences to identify environmental effects on behavioral development. *Developmental Psychology*, 40, 149–161.

Ceci, S. J., & Williams, W. M. (1997). Schooling, intelligence, and income. *American Psychologist*, 52, 1051–1058.

Chagnon, N. A. (1988, February 26). Life histories, blood revenge, and warfare in a tribal population. *Science*, 239, 985–992.

Chagnon, N. A. (1992). *Yanomamö: The last days of Eden*. San Diego: Harcourt Brace Jovanovich.

Chan, R. W., Raboy, B., & Patterson, C. J. (1998). Psychosocial adjustment among children conceived via donor insemination by lesbian and heterosexual mothers. *Child Development*, 69, 443–457.

Chance, M. R. A., & Larsen, R. R. (Eds.) (1976). *The social structure of attention*. London: Wiley.

Chao, R. K. (1994). Beyond parental control and authoritarian parenting style: Understanding Chinese parenting through the cultural notion of training. *Child Development*, 65, 1111–1119.

Chase-Lansdale, P. L., Cherlin, A. J., & Kiernan, K. E. (1995). The long-term effects of parental divorce on the mental health of young adults: A developmental perspective. *Child Development*, 66, 1614–1634.

Chen, J.-Q., & Goldsmith, L. T. (1991). Social and behavioral characteristics of Chinese only children: A review of research. *Journal of Research in Childhood Education*, 5, 127–139.

Clark, L. R. (1995, June 28). Teen sex blues. *Journal of the American Medical Association*, 273, 1969–1970.

Clinton, H. R. (1996). *It takes a village, and other lessons children teach us*. New York: Simon & Schuster.

Cohen, J. (1994). The earth is round ($p < .05$). *American Psychologist*, 49, 997–1003.

Coie, J. D., & Cillessen, A. H. N. (1993). Peer rejection: Origins and effects on children's development. *Current Directions in Psychological Science*, 2, 89–92.

Colapinto, J. (2000). *As nature made him: The boy who was raised as a girl*. New York: Harper-Collins.

Cole, M. (1992). Culture in development. In M. H. Bornstein & M. E. Lamb (Eds.), *Developmental psychology: An advanced textbook* (3rd ed., pp. 731–789). Hillsdale, NJ: Erlbaum.

Coleman, B. C. (1997, August 14). Study: Spanking causes misbehavior. Associated Press (online).

Collaer, M. L., & Hines, M. (1995). Human behavioral sex differences: A role for gonadal hormones during early development? *Psychological Bulletin*, 118, 55–107.

Collins, L. M., Sussman, S., Rauch, J. M., Dent, C. W., Johnson, C. A., Hansen, W. B., & Flay, B. R. (1987). Psychosocial predictors of young adolescent cigarette smoking: A sixteen-month, three-wave longitudinal study. *Journal of Applied Social Psychology*, 17, 554–573.

Collins, W. A., Maccoby, E. E., Steinberg, L., Hetherington, E. M., & Bornstein, M. H.

(2000). Contemporary research on parenting: The case for nature *and* nurture. *American Psychologist*, 55, 218–232.

Condry, J., & Condry, S. (1976). Sex differences: A study of the eye of the beholder. *Child Development*, 47, 812–819.

Coontz, S. (1992). *The way we never were: American families and the nostalgia trap*. New York: Basic Books.

Corsaro, W. A. (1985). *Friendship and peer culture in the early years*. Norwood, NJ: Ablex.

Corsaro, W. A. (1993). Interpretive reproduction in the "scuola materna." *European Journal of Psychology of Education*, 8, 357–374.

Corsaro, W. A. (1997). *The sociology of childhood*. Thousand Oaks, CA: Pine Forge Press.

Cosmides, L., & Tooby, J. (1992). Cognitive adaptations for social exchange. In J. Barkow, L. Cosmides, & J. Tooby (Eds.), *The adapted mind: Evolutionary psychology and the generation of culture* (pp. 163–228). New York: Oxford University Press.

Coulton, C. J., Korbin, J. E., Su, M., & Chow, J. (1995). Community level factors and child maltreatment rates. *Child Development*, 66, 1262–1276.

Council, J. R. (1993). Contextual effects in personality research. *Current Directions in Psychological Science*, 2, 31–34.

Council on Scientific Affairs, American Medical Association (1995, December 6). Female genital mutilation. *Journal of the American Medical Association*, 274, 1714–1716.

Crick, N. R., & Grotpeter, J. K. (1995). Relational aggression, gender, and social-psychological adjustment. *Child Development*, 66, 710–722.

Crossette, B. (1996, June 11). New tally of world tragedy: Women who die giving life. *New York Times*, pp. A1, A12.

Culbertson, F. M. (1997). Depression and gender: An international review. *American Psychologist*, 52, 25–31.

Culotta, E. (2005, September 2). Chimp genome catalogs differences with humans. *Science*, 309, 1468–1469.

Daja Meston '96: West meets East meets West (1995). *Brandeis Review*, 15(2), pp. 4–5.

Daley, S. (1991, January 8). Girls' self-esteem is lost on way to adolescence, new study finds. *New York Times*, pp. B1, B6.

Daly, M., & Wilson, M. I. (1988). *Homicide*. New York: Aldine de Gruyter.

Daly, M., & Wilson, M. I. (1996). Violence against stepchildren. *Current Directions in Psychological Science*, 5, 77–81.

Darling, N., & Steinberg, L. (1993). Parenting style as context: An integrative model. *Psychological Bulletin*, 113, 487–496.

Darwin, C. (1871). *The descent of man*. Reprinted in *The origin of species and the descent of man*. New York: Modern Library. No publication date given.

Dawes, R. M. (1994). *House of cards: Psychology and psychotherapy built on myth*. New York: Free Press.

Dawkins, R. (1976). *The selfish gene*. New York: Oxford University Press.

Dawkins, R. (2006). *The selfish gene* (3rd ed.). New York: Oxford University Press.

Dean, H. J., McTaggart, T. L., Fish, D. G., & Friesen, H. G. (1986). Long-term social follow-up of growth hormone deficient adults treated with growth hormone during childhood. In B. Stabler & L. E. Underwood (Eds.), *Slow grows the child: Psychosocial aspects of growth delay* (pp. 73–82). Hillsdale, NJ: Erlbaum.

Deater-Deckard, K., Dodge, K. A., Bates, J. E., & Pettit, G. S. (1996). Physical discipline among African American and European American mothers: Links to children's externalizing behaviors. *Developmental Psychology*, 32, 1065–1072.

Deater-Deckard, K., & Plomin, R. (1999). An adoption study of the etiology of teacher and parent reports of externalizing behavior problems in middle childhood. *Child Development*, 70, 144–154.

Deci, E. L. (1971). Effects of externally mediated rewards on intrinsic motivation. *Journal of Personality and Social Psychology*, 18, 105–115.

Delaney, C. H. (1995). Rites of passage in adolescence. *Adolescence*, 30, 891–897.

deMarrais, K. B., Nelson, P. A., & Baker, J. H. (1994). Meaning in mud: Yup'ik Eskimo girls at play. In J. L. Roopnarine, J. E. Johnson, & F. H. Hooper (Eds), *Children's play in diverse cultures* (pp. 179–209). Albany: State University of New York Press.

Dencik, L. (1989). Growing up in the post-modern age: On the child's situation in the modern family, and on the position of the family in the modern welfare state. *Acta Sociologica*, 32, 155–180.

Denrell, J., & Le Mens, G. (2007). Interdependent sampling and social influence. *Psychological Review*, 114, 398–422.

Detterman, D. K. (1993). The case for the prosecution: Transfer as an epiphenomenon. In D. K. Detterman & R. J. Sternberg (Eds.), *Transfer on trial: Intelligence, cognition, and instruction* (pp. 1–24). Norwood, NJ: Ablex.

de Waal, F. (1989). *Peacemaking among primates*. Cambridge, MA: Harvard University Press.

Diamond, J. (1992a, March). Living through the Donner Party. *Discover*, 13, 100–107.

Diamond, J. (1992b). *The third chimpanzee*. New York: HarperCollins.

Diamond, J. (1992c, June). Turning a man. *Discover*, 13, 70–77.

Diamond, K., LeFurgy, W., & Blass, S. (1993). Attitudes of preschool children toward their peers with disabilities: A year-long investigation in integrated classrooms. *Journal of Genetic Psychology*, 154, 215–221.

Diamond, M. (1997). Sexual identity and sexual orientation in children with traumatized or ambiguous genitalia. *Journal of Sex Research*, 34, 199–211.

Diamond, M., & Sigmundson, H. K. (1997). Sex reassignment at birth: Long-term review and clinical implications. *Archives of Pediatrics and Adolescent Medicine*, 151, 298–304.

Dickens, C. (1990). *Oliver Twist*. New York: Bantam Books. (Originally published in 1838.)

Dishion, T. J., Duncan, T. E., Eddy, J. M., Fagot, B. I., & Fetrow, R. (1994). The world of parents and peers: Coercive exchanges and children's social adaptation. *Social Development*, 3, 255–268.

Dishion, T. J., McCord, J., & Poulin, F. (1999). When interventions harm: Peer groups and problem behavior. *American Psychologist*, 54, 755–764.

Dobkin, P. L., Tremblay, R. E., Mâsse, L. C., & Vitaro, F. (1995). Individual and peer characteristics in predicting boys' early onset of substance abuse: A seven-year longitudinal study. *Child Development*, 66, 1198–1214.

Dodge, K. A., Bates, J. E. & Pettit, G. S. (1990, December 21). Mechanisms in the cycle of violence. *Science*, 250, 1678–1683.

Dodge, K. A., Pettit, G. S., & Bates, J. E. (1994a). Effects of physical maltreatment on the development of peer relations. *Development and Psychopathology*, 6, 43–55.

Dodge, K. A., Pettit, G. S., & Bates, J. E. (1994b). Socialization mediators of the relation between socioeconomic status and child conduct problems. *Child Development*, 65, 649–665.

Dontas, C., Maratos, O., Fafoutis, M., & Karangelis, A. (1985). Early social development in institutionally reared Greek infants: Attachment and peer interaction. In I. Bretherton & E. Waters (Eds.), Growing points of attachment theory and research (pp. 136–146). *Monographs of the Society for Research in Child Development*, 50(1–2, Serial No. 209).

Dornbusch, S. M., Glasgow, K. L., & Lin, I.-C. (1996). The social structure of schooling. *Annual Review of Psychology*, 47, 401–429.

Dornbusch, S. M., Ritter, P. L., Leiderman, P. H., Roberts, D. F., & Fraleigh, M. J. (1987). The relation of parenting style to adolescent school performance. *Child Development*, 58, 1244–1257.

Draper, P. (1997). Institutional, evolutionary, and demographic contexts of gender roles: A case study of !Kung bushmen. In M. E. Morbeck, A. Galloway, & A. L. Zihlman (Eds.), *The evolving female: A life-history perspective* (pp. 220–232). Princeton, NJ: Princeton University Press.

Draper, P., & Cashdan, E. (1988). Technological change and child behavior among the !Kung. *Ethnology*, 27, 339–365.

Dunbar, R. I. M. (1993). Co-evolution of neocortex size, group size, and language in humans. *Behavioral and Brain Sciences*, 16, 681–735.

Duncan, G. J., & Magnuson, K. (2004). Individual and parent-based intervention strategies for promoting human capital and positive behavior. In P. L. Chase-Lansdale, K. Kiernan, & R. Friedman (Eds.), *Human development across lives and generations: The potential for change* (pp. 93–135). Cambridge, UK: Cambridge University Press.

Duncan, G. J., Brooks-Gunn, J., & Klebanov, P. K. (1994). Economic deprivation and early childhood development. *Child Development*, 65, 296–318.

Duncan, G. J., & Magnuson, K. (2004). Individual and parent-based intervention strategies for promoting human capital and positive behavior. In P. L. Chase-Lansdale, K. Kiernan, & R. Friedman (Eds.), *Human development across lives and generations: The potential for change* (pp. 93–135). Cambridge, UK: Cambridge University Press.

Dunn, J., & Plomin, R. (1990). *Separate lives: Why siblings are so different*. New York: Basic Books.

Eccles, J. S., Midgley, C., Wigfield, A., Buchanan, C. M., Reuman, D., Flanagan, C., & MacIver, D. (1993). Development during adolescence: The impact of stage-environment fit on young adolescents' experiences in schools and in families. *American Psychologist*, 48, 90–101.

Eckenrode, J., Rowe, E., Laird, M., & Brathwaite, J. (1995). Mobility as a mediator of the effects of child maltreatment on academic performance. *Child Development*, 66, 1130–1142.

Eckerman, C. O., Davis, C. C., & Didow, S. M. (1989). Toddlers' emerging ways of achieving social coordination with a peer. *Child Development*, 60, 440–453.

Eckerman, C. O., & Didow, S. M. (1988). Lessons drawn from observing young peers together. *Acta Paediatrica Scandinavica*, 77, 55–70.

Eckerman, C. O., & Didow, S. M. (1996). Nonverbal imitation and toddlers' mastery of verbal means of achieving coordinated action. *Developmental Psychology*, 32, 141–152.

Eckert, P. (1989). *Jocks and burnouts: Social categories and identity in the high school.* New York: Teachers College Press.

Edwards, C. P. (1992). Cross-cultural perspectives on family-peer relations. In R. D. Parke & G. W. Ladd (Eds.), *Family-peer relationships: Modes of linkage* (pp. 285–316). Hillsdale, NJ: Erlbaum.

Effort to reintroduce thick-billed parrots in Arizona is dropped (1995, May 30). *New York Times*, p. C4.

Egeland, B., & Sroufe, L. A. (1981). Attachment and early maltreatment. *Child Development*, 52, 44–52.

Eibl-Eibesfeldt, I. (1989). *Human ethology.* Hawthorne, NY: Aldine de Gruyter.

Eibl-Eibesfeldt, I. (1995). The evolution of familiality and its consequences. *Futura*, 10(4), 253–264.

Eimas, P. D., & Quinn, P. C. (1994). Studies on the formation of perceptually based basic-level categories in young infants. *Child Development*, 65, 903–907.

Einstein, A. (1991). On the generalized theory of gravitation. *Scientific American*, Special Issue on "Science in the 20th Century," pp. 40–45. (Originally published in 1950.)

Eisenberg, N., Fabes, R. A., Bernzweig, J., Karbon, M., Poulin, R., & Hanish, L. (1993). The relations of emotionality and regulation to preschoolers' social skills and sociometric status. *Child Development*, 64, 1418–1438.

Eisenberger, R. & Cameron, J. (1996). Detrimental effects of reward: Reality or myth? *American Psychologist*, 51, 1153–1166.

Ely, R. (2004). Language and literacy in the school years. In J. B. Gleason (Ed.), *The development of language* (6th ed., pp. 395–443). Boston: Allyn & Bacon.

Erickson, M. F., Sroufe, L. A., & Egeland, B. (1985). The relationship between quality of attachment and behavior problems in preschool in a high-risk sample. In I. Bretherton & E. Waters (Eds.), Growing points of attachment theory and research (pp. 147–166). *Monographs of the Society for Research in Child Development*, 50(1–2, Serial No. 209).

Ernst, C., & Angst, J. (1983). *Birth order: Its influence on personality.* Berlin, Germany: Springer-Verlag.

Evans, A. D. (1987). Institutionally developed identities: An ethnographic account of reality construction in a residential school for the deaf. In P. A. Adler, P. Adler, & N. Mandell (Eds.), *Sociological studies of child development: Vol. 2* (pp. 159–182). Greenwich, CT: JAI Press.

Eyer, D. E. (1992). *Mother-infant bonding: A scientific fiction.* New Haven: Yale University Press.

Fabes, R. A. (1994). Physiological, emotional, and behavioral correlates of gender segregation. In C. Leaper (Ed.), *Childhood gender segregation: Causes and consequences* (pp. 19–34). New Directions for Child Development, No. 65. San Francisco: Jossey-Bass.

Fagen, R. (1993). Primate juveniles and primate play. In M. E. Pereira & L. A. Fairbanks (Eds.), *Juvenile primates* (pp. 182–192). New York: Oxford University Press.

Fagot, B. I. (1994). Peer relations and the development of competence in girls and boys. In C. Leaper (Ed.), *Childhood gender segregation: Causes and consequences* (pp. 53–65). New Directions for Child Development, No. 65. San Francisco: Jossey-Bass.

Fagot, B. I. (1995). Classification of problem behaviors in young children: A comparison of four systems. *Journal of Applied Developmental Psychology*, 16, 95–106.

Falbo, T., & Polit, D. F. (1986). Quantitative research of the only child literature: Research evidence and theory development. *Psychological Bulletin*, 100, 176–189.

Falbo, T., & Poston, D. L., Jr. (1993). The academic, personality, and physical outcomes of only children in China. *Child Development*, 64, 18–35.

Farah, M. (1992). Is an object an object an object? Cognitive and neuropsychological investigations of domain specificity in visual object recognition. *Current Directions in Psychological Science*, 1, 164–169.

Farley, C. J. (1997, November 24). Kids and race. *Time*, pp. 88–91.

Farrelly, M. C., Healton, C. G., Davis, K. C., Messeri, P., Hersey, J. C., & Haviland, M. L. (2002). Getting to the truth: Evaluating national tobacco countermarketing campaigns. *American Journal of Public Health*, 92, 901–907.

Farrington, D. P. (1995). The development of offending and antisocial behaviour from childhood: Key findings from the Cambridge Study in Delinquent Development. *Journal of Child Psychology and Psychiatry*, 360, 929–964.

Fein, G. G., & Fryer, M. G. (1995a). Maternal contributions to early symbolic play competence. *Developmental Review*, 15, 367–381.

Fein, G. G., & Fryer, M. G. (1995b). When theories don't work chuck 'em or change 'em. *Developmental Review*, 15, 401–403.

Fenson, L., Dale, P. S., Reznick, J. S., Bates, E., Thal, D. J., & Pethick, S. J. (1994). Variability in early communicative development. *Monographs of the Society for Research in Child Development*, 59(5, Serial No. 242).

Ferreira, F. (1996). Biography. *American Psychologist*, 51, 315–317.

Festinger, L. (1954). A theory of social comparison processes. *Human Relations*, 7, 117–140.

Fine, G. A. (1981). Friends, impression management, and preadolescent behavior. In S. R. Asher & J. M. Gottman (Eds.), *The development of children's friendships* (pp. 29–52). Cambridge, UK: Cambridge University Press.

Fine, G. A. (1986). The dirty play of little boys. *Society/Transaction*, 24, 63–67.

Fiske, S. T. (1992). Thinking is for doing: Portraits of social cognition from daguerreotype to laserphoto. *Journal of Personality and Social Psychology*, 63, 877–889.

Flaks, D. K., Ficher, I., Masterpasqua, F., & Joseph, G. (1995). Lesbians choosing motherhood: A comparative study of lesbian and heterosexual parents and their children. *Developmental Psychology*, 31, 105–114.

Fletcher, A. C., Darling, N. E., Dornbusch, S. M., & Steinberg, L. (1995). The company they keep: Relations of adolescents' adjustment and behavior to their friends' perceptions of authoritative parenting in the social network. *Developmental Psychology*, 31, 300–310.

Foreman, J. (1997, September 10). Study links parental bond to teenage well-being. *Boston Globe*, p. A1.

Forward, S. (1989). *Toxic parents: Overcoming their hurtful legacy and reclaiming your life*. New York: Bantam Books.

Fox, N. A. (1989). Psychophysiological correlates of emotional reactivity during the first year of life. *Developmental Psychology*, 25, 364–372.

Fox, N. A., Kimmerly, N. L., & Schafer, W. D. (1991). Attachment to Mother/Attachment to Father: A meta-analysis. *Child Development*, 62, 210–225.

Fraiberg, S. H. (1959). *The Magic Years*. New York: Scribner's.

Freedman, D. G. (1958). Constitutional and environmental interactions in rearing of four dog breeds. *Science*, 127, 585–586.

Freeman, D. (1983). *Margaret Mead and Samoa: The making and unmaking of an anthropological myth.* Cambridge, MA: Harvard University Press.

Freese, J., Powell, B., & Steelman, L. C. (1999). Rebel without a cause or effect: Birth order and social attitudes. *American Sociological Review, 64*, 207–231.

Freud, A., & Dann, S. (1967). An experiment in group upbringing. In Y. Brackbill & G. G. Thompson (Eds.), *Behavior in infancy and early childhood* (pp. 494–514). New York: Free Press. (Originally published in 1951.)

Friend, T. (1995, August 1). A young man goes west to prosper. *New York Times*, pp. B7, B11.

Frisch, R. E. (1988, March). Fatness and fertility. *Scientific American, 258*, 88–95.

Fry, D. P. (1988). Intercommunity differences in aggression among Zapotec children. *Child Development, 59*, 1008–1019.

Galper, A., Wigfield, A., & Seefeldt, C. (1997). Head Start parents' beliefs about their children's abilities, task values, and performances on different activities. *Child Development, 68*, 897–907.

Gardner, H. (1983). *Frames of mind: The theory of multiple intelligences.* New York: Basic Books.

Garvey, C. (1990). *Play* (2nd ed.). Cambridge, MA: Harvard University Press.

Ge, X., Conger, R. D., Cadoret, R. J., Neiderhiser, J. M., Yates, W., Troughton, E., & Stewart, M. A. (1996). The developmental interface between nature and nurture: A mutual influence model of child antisocial behavior and parent behaviors. *Developmental Psychology, 32*, 574–589.

Gesell, A. (1940). *The first five years of life: The preschool years.* New York: Harper & Bros.

Gesell, A., & Ilg, F. (1943). *Infant and child in the culture of today.* New York: Harper & Bros.

Ghodsian-Carpey, J., & Baker, L. A. (1987). Genetic and environmental influences on aggression in 4- to 7-year-old twins. *Aggressive Behavior, 13*, 173–186.

Gibbs, N. (1991, September 30). At the end of their tether. *Time*, p. 34.

Gibran, K. (1978). *The prophet.* New York: Knopf. (Originally published in 1923.)

Gilbert, S. (1997, August 20). Two spanking studies indicate parents should be cautious. *New York Times*, p. C8.

Gilligan, C. (1982). *In a different voice: Sex differences in the expression of moral judgment.* Cambridge, MA: Harvard University Press.

Glick, P. C. (1988). Fifty years of family demography: A record of social change. *Journal of Marriage and the Family, 50*, 861–873.

Glyn, A. (1970). *The British: Portrait of a people.* New York: Putnam's Sons.

Goffman, E. (1961). *Asylums: Essays on the social situation of mental patients and other inmates.* Chicago: Aldine.

Gold, P.-T. (1997, April 21). Bettelheim's legacy (letter to the editor). *The New Yorker*, p. 10.

Golding, W. (1954). *Lord of the flies.* New York: Coward, McCann, & Geoghegan.

Goldsmith, H. H. (1996). Studying temperament via construction of the Toddler Behavior Assessment Questionnaire. *Child Development, 67*, 218–235.

Golombok, S., Cook, R., Bish, A., & Murray, C. (1995). Families created by the new reproductive technologies: Quality of parenting and social and emotional development of the children. *Child Development, 66*, 285–298.

Göncü, A., & Kessel, F. (1988). Preschoolers' collaborative construction in planning and maintaining imaginative play. *International Journal of Behavioral Development, 11*, 327–344.

Goodall, J. (1986). *The chimpanzees of Gombe: Patterns of behavior.* Cambridge, MA: Harvard

University Press.

Goodall, J. (1988). *In the shadow of man* (revised ed.). Boston: Houghton Mifflin. (First edition published in 1971.)

Goodenough, F. L. (1945). *Developmental psychology: An introduction to the study of human behavior* (2nd ed.). New York: Appleton-Century-Crofts. (First edition published in 1934.)

Goossens, F. A., & van IJzendoorn, M. H. (1990). Quality of infants' attachments to professional caregivers: Relation to infant-parent attachment and day-care characteristics. *Child Development*, 61, 550–567.

Goshen-Gottstein, E. R. (1981). Differential maternal socialization of opposite-sexed twins, triplets, and quadruplets. *Child Development*, 52, 1255–1264.

Gottesman, I. I., Goldsmith, H. H., & Carey, G. (1997). A developmental *and* a genetic perspective on aggression. In N. L. Segal, G. E. Weisfeld, & C. C. Weisfeld (Eds.), *Uniting psychology and biology: Integrating perspectives on human development* (pp. 107–144). Washington, DC: American Psychological Association.

Gottfredson, M. R., & Hirschi, T. (1990). *A general theory of crime*. Stanford, CA: Stanford University Press.

Gottfried, A. W., Gottfried, A. E., Bathurst, K., & Guerin, D. W. (1994). *Gifted IQ: Early developmental aspects: The Fullerton Longitudinal Study*. New York: Plenum Press.

Gottlieb, B. R. (1995, February 23). Abortion—1995. *New England Journal of Medicine*, 332, 532–533.

Gottman, J. M. (1994). Why can't men and women get along? In D. Canary & L. Stafford (Eds.), *Communication and relational maintenance*. San Diego, CA: Academic Press.

Gottman, J. S. (1990). Children of gay and lesbian parents. In F. W. Bozett & M. B. Sussman (Eds.), *Homosexuality and family relations* (pp. 177–196). New York: Harrington Park.

Gould, S. J. (1980). *The panda's thumb*. New York: Norton.

Granleese, J., & Joseph, S. (1994). Self-perception profile of adolescent girls at a single-sex and a mixed-sex school. *Journal of Genetic Psychology*, 154, 525–530.

Gray, P. (1994). *Psychology* (2nd ed.). New York: Worth.

Green, R. (1987). *The "sissy boy syndrome" and the development of homosexuality*. New Haven: Yale University Press.

Greenfield, P. M., & Childs, C. P. (1991). Developmental continuity in biocultural context. In R. Cohen & A. W. Siegel (Eds.), *Context and development* (pp. 135–159). Hillsdale, NJ: Erlbaum.

Grilo, C. M., & Pogue-Geile, M. F. (1991). The nature of environmental influences on weight and obesity: A behavior genetic analysis. *Psychological Bulletin*, 110, 520–537.

Grossman, D. C., Neckerman, H. J., Koepsell, T. D., et al. (1997, May 28). Effectiveness of a violence prevention curriculum among children in elementary school. *Journal of the American Medical Association*, 277, 1605–1611.

Gruenberg, S. M. (Ed.) (1942). *Favorite stories old and new*. Garden City, NY: Doubleday, Doran.

Guisewite, C. (1994, June 19). Cathy. *Asbury Park (N.J.) Press*, Comics section, p. 3.

Gunnoe, M. L., & Mariner, C. L. (1997). Toward a developmental-contextual model of the effects of parental spanking on children's aggression. *Archives of Pediatrics and Adolescent Medicine*, 151, 768–775.

Hallinan, M. T. (1992). Determinants of students' friendship choices. In E. J. Lawler, B. Markovsky, C. Ridgeway, & H. A. Walker (Eds.), *Advances in group processes: Vol. 9* (pp.

163–183). Greenwich, CT: JAI Press.

Hallinan, M. T., & Teixeira, R. A. (1987). Students' interracial friendships: Individual characteristics, structural effects, and racial differences. *American Journal of Education*, 95, 563–583.

Halpern, D. F. (1997). Sex differences in intelligence: Implications for education. *American Psychologist*, 52, 1091–1102.

Hareven, T. (1985). Historical changes in the life course: Implications for child development. In A. B. Smuts & J. W. Hagen (Eds.), History and research in child development. *Monographs of the Society for Research in Child Development*, 50(4–5, Serial No. 211).

Harlow, H. F., & Harlow, M. K. (1962, November). Social deprivation in monkeys. *Scientific American*, 207, 136–146.

Harris, J. R. (1995). Where is the child's environment? A group socialization theory of development. *Psychological Review*, 102, 458–489.

Harris, J. R. (1998). The trouble with assumptions. *Psychological Inquiry*, 9, 294–297.

Harris, J. R. (2000a). Context-specific learning, personality, and birth order. *Current Directions in Psychological Science*, 9, 174–177.

Harris, J. R. (2000b). The outcome of parenting: What do we really know? *Journal of Personality*, 68, 625–637.

Harris, J. R. (2000c). Socialization, personality development, and the child's environments. *Developmental Psychology*, 36, 699–710.

Harris, J. R. (2000, published 2004). Personality and birth order: Explaining the differences between siblings. *Politics and the Life Sciences*, 19, 160–163.

Harris, J. R. (2002). Beyond the nurture assumption: Testing hypotheses about the child's environment. In J. G. Borkowski, S. L. Ramey, & M. Bristol-Power (Eds.), *Parenting and the child's world: Influences on academic, intellectual, and socioemotional development* (pp. 3–20). Mahwah, NJ: Erlbaum.

Harris, J. R. (2006a). *No Two Alike: Human Nature and Human Individuality*. New York: Norton.

Harris, J. R. (2006b). Parental selection: A third selection process in the evolution of human hairlessness and skin color. *Medical Hypotheses*, 66, 1053–1059.

Harris, J. R., & Liebert, R. M. (1984). *The child: Development from birth through adolescence*. Englewood Cliffs, NJ: Prentice-Hall.

Harris, J. R., & Liebert, R. M. (1987). *The child: Development from birth through adolescence* (2nd ed.). Englewood Cliffs, NJ: Prentice-Hall.

Harris, J. R., & Liebert, R. M. (1991). *The child: A contemporary view of development* (3rd ed.). Englewood Cliffs, NJ: Prentice Hall.

Harris, J. R., Shaw, M. L., & Bates, M. (1979). Visual search in multicharacter arrays with and without gaps. *Perception & Psychophysics*, 26, 69–84.

Harris, J. R., Shaw, M. L., & Altom, M. J. (1985). Serial position curves for reaction time and accuracy in visual search: Tests of a model of overlapping processing. *Perception & Psychophysics*, 38, 178–187.

Harris, M. (1989). *Our kind: Who we are, where we came from, where we are going*. New York: Harper & Row.

Harter, S. (1983). Developmental perspectives on the self-system. In P. H. Mussen (Series Ed.) & E. M. Hetherington (Vol. Ed.), *Handbook of child psychology: Vol. 4. Socialization, personality, and social development* (4th ed., pp. 275–385). New York: Wiley.

Hartocollis, A. (1998, January 13). 13 Midwood High students take Westinghouse honors. *New York Times*, p. B3.

Hartshorne, H., & May, M. A. (1928). *Studies in the nature of character: Vol. 1. Studies in deceit.* New York: Macmillan.

Hartshorne, H., & May, M. A. (1971). Studies in the organization of character. In H. Munsinger (Ed.), *Readings in child development* (pp. 190–197). New York: Holt, Rinehart & Winston. (Originally published in 1930.)

Hartup, W. W. (1983). Peer relations. In P. H. Mussen (Series Ed.) & E. M. Hetherington (Vol. Ed.), *Handbook of child psychology: Vol. 4. Socialization, personality, and social development* (4th ed., pp. 103–196). New York: Wiley.

Hawley, P. H. (2007). Social dominance in childhood and adolescence: Why social competence and aggression may go hand in hand. In P. H. Hawley, T. D. Little, & P. C. Rodkin (Eds.), *Aggression and adaptation: The bright side to bad behavior* (pp. 1–30). Mahwah, NJ: Erlbaum.

Hayakawa, S. I. (1964). *Language in thought and action* (2nd ed.). New York: Harcourt, Brace & World.

Hayden-Thomson, L., Rubin, K. H., & Hymel, S. (1987). Sex preferences in sociometric choices. *Developmental Psychology, 23,* 558–562.

Hayes, D. S., Gershman, E. S., & Halteman, W. (1996). Enmity in males at four developmental levels: Cognitive bases for disliking peers. *Journal of Genetic Psychology, 157,* 153–160.

Heckathorn, D. D. (1992). Collective sanctions and group heterogeneity: Cohesion and polarization in normative systems. In E. J. Lawler, B. Markovsky, C. Ridgeway, & H. A. Walker (Eds.), *Advances in group processes: Vol. 9* (pp. 41–63). Greenwich, CT: JAI Press.

Herbert, B. (1997, December 14). The success taboo. *New York Times*, Section 4, p. 13.

Herrnstein, R. J., & Murray, C. (1994). *The bell curve: Intelligence and class structure in American life.* New York: Free Press.

Hess, E. H. (1970). The ethological approach to socialization. In R. A. Hoppe, G. A. Milton, & E. C. Simmel (Eds.), *Early experiences and the processes of socialization.* New York: Academic Press.

Hetherington, E. M., & Clingempeel, W. G., with Anderson, E. R., Deal, J. E., Hagan, M. S., Hollier, E. A., & Lindner, M. S. (1992). Coping with marital transitions: A family systems perspective. *Monographs of the Society for Research in Child Development, 57*(2–3, Serial No. 227).

Hibbert, C. (1987). *The English: A social history, 1066–1945.* New York: Norton.

Hilgard, E. R., Atkinson, R. L., & Atkinson, R. C. (1979). *Introduction to psychology* (7th ed.). New York: Harcourt Brace Jovanovich.

Hilton, J. L., & von Hippel, W. (1996). Stereotypes. *Annual Review of Psychology, 47,* 237–271.

Hoffman, L. W. (1989). Effects of maternal employment in the two-parent family. *American Psychologist, 44,* 283–292.

Hold, B. (1977). Rank and behavior: An ethological study of preschool children. *Homo, 28,* 158–188.

Holden, C. (Ed.) (1995, June 9). Probing nature's hairy secrets. *Science, 268,* 1439.

Holden, C. (1996, November 15). Small refugees suffer the effects of early neglect. *Science, 274,* 1076–1077.

Horner, M. S. (1969, November). Fail: Bright women. *Psychology Today*, pp. 36–38.

Howell, S. (1988). From child to human: Chewong concepts of self. In G. Jahoda & I. M.

Lewis (Eds.), *Acquiring culture: Cross cultural studies in child development* (pp. 147–169). London: Croom Helm.

Howes, C. (1985). Sharing fantasy: Social pretend play in toddlers. *Child Development*, 56, 1253–1258.

Howes, C. (1987). Social competence with peers in young children: Developmental sequences. *Developmental Review*, 7, 252–272.

Howes, C., Matheson, C. C., & Hamilton, C. E. (1994). Maternal, teacher, and child care history correlates of children's relationships with peers. *Child Development*, 65, 264–273.

Howrigan, G. A. (1988). Fertility, infant feeding, and change in Yucatán. In R. A. LeVine, P. M. Miller, & M. M. West (Eds.), *Parental behavior in diverse societies* (pp. 37–50). New Directions for Child Development, No. 40. San Francisco: Jossey-Bass.

Hrdy, S. B. (1999). *Mother nature: Maternal instincts and how they shape the human species*. New York: Pantheon.

Hubbard, J. A., & Coie, J. D. (1994). Emotional correlates of social competence in children's peer relationships. *Merrill-Palmer Quarterly*, 40, 1–20.

Hulbert, A. (1996, May 20). Dr. Spock's baby: Fifty years in the life of a book and the American family. *The New Yorker*, pp. 82–92.

Hunt, M. (1997). *How science takes stock: The story of meta-analysis*. New York: Russell Sage Foundation.

Hur, Y.-M., & Bouchard, T. J., Jr. (1995). Genetic influences on perceptions of childhood family environment: A reared apart twin study. *Child Development*, 66, 330–345.

Iervolino, A. C., Pike, A., Manke, B., Reiss, D., Hetherington, E. M., & Plomin, R. (2002). Genetic and environmental influences in adolescent peer socialization: Evidence from two genetically sensitive designs. *Child Development*, 73, 162–174.

Ioannidis, J. P. A. (1998, January 28). Effect of the statistical significance of results on the time to completion and publication of randomized efficacy trials. *Journal of the American Medical Association*, 279, 281–286.

Ireys, H. T., Werthamer-Larsson, L. A., Kolodner, K. B., & Gross, S. S. (1994). Mental health of young adults with chronic illness: The mediating effect of perceived impact. *Journal of Pediatric Psychology*, 19, 205–222.

Jacklin, C. N. (1989). Female and male: Issues of gender. *American Psychologist*, 44, 127–133.

Jackson, D. J., & Huston, T. L. (1975). Physical attractiveness and assertiveness. *Journal of Social Psychology*, 96, 79–84.

Jacobs, F. H., & Davies, M. W. (1991). Rhetoric or reality? Child and family policy in the United States. *Society for Research in Child Development Social Policy Report*, 5, Winter issue (Whole No. 4).

Jacobson, J. L., & Wille, D. E. (1986). The influence of attachment pattern on developmental changes in peer interaction from the toddler to the preschool period. *Child Development*, 57, 338–347.

Jaffee, S. R., Caspi, A., Moffitt, T. E., & Taylor, A. (2004). Physical maltreatment victim to antisocial child: Evidence of an environmentally mediated process. *Journal of Abnormal Psychology*, 113, 44–55.

Jaffee, S. R.; Moffitt, T. E., Caspi, A., & Taylor, A. (2003). Life with (or without) father: The benefits of living with two biological parents depend on the father's antisocial behavior. *Child Development*, 74, 109–126.

James, W. (1890). *The Principles of Psychology: Vol. 1*. New York: Henry Holt.

Jenkins, J. M., Rasbash, J., & O'Connor, T. G. (2003). The role of the shared family context in differential parenting. *Developmental Psychology, 39,* 99–113.

Jockin, V., McGue, M., & Lykken, D. T. (1996). Personality and divorce: A genetic analysis. *Journal of Personality and Social Psychology, 71,* 288–299.

Johnson, G. J. (2000, published 2004). Science, Sulloway, and birth order: An ordeal and an assesssment. *Politics and the Life Sciences, 19,* 221–245.

Jones, L. M., Finkelhor, D., & Halter, S. (2006). Child maltreatment trends in the 1990s: Why does neglect differ from sexual and physical abuse? *Child Maltreatment, 11,* 107–120.

Jones, M. C. (1957). The later careers of boys who were early or late maturing. *Child Development, 28,* 113–128.

Jones, M. C., & Bayley, N. (1950). Physical maturing among boys as related to behavior. *Journal of Educational Psychology, 41,* 129–148.

Jones, V. E. (1993, May 23). Program touts advantages of breast-feeding. *Asbury Park (N.J.) Press*, pp. AA1, AA5.

Jussim, L. J. (1993). Accuracy in interpersonal expectations: A reflection-construction analysis of current and classic research. *Journal of Personality, 61,* 637–668.

Jussim, L. J., & Fleming, C. (1996). Self-fulfilling prophecies and the maintenance of social stereotypes: The role of dyadic interactions and social forces. In N. C. Macrae, M. Hewstone, & C. Stangor (Eds.), *Stereotypes and stereotyping* (pp. 161–192). New York: Guilford Press.

Jussim, L. J., McCauley, C. R., & Lee, Y.-T. (1995). Why study stereotype accuracy and inaccuracy? In Y.-T. Lee, L. J. Jussim, & C. R. McCauley (Eds.), *Stereotype accuracy: Toward appreciating group differences* (pp. 3–27). Washington, DC: American Psychological Association.

Juvonen, J., & Murdock, T. B. (1993). How to promote social approval: Effects of audience and achievement outcome on publicly communicated attributions. *Journal of Educational Psychology, 85,* 365–376.

Kagan, J. (1978, January). The baby's elastic mind. *Human Nature*, pp. 66–73.

Kagan, J. (1989). Temperamental contributions to social behavior. *American Psychologist, 44,* 668–674.

Kagan, J. (1994). *Galen's prophecy*. New York: Basic Books.

Kagan, J. (1998, September 13). A parent's influence is peerless. *Boston Globe*, p. E3.

Kaler, S. R., & Freeman, B. J. (1994). Analysis of environmental deprivation: Cognitive and social development in Romanian orphans. *Journal of Child Psychology and Psychiatry, 35,* 769–781.

Kamakura, T., Ando, J., & Ono, Y. (2007). Genetic and environmental effects of stability and change in self-esteem during adolescence. *Personality and Individual Differences, 42,* 181–190.

Karmiloff-Smith, A., Klima, E., Bellugi, U., Grant, J., & Baron-Cohen, S. (1995). Is there a social module? Language, face processing, and theory of mind in individuals with Williams syndrome. *Journal of Cognitive Neuroscience, 7,* 196–208.

Keeley, L. H. (1996). *War before civilization*. New York: Oxford University Press.

Keenan, K., Loeber, R., Zhang, Q., Stouthamer-Loeber, M., & van Kammen, W. B. (1995). The influence of deviant peers on the development of boys' disruptive and delinquent behavior: A temporal analysis. *Development and Psychopathology, 7,* 715–726.

Kegl, J., Senghas, A., & Coppola, M. (1999). Creation through contact: Sign language emergence and sign language change in Nicaragua. In M. DeGraff (Ed.), *Comparative grammatical change: The intersection of language acquisition, creole genesis, and diachronic syntax.* Cambridge, MA: MIT Press.

Kelley, M. L., & Tseng, H.-M. (1992). Cultural differences in child rearing: A comparison of immigrant Chinese and Caucasian American mothers. *Journal of Cross-Cultural Psychology*, 23, 444–455.

Kellogg, W. N., & Kellogg, L. A. (1933). *The Ape and the child: A study of environmental influence upon early behavior.* New York: McGraw-Hill.

Kendler, K. S., Myers, J., Torgersen, S., Neale, M. C., & Reichborn-Kjennerud, T. (2007). The heritability of cluster A personality disorders assessed both by personal interview and questionnaire. *Psychological Medicine*, 37, 655–665.

Kerr, M., Lambert, W. W., Stattin, H., & Klackenberg-Larsson, I. (1994). Stability of inhibition in a Swedish longitudinal sample. *Child Development*, 65, 138–146.

Keskitalo, K., Silventoinen, K., Tuorila, H., et al. (2008). Genetic and environmental contributions to food use patterns of young adult twins. *Physiology & Behavior*, 93, 235–242.

Kessler, R. C., Berglund, P., Demler, O., Jin, R., Merikangas, K. R, & Walters, E. E. (2005). Lifetime prevalence and age-of-onset distributions of DSM-IV disorders in the national comorbidity survey replication. *Archives of General Psychiatry*, 62, 593–602.

Kindermann, T. A. (1993). Natural peer groups as contexts for individual development: The case of children's motivation in school. *Developmental Psychology*, 29, 970–977.

Kindermann, T. A. (1995). Distinguishing "buddies" from "bystanders": The study of children's development within natural peer contexts. In T. A. Kindermann & J. Valsiner (Eds.), *Development of person-context relations.* Hillsdale, NJ: Erlbaum.

King, C. A., Naylor, M. W., Segal, H. G., Evans, T., & Shain, B. N. (1993). Global self-worth, specific self-perceptions of competence, and depression in adolescents. *Journal of the American Academy of Child & Adolescent Psychiatry*, 32, 745–752.

Kirkpatrick, L. A., & Ellis, B. J. (2001). An evolutionary-psychological approach to self-esteem: Multiple domains and multiple functions. In G. J. O. Fletcher & M. S. Clark (Eds.), *Blackwell handbook of social psychology: Interpersonal processes* (pp. 411–436). Malden, MA: Blackwell.

Klaus, M. H., & Kennell, J. H. (1976). *Maternal–infant bonding: The impact of early separation or loss on family development.* St. Louis: Mosby.

Klinnert, M. D. (1984). The regulation of infant behavior by maternal facial expression. *Infant Behavior and Development*, 7, 447–465.

Klopfer, P. (1971, July/August). Mother love: What turns it on? *American Scientist*, 59, 404–407.

Knight, G. P., Virdin, L. M., & Roosa, M. (1994). Socialization and family correlates of mental health outcomes among Hispanic and Anglo American children: Consideration of cross-ethnic scalar equivalence. *Child Development*, 65, 212–224.

Kochanska, G. (1997). Multiple pathways to conscience for children with different temperaments: From toddlerhood to age 5. *Developmental Psychology*, 33, 228–240.

Kochanska, G., Aksan, N., Prisco, T. R., & Adams, E. E. (2008). Mother-child and father-child mutually responsive orientation in the first 2 years and children's outcomes at preschool age: Mechanisms of influence. *Child Development*, 79, 30–44.

Kochanska, G., Murray, K., & Coy, K. C. (1997). Inhibitory control as a contributor to conscience in childhood: From toddler to early school age. *Child Development*, 68, 263–277.

Kochenderfer, B. J., & Ladd, G. W. (1996). Peer victimization: Cause or consequence of school maladjustment? *Child Development*, 67, 1305–1317.

Kolata, G. (1993, May 25). Brain researcher makes it look easy. *New York Times*, pp. C1, C8.

Kolers, P. A. (1975). Bilingualism and information processing. In R. C. Atkinson (Ed.), *Readings from Scientific American: Psychology in progress* (pp. 188–195). San Francisco: Freeman. (Originally published in 1968.)

Koluchová, J. (1972). Severe deprivation in twins: A case study. *Journal of Child Psychology and Psychiatry*, 13, 107–114.

Koluchová, J. (1976). The further development of twins after severe and prolonged deprivation: A second report. *Journal of Child Psychology and Psychiatry*, 17, 181–188.

Konner, M. J. (1972). Aspects of the developmental ethology of a foraging people. In N. Blurton Jones (Ed.), *Ethological studies of child behavior* (pp. 285–303). London: Cambridge University Press.

Kopp, C. B. (1989). Regulation of distress and negative emotions: A developmental view. *Developmental Psychology*, 25, 343–354.

Kosof, A. (1996). *Living in two worlds: The immigrant children's experience.* New York: Twenty-First Century Books.

Krantz, S. E. (1989). The impact of divorce on children. In A. S. Skolnick & J. H. Skolnick (Eds.), *Families in transition* (6th ed., pp. 341–363). Glenview, IL: Scott, Foresman.

Kristof, N. D. (1995, July 18). Japan's schools: Safe, clean, not much fun. *New York Times*, pp. A1, A6.

Kristof, N. D. (1997, August 17). Where children rule. *New York Times Magazine*, pp. 40–44.

Krueger, J. (1992). On the overestimation of between-group differences. *European Review of Social Psychology*, 3, 31–56.

Krueger, J., & Clement, R. W. (1994). Memory-based judgments about multiple categories: A revision and extension of Tajfel's accentuation theory. *Journal of Personality and Social Psychology*, 67, 35–47.

Kupersmidt, J. B., Griesler, P. C., DeRosier, M. E., Patterson, C. J., & Davis, P. W. (1995). Childhood aggression and peer relations in the context of family and neighborhood factors. *Child Development*, 66, 360–375.

Lab, S. P., & Whitehead, J. T. (1988). An analysis of juvenile correctional treatment. *Crime & Delinquency*, 34, 60–83.

Ladd, G. W. (1983). Social networks of popular, average, and rejected children in school settings. *Merrill-Palmer Quarterly*, 29, 283–307.

Ladd, G. W. (1992). Themes and theories: Perspectives on processes in family-peer relationships. In R. D. Parke & G. W. Ladd (Eds.), *Family-peer relationships: Modes of linkage* (pp. 3–34). Hillsdale, NJ: Erlbaum.

Ladd, G. W., Profilet, S. M., & Hart, C. H. (1992). Parents' management of children's peer relations: Facilitating and supervising children's activities in the peer culture. In R. D. Parke & G. W. Ladd (Eds.), *Family-peer relationships: Modes of linkage* (pp. 215–253). Hillsdale, NJ: Erlbaum.

LaFreniere, P. J., & Sroufe, L. A. (1985). Profiles of peer competence in the preschool: Interrelations between measures, influence of social ecology, and relation to attachment history.

Developmental Psychology, 21, 56–69.

LaFromboise, T., Coleman, H. L. K., & Gerton, J. (1993). Psychological impact of biculturalism: Evidence and theory. *Psychological Bulletin, 114*, 395–412.

Lahey, B. B., Hartdagen, S. E., Frick, P. J., McBurnett, K., Connor, R., & Hynd, G. W. (1988). Conduct disorder: Parsing the confounded relation to parental divorce and antisocial personality. *Journal of Abnormal Psychology, 97*, 334–337.

Lamb, M. E., & Nash, A. (1989). Infant-mother attachment, sociability, and peer competence. In T. J. Berndt & G. W. Ladd (Eds.), *Peer relationships in child development* (pp. 219–245). New York: Wiley.

Lancy, D. F. (2008). *The anthropology of childhood.* Cambridge, UK: Cambridge University Press.

Lane, H. (1976). *The wild boy of Aveyron.* Cambridge, MA: Harvard University Press.

Langlois, J. H., Ritter, J. M., Casey, R. J., & Sawin, D. B. (1995). Infant attractiveness predicts maternal behaviors and attitudes. *Developmental Psychology, 31*, 464–472.

Långström, N., Rahman, Q., Carlström, E., & Lichtenstein, P. (in press). Genetic and environmental effects on same-sex sexual behavior: A population study of twins in Sweden. *Archives of Sexual Behavior.*

Larkin, P. (1989). *Collected poems* (A. Thwaite, Ed.). New York: Farrar, Straus & Giroux.

Laumann, E. O., Gagnon, J. H., Michael, R. T., & Michaels, S. (1994). *The social organization of sexuality.* Chicago: University of Chicago Press.

Leach, G. M. (1972). A comparison of the social behaviour of some normal and problem children. In N. Blurton Jones (Ed.), *Ethological studies of child behavior* (pp. 249–281). London: Cambridge University Press.

Leach, P. (1995). *Your baby and child: From birth to age five* (2nd ed.). New York: Knopf. (This edition originally published in 1989.)

Leaper, C. (1994a). Editor's notes. In C. Leaper (Ed.), *Childhood gender segregation: Causes and consequences* (pp. 1–5). New Directions for Child Development, No. 65. San Francisco: Jossey-Bass.

Leaper, C. (1994b). Exploring the consequences of gender segregation on social relationships. In C. Leaper (Ed.), *Childhood gender segregation: Causes and consequences* (pp. 67–86). New Directions for Child Development, No. 65. San Francisco: Jossey-Bass.

Leary, M. R., Cottrell, C. A., & Phillips, M. (2001). Deconfounding the effects of dominance and social acceptance on self-esteem. *Journal of Personality and Social Psychology, 81*, 898–909.

Leary, M. R., Tambor, E. S., Terdal, S. K., & Downs, D. L. (1995). Self-esteem as an interpersonal monitor: The sociometer hypothesis. *Journal of Personality and Social Psychology, 68*, 518–530.

Lee, C.-R. (1995, October 16). Coming home again. *The New Yorker*, pp. 164–168.

Leinbach, M. D., & Fagot, B. I. (1993). Categorical habituation to male and female faces: Gender schematic processing in infancy. *Infant Behavior and Development, 16*, 317–332.

LeLorier, J., Grégoire, G., Benhaddad, A., Lapierre, J., & Derderian, F. (1997, August 21). Discrepancies between meta-analyses and subsequent large randomized, controlled trials. *New England Journal of Medicine, 337*, 536–542.

Lenneberg, E. H. (1972). On explaining language. In M. E. P. Seligman & J. L. Hager (Eds.), *Biological boundaries of learning* (pp. 379–396). New York: Appleton-Century-Crofts.

Lepper, M. R., Greene, D., & Nisbett, R. E. (1973). Undermining children's intrinsic interest with extrinsic reward: A test of the "overjustification" hypothesis. *Journal of Personality and Social Psychology, 28,* 129–137.

Leslie, A. M. (1994). Pretending and believing: Issues in the theory of ToMM. *Cognition, 50,* 211–238.

Levin, H., & Garrett, P. (1990). Sentence structure and formality. *Language in Society, 19,* 511–520.

Levin, H., & Novak, M. (1991). Frequencies of Latinate and Germanic words in English as determinants of formality. *Discourse Processes, 14,* 389–398.

LeVine, R. A., & LeVine, B. B. (1963). Nyansongo: A Gusii community in Kenya. In B. B. Whiting (Ed.), *Six cultures: Studies of child rearing* (pp. 15–202). New York: Wiley.

LeVine, R. A., & LeVine, S. E. (1988). Parental strategies among the Gusii of Kenya. In R. A. LeVine, P. M. Miller, & M. M. West (Eds.), *Parental behavior in diverse societies* (pp. 27–35). New Directions for Child Development, No. 40. San Francisco: Jossey-Bass.

Levy, G. D., & Haaf, R. A. (1994). Detection of gender-related categories by 10-month-old infants. *Infant Behavior and Development, 17,* 457–459.

Lewicki, P., Hill, T., & Czyzewska, M. (1992). Nonconscious acquisition of information. *American Psychologist, 47,* 796–801.

Lightfoot, C. (1992). Constructing self and peer culture: A narrative perspective on adolescent risk taking. In L. T. Winegar & J. Valsiner (Eds.), *Children's development within social context: Vol. 2. Research and methodology* (pp. 229–245). Hillsdale, NJ: Erlbaum.

Loehlin, J. C. (1997). A test of J. R. Harris's theory of peer influences on personality. *Journal of Personality and Social Psychology, 72,* 1197–1201.

Loehlin, J. C., Horn, J. M., & Ernst, J. L. (2007). Genetic and environmental influences on adult life outcomes: Evidence from the Texas Adoption Project. *Behavior Genetics, 37,* 463–476.

Loehlin, J. C., Neiderhiser, J. M., & Reiss, D. (2003). The behavior genetics of personality and the NEAD study. *Journal of Research in Personality, 37,* 373–387.

Loehlin, J. C., & Nichols, R. C. (1976). *Heredity, environment, and personality: A study of 850 sets of twins.* Austin: University of Texas Press.

Lore, R. K., & Schultz, L. A. (1993). Control of human aggression: A comparative perspective. *American Psychologist, 48,* 16–25.

Lykken, D. T. (1995). *The antisocial personalities.* Hillsdale, NJ: Erbaum.

Lykken, D. T. (1997). The American crime factory. *Psychological Inquiry, 8,* 261–270.

Lykken, D. T., McGue, M., Tellegen, A., & Bouchard, T. J., Jr. (1992). Emergenesis: Genetic traits that may not run in families. *American Psychologist, 47,* 1565–1577.

Lykken, D. T., & Tellegen, A. (1996). Happiness is a stochastic phenomenon. *Psychological Science, 7,* 186–189.

Lytton, H., & Romney, D. M. (1991). Parents' differential socialization of boys and girls: A meta-analysis. *Psychological Bulletin, 109,* 267–296.

Maccoby, E. E. (1990). Gender and relationships: A developmental account. *American Psychologist, 45,* 513–520.

Maccoby, E. E. (1992). The role of parents in the socialization of children: An historical overview. *Developmental Psychology, 28,* 1006–1017.

Maccoby, E. E. (1994). Commentary: Gender segregation in childhood. In C. Leaper (Ed.), *Childhood gender segregation: Causes and consequences* (pp. 87–97). New Directions for

Child Development, No. 65. San Francisco: Jossey-Bass.

Maccoby, E. E. (1995). The two sexes and their social systems. In P. Moen, G. H. Elder, Jr., & K. Lüscher (Eds.), *Examining lives in context: Perspectives on the ecology of human development*. Washington, DC: American Psychological Association.

Maccoby, E. E., & Jacklin, C. N. (1974). *The psychology of sex differences*. Stanford, CA: Stanford University Press.

Maccoby, E. E., & Jacklin, C. N. (1987). Gender segregation in childhood. *Advances in Child Development and Behavior*, 20, 239–287.

Maccoby, E. E., & Martin, J. A. (1983). Socialization in the context of the family: Parent-child interaction. In P. H. Mussen (Series Ed.) & E. M. Hetherington (Vol. Ed.), *Handbook of child psychology: Vol. 4. Socialization, personality, and social development* (4th ed., pp. 1–101). New York: Wiley.

Maclean, C. (1977). *The wolf children*. New York: Hill & Wang.

Madon, S., Jussim, L., & Eccles, J. (1997). In search of the powerful self-fulfilling prophecy. *Journal of Personality and Social Psychology*, 72, 791–809.

Main, M., Kaplan, N., & Cassidy, J. (1985). Security in infancy, childhood, and adulthood: A move to the level of representation. In I. Bretherton & E. Waters (Eds.), Growing points of attachment theory and research (pp. 66–104). *Monographs of the Society for Research in Child Development*, 50 (1-2, Serial No. 209).

Main, M., & Weston, D. R. (1981). The quality of the toddler's relationship to mother and to father: Related to conflict behavior and the readiness to establish new relationships. *Child Development*, 52, 932–940.

Malinowsky-Rummell, R., & Hansen, D. J. (1993). Long-term consequences of childhood physical abuse. *Psychological Bulletin*, 114, 68–79.

Mandler, J. M. (1992). How to build a baby: II. Conceptual primitives. *Psychological Review*, 99, 587–604.

Mandler, J. M., & McDonough, L. (1993). Concept formation in infancy. *Cognitive Development*, 8, 291–318.

Mann, C. C. (1994, November 11). Can meta-analysis make policy? *Science*, 266, 960–962.

Mann, T. L. (1997, September). Head Start and the panacea standard. *APS Observer*, pp. 10, 24.

Mar, M. E. (1995, November–December). Blue collar, crimson blazer. *Harvard Magazine*, 98, 47–51.

Marano, H. E. (1995, September/October). Big. Bad. Bully. *Psychology Today*, pp. 50–82.

Maretzki, T. W., & Maretzki, H. (1963). Taira: An Okinawan village. In B. B. Whiting (Ed.), *Six cultures: Studies of child rearing* (pp. 363–539). New York: Wiley.

Martin, C. L. (1993). Theories of sex typing: Moving toward multiple perspectives. In L. A. Serbin, K. K. Powlishta, & J. Gulko (Eds.), The development of sex typing in middle childhood (pp. 75–85). *Monographs of the Society for Research in Child Development*, 58(2, Serial No. 232).

Martin, C. L. (1994). Cognitive influences on the development and maintenance of gender segregation. In C. Leaper (Ed.), *Childhood gender segregation: Causes and consequences* (pp. 35–51). New Directions for Child Development, No. 65. San Francisco: Jossey-Bass.

Martin, J. (1995, August 25). Miss Manners column. United Features (online).

Martini, M. (1994). Peer interactions in Polynesia: A view from the Marquesas. In J. L. Roopnarine, J. E. Johnson, & F. H. Hooper (Eds.), *Children's play in diverse cultures* (pp. 73–103).

Albany: State University of New York Press.

Masten, A. S. (1986). Humor and competence in school-aged children. *Child Development*, 57, 461–473.

Matas, L., Arend, R. A., & Sroufe, L. A. (1978). Continuity of adaptation in the second year: The relationship between quality of attachment and later competence. *Child Development*, 49, 547–556.

Maternal impressions (1996, November 13). *Journal of the American Medical Association*, 276, 1466. (Originally published in 1896.)

Mathews, J. (1988). *Escalante: The best teacher in America*. New York: Henry Holt.

Maunders, D. (1994). Awakening from the dream: The experience of childhood in Protestant orphan homes in Australia, Canada, and the United States. *Child & Youth Care Forum*, 23, 393–412.

McCall, R. B. (1992). Academic underachievers. *Current Directions in Psychological Science*, 3, 15–19.

McCloskey, L. A. (1996). Gender and the expression of status in children's mixed-age conversations. *Journal of Applied Developmental Psychology*, 17, 117–133.

McCrae, R. R., & Costa, P. T., Jr. (1994). The stability of personality: Observations and evaluations. *Current Directions in Psychological Science*, 3, 173–175.

McDonald, M. A., Sigman, M., Espinosa, M. P., & Neumann, C. G. (1994). Impact of a temporary food shortage on children and their mothers. *Child Development*, 65, 404–415.

McFarland, C., & Buehler, R. (1995). Collective self-esteem as a moderator of the frog-pond effect in reactions to performance feedback. *Journal of Personality and Social Psychology*, 68, 1055–1070.

McGraw, M. B. (1939). Swimming behavior of the human infant. *Journal of Pediatrics*, 15, 485–490.

McGrew, W. G. (1972). *An ethological study of children's behavior*. New York: Academic Press.

McGue, M., & Lykken, D. T. (1992). Genetic influence on risk of divorce. *Psychological Science*, 3, 368–373.

McGuffin, P., & Katz, R. (1993). Genes, adversity, and depression. In R. Plomin & G. E. McClearn (Eds.), *Nature, nurture, & psychology* (pp. 217–230). Washington, DC: American Psychological Association.

McHale, S. M., Crouter, A. C., McGuire, S. A., & Updegraff, K. A. (1995). Congruence between mothers' and fathers' differential treatment of siblings: Links with family relations and children's well-being. *Child Development*, 66, 116–128.

McLanahan, S. (1994, Summer). The consequences of single motherhood. *The American Prospect*, 18, 48–58.

McLanahan, S., & Booth, K. (1989). Mother-only families: Problems, prospects, and politics. *Journal of Marriage and the Family*, 51, 557–580.

McLanahan, S., & Sandefur, G. (1994). *Growing up with a single parent: What hurts, what helps*. Cambridge, MA: Harvard University Press.

McWhorter, J. (2000). *Losing the race: Self-sabotage in Black America*. New York: Free Press.

Mead, M. (1959). Preface to Ruth Benedict's *Patterns of culture* (2nd ed.). Boston: Houghton Mifflin.

Mead, M. (1963). *Sex and temperament in three primitive societies* (3rd ed.). New York: Dell. (First edition published in 1935.)

Mealey, L. (1995). The sociobiology of sociopathy: An integrated evolutionary model. *Behavioral & Brain Sciences*, 18, 523–599.

Mednick, S. A., Gabrielli, W. F., Jr., & Hutchings, B. (1987). Genetic factors in the etiology of criminal behavior. In S. A. Mednick, T. E. Moffitt, & S. A. Stack (Eds.), *The causes of crime: New biological approaches* (pp. 74–91). Cambridge, UK: Cambridge University Press.

Melson, G. F., Ladd, G. W., & Hsu, H.-C. (1993). Maternal support networks, maternal cognitions, and young children's social and cognitive development. *Child Development*, 64, 1401–1417.

Meredith, W. H., Abbott, D. A., & Ming, Z. F. (1993). Self-concept and sociometric outcomes: A comparison of only children and sibling children from urban and rural areas in the People's Republic of China. *The Journal of Psychology*, 126, 411–419.

Merten, D. E. (1996a). Visibility and vulnerability: Responses to rejection by nonaggressive junior high school boys. *Journal of Early Adolescence*, 16, 5–26.

Merten, D. E. (1996b). Information versus meaning: Toward a further understanding of early adolescent rejection. *Journal of Early Adolescence*, 16, 37–45.

Meyerhoff, B. (1978). *Number our days*. New York: Simon & Schuster.

Minton, R. J. (1971). *Inside: Prison American style*. New York: Random House.

Minturn, L., & Hitchcock, J. T. (1963). The Rajputs of Khalapur, India. In B. B. Whiting (Ed.), *Six cultures: Studies of child rearing* (pp. 202–361). New York: Wiley.

Mitani, J. C., Hasegawa, T., Gros-Louis, J., Marler, P., & Byrne, R. (1992). Dialects in wild chimpanzees? *American Journal of Primatology*, 27, 233–243.

Mitchell, C. M., Libber, S., Johanson, A. J., Plotnick, L., Joyce, S., Migeon, C. J., & Blizzard, R. M. (1986). Psychosocial impact of long-term growth hormone. In B. Stabler & L. E. Underwood (Eds.), *Slow grows the child: Psychosocial aspects of growth delay* (pp. 97–109). Hillsdale, NJ: Erlbaum.

Mitchell, D. E. (1980). The influence of early visual experience on visual perception. In C. S. Harris (Ed.), *Visual coding and adaptability* (pp. 1–50). Hillsdale, NJ: Erlbaum.

Modell, J. (1997, January 31). Family niche and intellectual bent (a review of *Born to Rebel*). *Science*, 275, 624–625.

Moffitt, T. E. (1993). Adolescence-limited and life-course-persistent antisocial behavior: A developmental taxonomy. *Psychological Review*, 100, 674–701.

Money, J., & Ehrhardt, A. A. (1972). *Man & woman, boy & girl*. Baltimore: Johns Hopkins University Press.

Montagu, A. (1976). *The nature of human aggression*. New York: Oxford University Press.

Montour, K. (1977). William James Sidis, the broken twig. *American Psychologist*, 32, 265–279.

Moore, T. R. (1996, September 22). Labor of love. *Asbury Park (N.J.) Press*, pp. D1, D10.

Moran, G. F., & Vinovskis, M. A. (1985). The great care of godly parents: Early childhood in Puritan New England. In A. B. Smuts & J. W. Hagen (Eds.), History and research in child development. *Monographs of the Society for Research in Child Development*, 50(4–5, Serial No. 211).

Morelli, G. A. (1997). Growing up female in a farmer community and a forager community. In M. E. Morbeck, A. Galloway, & A. L. Zihlman (Eds.), *The evolving female: A life-history perspective* (pp. 209–219). Princeton, NJ: Princeton University Press.

Morelli, G. A., Rogoff, B., Oppenheim, D., & Goldsmith, D. (1992). Cultural variation in infants' sleeping arrangements: Questions of independence. *Developmental Psychology*, 28, 604–613.

Morelli, G. A., Winn, S., & Tronick, E. Z. (1987). Perinatal practices: A biosocial perspective. In H. Rauh & H.-C. Steinhausen (Eds.), *Psychobiology and early development*. North Holland: Elsevier.

Morris, J. (1974). *Conundrum*. New York: Harcourt Brace Jovanovich.

Morton, O. (1998, January). Overcoming yuk. *Wired*, pp. 44–48.

Mosteller, F. (1995). The Tennessee study of class size in the early school grades. *The Future of Children*, 5(2), 113–127.

Mounts, N. S., & Steinberg, L. (1995). An ecological analysis of peer influence on adolescent grade point average and drug use. *Developmental Psychology*, 31, 915–922.

Muhle, R., Trentacoste, S. V., & Rapin, I. (2004). The genetics of autism. *Pediatrics*, 113, e472–e486.

Myers, D. G. (1982). Polarizing effects of social interaction. In H. Tajfel (Series Ed.) & H. Brandstätter, J. H. Davis, & G. Stocker-Kreichgauer (Vol. Eds.), *European monographs in social psychology: Vol. 25. Group decision making* (pp. 125–161). New York: Academic Press.

Myers, D. G. (1992). *The pursuit of happiness: Who is happy—and why?* New York: Avon.

Myers, D. G. (1998). *Psychology* (5th ed.). New York: Worth.

Napier, J. R., & Napier, P. H. (1985). *The natural history of the primates*. Cambridge, MA: MIT Press.

Neckerman, H. J. (1996). The stability of social groups in childhood and adolescence: The role of the classroom social environment. *Social Development*, 2, 131–145.

Neifert, M. (1991). *Dr. Mom's parenting guide: Commonsense guidance for the life of your child*. New York: Signet.

Newcomb, A. F., Bukowski, W. M., & Pattee, L. (1993). Children's peer relations: A meta-analytic review of popular, rejected, neglected, controversial, and average sociometric status. *Psychological Bulletin*, 113, 99–128.

Newman, L. S., & Ruble, D. N. (1988). Stability and change in self-understanding: The early elementary school years. *Early Child Development and Care*, 40, 77–99.

Norman, G. (1995, May–June). Edward O. Wilson. *Modern Maturity*, 38, 62–71.

Nydegger, W. F., & Nydegger, C. (1963). Tarong, an Ilocos barrio in the Philippines. In B. B. Whiting (Ed.), *Six cultures: Studies of child rearing* (pp. 692–867). New York: Wiley.

O'Connor, T. G., Hetherington, E. M., Reiss, D., & Plomin, R. (1995). A twin-sibling study of observed parent-adolescent interactions. *Child Development*, 66, 812–829.

Olds, D., Eckenrode, J., Henderson, C. R., et al. (1997, August 27). Long-term effects of home visitation on maternal life course and child abuse and neglect: Fifteen-year follow-up of a randomized trial. *Journal of the American Medical Association*, 278, 637–643.

O'Leary, K. D., & Smith, D. A. (1991). Marital interactions. *Annual Review of Psychology*, 42, 191–212.

Oliwenstein, L. (2008, June 23). Weighty issues. *Time*, pp. 100–105.

Omark, D. R., & Edelman, M. S. (1976). The development of attention structure in young children. In M. R. A. Chance & R. R. Larsen (Eds.), *The social structure of attention* (pp. 119–151). London: Wiley.

Opie, I., & Opie, P. (1969). *Children's games in street and playground*. London: Oxford University Press.

Padden, C., & Humphries, T. (1988). *Deaf in America: Voices from a culture*. Cambridge, MA: Harvard University Press.

Pan, H.-L. W. (1994). Children's play in Taiwan. In J. L. Roopnarine, J. E. Johnson, & F. H. Hooper (Eds.), *Children's play in diverse cultures* (pp. 31–50). Albany: SUNY Press.

Parke, R. D., Cassidy, J., Burkes, V. M., Carson, J. L., & Boyum, L. (1992). Familial contribution to peer competence among young children: The role of interactive and affective processes. In R. D. Parke & G. W. Ladd (Eds.), *Family-peer relationships: Modes of linkage* (pp. 107–134). Hillsdale, NJ: Erlbaum.

Parker, I. (1996, September 9). Richard Dawkins's evolution. *The New Yorker*, pp. 41–45.

Parker, J. G., & Asher, S. R. (1987). Peer relations and later personal adjustment: Are low-accepted children at risk? *Psychological Bulletin*, 102, 357–389.

Parker, J. G., & Asher, S. R. (1993). Beyond group acceptance: Friendship and friendship quality as distinct dimensions of children's peer adjustment. In D. Perlman & W. H. Jones (Eds.), *Advances in personal relationships: Vol. 4* (pp. 261–294). London: Jessica Kingsley.

Parker, J. G., Rubin, K. H., Price, J. M., & DeRosier, M. E. (1995). Peer relations, child development, and adjustment: A developmental psychopathology perspective. In D. Cicchetti & D. Cohen (Eds.), *Developmental psychopathology: Vol. 2. Risk, disorder, and adaptation* (pp. 96–161). New York: Wiley.

Parks, T. (1995). *An Italian education*. New York: Grove Press.

Pastor, D. (1981). The quality of mother-infant attachment and its relationship to toddlers' initial sociability with peers. *Developmental Psychology*, 17, 326–335.

Patterson, C. J. (1992). Children of lesbian and gay parents. *Child Development*, 63, 1025–1042.

Patterson, C. J. (1994). Lesbian and gay families. *Current Directions in Psychological Science*, 3, 62–64.

Patterson, G. R., & Bank, L. (1989). Some amplifying mechanisms for pathologic processes in families. In M. R. Gunnar & E. Thelen (Eds.), *Systems and development: The Minnesota Symposia on Child Psychology: Vol. 22* (pp. 167–209). Hillsdale, NJ: Erlbaum.

Patterson, G. R., & Yoerger, K. (1991, April). A model for general parenting skill is too simple: Mediational models work better. Paper presented at the biennial meeting of the Society for Research in Child Development, Seattle, Washington.

Pedersen, E., Faucher, T. A., & Eaton, W. W. (1978). A new perspective on the effects of first-grade teachers on children's subsequent adult status. *Harvard Educational Review*, 48, 1–31.

Pedersen, N. L., Plomin, R., Nesselroade, J. R., & McClearn, G. E. (1992). A quantitative genetic analysis of cognitive abilities during the second half of the life span. *Psychological Science*, 3, 346–353.

Peeples, F., & Loeber, R. (1994). Do individual factors and neighborhood context explain ethnic differences in juvenile delinquency? *Journal of Quantitative Criminology*, 10, 141–157.

Pelaez-Nogueras, M., Field, T., Cigales, M., Gonzalez, A., & Clasky, S. (1994). Infants of depressed mothers show less "depressed" behavior with their nursery teachers. *Infant Mental Health Journal*, 15, 358–367.

Perez, C. M., & Widom, C. S. (1994). Childhood victimization and long-term intellectual and academic outcomes. *Child Abuse & Neglect*, 18, 617–633.

Perner, J. (1991). *Understanding the representational mind*. Cambridge, MA: MIT Press.

Perry, D. G., & Bussey, K. (1984). *Social development*. Englewood Cliffs, NJ: Prentice-Hall.

Persico, N., Postlewaite, A., & Silverman, D. (2004). The effect of adolescent experience on labor market outcomes: The case of height. *Journal of Political Economy*, 112, 1019–1053.

Pérusse, D., Neale, M. C., Heath, A. C., & Eaves, L. J. (1994). Human parental behavior: Evidence for genetic influence and potential implications for gene-culture transmission. *Behavior Genetics*, 24, 327–335.

Pfennig, D. W., & Sherman, P. W. (1995, June). Kin recognition. *Scientific American*, 272, 98–103.

Piaget, J. (1952). *The origins of intelligence in children* (M. Cook, Trans.). New York: International Universities Press.

Piaget, J. (1962). *Play, dreams, and imitation in childhood* (C. Gattegno & F. M. Hodgson, Trans.). New York: Norton.

Piaget, J., & Inhelder, B. (1969). *The psychology of the child* (H. Weaver, Trans.). New York: Basic Books.

Pike, A., Reiss, D., Hetherington, E. M., & Plomin, R. (1996). Using MZ differences in the search for nonshared environmental effects. *Journal of Child Psychology and Psychiatry*, 37, 695–704.

Pinker, S. (1994). *The language instinct*. New York: HarperCollins.

Pinker, S. (1997). *How the mind works*. New York: Norton.

Pinker, S. (2002). *The blank slate*. New York: Viking.

Pitts, M. B. (1997, March 28–30). The latest on what to feed kids. *USA Weekend*, pp. 22–23.

Pless, I. B., & Nolan, T. (1991). Revision, replication, and neglect: Research on maladjustment in chronic illness. *Journal of Child Psychology & Psychiatry & Allied Disciplines*, 32, 347–365.

Plomin, R. (1990). *Nature and nurture: An introduction to human behavioral genetics*. Pacific Grove, CA: Brooks/Cole.

Plomin, R., Asbury, K., & Dunn, J. (2001). Why are children in the same family so different? Nonshared environment a decade later. *Canadian Journal of Psychiatry*, 46, 225–233.

Plomin, R., Chipuer, H. M., & Neiderhiser, J. M. (1994). Behavioral genetic evidence for the importance of nonshared environment. In E. M. Hetherington, D. Reiss, & R. Plomin (Eds.), *Separate social worlds of siblings: The impact of nonshared environment on development* (pp. 1–31). Hillsdale, NJ: Erlbaum.

Plomin, R., & Daniels, D. (1987). Why are children in the same family so different from one another? *Behavioral and Brain Sciences*, 10, 1–60.

Plomin, R., Fulker, D. W., Corley, R., & DeFries, J. C. (1997). Nature, nurture, and cognitive development from 1 to 16 years: A parent-offspring adoption study. *Psychological Science*, 8, 442–447.

Plomin, R., McClearn, G. E., Pedersen, N. L., Nesselroade, J. R., & Bergeman, C. S. (1988). Genetic influence on childhood family environment perceived retrospectively from the last half of the life span. *Developmental Psychology*, 24, 738–745.

Plomin, R., Owen, M. J., & McGuffin, P. (1994, June 17). The genetic basis of complex human behaviors. *Science*, 264, 1733–1739.

Pogrebin, R. (1996, May 28). For a Bronx teacher, a winning tactic. *New York Times*, pp. B1, B7.

Popenoe, D. (1996). *Life without father: Compelling new evidence that fatherhood and marriage are indispensable for the good of children and society*. New York: Free Press.

Povinelli, D. J., & Eddy, T. J. (1996). What young chimpanzees know about seeing. With commentary by R. P. Hobson & M. Tomasello and a reply by D. J. Povinelli. *Monographs of the Society for Research in Child Development*, 61 (3, Serial No. 247).

Powlishta, K. K. (1995a). Gender bias in children's perceptions of personality traits. *Sex Roles*, 32, 17–28.

Powlishta, K. K. (1995b). Intergroup processes in childhood: Social categorization and sex role development. *Developmental Psychology*, 31, 781–788.

Premack, D., & Woodruff, G. (1978). Does the chimpanzee have a theory of mind? *Behavioral and Brain Sciences*, 1, 515–526.

Preston, P. (1994). *Mother father deaf: Living between sound and silence*. Cambridge, MA: Harvard University Press.

Primus IV (1998, March–April). Good Will Sidis. *Harvard Magazine*, p. 80.

Proulx, E. A. (1993). *The shipping news*. New York: Simon & Schuster.

Provine, R. R. (1993). Laughter punctuates speech: Linguistic, social and gender contexts of laughter. *Ethology*, 95, 291–298.

Rao, S. C., Rainer, G., & Miller, E. K. (1997, May 2). Integration of what and where in the primate prefrontal cortex. *Science*, 276, 821–824.

Ravitch, D. (1997, September 5). First teach them English. *New York Times*, p. A35.

Readdick, C. A., Grise, K. S., Heitmeyer, J. R., & Furst, M. H. (1996). Children of elementary school age and their clothing: Development of self-perception and of management of appearance. *Perceptual and Motor Skills*, 82, 383–394.

Reader, J. (1988). *Man on earth*. New York: Harper & Row.

Rebollo, I., & Boomsma, D. I. (2006). Genetic analysis of anger: Genetic dominance or competitive sibling interaction. *Behavior Genetics*, 36, 216–228.

Reich, P. A. (1986). *Language development*. Englewood Cliffs, NJ: Prentice-Hall.

Reich, R. (1997, June 13–15). Being a dad: Rewarding labor. *USA Weekend*, pp. 10–11.

Reiss, D., with Neiderhiser, J. M., Hetherington, E. M., & Plomin, R. (2000). *The relationship code: Deciphering genetic and social influences on adolescent development*. Cambridge, MA: Harvard University Press.

Resnick, M. D., Bearman, P. S., Blum, R. W., et al. (1997, September 10). Protecting adolescents from harm: Findings from the National Longitudinal Study on Adolescent Health. *Journal of the American Medical Association*, 278, 823–832.

Richman, R. A., Gordon, M., Tegtmeyer, P., Crouthamel, C., & Post, E. M. (1986). Academic and emotional difficulties associated with short stature. In B. Stabler & L. E. Underwood (Eds.), *Slow grows the child: Psychosocial aspects of growth delay* (pp. 13–26). Hillsdale, NJ: Erlbaum.

Rigotti, N. A., DiFranza, J. R., Chang, Y., Tisdale, T., Kemp, B., & Singer, D. E. (1997, October 9). The effect of enforcing tobacco-sales laws on adolescents' access to tobacco and smoking behavior. *New England Journal of Medicine*, 337, 1044–1051.

Riley, D. (1990). Network influences on father involvement in childrearing. In M. Cochran, M. Larner, D. Riley, L. Gunnarsson, & C. R. Henderson, Jr. (Eds.), *Extending families: The social networks of parents and their children* (pp. 131–152). Cambridge, UK: Cambridge University Press.

Roberts, S. V. (1995, August 21). An American tale: Colin Powell is only one chapter in a remarkable immigrant story. *U.S. News & World Report*, pp. 27–30.

Rogers, D. (1977). *The psychology of adolescence*. Englewood Cliffs, NJ: Prentice-Hall.

Roggman, L. A., Langlois, J. H., Hubbs-Tait, L., & Rieser-Danner, L. A. (1994). Infant daycare, attachment, and the "file drawer problem." *Child Development*, 65, 1429–1443.

Rogoff, B., Mistry, J., Göncü, A., & Mosier, C. (1993). Guided participation in cultural activity by toddlers and caregivers. *Monographs of the Society for Research in Child Development*, 58(8, Serial No. 236).

Roitblat, H. L., & von Fersen, L. (1992). Comparative cognition: Representations and processes in learning and memory. *Annual Review of Psychology*, 43, 671–710.

Rosch, E. (1978). Principles of categorization. In E. Rosch & B. B. Lloyd (Eds.), *Cognition and categorization*. Hillsdale, NJ: Erlbaum.

Rose, R. J., Viken, R. J., Dick, D. M., Bates, J. E., Pulkkinen, L., & Kaprio, J. (2003). It does take a village: Nonfamilial environments and children's behavior. *Psychological Science*, 14, 273–277.

Roth, P. (1967). *Portnoy's complaint*. New York: Bantam.

Rothbaum, F., & Weisz, J. R. (1994). Parental caregiving and child externalizing behavior in nonclinical samples: A meta-analysis. *Psychological Bulletin*, 116, 55–74.

Rovee-Collier, C. (1993). The capacity for long-term memory in infancy. *Current Directions in Psychological Science*, 2, 130–135.

Rowe, D. C. (1981). Environmental and genetic influences on dimensions of perceived parenting: A twin study. *Developmental Psychology*, 17, 203–208.

Rowe, D. C. (1994). *The limits of family influence: Genes, experience, and behavior*. New York: Guilford Press.

Rowe, D. C. (1997). Are parents to blame? A look at *The Antisocial Personalities*. *Psychological Inquiry*, 8, 251–260.

Rowe, D. C. (2002). What twin and adoption studies reveal about parenting. In J. G. Borkowski, S. L. Ramey, & M. Bristol-Power (Eds.), *Parenting and the child's world: Influences on academic, intellectual, and socioemotional development* (pp. 21–34). Mahwah, NJ: Erlbaum.

Rowe, D. C., Rodgers, J. L., & Meseck-Bushey, S. (1992). Sibling delinquency and the family environment: Shared and unshared influences. *Child Development*, 63, 59–67.

Rowe, D. C., & Waldman, I. D. (1993). The question "How?" reconsidered. In R. Plomin & G. E. McClearn (Eds.), *Nature, nurture, and psychology* (pp. 355–373). Washington, DC: American Psychological Association.

Rowe, D. C., Woulbroun, E. J., & Gulley, B. L. (1994). Peers and friends as nonshared environmental influences. In E. M. Hetherington, D. Reiss, & R. Plomin (Eds.), *Separate social worlds of siblings: The impact of nonshared environment on development* (pp. 159–173). Hillsdale, NJ: Erlbaum.

Rubin, K. H., Bukowski, W., & Parker, J. (1998). Peer interactions, relationships, and groups. In W. Damon (Series Ed.) and N. Eisenberg (Vol. Ed.), *Handbook of child psychology: Vol. 3. Social, emotional, and personality development* (5th ed., pp. 619–700). New York: Wiley.

Ruble, D. N., & Martin, C. L. (1998). Gender development. In W. Damon (Series Ed.) & N. Eisenberg (Vol. Ed.), *Handbook of child psychology: Vol. 3. Social, emotional, and personality development* (5th ed., pp. 933–1016). New York: Wiley.

Runco, M. A. (1991) Birth order and family size. In M. A. Runco (Ed.), *Divergent thinking* (pp. 13–19). Norwood, NJ: Ablex. (Originally published in 1987.)

Russell, R. J. (1993). *The lemurs' legacy: The evolution of power, sex, and love*. New York:

Tarcher/Putnam.

Rutter, M. (1979). Maternal deprivation, 1972–1978: New findings, new concepts, new approaches. *Child Development*, 50, 283–305.

Rutter, M. (1983). School effects on pupil progress: Research findings and policy implications. *Child Development*, 54, 1–29.

Rutter, M. (1997). Nature-nurture integration: The example of antisocial behavior. *American Psychologist*, 52, 390–398.

Rutter, M., & Giller, H. J. (1983). *Juvenile delinquency: Trends and perspectives.* New York: Penguin.

Rybczynski, W. (1986). *Home: A short history of an idea.* New York: Penguin.

Rydell, A.-M., Dahl, M., & Sundelin, C. (1995). Characteristics of school children who are choosy eaters. *Journal of Genetic Psychology*, 156, 217–229.

Rymer, R. (1993). *Genie: An abused child's flight from silence.* New York: HarperCollins.

Sacks, O. (1989). *Seeing voices: A journey into the world of the deaf.* Berkeley: University of California Press.

Sadker, M., & Sadker, D. (1994). *Failing at fairness: How America's schools cheat girls.* New York: Scribner's.

Salzinger, S. (1990). Social networks in child rearing and child development. *Annals of the New York Academy of Science*, 602, 171–188.

Santrock, J. W., & Tracy, R. L. (1978). Effects of children's family structure status on the development of stereotypes by teachers. *Journal of Educational Psychology*, 70, 754–757.

Sastry, S. V. (1996, May 12). Immigrants face challenge teaching children native languages. *Asbury Park (N.J.) Press*, p. AA5.

Saudino, K. J. (1997). Moving beyond the heritability question: New directions in behavioral genetic studies of personality. *Current Directions in Psychological Science*, 6, 86–90.

Savage, S. L., & Au, T. K. (1996). What word learners do when input contradicts the mutual exclusivity assumption. *Child Development*, 67, 3120–3134.

Savin-Williams, R. C. (1979). An ethological study of dominance formation and maintenance in a group of human adolescents. *Child Development*, 49, 534–536.

Scarr, S. (1992). Developmental theories for the 1990s: Development and individual differences. *Child Development*, 63, 1–19.

Scarr, S. (1993). Biological and cultural diversity: The legacy of Darwin for development. *Child Development*, 64, 1333–1353.

Scarr, S. (1997a, September). Head Start and the panacea standard: A reply to Mann. *APS Observer*, 10, 24–25.

Scarr, S. (1997b). Why child care has little impact on most children's development. *Current Directions in Psychological Science*, 6, 143–148.

Scarr, S., & McCartney, K. (1983). How people make their own environments: A theory of genotype → environment effects. *Child Development*, 54, 424–435.

Schaller, S. (1991). *A man without words.* New York: Summit Books.

Schlegel, A., & Barry, H., III (1991). *Adolescence: An anthropological inquiry.* New York: Free Press.

Schofield, J. W. (1981). Complementary and conflicting identities: Images and interaction in an interracial school. In S. R. Asher & J. M. Gottman (Eds.), *The development of children's friendships* (pp. 53–90). Cambridge, UK: Cambridge University Press.

Schooler, C. (1972). Birth order effects: Not here, not now! *Psychological Bulletin*, 78, 161–175.

Schor, Juliet B. (1992). *The overworked American: The unexpected decline of leisure*. New York: Basic Books.

Schütze, Y. (1987). The good mother: The history of the normative model "mother-love." In P. A. Adler, P. Adler, & N. Mandell (Eds.), *Sociological studies of child development: Vol. 2* (pp. 39–78). Greenwich, CT: JAI Press.

Scott, J. P. (1987). Why does human twin research not produce results consistent with those from nonhuman animals? (Commentary on Plomin & Daniels, 1987.) *Brain & Behavioral Sciences*, 10, 39–40.

Scott, J. P., & Fuller, J. L. (1965). *Genetics and the social behavior of the dog*. Chicago: University of Chicago Press.

Segal, N. L. (1993). Twin, sibling, and adoption methods: Tests of evolutionary hypotheses. *American Psychologist*, 48, 943–956.

Seligman, D. (1992). *A question of intelligence: The IQ debate in America*. New York: Birch Lane.

Seligman, M. E. P. (1994). *What you can change and what you can't*. New York: Knopf.

Senghas, A. (1995). Conventionalization in the first generation: A community acquires a language. *Journal of Contemporary Legal Issues*, 6, 501–519.

Senghas, R. J., & Kegl, J. (1994). Social considerations in the emergence of Idioma de Signos Nicaragüense (Nicaraguan Sign Language). *SignPost*, 7(1), 40–46.

Serbin, L. A., Moller, L. C., Gulko, J., Powlishta, K. K., & Colburne, K. A. (1994). The emergence of gender segregation in toddler playgroups. In C. Leaper (Ed.), *Childhood gender segregation: Causes and consequences* (pp. 7–17). New Directions for Child Development, No. 65. San Francisco: Jossey-Bass.

Serbin, L. A., Powlishta, K. K., & Gulko, J. (1993). The development of sex typing in middle childhood. *Monographs of the Society for Research in Child Development*, 58(2, Serial No. 232).

Serbin, L. A., Sprafkin, C., Elman, M., & Doyle, A. (1984). The early development of sex differentiated patterns of social influence. *Canadian Journal of Social Science*, 14, 350–363.

Sherif, M., Harvey, O. J., White, B. J., Hood, W. R., & Sherif, C. W. (1961). *Intergroup cooperation and competition: The Robbers Cave experiment*. Norman, OK: University Book Exchange.

Shibutani, T. (1955). Reference groups as perspectives. *American Journal of Sociology*, 60, 562–569.

Shrewsbury, V., & Wardle, J. (2008). Socioeconomic status and adiposity in childhood: A systematic review of cross-sectional studies 1990–2005. *Obesity*, 16, 275–284.

Sidransky, R. (1990). *In silence: Growing up hearing in a deaf world*. New York: St. Martin's.

Sigelman, C. K., & Rider, E. A. (2006). *Life-span human development* (5th ed.). Belmont, CA: Thomson Wadsworth.

Skinner, B. F. (1938). *The behavior of organisms*. New York: Appleton-Century-Crofts.

Smart, M. S., & Smart, R. C. (1978). *School-age children: Development and relationships* (2nd ed.). New York: Macmillan.

Smetana, J. G. (1994). Parenting styles and beliefs about parental authority. In J. G. Smetana (Ed.), *Beliefs about parenting and developmental implications* (pp. 21–36). San Francisco: Jossey-Bass.

Smetana, J. G. (1995). Parenting styles and conceptions of parental authority during adolescence. *Child Development*, 66, 299–316.

Smith, G. E., Gerrard, M., & Gibbons, F. X. (1997). Self-esteem and the relation between risk behavior and perceptions of vulnerability to unplanned pregnancy in college women. *Health Psychology*, 16, 137–146.

Smith, M. S. (1987). Research in developmental sociobiology: Parenting and family behavior. In K. B. MacDonald (Ed.), *Sociobiological perspectives on human development* (pp. 271–292). New York: Springer-Verlag.

Smith, M. S. (1988). Modern childhood: An evolutionary perspective. In K. Ekberg & P. E. Mjaavatn (Eds.), *Growing into a modern world* (pp. 1057–1069). Dragvoll, Norway: Norwegian Centre for Child Research.

Smith, S. E., Snow, C. W., Ironsmith, M., & Poteat, G. M. (1993). Romantic dyads, friendships, and the social skill ratings of preschool children. *Early Education and Development*, 4, 59–67.

Smolowe, J. (1996, May 20). Parenting on trial. *Time*, p. 50.

Snow, C. (1991). A new environmentalism for child language acquisition. *Harvard Graduate School of Education Bulletin*, 36(1), 15–16.

Somit, A., Arwine, A., & Peterson, S. A. (1996). *Birth order and political behavior*. Lanham, MD: University Press of America.

Sommerfeld, D. P. (1989). The origins of mother blaming: Historical perspectives on childhood and motherhood. *Infant Mental Health Journal*, 10, 14–24.

Sommers, C. H. (1994). *Who stole feminism? How women have betrayed women*. New York: Simon & Schuster.

Sorce, J. F., Emde, R. N., Campos, J. J., & Klinnert, M. D. (1985). Maternal emotional signaling: Its effect on the visual cliff behavior of one-year-olds. *Developmental Psychology*, 21, 195–200.

Spinath, F. M., Wolf, H., Angleitner, A., Borkenau, P., & Riemann, R. (2002). Genetic and environmental influences on objectively assessed activity in adults. *Personality and Individual Differences*, 33, 633–645.

Spock, B. (1968). *Baby and child care* (revised ed.). New York: Pocket Books. (First edition published in 1946.)

Sroufe, L. A. (1985). Attachment classification from the perspective of infant-caregiver relationships and infant temperament. *Child Development*, 56, 1–14.

Sroufe, L. A., Bennett, C., Englund, M., & Urban, J. (1993). The significance of gender boundaries in preadolescence: Contemporary correlates and antecedents of boundary violation and maintenance. *Child Development*, 64, 455–466.

Stabler, B., Clopper, R. R., Siegel, P. T., Stoppani, C., Compton, P. G., & Underwood, L. E. (1994). Academic achievement and psychological adjustment in short children. *Developmental and Behavioral Pediatrics*, 15, 1–6.

Stanton, W. R., & Silva, P. A. (1992). A longitudinal study of the influence of parents and friends on children's initiation of smoking. *Journal of Applied Developmental Psychology*, 13, 423–434.

Stattin, H., & Kerr, M. (2000). Parental monitoring: A reinterpretation. *Child Development*, 71, 1072–1085.

Stavish, S. (1994, May/June). On the biology of temperament development. *APS Observer*, pp. 7, 35.

Steele, C. M. (1997). A threat in the air: How stereotypes shape intellectual identity and performance. *American Psychologist*, 52, 613–629.

Steele, C. M., & Aronson, J. (1995). Stereotype threat and the intellectual test performance of African-Americans. *Journal of Personality and Social Psychology*, 69, 797–811.

Steen, L. A. (1987, July 17). Mathematics education: A predictor of scientific competitiveness. *Science*, 237, 251–252, 302.

Steinberg, L., Dornbusch, S. M., & Brown, B. B. (1992). Ethnic differences in adolescent achievement: An ecological perspective. *American Psychologist*, 47, 723–729.

Steinmetz, H., Herzog, A., Huang, Y., & Hackländer, T. (1994, October 6). Discordant brain-surface anatomy in monozygotic twins. *New England Journal of Medicine*, 331, 952–953.

Stern, M., & Karraker, K. H. (1989). Sex stereotyping of infants: A review of gender labeling studies. *Sex Roles*, 20, 501–520.

Stevenson, H. W., Chen, C., & Uttal, D. H. (1990). Beliefs and achievement: A study of black, white, and Hispanic children. *Child Development*, 61, 508–523.

Stevenson, H. W., & Stevenson, N. G. (1960). Social interaction in an interracial nursery school. *Genetic Psychology Monographs*, 61, 41–75.

Stevenson, M. R., & Black, K. N. (1988). Paternal absence and sex-role development: A meta-analysis. *Child Development*, 59, 793–814.

Stipek, D. (1992). The child at school. In M. H. Bornstein & M. E. Lamb (Eds.), *Developmental psychology: An advanced textbook* (pp. 579–625). Hillsdale, NJ: Erlbaum.

Stocker, C., & Dunn, J. (1990). Sibling relationships in childhood: Links with friendships and peer relationships. *British Journal of Developmental Psychology*, 8, 227–244.

Stocker, C., Dunn, J., & Plomin, R. (1989). Sibling relationships: Links with child temperament, maternal behavior, and family structure. *Child Development*, 60, 715–727.

Stone, L. J., & Church, J. (1957). *Childhood and adolescence: A psychology of the growing person.* New York: Random House.

Stoolmiller, M. (1999). Implications of the restricted range of family environments for estimates of heritability and nonshared environment in behavior-genetic adoption studies. *Psychological Bulletin*, 125, 392–409.

St.Pierre, R. G., Layzer, J. I., & Barnes, H. V. (1995, winter). Two generation programs: Design, cost, and short-term effectiveness. *The Future of Children*, 5(3), 76–93.

St.Pierre, R. G., Ricciuti, A. E., & Rimdzius, T. A. (2005). Effects of a family literacy program on low-literate children and their parents: Findings from an evaluation of the Even Start family literacy program. *Developmental Psychology*, 41, 953–970.

Straus, M. A., Sugarman, D. B., & Giles-Sims, J. (1997). Spanking by parents and subsequent antisocial behavior of children. *Archives of Pediatrics and Adolescent Medicine*, 151, 761–767.

Strayer, F. F., & Santos, A. J. (1996). Affiliative structures in preschool play groups. *Social Development*, 5, 117–130.

Study cites teen smoking risks (1995, April 24). Associated Press (online).

Sulloway, F. J. (1996). *Born to rebel: Birth order, family dynamics, and creative lives.* New York: Pantheon.

Suomi, S. J. (1997). Early determinants of behaviour: Evidence from primate studies. *British Medical Bulletin*, 53, 170–184.

Suomi, S. J., & Harlow, H. F. (1975). The role and reason of peer relationships in rhesus monkeys. In M. Lewis & L. A. Rosenblum (Eds.), *Friendship and peer relations* (pp. 153–186).

New York: Wiley.

Swim, J. K. (1994). Perceived versus meta-analytic effect sizes: An assessment of the accuracy of gender stereotypes. *Journal of Personality and Social Psychology*, 66, 21–36.

Tajfel, H. (1970, November). Experiments in intergroup discrimination. *Scientific American*, 223, 96–102.

Tannen, D. (1990). *You just don't understand: Women and men in conversation*. New York: Ballantine.

Tanner, J. M. (1978). *Foetus into man: Physical growth from conception to maturity*. Cambridge, MA: Harvard University Press.

Tate, D. C., Reppucci, N. D., & Mulvey, E. P. (1995). Violent juvenile delinquents: Treatment effectiveness and implications for future action. *American Psychologist*, 50, 777–781.

Taubes, G. (1995, July 14). Epidemiology faces its limits. *Science*, 269, 164–169.

Tavris, C. (1998, September 13). Peer pressure: A new study finds that parents don't have as much influence on how their children turn out as we thought. *New York Times Book Review*, pp. 14–15.

Tavris, C., & Aronson, E. (2007). *Mistakes were made (but not by me): Why we justify foolish beliefs, bad decisions, and hurtful acts*. Orlando, FL: Harcourt.

Tellegen, A., Lykken, D. T., Bouchard, T. J., Jr., Wilcox, K. J., Segal, N. L., & Rich, S. (1988). Personality similarity in twins reared together and apart. *Journal of Personality and Social Psychology*, 54, 1031–1039.

Terrace, H. S. (1985). *Nim*. New York: Knopf.

Tesser, A. (1988). Toward a self-evaluation maintenance model of social behavior. In L. Berkowitz (Ed.), *Advances in experimental social psychology: Vol. 21* (pp. 81–227). San Diego, CA: Academic Press.

Thigpen, A. E., Davis, D. L., Gautier, T., Imperato-McGinley, J., & Russell, D. W. (1992, October 22). Brief report: The molecular basis of steroid 5α-reductase deficiency in a large Dominican kindred. *New England Journal of Medicine*, 327, 1216–1219.

Thigpen, C. H., & Cleckley, H. (1954). *The three faces of Eve*. Kingsport, TN: Kingsport Press.

Thomas, J. R., & French, K. E. (1985). Gender differences across age in motor performance: A meta-analysis. *Psychological Bulletin*, 98, 260–282.

Thorne, B. (1993). *Gender play: Girls and boys in school*. New Brunswick, NJ: Rutgers University Press.

Thornton, Y. S., as told to J. Coudert (1995). *The ditchdigger's daughters: A black family's astonishing success story*. New York: Birch Lane Press.

Tiger, L. (1969). *Men in groups*. New York: Vintage.

Toman, W. (1971). The duplication theory of social relationships as tested in the general population. *Psychological Review*, 78, 380–390.

Tomasello, M. (1995). Commentary. *Human Development*, 38, 46–52.

Torbus, O., & Sliwa, F. (2002). Ambras syndrome—A form of generalised congenital hypertrichosis. *Polski Merkuriusz Lekarski*, 12, 238–40.

Townsend, F. (1997). Rebelling against *Born to Rebel. Journal of Social and Evolutionary Systems*, 20, 191–204.

Townsend, F. (2000, published 2004). Birth order and rebelliousness: Reconstructing the research in *Born to Rebel. Politics and the Life Sciences*, 19, 135–156.

Trevathan, W. R. (1993, February). Evolutionary obstetrics. Paper presented at the annual meeting of the American Association for the Advancement of Science, Boston.

Triandis, H. C. (1994). *Culture and social behavior*. New York: McGraw-Hill.

Trivers, R. (1985). *Social evolution*. Menlo Park, CA: Benjamin/Cummings.

Turner, J. C., with Hogg, M. A., Oakes, P. J., Reicher, S. D., & Wetherell, M. S. (1987). *Rediscovering the social group: A self-categorization theory*. Oxford, UK: Basil Blackwell.

Umbel, V. M., Pearson, B. Z., Fernández, M. C., & Oller, D. K. (1992). Measuring bilingual children's receptive vocabulary. *Child Development*, 63, 1012–1020.

Ungar, S. J. (1995). *Fresh blood: The new American immigrants*. New York: Simon & Schuster.

Valero, H., as told to E. Biocca (1970). *Yanoáma: The narrative of a white girl kidnapped by Amazonian Indians* (D. Rhodes, Trans.). New York: Dutton.

Vandell, D. L. (2000). Parents, peer groups, and other socializing influences. *Developmental Psychology*, 36, 699–710.

van den Oord, E. J. C. G., Boomsma, D. I., & Verhulst, F. C. (1994). A study of problem behaviors in 10- to 15-year-old biologically related and unrelated international adoptees. *Behavior Genetics*, 24, 193–205.

van IJzendoorn, M. H., Juffer, F., & Klein Poelhuis, C. W. (2005). Adoption and cognitive development: A meta-analytic comparison of adopted and nonadopted children's IQ and school performance. *Psychological Bulletin*, 131, 301–316.

Vasta, R. (1982). Physical child abuse: A dual-component analysis. *Developmental Review*, 2, 125–149.

Veenhoven, R., & Verkuyten, M. (1989). The well-being of only children. *Adolescence*, 24, 155–166.

Vernberg, E. M. (1990). Experiences with peers following relocation during early adolescence. *American Journal of Orthopsychiatry*, 60, 466–472.

Vogel, G. (1996, November 22). Asia and Europe top in world, but reasons are hard to find. *Science*, 274, 1296.

Volling, B. L., Youngblade, L. M., & Belsky, J. (1997). Young children's social relationships with siblings and friends. *American Journal of Orthopsychiatry*, 67, 102–111.

Wagner, B. M. (1997). Family risk factors for child and adolescent suicidal behavior. *Psychological Bulletin*, 121, 246–298.

Wainright, J. L., Russell, S. T., & Patterson, C. J. (2004). Psychosocial adjustment, school outcomes, and romantic relationships of adolescents with same-sex parents. *Child Development*, 75, 1886–1898.

Wakefield, M., Terry-McElrath, Y., Emery, S., et al. (2006). Effect of televised, tobacco company-funded smoking prevention advertising on youth smoking-related beliefs, intentions, and behavior. *American Journal of Public Health*, 96, 2154–2160.

Waller, N. G., & Shaver, P. R. (1994). The importance of nongenetic influences on romantic love styles: A twin-family study. *Psychological Science*, 5, 268–274.

Wallerstein, J. S., & Blakeslee, S. (1989). *Second chances: Men, women, and children a decade after divorce*. New York: Ticknor & Fields.

Wallerstein, J. S., & Kelly, J. B. (1980). *Surviving the breakup: How children and parents cope with divorce*. New York: Basic Books.

Waring, N.-P. (1996, July 3). Social pediatrics. *Journal of the American Medical Association*, 276, 76.

Wasserman, E. A. (1993). Comparative cognition: Toward a general understanding of cognition in behavior. *Psychological Science*, 4, 156–161.

Watson, J. B. (1924). *Behaviorism*. New York: Norton.

Watson, J. B. (1928). *Psychological care of infant and child.* New York: Norton.

Weil, E. (2006, September 24). What if it's (sort of) a boy and (sort of) a girl? *New York Times Magazine* (online).

Weinstein, C. S. (1991). The classroom as a social context for learning. *Annual Review of Psychology*, 42, 493–525.

Weisfeld, C. C., Weisfeld, G. E., & Callaghan, J. W. (1982). Female inhibition in mixed-sex competition among young adolescents. *Ethology and Sociobiology*, 3, 29–42.

Weisfeld, G. E., & Billings, R. L. (1988). Observations on adolescence. In K. B. MacDonald (Ed.), *Sociobiological perspectives on human development* (pp. 207–233). New York: Springer-Verlag.

Weisner, T. S. (1986). Implementing new relationship styles in American families. In W. W. Hartup & Z. Rubin (Eds.), *Relationships and development* (pp. 185–205). Hillsdale, NJ: Erlbaum.

Weiss, L. H., & Schwarz, J. C. (1996). The relationship between parenting types and older adolescents' personality, academic achievement, adjustment, and substance use. *Child Development*, 67, 2101–2114.

Weissman, M. M., & Olfson, M. (1995, August 11). Depression in women: Implications for health care research. *Science*, 269, 799–801.

Weisstein, N. (1971). Psychology constructs the female. *Journal of Social Education*, 35, 362–373.

Weisstein, N. (1977). "How can a little girl like you teach a great big class of men?" the chairman said, and other adventures of a woman in science. In S. Ruddick & P. Daniels (Eds.), *Working it out* (pp. 241–250). New York: Pantheon.

Wellman, H. M. (1990). *The child's theory of mind.* Cambridge, MA: MIT Press.

White, K. R., Taylor, M. J., & Moss, V. D. (1992). Does research support claims about the benefits of involving parents in early intervention programs? *Review of Educational Research*, 62, 91–125.

Whiting, B. B., & Edwards, C. P. (1988). *Children of different worlds: The formation of social behavior.* Cambridge, MA: Harvard University Press.

Wichman, A. L., Rodgers, J. L., & MacCallum, R. C. (2006). A multilevel approach to the relationship between birth order and intelligence. *Personality and Social Psychology Bulletin*, 32, 117–127.

Wilder, D. A. (1986). Cognitive factors affecting the success of intergroup contact. In S. Worchel & W. G. Austin (Eds.), *Intergroup relations* (pp. 49–66). Chicago: Nelson-Hall.

Wilder, L. I. (1971). *Little house on the prairie.* New York: Harper & Row. (Originally published in 1935.)

Williams, J. E., & Best, D. L. (1986). Sex stereotypes and intergroup relations. In S. Worchel & W. G. Austin (Eds.), *Intergroup relations* (pp. 244–259). Chicago: Nelson-Hall.

Willis, C. (1996). *Bellwether.* New York: Bantam.

Winitz, H., Gillespie, B., & Starcev, J. (1995). The development of English speech patterns of a 7-year-old Polish-speaking child. *Journal of Psycholinguistic Research*, 24, 117–143.

Winner, E. (1996). *Gifted children: Myths and realities.* New York: Basic Books.

Winner, E. (1997). Exceptionally high intelligence and schooling. *American Psychologist*, 52, 1070–1081.

Wolfe, D. A. (1985). Child-abusive parents: An empirical review. *Psychological Bulletin*, 97, 462–482.

Wolff, P. H., Tesfai, B., Egasso, H., & Aradom, T. (1995). The orphans of Eritrea: A comparison study. *Journal of Child Psychology and Psychiatry*, 36, 633–644.

Wood, D., Halfon, N., Scarlata, D., Newacheck, P., & Nessim, S. (1993, September 15). Impact of family relocation on children's growth, development, school function, and behavior. *Journal of the American Medical Association*, 270, 1334–1338.

Wrangham, R., & Peterson, D. (1996). *Demonic males: Apes and the origins of human violence*. Boston: Houghton Mifflin.

Wright, J. P., & Beaver, K. M. (2005). Do parents matter in creating self-control in their children? A genetically informed test of Gottfredson and Hirschi's theory of low self-control. *Criminology*, 43, 1169–1202.

Wright, J. P., Beaver, K. M., DeLisi, M., & Vaughn, M. G. (2008). Evidence of negligible parenting influences on self-control, delinquent peers, and delinquency in a sample of monozygotic twins. *Justice Quarterly*, 25, 544–569.

Wright, L. (1995, August 7). Double mystery. *The New Yorker*, 45–62.

Wright, R. (1994). *The moral animal*. New York: Pantheon.

WuDunn, S. (1996, September 8). For Japan's children, a Japanese torment. *New York Times*, p. 3.

Yamamoto, K., Soliman, A., Parsons, J., & Davies, O. L., Jr. (1987). Voices in unison: Stressful events in the lives of children in six countries. *Journal of Child Psychology & Psychiatry*, 28, 855–864.

Yang, B., Ollendick, T. H., Dong, Q., Xia, Y., & Lin, L. (1995). Only children and children with siblings in the People's Republic of China: Levels of fear, anxiety, and depression. *Child Development*, 66, 1301–1311.

Youngblade, L. M., Park, K. A., & Belsky, J. (1993). Measurement of young children's close friendship: A comparison of two independent assessment systems and their associations with attachment security. *International Journal of Behavioral Development*, 16, 563–587.

Young-Hyman, D. (1986). Effects of short stature on social competence. In B. Stabler & L. E. Underwood (Eds.), *Slow grows the child: Psychosocial aspects of growth delay* (pp. 27–45). Hillsdale, NJ: Erlbaum.

Youniss, J. (1992). Parent and peer relations in the emergence of cultural competence. In H. McGurk (Ed.), *Childhood social development: Contemporary perspectives* (pp. 131–147). Hove, UK: Erlbaum.

Zajonc, R. B. (1983). Validating the confluence model. *Psychological Bulletin*, 93, 457–480.

Zervas, L. J., & Sherman, M. F. (1994). The relationship between perceived parental favoritism and self-esteem. *Journal of Genetic Psychology*, 155, 25–33.

Zimbardo, P. G. (1993). Pathology of imprisonment. In B. Byers (ed.), *Readings in Social Psychology* (pp. 15–19). Boston: Allyn & Bacon. (Originally published in 1972.)

Zimmerman, L., & McDonald, L. (1995). Emotional availability in infants' relationships with multiple caregivers. *American Journal of Orthopsychiatry*, 65, 147–152.

Zimmerman, M. A., Salem, D. A., & Maton, K. I. (1995). Family structure and psychosocial correlates among urban African-American adolescent males. *Child Development*, 66,

1598–1613.

Zuckerman, M. (1984). Sensation seeking: A comparative approach to a human trait. *Behavioral and Brain Sciences, 7*, 413–471.

Zuger, B. (1988). Is early effeminate behavior in boys early homosexuality? *Comprehensive Psychiatry, 29*, 509–519.

Zukow, P. G. (1989). Siblings as effective socializing agents: Evidence from Central Mexico. In P. G. Zukow (Ed.), *Sibling interaction across cultures: Theoretical and methodological issues* (pp. 79–104). New York: Springer-Verlag.

國家圖書館出版品預行編目資料

教養的迷思：父母的教養能不能決定孩子的人格發展？（暢銷經典版）／茱蒂.哈里斯(Judith Rich Harris)著；洪蘭, 蘇奕君譯. -- 三版 -- 臺北市：商周出版：家庭傳媒城邦分公司發行，2011.08
面；　公分.
譯自 The nurture assumption : why children turn out the way they do, 2nd ed.

1. 兒童學　2. 兒童發展　3. 育兒

ISBN 4717702905743（平裝）

523.1   100009686

教養的迷思：父母的教養能不能決定孩子的人格發展？（暢銷經典版）

原 文 書 名／The Nurture Assumption – Why Children Turn Out the Way They Do, 2nd ed.
作　　　者／茱蒂‧哈里斯（Judith Rich Harris）
譯　　　者／洪蘭、蘇奕君
企 畫 選 書／彭之琬
責 任 編 輯／彭之琬、葉咨佑、賴芊曄

版　　　權／林心紅
行 銷 業 務／李衍逸、黃崇華
總 編 輯／楊如玉
總 經 理／彭之琬
發 行 人／何飛鵬
法 律 顧 問／元禾法律事務所　王子文律師
出　　　版／商周出版
　　　　　　臺北市中山區民生東路二段141號9樓
　　　　　　電話：(02) 2500-7008　　傳眞：(02) 2500-7759
　　　　　　E-mail：bwp.service@cite.com.tw
發　　　行／英屬蓋曼群島商家庭傳媒股份有限公司城邦分公司
　　　　　　臺北市民生東路二段141號2樓
　　　　　　書虫客服專線：(02)2500-7718；2500-7719
　　　　　　24小時傳眞專線：(02)2500-1990；2500-1991
　　　　　　服務時間：週一至週五上午09:30-12:00；下午13:30-17:00
　　　　　　劃撥帳號：19863813　戶名：書虫股份有限公司
　　　　　　E-mail：service@readingclub.com.tw
　　　　　　歡迎光臨城邦讀書花園　網址：www.cite.com.tw
香港發行所／城邦（香港）出版集團有限公司
　　　　　　香港灣仔駱克道193號東超商業中心1樓
　　　　　　電話：(852) 25086231　傳眞：(852) 25789337
　　　　　　E-mail：hkcite@biznetvigator.com
馬新發行所／城邦（馬新）出版集團 Cite (M) Sdn. Bhd.
　　　　　　41, Jalan Radin Anum, Bandar Baru Sri Petaling,
　　　　　　57000 Kuala Lumpur, Malaysia.
　　　　　　Tel: (603) 90578822　Fax: (603) 90576622　Email: cite@cite.com.my

封 面 設 計／李東記
排　　　版／浩瀚電腦排版股份有限公司
印　　　刷／韋懋實業有限公司
總 經 銷／聯合發行股份有限公司
　　　　　　電話：(02)2917-8022　　傳眞：(02)2911-0053
　　　　　　地址：新北市231新店區寶橋路235巷6弄6號2樓

■2019年2月三版　　　　　　　　　　Printed in Taiwan
■2022年3月三版1.8刷

定價／550元

城邦讀書花園
www.cite.com.tw

廣　告　回　函
北區郵政管理登記證
台北廣字第000791號
郵資已付，免貼郵票

104台北市民生東路二段 141 號 2 樓

英屬蓋曼群島商家庭傳媒股份有限公司

城邦分公司

- -

請沿虛線對摺，謝謝！

書號：BU0151	書名：教養的迷思	編碼：

讀者回函卡

感謝您購買我們出版的書籍！請費心填寫此回函卡，我們將不定期寄上城邦集團最新的出版訊息。

不定期好禮相贈！
立即加入：商周出版
Facebook 粉絲團

姓名：＿＿＿＿＿＿＿＿＿＿＿＿＿＿＿＿＿ 性別：□男 □女

生日：西元＿＿＿＿＿＿＿年＿＿＿＿＿月＿＿＿＿日

地址：＿＿＿＿＿＿＿＿＿＿＿＿＿＿＿＿＿＿＿＿

聯絡電話：＿＿＿＿＿＿＿＿＿ 傳真：＿＿＿＿＿＿＿＿

E-mail：

學歷：□ 1. 小學 □ 2. 國中 □ 3. 高中 □ 4. 大學 □ 5. 研究所以上

職業：□ 1. 學生 □ 2. 軍公教 □ 3. 服務 □ 4. 金融 □ 5. 製造 □ 6. 資訊

　　　□ 7. 傳播 □ 8. 自由業 □ 9. 農漁牧 □ 10. 家管 □ 11. 退休

　　　□ 12. 其他＿＿＿＿＿＿＿＿＿＿＿＿＿＿＿＿＿

您從何種方式得知本書消息？

　　　□ 1. 書店 □ 2. 網路 □ 3. 報紙 □ 4. 雜誌 □ 5. 廣播 □ 6. 電視

　　　□ 7. 親友推薦 □ 8. 其他＿＿＿＿＿＿＿＿＿＿＿

您通常以何種方式購書？

　　　□ 1. 書店 □ 2. 網路 □ 3. 傳真訂購 □ 4. 郵局劃撥 □ 5. 其他＿＿＿

您喜歡閱讀那些類別的書籍？

　　　□ 1. 財經商業 □ 2. 自然科學 □ 3. 歷史 □ 4. 法律 □ 5. 文學

　　　□ 6. 休閒旅遊 □ 7. 小說 □ 8. 人物傳記 □ 9. 生活、勵志 □ 10. 其他

對我們的建議：＿＿＿＿＿＿＿＿＿＿＿＿＿＿＿＿＿＿＿

＿＿＿＿＿＿＿＿＿＿＿＿＿＿＿＿＿＿＿＿＿＿＿＿＿

＿＿＿＿＿＿＿＿＿＿＿＿＿＿＿＿＿＿＿＿＿＿＿＿＿